L'Officiel des prénoms

Stéphanie Rapoport et Claire Tabarly Perrin

2023

FIRST
ÉDITIONS

ISBN : 978-2-412-08137-2
Dépôt légal : septembre 2022
Imprimé en Espagne

Correction : Natacha Kotchetkova
Mise en page : Ma petite FaB – Laurent Grolleau
Illustrations : Anne-Laure Varoutsikos

Éditions First
92, avenue de France, 75 013 Paris
Tél. : 01 44 16 09 00
Fax : 01 44 16 09 01
E-mail : firstinfo@efirst.com
Site internet : www.editionsfirst.fr

Sommaire

Palmarès, idées et thématiques

Prénoms de fille ou de garçon : à lire avant de choisir

Les focus prénoms féminins

Les focus prénoms masculins

Introduction

Le choix du prénom d'un enfant est l'une des premières grandes responsabilités que doivent assumer les parents. Ceux-ci le font souvent avec enthousiasme, mais non sans mal... Et pour cause ! Jamais le prénom n'a été autant utilisé pour désigner l'individu, qu'il soit à l'école, au travail, ou dans un cadre plus privé. Le prénom, plus que le nom, est désormais l'élément central de notre identité. Le choix des parents n'en est que plus décisif. Or, dans le même temps, le stock des prénoms recensés n'a jamais été aussi vaste : le répertoire national compte **20 fois plus** de prénoms aujourd'hui qu'il y a un siècle. Les parents ont littéralement... l'embarras du choix !

MeilleursPrenoms.com et *L'Officiel des prénoms*

C'est parce que la quête d'un prénom peut se révéler exigeante, mais passionnante que MeilleursPrenoms.com a été conçu en février 2000, quelques années avant la parution du premier *Officiel des prénoms*. L'idée du site internet était d'aider des parents français et francophones dans leur recherche de prénoms.

Les encouragements, témoignages, suggestions et remerciements des parents ayant trouvé le prénom de leur enfant sur le site ont convaincu Stéphanie Rapoport d'approfondir ses recherches et d'écrire *L'Officiel des prénoms*, dont la première édition est parue en 2003 aux éditions First.

En 20 ans, *L'Officiel des prénoms* est devenu un guide de référence. Mis à jour et enrichi chaque année avec les dernières statistiques de l'Insee, il passe au crible les dernières tendances et actualités. Au travers du prisme des prénoms, il offre une photographie évolutive de la société française, année après année. Et depuis 2018, une autre passionnée de prénoms, Claire Tabarly Perrin, s'est jointe au projet. L'aventure continue. Les deux autrices vous souhaitent un bon voyage et de belles découvertes dans le monde des prénoms !

Une sélection de plus de 12 000 prénoms réellement portés en France

Cette sélection de plus de 12 000 prénoms, mise à jour chaque année, a pour but d'offrir des données objectives aux parents. Les prénoms rarissimes sont signalés par les pictogrammes 🚶 ou 🚺 associés de la mention - de 30 (- de 100) Français(es).

Dans leur grande majorité, ces prénoms sont d'origine latine, sémitique (hébraïque et arabe), germanique ou grecque, sans oublier les prénoms régionaux, basques, bretons et corses, très en vogue actuellement. Cet ensemble constitue la base de la grande famille des prénoms « français ». Mais, avec l'assouplissement de la législation en 1993, une nouvelle génération de prénoms est apparue, engendrant des sonorités venues du monde entier. On voit aujourd'hui fleurir dans les maternités des petits noms aux accents celtes, scandinaves, indiens, italiens, anglophones, russes, arabes, perses, polynésiens, japonais ou chinois.

Le carnet bullet de vos prénoms préférés

Le cahier détachable a été conçu pour vous accompagner dans votre recherche de prénoms. Prenez un stylo et laissez-vous guider par les petits jeux pour trouver le prénom de vos rêves.

Nouveau : des stickers-onglets pour marquer vos prénoms préférés !

Les variantes et les accents

Les déclinaisons les moins répandues sont référencées avec le prénom auquel elles se rapportent. Célanie apparaît sous la forme d'une variante de Céline, la première étant portée par une soixantaine de Françaises, la seconde, par environ 224 000. Notons que le classement de ces dérivés a été effectué de manière phonétique. Suivant ce principe, Alissia et Licia se trouveront classées avec Alicia plutôt qu'Alice.

En matière d'accents, nous avons orthographié les prénoms, quelles que soient leurs origines, selon la forme la plus utilisée en France. De cette manière, un prénom comme Lucia apparaît une seule fois et non trois (Lúcia en portugais et Lucía en espagnol). Dans le cas de Léna, nous avons retenu la forme accentuée, car elle est plus fréquente (deux tiers des naissances), mais le nombre de Françaises portant ce prénom prend en compte le nombre total de ses attributions (avec et sans accent).

Notons que les adjectifs « français », « anglais », « espagnol », « allemand » et « portugais » associés aux prénoms renvoient respectivement aux mondes francophone, anglophone, hispanophone, germanophone et lusophone, en englobant l'ensemble des régions dans lesquelles ces prénoms sont répandus.

Les projections

Les informations basées sur des chiffres (graphiques, fréquences, tendances, prénoms par départements) se fondent sur les données statistiques les plus récentes de l'Insee (Fichier des prénoms, édition 2022). Des données statistiques des instituts nationaux de nombreux pays ont également été utilisées pour analyser l'évolution globale des pratiques d'attributions.

Les prénoms recensés dans cet ouvrage ont fait l'objet d'une étude approfondie et de projections statistiques. Elles permettent d'estimer le nombre d'attributions d'un prénom et d'anticiper leur positionnement dans le palmarès français pour les mois à venir.

Les graphiques

Les prénoms faisant l'objet d'un encadré approfondi sont indiqués par le picto. Notons que l'échelle utilisée pour les graphiques diffère selon la spécificité du prénom. Ainsi, le graphique correspondant à Liam commence en 1980, car ce prénom n'existait quasiment pas auparavant. Celui de Louis débute en 1900 pour mettre en lumière l'évolution de ses attributions depuis le siècle dernier.

Les fréquences

La fréquence associée à chaque prénom est précédée du pictogramme ; elle indique le nombre estimé de personnes portant ce prénom en France. Ces dernières sont nées en France et étaient toujours vivantes au moment où les statistiques de l'Insee ont été compilées.

Le niveau de popularité

La mention Top 50 signifie que le prénom figure parmi les 50 premiers rangs des attributions. La mention Top 100 signifie qu'il se place entre le 51e et le 100e rang des attributions. Et ainsi de suite jusqu'à l'indication Top 2 000 qui indique un classement entre le 1 001e et le 2 000e rang des attributions. Lorsqu'un prénom figure dans le top 2 000 des attributions estimées pour 2023 en France, l'information est indiquée.

Lorsqu'un prénom ne figure pas dans les 2 000 premiers rangs des attributions estimées pour 2023, aucun « top » ne lui est associé. C'est le cas de Jérôme, classé 2 001e.

Comme le montre le tableau ci-dessous, le niveau d'attribution des prénoms chute fortement dès lors que le prénom ne figure pas dans le top 50 national.

Classement féminin			Classement masculin		
Rang	**Prénom**	**Estimations pour 2023**	**Rang**	**Prénom**	**Estimations pour 2023**
1er	Jade	3 800	1er	Léo	4 800
51e	Ava	1 200	51e	Côme	1 300
101e	Billie	650	101e	Émile	730
201e	Célestine	350	201e	Anatole	350
301e	Esther	220	301e	Sélim	200
501e	Abigaël	110	501e	Étienne	100
701e	Annabelle	70	701e	Michel	70
901e	Suzon	50	901e	Auxence	50
1 001e	Yliana	45	1 001e	Guilhem	40

Les tendances

Les tendances ont été calculées d'après l'évolution suivie par chaque prénom sur une période de 6 ans (on compare l'évolution du prénom au cours des 3 dernières années par rapport aux 3 années précédentes). Les prénoms portés par plus de 200 personnes entrent dans le champ d'application. Si l'on prend les exemples d'Iris et Marceau (p. 122 et 442), on peut lire que ces prénoms sont en forte croissance. En se référant au tableau ci-dessous, on conclut que leur progression a été supérieure à 50 % au cours de ces 3 dernières années.

À noter : les prénoms qui ne montrent pas d'évolution statistiquement significative n'ont pas de tendance indiquée (exemple : Philibert n'est quasiment pas attribué depuis de nombreuses années ; aucune tendance ne lui est associée).

Tendance	Signification
↑ en forte croissance	progression supérieure à 50 %
↗ en croissance modérée	progression de 5 à 50 %
→ stable	état stationnaire
↘ en décroissance modérée	diminution de 5 à 50 %
↓ en forte décroissance	diminution supérieure à 50 %

La caractérologie

Les prénoms de *L'Officiel des prénoms* ont fait l'objet d'une étude caractérologique. Fondée sur la numérologie, cette analyse permet d'associer à chaque prénom 5 traits de caractère principaux.

Nos conseils pour choisir le bon prénom

In nomen omen, disaient les Romains. Traduction : le nom est un présage. Loin de nous l'idée de vous mettre la pression, mais prénommer n'est pas un acte anodin. Il s'agit purement et simplement de donner une identité civique et sociale à votre enfant. Du *casus belli* au *statu quo*, le processus est chaotique, mais on finit toujours par trouver le prénom parfait.
Subtil mélange entre excitation et angoisse, c'est le premier frisson de la responsabilité parentale. 9 mois, c'est à la fois trop long et trop court. Question de préparation... Nous avons pris le soin de détailler toutes les étapes nécessaires, et toutes les questions à se poser avant de se déterminer.

De la diplomatie ***Un choix à deux... égalitaire de préférence***
Le choix du prénom de votre bébé, c'est un peu votre vie de couple en accéléré, vous allez passer de l'enthousiasme au compromis.
Dès les premiers mois de grossesse, commencez une liste chacun de votre côté. Attention, il ne s'agit pas de la to do list avec répartition des tâches. « Moi, les filles, toi les garçons », comme on se partagerait les courses ou les factures.
Il est important que chacun puisse exprimer ses propres goûts. Nous avons tous une histoire personnelle avec les prénoms. C'est une occasion offerte pour échanger, raconter son vécu, sa famille, ses amitiés... Ou tout simplement d'exprimer ses préférences, verbaliser ses attentes et écouter celles de son partenaire. Excellent exercice conjugal.
Vient le moment de la confrontation de vos palmarès respectifs. Parfois, des miracles se produisent : vous pourriez trouver des doublons dans vos listes respectives ! Mais pour la majorité des parents, c'est le moment d'entrer dans le vif du sujet...

De la stratégie ***De la valeur sûre à l'originalité en passant par « l'air du temps »***
Commencent déjà les tractations (n'attendez pas les contractions...). Elles seront stimulantes mais parfois épuisantes sur la durée. Alors autant prendre les devants et s'en remettre à ce que certains nomment la « science des prénoms »*. Chaque stratégie a ses avantages et inconvénients, tout est question de pondération.

- La valeur sûre
Cela revient à choisir des prénoms intemporels qui plairont à toutes les générations, des copains aux beaux-parents. Du rétro au classique en passant par les prénoms oubliés, il y en a pour tous les goûts.

- L'originalité
Tant que votre choix ne porte pas préjudice à l'enfant (*cf.* loi du 8 janvier 1993), votre champ d'inspiration est libre. *L'Officiel des prénoms* a sélectionné plus de 2 000 prénoms attribués à moins de 30 nouveau-nés par an. Vous devriez y trouver la perle rare. Mais attention aux prénoms inventés ou compliqués à prononcer. N'oubliez jamais que votre enfant va vivre avec, le prononcer et l'épeler un nombre incalculable de fois. Soyez charitable avec lui !

- L'air du temps
Inconsciemment, vous aimez ce prénom sans pouvoir en expliquer la raison. Il faut parfois se méfier « des goûts et des couleurs »... Nos envies du moment peuvent virer subrepticement

du rose magenta au gris acier. De la même façon, passer du « pattes d'éléphant » au « taille basse », c'est facile ! Mais porter un prénom daté, c'est tous les jours et pour la vie... Attention à l'effet d'usure !

De l'ouverture d'esprit ***Ayez l'esprit nomade et alerte***

Les occasions de croiser des noms qui vous plaisent sont infinies. Vous pouvez trouver l'inspiration dans les univers que vous aimez : sport, littérature, séries, films, généalogie, voyages. Pendant 9 mois, soyez aux aguets et fiez-vous à vos intuitions et aux signes du destin. Mais validez toujours votre coup de cœur en testant la sonorité, les références historiques, familiales ou culturelles.

De la curiosité ***Ne vous cantonnez pas à l'aspect esthétique***

À ce stade, nous espérons que vous avez déjà éliminé les intrus dans vos listes respectives. Il convient désormais de faire des recherches sur les finalistes de votre sélection. *L'Officiel des prénoms* vous aidera à connaître l'étymologie, l'histoire et les tendances des prénoms retenus, ainsi que leurs traits de caractère associés. Il est important que vous vous sentiez en phase avec l'univers qu'ils véhiculent.

Un peu de secret ***Gardez intact votre libre arbitre***

C'est vous qui allez l'appeler tous les jours pour venir à table ou faire ses devoirs, ne laissez pas votre entourage vous influencer indûment. Même si la question « Vous avez choisi le prénom ? » revient sans cesse. Seuls quelques élus peuvent partager la confidence. Choisissez-les avec soin au risque d'entendre des réflexions désobligeantes (exemple : « Mon ennemi juré au collège portait le même nom ! », etc.). Cependant, certaines de ces considérations pourront vous faire réviser votre choix, à bon escient (ancêtres disparus dans des circonstances dramatiques, ou expressions usuelles ridicules dont vous ignoriez l'existence).

De l'harmonie ***Chaque prénom est unique et ne s'accorde pas de la même manière avec votre patronyme***

Il n'existe pas de recette miracle mais quelques règles simples. N'hésitez pas à prononcer à voix haute, syllabe par syllabe, le nom à la suite du prénom et vice versa. Ce procédé révèle tout frottement indélicat et toute liaison inutile. Sans en faire une norme, disons qu'un assemblage heureux évite les prénoms dont les terminaisons riment avec le commencement des patronymes. Un dernier élément doit être pris en compte : généralement, les prénoms longs s'harmonisent mieux avec les patronymes courts.

De la flexibilité ***« La tête de son prénom »***

Gardez-vous plusieurs options. Il ne s'agit pas de se déterminer au moment où les contractions ne vous laissent pas de répit ou quand l'officier d'état civil passe la porte de votre chambre. Juste laisser du temps au temps, profiter de ce moment qui ne se reproduira pas si souvent... Alors pourquoi ne pas arriver avec une short list à la maternité et voir si la prunelle de vos yeux aura la tête de son prénom ?
Vous connaissez désormais la stratégie à adopter, il ne vous reste plus qu'à trouver les réponses à toutes les questions qui suivent.

* Anne Laure Sellier, *La Science des prénoms*, Héliopoles, 2019.

Les bonnes questions à se poser avant de choisir

La réponse à des questions toutes simples peut guider votre processus de choix. À discuter à deux pour progresser dans votre démarche et ne pas brûler les étapes.

Quel est notre style ?

- □ Classique
- □ Intemporel
- □ Chic
- □ International
- □ Rétro
- □ Intello
- □ Créa
- □ Bobo

Est-ce un choix partagé par mon/ma conjoint(e) ?

Discutez ensemble de **l'orthographe du prénom**. Choisissez de préférence l'orthographe la plus répandue et usuelle. Cela évitera à votre enfant de devoir l'épeler tout au long de sa vie.

Quand je prononce le prénom **à haute voix, sa sonorité** me séduit-elle ? Soyez vigilant, *a fortiori* si vous vivez à l'étranger et que le prénom sera prononcé dans une autre langue que la vôtre.

Le prénom sera-t-il facile à porter à l'âge adulte ?

Quel est le critère le plus important pour nous ?

- □ La sonorité
- □ La signification
- □ La longueur du prénom
- □ Son originalité
- □ Son harmonie avec notre nom de famille
- □ Nos origines familiales

Avez-vous pensé aux **diminutifs** ? Le cas échéant, les appréciez-vous ?

Quelles sont **les associations d'idées** qu'il véhicule ? Seront-elles faciles à assumer pour l'enfant ? Y a-t-il **des expressions ou des moqueries malencontreuses liées au prénom** qui pourraient ôter à votre enfant toute envie de prononcer son prénom ?

Ai-je connaissance de sa signification étymologique ? A-t-il une portée positive ?

Si le prénom a **déjà été porté dans la famille**, ai-je de l'affection ou de l'admiration pour cette personne ? Interrogez-vous sur son destin dans la généalogie familiale.

Quels sont **les personnages historiques ou littéraires, ou autres**, auxquels il renvoie ? Ont-ils eu un destin enviable ou une fin dramatique ?

Ce prénom favorisera-t-il la confiance en soi ?

Est-il en phase avec les autres prénoms de la fratrie ?

Est-il **harmonisé avec le nom de famille** ? Ne négligez pas les détails : en cette ère digitale, les entreprises attribuent souvent des adresses mail professionnelles en prenant les initiales.

Si à la fin de ce marathon du choix des prénoms, vous doutez encore, n'hésitez pas à vous rendre sur le site **MeilleursPrenoms.com**. Ce site fourmille d'informations et de conseils complémentaires qui vous aideront dans cette course d'endurance.

Prénoms féminins

A

Abby
2 500 Top 300

Source de joie (hébreu). Abby est très répandu dans les pays anglophones. *Variantes* : Abbie, Abi, Abie. *Caractérologie* : sociabilité, optimisme, pragmatisme, communication, créativité.

Abélia
\- de 100

Souffle, respiration (hébreu). *Variantes* : Abela, Abelie, Abella, Abelle, Abelia, Abellia. *Caractérologie* : organisation, enthousiasme, pratique, communication, détermination.

Abeline
\- de 100

Souffle, respiration (hébreu). Dans l'Hexagone, Abeline est plus traditionnellement usité au Pays basque. *Variantes* : Abelina, Abelone. *Caractérologie* : organisation, résolution, pragmatisme, optimisme, communication.

Abigaël
3 000 Top 600

Source de joie (hébreu). *Variantes* : Abygaël, Abygaëlle. *Caractérologie* : énergie, détermination, innovation, autorité, bonté.

Abigaëlle
3 000 Top 400

Source de joie (hébreu). Féminin français. *Variantes* : Avigaël, Gaïl. *Caractérologie* : résolution, rectitude, humanité, sympathie, rêve.

Abigaïl
2 500 Top 500

Source de joie (hébreu). Féminin anglais et allemand. L'Ancien Testament raconte comment Nabal, l'époux d'Abigaïl, offense David et comment Abigaïl, avec beaucoup de sagesse et d'intelligence, convainc le futur roi d'Israël d'épargner son mari. En apprenant ces péripéties, Nabal a une crise cardiaque qui lui sera fatale. Abigaïl accepte alors la demande en mariage de David.
Souvent choisi par les parents puritains, ce prénom prend son essor en Angleterre et aux États-Unis au XVIIe siècle. Il y devient assez répandu jusqu'au début du XXe siècle. Après une période d'éclipse, il revient en faveur et s'impose dans les 10 premiers rangs américains dans les années 2000. *Caractérologie* : indépendance, curiosité, dynamisme, courage, organisation.

Abriana
\- de 30

Féminin italien d'Abraham : père des nations (hébreu). *Caractérologie* : dynamisme, direction, détermination, indépendance, assurance.

Aby
850 Top 900

Source de joie (hébreu). *Caractérologie* : direction, audace, indépendance, assurance, dynamisme.

Acacia
120

Fleur protectrice du mal (grec). *Caractérologie* : humanité, rectitude, générosité, rêve, ouverture d'esprit.

Ada
850 Top 600

Ornement (hébreu), île (turc), et forme diminutive grecque d'Antonia. De nombreuses localités portent ce nom dans le monde. En botanique, Ada est un genre d'orchidée d'Amérique tropicale. *Caractérologie* : bienveillance, conscience, paix, sagesse, conseil.

Ada Lovelace est la fille du poète lord Byron, mais c'est le territoire des sciences et des mathématiques qu'elle investit. Cette « codeuse » a inventé le langage Ada, le premier programme informatique, encore en vigueur chez les programmateurs.

Adama
1 000 Top 2 000

Fait de terre rouge (hébreu). Féminin anglais et sénégalais. *Caractérologie* : diplomatie, loyauté, réceptivité, sociabilité, bonté.

Adèle

Fête :
24 décembre

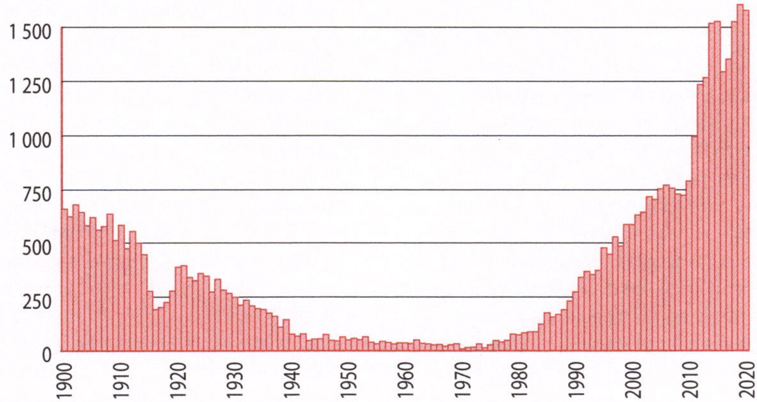

Étymologie

Du germain *adal*, « noble ». En usage dès le Moyen Âge, ce vieux prénom fut porté par la fille du roi Dagobert II, la sainte fondatrice de l'abbaye de Pfalzel au VIIe siècle. Mais c'est Guillaume le Conquérant qui propage le prénom outre-Manche en l'attribuant à sa fille au début de la conquête normande (1066). Au fil des siècles, Adèle et ses différentes graphies (Adela, Adelle, Adelina, Adelia) se répandent en Europe et connaissent une renaissance au XIXe siècle.

Après avoir failli disparaître des radars dans les années 1970 (moins de 10 attributions annuelles), Adèle anticipe le retour du rétro et prend un nouveau départ au milieu des années 1980. Son ascension est lente, mais elle lui permet de percer au moment où la chanteuse britannique Adèle sort *19*, son premier album au succès retentissant (en 2008). En attendant de briller à l'échelle planétaire, ce prénom évolue dans le top 5 parisien et les 30 premiers choix nationaux.

En dehors de l'Hexagone, Adèle confirme sa place dans le top 40 québécois et wallon mais subit une certaine désaffection en Suisse romande.

Adèle de Champagne, troisième épouse de Louis VII, fut reine de France au XIIe siècle. Elle met au monde le prince que les premières épouses du roi n'avaient pas pu engendrer, lequel régnera sous le nom de Philippe Auguste.

Au cinéma

Les amours tragiques d'**Adèle Hugo**, fille de Victor Hugo, ont inspiré le film de François Truffaut *L'Histoire d'Adèle H.* en 1975.

Personne célèbre

Adele Laurie Blue Adkins, dite simplement **Adele**, née le 5 mai 1988 à Londres, est une autrice-compositrice-interprète britannique.

Statistiques

Adèle est le 60e prénom féminin le plus donné en France depuis l'an 2000. Ce prénom est attribué à près d'une fille sur 210 aujourd'hui.

Adara
- de 30

Feu (hébreu). *Caractérologie :* sagacité, philosophie, connaissances, spiritualité, originalité.

Adélaïde
8 500 Top 500

De noble lignée (germanique). Cette forme médiévale d'Alice fut portée par deux reines de France et plusieurs souveraines européennes. Sainte Adélaïde, épouse d'Otton Ier, fit notamment rayonner le nom en devenant impératrice des Romains au Xe siècle. Après une longue parenthèse, Adélaïde connaît une petite vogue en France, en Italie et dans les pays anglophones au XIXe siècle. La popularité de la reine anglaise Adélaïde (reine consort, épouse de William IV) a peut-être donné des ailes au prénom. Elle est à l'origine du nom de la ville australienne Adélaïde, créée en 1836 en son hommage. *Variantes :* Adelaida, Adelaig. *Caractérologie :* énergie, décision, originalité, audace, découverte.

Adèle
33 000 Top 50

Noble (germanique). *Variantes :* Adela, Adélia, Adelise, Adelle, Alida. *Caractérologie :* rêve, humanité, rectitude, tolérance, générosité.

A

Adelice
- de 100

Forme médiévale d'Alice : noble (germanique). *Caractérologie :* communication, pragmatisme, décision, créativité, optimisme.

Adélie
3 000 Top 500

Noble (germanique). *Caractérologie :* humanité, rectitude, tolérance, rêve, résolution.

Adelina
1 100 Top 1 000

Noble (germanique). *Caractérologie :* ambition, innovation, décision, autorité, énergie.

Adeline
49 000 Top 2 000

Noble (germanique). Féminin français et anglais. *Variantes :* Adelyne, Adine, Édeline. *Caractérologie :* dynamisme, curiosité, indépendance, décision, courage.

Adelphine
- de 30

Noble, loup (germanique). *Variantes :* Adelphia, Adelphina, Adolpha. *Caractérologie :* réussite, sociabilité, réceptivité, diplomatie, action.

Adena
- de 30

Noble, parée de bijoux (grec), ou forme anglophone d'Éden. *Variantes :* Aderia, Adina. *Caractérologie :* originalité, spiritualité, connaissances, philosophie, sagacité.

Adenora
- de 100

Forme bretonne d'Éléonore. En breton, *enor* signifie « honneur ». *Variante :* Adenor. *Caractérologie :* méthode, volonté, détermination, ténacité, fiabilité.

Adolphine
200

Noble, loup (germanique). *Caractérologie :* communication, enthousiasme, réalisation, pratique, raisonnement.

Adonie
- de 30

Seigneur (hébreu). *Variante :* Adonia. *Caractérologie :* habileté, ambition, management, passion, volonté.

Adriana
3 000 Top 700

Habitant d'Adria, Italie (grec). Adriana est très répandu en Italie, dans les pays hispanophones et lusophones. C'est aussi un choix traditionnel basque et occitan. *Variantes :* Adria, Adriane, Adrianna, Adrianne, Hadria. *Caractérologie :* décision, communication, pragmatisme, optimisme, créativité.

Adrienne
5 500

Habitant d'Adria, Italie (grec). Féminin français. On peut estimer que moins de 30 enfants seront prénommés ainsi en 2023. *Caractérologie :* connaissances, sagacité, originalité, spiritualité, décision.

Aela
1 000 Top 800

Forme bretonne d'Ange : messagère (grec). *Variantes :* Aelaïg, Aélie, Aelig, Aeline, Aelez. *Caractérologie :* dynamisme, direction, audace, indépendance, assurance.

Aélia
1 100 Top 800

Messagère (grec). Ancien prénom romain. *Variante :* Aélya. *Caractérologie :* direction, raisonnement, audace, détermination, dynamisme.

Aelis
400 Top 2 000

Forme occitane d'Alice : de noble lignée (germanique). *Caractérologie :* dynamisme, direction, résolution, indépendance, audace.

Aëlle
160

Forme bretonne d'Ange : messagère (grec). *Caractérologie :* ambition, management, passion, force, habileté.

Aelys
1 500 Top 600

Forme occitane d'Alice : de noble lignée (germanique). *Variante :* Aelis. *Caractérologie :* dynamisme, direction, audace, indépendance, détermination.

Aéna
- de 100

Aube (grec), violette (latin). *Caractérologie :* communication, générosité, pratique, adaptation, enthousiasme.

Aenor
350 Top 2 000

Forme bretonne d'Éléonore. En breton, *enor* signifie « honneur ». *Variante :* Aanor. *Caractérologie :* habileté, ambition, passion, décision, force.

Aéris
350 Top 2 000

Aerith Gainsborough, ou Aéris, est l'une des héroïnes du jeu vidéo *Final Fantasy*. Elle est la dernière descendante des Cétras, un ancien peuple qui ressemble aux humains et dont les traditions spirituelles sont anciennes. Ce nouveau prénom est apparu dans les années 2000 en France. *Variante :* Aerith. *Caractérologie :* savoir, intelligence, indépendance, détermination, sagesse.

Agathe
53 000 Top 50

Bonté (grec). *Variantes :* Agata, Agate, Agatha. *Caractérologie :* paix, conseil, conscience, sensibilité, bienveillance.

Aglaé
1 600 Top 2 000

D'une beauté rayonnante (grec). Féminin français. Dans la mythologie grecque, Aglaé est la plus jeune des trois Grâces tant célébrées par les poètes. Ces divinités symbolisent la beauté, la générosité, la douceur et la sagesse. *Variantes :* Aglaée, Aglaïa, Aglaïane. *Caractérologie :* achèvement, ardeur, amitié, stratégie, vitalité.

Agnès
90 000 Top 600

Chaste, pure (grec). Jeune Romaine du IVe siècle, Agnès refusa de renier sa foi et se laissa conduire au martyre. En dehors de l'Hexagone, Agnès est répandu dans les pays anglophones, en Suède et en Allemagne. *Variantes :* Anessa, Aniela, Agnela, Enès, Nese, Neza. *Caractérologie :* autonomie, innovation, énergie, autorité, ambition.

Aïcha
17 000 Top 100

Forme francisée d'Aisha : celle qui vivra, vitalité (arabe). Fille d'Abou Bakr, Aïcha fut la troisième épouse de Mahomet. Ce prénom est répandu dans les cultures musulmanes. *Variante :* Aïsha. Forme turque : Ayse. *Caractérologie :* ténacité, méthode, fiabilité, sens du devoir, engagement.

Aïda
3 500 Top 500

Récompense (arabe), celle qui ornera (hébreu). Féminin anglais et espagnol. *Caractérologie :* exigence, famille, équilibre, influence, responsabilité.

Agathe

Fête :
5 février

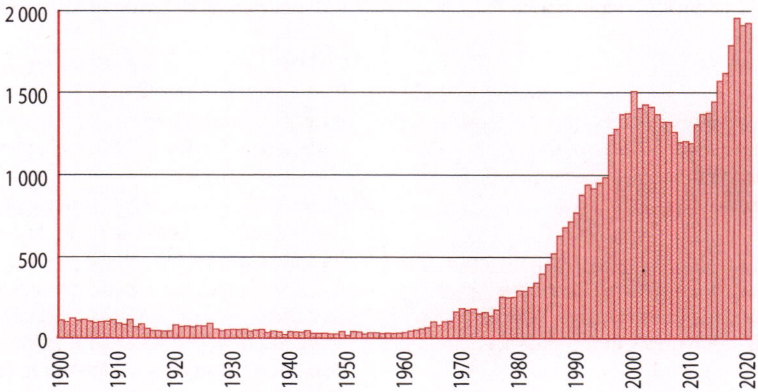

A

Étymologie

Agathe tire son origine du grec *agathos*, « bonté ». C'est sans doute au nom de cette sollicitude originelle qu'elle est devenue la patronne des nourrices.

Son histoire n'a pourtant pas toujours été placée sous les auspices de la douceur. En 251, sainte Agathe de Catane, réputée fort belle et vertueuse, fut martyrisée sur ordre de Quintien, le consul de Sicile, pour avoir refusé sa demande en mariage. La légende prétend qu'au moment de sa mort, la terre trembla. Un an plus tard, l'Etna entra en éruption, menaçant la ville de Catane. Les habitants s'emparèrent alors du voile de sépulture d'Agathe et les rubans de lave se tarirent immédiatement.

Heureusement, le prénom a connu une carrière moins tumultueuse. Appartenant à la catégorie des prénoms chics et intemporels, Agathe n'a jamais vraiment quitté les registres, mais son vrai retour en grâce date du début des années 1980. En 40 ans, elle a tranquillement, mais inexorablement, balayé les obstacles sur son parcours pour percer dans le top 20 national en 2020. Les succès des très minérales Ambre et Jade auraient-ils éveillé la pierre fine (l'agate) qui sommeillait en elle ? Avis aux amateurs de prénoms classiques non dépourvus d'originalité, ni d'une certaine distinction « à la française » !

Dans les pays francophones, sa carrière est moins assurée. À l'international, elle est quasiment inexistante. Les variantes Agatha et Agata séduisent surtout les parents des pays d'Europe de l'Est (Pologne ou République tchèque) ainsi que la Russie.

Personnes célèbres

Agathe Backer (1847-1907), pianiste norvégienne ; Agatha Christie (1890-1976), femme de lettres britannique ; Agathe Bonitzer, actrice, née en 1989 ; Agathe Lecaron, animatrice des « Maternelles », née en 1974.

Statistiques

Agathe est le 43e prénom féminin le plus donné en France depuis l'an 2000. Ce prénom est attribué à près d'une fille sur 180 aujourd'hui.

Aïko
250 Top 2 000

Enfant de l'amour (japonais). *Caractérologie :* idéalisme, altruisme, réflexion, dévouement, intégrité.

Aimée
7 000 Top 600

Qui est aimée (latin). Féminin français. *Variante :* Aymée. *Caractérologie :* conseil, paix, bienveillance, résolution, conscience.

Aimy
1 700 Top 900

Travailleuse (germanique). Féminin anglais. *Variante :* Aimie. *Caractérologie :* pratique, communication, réalisation, adaptation, enthousiasme.

Aina
1 600 Top 400

Toujours (scandinave), amour (japonais), vie (malgache), forme catalane et occitane d'Anne. La forme malgache, Aïna, signifie « vie ». *Caractérologie :* volonté, philosophie, connaissances, sagacité, originalité.

Ainara
200

Hirondelle (basque). *Caractérologie :* ambition, passion, habileté, décision, force.

Aines
- de 100

Forme basque et occitane d'Agnès : chaste, pure (grec). *Caractérologie :* décision, communication, pragmatisme, créativité, optimisme.

Ainhoa
1 600 Top 900

Prénom basque qui désigne la Vierge Marie. *Variantes :* Ainoa, Idoia, Idoya. *Caractérologie :* communication, optimisme, pragmatisme, créativité, décision.

Airelle
- de 100

Se rapporte à l'airelle, un petit arbuste montagnard de la famille des éricacées, et son fruit, une baie comestible de couleur rouge ou noir bleuté. *Variante :* Erelle. *Caractérologie :* réflexion, détermination, humanité, intégrité, générosité.

Aitana
250 Top 1 000

Père de tous les Basques (mythologie basque). *Caractérologie :* audace, direction, indépendance, décision, dynamisme.

Akiko
- de 30

L'enfant de l'automne (japonais). *Caractérologie :* relationnel, intuition, fidélité, adaptabilité, médiation.

Akila
650

Intelligente (arabe). *Caractérologie :* savoir, intelligence, organisation, méditation, indépendance.

Alaia
600 Top 500

Vertueuse (arabe), bonheur, joie (basque). *Caractérologie :* bienveillance, sagesse, conseil, paix, conscience.

Alaïs
1 100

De noble lignée (germanique). Féminin occitan. On peut estimer que moins de 30 enfants seront prénommés ainsi en 2023. *Caractérologie :* paix, conseil, conscience, sagesse, bienveillance.

Alana
2 500 Top 600

Belle, calme (celte). Alana est plus traditionnellement usité en Angleterre, en Écosse et en Bretagne. *Variantes :* Alanis, Allyn. *Caractérologie :* réceptivité, sociabilité, loyauté, diplomatie, bonté.

Alara
- de 100

Reine de tous (germanique). Féminin breton. *Variante :* Elara. *Caractérologie :* conscience, paix, bienveillance, sagesse, conseil.

Alba
6 500 Top 50

Blanc (latin). *Caractérologie :* sagacité, originalité, connaissances, spiritualité, organisation.

Albane
12 000 Top 100

Blanc (latin). Féminin français. *Variantes :* Albana, Albanie, Albanna, Albanne,

Albannie, Albina. *Caractérologie :* passion, ambition, organisation, force, habileté.

Alberte
3 500

Noble, brillante (germanique). En dehors de l'Hexagone, Alberte est particulièrement usité dans les pays scandinaves. On peut estimer que moins de 30 enfants seront prénommés ainsi en 2023. *Variante :* Alberta. *Caractérologie :* idéalisme, intégrité, altruisme, décision, gestion.

Albertine
3 000 Top 2 000

Noble, brillante (germanique). Ce prénom français a connu une certaine faveur dans l'Hexagone au XIXe siècle. Il s'est raréfié à partir des années 1940 mais pourrait bien renaître prochainement. *Variantes :* Albertina, Albéria, Albérie, Aubertine. *Caractérologie :* découverte, énergie, organisation, résolution, audace.

Alda
250

Noble (germanique). Prénom corse. *Variante :* Alderine. *Caractérologie :* rêve, humanité, ouverture d'esprit, rectitude, générosité.

Alena
850 Top 2 000

Éclat du soleil (grec). Forme corse d'Hélène. *Caractérologie :* paix, bienveillance, conscience, conseil, sagesse.

Aléria
- de 30

Comme un aigle (latin). Aleria est le nom d'une cité antique corse qui fut conquise par les Grecs puis les Romains. C'est aujourd'hui une ville très visitée pour ses vestiges historiques. *Caractérologie :* direction, décision, audace, indépendance, dynamisme.

Alesia
400 Top 2 000

Défense de l'humanité (grec). *Caractérologie :* intuition, relationnel, médiation, décision, fidélité.

Alessandra
850

Défense de l'humanité (grec). *Caractérologie :* engagement, méthode, fiabilité, ténacité, sens du devoir.

Alessia
3 000 Top 400

Défense de l'humanité (grec). Alessia est un prénom italien. *Caractérologie :* communication, pratique, enthousiasme, adaptation, décision.

Aleth
600

Ailée (latin), vérité (grec). Située sur une presqu'île proche de Saint-Malo, en Bretagne, la cité d'Aleth fut la première capitale du peuple gaulois des Coriosolites. Elle fut ensuite conquise par les Romains puis devint une ville fortifiée au Moyen Âge. *Variantes :* Alette, Alet, Alethia. *Caractérologie :* dynamisme, organisation, finesse, indépendance, assurance.

Alexa
2 000

Défense de l'humanité (grec). Féminin anglais. On peut estimer que moins de 30 enfants seront prénommés ainsi en 2023. *Caractérologie :* savoir, intelligence, indépendance, méditation, sagesse.

Alexandra
92 000 Top 500

Défense de l'humanité (grec). En dehors de l'Hexagone, Alexandra est particulièrement répandu dans les pays anglophones et scandinaves. *Variantes :* Aléandra, Aleksandra, Alessandra, Alexandréa, Alexandria. Forme basque : Xandra. *Caractérologie :* achèvement, stratégie, caractère, vitalité, logique.

Alexandrine
6 000

Défense de l'humanité (grec). Féminin français. On peut estimer que moins de 30 enfants seront prénommés ainsi en 2023. *Caractérologie :* habileté, ambition, volonté, analyse, force.

A

Alba

Fête :
22 juin

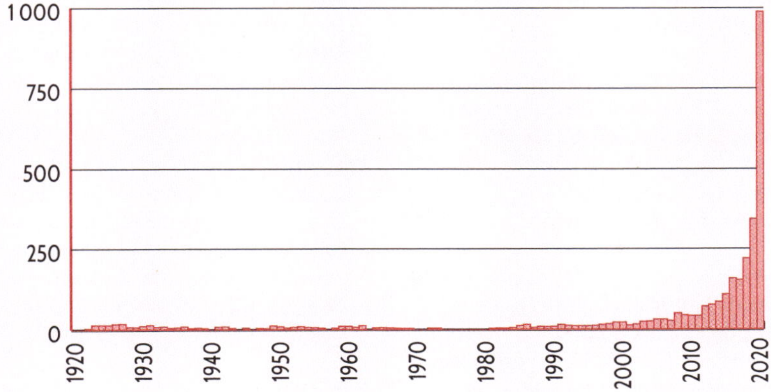

Étymologie

Issu du latin *albus*, « blanc ». Sa forme substantivée en espagnol et en italien se traduit par « aube ». Une promesse de splendeur sied à ce prénom qui arbore, comme il se doit dans les standards féminins actuels, 4 lettres, une terminaison en « a » et une signification radieuse. Nombre de parents hispanophones et italophones ont déjà succombé à son éclat.

En France, il est inexistant jusqu'à la fin du XXe siècle et commence à poindre dans les années 2000. Deux décennies lui suffiront pour surgir dans le top 20 national. Gageons qu'elle n'a pas encore atteint son zénith dans l'Hexagone. Par ailleurs, Alba vient d'amorcer sa course dans les latitudes francophones.

Dans l'histoire

Alba est la version féminisée d'Alban, premier martyr de Grande-Bretagne. Il offrit refuge à un prêtre chrétien persécuté et poussa le sacrifice jusqu'à revêtir ses habits et se livrer en lieu et place.

Mais ce n'est pas dans la martyrologie qu'il faut chercher les raisons de l'engouement pour ce prénom. Son arrivée sous les sunlights est sans doute liée au succès international de deux séries espagnoles, *La Casa de Papel* et *Las Chicas del Cable*. Dans la première, l'actrice Alba Flores incarne Nairobi, une version milléniale féministe de *Robin des Bois*. La deuxième décrit la lutte pour l'indépendance de 4 jeunes femmes standardistes dans l'Espagne des années 1920. Alba, le principal personnage, cherche à s'affranchir de son passé et doit affronter l'adversité de la société franquiste dans ce qu'elle a de plus machiste.

Tout récemment, le collectif Bon Entendeur et le pianiste Sofiane Pamart ont créé un clip où danse et musique offrent un vibrant hommage aux performances d'artistes malmenés par la covid. En devinez-vous le titre ? Alba... Le monde des arts, qui anticipe souvent les tendances, a décidément un faible pour ce prénom !

Personnes célèbres

Alba Ventura, journaliste, née en 1970 ; Alba Flores, actrice espagnole, née en 1986 ; Alba Galocha, top model espagnole, née en 1990 ; Alba Reche, chanteuse et compositrice, née en 1997. Le chanteur Kendji Girac a choisi de prénommer sa fille Eva Alba.

Statistiques

Alba est le 186e prénom féminin le plus donné en France depuis l'an 2000. Ce prénom est attribué à près d'une fille sur 150 aujourd'hui.

Alexane
3 500 Top 2 000

Contraction d'Alex et Anne. *Variantes :* Alexana, Alexanna, Alexanne. *Caractérologie :* habileté, ambition, force, passion, management.

Alexia
37 000 Top 500

Défense de l'humanité (grec). Féminin grec, anglais, français et allemand. *Variantes :* Alexe, Alexide, Alexya, Olessia. *Caractérologie :* savoir, intelligence, méditation, analyse, résolution.

Alexiane
2 500

Défense de l'humanité (grec). On peut estimer que moins de 30 enfants seront prénommés ainsi en 2023. *Caractérologie :* détermination, habileté, ambition, force, raisonnement.

Alexie
1 500 Top 800

Défense de l'humanité (grec). *Caractérologie :* intuition, relationnel, raisonnement, médiation, détermination.

Alexine
1 100

Défense de l'humanité (grec). Féminin anglais. On peut estimer que moins de 30 enfants seront prénommés ainsi en 2023. *Variante :* Alexina. *Caractérologie :* intelligence, décision, savoir, logique, méditation.

Aleyna
3 000 Top 500

Éclat du soleil (grec). *Caractérologie :* ténacité, méthode, fiabilité, engagement, bonté.

Alfreda
1 100

Noble paix (germanique). On peut estimer que moins de 30 enfants seront prénommés ainsi en 2023. *Variantes :* Alfredine, Frédine, Elfrida. *Caractérologie :* réceptivité, caractère, sociabilité, diplomatie, logique.

Alia
4 500 Top 400

Noble, admirable (arabe), qui monte (hébreu). *Variantes :* Allia, Aliya, Aliye. *Caractérologie :* dynamisme, curiosité, courage, indépendance, charisme.

Alice
110 000 Top 50

De noble lignée (germanique). *Variantes :* Adelice, Aelis, Alis. *Caractérologie :* communication, pragmatisme, optimisme, résolution, créativité.

Alicia
51 000 Top 100

De noble lignée (germanique). Alicia s'envole en France et dans de nombreux pays européens, anglophones et hispanophones aujourd'hui. Voir Alice. *Variantes :* Allissia, Licia, Lissia. *Caractérologie :* stratégie, ardeur, achèvement, leadership, vitalité.

Aliénor
5 000 Top 300

Compassion (grec). Duchesse d'Aquitaine, Aliénor épousa Louis VII et devint reine de France en 1137. Mais l'union s'avéra malheureuse et Aliénor s'empressa d'obtenir son annulation. En épousant en secondes noces Henri Plantagenêt, la belle Aliénor devint reine d'Angleterre le 18 mai 1152. Les plus connus de ses huit enfants sont Richard Cœur de Lion et Jean sans Terre. Alienor est plus particulièrement usité en Occitanie (surtout en Provence) et au Pays basque. *Caractérologie :* logique, diplomatie, sociabilité, décision, réceptivité.

Aliette
2 500

De noble lignée (germanique). On peut estimer que moins de 30 enfants seront prénommés ainsi en 2023. *Caractérologie :* organisation, idéalisme, altruisme, détermination, intégrité.

Alima
950 Top 1 000

Sage, raisonnable (arabe). *Caractérologie :* réflexion, intégrité, altruisme, idéalisme, dévouement.

Alina
2 000 Top 500

Noble (germanique). Féminin italien, allemand, slave et roumain.

A

Alice

Fête :
16 décembre

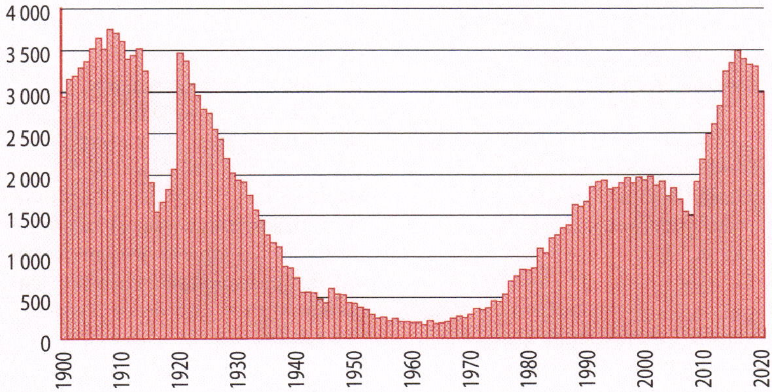

Étymologie

Cet ancien dérivé d'Adélaïde vient du germain *adal*, « noble », et *heit*, « lignée », d'où la signification : « de noble lignée ». Il est fréquent dès le Moyen Âge en France et en Europe, ce qui facilite l'essor de nombreuses variantes. Dans l'Hexagone, Alaïs, Alis, Alix, Alison et les formes régionales bretonne (Adelice) et occitane (Aelis) connaissent alors une belle progression. Alice est très usité jusqu'au XVIIe siècle, puis se fait oublier jusqu'à ce que le roman de Lewis Carroll, *Alice au pays des merveilles*, contribue à sa renaissance à la fin du XIXe siècle.

Ce prénom se raréfie dans les années 1930, mais revient discrètement à la fin des années 1990. Il brille aujourd'hui dans le top 5 national. On observe son retour en Europe, du nord jusqu'au sud. Il triomphe en Suède depuis plus de 10 ans et séduit de plus en plus de parents italiens ou portugais. Alice a réalisé un doublé francophone en s'imposant dans les tops 5 québécois et romand, mais se replie un peu dans les terres wallonnes. Ces succès profitent à Alicia qui prospère dans de nombreux palmarès occidentaux.

Issue d'une famille aisée à Remiremont, dans les Vosges, **sainte Alice** se convertit à l'âge de 21 ans et fonda plusieurs pensionnats destinés à l'éducation des jeunes filles. Leur fonctionnement perdura des siècles après sa mort, en 1622.

Personnes célèbres

Alice Coltrane, musicienne et compositrice de jazz américaine (1937-2007) ; Alice Munro, femme de lettres canadienne, née en 1931 ; Alice Ferney, écrivaine française, née en 1967.

Statistiques

Alice est le 16e prénom féminin le plus donné en France depuis l'an 2000. Ce prénom est attribué à près d'une fille sur 115 aujourd'hui.

Caractérologie : autorité, innovation, énergie, décision, ambition.

Aline
65 000 Top 400

Noble (germanique). Féminin français et portugais. *Variante :* Alyne. *Caractérologie :* dynamisme, courage, curiosité, indépendance, détermination.

Aliona
250

Mon Dieu est lumière (hébreu). Prénom russe. *Variante :* Éliona. *Caractérologie :* analyse, méditation, résolution, intelligence, savoir.

Alison
16 000 Top 2 000

De noble lignée (germanique). En dehors de l'Hexagone, cette forme médiévale d'Alice est répandue dans les pays anglophones. *Variante :* Alisonne. *Caractérologie :* détermination, intelligence, raisonnement, savoir, méditation.

Alissa
2 000 Top 1 000

De noble lignée (germanique). Féminin anglais. *Variante :* Alisa. *Caractérologie :* sagacité, connaissances, spiritualité, philosophie, originalité.

A

Alissia
1 000

De noble lignée (germanique). *Caractérologie :* originalité, connaissances, spiritualité, philosophie, sagacité.

Alisson
4 500

De noble lignée (germanique). Féminin anglais. On peut estimer que moins de 30 enfants seront prénommés ainsi en 2023. *Variante :* Alissone. *Caractérologie :* force, ambition, résolution, habileté, analyse.

Alix
27 000 Top 50

Forme médiévale d'Alice : de noble lignée (germanique). Féminin français. *Caractérologie :* innovation, autorité, énergie, logique, ambition.

Alixe
900 Top 2 000

De noble lignée (germanique). *Variante :* Alixen. *Caractérologie :* paix, bienveillance, conscience, détermination, raisonnement.

Alixia
500

De noble lignée (germanique). *Caractérologie :* sociabilité, réceptivité, diplomatie, loyauté, analyse.

Aliya
6 500 Top 200

Noble, admirable (arabe), qui monte (hébreu). *Variantes :* Aaliyah, Aliyah, Allya, Aliye. *Caractérologie :* communication, pragmatisme, optimisme, créativité, sociabilité.

Alizé
2 000 Top 2 000

De noble lignée (germanique). Cette forme d'Alice se rapporte également au nom du vent qui souffle sur les îles des Caraïbes. *Variantes :* Alise, Aliséa, Alisée, Aliza, Alize, Alizia. *Caractérologie :* achèvement, vitalité, stratégie, ardeur, résolution.

Alizéa
750

De noble lignée (germanique). Voir Alizé. *Variante :* Aliséa. *Caractérologie :* idéalisme, détermination, altruisme, intégrité, réflexion.

Alizée
14 000 Top 400

De noble lignée (germanique). Voir Alizé. Féminin français. *Caractérologie :* persévérance, structure, sécurité, efficacité, détermination.

Allison
5 500

De noble lignée (germanique). Féminin anglais. On peut estimer que moins de 30 enfants seront prénommés ainsi en 2023. *Variantes :* Allisson, Allyson. *Caractérologie :* détermination, autorité, innovation, énergie, raisonnement.

Le top 20 en 2023

Ci-dessous les projections du top 20 des prénoms féminins. Le classement a été effectué par ordre décroissant d'attribution.

1. Jade
2. Louise
3. Emma
4. Ambre
5. Alice
6. Alba
7. Rose
8. Anna
9. Romy
10. Mia
11. Julia
12. Lina
13. Lou
14. Iris
15. Chloé
16. Agathe
17. Léa
18. Léna
19. Charlie
20. Inès

Le retrait d'Emma a fait monter d'un cran les enchères entre Louise et Jade, rivales de longue date. Chacune a régné au moins un an sur le tableau féminin dans la dernière décennie, et le nombre de leurs attributions est très proche. Cependant, c'est Jade qui est la mieux placée pour prendre la tête du classement cette année.

Si les prénoms de la nature consolident leur progression (Ambre, Agathe et Jade pour les pierres, Iris et Rose pour les fleurs), les terminaisons en « a » (Emma, Léa, Mila et Léna), apparues avec force au début des années 2000, poursuivent leur reflux. Mais ne les jetons pas aux oubliettes, car l'irruption d'une graine de star pourrait inverser la dynamique : Alba, du haut de ses 4 petites lettres, vient de gravir 47 places de classement en un an. Chose remarquable pour un prénom qui ne dépassait pas les 50 attributions annuelles en France avant 2012 ! Son succès pourrait favoriser l'accès au club d'autres prétendantes en « a », comme Nina et Luna. À contre-courant de ces sonorités tendance, Romy a misé sur son « y » pour se distinguer avec brio.

L'entrée de Charlie, plus prévisible, en est presque éclipsée. Et pourtant, sa percée est remarquable à plusieurs titres : ce prénom rejaillit alors que l'attentat de Charlie Hebdo avait arrêté net son ascension en 2015. Il est relativement long (7 lettres), rime avec Élodie, Émilie et Sylvie, sonorités d'une autre époque. Et il prend, en tant que prénom mixte, la place de Camille qui a quitté le top 20 féminin en 2018. Charlie connaîtra-t-il le même succès que son prédécesseur ?

En 2023, nous n'attendons pas l'arrivée de prénoms à rallonge dans la cour des grands : les stars continuent à donner le *la* avec 1 à 2 syllabes et 5 lettres en moyenne. Nous observons par ailleurs une raréfaction des prénoms accentués dans le tableau féminin. Seules Léa, Chloé, Inès et Léna résistent encore en bas du classement. Quel contraste avec les décennies 1980 et 2000 où l'on en comptait 2 fois plus et où Aurélie et Léa étaient reines !

Alma

6 000 Top 100

Nourrissant (latin). Au VIe siècle, Alma, ou Almeda, fut assassinée par le prétendant qu'elle refusait d'épouser au pays de Galles. Prénom italien. *Caractérologie :* rectitude, rêve, humanité, ouverture d'esprit, générosité.

Almarine

- de 30

Gouverner, travailler (germanique). *Variante :* Almerine. *Caractérologie :* audace, dynamisme, direction, résolution, indépendance.

Almeda

- de 30

Ambitieuse (latin). Voir Alma. *Variante :* Almida. *Caractérologie :* rêve, rectitude, ouverture d'esprit, humanité, générosité.

Almeria

- de 30

Princesse (espagnol, arabe). *Caractérologie :* dynamisme, indépendance, curiosité, courage, résolution.

Aloïse

650 Top 2 000

Très sage (vieil allemand). *Variantes :* Aloïs, Aloyse, Aloysia. *Caractérologie :* raisonnement, méditation, intelligence, détermination, savoir.

A

Aloyse

130

Très sage (vieil allemand). Aloyse est plus particulièrement recensé au Luxembourg. *Caractérologie :* curiosité, dynamisme, courage, indépendance, sympathie.

Alphanie

- de 30

Se rapporte au patronyme italien Alfani, du latin *elephantus* (« éléphant »). *Variantes :* Alphania, Alphéna, Phania. *Caractérologie :* communication, générosité, amitié, adaptation, action.

Alphonsine

1 100

Noble, vive (germanique). Féminin français. On peut estimer que moins de 30 enfants seront prénommés ainsi en 2023. *Variante :* Alphie. *Caractérologie :* découverte, énergie, audace, ressort, analyse.

Althea

400

Guérisseuse (grec), mauve (latin). Dans la mythologie grecque, Althée est l'épouse d'Œnée, le roi de Calydon. *Caractérologie :* diplomatie, sensibilité, réceptivité, sociabilité, organisation.

Alvina

600

Elfe, amie (vieil anglais). *Variantes :* Alvia, Alvie, Alvana, Alvine, Alvira. *Caractérologie :* découverte, énergie, résolution, audace, originalité.

Alwena

1 200 Top 2 000

Elfe, amie (vieil anglais). *Variante :* Alwina. *Caractérologie :* médiation, fidélité, adaptabilité, intuition, relationnel.

Alya

9 000 Top 100

Noble, admirable (arabe), qui monte (hébreu). *Variante :* Alyah. *Caractérologie :* enthousiasme, pratique, adaptation, communication, générosité.

Alycia

6 000 Top 600

De noble lignée (germanique). *Caractérologie :* équilibre, famille, responsabilité, influence, exigence.

Alyson

3 000 Top 2 000

De noble lignée (germanique). *Variante :* Alysone. *Caractérologie :* curiosité, dynamisme, courage, sympathie, indépendance.

Alyssa

11 000 Top 300

De noble lignée (germanique). Alyssa est très répandu dans les pays anglophones, notamment aux États-Unis. *Caractérologie :* dynamisme, indépendance, curiosité, charisme, courage.

Alyssia
4 000 Top 800

De noble lignée (germanique). *Caractérologie :* découverte, énergie, séduction, audace, originalité.

Alysson
1 400 Top 2 000

De noble lignée (germanique). *Caractérologie :* conscience, paix, bienveillance, amitié, conseil.

Alyzée
700 Top 2 000

De noble lignée (germanique). Voir Alizé. *Variantes :* Alyséa, Alysée. *Caractérologie :* intuition, médiation, fidélité, relationnel, cœur.

Ama
- de 100

Mère (basque), variante provençale d'Amadia, née un samedi (ghanéen). *Caractérologie :* responsabilité, équilibre, exigence, famille, influence.

Amaëlle
550 Top 2 000

Variante moderne de Maëlle : chef, prince (celte). *Caractérologie :* efficacité, structure, persévérance, sécurité, honnêteté.

Amaia
1 600 Top 600

Fin (basque). *Caractérologie :* connaissances, spiritualité, sagacité, philosophie, originalité.

Amal
3 500 Top 2 000

Espoir (arabe), travail (hébreu). *Caractérologie :* réflexion, idéalisme, intégrité, altruisme, dévouement.

Amale
600

Espoir (arabe), forme basque d'Amélie. *Caractérologie :* découverte, originalité, audace, énergie, séduction.

Amalia
3 500 Top 400

Travailleuse (germanique). Féminin allemand, finlandais, néerlandais, espagnol, italien, grec et roumain. Aux Pays-Bas, la naissance de Catharina-Amalia (la fille du prince Willem et de Maxima) a donné des ailes à cette composition. *Caractérologie :* audace, direction, dynamisme, indépendance, assurance.

Partir en voyage simplement en écoutant Amália Rodrigues, la diva lisboète. Elle contribua à dépoussiérer le fado, sans jamais le trahir. Comme un cri du cœur, où poésie, musique et nostalgie entretiennent la flamme de vie. Laissez-vous emporter par la *saudade*.

Amalie
- de 30

Travailleuse (germanique). Féminin allemand. *Caractérologie :* découverte, résolution, énergie, audace, originalité.

Amalys
- de 30

Resplendir (grec). Féminin anglais. *Variante :* Amelys. *Caractérologie :* ambition, force, management, passion, habileté.

Amance
200

Aimée (latin). *Caractérologie :* ténacité, méthode, fiabilité, engagement, sécurité.

Amanda
6 000 Top 2 000

Aimée (latin). En dehors de l'Hexagone, ce prénom est particulièrement porté dans les pays anglophones. *Variante :* Manda. *Caractérologie :* méditation, savoir, indépendance, sagesse, intelligence.

Amandine
95 000 Top 600

Aimée (latin). Féminin français. *Variantes :* Amande, Amandyne, Amantine. *Caractérologie :* méditation, décision, savoir, indépendance, intelligence.

Amane
190

Maternité (basque). *Caractérologie :* savoir, intelligence, méditation, sagesse, indépendance.

Amani
1 400 Top 800

Qui aspire à quelque chose (arabe). *Variante :* Amany. *Caractérologie :*

A

relationnel, fidélité, intuition, décision, médiation.

Amanza
- de 30

Aimée (latin). Amanza est plus particulièrement usité en Italie et en Corse. *Caractérologie :* bonté, diplomatie, sociabilité, loyauté, réceptivité.

Amara
650 Top 700

Immortelle (sanscrit). Amara est plus particulièrement usité en Arménie et en Inde. *Variante :* Amaria. *Caractérologie :* savoir, intelligence, méditation, sagesse, indépendance.

Amarande
- de 100

Aimer (latin). Féminin français. *Caractérologie :* pragmatisme, communication, créativité, décision, optimisme.

Amaranthe
- de 30

Plante ornementale dont le nom vient du latin *amaranthus*, et du grec *anthos* (« fleur »). Amaranthe est fêté avec Fleur, le 5 octobre. *Variantes :* Amarante, Amarantha. *Caractérologie :* humanité, rectitude, générosité, sensibilité, volonté.

A

Amaria
500

Dieu a parlé (hébreu), bâtisseuse (arabe). *Caractérologie :* sagesse, indépendance, intelligence, savoir, méditation.

Amarine
- de 100

Aimer (latin). *Caractérologie :* savoir, analyse, méditation, indépendance, sagesse.

Amaris
- de 100

Promise par Dieu (hébreu). *Caractérologie :* savoir, intelligence, méditation, sagesse, indépendance.

Amaryllis
300

Resplendir (grec). Les poètes Virgile, Théocrite et Ovide ont en commun d'avoir loué la beauté légendaire d'Amaryllis. Ce prénom français est fêté avec Fleur, le 5 octobre. *Variantes :* Amarillis, Amarylise. *Caractérologie :* relationnel, intuition, médiation, fidélité, réalisation.

Amaya
2 000 Top 300

Aimée (latin), fin (basque). Amaya est plus traditionnellement usité en Espagne et au Pays basque. *Caractérologie :* découverte, énergie, audace, originalité, réalisation.

Amayelle
- de 100

Dans la saga fantastique *Les Chevaliers d'Émeraude*, d'Anne Robillard, Amayelle est la princesse des elfes. *Caractérologie :* réalisation, diplomatie, loyauté, sociabilité, décision.

Ambérine
- de 30

Voir Ambre. *Caractérologie :* méthode, fiabilité, sécurité, détermination, résolution.

Ambre
56 000 Top 50

Cette forme féminine d'Ambroise tire ses origines du grec *ambrosios*, « immortel ». *Variantes :* Ambar, Amber, Ambra. *Caractérologie :* optimisme, pragmatisme, communication, créativité, détermination.

Ambrine
2 500 Top 2 000

Voir Ambre. Née en 1991, cette variante d'Ambre a prénommé une centaine de Françaises par an au tournant des années 2010, mais elle reste peu connue. *Caractérologie :* vitalité, ardeur, achèvement, stratégie, décision.

Ambroisine
350

Voir Ambre. *Variante :* Ambrosine. *Caractérologie :* conscience, bienveillance, volonté, paix, détermination.

Amel
12 000 Top 500

Espoir (arabe). *Variante :* Amele. *Caractérologie :* structure, efficacité, sécurité, persévérance, honnêteté.

Ambre

Fête :
7 décembre

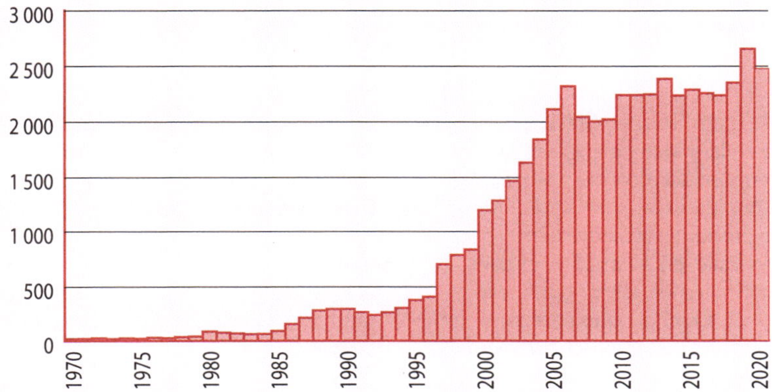

Étymologie

Cette forme féminine d'Ambroise tire ses origines du grec *ambrosios*, « immortel ». Dans la mythologie, les dieux de l'Olympe se nourrissent de l'ambroisie, gage d'immortalité. L'ambre est également une substance végétale sécrétée par les conifères, il est utilisé comme bijou ou talisman.

Au cours de l'histoire, les Latins appelaient l'ambre jaune *succinum* et les Arabes nommaient l'ambre gris *ambar*. Cet héritage multiculturel fait d'Ambre un prénom prisé par les couples mixtes.

Amber, la forme anglophone du prénom, émerge dès le XIXe siècle. Mais c'est le roman *Forever Amber*, de Kathleen Winsor, paru en 1944, qui lance sa carrière. Amber atteint son pic de popularité aux États-Unis à la fin des années 1980 (top 15), avant d'obtenir un succès comparable en Angleterre.

Ambre, la version française, apparaît pour la première fois dans l'Hexagone en 1952, mais passe inaperçue, avec 3 attributions seulement. Elle ne fait guère d'émules avant les années 1990, où son destin change soudainement. Happée par la vague des prénoms inspirés de la nature et la gloire d'une autre pierre précieuse (Jade), Ambre supplante Océane et gravit les échelons de la postérité. On a pu croire un moment à son reflux. Fausse piste, elle vient de rebondir dans le top 5 et évolue dans le top 40 parisien.

En dehors de la France, ce prénom se fait plutôt discret. Il ne convainc pas les Québécois mais séduit davantage en Wallonie (top 50) et en Romandie (top 100).

Apparue en 1991 dans l'Hexagone, la variante Ambrine est désormais portée par près de 2 500 Françaises. Ce joli succès n'a pas entraîné l'éclosion des très discrètes Ambérine, Ambrosia, Ambroisine et Ambrosine.

Personnes célèbres

Amber Heard, actrice américaine, née en 1986 ; Amber Valetta, top model et actrice américaine, née en 1974.

Statistiques

Ambre est le 23e prénom féminin le plus donné en France depuis l'an 2000. Ce prénom est attribué à près d'une fille sur 115 aujourd'hui.

Amel Bent a été révélée par la *Nouvelle Star* en 2004. Elle figure depuis au palmarès des chanteuses les plus populaires. Encouragée par des personnalités aussi différentes que Diam's et Charles Aznavour, elle fait vibrer sa voix chaleureuse sur les accents du rythm 'n' blues. Un prénom qui a du flow !

Amélia

14 000 Top 100

Travailleuse (germanique). Grâce à la popularité de la princesse anglaise du même nom, Amelia a connu une certaine faveur en Angleterre au XIXe siècle. Depuis, ce prénom s'est largement répandu en Italie, en Allemagne et dans les pays anglophones, hispanophones et lusophones. Ce choix traditionnel basque et corse pourrait prochainement supplanter Amélie dans le classement français. *Caractérologie :* dynamisme, courage, indépendance, résolution, curiosité.

Amélie

81 000 Top 500

Travailleuse (germanique). Peu attribué par le passé, Amélie bourgeonne au XVIIe siècle grâce à la popularité de la princesse anglaise Amelia. Ce prénom fait des émules dans les familles royales et prénomme d'autres têtes couronnées (incluant quelques Marie-Amélie) avant de se répandre plus largement en France. Il revient à lui après un long sommeil, à la fin des années 1980, s'imposant dans les 20 premiers rangs à son dernier pic, en 1991. *Variantes :* Amelia, Amellia, Amélya, Amely, Amelys, Amilia. *Caractérologie :* réflexion, altruisme, résolution, intégrité, idéalisme.

Ameline

2 500

Travailleuse (germanique). Féminin français. On peut estimer que moins de 30 enfants seront prénommés ainsi en 2023. *Variantes :* Amelina, Amelyne. Formes basques et corses : Ameli, Amelia. *Caractérologie :* originalité, énergie, découverte, résolution, audace.

Amelle

1 500

Espoir (arabe). On peut estimer que moins de 30 enfants seront prénommés ainsi en 2023. *Caractérologie :* enthousiasme, pratique, adaptation, générosité, communication.

Aménis

- de 100

Se rapporte à Améni, pharaon de la XIIIe dynastie égyptienne. *Caractérologie :* résolution, connaissances, sagacité, spiritualité, originalité.

Amicie

550

Aimée (latin). *Caractérologie :* engagement, méthode, fiabilité, ténacité, sens du devoir.

Amina

14 000 Top 200

Loyale, digne de confiance (arabe). *Variante :* Amine. *Caractérologie :* relationnel, intuition, médiation, fidélité, décision.

Aminata

8 000 Top 300

Loyale, digne de confiance (arabe). *Caractérologie :* curiosité, courage, résolution, dynamisme, indépendance.

Amira

9 000 Top 200

Prince (arabe), proclamée (hébreu). *Caractérologie :* paix, bienveillance, conscience, conseil, sagesse.

Amy

4 000 Top 400

Qui est aimée (latin). Féminin anglais. *Caractérologie :* optimisme, pragmatisme, créativité, communication, réussite.

Ana

12 000 Top 200

Grâce (hébreu). Ana est très répandu dans les pays hispanophones, lusophones et slaves méridionaux. C'est aussi un choix traditionnel basque. *Variantes :* Ane, Ani. *Caractérologie :* connaissances, spiritualité, sagacité, originalité, philosophie.

A

Anabel
600
Grâce (hébreu). Prénom espagnol. *Caractérologie :* organisation, force, ambition, habileté, passion.

Anabelle
2 500
Grâce (hébreu). On peut estimer que moins de 30 enfants seront prénommés ainsi en 2023. *Variantes :* Anabela, Anabella. *Caractérologie :* savoir, intelligence, indépendance, méditation, organisation.

Anaé
10 000 Top 100
Contraction d'Anne et Hanaé. Féminin français et japonais. *Variante :* Naé. *Caractérologie :* adaptation, communication, pratique, enthousiasme, générosité.

Anaël
1 700 Top 2 000
Grâce (hébreu). *Variante :* Annaël. *Caractérologie :* équilibre, responsabilité, influence, exigence, famille.

Anaëlle
25 000 Top 200
Grâce (hébreu). Cette forme bretonne d'Anne peut également être orthographiée sans tréma. *Variantes :* Anaële, Enaëlle. *Caractérologie :* curiosité, dynamisme, indépendance, courage, charisme.

Anaia
450 Top 2 000
Dieu a répondu (hébreu), frère (basque). Bien que ce nom apparaisse au masculin dans l'Ancien Testament, Anaia est uniquement attribué aux filles dans l'Hexagone. *Caractérologie :* force, ambition, habileté, résolution, passion.

Anaïg
150
Grâce (hébreu). Cette forme bretonne d'Anne peut également être orthographiée sans tréma. *Variantes :* Anaïck, Anaïk. *Caractérologie :* découverte, énergie, audace, originalité, résolution.

Anaïs
132 000 Top 100
Grâce (hébreu). Ce dérivé d'Anne fleurit en France dans les années 1980 alors que le parfum du même nom connaît un succès fulgurant. Anaïs atteint très vite son zénith, s'imposant au 4e rang du classement en 1993, avant de décliner. Ce prénom rendu célèbre par Anaïs Nin, écrivaine américaine d'origine cubaine (1903-1977), est peu répandu dans les pays anglophones. Dans l'Hexagone, il est plus particulièrement usité dans le Pays basque et en Occitanie. *Variante :* Annaïs. *Caractérologie :* habileté, ambition, force, passion, détermination.

Analia
250
Contraction espagnole d'Ana et Lia. *Caractérologie :* résolution, diplomatie, loyauté, réceptivité, sociabilité.

Anastasia
8 000 Top 300
Résurrection (grec). Anastasia est plus particulièrement répandu en Grèce, en Russie, dans les pays anglophones et hispanophones. C'est aussi un choix traditionnel occitan. *Variantes :* Anastassia, Anasthasia, Nasia, Nasya. *Caractérologie :* fiabilité, ténacité, méthode, engagement, décision.

Anastasie
850
Résurrection (grec). *Variante :* Anasthasie. *Caractérologie :* vitalité, achèvement, stratégie, décision, ardeur.

Anathilde
- de 30
Contraction d'Anna et Mathilde. *Caractérologie :* autorité, innovation, décision, attention, autonomie.

Anatolie
- de 100
Aube, soleil levant (grec). *Variantes :* Anatolia, Anatoline. *Caractérologie :* audace, énergie, découverte, résolution, analyse.

Anaya
1 500 Top 400

Unique, inégalée (sanscrit), variante d'Anaia. Prénom indien d'Asie. Anaya est également un nom de lieu et un patronyme espagnol. *Caractérologie :* conscience, bienveillance, conseil, paix, sagesse.

Anceline
- de 100

Servante (latin). *Caractérologie :* ouverture d'esprit, rêve, décision, humanité, rectitude.

Andréa
30 000 Top 200

Force, courage (grec). Andrea apparaît dans les pays anglophones dès le XVIIe siècle, mais ses attributions restent modestes jusque dans les années 1950, où il connaît un boom de popularité. Son succès se propage en France, et lui permet en 1995 de s'imposer dans le top 60 féminin. Une fortune qui a permis de révéler Andrea au masculin. Ce prénom est également répandu en Allemagne, en Hongrie, dans les pays scandinaves, au Pays basque et en Occitanie. *Variantes :* Andréane, Andréanne, Andria, Andreva. *Caractérologie :* intelligence, savoir, méditation, indépendance, décision.

A

Andréanne
120

Contraction d'Andrée et Anne. *Caractérologie :* sécurité, persévérance, efficacité, résolution, structure.

Andrée
65 000

Force, courage (grec). Ce féminin d'André se révèle au début du XXe siècle et culmine au 10e rang féminin en 1919. Bien qu'il ait grandi dans le sillon d'André, ce prénom a été trois fois moins attribué que son masculin au siècle dernier. On peut estimer que moins de 30 enfants seront prénommés ainsi en 2023. *Variantes :* Andrèse, Andrésia, Andrésine, Andrette, Andrey, Andrèze. *Caractérologie :* intuition, relationnel, médiation, résolution, fidélité.

Andreia
750

Force, courage (grec). Ce prénom est particulièrement répandu au Portugal. *Caractérologie :* connaissances, spiritualité, originalité, sagacité, détermination.

Andria
- de 30

Forme anglophone d'Andrée : force, courage (grec). Au masculin, Andria est une forme italienne et corse d'André. Une ville italienne située dans la région des Pouilles s'appelle ainsi. *Caractérologie :* relationnel, médiation, fidélité, intuition, détermination.

Andriana
- de 100

Force, courage (grec). Féminin scandinave. *Variantes :* Andriane, Andrianna, Andrianne, Andrina, Andrienne, Drina. *Caractérologie :* stratégie, motivation, management, passion, ambition.

Andriette
- de 30

Force, courage (grec). Féminin scandinave. *Variante :* Andrietta. *Caractérologie :* équilibre, conscience, volonté, influence, exigence.

Andrine
- de 30

Diminutif scandinave d'Alexandrine ou d'Andrée. *Caractérologie :* décision, diplomatie, fidélité, adaptabilité, intuition.

Anémone
150

Nom de fleur (grec). *Caractérologie :* structure, persévérance, sécurité, efficacité, volonté.

Ange
1 800 Top 800

Messagère (grec). *Caractérologie :* humanité, rectitude, rêve, générosité, tolérance.

Angel
900 Top 2 000

Messagère (grec). Angel est très attribué aux États-Unis. *Caractérologie :* optimisme, communication, sympathie, pragmatisme, créativité.

Angéla 8 500 Top 500 →
Messagère (grec). Féminin anglais, allemand, grec, néerlandais, roumain, russe et slave. *Variante :* Angella. *Caractérologie :* efficacité, structure, persévérance, amitié, sécurité.

Angèle 24 000 Top 300 →
Messagère (grec). Prénom français. Sainte Angèle de Merici, fondatrice de l'ordre des Ursulines, vécut en Italie au XVIe siècle. *Variantes :* Angélia, Angélie, Angelle. *Caractérologie :* habileté, ambition, cœur, passion, force.

Angelica 1 400
Messagère (grec). Féminin italien, roumain, espagnol et portugais. On peut estimer que moins de 30 enfants seront prénommés ainsi en 2023. *Caractérologie :* sagacité, connaissances, spiritualité, résolution, sympathie.

Angelina 19 000 Top 300 ↘
Messagère (grec). Angelina est plus particulièrement répandu en Italie, en Russie, en Pologne, en Allemagne et dans les pays anglophones. *Caractérologie :* rectitude, humanité, détermination, amitié, rêve.

Angeline 11 000 Top 1 000 ↘
Messagère (grec). Féminin français. *Caractérologie :* résolution, structure, sécurité, persévérance, sympathie.

Angélique 88 000 Top 2 000 ↘
Messagère (grec). Féminin français. *Caractérologie :* autorité, innovation, action, énergie, cœur.

Angie 2 500
Messagère (grec). Féminin anglais. On peut estimer que moins de 30 enfants seront prénommés ainsi en 2023. *Variante :* Angy. *Caractérologie :* résolution, humanité, tolérance, rêve, rectitude.

Ania 1 800 Top 600 ↗
Grâce (hébreu). Ania est très répandu en Pologne et en Russie. *Caractérologie :* savoir, intelligence, méditation, indépendance, détermination.

Anicette 500
Invincible (grec). *Variantes :* Anicée, Anicet, Nicette. *Caractérologie :* détermination, dynamisme, audace, gestion, séduction.

Anissa 19 000 Top 500 ↘
Sociable, sympathique (arabe). Ce prénom est particulièrement répandu dans les cultures musulmanes francophones. *Variantes :* Anicia, Anise, Annissa, Anissia, Anyse, Anysia, Anyssa, Anyssia. *Caractérologie :* décision, réflexion, altruisme, idéalisme, intégrité.

Anita 26 000 Top 1 000 →
Grâce (hébreu). Féminin espagnol, portugais, anglais, français, néerlandais et scandinave. *Caractérologie :* humanité, rêve, rectitude, détermination, tolérance.

Ann 500
Grâce (hébreu). Féminin anglais. *Caractérologie :* relationnel, intuition, médiation, fidélité, adaptabilité.

Anna 69 000 Top 50 →
Grâce (hébreu). *Caractérologie :* adaptation, communication, enthousiasme, pratique, générosité.

Annabel 2 500
Grâce (hébreu). Féminin anglais. On peut estimer que moins de 30 enfants seront prénommés ainsi en 2023. *Caractérologie :* structure, persévérance, sécurité, organisation, efficacité.

Annabella 700 ↘
Grâce (hébreu). Féminin anglais. *Variante :* Anabella. *Caractérologie :* ambition, force, organisation, habileté, passion.

Annabelle
18 000 Top 700

Grâce (hébreu). En dehors de l'Hexagone, Annabelle est répandu dans les pays anglophones. *Caractérologie :* pragmatisme, communication, optimisme, créativité, organisation.

Annaëlle
6 000 Top 600

Contraction d'Anne et Maëlle. *Caractérologie :* innovation, autonomie, énergie, autorité, ambition.

Annaïck
1 000

Grâce (hébreu). *Caractérologie :* habileté, organisation, force, ambition, détermination.

Annaïg
1 000

Forme bretonne d'Anne : grâce (hébreu). *Caractérologie :* décision, audace, direction, dynamisme, indépendance.

Annalie
- de 30

Contraction d'Anne et Nathalie. *Caractérologie :* médiation, relationnel, fidélité, adaptabilité, intuition.

Anne
230 000 Top 600

Grâce (hébreu). Anne et ses formes dérivées sont très attribuées dans les pays occidentaux du haut Moyen Âge au début du XIXe siècle. Ses occurrences fléchissent ensuite mais se maintiennent à un niveau élevé, de sorte qu'Anne a peu d'efforts à fournir pour s'imposer dans le top 20 français de 1960 à 1973. En France comme dans les pays anglophones, Anne se replie plus nettement depuis le début des années 2000. La formidable ascension d'Anna n'est pas étrangère à ce reflux (voir le focus sur ce prénom). Plusieurs têtes couronnées illustrèrent ce prénom. Au XVIIe siècle, Anne d'Autriche assura la régence de la France pendant treize ans jusqu'à ce que Louis XIV soit en âge de gouverner. Sainte Anne, épouse de saint Joachim, fut la mère de Marie et la grand-mère de Jésus. La tradition bretonne dit qu'elle serait née en Bretagne, qu'elle serait allée en Judée pour y épouser Joachim, et qu'elle serait revenue terminer ses jours dans son pays natal. *Caractérologie :* connaissances, sagacité, spiritualité, philosophie, originalité.

Anne-Cécile
4 000

Forme composée d'Anne et Cécile. Féminin français. On peut estimer que moins de 30 enfants seront prénommés ainsi en 2023. *Caractérologie :* vitalité, achèvement, stratégie, décision, ardeur.

Anne-Charlotte
4 000

Forme composée d'Anne et Charlotte. Féminin français. On peut estimer que moins de 30 enfants seront prénommés ainsi en 2023. *Caractérologie :* innovation, énergie, autorité, attention, logique.

Anne-Claire
6 000

Forme composée d'Anne et Claire. Féminin français. On peut estimer que moins de 30 enfants seront prénommés ainsi en 2023. *Caractérologie :* énergie, innovation, résolution, autorité, ambition.

Anne-Élisabeth
650

Forme composée d'Anne et Élisabeth. Féminin français. *Caractérologie :* connaissances, sagacité, détermination, spiritualité, sensibilité.

Anne-Laure
20 000

Forme composée d'Anne et Laure. Féminin français. On peut estimer que moins de 30 enfants seront prénommés ainsi en 2023. *Caractérologie :* résolution, innovation, autorité, ambition, énergie.

Anneliese
450

Contraction d'Anne et Élisabeth. Anneliese est plus particulièrement répandu en Allemagne. *Caractérologie :* communication, pratique, enthousiasme, adaptation, détermination.

A

Anna

Fête :
26 juillet

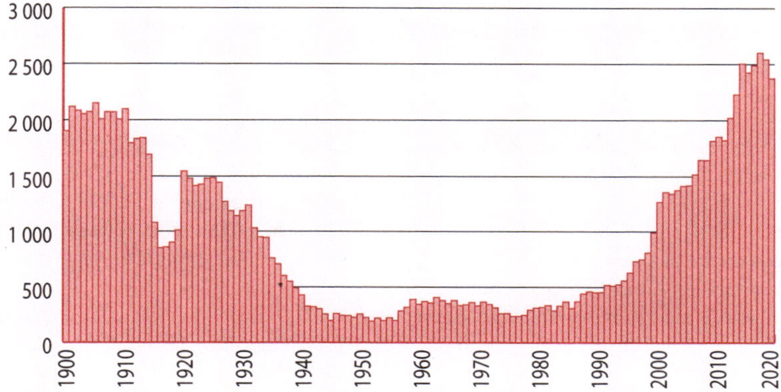

Étymologie

De l'hébreu *hannah*, « grâce ». La tradition bretonne dit que sainte Anne serait née en Bretagne, qu'elle serait allée en Judée pour y épouser Joachim, et qu'elle serait revenue terminer ses jours dans son pays natal. Avant qu'elle ne devienne la très populaire patronne de la Bretagne, et bien avant les débuts du christianisme, les Gaulois vénéraient Ana, la déesse mère de la Fertilité et des dieux celtes. Son assimilation à sainte Anne, la mère de Marie dans la Bible, a épaissi la part de mystère qui lui est associée.

Ce prénom employé en Orient aux premiers siècles est très attribué au Moyen Âge dans le monde chrétien. La forme Anna se diffuse à partir du XVIIIe siècle dans les pays occidentaux et dispute rapidement la suprématie d'Anne dans les pays anglophones. Aujourd'hui, cette valeur sûre revient un peu partout en Europe, en Russie et dans les pays hispanophones. Anna conforte sa position dans les 10 choix préférés des Parisiens et pourrait faire de même au niveau national en 2023. Elle s'est également hissée dans les 40 premiers rangs des palmarès romand, québécois et wallon.

Dans l'histoire

De nombreuses saintes, princesses et reines illustrèrent ce prénom. **Anne d'Autriche**, épouse de Louis XIII, fut reine de France en 1615. À la mort de son époux, elle prit la régence du royaume de 1643 à 1651, jusqu'à la majorité de son fils Louis XIV. **Anne Boleyn**, dont le mariage avec Henri VIII est à l'origine du schisme anglican, fut reine d'Angleterre jusqu'à ce que le roi la fasse décapiter pour adultère, haute trahison et inceste, à Londres le 19 mai 1536. **Anna Ivanovna** fut également impératrice de Russie de 1730 à 1740.

Ce prénom fut, par le passé, employé au masculin, mais il n'est plus que marginalement attribué à des garçons. **Anne-Louis Girodet**, peintre français (1767-1824), et **Anne de Montmorency** (1493-1567), figure influente de la Renaissance française, ont illustré ce prénom.

Personnes célèbres

Anna Freud, psychanalyste britannique d'origine autrichienne (1895-1982) ; **Anne Brontë**, femme de lettres britannique (1820-1849).

Statistiques

Anna est le 27e prénom féminin le plus donné en France depuis l'an 2000. Ce prénom est attribué à près d'une fille sur 150 aujourd'hui (contre une fille sur 4 000 pour Anne).

Anne-Lise
8 000

Forme composée d'Anne et Lise. Féminin français. On peut estimer que moins de 30 enfants seront prénommés ainsi en 2023. *Caractérologie :* intelligence, savoir, méditation, détermination, indépendance.

Annelyse
650

Grâce (hébreu). *Caractérologie :* audace, découverte, énergie, originalité, cœur.

Anne-Lyse
700

Forme composée d'Anne et Lyse. Féminin français. *Caractérologie :* courage, dynamisme, curiosité, indépendance, cœur.

Anne-Marie
81 000

Forme composée d'Anne et Marie. Féminin français. On peut estimer que moins de 30 enfants seront prénommés ainsi en 2023. *Caractérologie :* force, ambition, habileté, passion, détermination.

Anne-Sophie
32 000

Forme composée d'Anne et Sophie. Féminin français. On peut estimer que moins de 30 enfants seront prénommés ainsi en 2023. *Caractérologie :* intelligence, résolution, méditation, savoir, ressort.

A

Annette
20 000 ↗

Grâce (hébreu). Féminin français. *Caractérologie :* intelligence, méditation, indépendance, savoir, sagesse.

Annick
110 000

Grâce (hébreu). Féminin français. On peut estimer que moins de 30 enfants seront prénommés ainsi en 2023. *Variantes :* Anick, Anik, Annik. *Caractérologie :* organisation, résolution, spiritualité, sagacité, connaissances.

Annie
179 000 Top 2 000 →

Grâce (hébreu). Ce diminutif d'Anne atteint son pic de popularité dans les pays anglophones peu après avoir émergé à la fin du XIXe siècle. Il décolle dans les années 1930 en France et bondit au 8e rang féminin en 1947, son point culminant. *Variantes :* Anie, Any. *Caractérologie :* intelligence, indépendance, savoir, méditation, décision.

Anny
7 000

Grâce (hébreu). Féminin français. On peut estimer que moins de 30 enfants seront prénommés ainsi en 2023. *Caractérologie :* altruisme, idéalisme, réflexion, dévouement, intégrité.

Anouchka
1 500

Grâce (hébreu). Féminin russe et polonais. On peut estimer que moins de 30 enfants seront prénommés ainsi en 2023. *Caractérologie :* sensibilité, sociabilité, réceptivité, diplomatie, organisation.

Anouck
3 000 Top 2 000 →

Grâce (hébreu). Féminin français. *Variante :* Annouck. *Caractérologie :* organisation, diplomatie, réceptivité, sociabilité, loyauté.

Anouk
10 000 Top 300 →

Grâce (hébreu). Ce prénom français est très attribué aux Pays-Bas. *Variante :* Annouk. *Caractérologie :* achèvement, vitalité, stratégie, organisation, ardeur.

Anthéa
1 600 Top 2 000 ↗

Fleur (grec). Forme corse : Antea. *Caractérologie :* sécurité, persévérance, structure, efficacité, attention.

Antinéa
120

Fleur (grec). *Variante :* Anthinéa. *Caractérologie :* innovation, énergie, autorité, ambition, détermination.

Antoinette
19 000

Inestimable (latin), fleur (grec). Féminin français. On peut estimer que moins de 30 enfants seront prénommés ainsi en 2023. *Caractérologie :* équilibre, responsabilité, famille, influence, détermination.

Antonella
1 300

Inestimable (latin), fleur (grec). *Caractérologie :* méthode, ténacité, engagement, fiabilité, gestion.

Antonia
4 500 Top 700

Inestimable (latin), fleur (grec). Féminin italien, espagnol, anglais, allemand, scandinave, roumain, polonais, basque et corse. *Variante :* Antonie. *Caractérologie :* résolution, intuition, relationnel, fidélité, médiation.

Antonie
- de 100

Inestimable (latin), fleur (grec). *Caractérologie :* famille, influence, équilibre, détermination, responsabilité.

Antonina
350

Inestimable (latin), fleur (grec). *Caractérologie :* méditation, intelligence, savoir, décision, indépendance.

Antonine
650

Inestimable (latin), fleur (grec). *Caractérologie :* intuition, médiation, fidélité, relationnel, résolution.

Anwen
- de 100

Très belle, blanche, heureuse (gallois). *Caractérologie :* communication, pratique, enthousiasme, adaptation, générosité.

Anya
1 800 Top 600

Grâce (hébreu). Prénom russe. *Caractérologie :* énergie, audace, séduction, originalité, découverte.

Apolline
18 000 Top 100

Qui vient d'Apollonie (grec). Dans la mythologie grecque, Apolline se rapporte à Apollon, le dieu de la Lumière. Féminin français. *Variantes :* Apoline, Apollonie, Appolonie, Appollonie, Polonia, Polonie. *Caractérologie :* pragmatisme, optimisme, communication, sympathie, analyse.

Appoline
1 400 Top 2 000

Qui vient d'Apollonie (grec). *Caractérologie :* intelligence, méditation, sympathie, savoir, analyse.

April
1 500 Top 600

Qui bourgeonne (latin). Féminin anglais. *Caractérologie :* relationnel, adaptabilité, médiation, intuition, fidélité.

Araia
- de 30

Nom de rivière (basque). *Caractérologie :* communication, pragmatisme, créativité, optimisme, sociabilité.

Arana
- de 30

Nid d'oiseau (tahitien). *Caractérologie :* habileté, ambition, management, passion, détermination.

Araxie
- de 30

De l'Araxe, fleuve arménien (arménien). Féminin arménien. *Caractérologie :* fiabilité, méthode, engagement, décision, ténacité.

Arcadia
- de 30

Qui vient d'Arcadie (latin). L'Arcadie est une zone montagneuse du Péloponnèse située en Grèce. *Variante :* Arcadie. *Caractérologie :* innovation, énergie, autorité, autonomie, ambition.

Argane
- de 100

Argent (celte). Féminin breton. *Caractérologie :* énergie, autorité, ambition, innovation, décision.

Aria
3 500 Top 200

Le mot italien *aria* désigne un air de musique. *Variante :* Arya. *Caractérologie :* intuition, médiation, relationnel, fidélité, adaptabilité.

A

Ariana
1 200 Top 600

Sacré (grec). Dans l'Hexagone, Ariana est plus particulièrement usité en Corse et en Occitanie. *Variante :* Arianna. *Caractérologie :* stratégie, achèvement, détermination, ardeur, vitalité.

Ariane
10 000 Top 400

Sacré (grec). Féminin français et allemand. *Variante :* Arianne. *Caractérologie :* communication, enthousiasme, pratique, adaptation, décision.

Aricie
- de 30

La meilleure (grec). Dans la mythologie grecque, la princesse Aricie est l'épouse d'Hippolyte, le fils du roi d'Athènes. *Caractérologie :* humanité, rectitude, rêve, tolérance, résolution.

Arielle
3 500 Top 1 000

Lionne de Dieu (hébreu). Féminin français. *Variante :* Ariel. *Caractérologie :* achèvement, vitalité, ardeur, stratégie, décision.

Arima
- de 30

L'âme (basque). *Caractérologie :* conscience, bienveillance, paix, conseil, sagesse.

Aristée
- de 30

Le meilleur objectif (grec). *Caractérologie :* indépendance, curiosité, dynamisme, courage, décision.

Arlène
400

Promesse (irlandais). Féminin anglais. *Variantes :* Arlena, Arlina, Arline. *Caractérologie :* indépendance, audace, direction, dynamisme, résolution.

Arlette
50 000

Promesse (irlandais). Féminin français. On peut estimer que moins de 30 enfants seront prénommés ainsi en 2023. *Variante :* Arletty. *Caractérologie :* détermination, rêve, rectitude, humanité, organisation.

Armance
850 Top 1 000

Forte, armée (germanique). *Caractérologie :* direction, audace, indépendance, dynamisme, détermination.

Armande
3 000

Forte, armée (germanique). Féminin français. On peut estimer que moins de 30 enfants seront prénommés ainsi en 2023. *Variante :* Armanda. *Caractérologie :* sociabilité, décision, diplomatie, loyauté, réceptivité.

Armandine
700

Forte, armée (germanique). *Variante :* Armantine. *Caractérologie :* sagacité, originalité, connaissances, spiritualité, résolution.

Armantine
- de 30

Forte, armée (germanique). *Variantes :* Armantia, Armentine. *Caractérologie :* audace, énergie, originalité, décision, découverte.

Armelle
24 000 Top 2 000

Prince, ours (celte). Féminin français et breton. *Variantes :* Armel, Armeline. *Caractérologie :* pragmatisme, créativité, décision, communication, optimisme.

Artéa
- de 30

Arbre, verdure (basque). *Caractérologie :* humanité, rectitude, ouverture d'esprit, rêve, détermination.

Artémis
350 Top 900

Artémis, la fille de Zeus et Léto dans la mythologie grecque, est la déesse de la Chasse. Elle est l'équivalent grec de la déesse romaine Diane. *Variantes :* Artémise, Arthémise. *Caractérologie :* efficacité, décision, structure, sécurité, persévérance.

A

Les plus portés aujourd'hui

Les prénoms les plus portés en France ne sont pas ceux qui y sont les plus attribués aujourd'hui. Le tableau ci-dessous nous en fait la démonstration. Ces prénoms sont classés par ordre décroissant, du 1er au 50e prénom le plus porté en 2021.

Les dates entre parenthèses indiquent les années record d'attribution de chaque prénom pour la période de 1900 à 2021.

1. Marie *(1901)*
2. Nathalie *(1966)*
3. Isabelle *(1965)*
4. Sylvie *(1964)*
5. Catherine *(1963)*
6. Françoise *(1949)*
7. Monique *(1946)*
8. Martine *(1954)*
9. Christine *(1963)*
10. Valérie *(1969)*
11. Sandrine *(1971)*
12. Nicole *(1947)*
13. Anne *(1971)*
14. Sophie *(1971)*
15. Stéphanie *(1974)*
16. Céline *(1979)*
17. Véronique *(1963)*
18. Jacqueline *(1946)*
19. Chantal *(1954)*
20. Patricia *(1961)*
21. Julie *(1987)*
22. Léa *(2001)*
23. Camille *(1998)*
24. Brigitte *(1959)*
25. Annie *(1947)*
26. Christiane *(1947)*
27. Aurélie *(1983)*
28. Émilie *(1980)*
29. Manon *(1995)*
30. Sarah *(2000)*
31. Laurence *(1966)*
32. Hélène *(1920)*
33. Chloé *(2000)*
34. Virginie *(1974)*
35. Élodie *(1988)*
36. Corinne *(1963)*
37. Dominique *(1955)*
38. Michèle *(1947)*
39. Christelle *(1972)*
40. Emma *(2006)*
41. Laura *(1988)*
42. Caroline *(1978)*
43. Laetitia *(1982)*
44. Lucie *(1998)*
45. Jeanne *(1920)*
46. Florence *(1968)*
47. Audrey *(1984)*
48. Pauline *(1991)*
49. Cécile *(1971)*
50. Danielle *(1947)*

Durant des décennies, **Marie** a été l'unique prénom féminin porté par plus d'un million de Françaises, mais, depuis 2 ans, il figure sous le seuil du million. Cette évolution était attendue, car l'âge moyen des Marie est supérieur à 60 ans. Le répertoire des prénoms attribués augmente de telle sorte qu'aucun autre prénom ne devrait, à l'avenir, connaître un tel destin.

Largement distancés, les prénoms allant de **Nathalie** à **Françoise** se placent dans la tranche des 300 000 personnes. Viennent ensuite les prénoms qui, de **Monique** à **Chantal**, désignent plus de 200 000 femmes. Au 50e rang, Danielle est porté par un peu plus de 132 000 Françaises.

Arthurine
- de 30

Ours (celte). Féminin français. *Variante :* Arthuria. *Caractérologie :* finesse, conscience, paix, bienveillance, résolution.

Arwa
750 Top 1 000

Chèvre de montagne (arabe). *Caractérologie :* intelligence, savoir, méditation, indépendance, décision.

Arwen
1 800 Top 700

Surnommée « Étoile du Soir », Arwen est l'elfe immortelle du *Seigneur des Anneaux*, de Tolkien. *Caractérologie :* indépendance, méditation, savoir, intelligence, résolution.

Arya
3 500 Top 200

Noble, honorée (sanscrit), variante d'Aria. Arya est également une héroïne de la très célèbre série américaine *Game of Thrones*. Féminin anglais, indien d'Asie. *Caractérologie :* rêve, générosité, tolérance, intégrité, humanité.

Arzu
500

Ours (celte). Prénom breton. *Caractérologie :* enthousiasme, communication, pratique, générosité, adaptation.

Asha
- de 100

Espoir (sanskrit). Asha est répandu en Inde. *Caractérologie :* médiation, intuition, fidélité, adaptabilité, relationnel.

Ashley
5 500 Top 400

Frênes dans un pré (anglais). Ce prénom mixte est très en vogue aux États-Unis. En France, Ashley est plus fréquemment attribué aux filles. *Caractérologie :* intelligence, méditation, savoir, amitié, indépendance.

Asia
550

Celle qui guérit (arabe), résurrection (grec). Féminin anglais. *Variante :* Azia. *Caractérologie :* pragmatisme, communication, optimisme, créativité, sociabilité.

Asma
9 000 Top 300

Sublime, de haut rang (arabe). *Variantes :* Asmaa, Assma, Smahen. *Caractérologie :* spiritualité, philosophie, connaissances, sagacité, originalité.

Asmin
400

Prénom arabe emprunté au persan signifiant « fleur de jasmin ». *Caractérologie :* intuition, loyauté, adaptabilité, médiation, détermination.

Assia
20 000 Top 100

Celle qui guérit (arabe). Dans la tradition islamique, Assia est l'épouse du pharaon qui recueillit Moïse du Nil et en fit son fils adoptif. Ce prénom est attribué de longue date dans les cultures musulmanes. *Variantes :* Assa, Hassya, Essia, Essya. *Caractérologie :* ténacité, sens du devoir, méthode, fiabilité, engagement.

Assya
4 500 Top 300

Celle qui guérit (arabe). *Caractérologie :* intuition, relationnel, médiation, fidélité, adaptabilité.

Astrid
17 000 Top 500

Divine (vieux norrois). Ce prénom a été illustré par Astrid, la très populaire reine des Belges au début du XXe siècle. *Variante :* Astrée. *Caractérologie :* ambition, force, habileté, management, passion.

Asya
1 700 Top 700

Celle qui guérit (arabe), résurrection (grec). *Caractérologie :* autorité, innovation, énergie, ambition, autonomie.

Athalie
- de 30

Dieu est exalté (hébreu). *Variante :* Athalia. Forme basque : Atalia. *Caractérologie :* sociabilité, réceptivité, diplomatie, attention, décision.

A

Athéna
2 000 Top 400 ↑

Dans la mythologie grecque, Athéna est la déesse de la Sagesse, des Sciences et des Arts. En 2012, la princesse Marie et le prince Joachim de Danemark ont prénommé leur fille Athena. *Variantes :* Athène, Athénéa, Athina. *Caractérologie :* finesse, méthode, fiabilité, ténacité, engagement.

Athénaïs
3 500 Top 500 ↑

Contraction d'Athéna et Anaïs. Féminin français. La plus célèbre des Athénaïs est sans aucun doute la marquise de Montespan. Longtemps favorite de Louis XIV, avec lequel elle eut sept enfants, Athénaïs de Montespan veilla à établir une cour fastueuse, raffinée et dominée par le bel esprit (Molière, La Fontaine). Libre d'esprit, elle choisit d'être appelée par son deuxième prénom, Athénaïs, au détriment du premier (Françoise). *Variantes :* Athanaïs, Athanasia, Athanase, Athanaïse, Athanasie, Athénaïse. *Caractérologie :* audace, découverte, décision, attention, énergie.

Atika
700 Top 2 000 →

Noble, pure, d'une grande beauté (arabe). *Caractérologie :* paix, bienveillance, conscience, sagesse, conseil.

Aubane
900 Top 2 000 →

Blanc (latin). *Variantes :* Aubana, Aube, Aubina. *Caractérologie :* organisation, achèvement, vitalité, stratégie, ardeur.

Aube
130

Blanc (latin). *Caractérologie :* sociabilité, réceptivité, loyauté, organisation, diplomatie.

Aubeline
120

Blanc (latin). *Caractérologie :* organisation, responsabilité, équilibre, famille, détermination.

Aude
31 000 Top 2 000 ↘

Richesse (germanique). Féminin français. *Variantes :* Audélia, Audélie, Audeline, Haude. Formes occitanes : Auda, Audeta, Audia. *Caractérologie :* ténacité, méthode, engagement, fiabilité, sens du devoir.

Audren
- de 100

Au-dessus, royal (celte). *Caractérologie :* altruisme, idéalisme, réflexion, résolution, intégrité.

Audrey
140 000 Top 2 000 ↘

Noble, puissante (germanique). Ce prénom est apparu au VIIe siècle, mais il ne s'est pas vraiment propagé avant le XXe siècle. Sa gloire, portée par la lumineuse actrice Audrey Hepburn, est venue d'outre-Atlantique. Elle a propulsé Audrey au 6e rang français en 1984, son point culminant. *Variantes :* Aodrena, Audray, Audréane, Audrée, Audren, Audrenn, Audrena, Audrène, Audrina, Audrine, Audrie, Audry. *Caractérologie :* relationnel, intuition, cœur, médiation, réussite.

Audrina
200

Au-dessus, royal (celte). *Caractérologie :* patience, foyer, constance, détermination, confiance.

Augusta
1 800 ↑

Vénérable, grande (latin). Féminin allemand, italien, portugais et anglais. *Caractérologie :* idéalisme, réflexion, intégrité, altruisme, gestion.

Augustine
7 000 Top 300 →

Consacré par les augures (latin). Féminin français. *Variantes :* Agustina, Augustina. *Caractérologie :* altruisme, idéalisme, intégrité, détermination, bonté.

Aurane
550 →

Contraction d'Aurélie et Anne. *Caractérologie :* responsabilité, équilibre, influence, décision, famille.

Aure
700 Top 2 000

En or (latin). *Variantes :* Aura, Auréa. *Caractérologie :* intégrité, idéalisme, réflexion, détermination, altruisme.

Aurégane
140

De haute naissance (celte). Prénom breton. *Variante :* Aurégan. *Caractérologie :* altruisme, idéalisme, intégrité, détermination, bonté.

Aurélia
17 000 Top 2 000

En or (latin). Féminin français, anglais, hongrois, italien et roumain. *Variantes :* Aurela, Orélia. *Caractérologie :* détermination, ténacité, fiabilité, méthode, engagement.

Auréliane
250

Contraction d'Aurélie et Anne. *Variantes :* Aurélienne, Aurelne. *Caractérologie :* curiosité, dynamisme, indépendance, courage, détermination.

Aurélie
175 000 Top 2 000

En or (latin). Adopté par les puritains anglophones au XVIe siècle, Aurelia est, comme l'Aurélie française, peu visible dans l'Hexagone avant la fin du XXe siècle. Au terme d'une envolée fulgurante, Aurélie s'impose au 1er rang national de 1983 à 1986, entre les règnes de Céline et Julie. Le palmarès féminin est alors nettement dominé par les terminaisons en « ie ». Sa chute, aussi vertigineuse que son ascension, ne s'explique pas vraiment. Fille d'Hugues Capet et sœur du roi Robert le Pieux, sainte Aurélie échappa au mariage en se retirant dans un ermitage construit par l'évêque de Ratisbonne (XIe siècle). *Variantes :* Aurèle, Aurelle, Aurely, Aurielle. Forme bretonne : Aourell. *Caractérologie :* détermination, ardeur, stratégie, vitalité, achèvement.

Auréline
800

Contraction d'Aurélie et Line. *Caractérologie :* efficacité, persévérance, structure, sécurité, détermination.

Auria
250

En or (latin). Dans l'Hexagone, Auria est plus traditionnellement usité au Pays basque. *Caractérologie :* découverte, audace, séduction, énergie, originalité.

Auriana
350 Top 2 000

En or (latin). *Caractérologie :* intuition, médiation, fidélité, détermination, relationnel.

Auriane
6 000 Top 1 000

En or (latin). *Variantes :* Auriana, Aurianna, Aurianne. *Caractérologie :* responsabilité, famille, influence, détermination, équilibre.

Aurora
800 Top 1 000

En or (latin). Dans la mythologie romaine, Aurora est la déesse du Matin. Aurora est plus traditionnellement usité en Espagne, dans les pays anglophones, au Pays basque et en Occitanie. *Caractérologie :* intuition, relationnel, raisonnement, fidélité, médiation.

Aurore
65 000 Top 300

En or (latin). Voir Aurora. Féminin français. *Caractérologie :* équilibre, famille, responsabilité, analyse, résolution.

Automne
350 Top 2 000

L'automne désigne évidemment la saison qui succède à l'été, mais c'est aussi un prénom moderne. Apparu dans les années 1990, ce petit nom grandit au fil des saisons. *Caractérologie :* force, passion, volonté, loyauté, ténacité.

Auxane
1 100 Top 2 000

Hospitalier (grec). *Variantes :* Auxanne, Euxane. *Caractérologie :* communication, pratique, enthousiasme, adaptation, générosité.

Ava
7 500 Top 100

Vie, donner la vie (hébreu). Ava est plus particulièrement attribué dans les pays

A

Les thématiques tendance

Les tendances qui influencent la mode des prénoms peuvent être rassemblées autour de plusieurs thématiques. En voici un aperçu, qui prend en compte des perles rares tout juste apparues en France.

Les courts (1 à 2 syllabes)

Alba, Alix, Alma, Ambre, Anna, Anouk, Aria, Ava, Aya, Billie, Camille, Charlie, Chloé, Éden, Ella, Ellie, Emna, Emy, Esmée, Éva, Flora, Gaby, Inès, Iris, Izia, Jade, Jazz, Jeanne, Joy, Julia, June, Kenza, Léna, Lila, Lily, Lina, Lise, Liv, Lola, Lou, Louise, Luna, Lya, Maddy, Maé, Margot, Maude, Maya, Mia, Mila, Naé, Naya, Nina, Nora(h), Nour, Pia, Romy, Rose, Sara(h), Sasha, Sofia, Tess, Thaïs, Théa, Uma, Yuna, Zia.

La tendance éco-green

Adama, Adara, Alizée, Amaranthe, Ambre, Ambrine, Anémone, April, Arwen, Aube, Aubeline, Aubépine, Aurore, Automne, Avril, Azora, Azur, Bleuenn, Brunelle, Camélia, Capucine, Cassis, Célerine, Chloé, Colombe, Dahlia, Daisy, Daphné, Dawn, Églantine, Fleur, Flora, Florane, Flore, Gaïa, Galatée, Garance, Hanaé, Iola, Iona, Iris, Ixia, Jacynthe, Jasmine, Lilas, Loriana, Louve, Magnolia, Mauve, Maylane, Naé, Nélia, Ness, Nymphéa, Olinda, Ondine, Ophélie, Ornella, Oyana, Paloma, Pélagie, Perle, Petra, Rhéane, Rosalie, Suzie, Tamara, Tessa, Thalia, Ursula, Vanessa, Vanina, Vénus, Violette, Yasmine, Ylana.

Les rétro

Adèle, Agathe, Aimée, Alice, Angèle, Anna, Antoinette, Apolline, Augustine, Blanche, Candice, Céleste, Célie, Clarisse, Églantine, Élise, Émilienne, Emma, Eugénie, Félicie, Hortense, Irène, Jeanne, Joséphine, Juliette, Léontine, Léopoldine, Louise, Lucie, Lucienne, Madeleine, Marcelle, Marguerite, Mathilde, Ophélie, Pauline, Rosalie, Rose, Sidonie, Suzanne, Victoria, Victorine, Zélie, Zoé.

Les médiévaux

Adélaïde, Adèle, Agathe, Alice, Aliénor, Alix, Aloyse, Anne, Bathilde, Béatrice, Beatrix, Berthe, Blanche, Clémence, Clothilde, Colombe, Constance, Éléonore, Élisabeth, Florie, Hélène, Héloïse, Irène, Isabeau, Iseult, Isolde, Jeanne, Jehanne, Mahaut, Margot, Marguerite, Mathilde, Mélissande, Pétronille, Yolande.

Les prénoms de source biblique (Ancien Testament)

Abigaël, Ada, Dana, Daria, Déborah, Dinah, Éden, Élisabeth, Élona, Esther, Ève (Éva), Hannah, Héléa, Ilana, Jessica, Judith, Léa, Liorah, Myriam, Noa, Noémie, Rachel, Rébecca, Ruth, Salomé, Sarah, Sharon, Talia, Yaël, Yona.

Divinités et prénoms issus des différentes mythologies

Aglaé, Altea, Apolline, Artémise, Athéna, Aurora, Brigitte, Calliope, Cassandre, Chloé, Clio, Cliona, Cyané, Cybèle, Cynthia, Dalia, Danaé, Daphné, Diane, Éolia, Épona, Flora, Gaïa, Hélène, Iara, Indira, Indra, Iris, Ismène, Kali, Lorelei, Luna, Maïa, Mélusine, Nia, Nymphéa, Olwen, Pénélope, Phoebé, Rhéa, Rihana, Sia, Silvia, Sybille, Thalie, Théïa, Thémis, Uma, Uranie, Vénus, Viviane, Ysia.

anglophones. *Variantes :* Avelina, Aveline. *Caractérologie :* sagesse, bienveillance, conscience, conseil, paix.

☆ Ava Gardner, l'incarnation de la femme fatale en technicolor. Le cinéma américain d'après-guerre dans toute sa splendeur. Entre autres films de légende, *La Comtesse aux pieds nus*, *Pandora*. Elle fut l'amie d'Ernest Hemingway, d'Orson Welles et fit chavirer le cœur d'un légendaire torero, Luis Miguel Dominguín.

Avara
- de 30

La plus jeune (sanscrit). Féminin indien d'Asie. *Caractérologie :* connaissances, sagacité, originalité, philosophie, spiritualité.

Aveline
190

Variante d'Évelyne. *Variantes :* Avaline, Évaline, Évalyn. *Caractérologie :* énergie, décision, découverte, audace, originalité.

Aventine
- de 30

Avènement (latin). *Caractérologie :* intégrité, réflexion, altruisme, détermination, sagesse.

A

Avia
- de 30

Aïeule (latin). Féminin anglais. *Caractérologie :* famille, responsabilité, équilibre, influence, exigence.

Aviva
150

Printemps (hébreu). *Caractérologie :* direction, audace, dynamisme, indépendance, assurance.

Avril
850 Top 2 000 ↗

Qui bourgeonne (latin). Féminin français et anglais. *Caractérologie :* achèvement, stratégie, ardeur, vitalité, leadership.

Awa
3 500 Top 500 ↗

Vie, donner la vie (hébreu). *Variante :* Ava. *Caractérologie :* sagacité, connaissances, spiritualité, originalité, philosophie.

Awen
250 ↘

Noble amie (irlandais). Awen est plus traditionnellement usité en Irlande et en Bretagne. *Variante :* Aven. *Caractérologie :* intelligence, sagesse, savoir, méditation, indépendance.

Awena
700 Top 2 000 ↘

Noble amie (irlandais). Awena est plus traditionnellement usité en Irlande et en Bretagne. *Caractérologie :* force, habileté, passion, ambition, management.

Axelle
25 000 Top 300 ↘

Mon père est paix (hébreu). Voir Axel. *Variantes :* Axelane, Axele, Axelia, Axeliane, Axeline, Axella, Axellane. *Caractérologie :* énergie, audace, découverte, originalité, séduction.

Aya
18 000 Top 100 →

Soie tissée, couleur (japonais), merveilleuse, miracle, verset (arabe), petit oiseau, buse (hébreu), née un jeudi (Ghana, Côte d'Ivoire). Dans les pays scandinaves, notamment en Suède, Aya est une variante d'Aja qui signifie « tante maternelle ». Cet ancien prénom biblique (Aya est le nom d'un personnage cité dans l'Ancien Testament) renaît dans les communautés musulmanes aujourd'hui. *Variantes :* Ayah, Ayana. *Caractérologie :* altruisme, idéalisme, dévouement, réflexion, intégrité.

Ayana
1 700 Top 400 ↗

En route (sanscrit), et variante d'Aya. *Caractérologie :* paix, bienveillance, conscience, conseil, sagesse.

Ayla
2 000 Top 200 ↑

Gazelle (hébreu). *Caractérologie :* pragmatisme, créativité, sociabilité, communication, optimisme.

Aylin
3 000 Top 600 →

Clair de lune (turc). *Caractérologie :* amitié, méditation, savoir, détermination, intelligence.

Ayline
2 500 Top 300

Variante francisée d'Aylin. *Caractérologie :* enthousiasme, communication, décision, pratique, cœur.

Ayna
1 300 Top 400

Variante d'Aina ; prénom turc signifiant « miroir ». *Caractérologie :* découverte, dynamisme, charisme, originalité, courage.

Azélie
850 Top 700

Sec (grec), forme dérivée de Zélie. *Variante :* Azéline. *Caractérologie :* résolution, sécurité, persévérance, structure, efficacité.

Azeline
450

Jeune âne (latin). Prénom breton. *Variante :* Aseline. *Caractérologie :* humanité, rectitude, détermination, ouverture d'esprit, rêve.

Aziliz
1 100 Top 2 000

Forme bretonne de Cécile : aveugle (latin). *Variantes :* Azilis, Azylis. *Caractérologie :* fidélité, relationnel, adaptabilité, intuition, médiation.

Azora
- de 30

Ciel bleu (persan). *Caractérologie :* indépendance, intelligence, savoir, méditation, sagesse.

B

Babette
190

Dieu est serment (hébreu). Féminin français. Forme occitane : Babet. *Caractérologie :* direction, indépendance, dynamisme, audace, assurance.

Baptistine
600

Immerger (grec). *Variantes :* Baptista, Baptistelle, Baptistina. *Caractérologie :* sagacité, spiritualité, connaissances, originalité, détermination.

Barbara
25 000 Top 2 000

Étrangère (grec). Féminin anglais, italien, français, allemand, corse et occitan. *Caractérologie :* intelligence, savoir, indépendance, méditation, sagesse.

Bathilde
250

Audacieuse, combattante (germanique). *Variante :* Bathilda. *Caractérologie :* connaissances, sagacité, sensibilité, spiritualité, détermination.

Baya
1 900 Top 700

Noble, distinguée (turc), d'une beauté resplendissante (arabe). *Variante :* Bahia. *Caractérologie :* relationnel, adaptabilité, intuition, médiation, fidélité.

Béatrice
122 000 Top 700

Heureuse, qui rend heureuse (latin). Nièce d'une reine de Castille au XVe siècle, sainte Béatrice de Silva quitta la Cour et ses prétendants pour fonder une congrégation dédiée à l'Immaculée Conception. En dehors de l'Hexagone, Beatrice est plus particulièrement répandu en Italie et dans les pays anglophones. Forme diminutive : Béa. *Caractérologie :* rectitude, humanité, organisation, rêve, détermination.

Beatrix
1 800 Top 2 000

Heureuse, qui rend heureuse (latin). Féminin anglais et néerlandais. *Caractérologie :* originalité, connaissances, sagacité, spiritualité, résolution.

Beatriz
900 Top 2 000

Heureuse, qui rend heureuse (latin). Féminin italien, portugais, breton et occitan. Variante occitane : Beatris.

Caractérologie : intégrité, détermination, altruisme, sensibilité, idéalisme.

Belinda
4 000

Belle (italien), doux (germanique). Féminin italien et anglais. On peut estimer que moins de 30 enfants seront prénommés ainsi en 2023. *Variante :* Béline. *Caractérologie :* intuition, médiation, organisation, détermination, relationnel.

Bella
1 700 Top 600

Dieu est serment (hébreu), belle (latin). Féminin italien et anglais. *Variante :* Belle. Formes basques : Bela, Belen. *Caractérologie :* audace, découverte, énergie, originalité, gestion.

Bénédicte
33 000

Bénie (latin). Féminin français. On peut estimer que moins de 30 enfants seront prénommés ainsi en 2023. *Variantes :* Benedetta, Benedite, Benita. Forme basque : Benedita. Forme occitane : Beneta. *Caractérologie :* engagement, ténacité, méthode, fiabilité, sens du devoir.

Benjamine
500

Fils du Sud (hébreu). Féminin français. *Caractérologie :* indépendance, direction, détermination, audace, dynamisme.

Benoîte
500

Bénie (latin). Féminin français. *Caractérologie :* intelligence, indépendance, savoir, sagesse, méditation.

Bérangère
6 500

Esprit, ours (germanique). Féminin français. On peut estimer que moins de 30 enfants seront prénommés ainsi en 2023. *Caractérologie :* pratique, communication, adaptation, enthousiasme, résolution.

Bérengère
8 000

Esprit, ours (germanique). Féminin français. On peut estimer que moins de 30 enfants seront prénommés ainsi en 2023. *Caractérologie :* savoir, intelligence, méditation, sagesse, indépendance.

Bérénice
11 000 Top 500

Qui apporte la victoire (grec). Féminin français, anglais et italien. *Variante :* Bernice. *Caractérologie :* méditation, savoir, intelligence, indépendance, sagesse.

☆ Les histoires d'amour finissent mal en général. Pourtant, tout commençait bien dans la pièce de Racine. Bérénice, reine de Palestine, aime Titus, l'empereur de Rome, qui l'aime en retour. Mais les dures lois de l'Empire obligent Titus à sacrifier son amour sur l'autel de la raison d'État. La tendre Bérénice incarne à jamais la pureté de l'amour, confrontée à l'ambition.

Bergamote
- de 30

Nom du fruit du bergamotier. *Caractérologie :* habileté, ambition, management, passion, épanouissement.

Bernadette
98 000

Force, ours (germanique). Féminin français et anglais. On peut estimer que moins de 30 enfants seront prénommés ainsi en 2023. *Variantes :* Bernarde, Bernadeta. *Caractérologie :* ténacité, fiabilité, méthode, engagement, décision.

Bernardine
250

Force, ours (germanique). Féminin français. *Caractérologie :* altruisme, réflexion, idéalisme, intégrité, résolution.

Bertha
300

Brillant (germanique). Forme basque : Berta. *Caractérologie :* altruisme, résolution, idéalisme, intégrité, finesse.

Berthe
6 500

Brillant (germanique). Reine des Francs et mère de Charlemagne, Berthe de Laon eut une grande influence sur

B

les décisions de son époux, Pépin le Bref, puis sur celles de ses fils lorsqu'ils accédèrent au pouvoir. C'est son pied-bot qui lui valut le surnom de « Berthe au grand pied ». Ce prénom ancien a connu son dernier apogée au XIXe siècle. On peut estimer que moins de 30 enfants seront prénommés ainsi en 2023. *Variantes :* Berthéa, Bertheline, Berthina, Berthine, Bertina, Bertine, Bertie, Berty. *Caractérologie :* persévérance, sécurité, finesse, structure, efficacité.

Bertille
5 500 Top 500

Qui brille au combat (germanique). Féminin français. *Variantes :* Berthilda, Berthilde, Berthile, Berthilie, Berthille, Bertile, Bertilie. *Caractérologie :* médiation, intuition, relationnel, fidélité, adaptabilité.

Bertrande
- de 100

Brillant, corbeau (germanique). Féminin français. *Variante :* Bertrane. *Caractérologie :* bienveillance, paix, conscience, détermination, conseil.

Béryl
900

Pierre précieuse vert pâle (grec). Féminin anglais. *Caractérologie :* stratégie, vitalité, ardeur, achèvement, bonté.

Béthanie
110

Maison de la pauvreté (araméen). *Caractérologie :* direction, résolution, dynamisme, audace, finesse.

Betsy
250

Dieu est serment (hébreu). Féminin anglais. *Caractérologie :* ardeur, vitalité, achèvement, stratégie, leadership.

Bettina
3 000

Dieu est serment (hébreu). Féminin italien et allemand. On peut estimer que moins de 30 enfants seront prénommés ainsi en 2023. *Caractérologie :* passion, ambition, force, habileté, décision.

Betty
14 000 Top 2 000

Dieu est serment (hébreu). En dehors de l'Hexagone, ce prénom est particulièrement porté dans les pays anglophones. *Variantes :* Bess, Besse, Bessie, Bessy, Beth, Bettina, Bettie. *Caractérologie :* ouverture d'esprit, générosité, rectitude, rêve, humanité.

Beverly
1 100

À proximité de castors (anglais). Féminin anglais. On peut estimer que moins de 30 enfants seront prénommés ainsi en 2023. *Variante :* Beverley. *Caractérologie :* habileté, ambition, passion, force, cœur.

Bianca
3 000 Top 400

Clair (germanique). Bianca est très répandu en Italie et dans les pays slaves. C'est aussi un choix traditionnel corse. *Variante :* Bianka. Variante occitane : Banca. *Caractérologie :* pratique, communication, gestion, décision, enthousiasme.

Billie
2 500 Top 200

Protectrice résolue (germanique). Ce diminutif féminin de William est apparu en France dans les années 1980. *Caractérologie :* sens du devoir, ténacité, fiabilité, engagement, méthode.

☆ Billie Holiday, une des plus belles voix du jazz. Cette chanteuse, au destin aussi tragique qu'exceptionnel, fut l'une des premières à épouser la cause du peuple noir. Sa chanson *Strange Fruit*, dénonçant les lynchages des Afro-Américains aux États-Unis, reste un emblème de la lutte contre la discrimination raciale.

Bintou
3 000 Top 600

Fille (arabe). Prénom africain. *Caractérologie :* humanité, rêve, rectitude, raisonnement, ouverture d'esprit.

Blanca
130

Clair (germanique). Blanca est répandu dans les pays hispanophones. C'est aussi un choix traditionnel basque et

B

occitan. *Variante :* Blanka. *Caractérologie :* organisation, équilibre, famille, éthique, influence.

Blanche
9 500 Top 400

Clair (germanique). Deux reines de France ont illustré ce prénom au XIIIe siècle. Blanche de Castille assuma la régence du royaume à la mort de Louis VIII jusqu'à ce que son fils, le futur Saint Louis, soit en âge de gouverner. Blanche de Bourgogne ne régna que quelques mois : elle fut enfermée dans la forteresse de Château-Gaillard pour cause d'infidélité, et son mariage avec le roi Charles IV fut rapidement dissous. *Variante :* Blanchette. *Caractérologie :* humanité, rêve, rectitude, organisation, sensibilité.

Blandine
26 000 Top 900

Caressant, flatteur (latin). Féminin français. *Caractérologie :* intelligence, méditation, détermination, organisation, savoir.

Bleuenn
1 600 Top 900

Fleur blanche (celte). Féminin breton. Selon la tradition du pays bigouden, Bleunienn était la cuisinière de Santez Berc'hed (Brigitte d'Irlande). Une chapelle aurait porté son nom à Peumerit. *Caractérologie :* audace, direction, dynamisme, indépendance, assurance.

Bleuette
350

Nom courant du bleuet (latin). *Variante :* Bluette. *Caractérologie :* ténacité, engagement, méthode, fiabilité, sens du devoir.

Blondine
120

Caressant, flatteur (latin). *Caractérologie :* caractère, communication, optimisme, pragmatisme, logique.

Blue
110

Bleu (anglais). *Caractérologie :* sécurité, efficacité, patience, structure, honnêteté.

Bluette
- de 100

Nom courant du bleuet (latin). *Caractérologie :* persévérance, efficacité, structure, sécurité, honnêteté.

Boécia
- de 30

Qui vient de la Béotie (latin). *Caractérologie :* logique, achèvement, vitalité, stratégie, décision.

Bonnie
850 Top 900

Belle (écossais/anglais). Féminin anglais. *Variante :* Bonny. *Caractérologie :* originalité, énergie, découverte, séduction, audace.

Brandy
190

Princesse (celte), épée (vieux norrois). Féminin anglais. *Caractérologie :* innovation, autorité, énergie, détermination, réalisation.

Brenda
4 000

Princesse (celte), épée (vieux norrois). Brenda est très répandu en Suède, en Norvège et dans les pays anglophones. On peut estimer que moins de 30 enfants seront prénommés ainsi en 2023. *Variantes :* Branda, Brandana, Brendana. *Caractérologie :* résolution, achèvement, vitalité, stratégie, ardeur.

Briana
600 Top 2 000

Puissance, noblesse, respect (celte). Féminin anglais. *Variantes :* Brianna, Brianne. *Caractérologie :* réflexion, décision, intégrité, idéalisme, altruisme.

Brigitte
183 000

Force (celte). Ce prénom émerge au XIXe siècle dans plusieurs pays européens, mais il reste longtemps invisible en France. Il se révèle dans les années 1930 et s'envole si haut qu'il met fin au règne incontesté de Marie en 1959. Il surfe ensuite sur la vague de Brigitte Bardot, actrice sex-symbol des années

B

1960, avant de s'éclipser. Déesse de la Forge, de la Poésie, de la Médecine et de la Fertilité dans la mythologie celtique, Brigid, sous ses nombreuses graphies, est vénérée en Irlande, en Écosse et en Bretagne aux premiers siècles. Son culte fut si important qu'au VIe siècle, les évangélisateurs chrétiens nommèrent ainsi une sainte homonyme, fondatrice du couvent de Kildare, qui devint la sainte patronne de l'Irlande. Une sainte du XIVe siècle, Brigitte de Suède, a également été désignée comme l'une des trois patronnes de l'Europe. On peut estimer que moins de 30 enfants seront prénommés ainsi en 2023. *Variantes :* Brigit, Brigite, Brigitta, Bridget. Forme bretonne : Berched. Formes basques : Brigita, Brita. *Caractérologie :* humanité, rectitude, rêve, générosité, tolérance.

Brina

- de 30

Protection (slave). Féminin slave et anglophone. *Caractérologie :* ambition, force, habileté, passion, résolution.

Brine

- de 30

Puissance, noblesse, respect (celte). *Caractérologie :* pragmatisme, communication, créativité, optimisme, sociabilité.

Britany

600

Qui vient de Grande-Bretagne (latin). *Caractérologie :* vitalité, décision, stratégie, ardeur, achèvement.

Britney

350

Qui vient de Grande-Bretagne (latin). Cette forme familière de Brittany a été attribuée pour la première fois dans l'Hexagone en 1999. La chanteuse britannique Britney Spears a indéniablement contribué à sa découverte. *Caractérologie :* communication, pragmatisme, créativité, optimisme, sociabilité.

Brittany

600

Qui vient de Grande-Bretagne (latin). Brittany et ses formes dérivées furent très en vogue dans le monde anglophone au XIXe siècle. Aujourd'hui, Britany (avec un seul « t ») est sur le point de devenir aussi répandu que sa sœur dans l'Hexagone. *Variantes :* Britanie, Britany, Britanny, Brittanie. *Caractérologie :* innovation, ambition, autorité, énergie, décision.

Brooklyn

250

Ruisseau (anglais). Ce nom désigne également l'un des cinq arrondissements de la ville de New York, aux États-Unis. C'est le prénom choisi par David et Victoria Beckham pour leur fils aîné. *Caractérologie :* persévérance, structure, sécurité, sympathie, analyse.

Bruna

1 200

Armure, couleur brune (germanique). Féminin italien, portugais et occitan. On peut estimer que moins de 30 enfants seront prénommés ainsi en 2023. *Variante :* Brunaëlle. *Caractérologie :* relationnel, intuition, médiation, organisation, détermination.

Brune

2 500 Top 300

Armure, couleur brune (germanique). *Variantes :* Brunette, Brunella, Brunelle. *Caractérologie :* équilibre, exigence, famille, responsabilité, influence.

Brunehilde

250

Armure, couleur brune (germanique). Dans l'Hexagone, Brunehilde est plus traditionnellement usité en Alsace. *Variantes :* Brunhild, Brunhilde. *Caractérologie :* ambition, force, habileté, passion, finesse.

B

Les sonorités actuelles

Penchons-nous sur les sonorités, les rythmes et les parcours empruntés par les prénoms dont la gloire est confirmée ou dont l'existence est à découvrir. Composés de 2 syllabes ou moins (Louise, Jade et Rose se contentent d'une seule), les prénoms qui triomphent depuis la fin des années 1990 sont courts. Le millésime 2023 confirme leur formidable longévité. Les terminaisons en « a » tiennent le haut du pavé, mais de nouvelles sonorités pourraient bientôt leur voler la vedette.

Les « a »

Après l'apogée d'Emma, l'avènement d'Anna, Lina et Mila confirme la domination des terminaisons en « a ». Pour ne laisser aucune place au doute, 7 désinences en « a » se sont imposées dans le top 20 féminin. Leur triomphe est conforté par l'essor d'Éléna, Eva, Nina et Luna, pour ne citer que quelques étoiles montantes du moment.

Les « ia »

Qu'elles soient rares ou répandues, anciennes ou nouvelles, les désinences qui riment avec Julia gravissent des montagnes. Et pas seulement en France. Du moderne branché (Alya, Mia, Leia, Zia) au plus traditionnel ou international (Alicia, Amelia, Julia, Olivia, Sonia, Sofia et Victoria), la montée des « ia » s'observe à l'échelle planétaire. Restent des perles plus ou moins rares dont la prospérité est plus spécifiquement française. Ainsi Alia, Inaya, Izia, Lia, Lyana, Malia, Naïa et Nelya rencontrent un engouement national croissant. Giulia, le prénom attribué par Carla Bruni et Nicolas Sarkozy à leur fille en 2011, continue, pour sa part, sa progression dans le top 50 féminin. Quant à l'étoile montante Arya, inspirée par la série *Game of Thrones*, elle flirte avec les 100 premiers rangs.

Les « L »

L'engouement pour les prénoms en « L » a propulsé des petites nouvelles au firmament : un quart des prénoms du top 20 arborent cette première lettre. Avant les années 1960, seules Lucienne, Louise et Liliane avaient occasionnellement percé dans l'élite. Mais jamais en même temps. Il a fallu attendre 1997 pour que Léa, Laura et Lucie marchent ensemble vers la gloire. Aujourd'hui, la vague des « L » se nourrit du succès de Léna, Livia, Luna et Lyna... sans oublier le triomphe de Louise !

Les « ie »

Marie a chuté à la 89e place du classement féminin, mais cela n'empêche pas les désinences en « ie » de s'épanouir : Léonie et Zélie se sont envolés dans le top 100, encourageant de jeunes pousses comme Billie, Ellie ou Evie à prospérer. La renaissance de Charlie, qui vient de se hisser dans le top 30, y est sans doute pour quelque chose. À quand le rebond d'Eugénie et Sophie ?

La fronde des autres sons

Dans ce concert de sonorités bien orchestrées, des rebelles clament leur différence. Avec succès, à en juger par l'essor croissant d'Albane, Alix, Candice, Héloïse, Joy, Nour, Thaïs et Roxane dans le top 100 français. Ces graines de stars feront l'actualité de demain.

B

C

Caitlin
400

Pure (grec). Caitlin est une forme irlandaise et galloise de Catherine. *Variantes :* Catriona, Caitline, Kaitlin, Riona. *Caractérologie :* organisation, détermination, audace, énergie, découverte.

Caledonia
- de 30

Se rapporte à un ancien lieu-dit en Grèce. *Caractérologie :* direction, dynamisme, volonté, audace, analyse.

Calie
5 500 Top 200

Qui a une belle voix (grec), énergie (sanscrit). Prénom indien d'Asie. *Variantes :* Cali, Calia. *Caractérologie :* détermination, pragmatisme, communication, optimisme, créativité.

Caline
- de 100

Victoire du peuple (grec). *Caractérologie :* ardeur, achèvement, vitalité, résolution, stratégie.

Calista
1 900 Top 900

La plus belle (grec). *Variantes :* Calisté, Calistée, Calysta. *Caractérologie :* organisation, relationnel, fidélité, gestion, affection.

Callie
1 600 Top 800

Qui a une belle voix (grec), énergie (sanscrit). *Caractérologie :* influence, équilibre, exigence, famille, détermination.

Calliope
190

Fille de Zeus et de Mnémosyne (déesse de la Mémoire), Calliope est la Muse de la Poésie épique. *Caractérologie :* dynamisme, direction, raisonnement, indépendance, assurance.

Callista
500

La plus belle (grec). *Variante :* Calixte. *Caractérologie :* découverte, énergie, audace, originalité, organisation.

Calypso
1 500 Top 800

Qui dissimule (grec). Dans *L'Odyssée* d'Homère, la nymphe Calypso, reine d'Ogygie, recueillit Ulysse lorsqu'il fit naufrage sur son île. Éperdument amoureuse du héros, elle tenta de lui faire oublier son royaume (Ithaque) et son épouse (Pénélope). Elle alla jusqu'à lui promettre l'immortalité pourvu qu'il reste auprès d'elle, en vain. Résignée, elle relâcha son prisonnier au bout de sept ans. *Variante :* Calipso. *Caractérologie :* ambition, autorité, innovation, énergie, autonomie.

Camélia
10 000 Top 200

Jeune assistante de cérémonies (étrusque). Camelia est très répandu en Roumanie. *Variantes :* Camélie, Camellia. *Caractérologie :* ambition, force, passion, habileté, décision.

Caméo
- de 30

Pierre précieuse sculptée, portée comme bijou (italien). Féminin anglais. *Caractérologie :* autorité, innovation, ambition, volonté, énergie.

Cameron
450

Nez crochu (écossais). Cameron est très répandu dans les pays anglophones. *Variante :* Camerone. *Caractérologie :* volonté, raisonnement, équilibre, responsabilité, famille.

Camilia
2 000 Top 700

Jeune assistante de cérémonies (étrusque). *Variantes :* Camila, Camilla, Kamilia. *Caractérologie :* générosité, communication, pratique, adaptation, enthousiasme.

C

Camille 187 000 Top 50

Jeune assistante de cérémonies (étrusque). *Variante :* Cammie. *Caractérologie :* énergie, innovation, ambition, résolution, autorité.

Camillia 600

Jeune assistante de cérémonies (étrusque). *Caractérologie :* paix, bienveillance, conscience, conseil, sagesse.

Candice 23 000 Top 200

D'un blanc éclatant (latin). En dehors de l'Hexagone, ce prénom est particulièrement porté dans les pays anglophones. *Variantes :* Candyce, Kandys. *Caractérologie :* pragmatisme, communication, créativité, optimisme, détermination.

Candie 350

D'un blanc éclatant (latin). Féminin anglais. *Caractérologie :* humanité, ouverture d'esprit, rectitude, rêve, décision.

Candy 2 500

D'un blanc éclatant (latin). Féminin anglais. On peut estimer que moins de 30 enfants seront prénommés ainsi en 2023. *Caractérologie :* médiation, relationnel, sympathie, réalisation, intuition.

Cannelle 1 100

Substance aromatique contenue dans l'écorce du cannelier (français). On peut estimer que moins de 30 enfants seront prénommés ainsi en 2023. *Variante :* Canelle. *Caractérologie :* pratique, adaptation, communication, enthousiasme, générosité.

Capucine 26 000 Top 100

Cape, capuchon (latin). Originaire des montagnes d'Amérique du Sud, cette plante à feuilles rondes et à fleurs orangées fut remarquée par les conquistadores au XVIe siècle. L'éperon de la fleur, qui rappelait l'habit à capuche des moines capucins, est à l'origine du nom. Le calendrier révolutionnaire aurait pu faire figurer Capucine aux côtés d'Anémone, de Jasmin ou Valériane, mais son concepteur, le poète Fabre d'Églantine, en a jugé autrement. C'est bien plus tard, en 1868, qu'un chansonnier communard la place au cœur d'une comptine populaire, *Dansons la capucine*. Si son succès n'a pas transformé le nom en prénom, celui de la chanson, encore chantée de nos jours, a transcendé les siècles. Nées dans les années 1960, les premières Capucine de France font peu d'émules avant les années 1980, où ce prénom décolle véritablement. Il s'impose dans le top 100 français au début des années 2000 et perce dans le top 50 parisien à son apogée. *Caractérologie :* rêve, rectitude, humanité, cœur, décision.

Cara 400 Top 2 000

Chère à quelqu'un, bien-aimée (latin). Cara est plus particulièrement usité dans les pays anglophones. C'est aussi un choix traditionnel occitan. *Variantes :* Kara, Karah. *Caractérologie :* énergie, audace, séduction, découverte, originalité.

Carène 450

Pure (grec). *Variantes :* Caren, Carenne. *Caractérologie :* ambition, autorité, innovation, énergie, résolution.

Carina 950

Pure (grec). Carina est répandu en Allemagne, dans les pays scandinaves et anglophones. C'est aussi un choix traditionnel corse et occitan. *Caractérologie :* résolution, direction, audace, dynamisme, indépendance.

C

Camille

Fête :
14 juillet

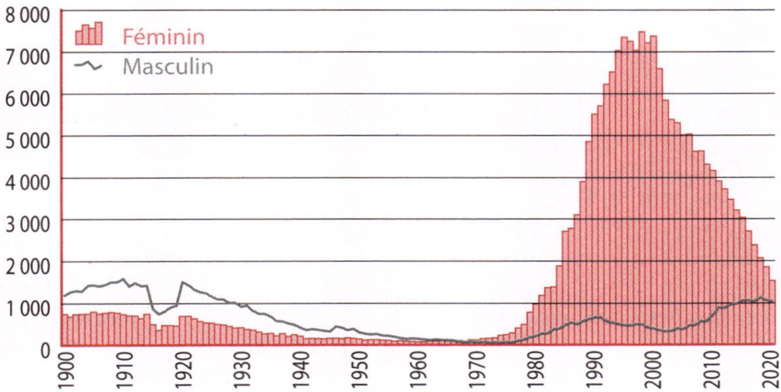

Étymologie

L'étymologie de Camille est incertaine, mais on lui attribue généralement une origine étrusque. À Rome, *camillus* était le nom donné au jeune assistant des prêtres pendant les cérémonies. Après deux décennies de carrière glorieuse, Camille chute dans le top 50 national.

Devrions-nous préciser qu'il s'agit du classement féminin ? D'aucuns se le rappellent, Camille est mixte. Ce vieux prénom a même longtemps désigné une majorité de garçons, comme au XIXe siècle et au début du XXe, où Camille était attribué à deux tiers de Français. Il a fallu attendre le début des années 1960 pour que la parité soit atteinte, puis 1965 pour que la version féminine prédomine. Mais Camille n'a pas fini de nous surprendre. En effet, alors que cette étoile des années 1990 poursuit son reflux, une proportion grandissante de garçons naît sous ce nom (40 % en 2023). La renaissance de Camille au masculin est désormais confirmée...

En attendant son changement de sexe, Camille se maintient dans les tops 40 féminins wallon, suisse romand et québécois.

Dans l'histoire

Journaliste et membre du club des Cordeliers, Camille Desmoulins appela le peuple aux armes le 14 juillet 1789, incitant la foule à se rassembler devant les portes de la Bastille. Il fut guillotiné le même jour que Danton à Paris en 1794.

Dans la littérature

Camille est le prénom choisi par Corneille pour incarner l'héroïne forte et passionnée. Petite fille modèle ou jeune fille pure et distinguée, il s'agit d'un personnage récurrent des romans de la comtesse de Ségur.

Personnes célèbres

Camille Pissarro, peintre français (1830-1903) ; Camille Dalmais, connue sous le nom de Camille, compositrice et chanteuse française, née en 1978 ; Camille Bazbaz, auteur-compositeur-interprète français, né en 1967 ; Camille Lacourt, nageur français, champion du monde dans plusieurs épreuves de dos, né en 1985.

Statistiques

Camille est le 7e prénom féminin le plus donné en France depuis l'an 2000. Ce prénom est attribué à près d'une fille sur 270 (contre un garçon sur 340) aujourd'hui.

Carine
45 000

Pure (grec). Féminin français. On peut estimer que moins de 30 enfants seront prénommés ainsi en 2023. *Variantes :* Carin, Carinne. *Caractérologie :* décision, dynamisme, curiosité, indépendance, courage.

Carla
27 000 Top 300

Force (germanique). Ce dérivé italien de Charlotte émerge en Provence et en Corse dans les années 1980. L'engouement pour ce nouveau venu ne tarde pas à faire des émules, et Carla s'impose dans le top 50 français de 2001 à 2005. Carla est très répandu en Italie, en Corse, dans les pays lusophones et hispanophones, mais on le rencontre également en Allemagne et dans les pays anglophones. *Caractérologie :* force, passion, ambition, management, habileté.

Carline
550

Force (germanique). *Variantes :* Carlana, Carlène, Carlia, Carlie. Forme corse et italienne : Carlina. *Caractérologie :* ambition, habileté, force, passion, décision.

Carlotta
250

Force (germanique). Carlotta est plus traditionnellement usité en Italie et en Corse. *Variante :* Carlota. *Caractérologie :* humanité, rêve, organisation, rectitude, raisonnement.

Carlyne
250

Force (germanique). *Variantes :* Carley, Carly, Carlyn. *Caractérologie :* bienveillance, paix, conscience, sympathie, résolution.

Carmela
1 400

Vigne divine (hébreu). Féminin italien et espagnol. On peut estimer que moins de 30 enfants seront prénommés ainsi en 2023. *Variantes :* Carmélia, Carmella. *Caractérologie :* vitalité, achèvement, ardeur, détermination, stratégie.

Carmelle
130

Vigne divine (hébreu). *Variantes :* Carmel, Carmeline. *Caractérologie :* conseil, bienveillance, paix, conscience, résolution.

Carmen
17 000 Top 400

Chanson, hymne (latin). Féminin espagnol et occitan. *Variante :* Carmina. *Caractérologie :* idéalisme, détermination, altruisme, réflexion, intégrité.

Carol
3 000

Force (germanique). Féminin anglais. On peut estimer que moins de 30 enfants seront prénommés ainsi en 2023. *Variante :* Caroll. *Caractérologie :* fiabilité, ténacité, engagement, méthode, logique.

Carola
- de 100

Force (germanique). *Caractérologie :* audace, découverte, énergie, originalité, analyse.

Carolane
1 300

Contraction de Carole et Anne. Féminin anglais et français. On peut estimer que moins de 30 enfants seront prénommés ainsi en 2023. *Variantes :* Carol-Ann, Carolann, Carolanne, Carole-Anne, Karolane. *Caractérologie :* famille, équilibre, responsabilité, détermination, raisonnement.

Carole
102 000

Force (germanique). Féminin français et anglais. On peut estimer que moins de 30 enfants seront prénommés ainsi en 2023. *Caractérologie :* intégrité, détermination, altruisme, idéalisme, raisonnement.

Carolina
1 300 Top 2 000

Force (germanique). *Caractérologie :* résolution, direction, audace, analyse, dynamisme.

C

Caroline
146 000 Top 900 →

Force (germanique). *Caractérologie :* courage, curiosité, dynamisme, raisonnement, détermination.

Carolyn
350

Force (germanique). *Caractérologie :* finesse, sagacité, amitié, connaissances, raisonnement.

Cassandra
24 000 Top 500 ↘

Qui aide les hommes (grec). Ce prénom a surgi en France dans les années 1980 et s'est imposé dans le top 50 national en 1993. Il est bien plus rarement attribué dans l'Hexagone aujourd'hui. Cassandra est très répandu dans les pays anglophones. *Variantes :* Casandra, Cass, Cassendra. *Caractérologie :* ambition, force, résolution, habileté, passion.

Cassandre
13 000 Top 300 →

Qui aide les hommes (grec). Dans la mythologie grecque, la belle Cassandre avait le don de prophétie, mais elle rejeta Apollon qui, pour se venger, la condamna à ne jamais être crue. C'est ainsi que les Troyens, faisant fi de ses prédictions, ouvrirent les portes de la ville au cheval de bois piégé qui entraîna la destruction de Troie. Cassandre renaît dans les années 1990 au moment de la percée de l'anglophone Cassandra. Il talonne ce dernier dans le classement français aujourd'hui. *Caractérologie :* communication, optimisme, pragmatisme, créativité, résolution.

Cassidy
1 300 Top 1 000 →

Se rapporte au patronyme gaélique O'Caiside. *Variantes :* Cassie, Kassidy. *Caractérologie :* vitalité, achèvement, stratégie, ardeur, réalisation.

Cassie
4 500 Top 200 →

Qui aide les hommes (grec). Voir Cassandre. Cassie est répandu dans les pays anglophones. *Variantes :* Casia, Cassia, Kasia, Kassia. *Caractérologie :* intuition, relationnel, fidélité, médiation, résolution.

Cassiopée
1 200 Top 800 ↑

Large constellation d'étoiles dans la Voie lactée (grec). Féminin français. *Caractérologie :* réceptivité, sociabilité, sympathie, analyse, diplomatie.

Cassis
- de 100

Nom du fruit. *Caractérologie :* caractère, attention, méditation, liberté, décision.

Cassy
2 000 Top 700 ↘

Qui aide les hommes (grec). Voir Cassandre. Féminin anglais. *Caractérologie :* engagement, méthode, ténacité, sens du devoir, fiabilité.

Castille
1 500 Top 400 ↑

Patronyme, prénom et nom qui désigne une région d'Espagne. *Caractérologie :* altruisme, détermination, organisation, réflexion, générosité.

Catalina
1 400 Top 500 ↑

Pure (grec). Catalina est plus particulièrement répandu dans les pays hispanophones, en Corse, en Occitanie et au Pays basque. *Variante :* Catalin. *Caractérologie :* savoir, intelligence, méditation, organisation, résolution.

Catheline
300

Pure (grec). Cette variante française de Catherine était recensée dès le Moyen Âge en France. *Variantes :* Catarina, Cateline, Caterina, Caterine, Catharina, Catharine, Cathel, Cathelle, Cathelyne, Catherina, Catrina, Katrina. *Caractérologie :* énergie, finesse, audace, découverte, résolution.

Catherine
338 000 Top 2 000 →

Pure (grec). Durant le Moyen Âge, les croisés de retour d'Orient ravivent

C

le culte de sainte Catherine, vierge d'Alexandrie martyrisée au IVe siècle pour avoir tenté de convertir l'empereur Maximien. Porté par cette ferveur, Catherine (Katherine, Katharine, etc.) se répand dans toute l'Europe et en France, où le prénom est largement attribué jusqu'au début du XIXe siècle. Catherine revient en force dans les années 1950 et s'impose au 1er rang français en 1960. Il est alors attribué à une fille sur 23 et reste massivement choisi jusqu'à la fin de cette décennie. Dans l'histoire, plusieurs reines ont porté ce prénom, dont trois épouses du roi d'Angleterre Henri VIII. Patronne de l'Europe, sainte Catherine de Sienne lutta pour la restauration de l'unité de l'Église au XIVe siècle. Elle incita notamment le pape Grégoire à quitter Avignon pour s'installer à Rome. *Caractérologie :* diplomatie, sociabilité, réceptivité, détermination, sensibilité.

Cathia
1 500

Pure (grec). On peut estimer que moins de 30 enfants seront prénommés ainsi en 2023. *Variantes :* Catia, Cathya. *Caractérologie :* organisation, famille, équilibre, responsabilité, influence.

C

Cathie
2 000

Pure (grec). Féminin français. On peut estimer que moins de 30 enfants seront prénommés ainsi en 2023. *Caractérologie :* audace, direction, attention, dynamisme, décision.

Cathleen
250

Pure (grec). Féminin anglais et irlandais. *Caractérologie :* courage, curiosité, gestion, dynamisme, attention.

Cathy
27 000

Pure (grec). Féminin anglais et français. On peut estimer que moins de 30 enfants seront prénommés ainsi en 2023. *Variantes :* Cati, Catie, Catty, Caty. *Caractérologie :* pratique, communication, enthousiasme, adaptation, organisation.

Cécile
133 000 Top 800

Aveugle (latin). Le nom Caecilii, dont Cécile est dérivé, était celui d'une puissante famille romaine. Issue de cette famille, celle qui est devenue sainte Cécile aurait refusé de renier sa foi et subi le martyre aux premiers siècles. Sa légende fut véhiculée par de nombreux tableaux, dont un très célèbre de Raphaël. Le prénom, peu attribué au Moyen Âge, se diffuse plus largement du XVe au XIXe siècle. Moyennement attribué au XIXe siècle, Cécile prend tout son temps pour décoller dans les années 1960. Le succès de *Cécile ma fille*, chanté par Claude Nougaro, accélère son envol jusqu'aux portes du top 20 féminin dans les années 1970. Aujourd'hui encore, Cécile est connue pour être la patronne des musiciens. *Caractérologie :* autorité, innovation, ambition, autonomie, énergie.

Cécilia
19 000 Top 2 000

Aveugle (latin). Voir Cécile. Cecilia est un prénom anglais, italien, espagnol, portugais, français et scandinave. C'est aussi un choix traditionnel occitan. *Variantes :* Cecila, Cecillia. *Caractérologie :* résolution, responsabilité, équilibre, famille, influence.

Céléna
1 400 Top 2 000

Lune (grec). *Caractérologie :* structure, persévérance, sécurité, honnêteté, efficacité.

Céleste
10 000 Top 100

Qui se rapporte au ciel (latin). Ce prénom français est également recensé dans les pays anglophones. *Caractérologie :* éthique, équilibre, influence, gestion, famille.

Célestine
6 500 Top 300

Qui se rapporte au ciel (latin). Féminin anglais. *Caractérologie :* résolution, relationnel, intuition, organisation, médiation.

Célia
61 000 Top 100

Aveugle (latin). Voir Cécile. Ce diminutif de Cecilia est apparu au XVIIe siècle dans les pays anglophones et a sombré dans l'oubli après un pic de popularité au XIXe siècle. Son succès est beaucoup plus récent en Italie, dans les pays hispanophones et lusophones. Son envol français, concomitant au déclin de Cécile, a débuté dans les années 1980, et n'a sans doute pas atteint son apogée. *Variantes :* Cellia, Celya, Cilia, Selia, Selya. *Caractérologie :* communication, pratique, adaptation, enthousiasme, décision.

Céliane
900

Contraction de Célia et Anne. *Variantes :* Céliana, Cyliane. *Caractérologie :* engagement, ténacité, méthode, fiabilité, décision.

Célie
1 100

Aveugle (latin). Voir Cécile. Féminin français. On peut estimer que moins de 30 enfants seront prénommés ainsi en 2023. *Caractérologie :* sagacité, philosophie, originalité, spiritualité, connaissances.

Célina
3 500 Top 2 000

Lune (grec). Féminin russe, allemand, anglais, italien et polonais. *Caractérologie :* habileté, force, ambition, détermination, passion.

Céline
224 000 Top 500

Lune (grec). Peu usité par le passé, Céline connaît un miniboom durant la première moitié du XIXe siècle. Alors qu'il était en voie de disparition, ce prénom renaît dans les années 1960 et croît de manière exponentielle en 1967, un an après le succès de *Céline*, chanté par Hugues Aufray. Céline détrône Stéphanie en 1978 et gardera sa couronne jusqu'en 1981 pour la céder à Aurélie. Sainte Céline fut la mère de saint Remi, évêque de Reims au Ve siècle. *Variantes :* Célimène, Célanie, Célenie, Célinie, Celinda, Celynda, Celyne, Ceylin, Sélin, Sélina. Forme basque : Ismene. *Caractérologie :* enthousiasme, pratique, communication, générosité, adaptation.

Célya
3 000 Top 700

Aveugle (latin). Voir Cécile. *Variante :* Céllya. *Caractérologie :* autorité, innovation, énergie, ambition, sympathie.

Cendrine
3 000

Défense de l'humanité (grec). On peut estimer que moins de 30 enfants seront prénommés ainsi en 2023. *Caractérologie :* rêve, humanité, tolérance, rectitude, générosité.

Cerise
1 200 Top 2 000

Ce prénom issu du calendrier révolutionnaire renvoie au fruit du cerisier. *Caractérologie :* énergie, découverte, audace, originalité, décision.

Césarine
300

Tête aux cheveux longs (latin). *Variantes :* Cesaria, Césarie, Cézarina, Cézarine. *Caractérologie :* intuition, relationnel, médiation, fidélité, détermination.

Ceylan
200

Ce nom, qui désignait le Sri Lanka avant 1972, est également un prénom turc d'origine persane signifiant « gazelle ». *Caractérologie :* conseil, conscience, amitié, bienveillance, paix.

Cézanne
100 Top 2 000

Origine possible : clown (italien). Nom du célèbre peintre impressionniste français

C

Paul Cézanne (1839-1906). *Caractérologie :* énergie, découverte, audace, séduction, originalité.

Chahinez

1 800 Top 2 000

Prénom persan d'origine arabe signifiant « la préférée ». *Variantes :* Chahinaz, Chahinaze, Chahines, Chahinese, Chahineze, Chahnez, Chaïna, Chaïnaze, Chaïnes, Chaïnese, Chaïness, Chaïnesse, Chaïnez. *Caractérologie :* sociabilité, décision, diplomatie, loyauté, réceptivité.

Chaïma

8 000 Top 700

D'une grande beauté (arabe). *Variantes :* Chaimaa, Chaimae, Chama, Shayma, Sheyma. *Caractérologie :* achèvement, ardeur, vitalité, stratégie, leadership.

Chandra

- de 30

Lune (sanscrit). Chandra est répandu en Inde. *Caractérologie :* sécurité, structure, persévérance, résolution, efficacité.

Chanel

2 000 Top 2 000

Patronyme devenu prénom. Gabrielle « Coco » Chanel, la fondatrice de la célèbre maison de couture française, et saint Pierre Chanel, un missionnaire parti évangéliser l'île de Futuna au XIXe siècle, ont porté ce nom. Féminin anglais et français. *Variantes :* Chanael, Chanaelle, Chanele, Channel, Shanel. *Caractérologie :* sagesse, intelligence, savoir, méditation, indépendance.

Chanelle

900

Voir Chanel. *Caractérologie :* équilibre, influence, famille, responsabilité, exigence.

Chantal

206 000

Pierre (occitan). Ce prénom provençal est peu connu sur le plan national lorsqu'il s'élance dans les années 1930. Il s'envole si vigoureusement qu'il atteint le firmament en deux décennies. Rivalisant avec Marie et Martine, Chantal se place 3e pendant deux ans et figure parmi les 10 premiers choix français de 1946 à 1959. Il est démodé aujourd'hui. Chantal est également un nom de famille ancien. Aristocrate née à Dijon en 1572, sainte Jeanne-Françoise Frémyot de Chantal fonda l'ordre de la Visitation-Sainte-Marie, congrégation destinée aux femmes de santé fragile. On peut estimer que moins de 30 enfants seront prénommés ainsi en 2023. *Caractérologie :* organisation, découverte, audace, énergie, sensibilité.

Chantale

3 500

Voir Chantal. On peut estimer que moins de 30 enfants seront prénommés ainsi en 2023. *Caractérologie :* autorité, innovation, énergie, finesse, organisation.

Charleen

300

Force (germanique). Féminin anglais. *Caractérologie :* pratique, enthousiasme, communication, résolution, adaptation.

Charlène

32 000 Top 2 000

Force (germanique). En dehors de l'Hexagone, Charlene est répandu dans les pays anglophones. *Variantes :* Charlaine, Charleyne, Charlette. *Caractérologie :* communication, pragmatisme, optimisme, décision, créativité.

Charlie

16 000 Top 50

Force (germanique). *Variante :* Charly. *Caractérologie :* médiation, relationnel, intuition, fidélité, détermination.

Charline

31 000 Top 300

Force (germanique). Féminin français. *Caractérologie :* méditation, savoir, indépendance, intelligence, détermination.

Charlotte

118 000 Top 100

Force (germanique). Attribué dès le Moyen Âge, ce féminin de Charles est devenu très courant en France et dans les pays anglophones du XVIIe au XIXe siècle.

Charlie

Fêtes :
2 mars, 4 novembre

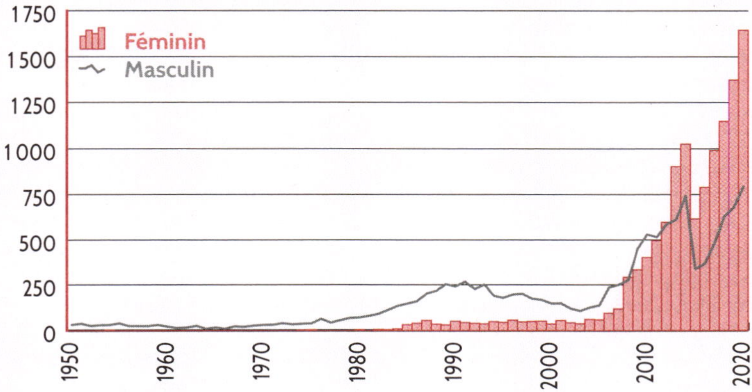

Étymologie

Du germain *karl*, force. Avec de telles origines, Charles était prédisposé à être porté par des hommes puissants. Il n'a pas failli : de Charles Martel, fondateur de la lignée des Carolingiens, au Ier siècle, au général de Gaulle (1890-1970), en passant par plusieurs rois de France, d'Angleterre et de pays européens, Charles s'est distingué à maintes reprises. Il est même allé au-delà de sa vocation en s'illustrant brillamment dans le registre littéraire (Dickens, Baudelaire) et scientifique (Darwin) au XIXe siècle. Il était alors, sous ses différentes graphies, très attribué en Europe. En France, il règne encore sans partage sur la dynastie des *Karl* la première moitié du XXe siècle.

Aurait-il laissé Charlie sortir de l'ombre si Charlie Chaplin, acteur réalisateur et génial inventeur du personnage de Charlot, ne lui avait pas procuré l'artiste qui manquait à ces trophées ? Une poignée de Français naissent pour la première fois sous ce nom en 1917. Difficile d'imaginer que Charlie supplanterait un jour Charles, et qu'il deviendrait majoritairement féminin à partir de 2012. Pourtant, 70 % des Charlie naissant aujourd'hui en France sont des filles. Si l'attentat contre Charlie Hebdo, en janvier 2015, a provoqué sa chute brutale dans les 2 genres (50 % de naissances en moins), il s'est relevé depuis. En 2021, il s'est même imposé au 1er rang féminin à Nantes. À ce rythme, sa percée dans le top 20 national semble inéluctable.

Qu'en est-il de sa carrière au masculin ? Longtemps éclipsé par Charles, il n'émerge pas vraiment avant la mort de Charlie Chaplin, en 1977. La parution des livres-jeux *Où est Charlie ?*, en 1987, où le lecteur doit retrouver un sympathique personnage camouflé dans une foule, favorise un premier pic. C'est le succès de *Charlie et la Chocolaterie* de Tim Burton, adapté d'un roman de Roald Dahl, qui entérine son lancement en 2005. Le tube *Like a Hobo* du chanteur Charlie Winston, achève la mise en orbite du prénom (le nombre de ses attributions au masculin double en 2009). Il progresse dans le top 80 national et a supplanté Charles et Charly en nombre de naissances depuis 2020.

Personnes célèbres

Charles Spencer Chaplin, ou Charlie Chaplin (1889-1977) ; Charlie Winston, auteur-compositeur-interprète et guitariste britannique, né le 14 septembre 1978. Charlie Brown, avec son chien Snoopy, est l'un des personnages principaux de *Peanuts*, une bande dessinée créée en 1950 par Charles Schultz aux États-Unis.

Statistiques

Charlie est le 92e prénom féminin le plus donné en France depuis l'an 2000. Ce prénom est attribué à près d'une fille sur 170 (contre un garçon sur 360) aujourd'hui.

Après une période moins faste, Charlotte revient parmi les 30 premiers choix français dans les années 1980, et s'y maintient encore aujourd'hui. Ce prénom classique est très répandu dans l'ensemble des pays occidentaux. C'est en l'honneur de la reine consort Charlotte de Mecklembourg-Strelitz (1744-1818), épouse de George III, que le dessert du même nom aurait été créé. Épouse de Louis XI, Charlotte de Savoie n'eut guère l'existence dorée d'une reine. Elle donna la vie à sept enfants, mais seuls trois d'entre eux survécurent à leur naissance. Elle se consacra à l'éducation de ces derniers et vécut simplement à Amboise, loin de la Cour et de son mari distant. Elle mourut en 1483 à l'âge de 38 ans. Une sainte portant ce nom fut guillotinée avec les sœurs du carmel de Compiègne en 1794, sous la Terreur. *Variantes :* Charmaine, Lote, Lotte, Lottie. *Caractérologie :* optimisme, communication, pragmatisme, attention, logique.

Charlyne
3 000 Top 2 000

Force (germanique). Féminin anglais. *Caractérologie :* énergie, audace, cœur, action, découverte.

Chayma
2 000 Top 2 000

D'une grande beauté (arabe). Ce prénom est particulièrement répandu dans les cultures musulmanes francophones. *Variante :* Chaymaa. *Caractérologie :* responsabilité, famille, réalisation, influence, équilibre.

Chelsea
2 500 Top 300

Port de mer (anglais). Chelsea est aussi le nom d'un quartier branché de la ville de New York. *Variante :* Chelsy. *Caractérologie :* stratégie, achèvement, vitalité, ardeur, leadership.

Cherine
2 000

Charmante, agréable (arabe, persan). On peut estimer que moins de 30 enfants seront prénommés ainsi en 2023. *Variante :* Cheryne. *Caractérologie :* leadership, achèvement, vitalité, stratégie, ardeur.

Cheryl
800 Top 2 000

Cerise (latin). Féminin anglais. *Caractérologie :* force, ambition, sympathie, habileté, ressort.

Cheyenne
2 500 Top 2 000

Langage inintelligible (amérindien). *Variante :* Sheyenne. *Caractérologie :* originalité, sympathie, spiritualité, connaissances, sagacité.

Chiara
10 000 Top 300

Illustre (latin). Féminin italien et corse. *Caractérologie :* méthode, ténacité, fiabilité, sens du devoir, engagement.

Chimène
700

Forme francisée du prénom féminin espagnol Jimena, équivalent de Simone (« qui est exaucée » en hébreu). Ce prénom, rendu célèbre par la pièce de Corneille *Le Cid*, est inspiré d'un personnage réel de l'histoire espagnole, Doña Jimena, issue de l'illustre famille des rois de León. *Caractérologie :* dialogue, créativité, communication, optimisme, pragmatisme.

Chloé
163 000 Top 50

Jeune pousse (grec). *Variantes :* Chloée, Chloélia, Cloélia, Kloé. *Caractérologie :* savoir, méditation, intelligence, indépendance, sagesse.

Chris
170

Diminutif des prénoms formés avec Christ. Féminin anglais et néerlandais. *Caractérologie :* pratique, communication, enthousiasme, adaptation, générosité.

Christa
1 000

Messie (grec). *Caractérologie :* bienveillance, paix, conscience, conseil, organisation.

C

Christel
21 000

Messie (grec). En dehors de l'Hexagone, ce prénom est particulièrement porté dans les pays anglophones. On peut estimer que moins de 30 enfants seront prénommés ainsi en 2023. *Variante :* Christal. *Caractérologie :* méthode, fiabilité, ténacité, décision, attention.

Christèle
13 000

Messie (grec). Féminin français. On peut estimer que moins de 30 enfants seront prénommés ainsi en 2023. *Caractérologie :* décision, idéalisme, altruisme, intégrité, attention.

Christelle
152 000

Messie (grec). Si Crystal apparaît dans les pays anglophones dès le XIXe siècle, les premières Christelle de France voient le jour en 1940. Ce prénom met une vingtaine d'années à émerger avant de s'envoler dans les années 1960. Il figure parmi les 10 premiers prénoms féminins dans les années 1970 et s'éclipse nettement depuis le début du 3e millénaire. On peut estimer que moins de 30 enfants seront prénommés ainsi en 2023. *Variantes :* Cristel, Cristelle. *Caractérologie :* pragmatisme, optimisme, communication, détermination, sensibilité.

Christiana
650 ➔

Messie (grec). Christiana est plus particulièrement répandu dans les pays anglophones et en Grèce. *Caractérologie :* décision, communication, pratique, attention, enthousiasme.

Christiane
176 000

Messie (grec). Quasi inconnu avant le XXe siècle, Christiane s'élance dans les années 1920 et s'impose avec force dans les 10 premiers rangs féminins de 1935 à 1952. Sa gloire entraîne celle de Christian, qui se maintient dans les choix prisés bien après que son féminin a disparu des radars, dans les années 1980. On peut estimer que moins de 30 enfants seront prénommés ainsi en 2023. *Variante :* Chrystiane. *Caractérologie :* méditation, intelligence, savoir, résolution, finesse.

Christianne
4 500

Messie (grec). Féminin français. On peut estimer que moins de 30 enfants seront prénommés ainsi en 2023. *Caractérologie :* communication, pragmatisme, optimisme, détermination, sensibilité.

Christie
850 ➔

Messie (grec). Féminin anglais. *Variantes :* Chrislaine, Chrislène, Chryslène, Chrissie, Chrissy, Christy. *Caractérologie :* innovation, autorité, énergie, détermination, sensibilité.

Christina
7 500 Top 2 000 ↘

Messie (grec). Féminin anglais, allemand, scandinave, grec et néerlandais. *Caractérologie :* médiation, intuition, décision, relationnel, attention.

Christine
260 000

Messie (grec). Ce prénom porté par plusieurs saintes est attribué au Moyen Âge, mais son âge d'or est bien plus récent. C'est en effet dans les années 1950 qu'une vague venue d'Angleterre accroît fortement son essor. Christine se hisse en peu de temps au 5e rang français, et reste un choix prisé jusqu'à son repli dans les années 1980. Christine l'Admirable, mystique flamande en Belgique, aurait été à l'origine de plusieurs miracles au XIIIe siècle. Elle est fêtée le 24 juillet. On peut estimer que moins de 30 enfants seront prénommés ainsi en 2023. *Caractérologie :* paix, bienveillance, conscience, décision, attention.

Chrystel
4 000

Messie (grec). On peut estimer que moins de 30 enfants seront prénommés ainsi

C

en 2023. *Variantes :* Chrystal, Crystelle. *Caractérologie :* relationnel, sensibilité, intuition, action, médiation.

Chrystelle
9 500

Messie (grec). Féminin français. On peut estimer que moins de 30 enfants seront prénommés ainsi en 2023. *Caractérologie :* innovation, autorité, action, énergie, attention.

Ciara
1 300 Top 800

Brune (irlandais). Ciara est très répandu en Irlande. *Caractérologie :* dynamisme, charisme, courage, indépendance, curiosité.

Cindy
63 000 Top 2 000

Qui vient de Kynthos (grec). Voir Cynthia. Cindy est très répandu dans les pays occidentaux et anglophones. *Variantes :* Cindie, Cindel, Cinderella, Cindia, Cinnie. *Caractérologie :* dynamisme, audace, indépendance, cœur, direction.

Claire
129 000 Top 500

Illustre (latin). Forme française dérivée du latin Clarus, Claire est particulièrement attribué en France durant le haut Moyen Âge. À partir du XIIe siècle, plusieurs saintes portant ce prénom alimentent sa popularité, comme sainte Claire, la disciple de saint François d'Assise fondatrice de l'ordre des Clarisses. Après une période de retrait, Claire renaît dans les années 1950 et devient en 1984 l'un des 20 prénoms préférés des Français. En dehors de l'Hexagone, ce prénom est essentiellement porté dans les pays anglophones. *Variantes :* Claira, Clairette, Clare, Clarie, Clarine, Clarinda. Forme bretonne : Clair. *Caractérologie :* communication, pragmatisme, créativité, optimisme, résolution.

Claire-Marie
1 100

Forme composée de Claire et Marie. Féminin français. On peut estimer que moins de 30 enfants seront prénommés ainsi en 2023. *Caractérologie :* engagement, méthode, ténacité, décision, fiabilité.

Clara
97 000 Top 100

Illustre (latin). Cette forme latine de Claire connaît une faveur particulière au XIIIe siècle grâce à la popularité d'une sainte qui illustra ce nom. Disciple de saint François d'Assise, cette dernière renonça à une vie privilégiée pour fonder l'ordre des Clarisses, ou ordre des Pauvres Dames. Au XIXe siècle, ce prénom est répandu dans de nombreux pays européens, mais il reste très discret en France. Il prend son envol dans les années 1980, au moment où Claire termine sa carrière. La vogue des prénoms courts en « a » l'élève de telle sorte qu'il culmine à la 3e place du classement en 2006. Clara est très répandu en Allemagne, en Italie et dans de nombreux pays occidentaux aujourd'hui. Variante occitane : Claramonda. *Caractérologie :* ambition, passion, force, habileté, management.

Clarence
900

Illustre (latin). Féminin anglais. *Caractérologie :* sagacité, connaissances, spiritualité, originalité, résolution.

Clarice
650

Illustre (latin). Féminin anglais. *Variantes :* Clarie, Clarine. *Caractérologie :* équilibre, influence, famille, décision, responsabilité.

Clarissa
600

Illustre (latin). *Caractérologie :* ambition, autorité, innovation, autonomie, énergie.

Clarisse
27 000 Top 400

Illustre (latin). Ce prénom attesté au Moyen Âge connaît une modeste résurgence au XIXe siècle dans l'Hexagone et les pays anglo-saxons. Son dernier pic de popularité le plaçait au 77e rang féminin français en 2001. Au VIe siècle, sainte Clarisse fonda

C

Chloé

Fête :
5 octobre

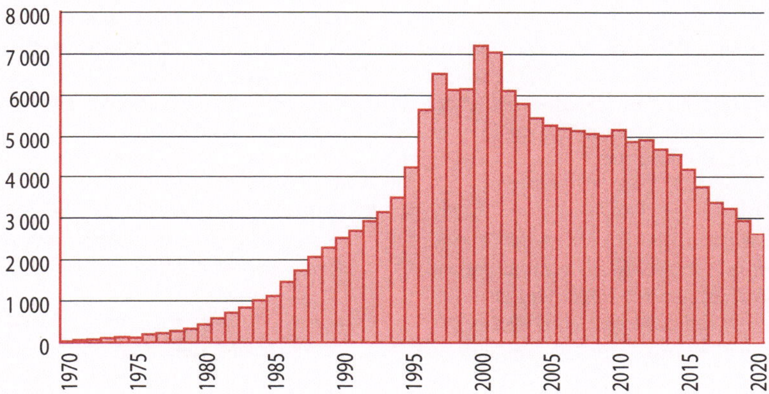

Étymologie

Du grec *chloê*, « jeune pousse ». Dans la mythologie grecque, Chloé était l'autre nom de Déméter, la déesse protectrice des Moissons. C'est en son honneur que les Athéniens célébraient la fête des *Chloeïa* à la fin de chaque hiver. Les parents anglais et américains font renaître ce prénom antique au XIXe siècle, bien avant que Boris Vian l'attribue à l'héroïne de *L'Écume des jours*. Et c'est le succès posthume de l'œuvre qui fait émerger le prénom dans les années 1960. S'il lui faut attendre les années 2010 pour culminer au 2e rang des classements national et parisien, Chloé n'en finit pas de nous étonner : elle rebondit au 4e rang de la capitale en 2021 alors que son déclin était bien entamé.

En dehors de l'Hexagone, Chloé est en vogue en pays wallon, romand et québécois. Au début des années 2010, elle a connu une grande popularité dans le monde anglophone, notamment aux États-Unis, au Canada et en Australie, où elle a rejoint l'élite. Mais elle s'est un peu essoufflée. C'est désormais dans le sud de l'Europe, en Italie et en Espagne notamment qu'elle s'implante. À noter : les variantes Kloé, Cloé et Cléo sont passées à côté de l'occasion, et l'heure de gloire de Cléa au début des années 2010 a été éphémère.

Littérature

Longus, auteur grec du IIe siècle, écrivit *Les Amours de Daphnis et Chloé*. Ce roman, retraduit au XIXe siècle, inspira Maurice Ravel lorsqu'il composa *Daphnis et Chloé* pour les Ballets russes.

Personnes célèbres

Chloé Sainte-Marie, chanteuse contemporaine canadienne, née en 1962 ; Chloé Delaume, écrivaine française, née en 1973.

Statistiques

Chloé est le 3e prénom féminin le plus donné en France depuis l'an 2000. Ce prénom est attribué à près d'une fille sur 160 aujourd'hui.

dans les Vosges un monastère dont elle fut la première abbesse. *Variantes :* Clarys, Clarysse, Klarissa. *Caractérologie :* courage, dynamisme, indépendance, curiosité, décision.

Claude
40 000

Boiteuse (latin). Féminin français. On peut estimer que moins de 30 enfants seront prénommés ainsi en 2023. *Caractérologie :* audace, direction, indépendance, dynamisme, assurance.

Claudette
33 000

Boiteuse (latin). Féminin français. On peut estimer que moins de 30 enfants seront prénommés ainsi en 2023. *Variante :* Clodette. *Caractérologie :* autorité, innovation, énergie, ambition, organisation.

Claudia
13 000 Top 2 000 →

Boiteuse (latin). En dehors de l'Hexagone, Claudia est particulièrement porté en Italie, en Espagne, en Roumanie, et dans les pays anglophones et germanophones. *Caractérologie :* conscience, paix, sagesse, conseil, bienveillance.

C

Claudie
21 000

Boiteuse (latin). Féminin français. On peut estimer que moins de 30 enfants seront prénommés ainsi en 2023. *Caractérologie :* ambition, innovation, énergie, autorité, décision.

Claudine
127 000

Boiteuse (latin). Ce prénom français émerge au début du XXe siècle. Son essor est contrarié lorsque Claudine devient l'héroïne d'une série de romans de Colette qui font scandale. Ce faux départ est vite oublié lorsque l'écrivaine est élue à l'académie Goncourt. Coïncidence ou non, l'année suivant sa consécration (en 1946), les attributions du prénom se trouvent multipliées par deux. Claudine atteint les portes du top 10 féminin en 1949 avant de décliner lentement. Religieuse au XIXe siècle, sainte Claudine fut prise dans la tourmente de la Révolution ; elle fonda plus tard, en 1818, la Congrégation de Jésus-Marie. On peut estimer que moins de 30 enfants seront prénommés ainsi en 2023. *Variantes :* Claudelle, Claudiane, Claudina, Clodia, Clodine, Gladie, Klaudia. Forme occitane : Glaudia. *Caractérologie :* bienveillance, paix, conscience, conseil, résolution.

Claudy
650

Boiteuse (latin). *Variantes :* Cladie, Clady. *Caractérologie :* pratique, communication, adaptation, réalisation, enthousiasme.

Cléa
11 000 Top 200 ↘

Clef (latin). Féminin français. *Caractérologie :* adaptation, communication, pratique, enthousiasme, générosité.

Clélia
6 500 Top 900 ↘

Clef (latin). Féminin italien. *Caractérologie :* bienveillance, paix, conscience, conseil, résolution.

Clélie
950 ↘

Clef (latin). *Caractérologie :* direction, dynamisme, audace, assurance, indépendance.

Clémence
74 000 Top 100 ↘

Douceur, bonté (latin). À l'exception d'une brève envolée au XIXe siècle, la diffusion de Clémence a toujours été modeste. Ou insignifiante, comme dans les années 1950, où elle a failli disparaître des registres d'état civil. Ce qui ne l'a pas empêchée de renaître quelques décennies plus tard dans le sillon de Clément. Si elle semble en perte de vitesse aujourd'hui, elle a frôlé la gloire en 2006 en s'imposant dans le top 25 français. À l'international, Clémence peine à s'imposer en dehors de l'Hexagone.

Ce prénom, courant en Angleterre au Moyen Âge, s'est raréfié dans les pays anglophones. Il est plus visible, sous ses différentes formes (Clementina, Klementina ou leur version abrégée Tina), dans les pays méditerranéens ou en Amérique du Sud. *Caractérologie :* paix, conscience, bienveillance, conseil, sagesse.

Clémentine
28 000 Top 400 ↘

Douceur, bonté (latin). Féminin français. *Variantes :* Clémente, Clemmie. *Caractérologie :* audace, direction, indépendance, assurance, dynamisme.

Cléo
5 500 Top 300 →

Gloire, célébrité (grec). En dehors de l'Hexagone, Cleo est recensé dans les pays anglophones. *Variante :* Cléonice. *Caractérologie :* achèvement, leadership, vitalité, stratégie, ardeur.

Cléophée
1 300 Top 800 →

Célébrer (grec). *Caractérologie :* amitié, bienveillance, paix, conseil, conscience.

Cléore
- de 100

Gloire, célébrité (grec). *Caractérologie :* raisonnement, ténacité, précision, organisation, fiabilité.

Clervie
300

Pierre précieuse, bijou (celte). Féminin breton. *Caractérologie :* sociabilité, réceptivité, loyauté, diplomatie, bonté.

Clio
350

Gloire, célébrité (grec). Dans la mythologie grecque, Clio, fille de Zeus et de Mnémosyne (déesse de la Mémoire), est la Muse de l'Histoire. Prénom italien. *Caractérologie :* optimisme, communication, créativité, logique, pragmatisme.

Cliona
- de 30

Dans la légende irlandaise, Cliona est une déesse d'une grande beauté qui s'éprend d'un mortel, Ciabhan, et quitte pour lui la Terre promise. *Caractérologie :* rectitude, humanité, rêve, logique, décision.

Cloé
18 000 Top 500 ↘

Jeune pousse (grec). En dehors de l'Hexagone, Cloé est recensé dans les pays lusophones et hispanophones. *Variante :* Cloée. *Caractérologie :* achèvement, vitalité, ardeur, stratégie, leadership.

Clothilde
5 000 Top 2 000 ↘

Célèbre, combattante (germanique). Féminin français. *Caractérologie :* finesse, connaissances, sagacité, spiritualité, analyse.

Clotilde
15 000 Top 700 →

Célèbre, combattante (germanique). Peu après avoir épousé Clovis, le roi des Francs, Clotilde convainquit son époux de se convertir avec son armée au christianisme. Clovis fut baptisé par l'évêque de Reims en 496 et devint le premier roi chrétien de France. Dans l'Hexagone, Clotilde est plus traditionnellement usité dans les Flandres. *Variante :* Clotilda. *Caractérologie :* force, volonté, ambition, analyse, habileté.

Coleen
1 600 Top 2 000 ↘

Victoire du peuple (grec). *Caractérologie :* réflexion, dévouement, intégrité, idéalisme, altruisme.

Colette
111 000 Top 500 ↑

Victoire du peuple (grec). Ce dérivé de Nicole est usité au Moyen Âge, mais il se révèle véritablement au début du XXe siècle. Il monte dans la vague des Ginette, Odette, Paulette et Yvette, s'imposant dans le top 20 féminin peu avant de les dominer du haut de son 6e rang (en 1937). Il disparaîtra du groupe de tête en 1951, non sans avoir tenu compagnie au deuxième flux des désinences en « ette » (Josette, Bernadette). *Caractérologie :* achèvement, stratégie, ardeur, vitalité, leadership.

☆ Colette laisse une œuvre prolifique en romans et nouvelles, dont *Chéri* et *Le Blé en herbe*. Insoumise et vagabonde, elle a mené plusieurs vies au gré de ses plaisirs et désirs. Elle a défié l'ordre établi avec sa soif de liberté. Elle est la première femme à qui la France a offert des funérailles nationales.

Coline
22 000 Top 200

Victoire du peuple (grec). *Variantes :* Colline, Collyne, Colyne. *Caractérologie :* méthode, engagement, fiabilité, ténacité, raisonnement.

Colleen
1 700

Victoire du peuple (grec). Féminin anglais. On peut estimer que moins de 30 enfants seront prénommés ainsi en 2023. *Caractérologie :* pragmatisme, communication, créativité, optimisme, sociabilité.

Colombe
3 000 Top 800

Colombe (latin). *Caractérologie :* relationnel, intuition, médiation, volonté, fidélité.

Colombine
250

Colombe (latin). Forme corse et occitane : Colomba. *Caractérologie :* intelligence, méditation, savoir, volonté, raisonnement.

C

Constance
23 000 Top 100

Constante (latin). Prénom français et anglais. Aussi belle que revêche, Constance d'Arles devint reine de France en épousant Robert II le Pieux en 1003. Mère du futur roi Henri Ier, elle manigança en vain pour que son second fils Robert accède au trône (il devint duc de Bourgogne). Pour sa part, Constance de Castille prit la succession d'Aliénor d'Aquitaine à la tête du royaume en épousant Louis VII en 1154. *Variante :* Connie. Forme portugaise et occitane : Constancia. *Caractérologie :* méthode, engagement, ténacité, fiabilité, gestion.

Constantine
- de 100

Constante (latin). *Variante :* Constantina. *Caractérologie :* ambition, force, habileté, décision, logique.

Consuelo
300

Consolation (latin). Féminin espagnol. *Caractérologie :* audace, découverte, énergie, originalité, séduction.

Coqueline
- de 30

Ce prénom inventé a été rendu célèbre par Coqueline Courrèges, couturière et cofondatrice de la maison de couture du même nom. Coqueline Courrèges est née le 25 juillet 1935 à Hendaye. *Caractérologie :* famille, exigence, raisonnement, équilibre, influence.

Cora
550

Jeune fille (grec). Féminin anglais et allemand. *Caractérologie :* direction, audace, dynamisme, analyse, indépendance.

Coralie
55 000 Top 2 000

Jeune fille (grec). Féminin français. *Variantes :* Coralia, Corélia, Corélie, Koralie. *Caractérologie :* altruisme, idéalisme, intégrité, décision, logique.

Coraline
9 000 Top 2 000

Jeune fille (grec). Féminin français. *Variante :* Coralyne. *Caractérologie :* courage, curiosité, détermination, dynamisme, raisonnement.

Coraly
700

Jeune fille (grec). *Caractérologie :* sociabilité, réceptivité, diplomatie, loyauté, logique.

Corantine
- de 30

Amie (celte). Féminin français. *Caractérologie :* rectitude, humanité, rêve, raisonnement, détermination.

Prénoms qui montent et perles rares

Qu'on le veuille ou non, la mode influence la façon dont nous prénommons nos enfants. Tel un baromètre qui prédit le temps, elle désigne les prénoms les plus tendance, et par défaut ceux qui ne le sont pas. Source d'inspiration pour les uns, elle est aussi indispensable aux parents qui souhaitent attribuer un prénom original ou à contre-courant.

Les choix de prénoms rares ne dérogent pas à cette emprise invisible. De nombreuses variantes profitent du succès de leurs homophones pour voir le jour (exemples : Ema, Lyna, Mya, etc.). Des prénoms originaux parviennent également à se démarquer, comme Lilwenn et Auxane, qui jouent sur des répertoires de sonorités peu communes. Mais ce phénomène de distinction n'est-il pas lui-même devenu « branché » ?

Difficile donc d'échapper à la mode... Heureusement que celle-ci laisse une place à la créativité ! La marmite des prénoms de demain mitonne bien des saveurs, voyons d'un peu plus près les tendances qui s'en dégagent.

Les prénoms en forte croissance dans le top 100

Dans les choix féminins, Alma, Aria, Ava, Billie, Céleste, Ella, Joy, Lyana, Nelya, Nour et Théa sont les étoiles montantes de l'année.

Les prénoms de demain

Dans le top 200, Ellie, Maddy, Naya, Jana et Judith ambitionnent d'intégrer les 100 premiers rangs et grandissent vigoureusement. Elles devancent Célestine, Emna, Esmée, Ilyana, Malia, Naëlle, Octavia, Olympe, Suzanne et Yuna qui se profilent à l'horizon.

Les choix originaux

Vous recherchez des prénoms rares aux sonorités variées ? Ci-dessous un bouquet de prénoms qui devraient être attribués à moins de 30 Françaises en 2023.

Abbie, Aelis, Airelle, Amaryllis, Annabelle, Ariella, Aurianne, Automne, Avril, Béryl, Bruyère, Calliopée, Cerise, Cézanne, Clarence, Cypriane, Déotille, Doris, Dorothée, Dulcie, Edmée, Edna, Félicité, Fidji, Flavia, Florence, Frida, Giada, Gisèle, Gladys, Guillemette, Hermance, Imaé, India, Ingrid, Isadora, Isaé, Iseult, Jacinthe, Larissa, Léonce, Marthe, Mirabelle, Naïg, Nellie, Odelia, Olympia, Orphée, Oxane, Poéma, Prunelle, Rhéa, Rubis, Siena, Thanaïs, Théoline, Vinciane, Vivienne, Zazie, Zelda.

La génération 2000

Nés dans les années 2000 en France, ces petits noms se multiplient au fil des saisons :

Aéva, Amayel, Anaée, Anaya, Arwen, Azia, Baia, Blue, Coco, Éléonie, Éliséa, Emna, Érelle, Esmée, Florès, Framboise, Gala, Hadria, Iara, Iloa, Inaïa, Inoa, Isalie, Izéa, Izzie, Jazz, Laurella, Laya, Léolia, Léonella, Lillie, Lilo, Lilwenn, Linoa, Lisanne, Liséa, Lissia, Lizéa, Lomane, Lou-Éva, Maelyn, Mailey, Manoli, Maoline, Maonie, Meï, Mélana, Naëlys, Nany, Nao, Naoline, Nela, Neya, Noelya, Nymphéa, Octavia, Oliane, Ona, Orchidée, Rihanna, Ryane, Shai, Sohane, Tahira, Thana, Thelia, Thia, Zaïg, Zilia.

Cordelia
200

Cœur (latin). *Caractérologie :* persévérance, sécurité, analyse, volonté, structure.

Corentine
900

Amie (celte). Féminin français. *Caractérologie :* engagement, méthode, ténacité, fiabilité, raisonnement.

Corina
120

Jeune fille (grec). Féminin anglais, allemand, roumain et occitan. *Caractérologie :* famille, décision, logique, équilibre, responsabilité.

Corine
16 000

Jeune fille (grec). Féminin français. On peut estimer que moins de 30 enfants seront prénommés ainsi en 2023. *Caractérologie :* innovation, énergie, autorité, ambition, logique.

Corinne
156 000

Jeune fille (grec). Corinne est le nom d'une poétesse grecque du VIe ou Ve siècle avant J.-C. C'est aussi le nom d'une femme à laquelle Ovide adressait ses poèmes au Ier siècle après J.-C. C'est toutefois le succès littéraire de Madame de Staël (*Corinne ou l'Italie*, paru en 1807), qui sort le prénom de l'anonymat. Devenant relativement usité à la fin du XIXe siècle dans les pays anglophones, il émerge en France avec un temps de décalage, dans les années 1940. Corinne atteint le sommet de sa carrière dans les années 1960 et se maintient durant 7 années dans le top 10 féminin. On peut estimer que moins de 30 enfants seront prénommés ainsi en 2023. *Variantes :* Coria, Corie, Cory, Corianne, Corinna, Corrinne, Korine. *Caractérologie :* bienveillance, paix, conseil, conscience, logique.

Corisande
- de 100

Corisande est l'héroïne du roman de chevalerie *Amadis de Gaule*, écrit par Garci Rodríguez de Montalvo et paru en 1508. Diane d'Andoins (1554-1620), comtesse de Guiche, dite « la belle Corisande » prit ce surnom après avoir lu le roman. Henri IV tomba follement amoureux d'elle. *Caractérologie :* raisonnement, philosophie, décision, connaissances, originalité.

Cornélia
450

Cornue, corneille (latin). Féminin italien et anglais. *Variantes :* Cornélia, Cornélie, Cornellia. *Caractérologie :* curiosité, analyse, dynamisme, résolution, courage.

Corrine
650

Jeune fille (grec). *Caractérologie :* autorité, énergie, innovation, logique, ambition.

Cosette
1 200

Victoire du peuple (grec). On peut estimer que moins de 30 enfants seront prénommés ainsi en 2023. *Caractérologie :* conscience, conseil, bienveillance, paix, organisation.

Cosima
200

Univers (grec). Prénom italien. *Caractérologie :* famille, raisonnement, influence, équilibre, responsabilité.

Cristina
3 000

Messie (grec). Féminin espagnol, corse et occitan. On peut estimer que moins de 30 enfants seront prénommés ainsi en 2023. *Caractérologie :* pratique, communication, gestion, enthousiasme, décision.

Crystal
1 500 Top 2 000

Messie (grec). Aux États-Unis, Crystal est plus particulièrement attribué dans la communauté noire américaine. *Variante :* Cristal. *Caractérologie :* vitalité, achèvement, stratégie, gestion, réalisation.

Cybélia
350

Prophétesse (grec). *Caractérologie :* communication, pragmatisme, amitié, créativité, sociabilité.

C

Cylia
1 600 Top 900

Aveugle (latin). Voir Cécile. *Variante :* Cyliane. *Caractérologie :* énergie, originalité, séduction, audace, découverte.

Cyndel
200

Qui vient de Kynthos (grec). Voir Cynthia. *Variante :* Cyndelle. *Caractérologie :* ouverture d'esprit, rectitude, humanité, rêve, bonté.

Cyndie
1 700

Qui vient de Kynthos (grec). Voir Cynthia. On peut estimer que moins de 30 enfants seront prénommés ainsi en 2023. *Variantes :* Cyndia, Cyndy. *Caractérologie :* responsabilité, cœur, équilibre, famille, influence.

Cynthia
22 000

Forme latine du grec *kynthia* signifiant « qui vient de Kynthos ». Dans la mythologie grecque, le mont Kynthos étant le lieu de naissance de la déesse Artémis, Cynthia est devenu l'un de ses nombreux surnoms. Ce prénom fleurit dès la Renaissance dans les pays anglophones, mais il se révèle véritablement en France à partir des années 1960. On peut estimer que moins de 30 enfants seront prénommés ainsi en 2023. *Variantes :* Cinthia, Cinthya, Cyntia, Sindy, Syndie, Synthia. *Caractérologie :* achèvement, vitalité, stratégie, attention, action.

Cyprienne
250

Qui vient de Chypre (grec). *Variantes :* Cipriana, Cypriane, Cyprielle, Cyprine. *Caractérologie :* dynamisme, audace, indépendance, direction, sympathie.

Cyra
- de 30

Soleil (persan), seigneur (grec). *Variantes :* Kira, Kyra. *Caractérologie :* relationnel, médiation, fidélité, adaptabilité, intuition.

Cyriane
550

Seigneur (grec). *Variantes :* Cyrianne, Cyrienne, Cyrine, Cyrinne. *Caractérologie :* communication, enthousiasme, pratique, résolution, sympathie.

Cyrielle
11 000 Top 2 000

Seigneur (grec). Féminin français. *Variantes :* Cyriel, Cyrièle. *Caractérologie :* cœur, achèvement, stratégie, ardeur, vitalité.

Cyrille
1 400

Seigneur (grec). On peut estimer que moins de 30 enfants seront prénommés ainsi en 2023. *Variantes :* Cirila, Cyrilla. *Caractérologie :* communication, pragmatisme, optimisme, cœur, créativité.

Cyrine
1 200

Seigneur (grec). On peut estimer que moins de 30 enfants seront prénommés ainsi en 2023. *Caractérologie :* fidélité, bonté, médiation, relationnel, intuition.

D

D

Dagmar
- de 100

Servante de jour (scandinave). *Caractérologie :* force, ambition, passion, habileté, réalisation.

Dahlia
1 300 Top 600

Cette fleur tire son nom du botaniste suédois Anders Dahl qui l'a introduite en Europe en 1789. Ce prénom est particulièrement recensé dans les pays anglophones. *Caractérologie :* passion, force, management, ambition, habileté.

Daïna
500 Top 2 000

Sagesse, jugement (hébreu), nom donné aux chansons folkloriques lettonnes. Féminin letton et lituanien. *Variante :* Daïana. *Caractérologie :* fidélité, relationnel, médiation, détermination, intuition.

Daisy
4 500 Top 2 000

Fleur (anglais). Féminin anglais et néerlandais. *Caractérologie :* méthode, fiabilité, engagement, réussite, ténacité.

Dalia
2 000 Top 700

Rameau en fleur (hébreu), fleur, vigne (arabe). Nom de la déesse de la Maternité et de la Destinée dans la mythologie lituanienne. *Variantes :* Dalie, Dalhia, Dalya, Daly. *Caractérologie :* humanité, rectitude, rêve, générosité, tolérance.

Dalila
11 000

Guide (arabe), coquette (hébreu). Ce prénom est particulièrement répandu dans les cultures musulmanes francophones. On peut estimer que moins de 30 enfants seront prénommés ainsi en 2023. *Variante :* Dalilah. *Caractérologie :* adaptation, pratique, enthousiasme, générosité, communication.

Damaris
350

Mollet (grec). *Caractérologie :* relationnel, fidélité, médiation, intuition, adaptabilité.

Damia
160

Dompter (grec). Dans la mythologie grecque, Damia est la déesse de la Terre et de la Fertilité. *Caractérologie :* dynamisme, audace, direction, indépendance, assurance.

Damienne
450

Dompter (grec). *Variantes :* Damiana, Damiane, Damielle. *Caractérologie :* intuition, médiation, relationnel, fidélité, résolution.

Dana
2 500 Top 700

Les origines de ce prénom répandu en Israël, dans les pays slaves, scandinaves et anglophones sont multiples. Dana est un lointain dérivé de Dan, d'où son origine hébraïque : « Dieu fait justice ». C'est une variante probable de Danu, déesse celte de l'Eau dont la notoriété fut si grande qu'elle inspira le nom du fleuve Danube en Europe. Dana(h) désigne également la perle précieuse en arabe alors que Dane signifie « qui vient du Danemark » en vieux norrois. Notons que Dana est usité pour les deux sexes dans les cultures persanes. *Variantes :* Danaëlle, Danna. *Caractérologie :* réceptivité, loyauté, sociabilité, diplomatie, bonté.

Danaé
1 800 Top 1 000

Personnage de la mythologie grecque, Danaé est la mère de Persée. *Variante :* Danaée. *Caractérologie :* connaissances, spiritualité, originalité, sagacité, philosophie.

☆ Son père la tenait recluse dans une tour afin de couper court à un oracle. Il en fallait plus pour décourager Zeus qui se transforma en pluie d'or pour séduire la jeune femme. Ce personnage mythologique inspira un tableau au Corrège et fut magnifié par Gustav Klimt.

Dania
2 000 Top 400

Dieu est mon juge (hébreu). Prénom espagnol. Forme basque : Dani. *Caractérologie :* sociabilité, loyauté, diplomatie, décision, réceptivité.

Danica
- de 100

L'étoile du matin (slave). Féminin serbe, croate, slovaque, tchèque et macédonien. *Caractérologie :* découverte, originalité, résolution, audace, énergie.

Danie
500

Dieu est mon juge (hébreu). Féminin français. *Variante :* Dannie. *Caractérologie :* paix, conscience, conseil, bienveillance, détermination.

D

Les tops 20 québécois, romand et wallon

Les palmarès ci-dessous sont fondés sur les données les plus récentes des instituts statistiques du Québec (Régie des rentes du Québec), de la Suisse (Office fédéral suisse de la statistique) et de la Belgique (Institut national de statistique de la Belgique). Les prénoms sont classés par ordre décroissant d'attribution.

Le top québécois (2021)

1. Emma
2. Olivia
3. Alice
4. Florence
5. Charlie
6. Livia
7. Charlotte
8. Léa
9. Romy
10. Zoé
11. Clara
12. Juliette
13. Rosalie
14. Béatrice
15. Rose
16. Chloé
17. Éva
18. Sofia
19. Mia
20. Mila

Le top suisse romand (2020)

1. Emma
2. Mia
3. Mila
4. Alice
5. Éva
6. Chloé
7. Zoé
8. Olivia
9. Victoria
10. Sofia*
11. Louise
12. Clara
13. Alicia
14. Lara
15. Léa
16. Jade
17. Elena
18. Margaux
19. Nora
20. Charlotte

Le top wallon (2020)

1. Emma
2. Olivia
3. Mia
4. Mila
5. Louise
6. Léa
7. Alice
8. Jade
9. Lucie
10. Juliette
11. Zoé
12. Chloé
13. Rose
14. Eva**
15. Julia
16. Victoria
17. Sofia
18. Giulia
19. Camille
20. Lina

À l'instar du classement français, Emma est au firmament des palmarès romand, wallon et québécois. Ne tirons pas de conclusions hâtives, car la concurrence fait rage. Elle a quelques atouts, ne seraient-ce que son lustre international et son tempo court. Sa gloire est plus longue que celle de Léa, reine du début des années 2000.

Dans ces 3 pays, les sonorités en « a » et « ia » occupent le terrain et jouent aux chaises musicales pour parvenir aux meilleures places. Les internationales Mia, Sofia, Victoria, portées par un vent transcontinental veulent en découdre avec Mila, Eva et Clara. Dans cette compétition, les prénoms italiens et corses font merveille. Au Québec, Livia s'invite au 6e rang. Quant à Giulia, elle perce dans l'élite wallonne !

Le souffle du changement n'affecte pas la cote du rétro. Louise, Rose ou Julia n'en finissent pas de séduire. Alice et Juliette continuent leur progression. De leur côté, Léa et Zoé, bien enracinées, résistent aux assauts des jeunes pousses.

Cette année encore, c'est vers le Québec qu'il faut se tourner pour débusquer des perles oubliées. Certaines constituent des choix pionniers. Ainsi, Charlie n'a pas attendu de séduire les Français pour s'emparer du 5e rang. Elle y ravive les terminaisons en « ie », à l'image de Rosalie, qui brille outre-Atlantique et nulle part ailleurs. Mais d'autres prénoms au charme désuet tirent également leur épingle du jeu. Ainsi, Florence, Charlotte et Béatrice séduisent les cœurs des Québécois alors que ces prénoms sont donnés à moins de 80 Françaises par an aujourd'hui.

* Dans le palmarès suisse romand, si l'on prenait en compte le nombre d'attributions de Sophia et Sofia, ce prénom serait classé au 3e rang.

** Eva s'orthographie le plus souvent sans accent en Wallonie et dans l'ensemble de la Belgique.

D

Daniela
2 500 Top 2 000
Dieu est mon juge (hébreu). Féminin allemand, slave, roumain, italien, portugais, espagnol et anglais. *Caractérologie :* direction, audace, indépendance, dynamisme, détermination.

Danièle
70 000
Dieu est mon juge (hébreu). Danièle a grandi en même temps que Danielle, mais son succès, avec un seul « l », a été beaucoup plus modeste. Néanmoins, Danièle est parvenu à s'imposer dans le top 20 féminin en 1947. On peut estimer que moins de 30 enfants seront prénommés ainsi en 2023. *Caractérologie :* courage, dynamisme, curiosité, indépendance, détermination.

Daniella
1 900 Top 2 000
Dieu est mon juge (hébreu). Féminin anglais. *Caractérologie :* persévérance, efficacité, sécurité, structure, décision.

Danielle
130 000 Top 2 000
Dieu est mon juge (hébreu). Inexistant au début du XXe siècle, Danielle émerge dans le sillon de Daniel et culmine au 5e rang féminin en 1947. Plus fréquent que Danièle, mais nettement moins attribué que sa forme masculine, Danielle disparaît des radars dans les années 1980. *Caractérologie :* achèvement, vitalité, ardeur, stratégie, résolution.

Danny
500
Dieu est mon juge (hébreu). Féminin anglais. *Caractérologie :* persévérance, structure, sécurité, efficacité, réalisation.

Dany
7 000
Dieu est mon juge (hébreu). On peut estimer que moins de 30 enfants seront prénommés ainsi en 2023. *Caractérologie :* achèvement, vitalité, réussite, stratégie, ardeur.

Daphné
9 500 Top 400
Laurier (grec). Dans la mythologie grecque, Daphné se métamorphose en laurier afin d'échapper aux avances incessantes d'Apollon. En la trouvant figée sur les rives du fleuve Pénée, ce dernier la supplie d'orner sa chevelure de ses rameaux. Une consolation qu'elle lui octroie. En dehors de l'Hexagone, Daphne est plus particulièrement usité dans les pays anglophones et néerlandophones. *Variantes :* Dafné, Daphney. *Caractérologie :* adaptation, communication, pratique, enthousiasme, réussite.

Daphnée
2 500 Top 2 000
Laurier (grec). *Caractérologie :* passion, ambition, force, réussite, habileté.

Dara
110
Chêne (celte), perle de sagesse (hébreu), étoile (cambodgien), chef (turc), riche (persan), belle (swahili), jeune fille (indonésien). *Caractérologie :* bienveillance, conscience, paix, conseil, sagesse.

Darcy
110
Qui a le teint mat (irlandais). Ce prénom anglophone masculin est également attribué aux filles dans l'Hexagone. *Caractérologie :* bienveillance, conscience, réussite, paix, conseil.

Daria
1 200 Top 1 000
Féminin de Darius : forme latine du perse antique *daraya*, « posséder », et *vahu*, « bon ». Daria est particulièrement recensé en Italie, en Russie, en Corse et dans les pays slaves et anglophones. *Variante :* Dari. *Caractérologie :* bienveillance, conscience, paix, conseil, sagesse.

Dariana
- de 100
Voir Daria. Féminin russe. *Caractérologie :* pratique, communication, enthousiasme, générosité, motivation.

D

Dariane
- de 100

Voir Daria. *Caractérologie :* indépendance, intelligence, savoir, méditation, résolution.

Darina
350

Voir Daria. Prénom slave méridional, essentiellement répandu en Tchéquie. *Variantes :* Dariane, Darie, Darine. *Caractérologie :* sociabilité, réceptivité, loyauté, détermination, diplomatie.

Darlène
400

Tendrement aimée (anglais). Féminin anglais. *Variante :* Darline. *Caractérologie :* décision, curiosité, dynamisme, courage, indépendance.

Davina
1 900

Aimée, chérie (hébreu). Féminin anglais. On peut estimer que moins de 30 enfants seront prénommés ainsi en 2023. *Variante :* Davia. *Caractérologie :* famille, responsabilité, équilibre, influence, décision.

Dawn
110

Aube (anglais). Féminin anglais. *Caractérologie :* influence, équilibre, famille, responsabilité, exigence.

Day
- de 30

Journée (anglais). Féminin anglais. *Caractérologie :* optimisme, pragmatisme, créativité, réalisation, communication.

Daya
160

Oiseau (hébreu), compassion, empathie (sanscrit). Daya est plus particulièrement usité dans les pays anglophones et en Inde. *Caractérologie :* méthode, ténacité, engagement, réalisation, fiabilité.

Dayana
1 300 Top 500

Lumière éclatante (arabe), variante de Diana. *Variante :* Dayane. *Caractérologie :* énergie, innovation, autorité, réalisation, ambition.

Dea
300 Top 900

Déesse (latin), forme diminutive des prénoms commençant ou se terminant par « déa » (Deanna, Amédéa, etc.). Dans la mythologie scandinave, Dea est l'épouse de Bragi, le dieu de la Poésie. *Caractérologie :* autorité, autonomie, énergie, innovation, ambition.

Deanna
- de 100

Vallée ou doyen (vieil anglais), ou variante anglophone de Diane. Féminin anglais. *Variantes :* Déana, Déanne. *Caractérologie :* communication, pragmatisme, sociabilité, créativité, optimisme.

Débora
1 800

Abeille (hébreu). Féminin italien, allemand et portugais. On peut estimer que moins de 30 enfants seront prénommés ainsi en 2023. *Caractérologie :* altruisme, détermination, volonté, idéalisme, intégrité.

Déborah
31 000 Top 700

Abeille (hébreu). Prophétesse et juge dans la Bible, Déborah mène les Israélites à la victoire sur l'armée cananéenne. Sous son égide, le peuple hébreu connaît une période de paix de quarante années. Comme bien d'autres prénoms de l'Ancient Testament, Déborah fut très apprécié par les puritains anglais et américains, qui étaient protestants. Ce prénom s'est largement diffusé des deux côtés de l'Atlantique à partir du XVIIe siècle. *Variantes :* Debbie, Devora. *Caractérologie :* stratégie, vitalité, achèvement, caractère, attention.

Debra
300

Abeille (hébreu). *Caractérologie :* communication, pratique, adaptation, enthousiasme, résolution.

Délia
2 500 Top 700

Fleur, vigne (arabe), diminutif d'Adelia répandu au Portugal et dans les pays

D

anglophones. *Variantes :* Delhia, Dhelia, Delya. *Caractérologie :* persévérance, structure, sécurité, décision, efficacité.

Delphine

122 000 Top 2 000

Dauphin (latin). En intitulant son premier roman *Delphine* en 1802, Madame de Staël donne une existence à ce prénom jusqu'alors méconnu. Delphine devient plus visible, même si sa vraie carrière débute bien plus tard, dans les années 1970. Une poussée soudaine le propulse au 7e rang féminin en 1977, et l'on ne saurait expliquer la chute qui le fait disparaître aussi rapidement qu'il était apparu. Née dans le Vaucluse en 1280, sainte Delphine épousa Éléazar de Sabran et persuada ce dernier de ne pas consommer leur mariage. Veuve, elle se consacra aux œuvres charitables et termina sa vie dans une grande pauvreté. *Variantes :* Dauphine, Delfine, Delphe, Delphie, Delphina, Delphy. Forme bretonne et corse : Delfina. *Caractérologie :* innovation, énergie, action, autorité, cœur.

Delta

- de 30

Désigne la quatrième lettre de l'alphabet grec. Féminin anglais. *Caractérologie :* équilibre, responsabilité, famille, influence, organisation.

Denise

95 000

Fille de Dieu (grec). Ce féminin de Denis surgit à la fin du XIXe siècle en France. Il rencontre un tel engouement qu'il figure parmi les 5 premiers rangs de 1924 à 1935. C'est alors que sa vogue se propage aux pays de langue anglaise. Il disparaît totalement dans les années 1980 mais reste aujourd'hui plus porté que son masculin. Denise est le 18e prénom le plus attribué du XXe siècle en France. On peut estimer que moins de 30 enfants seront prénommés ainsi en 2023. *Variantes :* Denia, Deniz, Denize, Dionne. Forme occitane : Danisa. *Caractérologie :* intuition, relationnel, médiation, fidélité, détermination.

Denyse

450

Fille de Dieu (grec). *Caractérologie :* rectitude, humanité, ouverture d'esprit, rêve, réussite.

Déotille

- de 30

Dieu, tilleul (latin). *Caractérologie :* raison, innovation, ambition, indépendance, énergie.

Désirée

1 400

Désirée (latin). *Caractérologie :* intuition, relationnel, fidélité, résolution, médiation.

Déva

800 Top 2 000

Deva est le terme qui désigne les dieux en sanscrit. Les devas font partie intégrante de la culture hindoue. Prénom indien d'Asie. *Caractérologie :* originalité, séduction, découverte, énergie, audace.

Diana

9 000 Top 300

Divine (latin). Diana est très répandu dans les pays anglophones et occidentaux. C'est aussi un choix traditionnel occitan. *Variante :* Dianna. *Caractérologie :* fidélité, intuition, relationnel, médiation, résolution.

Diane

22 000 Top 100

Divine (latin). Dans la mythologie romaine, Diane, la déesse de la Chasse, est l'équivalent de la déesse grecque Artémis. En dehors de l'Hexagone, Diane est très répandu dans les pays anglophones. *Variante :* Dianne. *Caractérologie :* éthique, famille, influence, résolution, équilibre.

Dilan

350

Amour (turc), féminin de Dilan. *Variantes :* Dillan, Dilane, Dilhan, Dylane. *Caractérologie :* méthode, fiabilité, ténacité, engagement, résolution.

Dilara
1 200 Top 2 000

Aimante (turc). *Caractérologie :* idéalisme, altruisme, réflexion, dévouement, intégrité.

Dina
8 000 Top 200

Celle pour laquelle justice a été faite (hébreu). Dina est très répandu en Italie et dans les pays anglophones. *Variantes :* Dinah, Dinna, Dyna. *Caractérologie :* direction, indépendance, audace, résolution, dynamisme.

Divine
1 100 Top 900

Divine (latin). *Variantes :* Déva, Diva, Divina. *Caractérologie :* ouverture d'esprit, rêve, générosité, humanité, rectitude.

Dixie
- de 30

Fille de Dick (anglais). *Caractérologie :* sagesse, ténacité, conscience, conseil, harmonie.

Dolly
650

Douleur (latin). Féminin anglais. *Caractérologie :* découverte, énergie, audace, originalité, séduction.

Dolorès
8 500

Douleur (latin). Féminin espagnol. On peut estimer que moins de 30 enfants seront prénommés ainsi en 2023. *Caractérologie :* caractère, intelligence, savoir, méditation, logique.

Dominica
200

Qui appartient au Seigneur (latin). Dominica est plus traditionnellement usité en Italie et au Pays basque. *Variante :* Domenica. *Caractérologie :* audace, énergie, découverte, volonté, raisonnement.

Dominique
153 000

Qui appartient au Seigneur (latin). En France, ce prénom mixte est porté par une majorité d'hommes, mais il a connu un beau succès au féminin. Dans les deux genres, il a figuré dans le top 10 national dans les années 1950, faisant jeu égal, à 600 naissances près, en 1955. Sa retraite sonne avant celle de son masculin, mais un nouvel élan le porte dans les pays anglophones, où Dominique est exclusivement féminin. On peut estimer que moins de 30 enfants seront prénommés ainsi en 2023. *Variantes :* Doma, Domeca, Domeka, Dominka, Domitilde. Forme occitane : Domenga. Formes basques : Dominixa, Dominixe. *Caractérologie :* caractère, force, ambition, habileté, logique.

Domitie
- de 30

Celle qui a soumis (latin). Féminin français. *Caractérologie :* caractère, pragmatisme, créativité, communication, optimisme.

Domitienne
- de 30

Celle qui a soumis (latin). Féminin français. *Variantes :* Domitia, Domitiane. *Caractérologie :* intégrité, altruisme, idéalisme, réflexion, volonté.

Domitille
4 000 Top 2 000

Celle qui a soumis (latin). Féminin français. *Variante :* Domitilla. *Caractérologie :* rectitude, humanité, volonté, raisonnement, rêve.

Donatienne
650

Donation (latin). *Variantes :* Dona, Donata, Donate, Donatella, Donatiane, Donatianne. *Caractérologie :* intuition, volonté, médiation, résolution, relationnel.

Donia
3 500 Top 2 000

Source de vie, richesse (arabe), qui appartient au Seigneur (latin). Féminin anglais. *Variantes :* Donnia, Dounia. *Caractérologie :* savoir, méditation, volonté, intelligence, résolution.

Donna
650 ↗

Donation (latin). Féminin anglais et italien. *Caractérologie :* communication, enthousiasme, adaptation, pratique, caractère.

Donya
350 ↘

Source de vie, richesse (arabe), qui appartient au Seigneur (latin). *Caractérologie :* curiosité, volonté, dynamisme, réalisation, courage.

Dora
1 500

Don de Dieu (grec). Féminin anglais, espagnol et grec. On peut estimer que moins de 30 enfants seront prénommés ainsi en 2023. *Caractérologie :* relationnel, médiation, intuition, fidélité, adaptabilité.

☆ Dora Maar était photographe, peintre, dessinatrice, poétesse. Il n'en fallait pas moins pour vivre et survivre auprès du démiurge et talentueux Picasso. Cette femme inspirée et engagée, d'une fascinante beauté, ne pouvait se résoudre à être réduite à l'image de « la femme qui pleure », comme voulait la cantonner le peintre espagnol. Elle reprit sa liberté et le chemin de son atelier.

Dorcas
250

Gazelle (hébreu). Prénom biblique du Nouveau Testament. *Caractérologie :* paix, bienveillance, conseil, raisonnement, conscience.

Doreen
350

Don de Dieu (grec). Féminin anglais. *Caractérologie :* connaissances, caractère, originalité, sagacité, spiritualité.

Doria
900 →

Don de Dieu (grec). Ce prénom anglophone est également usité en Corse. *Caractérologie :* sociabilité, diplomatie, réceptivité, loyauté, bonté.

Doriana
300

Don de Dieu (grec). Féminin italien, roumain et occitan. *Caractérologie :* achèvement, volonté, vitalité, résolution, stratégie.

Doriane
10 000

Don de Dieu (grec). Féminin français et anglais. On peut estimer que moins de 30 enfants seront prénommés ainsi en 2023. *Variante :* Doryane. *Caractérologie :* pragmatisme, communication, décision, optimisme, caractère.

Dorianne
900

Don de Dieu (grec). *Variantes :* Dorienne, Dorielle. *Caractérologie :* habileté, résolution, ambition, volonté, force.

Dorienne
- de 100

Don de Dieu (grec). *Caractérologie :* caractère, communication, adaptation, pratique, enthousiasme.

Dorina
170

Don de Dieu (grec). Féminin roumain, italien et hongrois. *Variante :* Dorinda. *Caractérologie :* connaissances, sagacité, spiritualité, décision, caractère.

Dorine
6 500

Don de Dieu (grec). Féminin anglais et français. On peut estimer que moins de 30 enfants seront prénommés ainsi en 2023. *Variantes :* Dorie, Dorka, Dorinka, Dorinne, Doryne. *Caractérologie :* sociabilité, réceptivité, loyauté, diplomatie, volonté.

Doris
4 500

Don de Dieu (grec). En dehors de l'Hexagone, Doris est plus particulièrement porté dans les pays anglophones et germanophones. On peut estimer que moins de 30 enfants seront prénommés ainsi en 2023. *Variantes :* Dorice, Dorys. *Caractérologie :* relationnel, médiation, intuition, fidélité, adaptabilité.

D

Dorothée
18 000

Don de Dieu (grec). Féminin français. On peut estimer que moins de 30 enfants seront prénommés ainsi en 2023. *Variantes :* Dorothé, Dorra, Dot, Dottie, Dorothea. *Caractérologie :* idéalisme, altruisme, intégrité, volonté, finesse.

Dorothy
300

Don de Dieu (grec). Féminin anglais. *Caractérologie :* conscience, paix, bienveillance, conseil, ressort.

Dounia
9 000 Top 800

Source de vie, richesse (arabe). *Variante :* Dounya. *Caractérologie :* volonté, analyse, innovation, autorité, énergie.

Dova
- de 30

Colombe (vieil anglais). Féminin anglais. *Caractérologie :* exigence, équilibre, famille, responsabilité, influence.

Dulce
190

Douce (latin). *Variantes :* Dulcie, Dulcina. *Caractérologie :* rectitude, humanité, ouverture d'esprit, générosité, rêve.

Dulcie
- de 100

Douce (latin). Ce prénom a connu un pic de popularité au XIXe siècle en Angleterre et aux États-Unis, pays dans lesquels il n'a jamais disparu. *Caractérologie :* intelligence, méditation, sagesse, savoir, indépendance.

Dune
600 Top 2 000

Prénom attribué à Frank Herbert, auteur du livre de science-fiction *Dune*. *Caractérologie :* stratégie, achèvement, vitalité, ardeur, leadership.

Dylane
- de 100

Mer (gallois). *Caractérologie :* amitié, sagacité, spiritualité, connaissances, réalisation.

E

Eda
1 700 Top 2 000

Richesse, combat (germanique), bien élevée (turc). *Caractérologie :* audace, direction, indépendance, dynamisme, assurance.

Éden
12 000 Top 200

L'étymologie de ce prénom ne fait pas l'unanimité. Il pourrait signifier « délices » en hébreu, « fructueux » en araméen, et « plaine », ou « steppe », en akkadien. Voir le focus sur Éden dans la partie Prénoms masculins. *Variantes :* Edana, Edena, Édène. *Caractérologie :* énergie, innovation, autonomie, ambition, autorité.

Edia
- de 30

Riche amie (germanique). Féminin anglais. *Caractérologie :* direction, audace, dynamisme, détermination, indépendance.

Édina
130

Prospère, plaisante (germanique). *Variante :* Édine. *Caractérologie :* responsabilité, famille, influence, équilibre, détermination.

Édith
40 000 Top 600

Richesse, combat (germanique). En dehors de l'Hexagone, Edith est plus particulièrement recensé dans les pays anglophones, germanophones et scandinaves. *Variantes :* Edita, Edite. *Caractérologie :* direction, audace, dynamisme, indépendance, finesse.

E

Edmée
1 200 ↑

Riche protectrice (germanique). *Variante :* Edma. *Caractérologie :* dynamisme, courage, indépendance, curiosité, charisme.

Edmonde
2 000

Riche protectrice (germanique). On peut estimer que moins de 30 enfants seront prénommés ainsi en 2023. *Variantes :* Edmonda, Edmondine. *Caractérologie :* équilibre, responsabilité, volonté, influence, famille.

Edna
300 ↗

Amande (irlandais), rajeunissement (hébreu). Féminin anglais, irlandais et écossais. *Variante :* Etna. *Caractérologie :* équilibre, responsabilité, famille, influence, exigence.

Édréa
- de 30

Prospère, puissante (germanique). Féminin anglais. *Caractérologie :* équilibre, famille, détermination, influence, responsabilité.

Edwige
18 000

Richesse, combat (germanique). Féminin français. On peut estimer que moins de 30 enfants seront prénommés ainsi en 2023. *Variantes :* Edvige, Edwig. *Caractérologie :* habileté, ambition, force, management, passion.

Edwina
600

Riche amie (germanique). *Variante :* Edvina. *Caractérologie :* réceptivité, loyauté, sociabilité, résolution, diplomatie.

Effie
250 Top 2 000 →

Qui parle avec justesse (grec). Féminin anglais. *Caractérologie :* fiabilité, sens du devoir, méthode, ténacité, engagement.

Églantine
3 500 Top 2 000 →

Nom de fleur à épines (latin). *Variantes :* Egléa, Eglée. *Caractérologie :* paix, détermination, amitié, conscience, bienveillance.

Eileen
1 800 Top 700 →

Éclat du soleil (grec). *Variante :* Aileen. *Caractérologie :* courage, curiosité, dynamisme, indépendance, charisme.

Elaïa
2 000 Top 400 ↗

Hirondelle (basque). *Variante :* Elaya. *Caractérologie :* innovation, énergie, autorité, ambition, détermination.

Élaine
300

Éclat du soleil (grec). Féminin anglais. *Variantes :* Élana, Élauna, Éléana. *Caractérologie :* direction, audace, indépendance, dynamisme, décision.

Elaura
400 ↑

Éclat du soleil (grec). Elaura est plus traditionnellement usité au Pays basque. *Caractérologie :* persévérance, structure, efficacité, résolution, sécurité.

Éléa
15 000 Top 200 →

Dieu (hébreu), ou honneur (celte). Éléa pourrait également être une cousine d'Éléana ou Éléanor. Féminin français. *Variantes :* Elléa, Iléa. *Caractérologie :* curiosité, indépendance, courage, dynamisme, charisme.

Éléana
2 500 Top 500 →

Éclat du soleil (grec). *Variante :* Éléane. *Caractérologie :* médiation, intuition, relationnel, adaptabilité, fidélité.

Éléanor
2 500 Top 400 →

Compassion (grec). Féminin français et anglais. *Variantes :* Éleanore, Éléanora. *Caractérologie :* analyse, sagacité, connaissances, spiritualité, résolution.

☆ *Eleanor Rigby* est le titre d'une chanson mythique des Beatles. Les vibratos de violons et violoncelles, et les paroles empreintes de poésie pop ont eu un effet retentissant. Élue comme l'une des meilleures chansons du siècle, elle a été reprise par un immense nombre

E

d'artistes, dont Ray Charles et Joan Baez. *All the lonely people, where do they all come from?*

Électra
- de 100

Étoile brillante (grec). Dans la mythologie grecque, Électra aide son frère Oreste à venger l'assassinat de leur père, Agamemnon. *Caractérologie :* dynamisme, organisation, direction, résolution, audace.

Elen
650

Éclat du soleil (grec). *Caractérologie :* humanité, ouverture d'esprit, rectitude, rêve, générosité.

Elena
35 000 Top 50

Éclat du soleil (grec). Voir le focus sur Léna. Notons qu'Elena est majoritairement orthographié sans accents dans les registres d'état civil français aujourd'hui. *Variantes :* Elene, Ellena, Elenie, Elenoa. *Caractérologie :* autorité, innovation, ambition, autonomie, énergie.

Eléona
180

Compassion (grec). *Caractérologie :* sagacité, philosophie, spiritualité, connaissances, originalité.

Eleonora
400

Compassion (grec). Prénom italien. *Variantes :* Alna, Elenore, Éléona, Ellinor, Elna, Elnora. *Caractérologie :* structure, décision, sécurité, persévérance, logique.

Éléonore
22 000 Top 100

Compassion (grec). En dehors de l'Hexagone, Éléonore est très répandu en Allemagne. *Variantes :* Aenor, Alienore, Alianor, Elinor, Elinore, Éléonor, Élénore, Héléonore. *Caractérologie :* ardeur, vitalité, stratégie, achèvement, logique.

Elfie
550

Noble paix (germanique). *Variantes :* Elfi, Elphie. *Caractérologie :* innovation, analyse, autorité, énergie, ambition.

Elfy
200

Noble paix (germanique). *Caractérologie :* pratique, adaptation, enthousiasme, communication, cœur.

Élia
8 000 Top 200

Le Seigneur est mon Dieu (hébreu). Elia est plus traditionnellement usité en Italie et en Corse. Malgré sa mixité, ce prénom est très largement féminin. *Caractérologie :* idéalisme, réflexion, altruisme, détermination, intégrité.

Éliana
3 000 Top 500

Voir Éliane. Eliana est particulièrement usité en Italie, dans les pays hispanophones, lusophones et anglophones. *Caractérologie :* paix, bienveillance, conseil, conscience, résolution.

Éliane
74 000 Top 2 000

Ce prénom d'origine hébraïque pourrait être une forme d'Élia ou d'Élisabeth. Féminin français. *Variantes :* Élyana, Élyane, Élyanne. *Caractérologie :* ambition, innovation, résolution, autorité, énergie.

Élianne
950

Voir Éliane. *Caractérologie :* paix, bienveillance, conseil, conscience, décision.

Éliette
4 500

Dieu est serment (hébreu). Féminin français. On peut estimer que moins de 30 enfants seront prénommés ainsi en 2023. Forme basque : Babe. *Caractérologie :* sécurité, persévérance, efficacité, structure, honnêteté.

Elif
5 000 Top 400

Prénom turc se rapportant à l'alif, la première lettre de l'alphabet arabe. *Caractérologie :* logique, découverte, audace, originalité, énergie.

Élina
14 000 Top 200
Divine (hébreu). Élina est également une forme scandinave, italienne et occitane d'Hélène. *Caractérologie :* découverte, originalité, détermination, audace, énergie.

Éline
11 000 Top 100
Éclat du soleil (grec). Éline est répandu aux Pays-Bas et en Norvège. *Variantes :* Élin, Elna, Héline. *Caractérologie :* humanité, rêve, rectitude, ouverture d'esprit, générosité.

Élinoa
- de 30
Contraction d'Ellie et Noa. *Caractérologie :* intuition, médiation, relationnel, résolution, analyse.

Éliona
130
Mon Dieu est lumière (hébreu). *Caractérologie :* décision, logique, relationnel, médiation, intuition.

Éliora
450 Top 2 000
Dieu est ma lumière (hébreu). *Variante :* Éléora. *Caractérologie :* équilibre, influence, raisonnement, exigence, responsabilité.

E

Elis
- de 100
Doux (gallois), forme diminutive dérivée d'Élias. Prénom mixte danois, suédois et occitan. *Caractérologie :* idéalisme, altruisme, réflexion, volonté, intégrité.

Élisa
48 000 Top 200
Dieu est serment (hébreu). Diminutif d'Élisabeth, Élisa ou Eliza connaît une longue période de prospérité dans les pays anglophones. De la Renaissance à la fin du XIXe siècle, on le rencontre souvent dans les choix vedettes. Dans l'Hexagone, Élisa n'a jamais connu de grand succès avant les années 2000. C'est alors qu'il dépasse Élise pour briller une année dans le top 30. En léger repli aujourd'hui, Élisa maintient un niveau constant d'attributions, mais c'est Élise qui a repris l'ascendant. *Variantes :* Alisha, Éliséa, Élisia, Elisha, Élicia, Élissia, Éliza. *Caractérologie :* énergie, ambition, autorité, innovation, décision.

Élisabeth
122 000 Top 400
Ce prénom biblique vient de l'hébreu Elisheva, d'où la signification « Dieu est serment ». Dans de nombreux pays d'Europe, Élisabeth a été très répandu au Moyen Âge et durant les siècles qui ont suivi. C'est, au moment du règne d'Élisabeth Ire (1558-1603), le choix féminin le plus attribué en Angleterre. Au XVIIe siècle, Élisabeth est massivement choisi par les puritains anglophones qui sèment sa gloire outre-Atlantique. Ce prénom est encore très fréquent lorsque Élisabeth de Wittelsbach (1837-1898), l'impératrice d'Autriche, prend le célèbre surnom de Sissi. Ce choix devenu classique dans de nombreux pays occidentaux finit par faire des adeptes en France. Élisabeth monte aux portes du top 20 féminin au milieu des années 1950 avant d'être éclipsé par son dérivé Isabelle. Dans le Nouveau Testament, Élisabeth est la cousine de Marie et l'épouse de Zacharie. Alors qu'elle se résigne à ne jamais avoir d'enfant, elle parvient à engendrer quatre fils à un âge avancé. Jean, le futur saint Jean-Baptiste, est son premier-né. Dans l'Ancien Testament, Elisheva est la femme du grand prêtre Aaron, le frère de Moïse. Sainte Élisabeth de Hongrie, surnommée « reine des pauvres », se consacra aux plus démunis au XIIIe siècle. *Variantes :* Babette, Élisabetta, Elisheva, Elixane, Elixanne, Helixane, Helixanne, Liese, Lisbeth, Lilibet, Lillibeth, Libbie, Libby. *Caractérologie :* détermination, altruisme, idéalisme, intégrité, sensibilité.

Les prénoms chics et bobos

Qu'ils soient attribués par esprit de tradition, par snobisme ou par inspiration spontanée, les prénoms chics ne laissent pas les parents indifférents. Ils sont l'objet de discussions passionnées sur les forums de sites internet spécialisés. On les retrouve régulièrement dans les livres, dans les magazines et dans les émissions de radio. Non seulement le style chic n'est plus coincé, mais en outre, il est devenu tendance. Mais qu'est-ce qu'un prénom chic au juste ?

Condition indispensable, mais non suffisante : un « bon » prénom chic doit marquer un signe d'appartenance à la haute bourgeoisie et revêt donc des caractéristiques précises. Ainsi, les vieux prénoms, portés par des personnages qui se sont illustrés dans l'histoire, les prénoms aristocrates ou royaux sont toujours des valeurs refuges. De fait, le registre médiéval est l'une des plus grandes sources d'inspiration de prénoms chics (exemples : Alix, Blanche, Louise, Margot). D'ailleurs, dans les familles traditionnelles, les prénoms anciens se transmettent encore de génération en génération.

D'une manière générale, les parents qui recherchent un prénom chic pour leur enfant évitent ceux qui figurent dans le top 50 des attributions au moment de la grossesse. Ils se méfient également des petits noms trop modernes ou inventés, et des prénoms qui n'auraient pas été portés par un saint. La coquetterie supplémentaire consiste à choisir un prénom qui ne figure pas dans les calendriers ou éphémérides des prévisions météo. Mais en cas de doute, vous ne vous tromperez jamais en adoptant un prénom royal inusité !

Notre sélection de prénoms chics

Adélaïde, Albane, Aliénor, Alix, Amance, Anastasie, Antoinette, Apolline, Ariane, Astrid, Aude, Bénédicte, Bérengère, Bérénice, Bertille, Bettina, Brunhilde, Capucine, Clémence, Clothilde, Colombe, Constance, Dauphine, Diane, Domitille, Donatienne, Églantine, Éléonore, Eudoxie, Gersande, Héloïse, Hortense, Irénée, Isaure, Juliette, Louise, Mahaut, Marie, Maxine, Ombeline, Pénélope, Philippine, Pia, Priscille, Quitterie, Raphaëlle, Ségolène, Sibylle, Sixtine, Solange, Tiphaine, Toinon, Victoire, Violaine, Ysée.

Certains prénoms chics peuvent être bobos, et vice versa, ce qui rend la distinction difficile. Mais tous les prénoms bobos ne sont pas chics. On les reconnaît avec leur côté titi parisien, artiste et poète, un brin désuet et B.C.B.G.

Nos coups de cœur pour les prénoms bobos du moment

Adèle, Agathe, Aglaé, Alma, Anouck, Augustine, Blanche, Castille, Céleste, Charlotte, Cléophée, Daphné, Ella, Eugénie, Félicité, Gabrielle, Gaïa, Garance, Henriette, Ida, Irma, Joséphine, Léonie, Léopoldine, Lise, Louise, Madeleine, Marceline, Margot, Marguerite, Nicole, Ninon, Octavia, Olympe, Ophélie, Palmyre, Pauline, Pétronille, Philomène, Romy, Rosalie, Rose, Rosine, Roxane, Salomé, Séraphine, Sidonie, Simone, Suzanne, Thelma, Toscane, Victoria, Violette, Zélie.

Élise

79 000 Top 100

Dieu est serment (hébreu). Beethoven (1770-1827) aurait souhaité dédier sa Bagatelle en *la* mineur à une jeune fille prénommée Thérèse, mais cette œuvre, présentée après sa mort, est intitulée *Lettre à Élise*. Loin d'empêcher son succès, cette erreur en favorise un autre, celui du prénom, qui connaît un miniboom dans toute l'Europe à la fin XIXe siècle. Après une période plus discrète, Élise revient en force et s'impose dans le top 40 français en 2001. Son niveau d'attribution reste assez constant aujourd'hui. *Variantes :* Éliséa, Eliz. *Caractérologie :* découverte, audace, énergie, résolution, originalité.

Élisée
200

Dieu a aidé (hébreu). *Caractérologie :* audace, direction, dynamisme, indépendance, détermination.

Élissa
1 600 Top 1 000

Dieu est serment (hébreu). Princesse phénicienne, Élissa (Didon en latin) fuit la tyrannie de son frère Pygmalion, le roi de Tyr, et devient la reine fondatrice de la ville de Carthage. Refusant le mariage avec Larbas, Didon s'immolera afin de rester fidèle à son mari défunt. Ce personnage mythologique a inspiré nombre d'œuvres artistiques, comme *L'Énéide* de Virgile. *Caractérologie :* sociabilité, réceptivité, diplomatie, détermination, loyauté.

Élissandre
- de 100

Prénom inventé à partir d'une contraction d'Ellie et Alessandra. *Variante :* Élisandre. *Caractérologie :* spiritualité, connaissances, résolution, sagacité, originalité.

Elizabeth
4 000 Top 800

Dieu est serment (hébreu). Féminin allemand, néerlandais, scandinave et anglais. *Caractérologie :* méditation, intelligence, décision, savoir, attention.

Ella
9 000 Top 100

Éclat du soleil (grec). Ella est particulièrement répandu dans les pays anglophones. *Caractérologie :* enthousiasme, communication, pratique, adaptation, générosité.

L'inoubliable Ella Fitzgerald a glissé sur les rythmes jazzy avec une aisance et une longévité phénoménales, un sens du rythme inné et une tessiture inimitable. La « First Lady of Song », comme le veut son surnom, n'a jamais failli en plus de 40 ans de carrière.

Ellen
950

Éclat du soleil (grec). Ellen est très répandu dans les pays anglophones. Voir Hélène. *Caractérologie :* communication, pratique, enthousiasme, générosité, adaptation.

Ellie
4 500 Top 200

Éclat du soleil (grec). Féminin anglais. *Variantes :* Ellia, Elya. *Caractérologie :* intelligence, méditation, sagesse, savoir, indépendance.

Elly
950 Top 900

Éclat du soleil (grec). *Variante :* Ely. *Caractérologie :* amitié, intégrité, altruisme, réflexion, idéalisme.

Ellyn
750 Top 2 000

Éclat du soleil (grec). *Variantes :* Elyn, Ellynn. *Caractérologie :* dynamisme, curiosité, courage, indépendance, bonté.

Elma
700 Top 2 000

Protection, casque (germanique), ou contraction d'Elizabeth et Mary. Elma est plus particulièrement répandu dans les pays néerlandophones, germanophones et anglophones. C'est aussi un prénom usité au Pays basque. *Variante :* Helma. *Caractérologie :* persévérance, structure, efficacité, sécurité, honnêteté.

Éloa
650

Lumière (celte). *Caractérologie :* sagesse, bienveillance, conseil, paix, conscience.

Éloane
3 000 Top 900

Lumière (celte). Prénom breton. *Variante :* Élouane. *Caractérologie :* sagacité, connaissances, originalité, spiritualité, philosophie.

Élodie
157 000 Top 1 000

Propriété (latin). Bien qu'il soit ancien, ce prénom n'est guère attribué en France avant le XXe siècle. Élodie jaillit dans la

E

vague des terminaisons en « ie » dans les années 1970, culminant au 1er rang féminin de 1988 à 1990. Sa décrue s'accentue depuis 2005. Sainte Élodie refusa d'apostasier sous l'émirat d'Abd al-Rahman II ; elle fut décapitée à Cordoue au IXe siècle. *Variantes :* Alodia, Elodia, Lodie. Forme basque : Elodi. *Caractérologie :* énergie, audace, caractère, découverte, logique.

Élody
1 000

Propriété (latin). *Caractérologie :* sagacité, connaissances, volonté, sympathie, spiritualité.

Éloïse
34 000 Top 200

Illustre au combat (germanique). Féminin français. *Variantes :* Éloïs, Éloïsa. *Caractérologie :* réceptivité, sociabilité, diplomatie, détermination, raisonnement.

Éloïse, la célèbre héroïne de Kay Thompson, trimballe son charme insolent dans les couloirs luxueux de l'hôtel Plaza de New York. Avec sa jupe plissée à bretelles et ses souliers vernis, toujours accompagnée de sa tortue Fanchounette et son chien Mouflet, cette attendrissante tête à claques fait les 400 coups. Elle compte des millions d'admirateurs à travers le monde, pourquoi pas vous ?

Élona
2 500 Top 1 000

Arbre (hébreu), variante d'Ilona. *Caractérologie :* intuition, relationnel, adaptabilité, fidélité, médiation.

Élora
4 000 Top 2 000

Éclat du soleil (grec). *Variantes :* Eloria, Elorie. *Caractérologie :* conscience, paix, résolution, bienveillance, analyse.

Elorri
500

Épine (basque). *Variante :* Elorie. *Caractérologie :* courage, curiosité, dynamisme, indépendance, raisonnement.

Élouane
400

Lumière (celte). Voir le masculin Élouan. *Caractérologie :* autonomie, innovation, énergie, ambition, autorité.

Elsa
47 000 Top 200

Dieu est serment (hébreu). Ce dérivé d'Élisabeth émerge dans les pays de langues anglaise et allemande au XIXe siècle. Son envol, promu par le succès de *Lohengrin* (opéra de Wagner dans lequel un personnage apparaît sous ce nom), n'a pas d'effet immédiat en France. Il faut attendre 1988 – et le succès de la chanteuse Elsa – pour voir ce choix briller dans le top 60 national. Aujourd'hui, Elsa est également attribué en Italie et dans les pays scandinaves. *Variantes :* Ellie, Else, Elsie, Elssa, Elza, Elsy, Ilsa et Ilse. *Caractérologie :* direction, indépendance, dynamisme, assurance, audace.

Deux mots, « libérée, délivrée » ! Et le miracle opère. La chanson du film *La Reine des Neiges* vous accompagne toute la journée, ou toute la vie ?... Elsa, son héroïne, bouscule tous les schémas de l'amour romantique. Elle assume son destin, sans prince charmant, sans carrosse, et elle n'a que faire de l'épilogue « ils vécurent heureux et eurent beaucoup d'enfants ».

Elsie
700 Top 2 000

Dieu est serment (hébreu). *Caractérologie :* curiosité, courage, indépendance, dynamisme, résolution.

Elvan
190

Rose (turc), variante bretonne d'Elouan : lumière (celte). *Variantes :* Elva, Elvie. *Caractérologie :* rectitude, humanité, rêve, tolérance, générosité.

Elvina
1 400

Elfe, amie (vieil anglais). Féminin anglais. On peut estimer que moins de 30 enfants seront prénommés ainsi en 2023. *Variantes :* Elvie, Elvine. *Caractérologie :*

E

altruisme, idéalisme, détermination, intégrité, réflexion.

Elvira
1 300 Top 900 ➔

Noble et fidèle (germanique). Prénom espagnol. *Variantes :* Elbira, Elvia. *Caractérologie :* structure, persévérance, sécurité, efficacité, décision.

Elvire
2 500

Noble et fidèle (germanique). On peut estimer que moins de 30 enfants seront prénommés ainsi en 2023. *Variante :* Elwire. *Caractérologie :* passion, force, ambition, management, habileté.

Ely
650 Top 2 000 ➔

Le Seigneur est mon Dieu (hébreu). Prénom mixte. *Caractérologie :* bienveillance, paix, conscience, conseil, sympathie.

Elya
6 000 Top 200 ↗

Le Seigneur est mon Dieu (hébreu). Féminin russe. *Caractérologie :* connaissances, sagacité, spiritualité, cœur, originalité.

E

Elyn
650 Top 600 ↑

Éclat du soleil (grec). *Variantes :* Elin, Elynn. *Caractérologie :* médiation, sympathie, fidélité, relationnel, intuition.

Elyna
4 500 Top 300 ↗

Éclat du soleil (grec). *Caractérologie :* communication, sympathie, adaptation, enthousiasme, pratique.

Elyne
5 000 Top 300 ➔

Éclat du soleil (grec). *Caractérologie :* connaissances, sagacité, spiritualité, amitié, originalité.

Elysa
1 200 Top 2 000 ↘

Dieu est serment (hébreu). *Variante :* Élyssa. *Caractérologie :* vitalité, sympathie, ardeur, stratégie, achèvement.

Elyse
1 800 Top 2 000 ➔

Dieu est serment (hébreu). *Caractérologie :* pragmatisme, créativité, communication, optimisme, sympathie.

Ema
5 500 Top 500 ↘

Universelle (germanique). Ema est répandu dans les pays hispanophones, lusophones et slaves méridionaux. *Caractérologie :* autorité, ambition, innovation, énergie, autonomie.

Émelie
500

Travailleuse (germanique). *Variantes :* Émel, Émelia. *Caractérologie :* méthode, ténacité, fiabilité, engagement, sens du devoir.

Émeline
35 000 Top 2 000 ↘

Travailleuse (germanique). Féminin français. *Variantes :* Aimelina, Aimeline, Émel, Émelia, Émelie, Emelina, Emmelie, Emmeline, Hemeline. *Caractérologie :* générosité, rectitude, humanité, rêve, tolérance.

Émelyne
3 000

Travailleuse (germanique). On peut estimer que moins de 30 enfants seront prénommés ainsi en 2023. *Variantes :* Emmelyne, Emelyn. *Caractérologie :* idéalisme, bonté, réflexion, sympathie, intégrité.

Émerance
130

Qui mérite (latin). *Caractérologie :* audace, dynamisme, direction, indépendance, résolution.

Émeraude
800 Top 2 000 ➔

Désigne l'émeraude, pierre précieuse en français. *Variante :* Emeralda. *Caractérologie :* humanité, rectitude, ouverture d'esprit, détermination, rêve.

Émerence
- de 100

Qui mérite (latin). *Variantes :* Émerentienne, Émerentine.

Emma

Fête :
19 avril

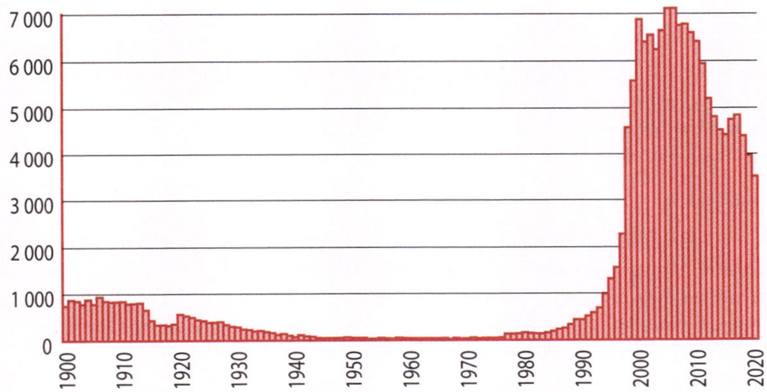

Étymologie

Du germain *ermen*, « universelle ». Ce choix corse, germanique et slave est devenu l'un des prénoms phares du Vieux Continent. Rien ne semble ternir son lustre dans les pays scandinaves, en Allemagne, aux États-Unis et au Canada, où Emma brille de mille feux. Ne nous étonnons pas de sa large diffusion en Grande-Bretagne puisque *Emma*, le célèbre roman de Jane Austen, en est à l'origine. Ce livre parut au XVIIIe siècle, au moment où la popularité du prénom battait son plein dans les milieux aristocrates. Gustave Flaubert relança sa carrière française en l'attribuant à l'héroïne de *Madame Bovary*, roman paru en 1857.

Oubliée pendant près d'un siècle en France, Emma revient de plus belle dans les années 1990. Elle détrône Léa en 2005 et règne sur le classement féminin pendant 14 ans. Elle reste l'un des 5 prénoms les plus attribués en France et à Paris, où sa gloire a été plus tardive.

Le triomphe d'Emma ne se dément pas en Suisse romande, au Québec et en Wallonie.

E

Personnes célèbres

Emma Thompson, actrice anglaise, née en 1959 ; Emma de Caunes, actrice française, née en 1976 ; Emma Bonino, politicienne italienne, née en 1948 ; Emma, artiste bédéiste et conceptrice de la « charge mentale », née en 1981.

Statistiques

Emma est le 1er prénom féminin le plus donné en France depuis l'an 2000. Ce prénom est attribué à près d'une fille sur 110 aujourd'hui.

Caractérologie : énergie, découverte, audace, séduction, originalité.

Emi
750 Top 900

Bienfait, beauté (japonais). *Caractérologie :* dévouement, rectitude, rêve, humanité, réflexion.

Émie
4 500 Top 400

Travailleuse (germanique). *Caractérologie :* curiosité, indépendance, courage, charisme, dynamisme.

Émilia
5 500 Top 300

Travailleuse (germanique). Emilia est particulièrement attribué dans les pays hispanophones, lusophones et slaves. C'est aussi un prénom usité en Grèce, en Occitanie et au Pays basque. *Variante :* Emili. *Caractérologie :* fiabilité, méthode, engagement, ténacité, détermination.

Émilie
174 000 Top 200

Travailleuse (germanique). En France comme dans les pays anglophones, Émilie et Emily connaissent une certaine popularité au XIXe siècle avant de s'éclipser nettement. À la suite d'un jaillissement fulgurant, Émilie s'impose dans les 3 premiers rangs français de 1980 à 1986. Il ne détrône pas Aurélie mais réussira sa deuxième carrière outre-Atlantique, où il régnera sur le palmarès américain de 1996 à 2007. Née en Auvergne au XIXe siècle, sainte Émilie fonda plusieurs institutions religieuses visant à éduquer les filles pauvres et à soigner les malades. *Caractérologie :* stratégie, achèvement, vitalité, ardeur, leadership.

Émilienne
7 500

Travailleuse (germanique). Féminin français. On peut estimer que moins de 30 enfants seront prénommés ainsi en 2023. *Variantes :* Analie, Émiliana, Émiliane, Émilianne, Émiliette, Emmilienne. *Caractérologie :* énergie, découverte, audace, séduction, originalité.

Émiline
150

Travailleuse (germanique). *Variante :* Émilyne. *Caractérologie :* efficacité, persévérance, sécurité, honnêteté, structure.

Émily
5 500 Top 600

Travailleuse (germanique). Après avoir connu une certaine faveur en Angleterre au XIXe siècle, ce prénom s'est élancé vers la gloire un siècle plus tard outre-Atlantique. Emily a trôné sur le palmarès américain de 1996 à 2006. *Caractérologie :* énergie, innovation, autorité, ambition, bonté.

Émine
1 500

Loyale, digne de confiance (arabe). Prénom turc. On peut estimer que moins de 30 enfants seront prénommés ainsi en 2023. *Variante :* Emina. *Caractérologie :* autorité, autonomie, innovation, énergie, ambition.

Emma
149 000 Top 50

Universelle (germanique). *Caractérologie :* découverte, énergie, originalité, séduction, audace.

Emmanuella
1 600 Top 1 000

Dieu est avec nous (hébreu). *Variantes :* Emanuela, Emmanuela. *Caractérologie :* sagacité, spiritualité, connaissances, originalité, philosophie.

Emmanuelle
78 000 Top 2 000

Dieu est avec nous (hébreu). Féminin français. *Variante :* Emanuele. *Caractérologie :* intuition, adaptabilité, fidélité, relationnel, médiation.

Émmeline
1 600

Travailleuse (germanique). On peut estimer que moins de 30 enfants seront

E

prénommés ainsi en 2023. *Variantes :* Emmelie, Emmelyne. *Caractérologie :* fiabilité, ténacité, sens du devoir, engagement, méthode.

Émmie
3 000 Top 800 ↘

Travailleuse (germanique). Féminin anglais. *Variantes :* Emme, Emmi. *Caractérologie :* dévouement, idéalisme, altruisme, intégrité, réflexion.

Emmy
14 000 Top 200 →

Travailleuse (germanique). Ce prénom est particulièrement attribué dans les pays anglophones et en Suède. *Caractérologie :* réceptivité, diplomatie, sociabilité, loyauté, bonté.

Emna
5 000 Top 200 ↑

Emna est le prénom de la mère du prophète Mahomet (arabe). *Caractérologie :* famille, équilibre, responsabilité, influence, exigence.

Emy
17 000 Top 50 →

Travailleuse (germanique). Féminin anglophone. *Caractérologie :* savoir, intelligence, méditation, indépendance, sagesse.

Éna
300 →

Amande (irlandais), ou forme diminutive d'Eugénia ou Héléna. *Variante :* Enna. *Caractérologie :* réceptivité, loyauté, bonté, diplomatie, sociabilité.

Énaëlle
600 Top 2 000 →

Combinaison de la sonorité « én » et des prénoms se terminant en « aëlle ». *Caractérologie :* rêve, générosité, rectitude, ouverture d'esprit, humanité.

Énara
- de 100

Hirondelle (basque). *Caractérologie :* communication, pragmatisme, créativité, résolution, optimisme.

Énaya
350 Top 1 000 ↗

Voir Anaya. *Caractérologie :* dynamisme, direction, indépendance, audace, assurance.

Énéa
1 500 Top 600 ↑

À moi (basque), exceptionnelle (écossais), je félicite (grec). Affluent de la Dordogne, l'Énéa est également un ruisseau français. *Variante :* Énée. *Caractérologie :* savoir, intelligence, méditation, sagesse, indépendance.

Énola
9 000 Top 400 ↘

Celle qui est noble (vieux français). *Enola Gay* est le nom de l'avion américain qui a lâché la bombe atomique au-dessus d'Hiroshima durant la Seconde Guerre mondiale. Son pilote, le colonel Paul Tibbets, l'avait nommé ainsi en hommage à sa mère, Enola Gay Hazard Tibbets. En dehors de l'Hexagone, ce prénom est essentiellement recensé dans les pays anglophones. *Variante :* Inola. *Caractérologie :* adaptabilité, intuition, relationnel, médiation, fidélité.

Enora
16 000 Top 300 ↓

Forme bretonne d'Éléonore ou d'Honorine : compassion (grec), honneur (latin). En breton, *enor* signifie « honneur ». Une sainte portant ce nom vécut dans un ermitage à Plestin-les-Grèves au Ve siècle. *Variantes :* Azenor, Enor, Enorig, Norane, Norig. *Caractérologie :* vitalité, stratégie, ardeur, achèvement, détermination.

Enya
350 ↘

Amande (irlandais). Ce diminutif d'Eithne est plus particulièrement usitée dans les pays anglophones. *Variantes :* Ena, Enia. *Caractérologie :* rectitude, humanité, générosité, rêve, ouverture d'esprit.

Enza
1 200 Top 2 000 ↘

Maîtresse de maison (germanique). *Caractérologie :* innovation, autorité, autonomie, ambition, énergie.

Éolia
350

Soleil (breton), vent (grec). Dans la mythologie grecque, Éole est le dieu du Vent. *Caractérologie :* détermination, raisonnement, équilibre, famille, éthique.

Éoline
- de 100

Soleil (breton), vent (grec). *Caractérologie :* équilibre, famille, responsabilité, analyse, influence.

Épona
- de 30

Chevaux (gallois). Dans la mythologie celtique, Épona est la déesse des Chevaux. *Caractérologie :* équilibre, responsabilité, influence, exigence, famille.

Éponine
350 ↑

Se rapporte à Épona, déesse gauloise des Chevaux. Épouse de Sabinus, Éponine est une héroïne gauloise du Ier siècle. Sabinus s'était révolté contre les Romains ; victime d'une trahison, il fut capturé et mis à mort par Vespasien. Après avoir imploré l'empereur d'épargner son mari, Éponine l'insulta et fut à son tour exécutée. Éponine est l'une des héroïnes des *Misérables*, de Victor Hugo. *Variante :* Éponyne. *Caractérologie :* famille, éthique, équilibre, influence, exigence.

Erell
1 500 Top 800 →

Pointe, extrémité (celte), variante possible d'Airelle. Prénom breton. *Variante :* Érelle. *Caractérologie :* intelligence, savoir, sagesse, méditation, indépendance.

Érica
1 400 Top 2 000 →

Noble souveraine (germanique). Féminin anglais et scandinave. *Caractérologie :* idéalisme, résolution, altruisme, intégrité, réflexion.

Éricka
1 300

Noble souveraine (germanique). Féminin anglais. On peut estimer que moins de 30 enfants seront prénommés ainsi en 2023. *Caractérologie :* diplomatie, réceptivité, sociabilité, organisation, résolution.

Erika
10 000 Top 800 →

Noble souveraine (germanique). Erika est très répandu en Allemagne et dans les pays scandinaves. C'est aussi un choix traditionnel basque. *Caractérologie :* achèvement, décision, stratégie, ardeur, vitalité.

Erin
2 500 Top 700 →

Paisible (irlandais). Erin se rapporte également à une expression poétique celte désignant l'Irlande. *Variante :* Eryn. *Caractérologie :* innovation, autorité, énergie, ambition, autonomie.

Erina
800 Top 2 000 →

Paisible (irlandais). *Caractérologie :* sociabilité, réceptivité, loyauté, diplomatie, résolution.

Érine
3 500 Top 2 000 ↘

Paisible (irlandais). Voir Erin. Féminin français. *Variantes :* Eryn, Eryne. *Caractérologie :* bienveillance, paix, conscience, conseil, sagesse.

Ermeline
- de 100

Honneur, doux (germanique). *Caractérologie :* réflexion, altruisme, idéalisme, intégrité, dévouement.

Ermine
- de 100

Se rapporte à Irmin, dieu païen (germanique). *Variantes :* Ermina, Erminia, Erminie. *Caractérologie :* dynamisme, indépendance, audace, direction, assurance.

Erna
550

Enthousiaste (vieux norrois), ou variante d'Ernestine. Prénom scandinave.

E

Caractérologie : intuition, relationnel, médiation, fidélité, détermination.

Ernestine
1 600

Qui mérite (germanique). Féminin français. On peut estimer que moins de 30 enfants seront prénommés ainsi en 2023. *Variante :* Ernesta. *Caractérologie :* décision, audace, dynamisme, direction, indépendance.

Eryl
- de 30

Celle qui élève (hébreu). Féminin anglais. *Caractérologie :* paix, sympathie, bienveillance, conscience, conseil.

Esma
3 500 Top 400

Sublime, de haut rang (arabe), également utilisé comme diminutif d'Esmeralda. Prénom turc. *Caractérologie :* sociabilité, loyauté, réceptivité, diplomatie, bonté.

Esmée
1 500 Top 200

Forme diminutive francisée d'Esmeralda. Ce prénom est apparu en France en 2001, bien avant que les romans de Stephenie Meyer (*Twilight*), publiés à partir de 2005, puis adaptés en films, aient connu un succès mondial retentissant. Nul doute qu'Esme Cullen, héroïne de *Twilight*, a contribué à la découverte d'Esmée dans l'Hexagone. *Variante :* Esme. *Caractérologie :* bonté, diplomatie, loyauté, sociabilité, réceptivité.

Esmeralda
1 500 Top 2 000

Ce nom signifie « émeraude » en espagnol et en portugais. Esmeralda est l'héroïne du célèbre roman *Notre-Dame de Paris*, de Victor Hugo. *Caractérologie :* responsabilité, famille, équilibre, détermination, influence.

Espérance
800 Top 2 000

S'attendre à (latin). Féminin français. *Variantes :* Esperanza, Sperenza. *Caractérologie :* audace, décision, découverte, énergie, cœur.

Esra
1 900 Top 800

Ce prénom turc tire ses origines de l'arabe et signifie « plus rapidement ». *Variante :* Ezra. *Caractérologie :* connaissances, sagacité, spiritualité, originalité, résolution.

Essia
350 Top 2 000

Variante d'Assia ou d'Estelle : celle qui guérit (arabe), ou étoile (latin). *Variantes :* Essie, Essy. *Caractérologie :* achèvement, stratégie, vitalité, résolution, ardeur.

Estella
550

Étoile (latin). Féminin anglais et italien. *Caractérologie :* sociabilité, réceptivité, loyauté, diplomatie, gestion.

Estelle
70 000 Top 500

Étoile (latin). Féminin français et anglais. La tradition veut que sainte Estelle ait parrainé la création du Félibrige, une école littéraire qui promeut, depuis le XIXe siècle, la langue et la culture des pays de langue d'oc. Née en 2012, Estelle de Suède est également la plus jeune princesse héritière du trône suédois. *Variantes :* Essie, Essy, Estée, Estel, Estèla, Estèle, Estelline. *Caractérologie :* influence, équilibre, famille, gestion, éthique.

Esther
15 000 Top 400

Étoile (hébreu). Orpheline et fille de Juifs déportés en Assyrie, Esther devint l'épouse préférée du roi perse Assuérus. Lorsqu'elle apprit que le vizir Haram souhaitait faire massacrer la population judéenne de l'Empire, elle dévoila ses origines au roi et l'implora d'épargner son peuple. Assuérus pardonna à Esther de lui avoir caché ce secret et châtia Haram et ses partisans. Un grand banquet fut organisé à cette

E

occasion. C'est en sa mémoire que les Juifs célèbrent la fête de Pourim au mois de mars chaque année. *Variantes :* Ester, Esthère. *Caractérologie :* enthousiasme, pratique, communication, sensibilité, détermination.

Estrella
500

Étoile (latin). *Caractérologie :* intuition, médiation, organisation, détermination, relationnel.

Ethel
1 100

Noble (germanique). Ethel est plus traditionnellement usité en Angleterre et en Alsace. On peut estimer que moins de 30 enfants seront prénommés ainsi en 2023. *Variante :* Étheline. *Caractérologie :* énergie, audace, originalité, attention, découverte.

Étiennette
2 000

Couronnée (grec). Féminin français. On peut estimer que moins de 30 enfants seront prénommés ainsi en 2023. Forme occitane : Esteva. *Caractérologie :* rêve, ouverture d'esprit, générosité, rectitude, humanité.

E

Étoile
- de 100

Du latin *stella*, qui signifie « étoile ». Ce prénom très rare peut être fêté avec les Estelle. *Caractérologie :* créativité, optimisme, analyse, pragmatisme, communication.

Eudeline
- de 100

Noble, fortunée (latin). *Variantes :* Eudia, Eudine. *Caractérologie :* enthousiasme, communication, adaptation, pratique, générosité.

Eudora
- de 30

Beau présent (grec). Nom d'une nymphe dans la mythologie grecque. *Caractérologie :* audace, volonté, direction, dynamisme, analyse.

Eudoxie
190

Qui est estimée (grec). *Variantes :* Eudocie, Eudoxia. Forme occitane : Eudoxi. *Caractérologie :* médiation, intuition, relationnel, volonté, analyse.

Eugénie
16 000 Top 500

Bien née (grec). Ce féminin d'Eugène est relativement peu attribué en Europe jusqu'au XVIIe siècle. Il est en plein essor lorsque Balzac, en 1833, le choisit pour l'héroïne de son roman *Eugénie Grandet*. Celle qui deviendra l'impératrice Eugénie (1826-1920) par son mariage avec Napoléon III conforte également l'essor du prénom. Eugénie avait tous les atouts pour faire une belle carrière en France. Ce choix rétro est encore prisé en 1902, au seuil de son dernier déclin. Il est rare pour un nouveau-né aujourd'hui. *Variante :* Eugénia. *Caractérologie :* enthousiasme, communication, pratique, adaptation, bonté.

Eulalia
- de 100

Belle parole, beau langage (latin/grec). Féminin espagnol, italien, anglais, corse et occitan. *Caractérologie :* savoir, intelligence, méditation, indépendance, décision.

Eulalie
3 500 Top 2 000

Belle parole, beau langage (latin/grec). Prénom français, basque et occitan. *Variantes :* Eulali, Laïa, Laya, Olaia. *Caractérologie :* réceptivité, diplomatie, sociabilité, détermination, loyauté.

Eunice
850 Top 2 000

Qui apporte la victoire (grec). Féminin français et anglais. *Variante :* Eunyce. *Caractérologie :* pratique, communication, enthousiasme, adaptation, générosité.

Eunoé
- de 30

Fille de magistrat originaire de Volubilis (au Maroc), Eunoé devint reine de la

Mauritanie occidentale en épousant le roi Bogud. Douée d'un sens exceptionnel des affaires, elle aurait aussi conseillé Jules César lorsqu'il devint son amant. *Caractérologie :* responsabilité, famille, influence, équilibre, exigence.

Euphémie
- de 100

Qui parle avec justesse (grec). *Variantes :* Eufemia, Euphémia, Fimia. *Caractérologie :* innovation, énergie, autorité, amitié, action.

Euphrasie
300

Qui construit bien ses phrases (grec). *Variantes :* Euphrasine, Euphroisine, Euphrosine. *Caractérologie :* communication, cœur, action, optimisme, pragmatisme.

Euranie
- de 30

Bonne (grec). *Caractérologie :* direction, raisonnement, audace, détermination, dynamisme.

Eurielle
150

Dieu est ma lumière (hébreu). Prénom breton. *Variantes :* Euria, Euriel, Euriell. *Caractérologie :* responsabilité, équilibre, famille, influence, exigence.

Europa
- de 30

Dans la mythologie grecque, Europe est la mère de Minos. *Variante :* Europe. *Caractérologie :* fiabilité, méthode, cœur, logique, ténacité.

Eurydice
550 →

Justice étendue (grec). Dans la mythologie grecque, Eurydice meurt d'une morsure de serpent et Orphée, son mari, en est d'autant plus inconsolable qu'il tente, en vain, de la ramener du royaume des Enfers. *Variante :* Euridice. *Caractérologie :* altruisme, idéalisme, intégrité, réflexion, cœur.

Eusébie
- de 30

Pieuse (grec). *Variante :* Eusebia. *Caractérologie :* pragmatisme, communication, optimisme, organisation, résolution.

Éva
83 000 Top 50 →

Vie, donner la vie (hébreu). Le Livre de la Genèse raconte l'histoire d'Ève, la première femme créée par Dieu. Ève coule des jours heureux et paisibles avec Adam dans l'abondance du jardin des Délices. Mais ce bonheur tranquille s'interrompt lorsque, tentée par le serpent, elle goûte au fruit défendu de l'arbre de la connaissance et le partage avec Adam. Pour les punir de leur désobéissance, Dieu les chasse du jardin d'Éden, vouant Ève et ses descendantes à enfanter dans la douleur. Ce prénom ancien a été plus particulièrement attribué au XIXe siècle dans les pays anglophones. En France, son usage reste confidentiel jusqu'à la fin des années 1990, où son essor est fulgurant. Il a figuré avec constance dans les 20 premiers rangs féminins jusqu'à la fin des années 2010. *Caractérologie :* ambition, énergie, autonomie, autorité, innovation.

E

Évaëlle
500 ↘

Contraction d'Éva et des prénoms se terminant en « elle » (Maëlle, Gaëlle, etc.). Évaëlle a été attribué pour la première fois dans l'Hexagone en 1998. *Caractérologie :* force, management, ambition, habileté, passion.

Évana
900 Top 1 000 ↗

Féminin d'Evan et contraction d'Éva et Anna. *Caractérologie :* connaissances, sagacité, philosophie, originalité, spiritualité.

Évane
550

Féminin d'Evan et contraction d'Éva et Anne. *Variante :* Evanne. *Caractérologie :* sociabilité, réceptivité, diplomatie, bonté, loyauté.

Évangeline
950 Top 2 000

Contraction d'Ève et Angeline. *Variante :* Evangelina. *Caractérologie :* réalisation, ténacité, fiabilité, amitié, méthode.

Ève
15 000 Top 300

Vie, donner la vie (hébreu). Féminin anglais et français. Dans la Bible, Ève, la première femme de l'humanité, goûte avec Adam au fruit défendu de l'arbre de la connaissance, ce qui provoque la colère divine. *Variantes :* Évodie, Évodia, Évolène. *Caractérologie :* rectitude, rêve, générosité, tolérance, humanité.

Evelina
200 Top 2 000

Contraction d'Ève et Lina. Féminin italien, anglais et occitan. *Caractérologie :* courage, dynamisme, curiosité, résolution, indépendance.

Éveline
12 000

Contraction d'Ève et Line. Féminin anglais et français. On peut estimer que moins de 30 enfants seront prénommés ainsi en 2023. *Caractérologie :* rectitude, humanité, générosité, rêve, tolérance.

Évelise
- de 100

Contraction d'Ève et Lise. *Caractérologie :* résolution, indépendance, curiosité, dynamisme, résolution.

Évelyne
115 000

Contraction d'Ève et Lyne. Féminin français et anglais. *Variantes :* Evelyn, Evelynn. *Caractérologie :* intelligence, méditation, savoir, indépendance, sympathie.

Evie
900 Top 800

Vie, donner la vie (hébreu). Féminin anglais. *Variantes :* Evi, Evita. *Caractérologie :* indépendance, curiosité, courage, dynamisme, charisme.

Évodie
250

Qui prend le bon chemin (grec). *Variante :* Evodia. *Caractérologie :* volonté, caractère, influence, famille, exigence.

Évora
- de 100

Nom de la chanteuse capverdienne Cesaria Evora, nom d'une ville du Portugal. *Caractérologie :* spiritualité, résolution, connaissances, volonté, sagacité.

Evy
2 000 Top 400

Vie, donner la vie (hébreu). *Caractérologie :* originalité, spiritualité, connaissances, sagacité, philosophie.

Ewa
350

Se rapporte à un nom de dieu gaulois. Ewa est aussi une forme polonaise d'Éva. *Caractérologie :* réceptivité, sociabilité, diplomatie, loyauté, bonté.

Ezia
200 Top 2 000

Aigle (latin). Féminin italien. *Caractérologie :* curiosité, audace, séduction, énergie, originalité.

F

Fabienne
99 000

Fève (latin). Féminin français. On peut estimer que moins de 30 enfants seront prénommés ainsi en 2023. *Variantes :* Fabiana, Fabiane, Fabianne. *Caractérologie :* sociabilité, diplomatie, réceptivité, résolution, loyauté.

Fabiola
2 500

Fève (latin). Féminin italien, espagnol, français et allemand. On peut estimer que moins de 30 enfants seront prénommés ainsi en 2023. *Caractérologie :* dynamisme, audace, direction, gestion, logique.

Fabricia
- de 100

Fabricatrice (latin). Dans l'Hexagone, Fabricia est plus traditionnellement usité en Occitanie. *Caractérologie :* fiabilité, méthode, ténacité, raisonnement, organisation.

Fadila
2 500

Vertueuse (arabe). On peut estimer que moins de 30 enfants seront prénommés ainsi en 2023. *Variantes :* Fadela, Fadilah, Fadilha. *Caractérologie :* famille, équilibre, responsabilité, influence, analyse.

Faith
300 Top 2 000

Foi, confiance (anglais). *Caractérologie :* management, force, passion, ambition, habileté.

Faïza
3 000

Victorieuse (arabe). On peut estimer que moins de 30 enfants seront prénommés ainsi en 2023. *Variante :* Fawsia. *Caractérologie :* intelligence, savoir, méditation, indépendance, sagesse.

Fallone
800 Top 300

La petite fille du chef (irlandais). *Variantes :* Fallon, Falone. *Caractérologie :* bonté, sociabilité, diplomatie, réceptivité, loyauté.

Fanchon
350

Forme bretonne de Françoise : libre, française (latin). *Caractérologie :* finesse, sagacité, originalité, connaissances, philosophie.

Fanette
850

Libre, française (latin). *Variante :* Phanette. *Caractérologie :* achèvement, vitalité, stratégie, leadership, ardeur.

Fannie
1 100

Libre, française (latin). Féminin français. On peut estimer que moins de 30 enfants seront prénommés ainsi en 2023. *Variantes :* Fania, Fanie, Phania, Phanie, Phanya, Phany. *Caractérologie :* ténacité, méthode, fiabilité, résolution, engagement.

Fanny
76 000 Top 700

Libre, française (latin). Cette forme française de Françoise est également une forme finlandaise et anglaise de Frances. Féminin français. *Caractérologie :* famille, responsabilité, équilibre, exigence, influence.

Fanta
3 000 Top 500

Forme bretonne de Françoise : libre, française (latin). *Caractérologie :* bienveillance, conscience, conseil, sagesse, paix.

Fantine
3 000 Top 2 000

Enfant (latin). Héroïne tragique qui apparaît dans *Les Misérables*, de Victor Hugo. *Caractérologie :* équilibre, responsabilité, influence, décision, famille.

Fany
1 900

Libre, française (latin). On peut estimer que moins de 30 enfants seront prénommés ainsi en 2023. *Variante :* Fanya. *Caractérologie :* audace, direction, dynamisme, assurance, indépendance.

Farah
9 500 Top 500

Bonheur, satisfaction (arabe). *Variantes :* Fara, Farha, Farra, Farrah. *Caractérologie :* savoir, intelligence, méditation, sagesse, indépendance.

Farida
8 000

Unique (arabe). *Caractérologie :* enthousiasme, communication, adaptation, pratique, générosité.

F

Fatiha
9 000 Top 2 000

Victorieuse (arabe). *Variantes :* Fatéha, Fathia, Fétiha. *Caractérologie :* rectitude, ouverture d'esprit, humanité, rêve, générosité.

Fatima
29 000 Top 200

Petite chamelle qui vient d'être sevrée (arabe). Fille préférée de Mahomet et de Khadija, Fatima épousa Ali, le quatrième calife de l'islam. Le fondateur de la dynastie des Fatimides se réclame de sa lignée. Fatima est un prénom répandu dans les cultures musulmanes. *Variantes :* Fatim, Fatimah, Fatime. *Caractérologie :* découverte, énergie, originalité, audace, séduction.

Fatimata
1 700 Top 900

Petite chamelle qui vient d'être sevrée (arabe). *Variante :* Fatimatou. *Caractérologie :* leadership, ardeur, vitalité, achèvement, stratégie.

Fatima-Zohra
850

Forme composée de Fatima et Zohra. Cette composition est particulièrement attribuée dans les cultures arabes et musulmanes francophones. *Caractérologie :* autonomie, ambition, innovation, autorité, énergie.

Fatine
400

Petite chamelle qui vient d'être sevrée (arabe). *Variantes :* Fatin, Fatina. *Caractérologie :* indépendance, direction, audace, dynamisme, détermination.

Fatma
7 000 Top 800

Petite chamelle qui vient d'être sevrée (arabe). *Variante :* Fathma. *Caractérologie :* curiosité, indépendance, courage, charisme, dynamisme.

Fatou
3 000 Top 500

Petite chamelle qui vient d'être sevrée (arabe). Féminin sénégalais. *Caractérologie :* altruisme, réflexion, intégrité, idéalisme, gestion.

Fatoumata
10 000 Top 200

Petite chamelle qui vient d'être sevrée (arabe). *Variante :* Fatouma. *Caractérologie :* organisation, vitalité, achèvement, ardeur, stratégie.

Faustine
20 000 Top 200

Heureuse, fortunée (latin). Impératrice romaine, épouse d'Antonin le Pieux, Faustine l'Ancienne vécut au IIe siècle. Elle fut, comme sa fille Faustine la Jeune (femme de l'empereur Marc Aurèle), divinisée après sa mort. *Variantes :* Fausta, Fauste, Faustina. *Caractérologie :* résolution, courage, dynamisme, curiosité, analyse.

Faye
- de 100

Fidèle, digne de confiance (anglais). Féminin anglais. *Variantes :* Faith, Fay, Faya. *Caractérologie :* ambition, autorité, autonomie, innovation, énergie.

Fedora
- de 100

Présent de Dieu (grec). Prénom italien. *Caractérologie :* ténacité, méthode, résolution, fiabilité, volonté.

Félicia
2 500 Top 2 000

Heureuse, chanceuse (latin). Féminin espagnol, anglais, néerlandais, roumain et scandinave. *Variantes :* Féliciana, Féliciane, Félisa. *Caractérologie :* idéalisme, altruisme, intégrité, détermination, raisonnement.

Féliciane
- de 30

Heureuse, chanceuse (latin). *Caractérologie :* raisonnement, énergie, détermination, autorité, innovation.

Félicie
3 500 Top 2 000

Heureuse, chanceuse (latin). En dehors de l'Hexagone, Félicie est répandu en Allemagne. *Variantes :* Félice, Felicidad,

F

Félixine. *Caractérologie :* persévérance, sécurité, structure, analyse, efficacité.

Félicienne
550

Heureuse, chanceuse (latin). *Caractérologie :* innovation, autorité, énergie, analyse, ambition.

Félicité
1 100

Heureuse, chanceuse (latin). Féminin français. On peut estimer que moins de 30 enfants seront prénommés ainsi en 2023. *Caractérologie :* responsabilité, famille, influence, équilibre, raisonnement.

Felixia
- de 100

Heureuse, chanceuse (latin). *Variante :* Félixiane. *Caractérologie :* savoir, méditation, intelligence, résolution, analyse.

Ferdinande
- de 100

Courageuse, aventurière (germanique). *Caractérologie :* achèvement, vitalité, stratégie, volonté, détermination.

Feriel
1 800 Top 1 000

Vérité, justice (persan). Feriel est un prénom féminin très ancien qui fut porté par la fille du roi Farouk d'Égypte. *Variantes :* Ferial, Feriale, Ferielle, Feryal, Feryel. *Caractérologie :* ambition, énergie, autorité, raisonnement, innovation.

Fernanda
850

Courageuse, aventurière (germanique). *Caractérologie :* rêve, volonté, humanité, rectitude, résolution.

Fernande
13 000

Courageuse, aventurière (germanique). Féminin français. On peut estimer que moins de 30 enfants seront prénommés ainsi en 2023. *Variantes :* Fernandine, Ferrera. *Caractérologie :* persévérance, structure, sécurité, décision, caractère.

Fideline
- de 100

Foi (latin). *Variante :* Fidélia. *Caractérologie :* dynamisme, audace, direction, caractère, logique.

Fidji
350

Nom géographique qui désigne les îles Fidji. *Caractérologie :* sociabilité, réceptivité, diplomatie, loyauté, bonté.

Fiona
11 000

Fille à la peau claire (gaélique). Fiona est très répandu en Écosse et dans les pays anglophones. On peut estimer que moins de 30 enfants seront prénommés ainsi en 2023. *Variante :* Fyona. *Caractérologie :* rectitude, humanité, rêve, détermination, tolérance.

Fiorella
400

Fleur (latin). *Variantes :* Fiora, Fiorina. *Caractérologie :* équilibre, décision, responsabilité, famille, logique.

Firmine
180

Fermeté, rigueur (latin). *Variantes :* Firma, Firmina. *Caractérologie :* intuition, relationnel, fidélité, adaptabilité, médiation.

Flavia
1 300 Top 2 000

Couleur jaune, blonde (latin). Féminin italien, espagnol et roumain. *Caractérologie :* équilibre, famille, responsabilité, influence, analyse.

Flavie
17 000 Top 700

Couleur jaune, blonde (latin). Féminin français. *Variantes :* Flavienne, Flavy. *Caractérologie :* énergie, innovation, volonté, autorité, raisonnement.

Fleur
5 500 Top 600

Fleur (latin). En usage dès le Moyen Âge, Fleur a été l'un des prénoms du calendrier révolutionnaire les plus en vogue durant la Révolution. Sainte Fleur, une

F

religieuse auvergnate, vécut au XIVe siècle. *Caractérologie :* ambition, force, habileté, analyse, passion.

Fleurine
400

Fleur (latin). *Variantes :* Fleurentine, Fleurestine, Fleuriane, Fleurice, Floréale, Florella, Florenzia, Flori, Florrie. *Caractérologie :* rêve, rectitude, ouverture d'esprit, logique, humanité.

Flora
19 000 Top 300

Fleur (latin). Dans la mythologie romaine, Flora était la déesse de la Végétation et des Fleurs. En dehors de l'Hexagone, Flora est particulièrement répandu dans les pays anglophones, en Allemagne, en Grèce et en Italie. Variantes occitanes : Fora, Foriana, Forentina. *Caractérologie :* intelligence, savoir, logique, méditation, indépendance.

☆ C'est la Fée Clochette, version *Winx*. Originaire de la planète Linphea, elle est la divinité de la nature. Elle partage son temps entre l'apprentissage du métier de magicienne et ses combats homériques contre les armées de robots et autres méchants. Elle est cultissime dans les cours de récréation.

F

Florane
400

Fleur (latin). Féminin français. *Caractérologie :* ambition, décision, habileté, logique, force.

Flore
10 000 Top 600

Fleur (latin). Féminin français. *Variantes :* Flor, Florès, Florette. *Caractérologie :* diplomatie, réceptivité, sociabilité, loyauté, raisonnement.

Florence
140 000

Fleur (latin). Attribué outre-Manche au Moyen Âge, Florence renaît au XIXe siècle et devient très fréquent dans les pays anglophones jusqu'au début des années 1930. Sa floraison, plus tardive en France, le placera dans le top 20 national de 1962 à 1973. Espagnole de Séville au VIIe siècle, sainte Florence fut orpheline très jeune. Ses trois frères, les saints Léandre, Fulgence et Isidore, veillèrent sur elle et lui donnèrent une éducation religieuse. Elle se retira dans un couvent de Séville et termina sa vie abbesse de l'abbaye d'Agisti, en Andalousie. On peut estimer que moins de 30 enfants seront prénommés ainsi en 2023. *Variante :* Florencia. *Caractérologie :* éthique, équilibre, influence, famille, raisonnement.

Florentine
1 200

Fleur (latin). Féminin français. On peut estimer que moins de 30 enfants seront prénommés ainsi en 2023. *Variante :* Florestine. *Caractérologie :* dynamisme, logique, direction, indépendance, audace.

Floria
350

Fleur (latin). *Caractérologie :* sagacité, logique, originalité, connaissances, spiritualité.

Floriana
300

Fleur (latin). Prénom italien. *Variantes :* Florelle, Floria, Florielle. *Caractérologie :* méthode, ténacité, analyse, résolution, fiabilité.

Floriane
19 000

Fleur (latin). Féminin français. On peut estimer que moins de 30 enfants seront prénommés ainsi en 2023. *Variante :* Floryane. *Caractérologie :* force, habileté, analyse, ambition, résolution.

Florianne
1 200

Fleur (latin). Féminin français. On peut estimer que moins de 30 enfants seront prénommés ainsi en 2023. *Caractérologie :* ténacité, méthode, fiabilité, logique, décision.

Florida
150

Floraison (latin), nom d'un État américain. Florida est recensé dans les pays

Les prénoms basques, bretons, corses et occitans

Les prénoms les plus attribués sur le plan national font décidément recette en régions. De la Picardie à la Provence, en passant par l'Auvergne, les classements régionaux font la part belle à Emma, Jade et Louise, les stars du palmarès français. Cela ne signifie pas que les prénoms à forte identité régionale ont disparu. Redécouverts et attribués par davantage de parents chaque année, ces derniers sont en plein essor, notamment en Bretagne, en Corse, au Pays basque ou en Occitanie. Certains gardent une identité régionale très marquée. Giulia, l'étoile italo-corse qui prospère en Provence, n'a rien à envier à la bretonne Enora, ni à Elaia, résolument basque.

D'autres prénoms connaissent tant de succès que leurs origines s'en trouvent oubliées. Léna et Maëlys ont beau s'être répandues dans l'ensemble de la France, elles n'en restent pas moins bretonnes. Parce qu'ils grandissent dans l'ombre de stars nationales, ces petits noms apparaissent rarement dans les classements régionaux. Pour leur redonner une voix, nous avons réuni la garde montante des prénoms de tradition et d'identités basques, bretonnes et occitanes. Ils sont dépourvus d'accents, conformément à l'usage traditionnel.

Les basques

Adela, Adriana, Agate, Alicia, Alienor, Amaia, Amaya, Amelia, Ana, Anaia, Andrea, Araia, Aurora, Beatriz, Elaia, Elaura, Elena, Enea, Erika, Ida, Ines, Joana, Juliana, Karla, Katarina, Lois, Lorea, Maia, Maialen, Maika, Maite, Maitena, Maria, Marika, Marta, Mendy, Mercedes, Mila, Milia, Nahia, Oihana, Sandrina, Uhaina.

Notons que Mila, Alicia et Elena maintiennent leur suprématie dans les prénoms basques.

Les bretons

Aela, Aelig, Aenor, Alana, Annaig, Armelle, Beatriz, Enora, Fanta, Gaelle, Gwenaelle, Gwenola, Jocelyne, Katell, Lara, Lena, Lenaig, Liza, Loane, Louane, Maela, Maelie, Maeline, Maelis, Maelle, Maelyne, Maelys, Maina, Maiwenn, Marianna, Melaine, Morane, Morgane, Noela, Nolwenn, Paola, Rozen, Servane, Soizic, Sterenn, Tiphaine, Yaelle, Yuna, Zaig.

Dans les prénoms bretons, Lena, Maëlys et Louane détiennent les records d'attribution.

Les corses

Alena, Andréa, Anghjulina, Anna, Anna-Déa, Antonia, Catalina, Chjara, Davia, Dea, Elia, Ghjulia, Giovanna, Giulia, Laurina, Leana, Leria, Lesia, Lia, Livia, Lucia, Mattea, Petra, Rosa, Saveria, Serena, Stella.

Dans les prénoms corses, Anna, Andréa et Giulia se distinguent particulièrement.

Les occitans

Adria, Aelis, Alicia, Alienor, Amelia, Anaïs, Anna, Auda, Beatriz, Blanca, Bruna, Carla, Catarina, Clara, Clelia, Cloe, Elena, Eleonor, Elis, Emilia, Eugenia, Eulalia, Flavia, Flora, Flores, Inès, Isolina, Jana, Joana, Juliana, Justina, Loïs, Maria, Mila, Naïs.

Dans la sélection occitane, les choix dominants sont Anna et Mila.

Sur le plan national, Anna et Mila sont les choix régionaux qui ont connu les plus fortes progressions.

anglophones. *Variantes :* Floride, Florinda. *Caractérologie :* intuition, médiation, relationnel, analyse, fidélité.

Florie
2 500

Fleur (latin). On peut estimer que moins de 30 enfants seront prénommés ainsi en 2023. *Caractérologie :* diplomatie, réceptivité, sociabilité, loyauté, raisonnement.

Florine
12 000 Top 2 000

Fleur (latin). Féminin français. *Variante :* Floryne. *Caractérologie :* méditation, intelligence, savoir, indépendance, logique.

Fortuna
- de 100

Heureuse, fortunée (latin). Prénom espagnol. *Variante :* Fortune. *Caractérologie :* curiosité, dynamisme, détermination, courage, raisonnement.

Fouzia
2 000

Victorieuse (arabe). On peut estimer que moins de 30 enfants seront prénommés ainsi en 2023. *Variantes :* Fawsia, Fasia, Fassia. *Caractérologie :* conscience, paix, bienveillance, conseil, logique.

F

Framboise
- de 30

Se rapporte au nom du fruit (latin). *Caractérologie :* connaissances, spiritualité, caractère, sagacité, originalité.

Franca
750

Libre, française (latin). Franca est très répandu en Italie. *Caractérologie :* savoir, intelligence, résolution, méditation, analyse.

France
16 000 Top 2 000

Libre, française (latin). Féminin français. *Caractérologie :* sociabilité, diplomatie, réceptivité, décision, logique.

Franceline
750

Libre, française (latin). *Variante :* Francelyne. *Caractérologie :* équilibre, famille, analyse, responsabilité, résolution.

Francesca
3 500 Top 900

Libre, française (latin). Francesca est un prénom italien. C'est aussi un choix traditionnel corse. *Caractérologie :* sagacité, raisonnement, connaissances, spiritualité, détermination.

Francette
6 000

Libre, française (latin). Féminin français. On peut estimer que moins de 30 enfants seront prénommés ainsi en 2023. *Caractérologie :* intuition, médiation, analyse, relationnel, résolution.

Franciane
1 400

Libre, française (latin). On peut estimer que moins de 30 enfants seront prénommés ainsi en 2023. *Caractérologie :* raisonnement, force, habileté, ambition, détermination.

Francine
58 000

Libre, française (latin). Féminin français et anglais. On peut estimer que moins de 30 enfants seront prénommés ainsi en 2023. *Variantes :* Frances, Francesa, Francila, Francilia, Francille, Francina, Francisca, Franckie, Frankie, Frannie, Franny. *Caractérologie :* résolution, intelligence, savoir, méditation, analyse.

Françoise
303 000

Libre, française (latin). Ce féminin de François connaît une grande faveur française du XVIIe siècle au début du XIXe siècle. Comme Frances dans les pays anglophones, Françoise jaillit de nouveau après la Seconde Guerre mondiale, s'imposant au 2e rang national entre Marie et Monique. Françoise se maintiendra dans le top 10 jusqu'en 1962, une longévité qui lui vaut d'être le 3e prénom féminin le plus attribué du XXe siècle en France. Au risque de sa vie, sainte Françoise prit soin des malades de la peste en 1414. Veuve, elle se retira dans le monastère de bénédictines qu'elle avait fondé. On peut estimer que moins de 30 enfants seront prénommés ainsi en 2023. *Caractérologie :* altruisme, idéalisme, logique, intégrité, décision.

Frederica
190

Pouvoir de la paix (germanique). Prénom suédois, danois, portugais et occitan. *Variantes :* Federica, Frederika. *Caractérologie :* caractère, famille, logique, responsabilité, équilibre.

Frédérique
47 000

Pouvoir de la paix (germanique). Féminin français. On peut estimer que moins de 30 enfants seront prénommés ainsi en 2023. *Caractérologie :* raisonnement, rêve, humanité, volonté, rectitude.

Frida
550

Pouvoir de la paix (germanique). Frida est plus traditionnellement usité en Allemagne, dans les pays scandinaves et en Alsace. *Variantes :* Freda, Freddie. *Caractérologie :* intuition, médiation, relationnel, adaptabilité, fidélité.

Une femme téméraire, persévérante et inébranlable, qui voulait être libre, vivre et peindre, de toutes ses forces ! La maladie et un terrible accident de voiture ne viendront pas à bout de la détermination de Frida Kahlo. Ses autoportraits sont la toile de fond d'une vision du monde aux couleurs gaies et crues, peuplé d'animaux, de cactus et de fleurs multicolores.

Frieda
500

Noble paix (germanique). *Caractérologie :* savoir, intelligence, méditation, détermination, volonté.

Fulgence
- de 30

Fulgurant (latin). *Caractérologie :* direction, dynamisme, audace, cœur, indépendance.

Fulvia
- de 30

Couleur jaune, blonde (latin). Féminin italien. *Caractérologie :* habileté, logique, force, passion, ambition.

G

Gabriela
2 000 Top 500

Force de Dieu (hébreu). *Caractérologie :* direction, détermination, dynamisme, audace, bonté.

Gabriella
3 500 Top 400

Force de Dieu (hébreu). Gabriella est très répandu dans les pays anglophones. *Variantes :* Gabie, Gabia, Gabriela, Gabriele. *Caractérologie :* ténacité, méthode, amitié, fiabilité, détermination.

Gabrielle
43 000 Top 100

Force de Dieu (hébreu). Ce féminin de Gabriel connaît un certain engouement à la fin du XIXe siècle en France et dans les pays anglophones. Il renaît depuis peu dans le sillon de Gabriel. Religieuse au XIXe siècle, sainte Gabrielle fut prise dans la tourmente de la Révolution ; elle fut décapitée comme les sœurs du carmel de Compiègne en 1794. Gabrielle est l'un des prénoms de l'écrivaine Colette. *Caractérologie :* vitalité, sympathie, achèvement, résolution, stratégie.

Gaby
1 800 Top 900

Force de Dieu (hébreu). Féminin anglais. *Caractérologie :* force, ambition, habileté, passion, management.

Gaëla
130

Seigneur généreux (celte). Voir Gaëlle. Féminin français et breton. *Variantes :* Gaélane, Gaëlla. *Caractérologie :* vitalité, achèvement, stratégie, sympathie, ardeur.

Gaële
600

Seigneur généreux (celte). Voir Gaëlle. Féminin français et breton. *Caractérologie :* communication, optimisme, pragmatisme, sympathie, créativité.

Gaëlle
59 000 Top 1 000

Seigneur généreux (celte). Ancien peuple celte, les Gaëls s'établirent en Irlande à la fin du Ve siècle. En Bretagne, Gaelle s'orthographie souvent sans tréma. *Caractérologie :* bienveillance, conseil, paix, conscience, bonté.

Gaétane
4 500 Top 2 000

De Gaète, ville d'Italie (latin). Ce prénom français s'orthographie également avec un tréma. *Caractérologie :* leadership, vitalité, achèvement, stratégie, ardeur.

Gaïa
3 000 Top 300

Dans la mythologie grecque, Gaia est la déesse qui symbolise la terre nourricière, celle d'où provient la vie. Gaia est un prénom italien. C'est aussi un choix occitan en vogue. *Variantes :* Algaïa, Gaya. *Caractérologie :* rectitude, humanité, générosité, tolérance, rêve.

Gaïane
200

Voir Gaïa. *Caractérologie :* autorité, innovation, énergie, ambition, décision.

Gala
250

Diminutif de Galina, féminin de Galien, nom porté par Claudius Galenus, docteur romain au IIe siècle avant J.-C. Prénom russe. *Caractérologie :* pragmatisme, communication, créativité, optimisme, sociabilité.

Galatée
110

Couleur du lait (grec). *Caractérologie :* conscience, paix, gestion, bienveillance, cœur.

Galia
- de 100

Dieu est clément (hébreu). *Variante :* Galya. *Caractérologie :* générosité, communication, enthousiasme, adaptation, pratique.

Garance
13 000 Top 200

Nom d'une plante herbacée des régions chaudes et tempérées, dont la racine est rouge. Garance est un prénom français issu du calendrier révolutionnaire. *Caractérologie :* sécurité, résolution, structure, persévérance, sympathie.

☆ La gouaille et le regard irrésistible d'Arletty sont à tout jamais associés à ce prénom. Quoi de plus inspirant comme référence qu'une histoire d'amour dans le Paris des saltimbanques au XIXe siècle ! *Les Enfants du paradis*, mis en scène par Marcel Carné et en dialogue par Prévert, servent d'écrin à ce prénom culte.

Gasparine
- de 30

Gardienne du trésor (hébreu). *Caractérologie :* détermination, ouverture d'esprit, rectitude, humanité, rêve.

Gatienne
- de 100

Grâce (latin). *Caractérologie :* résolution, communication, enthousiasme, adaptation, pratique.

Gayane
200

Variante de Gaïa, du nom de la déesse qui symbolise la terre nourricière dans la mythologie grecque. C'est aussi le nom d'une martyre chrétienne (arménien). *Caractérologie :* leadership, vitalité, stratégie, achèvement, ardeur.

Gemma
500 Top 2 000

Pierre précieuse (latin). Gemma est répandu en Italie. C'est aussi un choix traditionnel basque. *Variantes :* Gema, Gemme. *Caractérologie :* créativité, optimisme, communication, pragmatisme, réalisation.

Gen
- de 30

Source (japonais), claire, douce (celte). *Caractérologie :* passion, ambition, management, habileté, force.

Gena
250

Petit oiseau (arabe), claire, douce (celte). Féminin anglais. *Variante :* Genna. *Caractérologie :* audace, originalité, séduction, découverte, énergie.

Geneviève
94 000

Claire, douce (celte). Féminin français. Forme bretonne : Genoveva. *Caractérologie :* honnêteté, sécurité, structure, persévérance, efficacité.

Genia
- de 100

Claire, douce (celte). Féminin espagnol, portugais, polonais. *Variantes :* Génie, Genny, Ginia. *Caractérologie :* humanité, ouverture d'esprit, rêve, rectitude, résolution.

Gentiane
150

Plante des prés (latin). *Caractérologie :* pratique, communication, enthousiasme, adaptation, résolution.

Georgette
32 000

Labourer le sol (grec). Féminin français. On peut estimer que moins de 30 enfants seront prénommés ainsi en 2023. *Caractérologie :* pratique, enthousiasme, communication, adaptation, générosité.

Georgia
1 400 Top 2 000

Labourer le sol (grec), nom d'un État américain. Féminin anglais et grec. *Variantes :* Georgiane, Georgie, Georgina, Giorgia. Forme bretonne : Jorane. *Caractérologie :* habileté, ambition, force, détermination, passion.

Géraldine
42 000

Lance, gouverner (germanique). Féminin français et anglais. On peut estimer que moins de 30 enfants seront prénommés ainsi en 2023. *Variante :* Géralde. *Caractérologie :* optimisme, pragmatisme, réalisation, sympathie, communication.

Gérardine
350

Lance puissante (germanique). *Variantes :* Gérarda, Gérarde. *Caractérologie :* altruisme, intégrité, détermination, idéalisme, réalisation.

Gerda
- de 100

La protégée (scandinave). Féminin allemand, néerlandais et scandinave. *Caractérologie :* ambition, force, habileté, résolution, réalisation.

Germaine
23 000

De même sang (latin). Ce prénom ancien a connu son dernier pic de popularité au début des années 1900 et s'est maintenu dans les 5 premiers rangs féminins jusqu'en 1910. Il se démode après la Seconde Guerre mondiale et disparaît des maternités françaises à partir des années 1980. On peut estimer que moins de 30 enfants seront prénommés ainsi en 2023. *Variantes :* Germana, Germane, Germanie, Germina, Germinie, Hermana. *Caractérologie :* rectitude, rêve, humanité, décision, réussite.

Gersende
850

Lance acérée (germanique). *Variante :* Gersande. *Caractérologie :* découverte, réalisation, audace, séduction, originalité.

Gertrude
1 400

Lance loyale (germanique). Féminin français. On peut estimer que moins de 30 enfants seront prénommés ainsi en 2023. *Variantes :* Trude, Trudie, Trudy. *Caractérologie :* ambition, force, habileté, passion, bonté.

G

Gervaise
700

Prête au combat (germanique). *Caractérologie :* énergie, détermination, découverte, réalisation, audace.

Ghislaine
55 000

Douce (germanique). Féminin français. On peut estimer que moins de 30 enfants seront prénommés ainsi en 2023. *Caractérologie :* pratique, communication, enthousiasme, cœur, action.

Ghizlane
700 Top 2 000

Douce (germanique). *Caractérologie :* sympathie, dynamisme, direction, audace, ressort.

Gia
- de 100

S'il est probable que Gia soit une forme féminine de Gianni, l'équivalent italien de Jean, son origine italienne ne fait aucun doute. *Caractérologie :* passion, vie, finesse, stratégie, habileté.

Gianna
450 Top 600

Dieu fait grâce (hébreu). Gianna est un prénom italien. *Variante :* Giacomina. *Caractérologie :* audace, direction, indépendance, dynamisme, résolution.

Gilberte
18 000

Promesse brillante (germanique). Féminin français. On peut estimer que moins de 30 enfants seront prénommés ainsi en 2023. *Caractérologie :* cœur, famille, équilibre, responsabilité, influence.

Gilda
1 800

Chevelure (celte), ou doré (vieil anglais). Féminin italien, espagnol, portugais, anglais et corse. On peut estimer que moins de 30 enfants seront prénommés ainsi en 2023. *Caractérologie :* responsabilité, famille, équilibre, influence, réalisation.

Dès sa sortie en 1946, le public fit un triomphe à *Gilda*, bluffant manifeste du film noir. Impossible d'oublier la scène, désormais mythique, où Gilda, jouée par Rita Hayworth, retire son gant noir interminable en chantant *Put the Blame on Mame*.

Gilliane
500

De la famille romaine de Iule (latin). *Variantes :* Gilian, Giliane, Gill, Gilliane, Gillianne. *Caractérologie :* bienveillance, conscience, résolution, paix, sympathie.

Gin
- de 30

Argent (japonais). *Caractérologie :* communication, pragmatisme, sociabilité, optimisme, créativité.

Gina
5 000 Top 800

Claire, douce (celte). Gina est plus particulièrement répandu en Italie et dans les pays anglophones. *Variante :* Jina. *Caractérologie :* structure, sécurité, persévérance, efficacité, résolution.

Ginette
65 000

Pure, vierge (latin). Féminin français. On peut estimer que moins de 30 enfants seront prénommés ainsi en 2023. *Caractérologie :* force, ambition, habileté, management, passion.

Ginger
200

Pure, vierge (latin). *Caractérologie :* conscience, paix, bienveillance, conseil, sagesse.

Giona
- de 30

Colombe (hébreu). Féminin italien. *Caractérologie :* détermination, direction, dynamisme, indépendance, assurance.

Giovanna
1 800 Top 2 000

Dieu fait grâce (hébreu). Féminin italien. *Variantes :* Jovana, Jovanna. *Caractérologie :* réceptivité, sociabilité, diplomatie, caractère, réussite.

G

Gisèle
74 000 Top 2 000

Épée (germanique). Prénom français. *Variantes :* Gisela, Giselda, Gisella, Gigi, Gizèle. *Caractérologie :* communication, pragmatisme, résolution, sympathie, optimisme.

Ou comment une jeune tunisienne du quartier de la Goulette est-elle devenue l'icône du féminisme français ? C'est la fabuleuse histoire de Gisèle Halimi (1927-2020). Elle devient avocate et fomente ses premières armes avec la défense des indépendantistes algériens. Son parcours est jalonné de procès et de victoires historiques pour la cause des femmes. À quand son entrée au Panthéon… des prénoms ?

Giselle
1 800

Épée (germanique). Féminin français et anglais. On peut estimer que moins de 30 enfants seront prénommés ainsi en 2023. *Caractérologie :* équilibre, responsabilité, famille, amitié, détermination.

Gislaine
4 000

Douce (germanique). On peut estimer que moins de 30 enfants seront prénommés ainsi en 2023. *Variante :* Gyslène. *Caractérologie :* méthode, fiabilité, ténacité, détermination, bonté.

Giulia
15 000 Top 50

De la famille romaine de Iule (latin). *Caractérologie :* dynamisme, charisme, curiosité, courage, indépendance.

Giuliana
1 600 Top 600

De la famille romaine de Iule (latin). Féminin italien. *Caractérologie :* sympathie, diplomatie, sociabilité, résolution, réceptivité.

Gladys
9 500 Top 2 000

Richesse (celte). En dehors de l'Hexagone, ce prénom gallois est usité dans les pays anglophones. *Variantes :* Gladez, Gladis, Glady. *Caractérologie :* énergie, découverte, audace, réussite, originalité.

Glannon
- de 30

Pure, neuvième (latin). Féminin breton. *Caractérologie :* courage, curiosité, dynamisme, indépendance, cœur.

Glenda
- de 100

Vallée boisée (irlandais). Féminin anglais. *Caractérologie :* sagacité, réussite, cœur, connaissances, spiritualité.

Gloria
3 500 Top 500

Gloire (latin). Féminin anglais et italien. *Caractérologie :* logique, achèvement, stratégie, ardeur, vitalité.

Glwadys
600

Richesse (celte). *Variante :* Glawdys. *Caractérologie :* audace, dynamisme, direction, amitié, réalisation.

Glynis
- de 100

Petite vallée (gallois). *Caractérologie :* découverte, énergie, audace, détermination, bonté.

Golda
- de 100

Dorée (anglais). *Caractérologie :* enthousiasme, pratique, communication, réalisation, adaptation.

Gordana
200

Colline triangulaire (anglais). *Caractérologie :* responsabilité, famille, réalisation, équilibre, volonté.

Grace
4 000 Top 400

Grâce (latin). Féminin anglais. *Variante :* Gracie. *Caractérologie :* finesse, connaissances, sagacité, cœur, décision.

Gracianne
160

Grâce (latin). *Variantes :* Gracia, Graciane, Gracie, Gracienne. *Caractérologie :* rectitude, humanité, rêve, résolution, sympathie.

G

Grazia
300

Grâce (latin). Ce prénom italien est traditionnellement usité dans le Pays basque. *Variantes :* Graze, Grazi. *Caractérologie :* achèvement, vitalité, ardeur, stratégie, action.

Graziella
7 000

Grâce (latin). Prénom italien. On peut estimer que moins de 30 enfants seront prénommés ainsi en 2023. *Caractérologie :* ressort, sympathie, direction, audace, dynamisme.

Gregoria
- de 100

Veilleur, vigilant (grec). Dans l'Hexagone, Gregoria est plus traditionnellement usité au Pays basque. *Caractérologie :* ambition, habileté, passion, décision, force.

Greta
300

Perle (grec). Ce prénom allemand est également répandu dans les pays scandinaves. *Variantes :* Gretchen, Gretel, Grethel. *Caractérologie :* conscience, paix, bienveillance, conseil, résolution.

☆ La jeune militante écologiste suédoise est un peu la Jeanne d'Arc de la cause environnementale. Depuis ses premiers *sit-ins* devant le Parlement de Stockholm, pour protester contre l'inaction des décideurs politiques face au changement climatique, elle a montré la voie à des millions de jeunes à travers le monde qui se mobilisent pour le climat. Une trajectoire fulgurante !

G

Grisel
- de 30

Diminutif probable de Griselda : sombre bataille (vieil allemand). *Variantes :* Grizelda, Zelda. *Caractérologie :* culture, liberté, détermination, caractère, vivacité.

Guénaëlle
1 700

Blanc, heureux, prince (celte). Prénom breton. On peut estimer que moins de 30 enfants seront prénommés ainsi en 2023. *Variantes :* Guénaël, Guéñola. *Caractérologie :* dynamisme, direction, audace, indépendance, cœur.

Guila
150

Joie (hébreu). *Caractérologie :* énergie, découverte, originalité, séduction, audace.

Guilaine
2 500

Douce (germanique). Féminin français. On peut estimer que moins de 30 enfants seront prénommés ainsi en 2023. *Variante :* Guilène. *Caractérologie :* paix, détermination, bienveillance, conscience, bonté.

Guillemette
3 000

Protectrice résolue (germanique). On peut estimer que moins de 30 enfants seront prénommés ainsi en 2023. *Variantes :* Guillaumette, Guillemine, Billie. *Caractérologie :* pragmatisme, communication, créativité, optimisme, cœur.

Guislaine
950

Douce (germanique). *Caractérologie :* intelligence, cœur, méditation, savoir, décision.

Gustavie
- de 30

Combattante (germanique). Variante flamande : Gusta. *Caractérologie :* énergie, audace, découverte, réalisation, sympathie.

Guylaine
7 000

Douce (germanique). Féminin français. On peut estimer que moins de 30 enfants seront prénommés ainsi en 2023. *Variante :* Gilaine. *Caractérologie :* sécurité, structure, persévérance, résolution, sympathie.

Guylène
3 000

Douce (germanique). On peut estimer que moins de 30 enfants seront prénommés ainsi en 2023. *Caractérologie :* achèvement, vitalité, ardeur, stratégie, cœur.

Giulia, Julia

Fête :
8 avril

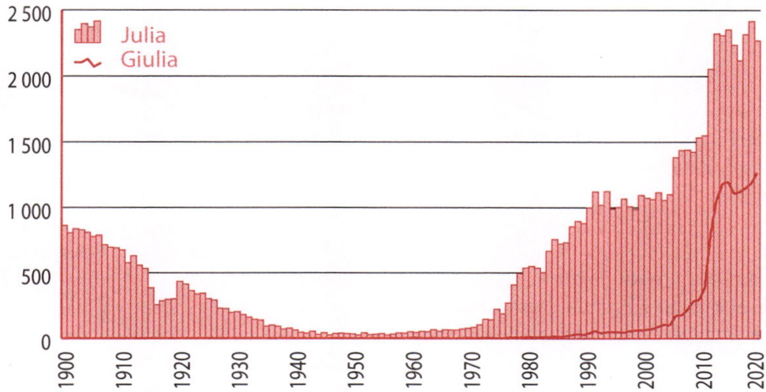

Étymologie

Forme féminine du Julius latin, Julia (Iulia) était en usage au temps de Rome. Mais à la fin de l'Empire romain, ce nom, évocateur de César, disparaît dans les méandres du Moyen Âge. Il se réveille au XVIe siècle en Allemagne et dans les pays anglophones, avant de se répandre dans toute l'Europe. En France, Julia a longtemps grandi dans l'ombre de Julie. C'est dans les années 2010 qu'elle surpasse sa rivale en nombre d'attributions. Aujourd'hui, l'écart se creuse, et Julia confirme son échappée vers les cimes du classement.

L'émulation est d'autant plus vive qu'un autre choix d'inspiration romaine pourrait venir la bousculer. Il s'agit de l'italienne Giulia, apparue en France dans les années 1960 et longtemps restée inconnue. En 2011, lorsque Carla Bruni et Nicolas Sarkozy prénomment leur fille Giulia, elle commence tout juste à s'élancer dans le Sud-Est (Marseille, Nice, Toulon, Monaco). Il faut dire qu'à quelques encablures de ces villes méditerranéennes, la forme corse Ghjulia est reine sur l'île de Beauté. Avec ses deux syllabes, sa terminaison en « a » et son charme italien, cette graine de star grimpe désormais dans le top 50 national et jusque dans la capitale (46e rang en 2021). Si nos voisins suisses romands et wallons ont cédé au charme de la variante italophone, le monde francophone, dans son ensemble, reste attaché à la version classique. Il en va de même dans les pays occidentaux, à l'exception de l'Italie qui plébiscite Giulia.

Dans l'histoire

Au XVIe siècle, le cardinal Rodrigo Borgia tomba éperdument amoureux de **Giulia Farnese**, une jeune aristocrate romaine d'une grande beauté. Bien que promise à Orso Orsini, Borgia obtint que Giulia Farnese soit sa maîtresse en échange de privilèges et honneurs rendus aux deux familles. Elle est sa concubine officielle lorsqu'il devient pape (sous le nom d'Alexandre VI). Après la mort du pape et celle d'Orsini, elle connaît d'autres amours et se remarie. Elle laisse à la postérité son histoire et son extraordinaire beauté qui lui valut le surnom de *Giulia la Bella*.

G

Personnes célèbres
Giulia Grisi, cantatrice du XIXe siècle ; Giulia Andreani, peintre, née en 1985 ; Giulia Rondon, joueuse de volley-ball, née en 1987 ; Giulia Steingruber, gymnaste, née en 1994.

Statistiques
Julia est le 32e prénom féminin le plus donné en France depuis l'an 2000. Ce prénom est attribué à près d'une fille sur 150 aujourd'hui. De son côté, Giulia devrait prénommer une fille sur 260 et figurer au 98e rang du palmarès.

Guyonne
- de 100

Forêt (germanique). *Caractérologie :* relationnel, intuition, médiation, amitié, fidélité.

Gwen
350

Blanc, heureux (celte). Féminin gallois, français et breton. *Caractérologie :* fiabilité, ténacité, engagement, méthode, sens du devoir.

Gwenaël
600

Blanc, heureux, prince (celte). Prénom breton. *Caractérologie :* sécurité, efficacité, persévérance, structure, bonté.

Gwenaëlle
22 000 Top 2 000

Blanc, heureux, prince (celte). Prénom breton. *Variantes :* Guénhaëlle, Gwanaëlle, Gwenaëla, Gwenaële, Gwendaline, Gwendeline, Gwenhaël. *Caractérologie :* adaptation, pratique, enthousiasme, communication, bonté.

Gwendoline
20 000 Top 2 000

Cercle blanc (celte). Féminin gallois, français et breton. *Caractérologie :* humanité, rectitude, rêve, analyse, volonté.

Gwendolyne
800

Cercle blanc (celte). *Variantes :* Gwendolina, Gwendolyn. *Caractérologie :* intelligence, savoir, méditation, caractère, cœur.

Gwenn
1 200

Blanc, heureux (celte). Prénom breton. On peut estimer que moins de 30 enfants seront prénommés ainsi en 2023. *Variante :* Gwennaïg. *Caractérologie :* réflexion, dévouement, altruisme, intégrité, idéalisme.

Gwennaëlle
1 300

Blanc, heureux, prince (celte). Prénom breton. On peut estimer que moins de 30 enfants seront prénommés ainsi en 2023. *Variante :* Gwennael. *Caractérologie :* ardeur, vitalité, achèvement, stratégie, cœur.

Gwenola
3 500

Blanc, heureux, valeur (celte). Féminin breton. On peut estimer que moins de 30 enfants seront prénommés ainsi en 2023. *Variantes :* Gwennola, Gwennoline. *Caractérologie :* audace, énergie, découverte, originalité, sympathie.

Gwladys
6 000

Richesse (celte). On peut estimer que moins de 30 enfants seront prénommés ainsi en 2023. *Variantes :* Gwaldys, Gwladis. *Caractérologie :* audace, direction, dynamisme, amitié, réalisation.

Gysèle
- de 100

Épée (germanique). *Caractérologie :* audace, dynamisme, amitié, direction, indépendance.

G

H

Habiba
2 000 Top 2 000 ➔

Aimée, généreuse (arabe). *Variantes :* Habibata, Habibatou, Habibe. *Caractérologie :* curiosité, indépendance, courage, dynamisme, charisme.

Haby
1 300 Top 700 ➔

Aimée, généreuse (arabe). *Caractérologie :* rectitude, rêve, humanité, ouverture d'esprit, générosité.

Hadassa
350 Top 2 000 ➔

Myrte (hébreu). *Variante :* Hadassah. *Caractérologie :* ambition, force, habileté, management, passion.

Hadia
450 ↗

Qui guide au droit chemin (arabe). *Variantes :* Hadaya, Hadiya. *Caractérologie :* énergie, découverte, séduction, originalité, audace.

Hafsa
4 500 Top 300 ➔

Petite lionne (prénom africain d'origine arabe). *Caractérologie :* stratégie, ardeur, vitalité, leadership, achèvement.

Hajar
5 000 Top 500 ↘

Variante arabe d'Agar. Dans la Bible, Agar, la concubine d'Abraham et la mère d'Ismaïl, est répudiée deux fois par sa maîtresse Sarah. D'où l'origine hébraïque de ce prénom qui signifie « l'étrangère ». *Variantes :* Agar, Hadjar, Hagar, Hajare, Hajer, Hajere. *Caractérologie :* réceptivité, sociabilité, loyauté, diplomatie, bonté.

Hakima
2 000

Qui est juste et sage (arabe). On peut estimer que moins de 30 enfants seront prénommés ainsi en 2023. *Caractérologie :* spiritualité, connaissances, sagacité, originalité, philosophie.

Haley
600 Top 2 000 ➔

Héros (scandinave). Féminin anglais. *Variantes :* Hailey, Halie, Hallie, Hally. *Caractérologie :* conseil, bienveillance, paix, conscience, cœur.

Halima
5 500 Top 500 ➔

Indulgente (arabe). *Variantes :* Halimata, Halimatou, Halime. *Caractérologie :* force, ambition, habileté, passion, management.

Hama
- de 30

Bord de plage (japonais). *Caractérologie :* curiosité, dynamisme, courage, indépendance, charisme.

Hamako
- de 30

L'enfant du bord de plage (japonais). *Caractérologie :* fiabilité, ténacité, méthode, engagement, sens du devoir.

Hana
6 000 Top 200 ➔

Grâce (hébreu), réjouissances (arabe), fleur (japonais). *Caractérologie :* influence, équilibre, responsabilité, famille, exigence.

Hanaé
7 000 Top 200 ➔

Si ce prénom japonais était une chanson, il serait un hymne à la fleur. Une fleur universelle, car selon les kanji utilisés, Hanaé signifie « fleur majestueuse », « à l'image de la fleur » ou « branche fleurie ». Ce prénom rare est apparu en France dans les années 1980. *Variantes :* Anaé, Annaé, Hanaa, Hannaé. *Caractérologie :* adaptabilité, médiation, relationnel, fidélité, intuition.

Hanako
- de 30

L'enfant fleur (japonais). *Caractérologie :* indépendance, curiosité, dynamisme, courage, sensibilité.

Hania
1 200 Top 900 ➔

Heureuse, affectueuse (arabe). *Caractérologie :* famille, équilibre, responsabilité, détermination, influence.

Hanna
8 500 Top 200

Grâce (hébreu). Hanna est particulièrement répandu dans les pays scandinaves, notamment en Suède et en Norvège. *Caractérologie :* intuition, adaptabilité, fidélité, médiation, relationnel.

Hannah
5 000 Top 300

Grâce (hébreu). Personnage biblique, Hannah désespère d'avoir un jour un enfant. C'est à un âge avancé que ses prières sont exaucées et qu'elle met au monde Samuel, premier grand juge et prophète dans l'Ancien Testament. Les puritains anglais puis américains ont adopté et popularisé ce prénom à partir du XVIe siècle. Il est désormais courant dans les pays anglophones. *Variante :* Annah. *Caractérologie :* énergie, autorité, innovation, autonomie, ambition.

Harmonie
2 500 Top 2 000

Harmonie, unité (du latin *harmonia*, lui-même dérivé d'un nom grec ancien). *Variante :* Armonie. *Caractérologie :* médiation, intuition, décision, caractère, relationnel.

H

Harmony
1 900 Top 2 000

Voir Harmonie. Féminin anglais. *Caractérologie :* persévérance, structure, sécurité, caractère, réussite.

Harriet
- de 100

Maîtresse de maison (germanique). Féminin anglais. *Variante :* Harriette. *Caractérologie :* finesse, décision, sagacité, connaissances, attention.

Hasna
1 900 Top 2 000

Belle (arabe). *Variante :* Hasnaa. *Caractérologie :* sagacité, connaissances, spiritualité, philosophie, originalité.

Hassina
850

Vertueuse (arabe). *Caractérologie :* ardeur, achèvement, vitalité, décision, stratégie.

Hava
850 Top 2 000

Vie, donner la vie (hébreu), variante d'Hawa. *Caractérologie :* courage, charisme, indépendance, curiosité, dynamisme.

Hawa
6 000 Top 300

Équivalent arabe d'Ève. *Variante :* Awa. *Caractérologie :* conseil, bienveillance, paix, conscience, sagesse.

Haya
750 Top 2 000

Rapide (japonais), vertu (arabe). *Caractérologie :* vitalité, achèvement, leadership, stratégie, ardeur.

Hayat
2 000 Top 2 000

Vertu (arabe). *Variantes :* Hayate, Hayatte, Hayet. *Caractérologie :* influence, famille, responsabilité, équilibre, attention.

Hazal
700 Top 2 000

Noisetier (anglais). *Variante :* Hazel. *Caractérologie :* optimisme, pragmatisme, sociabilité, créativité, communication.

Heather
700

Bruyère (anglo-saxon). Féminin anglais. *Caractérologie :* relationnel, résolution, intuition, médiation, finesse.

Hedia
250

Voix, écho de Dieu (hébreu). *Variante :* Hediah. *Caractérologie :* décision, rêve, rectitude, ouverture d'esprit, humanité.

Hedwige
650

Richesse, combat (germanique). Féminin allemand. *Variantes :* Hedvige, Hedwig. *Caractérologie :* connaissances, spiritualité, ressort, originalité, sagacité.

Heidi
2 500 Top 2 000

Richesse, combat (germanique). Féminin allemand, scandinave et suisse allemand. *Variantes :* Heidie, Heidy. *Caractérologie :* force, management, passion, ambition, habileté.

Helen
650

Éclat du soleil (grec). Féminin anglais. *Variantes :* Hélénia, Héliéna, Hélin, Helonna, Hellen. *Caractérologie :* leadership, vitalité, achèvement, stratégie, ardeur.

Héléna
16 000 Top 200

Éclat du soleil (grec). Héléna connaît une certaine faveur dans plusieurs pays chrétiens au Moyen Âge, mais reste longtemps invisible en France. Il émerge sur les traces d'Hélène dans les années 1980 et, depuis 2005, la devance. Ce prénom est très répandu en Europe et dans les pays slaves. *Variante :* Hélina. *Caractérologie :* humanité, ouverture d'esprit, générosité, rêve, rectitude.

Hélène
161 000 Top 600

Éclat du soleil (grec). Ce prénom apparaît sous différentes graphies (Ellen, Helen, Helena, etc.) dans les pays chrétiens au Moyen Âge. Sa diffusion, alimentée par le culte de sainte Hélène, s'étend sur plusieurs siècles. Durant la Renaissance, Helen ressuscite en Angleterre mais pas en France, où Hélène reste rare jusque dans les années 1850. Il prend alors une ampleur grandissante tout en s'abstenant de faire de grandes vagues. Hélène maintient une visibilité constante tout au long du XXe siècle, prénommant autant de filles (4 000) en 1920 qu'en 1980, de sorte que ce prénom a acquis une allure tout à fait classique. Depuis le début des années 2000, sa fortune s'est inversée ; c'est aujourd'hui Héléna (ou Helena) qui lui est préféré. Sainte Hélène, la mère de Constantin le Grand, se convertit au christianisme et défendit ardemment la cause des chrétiens au IVe siècle. Fille de Zeus, Hélène est si belle qu'elle est courtisée par les plus grands héros de la mythologie grecque. Elle choisit Ménélas pour époux mais est enlevée par le prince troyen Pâris, ce qui provoque la guerre de Troie. Homère a placé cet épisode tragique au cœur de *L'Iliade*. *Caractérologie :* persévérance, structure, sécurité, honnêteté, efficacité.

Helga
500

Pieuse (germanique). Helga est particulièrement répandu en Allemagne et dans les pays scandinaves. *Caractérologie :* conscience, paix, bienveillance, conseil, cœur.

Hélia
850 Top 2 000

Éclat du soleil (grec). Ce prénom est particulièrement répandu au Portugal. *Variante :* Héliade. *Caractérologie :* ardeur, résolution, achèvement, vitalité, stratégie.

Hélin
850 Top 2 000

Éclat du soleil (grec). *Variante :* Héline. *Caractérologie :* optimisme, pragmatisme, créativité, sociabilité, communication.

Héloïse
26 000 Top 100

Illustre au combat (germanique). Féminin français. *Caractérologie :* innovation, autorité, détermination, raisonnement, énergie.

Hena
- de 100

Grâce (hébreu). *Variante :* Henna. *Caractérologie :* autorité, innovation, ambition, énergie, autonomie.

Henka
- de 30

Phénix (arabe). *Caractérologie :* créativité, sensibilité, optimisme, communication, pratique.

Henria
- de 100

Maîtresse de maison (germanique). *Caractérologie :* dynamisme, résolution, direction, audace, indépendance.

Henriette
21 000

Maîtresse de maison (germanique). Ce prénom était en faveur en France à la

H

fin XIXe siècle. Il s'est éclipsé dans les années 1960, mais pourrait bien renaître prochainement. En dehors de l'Hexagone, Henriette est usité en Allemagne, aux Pays-Bas et dans les pays scandinaves. *Variantes :* Ariette, Hariette, Henriet, Henrietta, Henrika. *Caractérologie :* indépendance, curiosité, courage, dynamisme, sensibilité.

Hermance
700 ↘

Soldat (germanique). *Variante :* Hermence. *Caractérologie :* structure, efficacité, persévérance, sécurité, décision.

Hermine
2 500 Top 900 →

Souris d'Arménie (latin). Féminin français et allemand. *Variantes :* Hermeline, Hermione. *Caractérologie :* altruisme, réflexion, intégrité, idéalisme, dévouement.

Hermione
800 Top 2 000 →

Personnage de la mythologie grecque, Hermione est la fille d'Hélène et Ménélas. *Caractérologie :* volonté, responsabilité, équilibre, famille, influence.

☆ Vous êtes et vous serez toujours un moldu. Mais cela ne vous empêche pas de succomber aux charmes d'Hermione, membre émérite des Gryffondor. Qu'il s'agisse d'arithmancie, de cours de potion ou de sortilèges, elle est la première de la classe à l'école Poudlard. Mais c'est surtout la meilleure amie d'Harry Potter.

Herveline
500

Forte, combattante (celte). Prénom breton. *Variantes :* Hervea, Hervée. *Caractérologie :* stratégie, vitalité, achèvement, ardeur, leadership.

Hiba
2 000 Top 700 →

Cadeau (arabe). *Caractérologie :* sociabilité, diplomatie, réceptivité, bonté, loyauté.

Hilal
1 000 ↘

Croissant de lune somptueux (arabe). *Caractérologie :* équilibre, famille, responsabilité, influence, exigence.

Hilda
650 ↘

Bataille (germanique). Hilda est particulièrement répandu dans les pays anglophones, germanophones, néerlandophones et scandinaves. *Variantes :* Hida, Hide, Hilde. *Caractérologie :* savoir, indépendance, intelligence, méditation, sagesse.

Hildegarde
350

Bataille (germanique). *Variante :* Hildegonde. *Caractérologie :* ressort, innovation, réalisation, énergie, autorité.

Hillary
350 ↘

Joyeuse (latin). Féminin anglais. *Variantes :* Hilarie, Hilary. *Caractérologie :* ressort, structure, sécurité, persévérance, efficacité.

Hilma
- de 100 Top 2 000

Protectrice résolue (germanique). *Caractérologie :* séduction, découverte, audace, énergie, originalité.

Hina
700 Top 2 000 ↗

Déesse tahitienne de la Lune (tahitien), variante d'Anne. *Caractérologie :* découverte, énergie, audace, originalité, décision.

Hind
4 000 Top 500 →

Câline (arabe). Hind fut l'une des épouses du prophète Mahomet. *Caractérologie :* force, ambition, habileté, passion, management.

Hinda
950

Cerfs (germanique). *Caractérologie :* réflexion, sagesse, intégrité, détermination, altruisme.

Hiroko
- de 30

Enfant magnanime, généreuse (japonais). *Caractérologie :* ténacité, fiabilité, méthode, sens du devoir, engagement.

H

Les prénoms parisiens

La mairie de Paris a publié la liste des prénoms déclarés à l'état civil entre 2004 et 2021 sur son site internet **Open Data Paris**. Ci-dessous le classement des 20 prénoms féminins les plus attribués dans la capitale en 2021.

1. Louise
2. Alma
3. Emma
4. Chloé
5. Adèle
6. Anna
7. Olivia
8. Jeanne
9. Eva
10. Rose
11. Gabrielle
12. Alice
13. Romy
14. Ava
15. Léa
16. Victoria
17. Zoé
18. Joséphine
19. Iris
20. Nina

Souvent classique, mais jamais ordinaire, Paris cherche toujours à se distinguer. Emma semble en faire les frais. Reléguée en 3ᵉ position, elle voit s'éloigner ses chances de régner sur la capitale, le seul trophée qui manquait à son triomphe national.

Depuis 14 ans, Louise est l'inconditionnelle « petite préférée » des parents. Certes, la longévité de son règne parisien attise les convoitises. Mais les prétendantes au trône se succèdent, tentent leur chance et s'en retournent dépitées. Cette année, c'est Alma qui monte à l'assaut, tandis que Alice et Léa déclarent forfait.

La capitale lance bien des carrières nationales, mais n'aime pas se laisser influencer. Ainsi, Romy et Iris ont fait leur apparition dans le top 20 français après avoir brillé à Paris. En sera-t-il de même pour Alma et Ava, les nouvelles recrues de ce palmarès 2021 ? Il n'est pas dit que le modèle parisien fasse école avec Alma... Du moins pas immédiatement. Car en 2021, c'est Alba qui perce dans le top 20 de nombreux départements. Une petite lettre qui fait toute la différence. Alba, Alma, Ava... la tendance des prénoms courts en « a » est plus que jamais d'actualité, dans la ville de Lutèce comme dans l'ensemble de l'Hexagone...

Par ailleurs, Paris est aussi capable de rentrer dans le rang et de se conformer à la tendance nationale... 4 à 5 lettres, 1 à 2 syllabes, les petites Parisiennes adoptent définitivement le court pour cette saison 2023. Anna, Eva et Chloé, qui enregistrent les plus fortes croissances d'attributions, en sont la démonstration. Gabrielle, Victoria, Joséphine ou Adèle sont les seules figures d'exception, car elles représentent la fine fleur des prénoms intemporels.

Toujours dans l'air du temps, les prénoms classiques et internationaux restent des valeurs sûres. Cette année, les Parisiens font les yeux doux à Olivia et Victoria (respectivement classées en 7ᵉ et 16ᵉ positions), mais boudent leurs anciennes égéries, Lina et Jade.

H

Hisaé

160

Qui vivra longtemps (japonais). *Caractérologie :* équilibre, famille, responsabilité, influence, décision.

Hoela

- de 30

Noble, au-dessus (celte). Féminin breton. *Caractérologie :* audace, énergie, découverte, originalité, séduction.

Holly
190

Houx (anglo-saxon). Féminin anglais. *Variante :* Hollie. *Caractérologie :* rectitude, humanité, générosité, ouverture d'esprit, rêve.

Honorine
5 000 Top 800

Honorée (latin). Féminin français. *Variantes :* Honora, Honorée. *Caractérologie :* stratégie, vitalité, achèvement, ardeur, leadership.

Hope
550 Top 600

Espoir (anglais). *Caractérologie :* leadership, stratégie, achèvement, vitalité, ardeur.

Hortense
8 500 Top 300

Jardin (latin). Féminin français et anglais. *Variantes :* Hortence, Hortensia, Orthense. *Caractérologie :* décision, curiosité, attention, dynamisme, courage.

Houria
2 500 Top 2 000

Feu (persan), d'une grande beauté (arabe). Houria est très répandu en Arménie, dans les cultures persanes et musulmanes. *Variantes :* Horia, Hourya. *Caractérologie :* intégrité, idéalisme, altruisme, réflexion, logique.

Huberte
500

Esprit brillant (germanique). Féminin français. *Caractérologie :* sagacité, spiritualité, attention, originalité, connaissances.

Hubertine
- de 30

Esprit brillant (germanique). Féminin français. *Caractérologie :* créativité, optimisme, sensibilité, pragmatisme, communication.

Huguette
45 000

Esprit, intelligence (germanique). Féminin français. On peut estimer que moins de 30 enfants seront prénommés ainsi en 2023. *Variantes :* Huga, Hugoline, Hugone. *Caractérologie :* amitié, habileté, ambition, force, sensibilité.

Hyacinthe
550

Pierre (grec), nom de fleur. Féminin français. *Variantes :* Giacinto, Jacinto, Yacinthe. *Caractérologie :* enthousiasme, communication, pratique, ressort, finesse.

I

Iana
150

Dieu fait grâce (hébreu). Cette forme écossaise de Jeanne a été attribuée pour la première fois en France en 1997. *Caractérologie :* spiritualité, sagacité, culture, résolution, caractère.

Iara
- de 100

Dans la mythologie brésilienne, Iara est le nom d'une sirène d'une très grande beauté. *Variante :* Yara. *Caractérologie :* communication, pratique, enthousiasme, adaptation, générosité.

Ida
4 000 Top 2 000

Travailleuse (germanique). Ida est répandu dans les pays scandinaves. C'est aussi un choix traditionnel basque et corse. *Variantes :* Idaia, Idda, Idalia, Idaline, Idy. *Caractérologie :* audace, énergie, découverte, originalité, séduction.

Idiss
- de 30

Femme (germanique). *Variante :* Idis. *Caractérologie :* anticipation, harmonie, bienveillance, influence, responsabilité.

Idoia 300 Top 2 000

Prénom basque qui désigne la Vierge Marie. *Variante :* Idoya. *Caractérologie :* réceptivité, loyauté, diplomatie, bonté, sociabilité.

Idora - de 30

Don d'Isis (grec). *Caractérologie :* fidélité, médiation, adaptabilité, relationnel, intuition.

Ielena - de 100

Variante russe d'Elena : éclat du soleil (grec). *Caractérologie :* audace, direction, dynamisme, indépendance, décision.

Ilana 4 000 Top 700

Arbre (hébreu). *Variantes :* Élana, Ilanna. *Caractérologie :* direction, audace, indépendance, décision, dynamisme.

Ilda 500

Bataille (germanique). Prénom italien. *Caractérologie :* habileté, passion, force, ambition, management.

Iléa 190

Éclat du soleil (grec). *Variantes :* Illoa, Iloa. *Caractérologie :* indépendance, logique, dynamisme, direction, audace.

Iléana 1 100 Top 2 000

Éclat du soleil (grec). Une princesse roumaine du XXe siècle a illustré ce prénom roumain. Féminin roumain, espagnol et italien. *Caractérologie :* conscience, conseil, résolution, bienveillance, paix.

Ilena 1 000 Top 2 000

Éclat du soleil (grec). *Caractérologie :* énergie, décision, découverte, audace, originalité.

Ilham 2 500 Top 2 000

Inspiration (arabe). *Caractérologie :* connaissances, spiritualité, sagacité, philosophie, originalité.

Ilhem 1 500 Top 2 000

Inspiration (arabe). *Caractérologie :* relationnel, intuition, médiation, adaptabilité, fidélité.

Ilia - de 100

Dans la mythologie romaine, Ilia (plus connue sous le nom de Rhea) est la mère de Romulus et Remus. Féminin russe, slave et bulgare. *Caractérologie :* sécurité, persévérance, honnêteté, structure, efficacité.

Iliana 3 000 Top 1 000

Forme féminine d'Ilian ou variante d'Ilana. Iliana est répandu en Grèce. *Variantes :* Iléane, Iliona, Ilyana, Ilyane. *Caractérologie :* autorité, détermination, innovation, ambition, énergie.

Iliane - de 100

Qui vient de Dieu (arabe), le Seigneur est mon Dieu (hébreu). *Caractérologie :* découverte, énergie, originalité, audace, décision.

Illana 450

Arbre (hébreu). *Caractérologie :* méthode, ténacité, engagement, fiabilité, détermination.

Illona 1 200

Éclat du soleil (grec). On peut estimer que moins de 30 enfants seront prénommés ainsi en 2023. *Caractérologie :* raisonnement, idéalisme, altruisme, détermination, intégrité.

Iloa 190

Éclat du soleil (grec). *Variantes :* Eloa, Illoa. *Caractérologie :* indépendance, logique, dynamisme, direction, audace.

Ilona 13 000 Top 200

Dérivé hongrois d'Hélène : éclat du soleil (grec). Ilona est très répandu en Hongrie. *Variantes :* Ilhona, Ilouna, Llona.

Caractérologie : famille, équilibre, éthique, détermination, raisonnement.

Ilyana
7 000 Top 200

Forme féminine d'Ilian ou variante d'Ilana. *Caractérologie :* achèvement, stratégie, sympathie, vitalité, résolution.

Imaé
110

Génération actuelle (japonais). *Variante :* Ima. *Caractérologie :* énergie, innovation, autorité, ambition, décision.

Imako
- de 30

L'enfant du présent (japonais). *Caractérologie :* ténacité, engagement, sens du devoir, fiabilité, méthode.

Imane
12 000 Top 500

Croyance, foi (arabe). *Variantes :* Iman, Imani, Imanne, Ymane. *Caractérologie :* décision, bienveillance, paix, conscience, conseil.

Imelda
300

Combat (germanique). Féminin italien, espagnol et allemand. *Variante :* Ymelda. *Caractérologie :* habileté, ambition, force, résolution, passion.

Imen
3 500 Top 700

Croyance, foi (arabe). *Caractérologie :* curiosité, dynamisme, charisme, courage, indépendance.

Imene
5 000 Top 900

Croyance, foi (arabe). *Caractérologie :* autorité, autonomie, innovation, énergie, ambition.

Ina
750 Top 800

Diminutif des prénoms se terminant par « ina » (Angélina, Célina, Carolina, etc.). Ce prénom a connu une certaine popularité au XIXe siècle dans les pays anglophones, mais il est tout nouveau en France. *Caractérologie :* responsabilité, famille, influence, équilibre, décision.

Inaé
300 Top 700

Apparu dans les années 2000 en France, Inaé est une combinaison possible de nombreux prénoms. *Caractérologie :* intuition, décision, fidélité, médiation, relationnel.

Inaïa
600 Top 600

Attention, sollicitude (arabe). *Caractérologie :* sagacité, résolution, culture, intelligence, liberté.

Inaya
23 000 Top 50

Attention, sollicitude (arabe). *Variante :* Innaya. *Caractérologie :* dynamisme, curiosité, courage, indépendance, résolution.

India
1 000

India est le nom anglais qui désigne l'Inde. *Variantes :* Indie, Indy. *Caractérologie :* innovation, énergie, résolution, autorité, ambition.

Indiana
550

Divin (latin), nom d'un État américain. On rencontre plus particulièrement ce prénom aux États-Unis. *Caractérologie :* spiritualité, connaissances, originalité, sagacité, résolution.

Indira
700 Top 2 000

Beauté, splendeur, toute-puissance (sanscrit). Dans la mythologie hindoue, Indra est le dieu de la Pluie et du Tonnerre. Prénom indien d'Asie. *Variante :* Indra. *Caractérologie :* direction, résolution, dynamisme, indépendance, audace.

Iné
- de 30

Riz (japonais). *Caractérologie :* dynamisme, audace, direction, assurance, indépendance.

Inaya, Aya

Fêtes :
7 février (Inaya)
18 avril (Aya)

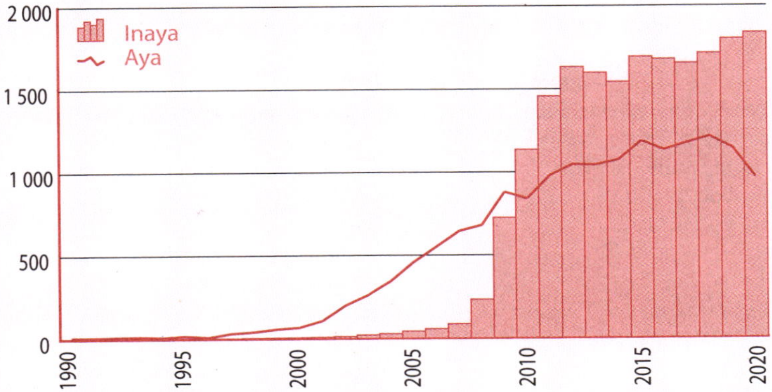

Étymologie

Inaya a pour origine un mot arabe qui signifie sollicitude et attention – une attention qu'elle a su capter avec succès auprès des futurs parents. D'abord prisée par les familles arabes et musulmanes, elle a considérablement élargi son audience depuis la fin des années 1990, où elle fait sa première apparition dans les registres d'état civil.

En 2008, Soprano, chanteur de rap français, choisit ce prénom pour sa fille et lui dédie une chanson éponyme. Inaya franchit, 2 ans après, la barre symbolique des 1 000 attributions annuelles. Sa carrière est définitivement lancée. D'autant qu'une autre chanteuse, américaine cette fois, Inaya Day, lui assure une couverture internationale. Nos voisins wallons et suisses romands suivent la cadence.

Aujourd'hui aux portes du top 20 national, ce prénom original, jouant sur la tendance des terminaisons en « ia » et les juxtapositions de voyelles, ne laisse pas les Parisiens indifférents : en 2020, Inaya s'est pour la première fois imposé dans les 50 premiers rangs de la capitale.

Malgré sa ressemblance phonétique avec Inaya, Aya signifie « soie tissée », « couleur » en japonais, « merveilleuse », « miracle » en arabe, et « petit oiseau » ou « buse » en hébreu. Dans les pays scandinaves, Aya est une variante d'Aja, la « tante maternelle » en suédois. Ce prénom est aussi usité au Ghana et en Côte d'Ivoire pour désigner les filles nées un jeudi. Devrions-nous ajouter à ces origines cosmopolites ses racines bibliques ? Aya est le nom d'un personnage de l'Ancien Testament. Porté par la popularité de la chanteuse Aya Nakamura, ce petit nom de 3 lettres accélère le tempo dans le top 60.

Personnes célèbres

Inaya Day, chanteuse américaine, née en 1977. Inaya Ezzeddine (née en 1961), médecin libanaise et première femme chiite élue au Parlement libanais, défend le droit des femmes dans son pays. Aya Nakamura, autrice-compositrice-interprète française, née à Bamako (Mali) en 1995.

Statistiques

Inaya est le 66e prénom féminin le plus donné en France depuis l'an 2000. Ce prénom est attribué à près d'une fille sur 180 aujourd'hui. De son côté, Aya devrait prénommer une fille sur 400 et figurer au 84e rang du palmarès.

Inès
113 000 Top 50 ↘

Chaste, pure (grec). Sans accent, Ines signifie « sympathique, généreuse » en arabe. *Variante :* Inez. *Caractérologie :* relationnel, intuition, fidélité, détermination, médiation.

Iness
1 800 Top 2 000 ↘

Sympathique, généreuse (arabe). *Variantes :* Inesse, Yness, Ynesse. *Caractérologie :* enthousiasme, communication, pratique, résolution, adaptation.

Inge
150

Fille de héros (scandinave). Ing est également le nom d'un dieu scandinave. *Caractérologie :* achèvement, leadership, vitalité, ardeur, stratégie.

Ingrid
27 000

Fille de héros (scandinave). En dehors de l'Hexagone, Ingrid est très répandu en Allemagne et dans les pays scandinaves. On peut estimer que moins de 30 enfants seront prénommés ainsi en 2023. *Variantes :* Inga, Inge. *Caractérologie :* connaissances, spiritualité, sagacité, originalité, philosophie.

Inna
1 200 Top 700 →

Nom d'un disciple de saint André qui mourut martyr en Scythie (la Russie actuelle). Ce patronyme est devenu un prénom féminin très connu en Russie et dans les pays slaves. Inna Shevchenko, l'une des fondatrices du mouvement Femen en Ukraine, porte ce prénom. Étymologie probable : eau jaillissante (russe). *Caractérologie :* détermination, intuition, médiation; loyauté, sociabilité.

Inoa
- de 100

Variante moderne d'Ainhoa née dans l'Hexagone en 2004. Voir Ainhoa. *Caractérologie :* motivation, pratique, communication, enthousiasme, générosité.

Ioana
300 ↗

Dieu fait grâce (hébreu). Prénom roumain, russe et slave. *Variante :* Ioena. Variante occitane : Ioanda. *Caractérologie :* bienveillance, sagesse, conseil, conscience, paix.

Iola
- de 100

Aube (grec), violette (latin). *Variante :* Iole. *Caractérologie :* énergie, raisonnement, ambition, innovation, autorité.

Iona
800 →

Aube (grec), violette (latin). Iona est également le nom d'une île écossaise. Féminin anglais et écossais. *Variantes :* Iola, Ione, Ionia, Ionna. *Caractérologie :* pratique, détermination, communication, enthousiasme, adaptation.

Iora
- de 30

En or (latin). *Caractérologie :* méditation, savoir, indépendance, intelligence, sagesse.

Iphigénie
- de 100

Courageuse (grec). *Caractérologie :* autorité, innovation, énergie, ambition, action.

Irem
1 300

Jardin du paradis (turc). On peut estimer que moins de 30 enfants seront prénommés ainsi en 2023. *Caractérologie :* idéalisme, altruisme, réflexion, dévouement, intégrité.

Iréna
900 ↗

Paix (grec). Irena est particulièrement répandu dans les pays slaves, dans les pays néerlandophones et en Occitanie. *Variantes :* Irenca, Irénéa, Iriena. *Caractérologie :* réceptivité, sociabilité, diplomatie, loyauté, résolution.

Irène
34 000 Top 800 →

Paix (grec). En dehors de l'Hexagone, Irene est particulièrement répandu en Italie,

Inès

Fête :
10 septembre

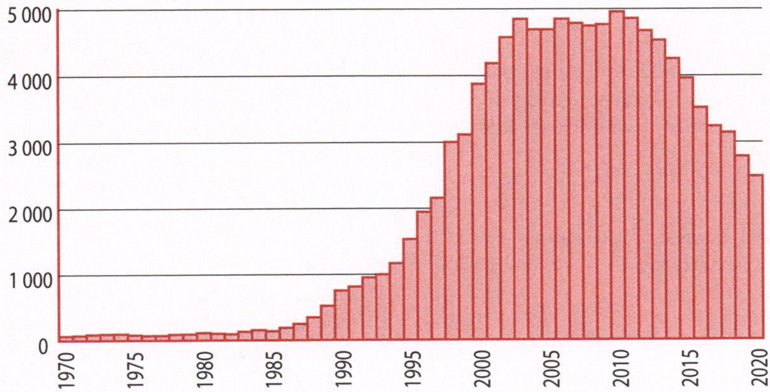

Étymologie

Du grec *agnos*, « chaste, pure ». Répandue en Espagne (Inés), au Portugal et au Brésil (Inês), cette forme hispanique d'Agnès émerge dans l'Hexagone à la fin des années 1980. Elle prend la relève d'Agnès d'autant plus aisément que le mannequin Inès de La Fressange en devient l'ambassadrice. Après avoir culminé au 3e rang féminin en 2013 et 2014, Inès est, aujourd'hui encore, très choisi par les Français.

Inès est un prénom très populaire en Espagne et au Portugal, mais aussi une figure légendaire. Inés de Castro a été couronnée à titre posthume au Portugal. Elle vécut une passion contrariée par la raison d'État avec le futur roi du Portugal, Pedro Ier. Cette tragique histoire d'amour d'une Bérénice et d'un Titus version lusophone a inspiré la pièce *La Reine morte* à Henry de Montherlant.

Sans accent, Ines est une forme italienne d'Inès ou un prénom arabe ancien qui signifie « sympathique, généreuse ». Les familles musulmanes et les couples mixtes le choisissent volontiers, tout en adoptant aussi sa forme accentuée (d'où la difficulté de séparer les deux orthographes). Dans ce contexte, il n'est pas étonnant que le duo Inès/Ines connaisse tant de succès auprès des familles musulmanes francophones.

Nos voisins francophones ont cédé à son charme, mais dans une moindre mesure. Le Québec l'ignore encore. En Europe, elle amorce sa fin de carrière.

Chrétienne japonaise au VIIe siècle, **sainte Inès Takeya** fut exécutée en 1622 pour sa foi.

Personnes célèbres

Inès de La Fressange, ancienne mannequin, aujourd'hui femme d'affaires et créatrice de mode, née en 1957. Inés Sastre, mannequin et actrice espagnole, née en 1973.

Statistiques

Inès est le 6e prénom féminin le plus donné en France depuis l'an 2000. Ce prénom est attribué à près d'une fille sur 160 aujourd'hui.

I

en Allemagne, en Grèce, dans les pays slaves, hispanophones et anglophones, ainsi que dans les pays néerlandophones et scandinaves. *Variantes :* Irenne, Yrène. *Caractérologie :* paix, sagesse, conseil, conscience, bienveillance.

Irénée
400

Paix (grec). Ce prénom mixte est plus courant au masculin. *Caractérologie :* adaptabilité, intuition, médiation, fidélité, relationnel.

Iriana
- de 100

Paix (grec). *Caractérologie :* savoir, méditation, détermination, indépendance, intelligence.

Irina
3 000 Top 400

Paix (grec). Irina est très répandu dans les pays slaves, en Roumanie et en Finlande. *Caractérologie :* famille, équilibre, éthique, influence, décision.

Iris
19 000 Top 50

Arc-en-ciel (grec). Féminin anglais, français et néerlandais. *Variantes :* Iréa, Irès. *Caractérologie :* direction, assurance, audace, indépendance, dynamisme.

I

Irma
2 500

Se rapporte à Irmin, dieu païen (germanique). Féminin letton, hongrois et allemand. On peut estimer que moins de 30 enfants seront prénommés ainsi en 2023. *Variantes :* Irmina, Irmine. *Caractérologie :* indépendance, curiosité, dynamisme, charisme, courage.

Irvine
- de 30

Belle (celte). *Caractérologie :* dynamisme, courage, indépendance, curiosité, charisme.

Isabeau
190

Dieu est serment (hébreu). *Caractérologie :* structure, persévérance, gestion, sécurité, décision.

Isabel
4 000 Top 2 000

Dieu est serment (hébreu). Féminin espagnol, portugais, néerlandais et allemand. *Caractérologie :* optimisme, communication, pragmatisme, détermination, organisation.

Isabella
1 600 Top 800

Dieu est serment (hébreu). Ce prénom italien est également répandu dans les pays hispanophones et anglophones, en Allemagne et en Corse. *Caractérologie :* méditation, savoir, organisation, résolution, intelligence.

Isabelle
349 000 Top 700

Dieu est serment (hébreu). Cette variante française d'Isabel (une forme d'Élisabeth venue d'Espagne) connaît une certaine faveur du XIIe au XVIe siècle. Dans plusieurs pays européens, plusieurs reines et princesses illustrent alors ce prénom sous différentes graphies. En devenant reine d'Angleterre, Isabelle de France (1295-1358) favorise l'essor d'Isabel outre-Manche. Dans l'Hexagone, Isabelle se replie à partir du XIXe siècle mais ne disparaît pas, contrairement à son ancien rival Isabeau. Isabelle rejaillit subitement au cœur du XXe siècle et s'impose dans les 3 premiers rangs de 1964 à 1969. C'est le 3e prénom féminin le plus porté dans l'Hexagone aujourd'hui. *Variantes :* Bella, Belle, Ilse, Isa, Isabel, Isabela, Isobel, Iza, Izza, Izabel, Ysabel. *Caractérologie :* sociabilité, diplomatie, décision, gestion, réceptivité.

Isadora
550

Don d'Isis (grec). Féminin anglais. *Caractérologie :* engagement, méthode, fiabilité, sens du devoir, ténacité.

Isaline
2 500 Top 2 000

Dieu est serment (hébreu). *Variantes :* Isalia, Isalie, Isalyne, Isolina, Izaline, Ysalia. *Caractérologie :* paix, conseil, conscience, bienveillance, décision.

Isalys
500 Top 2 000

Dieu est serment (hébreu). *Variantes :* Isalis, Ysalys. *Caractérologie :* efficacité, sécurité, honnêteté, persévérance, structure.

Isana
- de 100

Souveraine (sanscrit), contraction possible d'Isabelle et Anna. Isana est usité en Inde. *Caractérologie :* détermination, stratégie, vitalité, résolution, ardeur.

Isaura
350

Habitante d'Isaurie, région d'Asie Mineure (grec). Féminin portugais, espagnol et occitan. *Caractérologie :* famille, influence, éthique, équilibre, exigence.

Isaure
4 500 Top 300

Habitante d'Isaurie, région d'Asie Mineure (grec). *Variantes :* Isaura, Isaurie, Isore. *Caractérologie :* autorité, innovation, énergie, ambition, décision.

Isciane
130

Déesse, souveraine (grec). *Variante :* Iscia. *Caractérologie :* équilibre, influence, détermination, famille, responsabilité.

Isée
400 Top 2 000

Orateur athénien du IVe siècle avant J.-C., élève d'Isocrate, Isée se rendit célèbre pour ses excellentes plaidoiries. *Variante :* Ysée. *Caractérologie :* fidélité, relationnel, intuition, médiation, résolution.

Iseline
170

Dieu est serment (hébreu). *Caractérologie :* dynamisme, audace, direction, indépendance, décision.

Iseult
250

Belle (celte). Dans la légende médiévale de *Tristan et Iseut*, Tristan était éperdument amoureux d'Iseut la blonde, mais il dut se résoudre à épouser Iseut aux blanches mains. Le récit de cette passion tragique a transcendé les siècles et inspiré nombre de poètes et musiciens. *Variantes :* Iseut, Isolde. *Caractérologie :* décision, énergie, découverte, audace, gestion.

Isia
800 Top 900

Déesse, souveraine (grec). *Variante :* Isïa. *Caractérologie :* sociabilité, réceptivité, diplomatie, bonté, loyauté.

Isidora
- de 100

Don d'Isis (grec). Féminin slave, espagnol, portugais et anglais. *Variante :* Isidorine. *Caractérologie :* communication, pratique, enthousiasme, générosité, adaptation.

Isidorine
- de 30

Don d'Isis (grec). *Caractérologie :* communication, pragmatisme, décision, caractère, optimisme.

Isma
550

Protection (arabe). *Caractérologie :* équilibre, famille, exigence, responsabilité, influence.

Ismaëlle
- de 100

Dieu a entendu (hébreu, arabe). *Caractérologie :* dynamisme, indépendance, courage, curiosité, détermination.

Ismelda
- de 30

Dieu est serment (hébreu). *Caractérologie :* rêve, résolution, humanité, ouverture d'esprit, rectitude.

Ismène
- de 100

Se rapporte à Isis, divinité égyptienne, et au grec méné, lune. Ce prénom basque prend un accent dans sa graphie francisée. *Variante :* Ismena. *Caractérologie :* détermination, loyauté, réceptivité, sociabilité, diplomatie.

Ismerie
300 ↑

Dérivé français d'Imelda : combat (germanique). Féminin médiéval. *Caractérologie :* harmonie, indulgence, conseil, résolution, éthique.

Isolde
120

Belle (celte). Féminin anglais et allemand. *Variante :* Isold. Formes bretonnes : Izold, Izolda. *Caractérologie :* innovation, autorité, analyse, volonté, énergie.

Isoline
350

Dieu est serment (hébreu). *Caractérologie :* sociabilité, réceptivité, diplomatie, résolution, analyse.

Isra
2 500 Top 400 →

Variante d'Esra : plus rapidement (arabe). *Variante :* Izra. *Caractérologie :* loyauté, sociabilité, réceptivité, diplomatie, bonté.

Iulia
110

De la famille romaine de Iule (latin). *Caractérologie :* spiritualité, liberté, connaissances, intelligence, caractère.

Iva
120

Dieu fait grâce (hébreu). *Caractérologie :* dynamisme, charisme, indépendance, curiosité, courage.

Ivana
2 000 Top 900 →

Dieu fait grâce (hébreu). Ivana est particulièrement répandu dans les pays slaves méridionaux et hispanophones. *Variante :* Ivanna. *Caractérologie :* détermination, intuition, fidélité, relationnel, médiation.

Ivanne
150

Dieu fait grâce (hébreu). *Variantes :* Ivanie, Ivanne, Ivanka, Ivannie, Ivanny. *Caractérologie :* médiation, fidélité, relationnel, décision, intuition.

Ivonne
- de 100

If (celte). *Variantes :* Iveline, Ivelyne, Ivone. Formes bretonnes : Ivona, Ivonig. *Caractérologie :* intelligence, savoir, méditation, indépendance, volonté.

Ivy
1 100 Top 500 ↑

Lierre (anglais). Féminin anglais. *Variante :* Ivie. *Caractérologie :* médiation, relationnel, intuition, fidélité, adaptabilité.

Iwa
- de 30

Solide comme un roc (japonais). *Caractérologie :* bienveillance, conscience, paix, conseil, décision.

Ixia
- de 30

Nom de fleur d'origine grecque. *Caractérologie :* indépendance, intelligence, savoir, sagesse, méditation.

Izaline
- de 100

Dieu est serment (hébreu). *Caractérologie :* persévérance, sécurité, efficacité, structure, résolution.

Izéa
- de 100

Apparu dans les années 2010 en France, Izéa est une combinaison possible de nombreux prénoms. *Caractérologie :* audace, résolution, découverte, énergie, originalité.

Izia
4 000 Top 200 →

Déesse, souveraine (grec). *Caractérologie :* intégrité, altruisme, idéalisme, réflexion, dévouement.

Izzie
250 ↓

Dieu est serment (hébreu). Le succès de *Grey's Anatomy* et de son héroïne Izzie est lié à l'apparition de ce diminutif d'Elizabeth dans l'Hexagone. *Caractérologie :* adaptation, pragmatisme, optimisme, communication, créativité.

Iris

Fête :
4 septembre

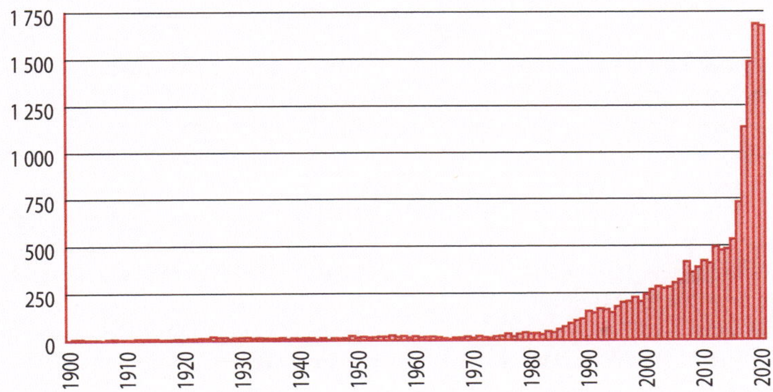

Étymologie

Iris, « arc-en-ciel » en grec, était la messagère des dieux dans la mythologie grecque. Les poètes anciens prétendaient que son pied laissait une trace multicolore dans le ciel quand elle descendait de l'Olympe. Héra, la femme de Zeus, en fit, dit-on, son émissaire préférée.

Dans le domaine des arts, ses références sont tout aussi illustres. Cette fleur, à l'éblouissante couleur, fut immortalisée par Van Gogh dans plusieurs de ses tableaux. Plus récemment, le groupe U2 lui a redonné des couleurs avec sa chanson *Iris (Hold me close)*.

Porté par un regain d'intérêt pour l'Antiquité et le classicisme, Iris fait une timide apparition en Europe au XIXe siècle. En France, il reste tout à fait confidentiel jusqu'en 1970, avec moins de 20 attributions par an. Mais avec ses 4 lettres, son côté rétro et écolo, ce prénom s'épanouit franchement à partir des années 2000. Aujourd'hui, Iris s'impose dans l'élite nationale et parisienne. Dans les pays francophones, son éclosion, bien que plus tardive, semble se confirmer.

Malgré sa douceur florale, ce petit nom a engendré peu de variantes. Il n'a aucun diminutif et peut constituer un choix idéal pour des parents globe-trotters.

Personnes célèbres

Iris Murdoch, écrivaine britannique (1919-1999) ; Iris von Roten-Meyer, juriste et journaliste suisse, combattante acharnée de la cause féminine, au point d'être surnommée la Simone de Beauvoir suisse (1917-1990) ; Iris Apfel, icône américaine de la mode et du design d'intérieur, née en 1921.

Statistiques

Iris est le 87e prénom féminin le plus donné en France depuis l'an 2000. Ce prénom est attribué à près d'une fille sur 180 aujourd'hui.

I

J

Jacinthe
650

Pierre (grec), nom de fleur. Féminin français. *Variante :* Jacinte. *Caractérologie :* sensibilité, savoir, intelligence, méditation, détermination.

Jackie
1 300

Diminutif de Jacqueline : supplanter, talonner (hébreu). On peut estimer que moins de 30 enfants seront prénommés ainsi en 2023. *Variante :* Jacquie. *Caractérologie :* communication, optimisme, pragmatisme, détermination, organisation.

Jacqueline
207 000

Supplanter, talonner (hébreu). Ce dérivé féminin de Jacques, exclusivement français à ses débuts, connaît un succès croissant du XIIIe au XVIIe siècle. Ce n'est toutefois pas avant le XXe siècle que Jacqueline s'épanouit pleinement, trustant les 20 premiers rangs français de 1920 à 1954, avec des pics d'attribution dans les années 1930 et 1950. Cette vogue s'étend aux pays anglophones, notamment aux États-Unis, où il sera attribué à l'emblématique Jacqueline Kennedy (1929-1994). Riche veuve d'un seigneur, Gratien Frangipani, Jacqueline de Septisoles consacra sa fortune aux œuvres de saint François au XIIIe siècle. Elle donna son nom (« frangipane ») à la fameuse crème aux amandes qu'elle confectionnait pour saint François. On peut estimer que moins de 30 enfants seront prénommés ainsi en 2023. *Variantes :* Jacquelène, Jacquelyne, Jacquemine, Jacquine, Jaqueline. *Caractérologie :* finesse, connaissances, originalité, sagacité, décision.

Jade
101 000 Top 50

Désigne une pierre fine de couleur verte. *Variante :* Giada. *Caractérologie :* réceptivité, diplomatie, sociabilité, bonté, loyauté.

Jaël
350

Chèvre sauvage (hébreu). Voir Yaël au féminin. *Caractérologie :* dynamisme, audace, direction, assurance, indépendance.

Jamila
5 000 Top 2 000

D'une grande beauté physique et morale (arabe). *Variantes :* Jamela, Jamella, Jamilah, Jamilla, Jamilah, Jémila. *Caractérologie :* audace, indépendance, dynamisme, assurance, direction.

Jana
4 500 Top 200

Dieu fait grâce (hébreu). Prénom slave. Dans l'Hexagone, Jana est plus traditionnellement usité en Catalogne, en Occitanie et au Pays basque. *Variantes :* Djamela, Djamella, Djamila, Djamilla, Djemila, Djemilla. *Caractérologie :* ambition, force, habileté, passion, management.

Jane
3 500 Top 900

Dieu fait grâce (hébreu). Féminin anglais. *Caractérologie :* pratique, adaptation, communication, générosité, enthousiasme.

Le parcours hors norme de la primatologue Jane Goodall, nous fait rêver d'Afrique, d'écologie et de vie sauvage. Ignorant les diktats de ces collègues, elle tisse peu à peu des liens affectifs avec les grands singes et met en lumière leur intelligence. Ses découvertes révolutionnaires vont éclairer d'un jour nouveau l'évolution des espèces... Chasse gardée aux amateurs de grands horizons !

Janelle
2 000 Top 800

Dieu fait grâce (hébreu). Féminin français. *Caractérologie :* séduction, audace, énergie, découverte, originalité.

Jade

Fête :
29 juin

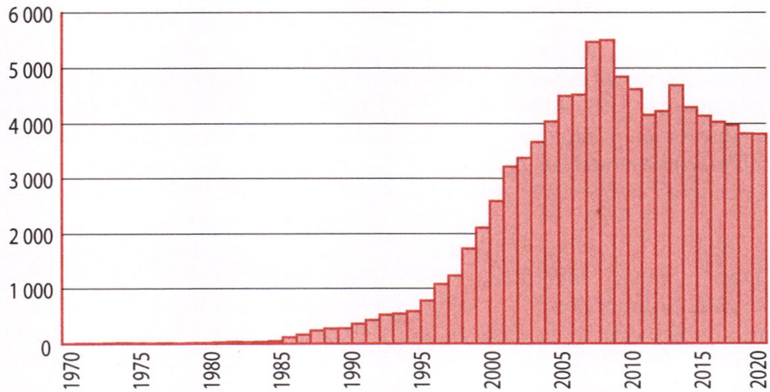

Étymologie

Désigne une pierre fine qui doit à sa composition une coloration verte. En arabe, Jad et Jade signifient « excellence, générosité ». Les premières Jade de France naissent en 1973, au moment où les prénoms inspirés de la nature font jaillir Marine et Ondine. Ce duo déclenche une vague océanique qui entraîne Dylan, Morgan, puis Océane vers la gloire. C'est dans ce contexte que Jade, la minérale, s'envole à la fin des années 1990. Et de quelle manière : Jade s'est imposée au 1er rang féminin en 2014 et a détrôné Emma en 2020 ! Il faut dire qu'elle n'a jamais quitté les cimes du palmarès, guettant le fléchissement de sa rivale. Sa persévérance semble aujourd'hui récompensée.

En dehors de l'Hexagone, Jade s'est envolée dans les tops 20 wallon, romand et québécois. Elle chute en Espagne, en Italie et dans les pays anglophones à l'issue d'une glorieuse décennie.

Dans l'histoire

À travers les civilisations, le jade a été utilisé de multiples manières. Les Espagnols, qui le broyaient pour réaliser des décoctions, l'appelaient *piedra de hijada*, « pierre contre les douleurs rénales ». S'inspirant de cette pratique, les Français l'appelèrent *ejade*, puis *jade*. Il y a 5 000 ans, le jade était considéré comme une pierre royale en Chine. Il était un symbole d'amour, de vertu et de statut social. En Amérique centrale, le jade servait à créer des sculptures et des masques, notamment chez les Aztèques. En Europe, l'usage du jade en joaillerie remonterait au XVIe siècle.

Personnes célèbres

Jade Jagger, mannequin britannique, fille de Mick et Bianca Jagger, née en 1971 ; Jade Hallyday, fille de Johnny et Laeticia Hallyday, née en 2004.

Statistiques

Jade est le 5e prénom féminin le plus donné en France depuis l'an 2000. Ce prénom est attribué à près d'une fille sur 90 aujourd'hui.

Janice
1 000

Dieu fait grâce (hébreu). Féminin anglais. *Variantes :* Jannice, Janis. *Caractérologie :* paix, bienveillance, conscience, conseil, détermination.

Janick
1 900

Dieu fait grâce (hébreu). On peut estimer que moins de 30 enfants seront prénommés ainsi en 2023. *Variantes :* Janik, Janis, Jeanick. *Caractérologie :* détermination, communication, pratique, enthousiasme, organisation.

Janine
37 000

Dieu fait grâce (hébreu). Féminin français. On peut estimer que moins de 30 enfants seront prénommés ainsi en 2023. *Variantes :* Janinne, Jannine. Forme bretonne : Janig. *Caractérologie :* ardeur, achèvement, vitalité, stratégie, résolution.

Janna
4 000 Top 300

Dieu fait grâce (hébreu). Féminin scandinave. *Variante :* Jannah. *Caractérologie :* engagement, ténacité, sens du devoir, méthode, fiabilité.

J

Jany
1 700

Dieu fait grâce (hébreu). Féminin français. On peut estimer que moins de 30 enfants seront prénommés ainsi en 2023. *Variantes :* Janie, Jeannie. *Caractérologie :* découverte, audace, énergie, séduction, originalité.

Jasmina
500

Prénom arabe emprunté au persan signifiant « fleur de jasmin ». *Caractérologie :* efficacité, structure, persévérance, sécurité, détermination.

Jasmine
10 000 Top 200

Prénom arabe emprunté au persan signifiant « fleur de jasmin ». Jasmine est répandu dans les pays anglophones. *Variantes :* Jasmée, Jasmin. *Caractérologie :* ardeur, vitalité, achèvement, stratégie, détermination.

Jaya
500 Top 2 000

Victorieuse (sanscrit). Prénom indien d'Asie. *Caractérologie :* dynamisme, direction, audace, indépendance, assurance.

Jazz
400 Top 2 000

Se rapporte au jazz, style de musique né aux États-Unis à la fin du XIXe siècle. *Caractérologie :* altruisme, idéalisme, intégrité, dévouement, réflexion.

Jeanine
28 000

Dieu fait grâce (hébreu). Féminin français. On peut estimer que moins de 30 enfants seront prénommés ainsi en 2023. *Caractérologie :* ténacité, méthode, fiabilité, engagement, résolution.

Jeanne
134 000 Top 50

Dieu fait grâce (hébreu). *Variantes :* Ioanna, Ioena, Ioenna, Janka, Janne, Jayne, Jeanie, Jeanick, Jeannick, Jeanna, Jeannice. Forme basque : Xana. *Caractérologie :* méthode, fiabilité, ténacité, engagement, sens du devoir.

Jeanne-Marie
2 000

Forme composée de Jeanne et Marie. Féminin français. On peut estimer que moins de 30 enfants seront prénommés ainsi en 2023. *Caractérologie :* découverte, décision, audace, énergie, originalité.

Jeannette
11 000

Dieu fait grâce (hébreu). Féminin français. *Variantes :* Janet, Jeanette. *Caractérologie :* méthode, ténacité, fiabilité, engagement, sens du devoir.

Jeannine
106 000

Dieu fait grâce (hébreu). Ce diminutif de Jeanne émerge dans les années

Jeanne

Fête :
30 mai

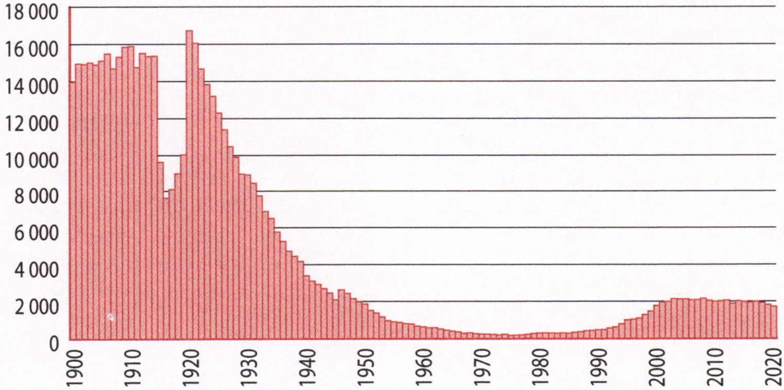

Étymologie

Forme féminine de Jean, de l'hébreu *Yohanân*, « Dieu fait grâce ». Ce prénom riche en histoire a été porté par 7 reines de France et de nombreuses saintes. Il se propage dès le Moyen Âge à l'ensemble des pays chrétiens, où il est orthographié de nombreuses manières : Jehan(ne) en France, Joan en Angleterre, Juana en Espagne, et Giovanna en Italie. Popularisée par Jeanne d'Arc au XVe siècle, Jeanne éclipse ses variantes françaises et devient la plus grande rivale de Marie.

Dans l'Hexagone, Jeanne brille dans les tout premiers rangs jusque dans les années 1930, puis s'évanouit pour mieux renaître à la fin du siècle. En attendant de percer dans le top 20 national, elle confirme sa place au firmament du tableau parisien. Son rebond se vérifie également dans les pays francophones, notamment au Québec et en Belgique. Fera-t-elle revenir Jane dans les pays anglophones ?

Dans l'histoire

Le 30 mai célèbre **sainte Jeanne d'Arc**, la bergère la plus célèbre de France. Jeanne d'Arc fut élevée à Domrémy, en Lorraine, pendant la guerre de Cent Ans. Selon son témoignage, elle entendit des voix célestes qui lui ordonnèrent de libérer la France du joug anglais. Après avoir convaincu Charles VII de lui confier une armée, elle délivra Orléans et ouvrit la voie au sacre de Charles VII à Reims. Mais après avoir volé au secours de Compiègne, elle fut capturée par les Bourguignons, vendue aux Anglais et emprisonnée à Rouen. Malgré les maigres chefs d'accusation portés contre elle (notamment le fait de porter des habits d'homme), le tribunal, conduit par l'évêque de Beauvais Pierre Cauchon, la condamna pour hérésie. Elle fut brûlée vive en public place du Vieux-Marché le 30 mai 1431.

Personnes célèbres

Jeanne Balibar, actrice française, née en 1968 ; Jeanne Moreau, actrice française (1928-2017) ; Jeanne Lanvin, styliste fondatrice de la maison de couture Lanvin (1867-1946).

Statistiques

Jeanne est le 25e prénom féminin le plus donné en France depuis l'an 2000. Ce prénom est attribué à près d'une fille sur 210 aujourd'hui.

1920 et se place, derrière Jacqueline, au 3e rang français en 1930. Pionnière des terminaisons en « ine », Jeannine a facilité la montée de Micheline (13e en 1931), avant de tirer sa révérence. On peut estimer que moins de 30 enfants seront prénommés ainsi en 2023. *Caractérologie :* humanité, ouverture d'esprit, rêve, rectitude, décision.

Jelena
550 Top 2 000 ↑

Éclat du soleil (grec). Prénom russe, letton, serbe et slovène. *Caractérologie :* réceptivité, sociabilité, loyauté, diplomatie, bonté.

Jemma
- de 100

Colombe (hébreu), ou variante de Gemma. *Variantes :* Jema, Jemima. *Caractérologie :* conscience, paix, bienveillance, conseil, sagesse.

Jenna
7 500 Top 200 →

Dieu fait grâce (hébreu). Jenna est très en vogue en Finlande. *Variante :* Jena. *Caractérologie :* habileté, management, force, passion, ambition.

Jennifer
65 000 Top 2 000 ↘

Claire, douce (celte). Jennifer est répandu dans les pays anglophones et occidentaux. *Variante :* Jenifer. *Caractérologie :* ouverture d'esprit, humanité, rectitude, rêve, résolution.

Jenny
7 000 Top 2 000 ↘

Claire, douce (celte). En dehors de l'Hexagone, ce prénom est particulièrement porté dans les pays anglophones. *Variante :* Jennie. *Caractérologie :* dynamisme, curiosité, courage, indépendance, charisme.

Jennyfer
3 000

Claire, douce (celte). On peut estimer que moins de 30 enfants seront prénommés ainsi en 2023. *Variante :* Jenyfer. *Caractérologie :* sagacité, connaissances, spiritualité, originalité, résolution.

Jéromine
700

Nom sacré (grec). *Caractérologie :* achèvement, vitalité, stratégie, volonté, résolution.

Jessica
70 000 Top 800 ↘

Un présent (hébreu). Ce prénom français et allemand se rapporte également à Jessé, le père de David dans l'Ancien Testament. *Variantes :* Jess, Jessalyn, Jesse, Jessi, Jessia, Jessika, Jessye, Jessyca, Jessyka. *Caractérologie :* créativité, communication, optimisme, décision, pragmatisme.

Jessie
5 500 Top 2 000 →

Un présent (hébreu). En dehors de l'Hexagone, ce prénom est particulièrement porté dans les pays anglophones. *Caractérologie :* sécurité, persévérance, structure, efficacité, décision.

Jessy
4 000 ↑

Un présent (hébreu). Féminin anglais. *Caractérologie :* équilibre, responsabilité, famille, influence, exigence.

Jezabel
400

Impassible (hébreu). Féminin anglais. *Variantes :* Jésabel, Jésabelle. *Caractérologie :* intelligence, méditation, organisation, savoir, finesse.

Jihane
3 500 Top 600 ↘

La vie sur terre (prénom arabe d'origine persane). *Variantes :* Jihan, Jihanne, Jihene. *Caractérologie :* sociabilité, diplomatie, réceptivité, décision, loyauté.

Jill
700 Top 2 000 →

Diminutif des prénoms formés avec Jill. Féminin anglais et néerlandais. *Variante :* Jil. *Caractérologie :* savoir, intelligence, indépendance, méditation, sagesse.

Joy

Fête :
13 décembre

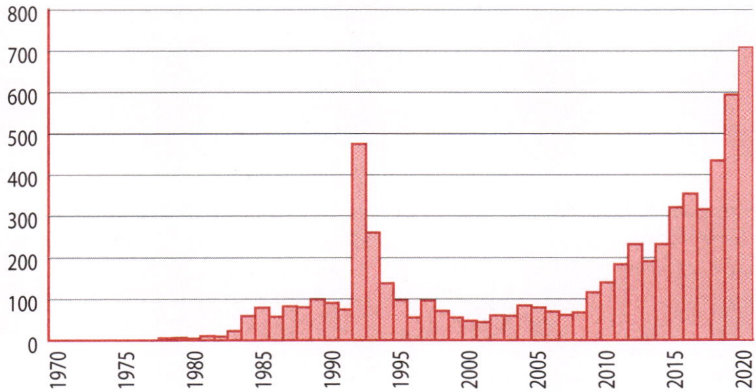

Étymologie

Malgré la simplicité de ses 3 lettres, ce prénom est plus complexe qu'il n'y paraît. Il vient du nom féminin « goie », lui-même dérivé du latin *gaudia*, « joie », en usage dès le XIe siècle en France. Joy, sa forme anglicisée, apparaît outre-Manche un siècle plus tard, sous forme de nom d'abord, puis de prénom. Il se diffuse d'autant plus que Joy peut aussi être considéré comme un dérivé de Joyce, une forme anglicisée de Josse, en référence à saint Josse. Il aurait été importé de France lors de l'invasion des troupes de Guillaume le Conquérant au XIe siècle. Joyce devient alors un patronyme puis un prénom anglais essentiellement masculin.

Joy a failli disparaître, mais au XVIIe siècle, l'engouement des puritains pour les prénoms de sentiments et de vertu la fait revenir en faveur. Entre Hope (espoir), Faith (foi), Grace, Charity (charité), Harmony et Verity (vérité), Joy avait toute sa place. En France, les protestants ont eux aussi choisi des prénoms religieux dans cette thématique, mais leurs choix se portaient plutôt sur Angélique, Clémence, Félicité, Innocente, Modestie et Prudence, sans oublier Grace, qui fut internationale.

Au XIXe siècle, Joy revient dans le sillon de Joyce et atteint son pic de popularité dans les années 1950 dans les pays anglophones. En France, elle est quasi inconnue avant les années 1980, et c'est la chanson *Joy*, que le chanteur François Feldman dédie à sa fille, qui la révèle. Numéro 1 du hit-parade durant 8 semaines en 1992, *Joy* fait bondir le nombre d'attributions du prénom, qui passe de 100 à 500 naissances en un an. En 2015, un film américain intitulé *Joy*, de David Russell, a connu un succès mondial, suivi d'une série américaine du même nom en 2016. Ces références participent sans doute à l'ascension du prénom dans le top 60 national. Sa carrière en est encore aux prémices dans les pays francophones. À moins que ces 3 lettres au sens si positif suffisent, en ces temps troublés, à assurer sa percée.

Dans l'histoire

Joy, parfum mythique de Jean Patou, « le plus cher au monde » selon le slogan qui accompagna son lancement dans les années 1930, reste un must aujourd'hui. Cette fragrance aux « dix mille fleurs de jasmin de Grasse et vingt-huit douzaines de roses de mai » pourrait donner une raison de plus aux parents de choisir ce prénom !

Personnes célèbres

Joy Bryant, actrice et mannequin américaine, née en 1974 ; Joy Sorman, femme de lettres française, chroniqueuse de télévision et animatrice radio, née en 1973.

Statistiques

Joy est le 215e prénom féminin le plus donné en France depuis l'an 2000. Ce prénom est attribué à près d'une fille sur 340 aujourd'hui.

Jin
- de 30

Tendre, affectueuse (japonais). *Caractérologie :* conscience, bienveillance, conseil, paix, résolution.

Joan
1 000

Dieu fait grâce (hébreu). Forme médiévale anglophone de Jeanne, Joan est plus traditionnellement usité en Catalogne et en Occitanie. *Caractérologie :* sens du devoir, engagement, méthode, ténacité, fiabilité.

Joana
4 500 Top 600

Dieu fait grâce (hébreu). Joana est particulièrement usité dans les pays lusophones. C'est aussi un choix traditionnel basque, catalan et occitan. *Caractérologie :* audace, découverte, originalité, énergie, séduction.

Joanie
400

Dieu fait grâce (hébreu). *Variantes :* Joannie, Joanny, Johanie. *Caractérologie :* rêve, rectitude, humanité, ouverture d'esprit, détermination.

Joanna
7 500 Top 700

Dieu fait grâce (hébreu). En dehors de l'Hexagone, ce prénom est particulièrement porté dans les pays anglophones. *Caractérologie :* audace, indépendance, direction, dynamisme, assurance.

Joanne
3 000 Top 800

Dieu fait grâce (hébreu). Féminin anglais. *Variantes :* Joane, Joann, Johane. *Caractérologie :* dynamisme, curiosité, courage, indépendance, charisme.

Joceline
1 200

Étymologie possible : douce princesse (germanique). Voir Josse. Féminin français et anglais. On peut estimer que moins de 30 enfants seront prénommés ainsi en 2023. *Caractérologie :* énergie, innovation, autorité, raisonnement, détermination.

Jocelyne
90 000

Étymologie possible : douce princesse (germanique). Voir Josse. Féminin français et anglais. Saint Josse, fils du roi des Bretons Judaël, refusa, comme son frère saint Judicaël, le trône de son père. Il consacra sa vie à la religion. *Caractérologie :* achèvement, vitalité, sympathie, stratégie, ardeur.

Jocya
300

Étymologie possible : douce princesse (germanique). *Variantes :* Jocia, Jocie. *Caractérologie :* altruisme, idéalisme, intégrité, réflexion, dévouement.

Jodie
1 900 Top 900

Louée, félicitée (hébreu). Féminin anglais. *Variante :* Jody. *Caractérologie :* savoir, intelligence, méditation, résolution, volonté.

J

Joëlle
84 000

Dieu est Dieu (hébreu). Féminin français et anglais. On peut estimer que moins de 30 enfants seront prénommés ainsi en 2023. *Variantes :* Joële, Joéla, Joélie, Joélina, Joéline, Joélyne. *Caractérologie :* énergie, audace, originalité, découverte, séduction.

Joéva
- de 30

Jupiter, jeune (latin). Féminin breton. *Caractérologie :* ambition, force, habileté, passion, volonté.

Johana
3 500 Top 2 000

Dieu fait grâce (hébreu). Féminin anglais, tchèque et serbe. *Caractérologie :* fiabilité, méthode, ténacité, engagement, sens du devoir.

Johanna
27 000 Top 400

Dieu fait grâce (hébreu). Johanna est répandu dans les pays germanophones, scandinaves et néerlandophones. *Variantes :* Jehane, Jehanne. *Caractérologie :* rectitude, humanité, tolérance, rêve, générosité.

Johanne
5 000 Top 2 000

Dieu fait grâce (hébreu). Féminin danois, norvégien et allemand. *Variantes :* Johane, Johann, Johannie, Johanny. *Caractérologie :* structure, honnêteté, efficacité, sécurité, persévérance.

Joline
130

De la famille romaine de Iule (latin). *Variante :* Jolinne. *Caractérologie :* engagement, loyauté, décision, bonté, raisonnement.

Jorah
- de 30

Pluie d'automne (hébreu). Féminin anglais. *Variante :* Jora. *Caractérologie :* méditation, intelligence, savoir, indépendance, sagesse.

Jordane
1 800 Top 2 000

Descendre (hébreu). *Variantes :* Jordana, Jordaine, Jordanne. *Caractérologie :* persévérance, structure, sécurité, décision, caractère.

Josée
2 500

Dieu ajoutera (hébreu). Féminin français. On peut estimer que moins de 30 enfants seront prénommés ainsi en 2023. *Variantes :* José, Josefa. *Caractérologie :* humanité, rêve, tolérance, rectitude, générosité.

Joseline
2 000

Dieu ajoutera (hébreu). Prénom français et anglais. Saint Josse, fils du roi des Bretons Judaël, refusa, comme son frère saint Judicaël, le trône de son père. Il consacra sa vie à la religion. On peut estimer que moins de 30 enfants seront prénommés ainsi en 2023. *Caractérologie :* achèvement, vitalité, stratégie, logique, décision.

Joselyne
3 000

Dieu ajoutera (hébreu). Prénom français et anglais. Saint Josse, fils du roi des Bretons Judaël, refusa, comme son frère saint Judicaël, le trône de son père. Il consacra sa vie à la religion. On peut estimer que moins de 30 enfants seront prénommés ainsi en 2023. *Caractérologie :* paix, conscience, bienveillance, conseil, bonté.

Josépha
1 500 Top 2 000

Dieu ajoutera (hébreu). Josepha est plus particulièrement répandu dans les pays anglophones et germanophones. *Variante :* Joséfa. *Caractérologie :* intuition, médiation, adaptabilité, relationnel, fidélité.

Joséphine
28 000 Top 200

Dieu ajoutera (hébreu). En l'absence de personnages historiques ou de

J

saintes célèbres avant le XIXe siècle, ce féminin de Joseph émerge tardivement. C'est en devenant impératrice à la fin du XIXe siècle que Joséphine Bonaparte donne l'impulsion qui manquait au prénom. Ce dernier connaît une certaine vogue en France, en Allemagne et dans les pays anglophones. Si sa carrière française est moins durable que celle de Joseph, Joséphine figure encore au 14e rang féminin au seuil de son déclin (en 1902). Ce prénom reprend depuis peu une courbe ascendante. Esclave née au Soudan au XIXe siècle, sainte Joséphine fut libérée par l'agent consulaire italien qui l'avait achetée. Elle se convertit au christianisme et termina sa vie en paix dans un couvent. *Variantes :* Fifi, Fina, Finon, Joséfina, Joséphina, Joséfine. *Caractérologie :* médiation, résolution, ressort, intuition, relationnel.

Résistante pendant la Seconde Guerre mondiale, militante des droits civiques, l'artiste américano-française, Joséphine Baker, est la première femme noire à entrer au Panthéon. Elle adopta 12 enfants du monde entier pour former une « tribu arc-en-ciel », élevée aux valeurs de l'universalisme.

J

Josette
98 000

Dieu ajoutera (hébreu). Féminin français. On peut estimer que moins de 30 enfants seront prénommés ainsi en 2023. *Variantes :* Joseta, Josetta, Osetta. *Caractérologie :* structure, honnêteté, persévérance, sécurité, efficacité.

Josiane
99 000

Dieu ajoutera (hébreu). Féminin français. On peut estimer que moins de 30 enfants seront prénommés ainsi en 2023. *Variantes :* Josane, Josanne, Josiana, Josina, Josine, Josune, Josyane. *Caractérologie :* indépendance, audace, direction, dynamisme, décision.

Josianne
3 000

Dieu ajoutera (hébreu). Féminin français. On peut estimer que moins de 30 enfants seront prénommés ainsi en 2023. *Caractérologie :* responsabilité, équilibre, famille, détermination, influence.

Josie
700

Dieu ajoutera (hébreu). Féminin anglais. *Variantes :* Josia, Jossie, Josy. *Caractérologie :* engagement, fiabilité, ténacité, méthode, résolution.

Josseline
3 500

Étymologie possible : douce princesse (germanique). Féminin français et breton. On peut estimer que moins de 30 enfants seront prénommés ainsi en 2023. *Variante :* Josce. *Caractérologie :* humanité, rêve, raisonnement, rectitude, détermination.

Josselyne
1 900

Étymologie possible : douce princesse (germanique). Féminin français et breton. On peut estimer que moins de 30 enfants seront prénommés ainsi en 2023. *Caractérologie :* sympathie, sagacité, connaissances, originalité, spiritualité.

Joy
8 000 Top 100

Allégresse (latin). Féminin anglais. *Caractérologie :* audace, découverte, énergie, séduction, originalité.

Joyce
4 500 Top 200

Allégresse (latin). Féminin anglais. Voir le focus sur Joy. *Variante :* Joye. *Caractérologie :* ténacité, méthode, engagement, fiabilité, bonté.

Juana
800

Dieu fait grâce (hébreu). Juana est très répandu dans les pays hispanophones. C'est aussi un choix traditionnel basque. *Caractérologie :* relationnel, médiation, fidélité, intuition, adaptabilité.

Juliette

Fête :
30 juillet

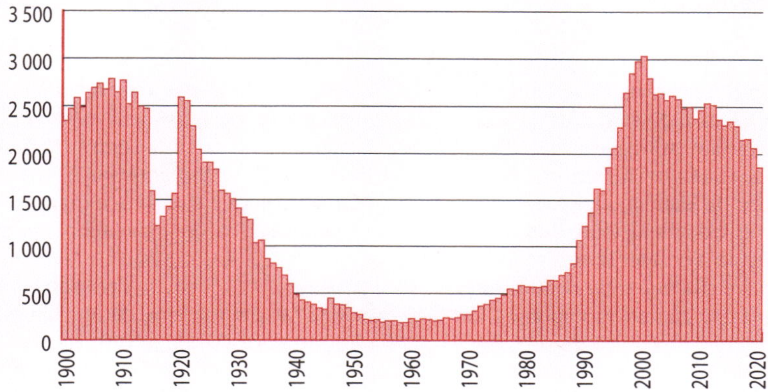

Étymologie

Conformément à ses origines latines, ce dérivé féminin de Jules se rapporte à la grande famille romaine de Iule. Il fut porté par une sainte martyre à Césarée (Turquie) au IVe siècle, mais il était peu répandu lorsque Shakespeare publia *Roméo et Juliette* en 1597. Après avoir connu des hauts et des bas, ce prénom renaît au XIXe siècle dans les pays anglophones et bourgeonne en France. C'est bien plus tard, dans les années 1980, que Juliette décolle véritablement. Si ce prénom semble fléchir aujourd'hui, il s'est régulièrement affiché, ces 20 dernières années, dans le top 20 national.

En dehors de l'Hexagone, Juliette monte dans les 20 premiers rangs suisses, wallons et québécois. Elle n'a pas encore fait son retour dans les pays anglophones.

Dans la littérature

L'histoire de *Roméo et Juliette* est universellement connue. Elle prend place à Vérone, en Italie, à la fin du XVIe siècle. Deux adolescents, Roméo Montaigu et Juliette Capulet, tombent éperdument amoureux l'un de l'autre alors que leurs familles se haïssent. Lorsque Roméo est banni, Juliette refuse le mariage arrangé avec un noble nommé Pâris. Elle boit une potion qui lui permet de simuler sa mort en attendant de fuir avec Roméo. Mais ce dernier, la croyant morte, se suicide à ses côtés. *Roméo et Juliette* a connu de nombreuses adaptations dans divers domaines : théâtre, cinéma, opéra, comédie musicale.

Sainte Julitte ou **sainte Juliette**, riche veuve de Césarée, voulait poursuivre en justice un homme d'affaires qui l'avait dépouillée. Mais au IVe siècle, les chrétiens ne pouvaient témoigner à un procès qu'en reniant leur foi. Elle refusa d'abjurer et fut condamnée au bûcher.

Personnes célèbres

Juliette Gréco, chanteuse française (1927-2020) ; Juliette Binoche, actrice française, née en 1964 ; Juliet Richardson, chanteuse américaine, née en 1980.

Statistiques

Juliette est le 19e prénom féminin le plus donné en France depuis l'an 2000. Ce prénom est attribué à près d'une fille sur 200 aujourd'hui.

Judicaëlle
550

Seigneur généreux (celte). Prénom breton. *Variante :* Jezekela. *Caractérologie :* audace, indépendance, direction, décision, dynamisme.

Judith
11 000 Top 200

Louée, félicitée (hébreu). En dehors de l'Hexagone, Judith est plus particulièrement usité dans les pays anglophones et en Allemagne. Lorsque les troupes de Nabuchodonosor encerclèrent la cité juive de Béthanie, Judith décida d'en tuer le commandant. Jeune veuve d'une grande beauté, elle se présenta au général Holopherne lors d'un banquet. Lorsque ce dernier, ivre, l'invita dans sa tente, elle le décapita. L'armée leva le siège dès le lendemain et Judith fut acclamée par son peuple. Sainte Judith, ermite en Prusse, vécut au XIIIe siècle. *Caractérologie :* idéalisme, réflexion, altruisme, intégrité, organisation.

Judy
450 Top 900

Louée, félicitée (hébreu). Féminin anglais. *Variantes :* Jude, Judie, Judite, Judithe. *Caractérologie :* paix, conscience, bienveillance, réalisation, conseil.

Julia
61 000 Top 50

De la famille romaine de Iule (latin). Voir le focus sur Giulia. *Variante :* Julya. *Caractérologie :* achèvement, stratégie, vitalité, leadership, ardeur.

Juliana
4 500 Top 500

De la famille romaine de Iule (latin). Juliana est plus particulièrement répandu dans les pays hispanophones, en Occitanie et au Pays basque. *Caractérologie :* indépendance, courage, dynamisme, curiosité, détermination.

Juliane
3 000

De la famille romaine de Iule (latin). Juliane est répandu en Allemagne. On peut estimer que moins de 30 enfants seront prénommés ainsi en 2023. *Variantes :* Jolianne, Julene, Juli, Julianie, Julianna. *Caractérologie :* humanité, détermination, tolérance, rectitude, rêve.

Julianne
1 500

De la famille romaine de Iule (latin). Féminin anglais. On peut estimer que moins de 30 enfants seront prénommés ainsi en 2023. *Variante :* Julie-Anne. *Caractérologie :* curiosité, dynamisme, indépendance, détermination, courage.

Julie
196 000 Top 300

De la famille romaine de Iule (latin). Forme française de Julia (la forme latine originelle, en usage au temps des Romains), Julie connaît un certain succès au XIXe siècle. À l'aube du XXe siècle, Julie est même préféré à Julia dans plusieurs pays occidentaux. En France, la prééminence de Juliette l'empêche de s'épanouir pleinement. Il lui faudra attendre la vague des prénoms en « ie » dans les années 1980 pour s'élever au sommet avec Aurélie et Émilie. Julie leur tiendra tête en 1987, le temps qu'Élodie se prépare à les supplanter toutes. Au début du XIXe siècle, sainte Julie fonda plusieurs instituts religieux visant à l'éducation des enfants pauvres en France et en Belgique. *Caractérologie :* optimisme, communication, créativité, pragmatisme, décision.

Julienne
5 000 Top 2 000

De la famille romaine de Iule (latin). Féminin français. *Caractérologie :* rêve, ouverture d'esprit, humanité, rectitude, détermination.

Juliette
100 000 Top 50

De la famille romaine de Iule (latin). *Variantes :* Juliet, Julietta. *Caractérologie :* enthousiasme, pratique, communication, organisation, détermination.

Juline
4 000 Top 500

De la famille romaine de Iule (latin). *Variante :* Julina. *Caractérologie :* achèvement, vitalité, ardeur, stratégie, décision.

July
850

De la famille romaine de Iule (latin). Féminin anglais. *Caractérologie :* indépendance, curiosité, dynamisme, courage, charisme.

Jun
- de 100

Qui dit la vérité (chinois). *Caractérologie :* rectitude, humanité, générosité, ouverture d'esprit, rêve.

June
2 500 Top 300

Mois de juin (latin). Féminin anglais. *Variante :* Junie. *Caractérologie :* charisme, curiosité, dynamisme, courage, indépendance.

Justine
88 000 Top 300

Juste (latin). Prénom français, néerlandais et allemand. Sainte Justine fut martyrisée au IVe siècle après s'être convertie au christianisme. Justine est également répandu aux Pays-Bas et en Allemagne. *Variantes :* Justa, Justina, Justyne. *Caractérologie :* force, habileté, ambition, organisation, résolution.

K

Kacie
- de 100

Courageuse (irlandais). Féminin anglais. *Variantes :* Kacia, Kacey, Kacy. *Caractérologie :* engagement, gestion, méthode, ténacité, fiabilité.

Kadija
950 Top 2 000

Enfant née prématurée (arabe). *Variantes :* Kadi, Kadiah, Kadiatou, Khadia. *Caractérologie :* rectitude, humanité, rêve, générosité, ouverture d'esprit.

Kae
- de 30

Pure (grec). Féminin anglais. *Caractérologie :* habileté, management, passion, force, ambition.

Kaëlia
130 Top 2 000

Seigneur généreux (celte). Féminin breton. *Variantes :* Kaela, Kaelle, Kaelig. *Caractérologie :* pragmatisme, résolution, communication, optimisme, organisation.

Kaëlys
400 Top 2 000

Combinaison de Kaëlia et Maëlys. Ce prénom est apparu en France dans les années 2010. *Caractérologie :* organisation, autonomie, innovation, énergie, ambition.

Kaena
300

Prêtresse (kabyle). *Caractérologie :* audace, énergie, originalité, séduction, découverte.

Kahina
4 000 Top 800

Prêtresse (kabyle, hébreu). À noter : les Kabyles francophones choisissent Kahina plus massivement que les anglophones, qui lui préfèrent « Kahena » pour des raisons de phonétique. *Variante :* Kahena. *Caractérologie :* sensibilité, force, ambition, détermination, habileté.

Kaïa
170 Top 800

Mer (hawaïen), et forme norvégienne de Catherine : pure (grec). Kaia est usité à Hawaï et dans les pays scandinaves. *Variante :* Kaya. *Caractérologie :* ténacité, méthode, fiabilité, engagement, sens du devoir.

Kaiko
- de 30

L'enfant du pardon (japonais). *Caractérologie :* médiation, relationnel, fidélité, adaptabilité, intuition.

Kaïla
850 Top 900

Couronne (hébreu). Forme yiddish de Kelila. *Variantes :* Kaylia, Keylia. *Caractérologie :* finesse, sagacité, connaissances, originalité, gestion.

Kaïlane
- de 30

Couronne (hébreu). *Variante :* Kaylane. *Caractérologie :* stratégie, gestion, vitalité, décision, achèvement.

Kaïna
2 500 Top 700

Prêtresse (kabyle). *Caractérologie :* décision, rectitude, humanité, ouverture d'esprit, rêve.

Kaïra
- de 100

Brune (irlandais). *Caractérologie :* engagement, méthode, sens du devoir, fiabilité, ténacité.

Kaléa
- de 100 Top 2 000

Clair, brillant (hawaïen). *Caractérologie :* pratique, gestion, adaptation, communication, enthousiasme.

Kali
800 Top 900

Énergie (sanscrit). Épouse de Shiva et déesse de la Mort dans la mythologie hindoue, Kali symbolise le concept de « force vitale universelle ». Notons que Kali est également le nom d'une rivière turque et d'une île croate. Prénom indien d'Asie. *Variante :* Kalie. *Caractérologie :* paix, bienveillance, conseil, gestion, conscience.

Kalinda
- de 100

Lunettes (sanscrit). Féminin indien d'Asie. *Caractérologie :* spiritualité, connaissances, sagacité, gestion, décision.

Kalinka
120

Nom d'une chanson populaire russe datant des années 1860, dont le refrain, « Kalinka », désigne l'arbuste boule-de-neige. Féminin russe. *Caractérologie :* organisation, curiosité, audace, courage, découverte.

Kama
170

Amour, désir (sanscrit), chaleur, brûlé (araméen, hébreu). Prénom indien d'Asie. *Caractérologie :* force, ambition, management, habileté, passion.

Kamea
- de 30

La seule et unique (hawaïen). *Caractérologie :* ténacité, engagement, fiabilité, méthode, sens du devoir.

Kameko
- de 30

L'enfant tortue (japonais). Au Japon, la tortue est un symbole de longévité. *Caractérologie :* diplomatie, réceptivité, caractère, sociabilité, loyauté.

Kamelia
3 000 Top 500

Jeune assistante de cérémonies (étrusque). *Variante :* Kamelya. *Caractérologie :* sagacité, connaissances, spiritualité, organisation, détermination.

Kamila
2 500 Top 300

Parfaite, achevée (arabe), variante slave de Camille. *Caractérologie :* médiation, intuition, organisation, relationnel, fidélité.

Kanika
- de 30

Molécule (sanscrit). Nom de fleur jaune au parfum agréable. Féminin indien d'Asie et cambodgien. *Caractérologie :* intuition, relationnel, décision, médiation, fidélité.

K

Les prénoms par décennie

Les choix de prénoms ont beaucoup évolué en France de 1900 à nos jours. Durant la première partie du XXe siècle, Marie et Jean se sont distingués chaque année à la tête du classement national. On les croyait indéboulonnables.

Mais c'était sans compter sur les révolutionnaires années 1960. Au moment où les étudiants descendent dans les rues en mai 1968, Sylvie a déjà renversé Marie !

Une petite révolution qui marque un point de non-retour : après Marie, aucun prénom ne pourra régner plusieurs décennies de suite sur le classement français. D'autant que la valse des prénoms va s'accélérer. Ainsi, Marie, Brigitte, Catherine, Sylvie, Nathalie, Sandrine, Stéphanie, Céline, Aurélie, Julie, Élodie, Marine, Manon et Laura se succéderont à la première place du tableau féminin jusqu'à la fin du XXe siècle !

Dans les années 2000, Emma supplante Léa au 1er rang. Elle règne sur le classement français pendant 16 ans de façon quasi ininterrompue. Une longévité que Jade, qui a pris sa suite, aura du mal à égaler.

	1900-1909	1910-1919	1920-1929	1930-1939
1.	Marie	Marie	Marie	Marie
2.	Jeanne	Jeanne	Jeanne	Monique
3.	Marguerite	Madeleine	Jacqueline	Jacqueline
4.	Germaine	Marguerite	Madeleine	Jeannine
5.	Louise	Yvonne	Suzanne	Yvette
6.	Yvonne	Suzanne	Denise	Denise
7.	Madeleine	Germaine	Paulette	Jeanne
8.	Suzanne	Marcelle	Yvonne	Paulette
9.	Marcelle	Louise	Simone	Simone
10.	Marthe	Renée	Odette	Christiane
11.	Maria	Lucienne	Marcelle	Colette
12.	Anne	Andrée	Renée	Nicole
13.	Henriette	Denise	Andrée	Ginette
14.	Lucienne	Simone	Jeannine	Madeleine
15.	Renée	Raymonde	Marguerite	Andrée
16.	Hélène	Georgette	Yvette	Josette
17.	Alice	Paulette	Lucienne	Odette
18.	Georgette	Odette	Raymonde	Thérèse
19.	Joséphine	Marthe	Germaine	Suzanne
20.	Berthe	Henriette	Georgette	Renée

K

	1940-1949	1950-1959	1960-1969	1970-1979	1980-1989	1990-1994	1995-1999	2000-2004
1.	Marie	Marie	Sylvie	Sandrine	Aurélie	Laura	Manon	Léa
2.	Monique	Martine	Nathalie	Nathalie	Émilie	Marine	Léa	Manon
3.	Nicole	Françoise	Isabelle	Stéphanie	Élodie	Marie	Camille	Emma
4.	Françoise	Chantal	Catherine	Isabelle	Céline	Élodie	Marie	Chloé
5.	Jacqueline	Catherine	Christine	Céline	Julie	Julie	Laura	Camille
6.	Christiane	Brigitte	Véronique	Valérie	Marie	Camille	Chloé	Océane
7.	Danielle	Monique	Valérie	Christelle	Stéphanie	Marion	Marine	Marie
8.	Annie	Dominique	Marie	Sophie	Audrey	Pauline	Pauline	Sarah
9.	Michèle	Annie	Corinne	Karine	Laetitia	Anaïs	Sarah	Clara
10.	Chantal	Nicole	Patricia	Virginie	Virginie	Mélanie	Julie	Inès
11.	Josette	Christine	Laurence	Séverine	Sophie	Manon	Océane	Laura
12.	Colette	Sylvie	Martine	Sylvie	Mélanie	Sarah	Mathilde	Julie
13.	Anne	Patricia	Françoise	Delphine	Sabrina	Justine	Anaïs	Lucie
14.	Michelle	Évelyne	Florence	Marie	Vanessa	Audrey	Marion	Mathilde
15.	Jeannine	Michèle	Brigitte	Véronique	Caroline	Aurélie	Justine	Anaïs
16.	Annick	Christiane	Pascale	Laurence	Marion	Émilie	Mélanie	Pauline
17.	Claudine	Claudine	Anne	Sandra	Jennifer	Mathilde	Lucie	Marine
18.	Josiane	Jacqueline	Béatrice	Catherine	Angélique	Amandine	Morgane	Lisa
19.	Liliane	Jocelyne	Sandrine	Laetitia	Jessica	Charlotte	Charlotte	Éva
20.	Martine	Annick	Fabienne	Anne	Amandine	Morgane	Emma	Jade

2005-2009	2010-2014
1. Emma	1. Emma
2. Léa	2. Chloé
3. Manon	3. Inès
4. Chloé	4. Léa
5. Clara	5. Jade
6. Jade	6. Manon
7. Inès	7. Louise
8. Camille	8. Lola
9. Sarah	9. Camille
10. Lola	10. Zoé
11. Anaïs	11. Léna
12. Lucie	12. Sarah
13. Zoé	13. Lina
14. Éva	14. Lilou
15. Lilou	15. Maëlys
16. Océane	16. Éva
17. Louise	17. Alice
18. Romane	18. Clara
19. Marie	19. Romane
20. Maëlys	20. Louna

2015-2019
1. Emma
2. Jade
3. Louise
4. Chloé
5. Inès
6. Alice
7. Léa
8. Lina
9. Léna
10. Mila
11. Manon
12. Rose
13. Anna
14. Camille
15. Lola
16. Zoé
17. Ambre
18. Julia
19. Juliette
20. Éléna

Kanna
- de 30

Plante (hébreu), belle (hawaïen). *Caractérologie :* courage, dynamisme, curiosité, charisme, indépendance.

Kanoa
- de 30

Liberté (hawaïen). *Caractérologie :* exigence, équilibre, famille, responsabilité, influence.

Kany
250 ↑

Un son (hawaïen). *Variante :* Kani. *Caractérologie :* paix, bienveillance, conscience, conseil, sagesse.

Kara
550 Top 900 ↑

Chère à quelqu'un, bien-aimée (latin). Féminin anglais. *Caractérologie :* ténacité, fiabilité, sens du devoir, engagement, méthode.

Karelle
1 200

Pure (grec). Féminin anglais. On peut estimer que moins de 30 enfants seront prénommés ainsi en 2023. *Variantes :* Carelle, Karel, Karèle, Karell, Karyl. *Caractérologie :* innovation, énergie, autorité, gestion, décision.

Karen
14 000

Pure (grec). Karen est particulièrement répandu au Danemark, en Allemagne et dans les pays anglophones. En Arménie, ce prénom d'origine iranienne est masculin. On peut estimer que moins de 30 enfants seront prénommés ainsi en 2023. *Variantes :* Karène, Kareen, Kariane, Karianne. *Caractérologie :* structure, persévérance, décision, sécurité, efficacité.

Karima
11 000

Bien née, généreuse (arabe). Ce prénom est particulièrement répandu dans les cultures musulmanes francophones. On peut estimer que moins de 30 enfants seront prénommés ainsi en 2023. *Variantes :* Karama, Karem, Karema.

Caractérologie : achèvement, vitalité, stratégie, ardeur, leadership.

Karin
1 900

Pure (grec). Féminin scandinave, allemand, néerlandais et anglais. On peut estimer que moins de 30 enfants seront prénommés ainsi en 2023. *Caractérologie :* vitalité, ardeur, achèvement, décision, stratégie.

Karina
2 500

Pure (grec). Féminin anglais, russe, scandinave et allemand. Karina est assez répandu en Amérique latine. On peut estimer que moins de 30 enfants seront prénommés ainsi en 2023. *Caractérologie :* ouverture d'esprit, rectitude, humanité, décision, rêve.

Karine
118 000

Pure (grec). Féminin français. On peut estimer que moins de 30 enfants seront prénommés ainsi en 2023. *Caractérologie :* méthode, engagement, décision, fiabilité, ténacité.

Karla
1 300 Top 2 000 ↗

Force (germanique). Karla est plus particulièrement usité en Allemagne, dans les pays slaves et scandinaves, et dans le Pays basque. *Caractérologie :* originalité, sagacité, connaissances, spiritualité, gestion.

Karline
160

Force (germanique). *Caractérologie :* décision, intelligence, méditation, gestion, savoir.

Kassandra
4 500 Top 2 000 ↘

Qui aide les hommes (grec). Kassandra est plus particulièrement répandu dans les pays anglophones et en Grèce. *Variantes :* Kasandra, Kassandre. *Caractérologie :* intelligence, méditation, indépendance, décision, savoir.

Kassy
1 100 Top 800 →

Qui aide les hommes (grec). *Variante :* Kassie. *Caractérologie :* adaptation, pratique, communication, enthousiasme, générosité.

Katarina
1 300 Top 2 000 ↘

Pure (grec). Katarina est très répandu en Allemagne, dans les pays slaves et scandinaves. *Variante :* Katharina. *Caractérologie :* communication, enthousiasme, pratique, adaptation, décision.

Kate
850 ↘

Pure (grec). *Caractérologie :* direction, assurance, dynamisme, audace, indépendance.

Kateline
350

Pure (grec). Féminin anglais. *Variantes :* Katalina, Katelina, Katerina, Kati, Katja, Kattalin, Kataline, Katelyne, Katheline, Kathelyne, Katline, Katlyne. *Caractérologie :* gestion, dynamisme, décision, curiosité, courage.

Katell
3 500 Top 2 000 ↘

Pure (grec). Dans l'Hexagone, Katell est plus traditionnellement usité en Bretagne. *Variantes :* Kate, Katel. *Caractérologie :* méditation, indépendance, gestion, intelligence, savoir.

Katherine
1 400

Pure (grec). Dans l'Hexagone, ce prénom anglais est plus traditionnellement usité en Alsace. On peut estimer que moins de 30 enfants seront prénommés ainsi en 2023. *Caractérologie :* audace, dynamisme, direction, sensibilité, détermination.

Kathia
1 300

Pure (grec). On peut estimer que moins de 30 enfants seront prénommés ainsi en 2023. *Variante :* Kathya.

Caractérologie : dynamisme, courage, indépendance, charisme, curiosité.

Kathleen
5 000 Top 2 000 ↘

Pure (grec). Kathleen est très répandu dans les pays anglophones et en Irlande. *Variantes :* Katheleen, Kathelyne, Kathlène, Kathline, Kathlyn, Kathlyne, Katleen. *Caractérologie :* méthode, fiabilité, ténacité, organisation, finesse.

Kathy
4 500

Pure (grec). Féminin anglais. On peut estimer que moins de 30 enfants seront prénommés ainsi en 2023. *Caractérologie :* relationnel, intuition, fidélité, adaptabilité, médiation.

Katia
30 000 Top 2 000 →

Pure (grec). En dehors de l'Hexagone, Katia est particulièrement répandu en Russie et dans les pays slaves. *Variante :* Katya. *Caractérologie :* famille, équilibre, influence, éthique, exigence.

Katty
800

Pure (grec). Féminin anglais. *Variante :* Kitty. *Caractérologie :* énergie, audace, découverte, originalité, séduction.

Katy
6 500

Pure (grec). En dehors de l'Hexagone, ce prénom est particulièrement porté dans les pays anglophones. On peut estimer que moins de 30 enfants seront prénommés ainsi en 2023. *Caractérologie :* générosité, pratique, enthousiasme, communication, adaptation.

Kay
- de 30

Pure (grec). Féminin anglais. *Caractérologie :* audace, dynamisme, indépendance, direction, assurance.

Kaya
300 Top 2 000 ↘

Variante moderne de Kay, une forme anglophone de Catherine. Kaya est également un prénom japonais pouvant signifier, selon les kanji utilisés, « beauté » ou « fleur ». En Turquie, Kaya s'emploie au masculin et signifie « rocher, roc ». *Variante :* Kaye. *Caractérologie :* médiation, relationnel, fidélité, intuition, adaptabilité.

Kayla
3 000 Top 300 ↗

Couronne (hébreu). Féminin anglais. *Variantes :* Caïla, Cayla. *Caractérologie :* énergie, découverte, audace, organisation, originalité.

Kayline
350 Top 2 000 →

Élancée (irlandais). *Variantes :* Kaïlin, Kaylin. *Caractérologie :* curiosité, détermination, indépendance, courage, charisme.

Kayna
1 700 Top 800 →

Prêtresse (kabyle). *Caractérologie :* originalité, spiritualité, philosophie, sagacité, connaissances.

Kéala
- de 30

Chemin (hawaïen). *Caractérologie :* pragmatisme, générosité, créativité, adaptation, organisation.

Keara
- de 30

Brune (irlandais). *Caractérologie :* humanité, rêve, ouverture d'esprit, décision, rectitude.

Keira
700 Top 2 000 ↗

Brune (irlandais). Féminin anglais. *Variante :* Kerry. *Caractérologie :* force, habileté, ambition, passion, décision.

Kélia
3 500 Top 800 ↘

Contestation ou église (irlandais). Kelia est répandu dans les pays anglophones. *Caractérologie :* détermination, sociabilité, réceptivité, diplomatie, organisation.

Les prénoms dans 20 ans

Entre revivals inattendus, classiques revisités ou expérimentations futuristes, *L'Officiel des prénoms* décrypte pour vous les tendances à long terme. Tour d'horizon des prénoms pour 2040.

Célestin, Félix ou Rosine ?

Alors que Marcel, Léon, Victoire et Suzanne renaissent aujourd'hui, Célestin, Edgard, Félix, Isidore, Félicie, Madeleine, Marguerite, Rosine et Zélie ont tout pour surfer sur la prochaine vague du rétro. Rien de mieux que des sonorités diverses pour trancher avec les terminaisons dominantes du moment et les noms courts. Du haut de ses 9 lettres et de sa terminaison à contre-courant, Albertine l'originale est à saisir !

À contre-pied

Vous aimez les prises de risques ? Les prénoms composés, largement boudés aujourd'hui, laissent pourtant libre cours à votre créativité et permettent d'associer vos prénoms favoris. Nous ne les avons donc pas jetés aux oubliettes. Rose-Alba, encore inédite en France, ne devrait pas tarder à éclore. Viendra-t-elle remplacer la reine Lily-Rose en 2043 ? Qui sait... l'un de ces petits noms rarissimes ou inédits relancera peut-être la mode des composés.

Au féminin : Anna-Mia, Alma-Sofia, Billie-Nora, Charlie-Rose, Lila-Jade, Lily-Nour, Lou-Alba, Lou-Éden, Marie-Soleil (recensé au Québec), Nina-Rose et Romy-Anne.

Au masculin : Abel-Mahé, Ali-Maël, Axel-Paul, Félix-Antoine, Louis-Artus, Charly-Ange, GabyNoé, Naël-Adam, Jean-Moïse, Léo-Adam, Tom-Abriel, Max-Antoine, Paul-Augustin, Pierre-Malo, Sacha-Louis, Victor-Marin.

La revanche des terminaisons en « ette »

Ils ont marqué la génération des années 1940 et se sont éclipsés, laissant Guillemette, Fanette, Juliette et Violette faire exception. Mais le moment de leur retour approche. Si vous n'osez pas opter pour Pâquerette (porté par près de 900 Françaises aujourd'hui !), laissez-vous séduire par ces pionnières :

Aliette, Anicette, Annette, Antoinette, Arlette, Babette, Bernadette, Blanchette, Bluette, Colette, Cosette, Hariette, Henriette, Huguette, Jeanette, Josette, Lisette, Lorette, Lucette, Mariette, Marinette, Nadette, Odette, Paulette, Pierrette, Rosette, Suzette, Yvette.

Jadée, Rosaé ou Maëlien ? Merveille, Soleil ou Cosmin ?

Chaque année, des prénoms inédits s'ajoutent aux fichiers d'état civil. Certains résultent d'une fusion (exemple : Théana combine Théa et Ana), d'autres s'inspirent de célébrités (exemple : Rihana) ou de héros de séries. Enfin, certains noms communs s'arrogent, du jour au lendemain, le statut de prénom. C'est le cas d'Automne (f), Azur (mixte), Cyan (mixte), Espoir (m), Étoile (f), Neige (f), Soleil (f) ou Merveille (mixte). Sortiront-ils de leur anonymat en 2043 ?

Parmi les prénoms écolos (voir le focus sur les prénoms de l'après 2020, p. 352), Abriel, Cosmin et Zéphyr commencent à faire des émules. Quant à Noisette, inédite depuis la Révolution en France, rejoindra-t-elle le cortège des prénoms de fruits ? Nous suivrons également Jadée, Rosaé et Maëlien, encore absents des registres de l'état civil.

La relève des stars actuelles

Dans les années 1940, Claude a cédé sa place à Claudette qui s'est elle-même métamorphosée en Claudine, Claudie puis Claudia dans les années 1990. Sur ce modèle, nous pourrions envisager des évolutions comme celles-ci :

- Albane... Alba
- Ambre... Ambrine
- Blanche... Brune
- Eva... Ava
- Charlie... Charline
- Coline... Colette
- Emma... Ella
- Léna... Elena, Loëna
- Lucie... Lucia
- Mila... Milana ou Miléna
- Mia... Mai
- Rose... Rosalie, Rosine
- Victoire... Vicky, Victorine
- Zoé... Zéline

- Antoine... Anatole
- Augustin... Auguste
- Arthur... Artus
- Côme... Cosmin (et au féminin Cosima ?)
- Charles... Charlie
- Diego... Jacques
- Enzo... Henri
- Gabriel... Gaby
- Hugo... Hugues
- Léo... Léon
- Marcel et Marceau... Marcelin
- Marius... Marin
- Paul... Paulin
- Louis... Aloys ou Clovis

Maintenant, à vous de rechercher d'autres possibilités pour les prénoms de demain. Nous vous faisons confiance pour nous surprendre. Vous pouvez compter sur nous pour en faire l'écho sans attendre 2 décennies !

Kellie

200

Contestation ou église (irlandais). Féminin anglais. *Caractérologie :* idéalisme, altruisme, intégrité, réflexion, dévouement.

Kelly

25 000 Top 500

Contestation ou église (irlandais). Kelly est très répandu dans les pays anglophones. *Variantes :* Kaley, Kaylia, Kélian, Kéliana, Kéliane, Kellia, Kelliane, Kellie, Kellina, Kelline, Kellya, Kellyah, Kellyan, Kellyane, Kellyna, Kellyne, Kelyan, Kélyana, Kélyane, Kellyanna, Kély, Kelyn, Kélyna, Kélyne, Kiliane. *Caractérologie :* loyauté, diplomatie, réceptivité, sociabilité, cœur.

Kélya

5 500 Top 300

Contestation ou église (irlandais). Kelya est répandu dans les pays anglophones. *Variantes :* Keyla, Keylia. *Caractérologie :* idéalisme, altruisme, intégrité, sympathie, organisation.

Kena

\- de 30

Très belle (irlandais). *Caractérologie :* méthode, sens du devoir, ténacité, fiabilité, engagement.

Kendra

1 500 Top 2 000

Dérivé féminin de Kendrick : puissante (gallois). *Variante :* Kendria. *Caractérologie :* ardeur, achèvement, stratégie, vitalité, détermination.

Kenza

19 000 Top 300

Trésor (arabe). Ce prénom, attribué pour la première fois en France en 1951, a tardé à s'épanouir jusque dans les années 1990. Qu'importe, puisque cette étape est désormais franchie. En vogue dans les cultures musulmanes francophones, Kenza est aussi prisé par les couples mixtes. Kenza fut la mère du Moulay Idris II (791-828), le fondateur de l'État marocain. *Caractérologie :* communication, enthousiasme, pratique, adaptation, finesse.

K

Kenzy
400 Top 2 000

Trésor (arabe), légère (écossais). *Variante :* Kenzie. *Caractérologie :* idéalisme, altruisme, intégrité, réflexion, finesse.

Keren
1 400 Top 900

Rayon de soleil (hébreu). *Caractérologie :* force, habileté, passion, management, ambition.

Kessy
3 000 Top 300

Pure (grec). *Caractérologie :* connaissances, spiritualité, originalité, sagacité, philosophie.

Ketsia
1 000 Top 2 000

Arbuste dont l'écorce produit des épices (hébreu). *Variante :* Keshia. *Caractérologie :* sociabilité, réceptivité, détermination, loyauté, diplomatie.

Ketty
3 500

Pure (grec). On peut estimer que moins de 30 enfants seront prénommés ainsi en 2023. *Variantes :* Keti, Ketti. *Caractérologie :* altruisme, intégrité, idéalisme, dévouement, réflexion.

K

Ketura
- de 100

Encens (hébreu). Dans l'Ancien Testament, Keturah devient l'épouse d'Abraham à la mort de Sarah. *Variante :* Keturah. *Caractérologie :* pratique, communication, détermination, enthousiasme, sensibilité.

Keva
- de 30

Fleur de lotus (sanscrit). Féminin indien d'Asie. *Caractérologie :* pratique, adaptation, enthousiasme, communication, générosité.

Kevine
- de 100

Belle fille (irlandais). *Variante :* Kelvine. *Caractérologie :* communication, pragmatisme, optimisme, créativité, sociabilité.

Keya
- de 100

Fleur (sanscrit). Keya est usité en Inde. *Caractérologie :* équilibre, responsabilité, exigence, influence, famille.

Kezia
550

Arbuste dont l'écorce produit des épices (hébreu). *Variantes :* Késia, Keshia, Keziah, Kesya, Kessya. *Caractérologie :* connaissances, sagacité, attention, spiritualité, décision.

Khadija
9 500 Top 300

Prénom arabe. Khadija fut la première épouse du Prophète et la première femme à embrasser l'islam. *Variantes :* Kady, Kadidja, Kadija, Khadidja, Khady, Khedidja. *Caractérologie :* ambition, force, habileté, passion, management.

Khéira
3 000 Top 900

Celle qui excelle (arabe). *Variante :* Khaïra. *Caractérologie :* sensibilité, intelligence, savoir, méditation, détermination.

Kia
- de 100

Diminutif anglophone de Kiana et diminutif scandinave de Kristiana. *Variante :* Kiah. *Caractérologie :* optimisme, communication, créativité, sociabilité, pragmatisme.

Kiana
350 Top 2 000

Apparu dans les années 1960 aux États-Unis, Kiana est probablement dérivé de l'irlandais *cian*, « ancien ». Kiana est également un prénom persan se rapportant aux quatre éléments de la vie : l'eau, la terre, le feu et l'air. Enfin, Kiana est le nom d'un village d'Alaska. *Variantes :* Qiana, Quiana. *Caractérologie :* altruisme, intégrité, idéalisme, détermination, réflexion.

Kiara
5 500 Top 200

Brune (irlandais). Kiara est très répandu en Irlande et dans les pays anglophones. *Variantes :* Kiera, Kiria, Kiriah, Kyara. *Caractérologie :* persévérance, structure, sécurité, efficacité, honnêteté.

Kim
5 000 Top 2 000

Diminutif anglophone de Kimberly : plaine royale (afrikaans), or (vietnamien). *Variante :* Kym. *Caractérologie :* influence, famille, équilibre, responsabilité, exigence.

Kimberley
7 000 Top 2 000

Plaine royale (afrikaans). Kimberley est très répandu dans les pays anglophones. *Variante :* Kimberlay. *Caractérologie :* dynamisme, audace, direction, indépendance, cœur.

Kimberly
2 000 Top 2 000

Plaine royale (afrikaans). Kimberly est le nom d'une ville d'Afrique du Sud connue pour sa richesse en kimberlites (une roche contenant des diamants). *Caractérologie :* dynamisme, curiosité, courage, indépendance, sympathie.

Kimiko
- de 100

L'enfant est juste (japonais). *Variante :* Kimi. *Caractérologie :* découverte, séduction, originalité, audace, énergie.

Kimy
500

Plaine royale (afrikaans). Féminin anglais. *Variante :* Kimmy. *Caractérologie :* structure, persévérance, sécurité, honnêteté, efficacité.

Kinsey
- de 100

De la même famille (anglais). *Caractérologie :* réceptivité, sociabilité, diplomatie, résolution, loyauté.

Kiona
- de 30

Colline dorée (amérindien). *Caractérologie :* sociabilité, réceptivité, volonté, diplomatie, loyauté.

Kira
600 Top 700

Soleil (persan). Kira est particulièrement répandu en Russie et dans les pays anglophones. *Variante :* Kyra. *Caractérologie :* communication, pratique, générosité, enthousiasme, adaptation.

Kiyo
- de 30

Heureuse génération (japonais). *Caractérologie :* conseil, bienveillance, paix, conscience, sagesse.

Klara
2 000 Top 2 000

Illustre (latin). Klara est particulièrement répandu en Hongrie, en Tchéquie, en Ukraine, en Autriche et dans les pays scandinaves. *Caractérologie :* indépendance, intelligence, savoir, méditation, organisation.

Klervi
1 000

Pierre précieuse, bijou (celte). Prénom breton. *Variantes :* Kler, Klervia. *Caractérologie :* énergie, audace, découverte, originalité, séduction.

Klervie
400

Pierre précieuse, bijou (celte). *Caractérologie :* indépendance, dynamisme, audace, direction, assurance.

Kohana
- de 30

Petite fleur (japonais). *Caractérologie :* courage, dynamisme, curiosité, indépendance, sensibilité.

Koko
- de 30

Cigogne (japonais). *Caractérologie :* intelligence, indépendance, méditation, savoir, sagesse.

Kristel
1 200

Messie (grec). Féminin anglais. On peut estimer que moins de 30 enfants seront prénommés ainsi en 2023. *Variantes :*

K

Kristal, Kristèle, Kristell, Kristelle. *Caractérologie :* méthode, fiabilité, ténacité, organisation, résolution.

Kristen
500

Messie (grec). *Caractérologie :* famille, équilibre, influence, responsabilité, détermination.

Kristina
1 000

Messie (grec). Kristina est particulièrement répandu dans les pays scandinaves, dans les pays slaves et en Allemagne. *Variantes :* Kristen, Kristie, Kristy, Kristiana, Kristiane, Kristine. *Caractérologie :* relationnel, intuition, fidélité, résolution, médiation.

Krystal
850

Messie (grec). *Caractérologie :* sagacité, connaissances, originalité, spiritualité, organisation.

Krystel
800

Messie (grec). *Variante :* Krystèle. *Caractérologie :* réceptivité, sociabilité, décision, cœur, diplomatie.

Kylia
350

Variante de Kayla, Kylie ou Kyla. Féminin anglais. *Caractérologie :* organisation, ténacité, engagement, fiabilité, méthode.

Kyliane
- de 100

Contestation ou église (irlandais). Ce féminin de Kylian est apparu en France à la fin des années 1990. Il est à l'origine de nombreuses variantes (Killiane, Kyliana, Kylianna, Kylliane, Kyla, etc.) mais reste bien plus rare que son homophone masculin. *Caractérologie :* assurance, ambition, direction, innovation, détermination.

Kylie
950 Top 700

Élancée (irlandais). Féminin anglais. *Variantes :* Kylia, Kyliana, Kyliane. *Caractérologie :* force, passion, sympathie, ambition, habileté.

Kyra
600 Top 2 000

Soleil (persan). *Caractérologie :* direction, audace, dynamisme, assurance, indépendance.

Kyria
180

Soleil (persan), brune (irlandais), cité (hébreu). *Variantes :* Kiria, Kiriah. *Caractérologie :* audace, indépendance, direction, assurance, dynamisme.

L

Laela
110

Se rapporte à Laelianu, patronyme d'une famille espagnole noble du IIIe siècle. *Caractérologie :* fiabilité, méthode, sens du devoir, engagement, ténacité.

Laelia
250

Se rapporte à Laelianu, patronyme d'une famille espagnole noble du IIIe siècle. Laelia est également le nom d'une orchidée originaire d'Amérique centrale. *Variantes :* Laéliana, Laéliane, Laélie. *Caractérologie :* méthode, fiabilité, décision, engagement, ténacité.

Laeticia
2 000

Allégresse (latin). On peut estimer que moins de 30 enfants seront prénommés ainsi en 2023. *Caractérologie :* organisation, équilibre, famille, responsabilité, résolution.

Laetitia
141 000 Top 2 000

Allégresse (latin). Ce prénom émergeait tout juste en France lorsque Serge Gainsbourg en fit une chanson. En 1963, ce tube accélère la croissance de Laetitia qui atteint son zénith au 4e rang féminin en 1982. *Variantes :* Laeticia, Letitia, Letizia, Liesse, Tish, Tisha. *Caractérologie :* énergie, gestion, découverte, décision, audace.

Laïa
1 500 Top 400

Forme catalane d'Eulalie. Belle parole, beau langage (latin/grec). *Variantes :* Laya, Layana, Layane. *Caractérologie :* dynamisme, courage, indépendance, curiosité, charisme.

Laïla
6 000 Top 800

Née pendant la nuit (arabe). *Caractérologie :* vitalité, achèvement, stratégie, ardeur, leadership.

Laïna
1 900 Top 800

Éclat du soleil (grec). Féminin anglais. *Variante :* Layna. *Caractérologie :* dynamisme, direction, indépendance, audace, détermination.

Laïs
500 Top 2 000

Courtisane dans l'Athènes antique, Laïs de Corinthe était si belle que tous les peintres et sculpteurs la suppliaient de poser pour eux. Elle compta, parmi ses nombreux amants, le philosophe Aristippe. *Caractérologie :* charisme, découverte, originalité, séduction, énergie.

Lalia
750

Belle parole, beau langage (latin/grec). *Caractérologie :* achèvement, ardeur, stratégie, vitalité, leadership.

Lalie
4 500 Top 900

Belle parole, beau langage (latin/grec). *Variantes :* Lali, Lallie. *Caractérologie :* communication, résolution, pratique, enthousiasme, adaptation.

Laly
6 500 Top 600

Belle parole, beau langage (latin/grec). *Variante :* Lally. *Caractérologie :* audace, séduction, découverte, originalité, énergie.

Lamia
4 000 Top 2 000

Celle qui a des lèvres sombres (arabe). *Variantes :* Lama, Lamiae, Lamya. *Caractérologie :* altruisme, réflexion, intégrité, idéalisme, dévouement.

Lana
26 000 Top 100

Éclat du soleil (grec). Ce prénom anglais, russe et croate rencontre un succès grandissant en France depuis le début des années 2000. *Variantes :* Laïna, Lanna, Layna. *Caractérologie :* ambition, autorité, innovation, énergie, autonomie.

Laora
900 Top 2 000

Couronnée de lauriers (latin). Féminin français et breton. *Caractérologie :* réceptivité, diplomatie, sociabilité, logique, loyauté.

Lara
11 000 Top 200

Mouette (grec). Prénom russe, anglais, allemand, italien, espagnol, néerlandais, slovène, corse et breton. *Caractérologie :* audace, énergie, découverte, séduction, originalité.

Larissa
1 600

Mouette (grec). Larissa est très répandu en Russie. On peut estimer que moins de 30 enfants seront prénommés ainsi en 2023. *Caractérologie :* sagacité, originalité, spiritualité, philosophie, connaissances.

Laudine
180

Dans les légendes arthuriennes, Laudine, surnommée Dame de la Fontaine, déploie maints efforts pour conquérir le chevalier Yvain, qu'elle finit par épouser. *Caractérologie :* motivation, communication, pratique, optimisme, partage.

Laura
147 000 Top 300 ↘

Couronnée de lauriers (latin). Après avoir brillé dans de nombreux palmarès occidentaux, Laura fléchit nettement aujourd'hui. L'immense succès de *Laura*, chanté par Johnny Hallyday, a contribué à la gloire du prénom à la fin des années 1980. Laura est très répandu à l'échelle internationale aujourd'hui. *Caractérologie :* achèvement, vitalité, ardeur, leadership, stratégie.

Laurane
1 900

Couronnée de lauriers (latin). Féminin français. On peut estimer que moins de 30 enfants seront prénommés ainsi en 2023. *Variantes :* Laurana, Lauriana, Laurina, Laurinda. *Caractérologie :* rêve, ouverture d'esprit, rectitude, humanité, décision.

Lauranne
1 400

Couronnée de lauriers (latin). On peut estimer que moins de 30 enfants seront prénommés ainsi en 2023. *Caractérologie :* détermination, audace, découverte, originalité, énergie.

Laure
70 000 Top 600 ↘

Couronnée de lauriers (latin). Féminin français. *Caractérologie :* adaptation, pratique, décision, communication, enthousiasme.

Laure-Anne
800

Forme composée de Laure et Anne. Féminin français. *Caractérologie :* innovation, autorité, énergie, ambition, détermination.

Laureen
5 000

Couronnée de lauriers (latin). Féminin anglais. On peut estimer que moins de 30 enfants seront prénommés ainsi en 2023. *Caractérologie :* sécurité, efficacité, persévérance, structure, résolution.

Laureline
3 000 Top 2 000 ↗

Couronnée de lauriers (latin). *Variantes :* Lauralee, Lauralie, Lauraline, Laurela, Laureleen, Laurelène, Laurelenn, Laurélia, Laurélie, Lore, Laurelyne, Loraline. *Caractérologie :* sagacité, spiritualité, connaissances, originalité, détermination.

Lauren
4 000

Couronnée de lauriers (latin). Féminin anglais. On peut estimer que moins de 30 enfants seront prénommés ainsi en 2023. *Variantes :* Lauraine, Laurenn, Laurenne. *Caractérologie :* passion, ambition, force, décision, habileté.

Laurena
1 700

Couronnée de lauriers (latin). Féminin anglais. On peut estimer que moins de 30 enfants seront prénommés ainsi en 2023. *Caractérologie :* humanité, rêve, rectitude, résolution, tolérance.

Laurence
166 000

Couronnée de lauriers (latin). Peu attribué par le passé, Laurence surgit dans le sillon de Laurent et Florence dans les années 1960. Il figure dans les 10 premiers choix français durant une décennie avant de décliner lentement. Dans les pays anglophones, Laurence a longtemps prénommé les garçons avant d'être abandonné pour Lawrence. On peut estimer que moins de 30 enfants seront prénommés ainsi en 2023. *Variantes :* Laurencia, Laurentia, Laurentine, Laurenza, Loredana. *Caractérologie :* originalité, sagacité, connaissances, décision, spiritualité.

Laurène
8 500 Top 2 000 ➔

Couronnée de lauriers (latin). En dehors de l'Hexagone, ce prénom est particulièrement porté dans les pays anglophones. *Caractérologie :* ténacité, méthode, engagement, décision, fiabilité.

Laurette
6 000

Couronnée de lauriers (latin). Féminin français. On peut estimer que moins de 30 enfants seront prénommés ainsi en 2023. *Caractérologie :* pratique, enthousiasme, communication, détermination, organisation.

Lauriane
14 000

Couronnée de lauriers (latin). Féminin français. On peut estimer que moins de 30 enfants seront prénommés ainsi en 2023. *Variantes :* Lauria, Lauriana, Laurina, Laurinda, Lauryane, Lauro. *Caractérologie :* réflexion, altruisme, intégrité, détermination, idéalisme.

Laurianne
4 500

Couronnée de lauriers (latin). On peut estimer que moins de 30 enfants seront prénommés ainsi en 2023. *Variante :* Lauryanne. *Caractérologie :* découverte, énergie, originalité, audace, décision.

Laurie
29 000

Couronnée de lauriers (latin). En dehors de l'Hexagone, Laurie est plus particulièrement répandu dans les pays anglophones et néerlandophones. On peut estimer que moins de 30 enfants seront prénommés ainsi en 2023. *Caractérologie :* adaptation, communication, enthousiasme, pratique, résolution.

Laurine
25 000 Top 2 000 ↘

Couronnée de lauriers (latin). Féminin français. *Variante :* Laurinne. *Caractérologie :* ardeur, vitalité, stratégie, achèvement, décision.

Laury
4 500 Top 2 000 ↘

Couronnée de lauriers (latin). Féminin anglais. *Caractérologie :* découverte, originalité, séduction, énergie, audace.

Lauryn
2 000

Couronnée de lauriers (latin). Féminin anglais. On peut estimer que moins de 30 enfants seront prénommés ainsi en 2023. *Caractérologie :* énergie, innovation, cœur, autorité, décision.

Lauryne
4 500

Couronnée de lauriers (latin). Lauryne est répandu dans les pays anglophones. On peut estimer que moins de 30 enfants seront prénommés ainsi en 2023. *Caractérologie :* famille, équilibre, responsabilité, décision, cœur.

Lavinia
300 Top 2 000 ↘

Laver (latin). Lavinia est plus particulièrement recensé dans les pays anglophones et en Corse. *Caractérologie :* audace, énergie, originalité, découverte, détermination.

Layana
4 000 Top 200 ↗

Belle parole, beau langage (latin/grec), variante de Lina. *Caractérologie :* cœur, rêve, ouverture d'esprit, humanité, rectitude.

Layla
2 000 Top 500 ➔

Née pendant la nuit (arabe). Layla est l'héroïne de *Majnun Layla*, l'équivalent poétique oriental de *Tristan et Iseut*. *Caractérologie :* paix, conscience, conseil, sagesse, bienveillance.

L

Léa
187 000 Top 50

Gazelle, vache sauvage, ou fatiguée (hébreu). *Caractérologie :* générosité, rectitude, rêve, humanité, tolérance.

Leah
1 500 Top 2 000

Gazelle, vache sauvage, ou fatiguée (hébreu). Féminin anglais. *Variante :* Lhéa. *Caractérologie :* force, habileté, management, ambition, passion.

Léa-Marie
200

Forme composée de Léa et Marie. Féminin français. *Caractérologie :* détermination, dynamisme, audace, direction, indépendance.

Léana
20 000 Top 100

Lion (latin). Féminin anglais, irlandais et français. *Variante :* Léanna. *Caractérologie :* paix, sagesse, bienveillance, conscience, conseil.

Léandra
900 Top 2 000

Homme-lion (grec). Prénom italien. *Variante :* Léandre. *Caractérologie :* innovation, énergie, autorité, ambition, résolution.

L

Léane
18 000 Top 400

Lion (latin). Féminin français et anglais. *Caractérologie :* indépendance, direction, assurance, audace, dynamisme.

Léanne
3 500 Top 800

Lion (latin). Sans accent, Leanne est assez répandu dans les pays anglophones. *Variante :* Léanna. *Caractérologie :* responsabilité, famille, influence, équilibre, exigence.

Lee
170

Clairière (anglais), poétique (irlandais), force, tranchant, debout (chinois). Lee est également un patronyme chinois très répandu. *Variante :* Li. *Caractérologie :* sens du devoir, méthode, fiabilité, engagement, ténacité.

Leelou
2 000 Top 2 000

Voir Lilou. *Variantes :* Lee-Lou, Leeloo. *Caractérologie :* connaissances, originalité, sagacité, philosophie, spiritualité.

Leïa
4 500 Top 300

Lien (corse), variante de Léa. *Star Wars*, de George Lucas, a popularisé ce prénom porté par la princesse Leia. Leia est plus particulièrement usité dans les pays anglophones et en Corse, où il est orthographié sans tréma. *Caractérologie :* rêve, humanité, détermination, rectitude, tolérance.

Leïla
29 000 Top 200

Née pendant la nuit (arabe). Ce prénom est particulièrement porté dans les cultures musulmanes. *Variante :* Leïlah. *Caractérologie :* communication, résolution, pragmatisme, optimisme, créativité.

Leilani
200

Fleur du paradis (hawaïen). *Variante :* Lei. *Caractérologie :* passion, force, ambition, habileté, détermination.

Leïna
3 000 Top 600

Qui s'adapte (arabe). *Variante :* Leyna. *Caractérologie :* curiosité, courage, indépendance, décision, dynamisme.

Lélia
1 600 Top 2 000

Lys (latin), qui témoigne (grec). Sans accent, Lelia est un prénom italien et corse. *Variante :* Léliane. *Caractérologie :* adaptation, communication, enthousiasme, pratique, décision.

Léna
68 000 Top 50

Éclat du soleil (grec). *Variantes :* Lehna, Leina, Lenna. *Caractérologie :* dynamisme, courage, curiosité, indépendance, charisme.

Léa

Fête :
22 mars

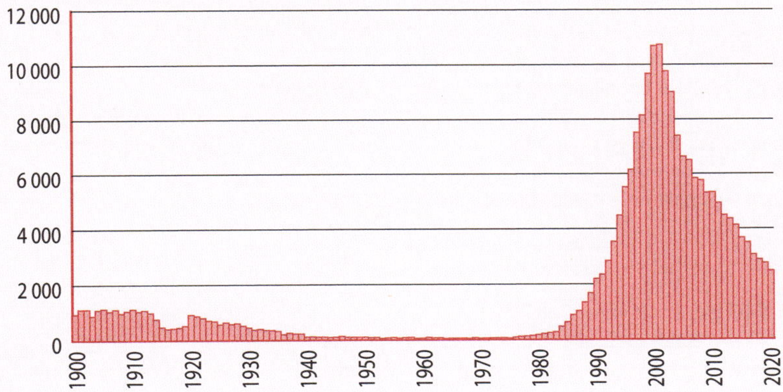

Étymologie

L'origine est hébraïque, mais la signification est controversée. Léa pourrait signifier « gazelle », « vache sauvage », ou bien encore « fatiguée ». Première femme de Jacob dans l'Ancien Testament, elle donna naissance à 6 garçons qui devinrent les fondateurs des 6 premières tribus d'Israël. En dépit de cette illustre origine, ce vieux prénom a longtemps été inusité. C'est à partir de 1900 que Colette le fait renaître en le choisissant pour l'héroïne de 2 romans. Après une brève envolée, son niveau d'attribution décroît jusque dans les années 1930, où il devient insignifiant. Après avoir bien failli disparaître, Léa renaît à la fin du siècle. De quelle manière orchestre-t-elle son retour !

Elle prend la tête du palmarès en 1997 et domine ce dernier pendant 9 ans. Un bien long règne pour une époque où la valse des prénoms rend toute gloire éphémère. Malgré son déclin subséquent, Léa se maintient, aujourd'hui encore, dans les 15 premiers rangs au niveau national et dans la plupart des grandes villes, de Toulouse à Paris. Elle laisse à la postérité Léana et Léane, qui ont fait le buzz au début du 3e millénaire.

Léa se maintient en haut des tableaux wallon, suisse romand et québécois, mais son reflux s'accentue en Allemagne, dans les pays anglophones et scandinaves.

Dans la littérature

Léa est l'héroïne de *Chéri* et *La Fin de Chéri* de Colette. Le succès de *La Bicyclette bleue*, roman de Régine Deforges, a favorisé le retour de ce prénom dans les années 1980.

Personnes célèbres

Léa Drucker, actrice, née en 1972 ; Léa Salamé, journaliste franco-libanaise, née en 1979 ; Léa Seydoux, actrice française, née en 1985.

Statistiques

Léa est le 2e prénom féminin le plus donné en France depuis l'an 2000. Ce prénom est attribué à près d'une fille sur 150 aujourd'hui.

L

Lenaëlle
850 Top 2 000 ↘

Éclat du soleil (grec). *Caractérologie :* communication, pragmatisme, optimisme, créativité, sociabilité.

Lenaïg
1 600

Éclat du soleil (grec). Cette forme bretonne d'Hélène est également orthographiée sans tréma. On peut estimer que moins de 30 enfants seront prénommés ainsi en 2023. *Caractérologie :* communication, résolution, sympathie, enthousiasme, pratique.

Lenka
130

Diminutif tchèque, slovaque et macédonien d'Hélène ou de Madeleine. *Caractérologie :* organisation, connaissances, sagacité, originalité, spiritualité.

Lennie
650 Top 2 000 →

Diminutif d'Hélène ou de Léonarde. *Variante :* Léni. *Caractérologie :* charisme, dynamisme, curiosité, indépendance, courage.

Lénora
300 Top 2 000 ↗

Compassion (grec). Féminin anglais. *Caractérologie :* intuition, médiation, détermination, relationnel, raisonnement.

Léocadie
800 ↑

Se rapporte au nom d'une île grecque. *Variantes :* Léoda, Léodie, Léocadia, Leokadia, Leokadie. *Caractérologie :* rêve, rectitude, raisonnement, volonté, humanité.

Léolia
- de 30

Lion (latin), ou contraction de Léo et Lia. *Variante :* Léola. *Caractérologie :* rectitude, humanité, raisonnement, générosité, ouverture d'esprit.

Léona
3 000 Top 700 ↘

Lion (latin). En dehors de l'Hexagone, Leona est plus particulièrement attribué en Italie, dans les pays anglophones et germanophones. *Caractérologie :* sociabilité, réceptivité, loyauté, diplomatie, bonté.

Léonarde
- de 30

Lion (latin). *Caractérologie :* réceptivité, diplomatie, volonté, sociabilité, analyse.

Léonce
300 →

Lion (latin). *Variante :* Léoncia. *Caractérologie :* altruisme, idéalisme, intégrité, réflexion, dévouement.

Léone
6 500 Top 2 000 ↑

Lion (latin). Féminin anglais et français. *Caractérologie :* bienveillance, conscience, conseil, sagesse, paix.

Léonie
38 000 Top 50 →

Lion (latin). Léonie, la forme germanophone de Léon, est usitée dans de nombreux pays européens au Moyen Âge. Elle renaît au XIXe siècle et cultive une certaine vogue en France jusque dans les années 1920. L'essor de Léo et des prénoms rétro la font décoller de nouveau en fin de siècle. Léonie a intégré le top 30 féminin en 2010, l'année de son dernier apogée. *Variantes :* Éléonie, Léonella, Léonelle, Léonne, Léone, Léonia, Léonine, Léonnie, Léonille, Lonnie. *Caractérologie :* influence, logique, famille, éthique, équilibre.

Léonille
- de 100

Lion (latin). Féminin français. *Caractérologie :* communication, optimisme, raisonnement, créativité, décision.

Léonne
500

Lion (latin). *Caractérologie :* médiation, fidélité, relationnel, intuition, adaptabilité.

L

Léna, Éléna

Fête :
18 août

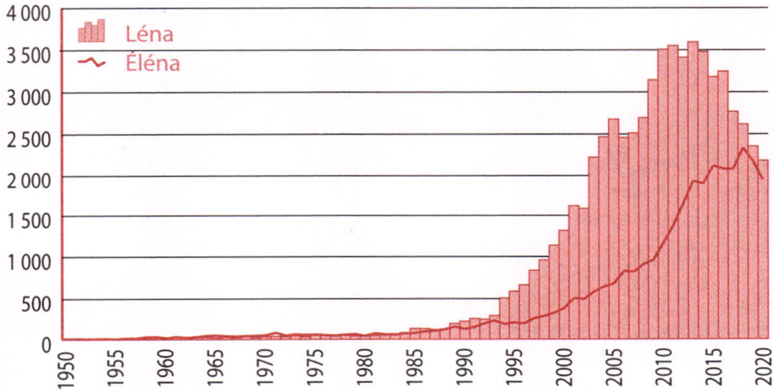

Étymologie

Du grec *hêlê*, « éclat du soleil ». La Léna que les Bretons connaissent est un diminutif d'Éléna, mais cette forme internationale d'Hélène est usitée depuis longtemps dans les pays slaves, dans les pays scandinaves et en Allemagne. Malgré cette renommée, Léna ne prénomme pas plus de 50 Françaises par an avant les années 1980. Son envolée est d'autant plus spectaculaire qu'une décennie lui suffit pour s'imposer dans l'élite. Soutenue par la vague des sonorités courtes en « a » et son identité bretonne, Léna devrait se maintenir dans le top 20 jusqu'au milieu des années 2020. Un temps pressentie pour prendre sa place, Elena recule dans le top 30 féminin.

Prénom de prédilection dans les pays d'Europe de l'Est et en Russie, Elena arrive avec discrétion au XXe siècle en France. C'est à partir des années 1960 qu'elle entame sa lente mais régulière ascension, jusqu'à dépasser le cap des 2 000 naissances par an en 2015. Depuis, elle ne cesse de progresser. Cet engouement se vérifie en Belgique et en Suisse francophones. Ce prénom séduit également les Espagnols et les Italiens. Pas étonnant, si l'on se réfère à sa belle et illustre ancêtre grecque, Hélène, l'épouse de Ménélas. Envoûté par sa beauté, Pâris en tomba éperdument amoureux et l'enleva. Cette passion réciproque déclencha la célèbre et historique guerre de Troie.

L'essor de Léna et Éléna a encouragé nombre de découvertes et quelques feux de paille. Comme Ilona, qui s'est enflammée si vite qu'elle a été victime de son succès (elle se classe désormais dans le top 500 national).

Dans les pays francophones, Léna est en perte de vitesse en Suisse romande et au Québec, au profit d'Éléna qui conserve son attrait. À l'international, ce prénom est toujours particulièrement prisé par les parents européens de l'Est (Pologne, Autriche, Hongrie).

Lena est le nom d'un fleuve russe qui alimente essentiellement la Sibérie centrale.

Personnes célèbres

Lena Ka, chanteuse française, née en 1977 ; Lena Olin, actrice suédoise, née en 1955 ; Lena Dunham, actrice et réalisatrice américaine qui

L

s'est distinguée pour ses prises de position féministes, née en 1986 ; Elena Bonner, militante pour la défense des droits de l'homme en Russie (1923-2011) ; Elena Anaya, comédienne espagnole, née en 1975 ; Elena Dementieva, joueuse de tennis professionnelle, née en 1981.

Statistiques
Léna est le 13e prénom féminin le plus donné en France depuis l'an 2000. Ce prénom est attribué à près d'une fille sur 180 aujourd'hui. Éléna devrait prénommer une fille sur 190 et figurer au 50e rang de ce palmarès.

Leonor
1 900 Top 600

Compassion (grec). Féminin portugais et espagnol. *Caractérologie :* spiritualité, sagacité, originalité, analyse, connaissances.

Léonora
300

Compassion (grec). Leonora est très répandu en Corse, en Italie et dans les pays slaves. *Variantes :* Léore, Lonora. *Caractérologie :* force, confiance, logique, décision, ambition.

Léonore
3 500 Top 400

Compassion (grec). En 2014, Madeleine de Suède a donné naissance à la princesse Léonore. En dehors de l'Hexagone, Leonore est plus particulièrement répandu en Allemagne. *Variantes :* Lénora, Léonora. *Caractérologie :* pragmatisme, optimisme, créativité, communication, raisonnement.

Léontine
3 000 Top 600

Lion (latin). Féminin français et anglais. *Variante :* Léondine. *Caractérologie :* structure, efficacité, persévérance, sécurité, logique.

Léopoldine
1 700 Top 900

Peuple courageux (germanique). Féminin français. *Caractérologie :* volonté, ambition, force, habileté, raisonnement.

Léora
110

La lumière est à moi (hébreu). *Caractérologie :* famille, équilibre, analyse, responsabilité, résolution.

Léria
160

Comme un aigle (latin). Voir Aléria. Féminin corse. *Caractérologie :* idéalisme, réflexion, résolution, altruisme, intégrité.

Lesia
800 Top 2 000

Dieu est serment (hébreu). Cette forme corse d'Élisabeth est également une forme ukrainienne d'Alice. *Caractérologie :* innovation, autonomie, décision, ambition, vision.

Leslie
15 000 Top 2 000

Forteresse grise (écossais). Leslie est très répandu dans les pays anglophones. *Caractérologie :* habileté, passion, ambition, décision, force.

Lesly
1 900

Forteresse grise (écossais). On peut estimer que moins de 30 enfants seront prénommés ainsi en 2023. *Variantes :* Lesley, Leslye. *Caractérologie :* énergie, innovation, autorité, ambition, bonté.

Léticia
1 400 Top 2 000

Allégresse (latin). Féminin espagnol et portugais. *Variantes :* Létitia, Letizia. *Caractérologie :* audace, découverte, énergie, gestion, décision.

Lévana
1 100 Top 2 000

La lune (hébreu). *Variante :* Lévanah. *Caractérologie :* audace, dynamisme, assurance, direction, indépendance.

L

Lexane
550 ↘

Défense de l'humanité (grec). *Caractérologie :* sagacité, spiritualité, connaissances, originalité, philosophie.

Lexie
2 500 Top 300 →

Défense de l'humanité (grec). *Caractérologie :* raisonnement, dynamisme, audace, indépendance, direction.

Leyla
3 000 Top 500 →

Née pendant la nuit (arabe). *Caractérologie :* indépendance, audace, dynamisme, direction, cœur.

Lia
5 500 Top 300 →

Diminutif anglophone de Nathalia. Variante corse, italienne et portugaise de Léa. *Variante :* Liah. *Caractérologie :* méthode, ténacité, fiabilité, engagement, sens du devoir.

Liana
3 500 Top 300 →

Lys (latin). Liana est plus particulièrement usité en Italie, dans les pays lusophones et anglophones. *Caractérologie :* innovation, autorité, détermination, ambition, énergie.

Liane
350

Lys (latin). Féminin anglais. *Variantes :* Lianne, Lyane. *Caractérologie :* énergie, découverte, décision, audace, originalité.

Liberty
- de 30

Liberté (anglais). Liberty est apparu pour la première fois dans l'Hexagone en 1976. *Variante :* Liberté. *Caractérologie :* innovation, énergie, ambition, autorité, sympathie.

Lida
- de 100

Dame (grec). Féminin anglais et italien. *Variante :* Leda. *Caractérologie :* achèvement, stratégie, ardeur, leadership, vitalité.

Lidia
1 800

Qui vient de Lydie (grec). Lidia est répandu en Italie et en Corse. On peut estimer que moins de 30 enfants seront prénommés ainsi en 2023. *Caractérologie :* stratégie, vitalité, ardeur, achèvement, leadership.

Lidwine
1 000

Peuple accueillant (germanique). Féminin allemand et néerlandais. *Variante :* Lydwine. *Caractérologie :* engagement, méthode, sens du devoir, fiabilité, ténacité.

Lidy
190

Qui vient de Lydie (grec). Dans l'Hexagone, Lidy est plus traditionnellement usité en Alsace. *Variante :* Lidie. *Caractérologie :* courage, curiosité, dynamisme, indépendance, charisme.

Lila
17 000 Top 100 →

Lys (latin), ce qui m'appartient est à elle (hébreu). Lila est également une variante de Leïla et un prénom indien signifiant « beauté ». *Variante :* Lyla. *Caractérologie :* connaissances, sagacité, originalité, philosophie, spiritualité.

Lilas
4 500 Top 400 →

Lys (latin). Le lilas est un arbuste dont les fleurs blanches ou violettes sont très parfumées. Féminin français. *Variantes :* Lilac, Lylas. *Caractérologie :* vitalité, stratégie, achèvement, ardeur, leadership.

Lili
7 000 Top 600 ↘

Lys (latin). Ce prénom connaissait une certaine faveur dans les pays occidentaux lorsque Meghan Markle et le prince Harry ont annoncé la naissance de leur fille Lilibet Diana Mountbatten-Windsor, en juin 2021, en hommage à l'arrière-grand-mère de l'enfant. Lilibet est en effet le surnom utilisé dans la famille royale anglaise pour désigner la reine Elisabeth II. Encore inconnu en France, ce petit nom a peu de chances de s'envoler (la combinaison de Lili et « bet » n'est pas très heureuse), mais « baby Lili » pourrait bien faire rebondir la cote de Lili tout court ! *Caractérologie :* responsabilité, équilibre, influence, famille, exigence.

Lilia

12 000 Top 300 →

Forme russe de Lily, du latin *lilium*, lys. Lilia est également une variante de Leïla et Lila. En dehors de l'Hexagone, Lilia est particulièrement usité en Russie et dans les pays slaves. *Variantes :* Lilias, Lilla, Lilya. *Caractérologie :* connaissances, spiritualité, philosophie, originalité, sagacité.

Liliana

1 500 Top 2 000 →

Lys (latin). Féminin italien, espagnol, portugais, roumain et polonais. *Caractérologie :* résolution, fiabilité, méthode, ténacité, engagement.

Liliane

78 000 Top 1 000 ↑

Lys (latin). Prénom français. Au milieu de la Seconde Guerre mondiale, Léopold III, le roi des Belges, épousa secrètement Liliane de Rethy. Le couple attendit plusieurs mois avant de révéler publiquement son union. *Variantes :* Lilian, Lilianne, Lillia, Lillian, Lilliane. *Caractérologie :* achèvement, stratégie, vitalité, détermination, ardeur.

Lilie

2 500 Top 1 000 ↘

Lys (latin). *Caractérologie :* adaptabilité, fidélité, médiation, relationnel, intuition.

Lili-Rose

1 800 Top 2 000 ↘

Forme composée de Lily et Rose. Féminin français. *Caractérologie :* humanité, rectitude, générosité, rêve, volonté.

Lilly

4 500 Top 600 ↘

Lys (latin). En dehors de l'Hexagone, Lilly est particulièrement répandu dans les pays anglophones et scandinaves. *Variantes :* Lilie, Lillie. *Caractérologie :* connaissances, sagacité, philosophie, originalité, spiritualité.

Lilo

450 ↗

Dérivé de Liselotte (une contraction d'Elizabeth et Charlotte), cet ancien prénom allemand est apparu pour la première fois dans l'Hexagone en 2001. On doit sans doute son avènement au film de Disney *Lilo et Stitch*, découvert au cinéma la même année. Lilo est un prénom mixte dont la signification diffère au masculin. *Caractérologie :* logique, optimisme, sociabilité, communication, créativité.

Liloo

900 ↓

Voir Lilou. *Caractérologie :* découverte, audace, courage, indépendance, séduction.

Lilou

45 000 Top 200 ↘

L'origine de ce prénom est controversée. Il contient les racines latine et germanique de Lili et Lou, mais il peut également faire valoir une influence chinoise (le nom Li, composante courante de nombreux prénoms chinois, signifie « beauté » et « jasmin »). Reste qu'une origine anglaise n'est pas à exclure. Dans les pays anglophones, la composante Lee signifie « clairière », ou « poétique » si l'on se tourne vers le vieil irlandais. Enfin, des origines celtiques moins connues peuvent lui donner le sens plus symbolique de « lumière ». La première Lilou de France est née en 1994, mais cette étoile n'aurait jamais brillé si Luc Besson n'en avait pas fait l'héroïne de son film *Le Cinquième Élément*. C'est donc au cinéaste français que l'on doit l'essor prodigieux de Lilou et de ses dérivés. Ce prénom s'est élevé au 12e rang féminin en 2009-2010, avant de se faire plus discret. *Caractérologie :* famille, influence, équilibre, analyse, responsabilité.

Lilwenn
2 000 Top 700

Contraction de Lily et Nolwenn apparue dans l'Hexagone en 2002. *Variantes :* Lilwen, Lylwen, Lilwene. *Caractérologie :* achèvement, stratégie, leadership, ardeur, vitalité.

Lily
22 000 Top 100

Lys (latin). Si Lily devait être associée à une couleur, le blanc lui irait à merveille : symbole de pureté et de vertu, le lys devient, dès le Moyen Âge, l'emblème de la famille royale française. Au XIXe siècle, sa vogue est plus marquée dans les pays anglophones qu'en France, mais c'est un peu partout qu'elle disparaît le plus clair du siècle suivant. La fin des années 1990 l'élève de nouveau à la faveur d'une vague rétro. Elle perce dans le top 40 français à son zénith, en 2011. *Caractérologie :* persévérance, structure, sécurité, honnêteté, efficacité.

Lilya
6 000 Top 200

Lys (latin). Féminin russe et ukrainien. *Caractérologie :* énergie, originalité, audace, séduction, découverte.

Lily-Rose
6 500 Top 300

Forme composée de Lily et Rose. La naissance de la première Lily-Rose (en 1999), une graine de star engendrée par des connaisseurs (Vanessa Paradis et Johnny Depp), a inspiré bien des parents : Lily-Rose est devenu le 1er prénom composé de France en 2010. Elle a redonné pendant quelques années, avec Lou-Ann(e), une cote aux formes composées. *Variantes :* Lili-Rose, Lilly-Rose. *Caractérologie :* amitié, intelligence, savoir, méditation, raisonnement.

Li-May
- de 30

Forme composée de Li et May. *Caractérologie :* courage, dynamisme, indépendance, charisme, aboutissement.

Lina
63 000 Top 50

Messagère (grec), souple, tendre (arabe), concentrée (sanscrit). De plus, Li Na est un prénom chinois qui, selon les caractères utilisés, peut signifier « beauté précieuse », ou « fleur de jasmin ». *Caractérologie :* humanité, rêve, tolérance, décision, rectitude.

Linaëlle
250

Contraction de Lina et Maëlle. *Caractérologie :* connaissances, sagacité, philosophie, détermination, intelligence.

Linda
30 000 Top 700

Belle (germanique). Ce prénom espagnol est répandu dans le monde anglophone et occidental. *Caractérologie :* fiabilité, méthode, résolution, ténacité, engagement.

Lindsay
9 000 Top 700

Terres de Lincoln (vieil anglais). Lindsay est répandu dans les pays anglophones. *Variantes :* Lindsey, Linsay, Linsey. *Caractérologie :* pratique, sympathie, communication, enthousiasme, réalisation.

Lindsey
1 800 Top 2 000

Terres de Lincoln (vieil anglais). Ce prénom répandu dans les pays anglophones est encore attribué à une majorité de garçons en Écosse. *Caractérologie :* intelligence, savoir, méditation, réussite, cœur.

Lindy
350

Voir Linda. *Caractérologie :* énergie, bonté, ambition, innovation, autorité.

Line
13 000 Top 400 →

Messagère (grec). En dehors de l'Hexagone, Line est très répandu dans les pays scandinaves et aux Pays-Bas. *Caractérologie :* sécurité, persévérance, efficacité, structure, honnêteté.

Linéa
- de 30

Se rapporte au nom d'une fleur des bois, la *Linnæa borealis* (scandinave). *Variantes :* Linnea, Lynaé, Lynéa. *Caractérologie :* découverte, originalité, énergie, détermination, séduction.

Linette
750 ↘

Messagère (grec). Féminin anglais et français. *Variante :* Linetta. *Caractérologie :* honnêteté, organisation, sécurité, persévérance, efficacité.

Linoa
950 Top 1 000 ↘

Contraction de Li et Noa (« mouvement divin » en hébreu). *Caractérologie :* conscience, résolution, conseil, paix, sagesse.

Lio
250 →

Jour de la naissance (latin). *Caractérologie :* intégrité, réflexion, idéalisme, raisonnement, altruisme.

Liora
750 Top 2 000 ↗

La lumière est à moi (hébreu). *Caractérologie :* caractère, sagesse, philosophie, raisonnement, médiation.

Lisa
68 000 Top 200 ↘

Dieu est serment (hébreu). Ce diminutif anglais d'Élisabeth rencontre une certaine faveur dans les années 1960 dans de nombreux pays européens. En France, Lisa a dû prendre l'ascendant sur Lise avant de pouvoir s'imposer dans le top 20 français au début des années 2000. Aujourd'hui, Lisa maintient un bon niveau d'attribution et conserve son avantage sur Lise. *Variantes :* Ilsa, Ilse, Lis, Liesel, Lisanne, Lisenn. *Caractérologie :* curiosité, dynamisme, courage, indépendance, charisme.

Lisa-Marie
1 100

Forme composée de Lisa et Marie. Féminin français. On peut estimer que moins de 30 enfants seront prénommés ainsi en 2023. *Caractérologie :* famille, responsabilité, équilibre, influence, résolution.

Lisandra
300 →

Forme féminine de Lisandre, une variante d'Alexandre. *Caractérologie :* décision, bienveillance, paix, conseil, conscience.

Lisandre
130

Forme féminine de Lisandre, une variante d'Alexandre. *Caractérologie :* réalisation, force, ambition, habileté, bonté.

Lisanne
- de 100

Contraction de Lise et Anne. Lisanne est plus particulièrement répandu aux Pays-Bas. *Caractérologie :* relationnel, résolution, fidélité, adaptabilité, médiation.

Lisbeth
500 ↗

Dieu est serment (hébreu). Lisbeth est particulièrement répandu en Allemagne et dans les pays anglophones. *Variantes :* Lizbeth, Lysbeth. *Caractérologie :* résolution, finesse, communication, pratique, enthousiasme.

Lise
35 000 Top 100 →

Dieu est serment (hébreu). Voir Élisabeth. En dehors de l'Hexagone, Lise est plus particulièrement répandu dans les pays scandinaves et anglophones. *Variantes :* Lisette, Lisie, Lisy, Lysie, Liza, Lizzie, Lizzy. *Caractérologie :* réflexion, intégrité, idéalisme, décision, altruisme.

L

Lina

Fête : 27 janvier

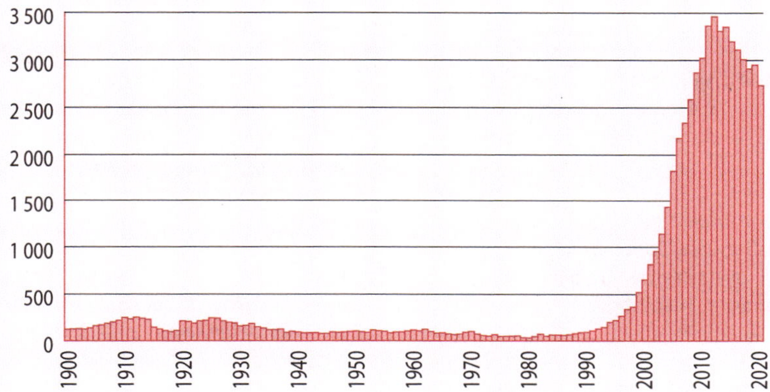

Étymologie

Ce prénom multiculturel présente plusieurs origines. Il est le diminutif d'Angelina qui, par ses origines grecques, signifie « messager », mais son sens diffère en arabe (« souple, tendre »), ou en sanscrit (« concentrée »). De plus, Li Na est un prénom chinois qui, selon les caractères utilisés, peut signifier « beauté précieuse », ou « fleur de jasmin ».

Principalement attribué dans les pays anglophones au XIXe siècle, il réapparaît en Europe dans les années 1980. Le retour de Line étant compromis en France (son apogée, en 1957, est encore trop récent), la voie est dégagée. D'autant qu'avec ses 4 lettres et sa terminaison en « a », cette étoile montante a tout pour plaire. Aujourd'hui, Lina devrait figurer dans les 10 premiers rangs du classement féminin.

En dehors de l'Hexagone, ce prénom a disparu des registres d'état civil américains dès 1940, mais il semble y renaître discrètement. Il perce dans les tops 20 wallon et romand, et figure dans les 80 premières places au Québec.

Loin des couvertures glamour, Angelina Jolie s'implique dans des activités diplomatiques en tant qu'ambassadrice de bonne volonté pour l'UNHCR. Elle ne délaisse pas pour autant sa carrière cinématographique. Cette « messagère » de la paix, comme le veut l'étymologie, pourrait faire rayonner davantage ce prénom dans sa « version originale ».

Personnes célèbres

Lina Cavalieri, soprano italienne (1874-1944) ; Line Renaud, chanteuse et comédienne française, née en 1928 ; Lina Saneh, metteuse en scène et comédienne libanaise, née en 1966 ; Li Na, joueuse de tennis professionnelle chinoise, née en 1982.

Statistiques

Lina est le 17e prénom féminin le plus donné en France depuis l'an 2000. Ce prénom est attribué à près d'une fille sur 130 aujourd'hui. Angelina devrait prénommer une fille sur 1 260 et figurer au 151e rang de ce palmarès.

L

Liséa
1 300 Top 2 000 ➔

Dieu est serment (hébreu). Féminin français. *Caractérologie :* direction, raisonnement, audace, détermination, dynamisme.

Liselle
- de 30

Dieu est serment (hébreu). Féminin français. *Caractérologie :* relationnel, intuition, résolution, médiation, fidélité.

Lise-Marie
700

Forme composée de Lise et Marie. Féminin français. *Caractérologie :* direction, dynamisme, audace, indépendance, résolution.

Lisette
3 000

Dieu est serment (hébreu). Féminin français et anglais. On peut estimer que moins de 30 enfants seront prénommés ainsi en 2023. *Caractérologie :* résolution, rectitude, organisation, rêve, humanité.

Lison
12 000 Top 200 ➔

Dieu est serment (hébreu). Féminin français. *Variante :* Lyson. *Caractérologie :* paix, conscience, détermination, bienveillance, raisonnement.

Liv
2 500 Top 300 ↗

Refuge, protection (vieux norrois). Prénom scandinave et néerlandais. *Caractérologie :* indépendance, intelligence, sagesse, savoir, méditation.

Livia
10 000 Top 100 ➔

Nom latin qui fut porté par une famille influente de la Rome antique. Dans les pays anglophones, Livia est considéré comme un diminutif d'Olivia. Féminin italien, anglais et corse. *Variantes :* Liviana, Liviane, Livie, Livy. *Caractérologie :* leadership, vitalité, aspiration, achèvement, stratégie.

Liz
1 300 Top 2 000 ➔

Diminutif anglophone d'Elizabeth et diminutif breton de Louise. *Caractérologie :* adaptabilité, médiation, relationnel, intuition, fidélité.

Liza
3 000 Top 800 ➔

Dieu est serment (hébreu). Dans l'Hexagone, Liza est plus traditionnellement usité en Bretagne. *Caractérologie :* pragmatisme, communication, créativité, sociabilité, optimisme.

Lizéa
1 900 Top 600 ➔

Dieu est serment (hébreu). *Variante :* Lyséa. *Caractérologie :* paix, bienveillance, conscience, conseil, sagesse.

Lizzie
1 200 Top 1 000 ↘

Dieu est serment (hébreu). *Caractérologie :* conseil, conscience, paix, sagesse, bienveillance.

Loan
2 000

Lumière (celte). Loan était féminin au tout début de sa carrière française (les 3 premières naissances datent de 1979), mais il a connu un succès fulgurant dans l'autre genre. Aujourd'hui, il est essentiellement masculin. On peut estimer que moins de 30 enfants seront prénommés ainsi en 2023. *Caractérologie :* influence, équilibre, famille, éthique, exigence.

Loana
1 000 ➔

Lumière (celte). *Variantes :* Loanna, Lohana. *Caractérologie :* savoir, sagesse, intelligence, méditation, indépendance.

Loane
10 000 Top 1 000 ↓

Lumière (celte). Après avoir jailli en Bretagne au début des années 2000, Loane a percé dans le top 100 national. Sa réussite a favorisé l'émergence de perles rares celtes comme Éloane ou

L

Sloane. *Variantes :* Loann, Lohane. *Caractérologie :* fidélité, médiation, relationnel, adaptabilité, intuition.

Loanne
2 500 Top 2 000 ↓

Lumière (celte). Féminin français et breton. *Caractérologie :* intelligence, sagesse, savoir, indépendance, méditation.

Loé
250 ↑

Diminutif des prénoms formés avec Loé. *Caractérologie :* dynamisme, curiosité, courage, indépendance, charisme.

Loeiza
600 Top 2 000 →

Forme bretonne de Louise : illustre au combat (germanique). *Variante :* Lizig. *Caractérologie :* énergie, résolution, analyse, découverte, audace.

Loélia
1 100 Top 2 000 →

Variante de Laelia ou fusion de « Loé » et « Lia ». *Caractérologie :* rêve, rectitude, humanité, analyse, résolution.

Loélie
500 →

Variante de Laelia ou fusion de « Loé » et « Lie ». *Variante :* Loély. *Caractérologie :* fiabilité, ténacité, raisonnement, méthode, engagement.

Loéline
450 Top 600 ↗

Combinaison de Loé et Line. *Caractérologie :* altruisme, intégrité, clémence, réflexion, raison.

Loeva
850 ↘

Sainte Sève, dont une commune bretonne porte le nom, était appelée Loeva. *Variante :* Loève. *Caractérologie :* énergie, ambition, autorité, innovation, volonté.

Loevane
- de 30

Voir Loeva. *Variante :* Loevanne. *Caractérologie :* caractère, réceptivité, diplomatie, loyauté, sociabilité.

Logane
500

Prairie (gaélique). Féminin écossais et anglais. *Variante :* Logan. *Caractérologie :* sympathie, rectitude, humanité, ouverture d'esprit, rêve.

Loïca
- de 100

Illustre au combat (germanique). *Caractérologie :* fiabilité, méthode, ténacité, raisonnement, engagement.

Loïcia
500 ↘

Illustre au combat (germanique). Prénom breton. *Caractérologie :* structure, persévérance, sécurité, logique, efficacité.

Loïs
3 500 Top 500 →

Illustre au combat (germanique). Ce prénom mixte est plus traditionnellement usité en Occitanie. *Caractérologie :* innovation, autorité, analyse, ambition, énergie.

Loïse
2 500 Top 2 000 →

Illustre au combat (germanique). Forme occitane : Loïsa. *Caractérologie :* équilibre, famille, responsabilité, logique, décision.

Lola
75 000 Top 50 ↘

Douleur (latin). Si Dolorès n'a jamais percé en France, elle rejaillit brillamment sous la forme de Lola. Sans réel passé avant les années 1980, ce diminutif espagnol partait de loin. Mais sa terminaison en « a », son identité ibérique, sa taille et sa jeunesse ont façonné son succès. À l'issue d'une belle carrière (ce prénom s'est imposé dans le top 10 féminin au tournant des années 2010), Lola s'incline lentement. Célèbre courtisane de la fin du XIXe siècle, Lola Montès fit chavirer bien des cœurs. Ses aventures la menèrent jusqu'à la cour du roi, où Louis Ier de Bavière ne put résister à ses charmes. Mais leur idylle fit scandale et elle fut chassée du royaume. Recueillie par un cirque de la Nouvelle-Orléans, elle dut se contenter d'une vie d'artiste dont le rôle était peu valorisant. Cecil Saint-Laurent en fit l'héroïne de son roman, *Lola Montès*, et le réalisateur Max Ophuls porta son histoire à l'écran en 1955. *Caractérologie :* structure, sécurité, persévérance, honnêteté, efficacité.

Lolie
400

Douleur (latin). *Variantes :* Loli, Loly. *Caractérologie :* achèvement, logique, stratégie, ardeur, vitalité.

Lolita
7 000 Top 2 000

Douleur (latin). Prénom espagnol. *Caractérologie :* paix, bienveillance, conscience, organisation, raisonnement.

Lomane
120

Enfant nue (gaélique). Voir Loman. *Caractérologie :* conscience, bienveillance, conseil, paix, sagesse.

Lona
550 Top 2 000

Solitude (anglais). Féminin anglais. *Caractérologie :* responsabilité, équilibre, exigence, famille, influence.

Loona
1 800 Top 2 000

Amour (germanique). *Caractérologie :* enthousiasme, pratique, générosité, communication, adaptation.

Lora
1 100

Couronnée de lauriers (latin). Féminin italien et allemand. On peut estimer que moins de 30 enfants seront prénommés ainsi en 2023. *Caractérologie :* énergie, autorité, ambition, analyse, innovation.

Lore
400

Fleur (basque), variante de Laure. *Caractérologie :* indépendance, analyse, courage, dynamisme, curiosité.

Lorea
300

Fleur (basque). *Variantes :* Lauréa, Lora. *Caractérologie :* décision, paix, logique, conscience, bienveillance.

Loreleï
2 000

Falaise (germanique). Dans la mythologie germanique, Lorelei est une sirène qui enchante les marins naviguant sur le Rhin. On peut estimer que moins de 30 enfants seront prénommés ainsi en 2023. *Variantes :* Lorelie, Loreley. *Caractérologie :* persévérance, structure, logique, efficacité, sécurité.

Loren
800

Couronnée de lauriers (latin). Féminin anglais. *Caractérologie :* innovation, autorité, ambition, énergie, logique.

Lorena
4 000 Top 600

Couronnée de lauriers (latin). Lorena est très répandu en Italie et dans les pays hispanophones et lusophones. *Caractérologie :* relationnel, intuition, médiation, logique, décision.

Lorène
4 000

Couronnée de lauriers (latin). Féminin anglais. On peut estimer que moins de 30 enfants seront prénommés ainsi en 2023. *Variantes :* Loraine, Loraline, Loreen, Lorenne. *Caractérologie :* bienveillance, paix, raisonnement, conseil, conscience.

Lorenza
1 500

Couronnée de lauriers (latin). Dans l'Hexagone, Lorenza est plus traditionnellement usité au Pays basque. On peut estimer que moins de 30 enfants seront prénommés ainsi en 2023. *Caractérologie :* détermination, énergie, raisonnement, autorité, innovation.

Lorette
2 000

Couronnée de lauriers (latin). On peut estimer que moins de 30 enfants seront prénommés ainsi en 2023. *Caractérologie :* dynamisme, curiosité, courage, analyse, indépendance.

Loriana
500

Couronnée de lauriers (latin). Prénom espagnol. *Variantes :* Lauriana, Lorna. *Caractérologie :* détermination, savoir, intelligence, raisonnement, méditation.

Loriane
3 000

Couronnée de lauriers (latin). On peut estimer que moins de 30 enfants seront prénommés ainsi en 2023. *Variantes :* Lorianne, Lorane, Loryane. *Caractérologie :* réceptivité, sociabilité, analyse, diplomatie, résolution.

Lorie
2 500

Couronnée de lauriers (latin). Féminin anglais. On peut estimer que moins de 30 enfants seront prénommés ainsi en 2023. *Variantes :* Lori, Lorrie. *Caractérologie :* dynamisme, courage, raisonnement, indépendance, curiosité.

Lorine
3 500

Couronnée de lauriers (latin). Lorine est répandu dans les pays anglophones. On peut estimer que moins de 30 enfants seront prénommés ainsi en 2023. *Variantes :* Lorin, Lorina, Lorinda, Lorinne, Loryne. *Caractérologie :* dynamisme, direction, indépendance, audace, raisonnement.

Lorraine
4 000

Couronnée de lauriers (latin). Féminin français. On peut estimer que moins de 30 enfants seront prénommés ainsi en 2023. *Variante :* Loraine. *Caractérologie :* médiation, résolution, intuition, analyse, relationnel.

Lory
900

Couronnée de lauriers (latin). Féminin anglais. *Caractérologie :* sagacité, connaissances, originalité, spiritualité, raisonnement.

Lotus
- de 30

Désigne les nénuphars d'Afrique et d'Asie (grec). *Caractérologie :* conseil, conscience, organisation, bienveillance, paix.

Lou
49 000 Top 50

Étymon d'Élouan (« lumière », en celte), Lou partage son identité celte avec les origines germaniques de Louise, dont elle est le diminutif. *Caractérologie :* créativité, optimisme, sociabilité, communication, pragmatisme.

Louana
1 400 Top 800

Forme contractée de Lou-Anna, ou lumière (celte). Féminin français et anglais. *Caractérologie :* énergie, innovation, autonomie, autorité, ambition.

Louane
25 000 Top 300

Louane est à la fois un dérivé d'Elouan (« lumière », en celte), et une contraction de Lou et Anne. *Caractérologie :* dynamisme, curiosité, charisme, courage, indépendance.

Lou-Ann
6 500 Top 2 000

Forme composée de Lou et Ann. Lou-Ann(e) a connu un essor fulgurant dans les années 2000. Son succès a donné un nouveau souffle aux prénoms composés dont la mode s'était estompée à partir des années 1980. *Variante :* Lou-Anna. *Caractérologie :* découverte, énergie, originalité, séduction, audace.

Louanne
5 000 Top 2 000

Forme contractée de Lou-Anne, ou lumière (celte). *Variante :* Louann. *Caractérologie :* innovation, énergie, autorité, autonomie, ambition.

L

Lou-Anne
7 500 Top 2 000

Forme composée de Lou et Anne. Voir Lou-Ann. Féminin français. *Caractérologie :* indépendance, direction, audace, assurance, dynamisme.

Loubna
4 000 Top 2 000

Arbuste (arabe). *Caractérologie :* fidélité, relationnel, intuition, organisation, médiation.

Louisa
15 000 Top 200

Illustre au combat (germanique). En dehors de l'Hexagone, Louisa est plus particulièrement attribué dans les pays anglophones, germanophones et néerlandophones. *Caractérologie :* audace, découverte, énergie, raisonnement, originalité.

Louisane
- de 100

Contraction de Louise et Anne. *Caractérologie :* savoir, intelligence, logique, décision, méditation.

Louise
119 000 Top 50

Illustre au combat (germanique). *Caractérologie :* rêve, humanité, rectitude, analyse, résolution.

L

Louise-Anne
140

Forme composée de Louise et Anne. Féminin français. *Caractérologie :* connaissances, sagacité, spiritualité, détermination, raisonnement.

Louisette
11 000

Illustre au combat (germanique). Féminin français. On peut estimer que moins de 30 enfants seront prénommés ainsi en 2023. *Caractérologie :* idéalisme, altruisme, intégrité, analyse, résolution.

Louisiane
1 000

Dérivé de Louise, nom d'un État américain. *Variantes :* Louisane, Louisianne. *Caractérologie :* décision, paix, bienveillance, conscience, logique.

Louison
6 000 Top 200

Illustre au combat (germanique). Ce prénom français s'est féminisé dans les années 2000. Il est désormais porté par une majorité de filles. *Caractérologie :* décision, bienveillance, paix, conscience, logique.

Louiza
1 100 Top 2 000

Illustre au combat (germanique). *Caractérologie :* créativité, optimisme, pragmatisme, communication, raisonnement.

Loula
450

Contraction de Lou et Lola, ou diminutif de Louise. *Caractérologie :* savoir, intelligence, indépendance, méditation, sagesse.

Louna
39 000 Top 50

Conformément à son origine latine, Louna incarne la lune. Et bien plus si on l'apparente à Luana, prénom hawaïen signifiant « heureuse », « exaltée ». Ce prénom né à la fin des années 1980 a grandi dans le sillon de Lou, Lilou, et d'autres pionnières des sonorités en « ou ». Louna a figuré dans le top 20 français en 2010 et 2011, ses années record. *Caractérologie :* intégrité, altruisme, dévouement, idéalisme, réflexion.

Lourdes
450

Ville située au sud-ouest de la France, Lourdes est une grande destination de pèlerinage. Pour l'anecdote, notons que Madonna a prénommé sa fille Lourdes. Forme basque : Lurdes. *Caractérologie :* caractère, ténacité, logique, méthode, fiabilité.

Louve
650 Top 700

Féminin de Loup, du latin *lupus*, loup. *Caractérologie :* sociabilité,

Lou, Louane

Fêtes :
15 mars (Lou)
28 août (Louane)

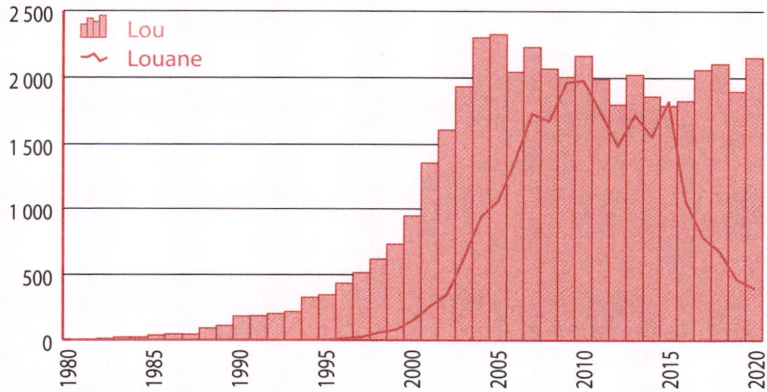

Étymologie

Louane est à la fois un dérivé d'Elouan (« lumière », en celte), et une contraction de Lou et Anne. Cette pionnière des sonorités en « ou » est apparue après le décollage de Lou-Anne au début des années 1990. Elle s'est très vite répandue au-delà du berceau breton qui l'avait vue faire ses premiers pas. Mais après avoir atteint son apogée en 2015 (au 30e rang féminin), Louane ne cesse de sombrer dans les profondeurs du classement.

Lou a connu un tout autre sort : ce petit nom avait déjà fait carrière à l'international lorsqu'il s'est élancé en France dans les années 1990. Étymon d'Elouan, Lou partage son identité celte avec les origines germaniques de Louise, dont il est le diminutif. Jouant sur une partition à la fois rétro et moderne (1 syllabe, terminaison en « ou »), Lou s'est imposé dans le top 20 national en 2018. Sa percée dans les pays francophones n'a jamais été d'actualité.

Notons que Louane a inspiré des perles rares tricolores : Éloane et Élouane sont respectivement apparues en France en 1997 et en 2002.

D'origine irlandaise, **saint Elouan** mena une vie d'ermite en Bretagne au VIIe siècle. Il est honoré dans une chapelle de Saint-Guen (Côtes-d'Armor), où se trouve son tombeau.

Personnes célèbres

Lou Doillon, actrice française, née en 1982 ; Lou Ye, réalisateur chinois, né en 1965 ; Lou Reed, chanteur et guitariste américain (1942-2013) ; Anne Peichert, dite Louane Emera, ou simplement Louane, chanteuse et actrice française, née en 1996.

Statistiques

Louane est le 63e prénom féminin le plus donné en France depuis l'an 2000. Ce prénom est attribué à près d'une fille sur 1 120 aujourd'hui. **Lou** devrait prénommer une fille sur 170 et figurer au 26e rang de ce palmarès. Remarque : plus de 90 % des Lou qui naissent en France aujourd'hui sont des filles.

L

communication, créativité, pragmatisme, volonté.

Lovely
600 ➔

Charmante, jolie (anglais). Féminin anglais. *Caractérologie :* innovation, autorité, amitié, énergie, volonté.

Lua
190

Lune (portugais). Ce prénom est plus particulièrement porté au Brésil. *Caractérologie :* intelligence, méditation, indépendance, savoir, sagesse.

Luan
120

Lumière (celte), intelligente (vietnamien). *Caractérologie :* enthousiasme, pratique, communication, adaptation, générosité.

Luana
2 500 Top 600 ↘

Heureuse, exaltée (hawaïen), variante de Luna. Féminin anglais, italien et hawaïen. *Variantes :* Luane, Luann, Luanna, Luanne. *Caractérologie :* fiabilité, méthode, sens du devoir, ténacité, engagement.

Luce
5 000 Top 600 ➔

Lumière (latin). Féminin français et italien. *Caractérologie :* audace, découverte, énergie, séduction, originalité.

L

Lucette
33 000

Lumière (latin). Féminin français. On peut estimer que moins de 30 enfants seront prénommés ainsi en 2023. *Caractérologie :* dynamisme, indépendance, courage, curiosité, charisme.

Lucia
6 500 Top 400 ➔

Lumière (latin). Lucia est répandu dans de nombreux pays européens, hispanophones et lusophones. C'est aussi un choix traditionnel corse et occitan. *Variante :* Loucia. *Caractérologie :* autorité, énergie, ambition, innovation, autonomie.

Luciana
1 600 Top 900 ➔

Lumière (latin). Féminin italien, espagnol, portugais et occitan. *Variantes :* Luciane, Lucianne, Lucine. *Caractérologie :* intelligence, savoir, décision, indépendance, méditation.

Luciane
300

Lumière (latin). Féminin français. *Caractérologie :* relationnel, intuition, résolution, médiation, fidélité.

Lucie
140 000 Top 50 ↘

Lumière (latin). L'usage de ce nom remonte au temps de Rome, lorsque Lucetia et Lucina désignaient la déesse Junon, mais c'est à partir du Moyen Âge que Lucie et ses variations (Lucia, Lucy) se diffusent en Europe. Après avoir fleuri durant la seconde moitié du XIXe siècle, ce prénom rétro s'estompe dans les années 1910 pour revenir de plus belle un siècle plus tard. Il atteint son point culminant en 2005, au 10e rang national. Sainte Lucie, en Sicile, refusa de renier sa foi et mourut martyre en 304. C'est en son souvenir qu'est célébrée la Sainte-Lucie, une fête traditionnelle chrétienne qui marque, avec l'Avent, le début de la saison de Noël. Elle est particulièrement célébrée en Suède (le 13 décembre), ainsi que dans l'ensemble des pays scandinaves et en Europe méridionale.

☆ Lucie Aubrac (1912-2007), héroïne de la Résistance durant la Seconde Guerre mondiale, devint la spécialiste des évasions de résistants. Elle a écrit plusieurs livres sur le sujet, dont *Ils partiront dans l'ivresse*, qui a inspiré Claude Berri pour son film *Lucie Aubrac* en 1997.

Lucienne
35 000 ↗

Lumière (latin). Ce féminin de Lucien a été très en vogue à la fin du XIXe siècle. De la même manière que son masculin, Lucienne brillait dans le top 20 français au seuil de son déclin, dans les années 1920. Le retour de Lucien pourrait le

Louise

Fête :
15 mars

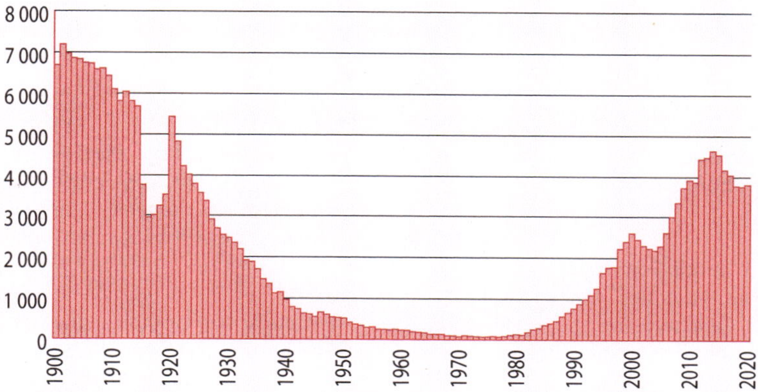

Étymologie

Du germain *hold*, « célèbre », et *wig*, « combat », d'où le sens « illustre au combat ». Dans l'histoire, cette forme féminine de Louis a été illustrée par des reines de France, du Portugal, de Prusse et de Pologne. Un tableau d'honneur qui favorisa son attribution dans les familles les plus fortunées. Mais après avoir parcouru maints palais et salons bourgeois, Louise change d'étiquette au XIXe siècle : elle se propage dans l'ensemble de la société, y prénommant une fille sur trois pendant 5 décennies. Après un demi-siècle d'éclipse, Louise renaît dans la vague des prénoms rétro à Paris. Sa nouvelle carrière, fulgurante, l'élève en quelques années au 1er rang parisien. Ce succès est contagieux, puisqu'en 2015, Louise devient la reine des prénoms féminins français. Toutefois, ce règne est stoppé net en 2016 par Emma qui reprend sa place au sommet. Louise tangue mais n'a pas dit son dernier mot. Au coude-à-coude avec Jade, elle pourrait prochainement briller à la 1re place.

Cette réussite fait relativement peu d'émules à l'international. Elle s'est déjà éclipsée des autres tableaux européens. Elle brille encore moins aux États-Unis où elle peine, avec Louisa, à décoller du 700e rang. Louise est également absente du top 100 québécois. En revanche, elle s'envole dans les premiers rangs wallons et romands.

Dans l'histoire

Nièce de Louis XI et mère de François Ier, Louise de Savoie fut par deux fois régente du royaume. Ses prises de décision et son action diplomatique lui permirent d'assurer une stabilité indispensable à la France, et ultimement, de lui restituer son roi (Louise de Savoie fit libérer François Ier retenu prisonnier par Charles Quint). Elle plongea la France dans le chagrin lorsqu'elle succomba à la peste en 1531.

Louise d'Orléans (1812-1850) épousa le roi Léopold Ier de Belgique en 1832 et devint la première reine des Belges. Elle fit preuve d'une telle sollicitude auprès des familles pauvres qu'elle fut surnommée « la bien-aimée ».

Personnalités historiques

Louise Michel, militante anarchiste et figure importante de la Commune de Paris (1830-1905) ; Louise Labé, poétesse française du XVIe siècle.

Personnes célèbres
Louise Ciccone, ou Madonna, chanteuse américaine, née en 1958 ; Louise Bourgeois (1911-2010), artiste française naturalisée américaine, de renommée internationale.

Statistiques
Louise est le 8e prénom féminin le plus donné en France depuis l'an 2000. Ce prénom est attribué à près d'une fille sur 90 aujourd'hui.

faire resurgir dans les prochaines années. *Caractérologie :* réceptivité, diplomatie, loyauté, bonté, sociabilité.

Lucile
33 000 Top 400 ↘

Lumière (latin). Féminin français et anglais. *Variantes :* Lucilia, Lucilla, Lucylle. *Caractérologie :* stratégie, vitalité, achèvement, leadership, ardeur.

Lucille
9 000 Top 2 000 ↘

Lumière (latin). Féminin français et anglais. *Caractérologie :* relationnel, intuition, adaptabilité, médiation, fidélité.

Lucinda
1 100

Lumière (latin). Héroïne intemporelle de plusieurs œuvres littéraires – de *Don Quichotte*, de Cervantès (1605), au roman *Oscar et Lucinda*, de Peter Carey (1988) –, Lucinda est depuis le XIXe siècle un prénom en vogue dans les milieux aristocrates anglais. On peut estimer que moins de 30 enfants seront prénommés ainsi en 2023. *Variantes :* Lucina, Lucinde, Lucynda. *Caractérologie :* autorité, innovation, résolution, ambition, énergie.

L

Lucine
650 ↘

Lumière (latin). Féminin arménien. *Caractérologie :* autorité, autonomie, énergie, ambition, innovation.

Lucrèce
600

Se rapporte au nom de la vierge martyre à Mérida, en Espagne, au IVe siècle. *Caractérologie :* structure, efficacité, sécurité, honnêteté, persévérance.

Lucy
8 500 Top 300 →

Lumière (latin). Lucy est très répandu dans les pays anglophones. *Caractérologie :* sagacité, spiritualité, connaissances, philosophie, originalité.

Ludivine
41 000 Top 2 000 ↘

Peuple accueillant (germanique). Féminin français. *Variante :* Ludyvine. *Caractérologie :* famille, exigence, responsabilité, équilibre, influence.

Ludmila
1 100

Aimée du peuple (slave). On peut estimer que moins de 30 enfants seront prénommés ainsi en 2023. *Variante :* Luba. *Caractérologie :* intégrité, dévouement, réflexion, idéalisme, altruisme.

Ludmilla
1 500

Aimée du peuple (slave). On peut estimer que moins de 30 enfants seront prénommés ainsi en 2023. *Caractérologie :* optimisme, communication, pragmatisme, sociabilité, créativité.

Ludovica
- de 100

Illustre au combat (germanique). Ludovica est particulièrement répandu en Italie, en Allemagne et dans les cultures néerlandophones. *Caractérologie :* éthique, équilibre, raisonnement, influence, famille.

Luigia
- de 100

Illustre au combat (germanique). Prénom italien. *Variante :* Luigie. *Caractérologie :* indépendance, dynamisme, courage, curiosité, charisme.

Luisa
2 000 Top 800 ➔

Illustre au combat (germanique). Luisa est particulièrement répandu dans les pays hispanophones, lusophones et en Italie. C'est aussi un choix traditionnel basque. *Variante :* Luiza. *Caractérologie :* ambition, force, passion, habileté, management.

Luna
28 000 Top 50 ↗

Lune (latin). Ce prénom italien a été en vogue dans plusieurs pays européens à la fin des années 1990. Il a percé dans le top 50 français une décennie plus tard et aurait pu briller davantage si Louna ne lui avait pas volé la vedette. Dans la mythologie romaine, Luna est la déesse de la Lune. Avec son frère Sol (le dieu du Soleil), Luna ponctue le passage du temps et symbolise le cycle des saisons. *Variante :* Lune. *Caractérologie :* adaptation, enthousiasme, communication, générosité, pratique.

Lutèce
- de 100

Forme francisée de Lutetia, nom employé pour désigner Paris sous l'Empire romain. *Variante :* Lutécia. *Caractérologie :* créativité, pratique, sociabilité, adaptation, générosité.

Luz
550 Top 2 000 ↗

Luz signifie « lumière » en espagnol. Ce prénom est plus particulièrement recensé dans les pays et cultures hispanophones. *Caractérologie :* originalité, audace, énergie, courage, séduction.

Ly
190

Nom de famille répandu au Vietnam. Les empereurs de la dynastie Ly régnèrent au Vietnam de 1010 à 1225. *Caractérologie :* autonomie, ambition, autorité, énergie, innovation.

Lya
13 000 Top 50 ➔

Jour de la naissance (latin). *Caractérologie :* diplomatie, sociabilité, réceptivité, loyauté, bonté.

Lyana
9 000 Top 50 ↑

Lys (latin). *Variantes :* Lyanna, Lyane. *Caractérologie :* stratégie, vitalité, leadership, empathie, accomplissement.

Lycia
850 Top 1 000 ➔

De noble lignée (germanique). *Variantes :* Licia, Lycie. *Caractérologie :* courage, charisme, indépendance, dynamisme, curiosité.

Lydia
28 000 Top 600 ➔

Qui vient de Lydie (grec). En dehors de l'Hexagone, Lydia est particulièrement répandu dans les pays anglophones, en Allemagne et en Grèce. *Caractérologie :* famille, réalisation, équilibre, responsabilité, influence.

Lydiane
550

Qui vient de Lydie (grec). *Variante :* Lydianne. *Caractérologie :* sagacité, sympathie, connaissances, spiritualité, réalisation.

Lydie
52 000 Top 2 000 ↘

Qui vient de Lydie (grec). Féminin français. *Caractérologie :* innovation, ambition, autorité, énergie, bonté.

L

Lygie
- de 100

Désigne une ancienne région de Pologne (polonais). *Caractérologie :* fiabilité, méthode, ténacité, cœur, engagement.

Lyla
2 500 Top 400 ➔

Lys (latin). *Caractérologie :* sens du devoir, structure, honnêteté, efficacité, persévérance.

Lylia
3 500 Top 500 ➔

Lys (latin). *Caractérologie :* dynamisme, indépendance, curiosité, charisme, courage.

Lyliane
1 800

Lys (latin). On peut estimer que moins de 30 enfants seront prénommés ainsi en 2023. *Variantes :* Lylian, Lylianne. *Caractérologie :* équilibre, responsabilité, famille, amitié, détermination.

Lylou
8 500 Top 400

Voir Lilou. Féminin français. *Caractérologie :* sens du devoir, structure, honnêteté, efficacité, persévérance.

Lyna
15 000 Top 100

Lac, cascade (celte). Lyna peut également être considéré comme une variante de Lina. Féminin anglais et français. *Variante :* Lynna. *Caractérologie :* sagacité, connaissances, originalité, spiritualité, sympathie.

Lynda
5 500 Top 2 000

Voir Linda. *Variante :* Lyndia. *Caractérologie :* relationnel, intuition, médiation, réussite, cœur.

Lyne
3 500 Top 400

Cascade (anglais). *Variante :* Lynne. *Caractérologie :* fidélité, intuition, relationnel, médiation, bonté.

Lynn
1 500 Top 800

Cascade (anglais). *Caractérologie :* cœur, réceptivité, sociabilité, loyauté, diplomatie.

Lys
550 Top 2 000

Dieu est serment (hébreu). En dehors de l'Hexagone, Lys est plus particulièrement usité dans les pays néerlandophones. *Variante :* Lis. *Caractérologie :* médiation, relationnel, intuition, fidélité, adaptabilité.

Lysa
2 500 Top 2 000

Dieu est serment (hébreu). *Variantes :* Lysaé, Lyza. *Caractérologie :* enthousiasme, générosité, pratique, adaptation, communication.

Lysandre
350

Forme féminine de Lisandre, une variante d'Alexandre. *Caractérologie :* réalisation, force, ambition, habileté, bonté.

Lyse
2 500 Top 600

Dieu est serment (hébreu). *Caractérologie :* savoir, intelligence, méditation, amitié, indépendance.

Lysiane
9 000

Dieu est serment (hébreu). Féminin français. On peut estimer que moins de 30 enfants seront prénommés ainsi en 2023. *Caractérologie :* détermination, structure, sécurité, amitié, persévérance.

M

M

Macha
550

Celle qui élève (hébreu). Prénom slave. *Caractérologie :* vitalité, stratégie, ardeur, achèvement, leadership.

Maddy
3 500 Top 200

Haute tour (grec). Féminin anglais. *Variantes :* Maddi, Maddie, Maïda. *Caractérologie :* sociabilité, loyauté, réceptivité, réalisation, diplomatie.

Madeleine
70 000 Top 300

Haute tour (grec). Prénom français et anglais. Servante lorraine au XIXe siècle, Madeleine Paulmier fabriqua des petits gâteaux aux œufs en forme de coquillage pour la visite du duc Leszczynski. Ces madeleines, qui firent sensation, prirent son nom et sont aujourd'hui appréciées dans le monde entier. *Variantes :* Madelaine, Mado. *Caractérologie :* découverte, audace, énergie, originalité, résolution.

Madeline
4 000 Top 800

Haute tour (grec). Féminin anglais. *Variantes :* Madelyn, Madelyne, Madline, Madly, Mady. *Caractérologie :* humanité, rêve, rectitude, ouverture d'esprit, résolution.

Madina
1 000 Top 2 000

Ville (arabe), bon (breton). *Variantes :* Madiana, Madenn. *Caractérologie :* influence, équilibre, résolution, responsabilité, famille.

Madison
5 000 Top 900

Fils de Maude (anglais). Madison est particulièrement usité aux États-Unis. *Variantes :* Madisson, Madisone, Madissone, Madyson. *Caractérologie :* communication, pratique, enthousiasme, détermination, volonté.

Mady
1 100 Top 700

Diminutif anglophone de Madeleine : haute tour (grec). Féminin anglais. *Caractérologie :* réalisation, savoir, méditation, intelligence, indépendance.

Maé
5 000 Top 400

Diminutif francisé de Maëlle. Sans accent, Mae est également une variante de May usitée dans les pays anglophones. *Variantes :* Maée, Mahé, Mahée. *Caractérologie :* autorité, innovation, ambition, énergie, autonomie.

Maegan
- de 30

Perle (grec). Féminin anglais. *Caractérologie :* courage, dynamisme, curiosité, réalisation, indépendance.

Maeko
- de 30

L'enfant honnête (japonais). *Caractérologie :* humanité, rectitude, rêve, ouverture d'esprit, caractère.

Maëla
2 500 Top 900

Chef, prince (celte). Féminin français et breton. *Variantes :* Maëlane, Maëlla, Maëlwenn. *Caractérologie :* dynamisme, curiosité, charisme, indépendance, courage.

Maëlane
1 100

Chef, prince (celte). Comme il est coutume de le faire en Bretagne, ce prénom peut s'écrire sans tréma. On peut estimer que moins de 30 enfants seront prénommés ainsi en 2023. *Caractérologie :* conseil, sagesse, paix, bienveillance, conscience.

Maëlia
3 500 Top 500

Chef, prince (celte). *Caractérologie :* énergie, découverte, audace, résolution, originalité.

Maëlie
6 000 Top 400

Chef, prince (celte). Comme c'est d'usage en Bretagne, Maélie peut s'écrire avec ou sans accent. *Variantes :* Maël, Maële, Maëli, Maëlia, Maëlya, Maëlig, Maëlly. *Caractérologie :* altruisme, intégrité, réflexion, résolution, idéalisme.

Maëline
6 500 Top 400

Chef, prince (celte). Prénom breton. *Variantes :* Maëlenn, Maëlyn, Maëlyne, Maëlynn, Maïline. *Caractérologie :* dynamisme, indépendance, détermination, curiosité, courage.

Maëlis
2 000

Contraction de Maëlle et Maylis. On peut estimer que moins de 30 enfants seront prénommés ainsi en 2023. *Variantes :* Maëlice, Maëlise, Maëliss, Maëlisse, Maëllis, Maëlyss, Maëlysse, Maëllys, Maëlyse. *Caractérologie :* décision, structure, honnêteté, efficacité, persévérance.

Maëlla
1 300 Top 2 000 ↘

Chef, prince (celte). *Caractérologie :* force, habileté, management, ambition, passion.

Maëlle
35 000 Top 100 →

Chef, prince (celte). Ce féminin de Maël a pris son essor dans les années 1980, émergeant en Bretagne avant de se répandre dans le reste de l'Hexagone. Depuis 2010, Maëlle évolue dans les 60 premières places du classement. Comme il est coutume de le faire en Bretagne, Maelle et ses formes dérivées peuvent s'orthographier sans tréma. *Caractérologie :* optimisme, créativité, pragmatisme, communication, sociabilité.

Maëly
5 500 Top 400 ↘

Contraction de Maëlle et Maylis. *Caractérologie :* amitié, relationnel, médiation, intuition, réalisation.

Maëlya
4 500 Top 200 →

Chef, prince (celte). *Caractérologie :* réalisation, optimisme, sympathie, pragmatisme, communication.

M

Maëlyne
5 000 Top 400 ↘

Chef, prince (celte). *Caractérologie :* optimisme, réalisation, communication, pragmatisme, bonté.

Maëlys
46 000 Top 100 ↘

Maëlys apparaît en France dans les années 1980. Fusion de deux prénoms régionaux, Maëlys est bretonne grâce à Maëlle, et basque grâce à Maylis. La première vient du celte : chef, prince. La seconde signifie, littéralement, « Marie à la fleur de lys ». Cette jeune étoile a surgi dans le top 20 français en 2007 alors que Maëlle amorçait sa décrue. Après avoir percé en Wallonie et au Québec, Maëlys recule à son tour dans l'Hexagone. Comme c'est d'usage en Bretagne, précisons que Maëlys, Maëlle et tous les prénoms de cette famille peuvent s'écrire sans tréma. Sainte Marie est la patronne de Maylis. *Variantes :* Maëlyse, Maëlyss, Maëlysse, Maé-Lys, Maïlyss. *Caractérologie :* optimisme, réalisation, communication, pragmatisme, sympathie.

Maena
1 900 Top 2 000 →

Chef, prince (celte). Variantes orthographiques : Maéna, Maëna. *Caractérologie :* connaissances, philosophie, originalité, sagacité, spiritualité.

Maeva
58 000 Top 300 ↘

Bienvenue (tahitien), belle (malgache). Inconnu avant les années 1980, ce prénom antillais et polynésien a conquis les Français dans les années 1990. Maeva a figuré parmi les 20 premiers prénoms féminins en 2000 et 2001, mais son reflux s'accentue aujourd'hui. *Variantes :* Maheva, Maïva. *Caractérologie :* famille, exigence, éthique, équilibre, influence.

Maevane
180

Forme contractée de Maève ou Maëlle avec Évane. *Caractérologie :* philosophie, connaissances, sagacité, originalité, spiritualité.

Maève
650 Top 400 ↑

Bienvenue (tahitien), ou forme contractée de Maëlle et Ève. Maeve est également inspiré de Meadhbh, le prénom de la reine de Connacht dans la mythologie irlandaise. *Caractérologie :* autorité, innovation, autonomie, ambition, énergie.

Maewenn
800 →

Chef, prince (celte). Maëwenn peut également s'orthographier avec le tréma. *Variante :* Maewen. *Caractérologie :* générosité, pratique, communication, adaptation, enthousiasme.

Mafalda
160

Puissance, combat (germanique). Prénom italien. *Caractérologie :* relationnel, médiation, intuition, fidélité, adaptabilité.

Magali
72 000

Perle (grec). Ce prénom français est un choix traditionnel provençal. On peut estimer que moins de 30 enfants seront prénommés ainsi en 2023. *Caractérologie :* sagacité, connaissances, originalité, spiritualité, réussite.

Magalie
25 000

Perle (grec). Féminin français. On peut estimer que moins de 30 enfants seront prénommés ainsi en 2023. *Caractérologie :* communication, pratique, enthousiasme, réalisation, bonté.

Magaly
2 500

Perle (grec). On peut estimer que moins de 30 enfants seront prénommés ainsi en 2023. *Caractérologie :* audace, énergie, découverte, réussite, originalité.

Magda
900 Top 2 000 →

Haute tour (grec). Féminin allemand, néerlandais, scandinave, portugais et grec. *Caractérologie :* habileté, force, ambition, réalisation, passion.

Magdalena
2 500 Top 2 000 →

Haute tour (grec). Magdalena est plus particulièrement répandu dans les pays hispanophones et en Allemagne. C'est aussi un choix traditionnel occitan. *Variantes :* Madalena, Madalen, Magdelaine, Magdeleine, Magdelena, Magdalene. *Caractérologie :* amitié, ténacité, méthode, réalisation, fiabilité.

Maggy
2 000 Top 2 000 ↗

Perle (grec). Féminin anglais. *Variantes :* Maggie, Magguy. *Caractérologie :* vitalité, stratégie, ardeur, achèvement, réalisation.

Magnolia
250

Arbre florissant (latin). Féminin anglais. *Caractérologie :* humanité, rectitude, rêve, analyse, réalisation.

Maguelone
600 →

Perle (grec). Dans l'Hexagone, Maguelone est plus traditionnellement usité en Occitanie. *Variante :* Maguelonne. *Caractérologie :* communication, volonté, optimisme, pragmatisme, réalisation.

Maguy
3 000 ↑

Perle (grec). Féminin anglais. *Variantes :* Madge, Magui, Maguie. *Caractérologie :* persévérance, efficacité, structure, sécurité, réussite.

Maha
750 Top 2 000 ↑

Celle qui élève (hébreu), vache sauvage (arabe). *Caractérologie :* dynamisme, charisme, indépendance, curiosité, courage.

Mahalia
300 Top 2 000 →

Gras, moelle, cerveau (araméen). Féminin anglais. *Variante :* Mahala. *Caractérologie :* idéalisme, altruisme, réflexion, intégrité, dévouement.

Mahaut
2 000 Top 400 ↗

Puissance, combat (germanique). *Variante :* Mahault. *Caractérologie :* dynamisme, direction, organisation, indépendance, audace.

Mahé
1 400

Prénom breton, féminin de Mahé, ou variante de Maé. Mahé est également le nom de l'île principale des Seychelles, dans l'océan Indien. On peut estimer que moins de 30 enfants seront prénommés ainsi en 2023. *Variante :* Mahée. *Caractérologie :* humanité, rectitude, rêve, générosité, tolérance.

Mahina
750 Top 2 000 →

Lune (hawaïen). *Variante :* Mahine. *Caractérologie :* résolution, énergie, autorité, innovation, ambition.

Mai
1 000 Top 2 000 →

Mai est un diminutif breton de Marie. Avec le tréma, Maï signifie également « élégante » en japonais, et « fleur d'abricotier » en vietnamien. *Caractérologie :* séduction, énergie, audace, originalité, découverte.

Maïa
7 500 Top 300 →

Mère, nourrice (grec). Sans tréma, Maia est un diminutif basque de Marie. Dans la mythologie grecque, Maïa, la fille d'Atlas et Pléioné, met au monde Hermès après une brève aventure avec Zeus. Lorsque Hermès lui confie Arcas, le fils de Zeus et Callisto, elle le prend sous son aile et l'élève en cachette d'Héra. Dans la mythologie romaine, la Maïa grecque se confondit avec une divinité homonyme incarnant la fertilité et le printemps. Son culte se célébrait en mai, le mois qui porte son nom. *Caractérologie :* conscience, paix, sagesse, conseil, bienveillance.

Maïalen
550 ↘

Contraction basque de Madeleine. *Variantes :* Mayalen, Mayalène. *Caractérologie :* indépendance, direction, dynamisme, détermination, audace.

Maïana
900 Top 700 ↑

Contraction basque de Mariana. Vers l'étoile (tahitien). *Caractérologie :* pragmatisme, communication, optimisme, créativité, décision.

Maider
750

Contraction de Maria et Eder (basque). *Caractérologie :* énergie, découverte, audace, originalité, résolution.

Maïka
750 Top 2 000 ↑

Les Basques considèrent ce prénom comme une contraction de Maria et Karmele, mais les Espagnols voient en Maika la fusion de Marie et Carmen. Notons que l'usage du tréma se généralise en dehors du Pays basque. *Variante :* Maica. *Caractérologie :* ardeur, stratégie, leadership, vitalité, achèvement.

Maïlane
350 ↓

Contraction de Maylis et Anne. Variante de Maïlan, une contraction de Mai Lan qui signifie « fleur d'abricot et d'orchidée » en vietnamien. *Variantes :* Maïlan, Maïlann. *Caractérologie :* autorité, énergie, détermination, innovation, ambition.

Mai-Li
- de 100

Prunier en fleur (vietnamien). Féminin français. *Caractérologie :* habileté, ambition, management, passion, force.

Maïlis
650

Dérivé de Maylis qui signifie « Marie à la fleur de lys ». *Caractérologie :* rêve, humanité, ouverture d'esprit, rectitude, générosité.

Maïly
3 000 Top 600 ↘

Contraction de Maïlys et Maëly. *Variantes :* Maïli, Maïlie, Maylie, Mayli. *Caractérologie :* équilibre, famille, influence, responsabilité, réalisation.

Maïlys
11 000 Top 800 ↓

Voir Maylis. Féminin français. *Variante :* Mai-Lys. *Caractérologie :* connaissances, sagacité, originalité, spiritualité, réalisation.

Maïmouna
4 000 Top 400 →

Heureuse, sous la protection divine (arabe). *Variante :* Maïma. *Caractérologie :*

Les prénoms de reines

Aujourd'hui, Clémence et Jeanne sont bien plus attribués qu'Adélaïde, Berthe ou Isabeau. Pourtant, ces prénoms partagent le même privilège : celui d'avoir été porté au fil des siècles, par des reines de France.

Alors que Blanche, Éléonore et Aliénor bourgeonnent loin des regards, Louise est revenue au premier plan. Jeanne réussira-t-elle son retour en grâce entamé depuis quelques années ? La naissance de la princesse Charlotte en Angleterre (le 2 mai 2015) a, quant à elle, fait légèrement rebondir le prénom en France.

Le répertoire ci-dessous retrace les dynasties successives des reines de France.

Les Capétiens (987-1328)
Adélaïde d'Aquitaine
Rozala, dite Suzanne de Provence
Berthe de Bourgogne
Constance d'Arles
Mathilde
Anne de Russie
Berthe de Hollande
Bertrade de Montfort
Adélaïde de Savoie
Aliénor d'Aquitaine
Constance de Castille
Adèle de Champagne
Isabelle de Hainaut
Ingeburge de Danemark
Agnès de Méranie
Blanche de Castille
Marguerite de Provence
Isabelle d'Aragon
Marie de Brabant
Jeanne de Navarre
Marguerite de Bourgogne
Clémence de Hongrie
Jeanne de Bourgogne
Blanche de Bourgogne
Marie de Luxembourg
Jeanne d'Évreux

Les Valois (1328-1589)
Jeanne de Bourgogne
Blanche de Navarre
Jeanne de Boulogne
Jeanne de Bourbon
Isabeau de Bavière
Marie d'Anjou
Charlotte de Savoie
Anne de Bretagne
Jeanne de France
Mary d'Angleterre
Claude de France
Éléonore de Habsbourg
Catherine de Médicis
Marie Stuart
Élisabeth d'Autriche
Louise de Lorraine-Vaudémont

Les Bourbons (1589-1830)
Marguerite de Valois, dite la reine Margot
Marie de Médicis
Anne d'Autriche
Marie-Thérèse de Habsbourg
Marie Leszczynska
Marie-Antoinette de Lorraine-Autriche

Les Orléans (1830-1848)
Marie-Amélie de Bourbon-Siciles

raisonnement, famille, volonté, responsabilité, équilibre.

Maïna
4 000 Top 300

Contraction bretonne de Marie et Anna. Lune (hawaïen, tahitien). *Caractérologie :* sociabilité, réceptivité, diplomatie, loyauté, résolution.

Maïra
850 Top 700

Celle qui élève (hébreu). Voir Moïra. *Caractérologie :* paix, sagesse, conseil, conscience, bienveillance.

Maïré
- de 100

Celle qui élève (hébreu), ou fougère (tahitien). *Caractérologie :* autorité, énergie, ambition, détermination, innovation.

Maisie
- de 30

Perle (grec). Féminin anglais. *Caractérologie :* intuition, médiation, détermination, relationnel, fidélité.

Maïssa
13 000 Top 200

Grâce, scintillement d'une étoile (arabe). *Variantes :* Maïssam, Maysoon, Maïssoun, Méissoun. *Caractérologie :* achèvement, ardeur, vitalité, leadership, stratégie.

Maïssane
3 500 Top 500

Grâce, scintillement d'une étoile (arabe). *Variante :* Méissane. *Caractérologie :* intégrité, détermination, altruisme, idéalisme, réflexion.

Maïté
7 000

Contraction de Marie-Thérèse. Féminin français et basque. *Variantes :* Maïta, Mayté. *Caractérologie :* détermination, enthousiasme, adaptation, pratique, communication.

Maïtena
800

Celle qui élève (hébreu), aimée (basque). *Caractérologie :* réflexion, idéalisme, altruisme, intégrité, détermination.

Maïwenn
9 000 Top 300

Contraction de Mari et Gwenn. Maiwenn s'orthographie également sans tréma. *Variante :* Maïwen. *Caractérologie :* originalité, spiritualité, sagacité, connaissances, décision.

Maja
300 Top 2 000

Forme scandinave et slave méridionale de Marie ou Madeleine. Maja est également une variante de Maya. *Caractérologie :* caractère, vivacité, connaissances, spiritualité, indépendance.

Majda
1 200

Noble, glorieuse (arabe). Majda est également un diminutif slovène et croate de Madeleine. On peut estimer que moins de 30 enfants seront prénommés ainsi en 2023. *Variantes :* Majdeline, Majdouline. *Caractérologie :* médiation, intuition, relationnel, fidélité, adaptabilité.

Malak
4 000 Top 400

Ange (arabe). *Caractérologie :* loyauté, sociabilité, réceptivité, diplomatie, organisation.

Malala
- de 30

Prénom d'origine pachtoune signifiant « tristesse ». Les Pachtounes vivent essentiellement au Pakistan, pays d'origine de la plus célèbre des Malala. Militante des droits de la femme pour ce pays, Malala Yousafzai est la plus jeune lauréate du prix Nobel de la paix, honneur qu'elle a reçu en 2014 à l'âge de 17 ans. *Caractérologie :* leadership, aspiration, achèvement, stratégie, vitalité.

Malaurie
1 300

Prince sage (celte). On peut estimer que moins de 30 enfants seront prénommés ainsi en 2023. *Caractérologie :* stratégie, vitalité, achèvement, ardeur, décision.

M

Malaury
1 700

Prince sage (celte). Féminin français. On peut estimer que moins de 30 enfants seront prénommés ainsi en 2023. *Caractérologie :* audace, dynamisme, direction, indépendance, réussite.

Maléna
800 ➔

Haute tour (grec). En dehors de l'Hexagone, Maléna est plus particulièrement répandu dans les pays scandinaves, en Espagne et en Tchéquie. *Caractérologie :* innovation, énergie, autorité, ambition, autonomie.

Malia
3 500 Top 200 ↗

Reine (hébreu), paix (hawaïen). *Variantes :* Malha, Maliah, Malya. *Caractérologie :* humanité, rêve, rectitude, ouverture d'esprit, générosité.

Malika
23 000 Top 700 ➔

Reine (arabe). Ce prénom est particulièrement répandu dans les cultures musulmanes francophones. *Variantes :* Melike, Melek. *Caractérologie :* sociabilité, réceptivité, organisation, diplomatie, loyauté.

Mallaury
3 000

Prince sage (celte). Féminin français. On peut estimer que moins de 30 enfants seront prénommés ainsi en 2023. *Variantes :* Mallaurie, Mally. *Caractérologie :* sécurité, structure, persévérance, réalisation, efficacité.

Mallorie
750

Prince sage (celte). *Caractérologie :* méthode, fiabilité, ténacité, caractère, logique.

Mallory
2 000

Prince sage (celte). On peut estimer que moins de 30 enfants seront prénommés ainsi en 2023. *Caractérologie :* paix, réussite, conscience, bienveillance, logique.

Maloé
1 400 Top 400 ↑

Contraction de Malo et du groupe de voyelles « oé ». *Caractérologie :* volonté, indépendance, audace, direction, assurance.

Malorie
2 500

Prince sage (celte). Féminin français, anglais. On peut estimer que moins de 30 enfants seront prénommés ainsi en 2023. *Caractérologie :* audace, dynamisme, caractère, direction, logique.

Malory
1 900 Top 2 000 ➔

Prince sage (celte). *Caractérologie :* pratique, communication, réalisation, enthousiasme, analyse.

Malou
1 400 Top 2 000 ➔

Prince sage (celte). *Caractérologie :* habileté, management, force, passion, ambition.

Malvina
3 000

Fleur mauve (latin). Féminin anglais. On peut estimer que moins de 30 enfants seront prénommés ainsi en 2023. *Caractérologie :* idéalisme, intégrité, altruisme, réflexion, décision.

Mama
1 000 Top 2 000 ↗

Petite chamelle qui vient d'être sevrée (arabe). *Variantes :* Mame, Mamou. *Caractérologie :* autorité, innovation, énergie, autonomie, ambition.

Mana
190

Une partie (hébreu), sacré, divin (hawaïen, tahitien). *Caractérologie :* sociabilité, diplomatie, réceptivité, bonté, loyauté.

Manaé
300 Top 700 ↑

Une partie (hébreu), sacré, divin (hawaïen, tahitien). *Caractérologie :* connaissances, originalité, philosophie, sagacité, spiritualité.

Manal
1 800 Top 2 000

Celle qui achève ses objectifs (arabe). *Caractérologie :* découverte, audace, énergie, originalité, séduction.

Mandy
5 500 Top 2 000

Diminutif anglophone d'Amandine : qui est aimée (latin). *Variantes :* Mandie, Mandine. *Caractérologie :* communication, adaptation, réalisation, enthousiasme, pratique.

Manel
12 000 Top 200

Don (arabe). *Caractérologie :* rectitude, rêve, humanité, générosité, tolérance.

Manelle
2 500 Top 800

Celle qui achève ses objectifs (arabe). *Variantes :* Manele, Manola. *Caractérologie :* vitalité, achèvement, stratégie, ardeur, réalisation.

Manoé
300

Contraction d'Emmanuelle et Noé. Féminin français. *Caractérologie :* pragmatisme, volonté, optimisme, créativité, communication.

Manola
450

Dieu est avec nous (hébreu). *Variantes :* Manoella, Manoela, Manoelle. *Caractérologie :* sagacité, raison, ténacité, connaissances, sagesse.

Manolie
140

Arbre florissant (latin). *Variante :* Manoli. *Caractérologie :* équilibre, raisonnement, influence, exigence, volonté.

Manoline
- de 100

Dieu est avec nous (hébreu). *Caractérologie :* réceptivité, caractère, diplomatie, logique, sociabilité.

Manolya
- de 100

Arbre florissant (latin). *Variante :* Manolia. *Caractérologie :* intégrité, caractère, idéalisme, altruisme, réussite.

Manon
172 000 Top 50

L'étymologie de Manon est controversée, mais on peut lui prêter l'origine hébraïque de Myriam, « celle qui élève ». Longtemps inusité en France, ce dérivé de Marie renaît dans les années 1980. C'est à la chanson du même nom, écrite et chantée par Serge Gainsbourg en 1979, que Manon doit son décollage fulgurant : sa courbe d'attributions s'emballe aussi vite que les ventes de l'album. En 1995, le triomphe de *Manon des sources* (film de Claude Berri basé sur le roman *L'Eau des collines* de Marcel Pagnol) entérine son ascension au 1er rang national. Manon restera de longues années dans le top 5 féminin, avant de céder du terrain. Dans le roman *Manon Lescaut*, de l'abbé Prévost, Manon est une héroïne à deux visages. Belle et charmante, elle est tantôt douce et aimante, tantôt libertine et perverse. Inspirés par ce personnage, Massenet et Puccini lui ont consacré un opéra. *Variante :* Mannon. *Caractérologie :* pragmatisme, optimisme, communication, créativité, volonté.

Manuela
9 000 Top 2 000

Dieu est avec nous (hébreu). Manuela est très répandu dans les pays hispanophones, lusophones et en Italie. C'est aussi un choix traditionnel basque. *Caractérologie :* fiabilité, méthode, ténacité, engagement, sens du devoir.

Manuella
8 000

Dieu est avec nous (hébreu). On peut estimer que moins de 30 enfants seront prénommés ainsi en 2023. *Caractérologie :* savoir, intelligence, indépendance, sagesse, méditation.

M

Manuelle
1 300

Dieu est avec nous (hébreu). Féminin français. On peut estimer que moins de 30 enfants seront prénommés ainsi en 2023. *Caractérologie :* sociabilité, réceptivité, loyauté, diplomatie, bonté.

Maoline
- de 100

Fusion de nombreux prénoms, Maoline est apparu pour la première fois en France en 2004. *Caractérologie :* décision, exigence, famille, raison, équilibre.

Maona
140

Créatrice (indien d'Amérique). *Caractérologie :* stratégie, aspiration, force, ténacité, humour.

Maonie
- de 100

Fusion de nombreux prénoms, Maonie est apparu pour la première fois en France en 2007. *Caractérologie :* enthousiasme, détermination, communication, ténacité, adéquation.

Maora
- de 100

Plus grand (latin). *Caractérologie :* adaptation, générosité, communication, enthousiasme, pratique.

Mara
850 Top 2 000 ↗

Celle qui élève (hébreu). Féminin hongrois, italien, espagnol, portugais et irlandais. *Caractérologie :* paix, conscience, bienveillance, conseil, sagesse.

Marceline
2 500 ↗

Se rapporte à Mars, le dieu romain de la Guerre (latin). Féminin français. *Variante :* Marcelline. *Caractérologie :* vitalité, achèvement, ardeur, résolution, stratégie.

Marcelle
44 000 Top 2 000 ↑

Se rapporte à Mars, le dieu romain de la Guerre (latin). Ce prénom connaît, mais dans une moindre mesure que son masculin Marcel, un boom de popularité à la fin du XIXe siècle en France. Marcelle s'élève dans le sillon de Marcel et parvient à briller, comme lui, au 4e rang national en 1918, avant de refluer lentement. *Variantes :* Marcela, Marcèle. *Caractérologie :* conscience, bienveillance, décision, paix, conseil.

Marcelline
2 500

Se rapporte à Mars, le dieu romain de la Guerre (latin). Féminin français. On peut estimer que moins de 30 enfants seront prénommés ainsi en 2023. *Variante :* Marcellina. *Caractérologie :* intuition, médiation, relationnel, fidélité, détermination.

Marcia
450 ↗

Se rapporte à Mars, le dieu romain de la Guerre (latin). Féminin espagnol, portugais et anglais. *Variantes :* Marcianne, Marcie, Marcy, Marcienne, Marsia, Martiale, Martianne, Martienne. *Caractérologie :* ouverture d'esprit, rectitude, rêve, humanité, générosité.

Maréva
1 600 Top 2 000 ↘

Contraction de Marie et Éva. *Caractérologie :* bienveillance, paix, conscience, conseil, résolution.

Margaret
2 500 ↑

Perle (grec). Dans l'Hexagone, ce prénom anglais est plus traditionnellement usité en Alsace. *Caractérologie :* sociabilité, réceptivité, réalisation, détermination, diplomatie.

Margareth
850

Perle (grec). *Caractérologie :* direction, audace, réussite, attention, dynamisme.

Margaux
63 000 Top 50 →

Perle (grec). Lorsque Margot Hemingway (1954-1996), actrice et mannequin américaine, petite-fille d'Ernest Hemingway, a choisi de se faire appeler

M

Margaux, ce nom de village (et vignoble) français est devenu un prénom. Il apparaît en 1978 dans l'Hexagone et connaît un succès qui le fait culminer aux portes du top 20 national en 1999. Son repli est loin de l'avoir fait disparaître, et aujourd'hui, Margaux fait jeu égal avec Margot. *Variantes :* Margau, Margaud, Margault. *Caractérologie :* persévérance, structure, sécurité, logique, réussite.

Margo

2 000 Top 2 000

Perle (grec). *Caractérologie :* humanité, rectitude, rêve, ouverture d'esprit, réussite.

Margot

48 000 Top 50

Perle (grec). Voir Marguerite. Ce diminutif de Marguerite, particulièrement répandu au Moyen Âge, fut rendu célèbre par la reine Margot (aussi connue sous le nom de Marguerite de Valois). Femme de lettres et esprit éclairé, la catholique Marguerite de Valois fut contrainte d'épouser le protestant Henri IV. L'union, compliquée par des tensions politiques et religieuses, fut malheureuse, et marquée par de nombreuses infidélités de part et d'autre. Le mariage, dissous en 1599, n'empêcha toutefois pas la reine Margot de conserver son titre. Après des siècles d'oubli, Margot renaît en France dans les années 1990. Bien qu'ayant passé son point culminant en 1999 (au 37e rang), Margot est encore un choix prisé par bien des parents. *Variante :* Margo. *Caractérologie :* loyauté, diplomatie, sociabilité, réceptivité, réalisation.

Marguerite

45 000 Top 700

Perle (grec). Ce grand prénom, en usage dès les premiers siècles, devient très populaire au Moyen Âge lorsque le culte de sainte Marguerite, martyrisée à Antioche en l'an 300, est ravivé à la faveur des croisades. De l'écossais Margaret à l'italien Margherita, en passant par l'allemand Margret, ce prénom atteint des sommets de popularité du XVe au XIXe siècle, en France et dans toute l'Europe. Au début du XXe siècle, Marguerite s'est maintenu dans les 3 premiers rangs pendant 13 ans avant d'entamer un déclin progressif. Ce choix très discret depuis les années 1970 devrait renaître dans les prochaines années. De nombreuses têtes couronnées portèrent ce prénom à partir du XIIIe siècle. Marguerite de Bourgogne se rendit célèbre pour avoir épousé – et trompé – le futur Louis X. Passant pour avoir été mystérieusement étranglée, elle fut emprisonnée avant même que son époux n'accède au trône. *Variantes :* Malgorzata, Margalite, Margarette, Margarida, Margarita, Margerie, Margery, Marget, Margie, Marguerie, Margrit. Formes bretonnes : Gaïd, Gaïdig. *Caractérologie :* amitié, réalisation, altruisme, idéalisme, intégrité.

Mari

300

Celle qui élève (hébreu). Mari est également un prénom basque, hongrois et japonais signifiant, selon les kanji utilisés, « jasmin », « vérité », ou « distance ». *Caractérologie :* charisme, curiosité, dynamisme, courage, indépendance.

Maria

59 000 Top 100

Celle qui élève (hébreu). Maria est très répandu dans les pays slaves et occidentaux. Dans l'Hexagone, ce prénom est plus traditionnellement usité en Occitanie, en Corse et au Pays basque. *Variantes :* Mariya, Marya, Marye, Mayra. *Caractérologie :* paix, conscience, bienveillance, conseil, sagesse.

Mariam

10 000 Top 200

Forme arabe de Marie : celle qui élève (hébreu). *Caractérologie :* audace,

M

Les héroïnes de la littérature

Pourquoi ne pas chercher l'inspiration dans ces œuvres qui vous ont transporté(e) dans un ailleurs fait d'imagination, de chevalerie, d'aventures et de destins hors du commun. Une bibliothèque suffit à les rendre proches de la main, des yeux et du cœur. Précieux, rares, ou tout simplement évocateurs, les prénoms inspirés par la littérature vous invitent au voyage.

Sans pouvoir prétendre à l'exhaustivité, nous avons commencé pour vous une liste de prénoms qui portent en eux une biographie imaginaire, théâtrale ou romanesque. La source littéraire est intarissable, n'hésitez pas à vous en abreuver !

- Agnès, *L'École des femmes* de Molière
- Alice, *Alice aux pays des merveilles* de Lewis Carrol
- Amy, Élizabeth, Meg et Joséphine, *Les Quatre filles du Docteur March* de Louisa May Alcott
- Angélique, *Le Malade imaginaire* de Molière
- Anna, *Anna Karénine* de Léon Tolstoï
- Ariane, *Belle du Seigneur* d'Albert Cohen
- Aricie, *L'Énéide* de Virgile
- Armance, *Armance* de Stendhal
- Béatrice, *La Divine Comédie* de Dante
- Bérénice, *Aurélien* de Louis Aragon
- Blanche, *Un Tramway nommé Désir* de Tennessee Williams
- Célimène, *Le Misanthrope* de Molière
- Chimène, *Le Cid* de Corneille
- Chloé, *L'Écume des jours* de Boris Vian
- Clarissa, *Mrs Dalloway* de Virginia Woolf
- Clélia, *La Chartreuse de Parme* de Stendhal
- Clémentine, *L'Arrache-cœur* de Boris Vian
- Daphné, *Les Amours pastorales de Daphnis et Chloé* de Longus
- Dorine, *Tartuffe* de Molière
- Eléa, *La Nuit des temps* de René Barjavel
- Elinor, *Raison et Sensibilité* de Jane Austen
- Emma, *Emma* de Jane Austen
- Esmeralda, *Notre-Dame de Paris* de Victor Hugo
- Eugénie, *Eugénie Grandet* de Balzac
- Euphrasie, *Les Misérables* de Victor Hugo
- Fanny, dans la *Trilogie marseillaise : Marius, Fanny, César* de Marcel Pagnol
- Hélène, *L'Iliade* d'Homère
- Hermione, *Andromaque* de Jean Racine, et plus récemment *Harry Potter* de J. K. Rowling
- Inès, *La Reine morte* d'Henry de Montherlant
- Iris, *La Tempête* de Shakespeare
- Isabeau, *Les Colombes du Roi-Soleil* de Anne-Marie Desplat-Duc
- Iseult, *Tristan et Iseult*, légende médiévale
- Juliette, *Roméo et Juliette* de Shakespeare
- Junie, *Britannicus* de Jean Racine
- Léa, *Chéri* de Colette
- Lou, *Poèmes à Lou* de Guillaume Apollinaire
- Marianne, *Raison et Sensibilité* de Jane Austen
- Marthe, *Le Diable au corps* de Raymond Radiguet
- Mathilde, *Le Rouge et le Noir* de Stendhal
- Milena, *Lettres à Milena* de Franz Kafka
- Mina, *La Promesse de l'aube* de Romain Gary
- Natacha, *Guerre et Paix* de Léon Tolstoï
- Nellie, *Le Tour du monde en 72 jours* de Nellie Bly
- Nina, *La Mouette* d'Anton Tchekhov
- Ophélie, *La Passe-Miroir* de Christelle Dabos
- Oriane de Guermantes, *À la Recherche du temps perdu* de Marcel Proust
- Pénélope, *L'Odyssée* d'Homère
- Rebecca, *Ivanhoé* de Walter Scott
- Rosine, *Le Barbier de Séville* de Beaumarchais
- Roxane, *Cyrano de Bergerac* d'Edmond Rostand
- Sasha, *Orlando* de Virginia Woolf
- Sidonie, *Sido* de Colette
- Solange, *Les Jeunes Filles* d'Henry de Montherlant
- Suzanne, *Un barrage contre le Pacifique* de Marguerite Duras
- Thaïs, *Thaïs* d'Anatole France
- Varda, *Le Silmarillion* de J. R. R. Tolkien
- Venise, *Oh, boy !* de Marie-Aude Murail
- Yvonne, *Le Grand Meaulnes* d'Alain-Fournier

direction, dynamisme, indépendance, assurance.

Mariama
3 000 Top 400

Celle qui élève (hébreu). *Caractérologie :* réceptivité, diplomatie, bonté, sociabilité, loyauté.

Mariame
2 500 Top 500

Celle qui élève (hébreu). *Variante :* Marieme. *Caractérologie :* paix, conscience, détermination, bienveillance, conseil.

Mariane
2 000

Contraction de Marie et Anne. Féminin français. On peut estimer que moins de 30 enfants seront prénommés ainsi en 2023. *Caractérologie :* méditation, savoir, indépendance, résolution, intelligence.

Marianna
1 000 Top 2 000

Contraction de Marie et Anna. Marianna est particulièrement usité en Italie, en Grèce et dans les pays slaves. C'est aussi un choix traditionnel basque, breton et occitan. *Variantes :* Mariana, Maryanna, Maryane, Maryanne. *Caractérologie :* habileté, force, résolution, ambition, passion.

Marianne
34 000 Top 700

Contraction de Marie et Anne. En dehors de l'Hexagone, Marianne est répandu en Allemagne et aux Pays-Bas. *Caractérologie :* pratique, communication, résolution, adaptation, enthousiasme.

En 1967, Leonard Cohen dédiait son merveilleux titre *So Long, Marianne* à sa femme, ou plus exactement, sa muse. Comme Bob Dylan, il donne ses lettres de noblesse à la chanson pop folk américaine. Une voix grave reconnaissable entre toutes, des couplets à la fois ciselés et mélancoliques, cette chanson et le prénom vous plongent dans un univers poétique et vintage.

Marie
912 000 Top 200

De l'hébreu *myriam*, « celle qui élève ». Personnage central de la Bible, sainte Marie, la mère de Jésus, inspire tant de déférence et de dévotion que les parents n'attribuent guère ce prénom, considéré comme trop sacré, durant les premiers siècles. Ce n'est qu'à partir du XIe siècle qu'il commence à se diffuser, rencontrant rapidement le succès en France et dans l'ensemble du monde chrétien. À la fin du Moyen Âge, sa popularité est si grande qu'il devient, avec ses dérivés (Mary, Maria, etc.), le prénom le plus porté dans les pays occidentaux. En France, Marie règne sur le classement féminin du XVe siècle au milieu du XXe siècle. Durant cette période, cinq reines de France porteront ce prénom, de Marie de Médicis (1575-1642) à Marie-Amélie de Bourbon-Siciles (1830-1848), en passant par Marie-Antoinette (1755-1793). Après être revenu au 2e rang du palmarès en 1995, Marie s'est effacé. Il reste toutefois le prénom le plus porté dans l'Hexagone aujourd'hui. Vierge et mère de Jésus dans la Bible, sainte Marie est prévenue par l'archange Gabriel qu'elle a été choisie pour enfanter le Christ. Le 15 août célèbre l'Assomption de la Vierge Marie. Notons que cet ancien prénom mixte forme encore de nombreuses compositions masculines (Pierre-Marie, Louis-Marie, etc.). Marie Curie, la physicienne française nobélisée en 1911, est l'une des plus célèbres Marie de l'histoire française récente. *Caractérologie :* résolution, audace, dynamisme, direction, indépendance.

Marie-Alice
1 400

Forme composée de Marie et Alice. Féminin français. *Caractérologie :* méthode, ténacité, engagement, fiabilité, détermination.

M

Marie-Alix
950

Forme composée de Marie et Alix. Féminin français. *Caractérologie :* relationnel, raisonnement, médiation, intuition, volonté.

Marie-Amélie
2 500

Forme composée de Marie et Amélie. Féminin français. On peut estimer que moins de 30 enfants seront prénommés ainsi en 2023. *Caractérologie :* direction, indépendance, dynamisme, audace, détermination.

Marie-Ange
15 000

Forme composée de Marie et Ange. Féminin français. On peut estimer que moins de 30 enfants seront prénommés ainsi en 2023. *Caractérologie :* réalisation, audace, dynamisme, détermination, direction.

Marie-Anne
9 500

Forme composée de Marie et Anne. Féminin français. On peut estimer que moins de 30 enfants seront prénommés ainsi en 2023. *Caractérologie :* ardeur, vitalité, achèvement, stratégie, détermination.

Marie-Caroline
2 500

Forme composée de Marie et Caroline. Féminin français. On peut estimer que moins de 30 enfants seront prénommés ainsi en 2023. *Caractérologie :* paix, volonté, raisonnement, bienveillance, conscience.

Marie-Charlotte
4 000

Forme composée de Marie et Charlotte. Féminin français. On peut estimer que moins de 30 enfants seront prénommés ainsi en 2023. *Caractérologie :* méthode, analyse, fiabilité, ténacité, finesse.

Marie-Christine
70 000

Forme composée de Marie et Christine. Féminin français. On peut estimer que moins de 30 enfants seront prénommés ainsi en 2023. *Caractérologie :* connaissances, spiritualité, finesse, résolution, sagacité.

Marie-Claire
32 000

Forme composée de Marie et Claire. Féminin français. On peut estimer que moins de 30 enfants seront prénommés ainsi en 2023. *Caractérologie :* ténacité, méthode, fiabilité, engagement, résolution.

Marie-Claude
51 000

Forme composée de Marie et Claude. Féminin français. On peut estimer que moins de 30 enfants seront prénommés ainsi en 2023. *Caractérologie :* énergie, autorité, ambition, détermination, innovation.

Marie-Emmanuelle
1 200

Forme composée de Marie et Emmanuelle. Féminin français. On peut estimer que moins de 30 enfants seront prénommés ainsi en 2023. *Caractérologie :* communication, enthousiasme, résolution, pratique, adaptation.

Marie-France
48 000

Forme composée de Marie et France. Féminin français. On peut estimer que moins de 30 enfants seront prénommés ainsi en 2023. *Caractérologie :* analyse, communication, volonté, pragmatisme, optimisme.

Marie-Françoise
24 000

Forme composée de Marie et Françoise. Féminin français. On peut estimer que moins de 30 enfants seront prénommés ainsi en 2023. *Caractérologie :* dynamisme, analyse, audace, direction, volonté.

Marie-Gabrielle
1 400

Forme composée de Marie et Gabrielle. Féminin français. On peut estimer que moins de 30 enfants seront prénommés ainsi en 2023. *Caractérologie :* altruisme, idéalisme, amitié, intégrité, réalisation.

Marie-Hélène
35 000

Forme composée de Marie et Hélène. Féminin français. On peut estimer que moins de 30 enfants seront prénommés ainsi en 2023. *Caractérologie :* curiosité, dynamisme, courage, indépendance, décision.

Marie-Jeanne
13 000

Forme composée de Marie et Jeanne. Féminin français. On peut estimer que moins de 30 enfants seront prénommés ainsi en 2023. *Caractérologie :* énergie, résolution, découverte, originalité, audace.

Marie-José
31 000

Forme composée de Marie et José. Féminin français. On peut estimer que moins de 30 enfants seront prénommés ainsi en 2023. *Caractérologie :* curiosité, courage, volonté, dynamisme, résolution.

Marie-Laure
34 000

Forme composée de Marie et Laure. Féminin français. On peut estimer que moins de 30 enfants seront prénommés ainsi en 2023. *Caractérologie :* ténacité, méthode, fiabilité, engagement, résolution.

Marie-Line
15 000

Forme composée de Marie et Line. Féminin français. On peut estimer que moins de 30 enfants seront prénommés ainsi en 2023. *Caractérologie :* découverte, énergie, résolution, audace, originalité.

Marie-Lise
3 500

Forme composée de Marie et Lise. Féminin français. On peut estimer que moins de 30 enfants seront prénommés ainsi en 2023. *Caractérologie :* direction, indépendance, audace, dynamisme, résolution.

Marielle
16 000

Celle qui élève (hébreu). Féminin français. On peut estimer que moins de 30 enfants seront prénommés ainsi en 2023. *Variantes :* Mariel, Mariele, Mariella, Maryelle. *Caractérologie :* pragmatisme, communication, résolution, optimisme, créativité.

Marie-Lou
3 000 Top 1 000

Forme composée de Marie et Lou. Féminin français. *Caractérologie :* persévérance, sécurité, structure, volonté, analyse.

Marie-Louise
15 000 Top 2 000

Forme composée de Marie et Louise. Féminin français. *Caractérologie :* direction, audace, caractère, logique, dynamisme.

Marie-Lys
550

Forme composée de Marie et Lys. Féminin français. *Caractérologie :* pragmatisme, sympathie, communication, optimisme, réalisation.

Mariem
1 300 Top 2 000

Forme arabe de Marie : celle qui élève (hébreu). *Caractérologie :* audace, découverte, énergie, originalité, décision.

Marie-Madeleine
8 500

Forme composée de Marie et Madeleine. Féminin français. On peut estimer que moins de 30 enfants seront prénommés ainsi en 2023. *Caractérologie :* responsabilité, famille, détermination, influence, équilibre.

M

Marie-Paule
17 000

Forme composée de Marie et Paule. Féminin français. On peut estimer que moins de 30 enfants seront prénommés ainsi en 2023. *Caractérologie :* diplomatie, sociabilité, réceptivité, amitié, réalisation.

Marie-Pierre
30 000

Forme composée de Marie et Pierre. Féminin français. On peut estimer que moins de 30 enfants seront prénommés ainsi en 2023. *Caractérologie :* rêve, humanité, détermination, rectitude, réalisation.

Marie-Rose
8 000

Forme composée de Marie et Rose. Féminin français. On peut estimer que moins de 30 enfants seront prénommés ainsi en 2023. *Caractérologie :* fiabilité, méthode, ténacité, caractère, décision.

Marie-Sophie
2 500

Forme composée de Marie et Sophie. Féminin français. On peut estimer que moins de 30 enfants seront prénommés ainsi en 2023. *Caractérologie :* innovation, énergie, autorité, caractère, réussite.

Marie-Thérèse
59 000

Forme composée de Marie et Thérèse. Féminin français. On peut estimer que moins de 30 enfants seront prénommés ainsi en 2023. *Caractérologie :* altruisme, idéalisme, intégrité, décision, attention.

Marietta
650

Celle qui élève (hébreu). *Variantes :* Marieta, Mietta, Miette. *Caractérologie :* équilibre, responsabilité, influence, détermination, famille.

Mariette
5 000

Celle qui élève (hébreu). Féminin français. *Caractérologie :* dynamisme, direction, indépendance, audace, décision.

Mariève
- de 100

Contraction de Marie et Ève. *Variantes :* Marieva, Maryève. *Caractérologie :* innovation, autorité, ambition, décision, énergie.

Marika
1 700

Celle qui élève (hébreu). Féminin grec, slovaque, tchèque, polonais, hongrois et basque. On peut estimer que moins de 30 enfants seront prénommés ainsi en 2023. *Caractérologie :* ardeur, stratégie, leadership, vitalité, achèvement.

Marilène
1 100

Forme contractée de Marie-Hélène. On peut estimer que moins de 30 enfants seront prénommés ainsi en 2023. *Caractérologie :* décision, curiosité, courage, indépendance, dynamisme.

Marilou
6 000 Top 500

Contraction de Marie et Louise. Féminin français et anglais. *Caractérologie :* ambition, habileté, raisonnement, passion, force.

Marilyn
5 000

Celle qui élève (hébreu). Féminin anglais. On peut estimer que moins de 30 enfants seront prénommés ainsi en 2023. *Variante :* Marilie. *Caractérologie :* réceptivité, diplomatie, réussite, sociabilité, cœur.

Marilyne
11 000

Celle qui élève (hébreu). *Caractérologie :* sympathie, sagacité, connaissances, spiritualité, réalisation.

Marilys
450

Contraction de Marie et Lys. *Variantes :* Marylise, Marylis. *Caractérologie :* méditation, savoir, réalisation, intelligence, indépendance.

Marina
43 000 Top 700

Mer (latin). Féminin italien, russe, espagnol, portugais, roumain, allemand, grec, slave, français, néerlandais et occitan. *Variante :* Maryna. *Caractérologie :* réceptivité, diplomatie, sociabilité, résolution, loyauté.

Marine
118 000 Top 800

Mer (latin). Féminin français, dérivé du masculin Marin. *Variante :* Marinne. *Caractérologie :* responsabilité, équilibre, famille, influence, détermination.

Marinette
11 000

Celle qui élève (hébreu). Féminin français. On peut estimer que moins de 30 enfants seront prénommés ainsi en 2023. *Caractérologie :* conscience, bienveillance, paix, décision, conseil.

Marion
124 000 Top 500

Celle qui élève (hébreu). Féminin français et occitan. *Variante :* Maryon. *Caractérologie :* méditation, savoir, intelligence, décision, caractère.

Marise
1 300

Celle qui élève (hébreu). On peut estimer que moins de 30 enfants seront prénommés ainsi en 2023. *Variantes :* Marisa, Marysa, Maribel, Marisol, Marissa, Maritza, Mariza. *Caractérologie :* intuition, médiation, fidélité, détermination, relationnel.

Marisol
250

Celle qui élève (hébreu). Prénom espagnol. *Caractérologie :* raisonnement, paix, bienveillance, conseil, conscience.

Marivonne
180

Contraction de Marie et Yvonne. *Caractérologie :* pragmatisme, communication, optimisme, détermination, volonté.

Marjane
750 Top 2 000

Corail (arabe). *Variante :* Morjane. *Caractérologie :* détermination, vitalité, achèvement, ardeur, stratégie.

Marjolaine
5 000

Se rapporte au nom de la plante aromatique du même nom. Féminin français. On peut estimer que moins de 30 enfants seront prénommés ainsi en 2023. *Variante :* Marjolène. *Caractérologie :* force, habileté, ambition, volonté, raisonnement.

Marjorie
30 000

Perle (grec). Féminin français. On peut estimer que moins de 30 enfants seront prénommés ainsi en 2023. *Variante :* Marjelle. *Caractérologie :* force, ambition, caractère, habileté, décision.

Marjory
1 300

Perle (grec). Féminin anglais. On peut estimer que moins de 30 enfants seront prénommés ainsi en 2023. *Caractérologie :* direction, audace, indépendance, réussite, dynamisme.

Marlène
30 000

Contraction de Marie et Hélène. En dehors de l'Hexagone, Marlène est répandu en Allemagne. On peut estimer que moins de 30 enfants seront prénommés ainsi en 2023. *Variantes :* Marlaine, Marleine, Marleyne, Marlie, Marline, Marly. *Caractérologie :* courage, curiosité, résolution, dynamisme, indépendance.

Marley
1 100 Top 600

De la terre des lacs (vieil anglais). *Caractérologie :* médiation, relationnel, intuition, réussite, cœur.

Marnie
350

Mer (latin). Féminin anglais. *Variantes :* Marnia, Marny. *Caractérologie :* bienveillance, conscience, paix, conseil, décision.

M

Les prénoms composés

Ci-dessous le top 10 des prénoms composés féminins, estimé pour l'année 2023. Le classement a été effectué par ordre décroissant d'attribution.

1. Lily-Rose*
2. Fatima-Zahra
3. Marie-Lou
4. Lou-Ann(e)
5. Mai-Ly
6. Emy-Rose
7. Anna-Rose
8. Mei-Lynn
9. Anna-Lou
10. Mila-Rose

La disgrâce du prénom composé, au masculin comme au féminin, suit son cours inexorable. Lily-Rose chute au 259e rang féminin quand les autres compositions sombrent en deçà du top 700. Toutefois, cette défaveur n'a pas entamé l'engouement pour les créations florales, tendance éco-green oblige. Du rose au blanc, la palette se complète. Fatima-Zahra (« fleur » et « blancheur lumineuse » en arabe), a grimpé les marches du podium pour percer en 2e position.

On notera que Rose s'épanouit particulièrement dans ce tableau (4 occurrences dans le top 10). Elle sème d'ailleurs à tout vent puisqu'elle intervient dans la composition de plus de 70 composés féminins. Mila-Rose vient d'éclore dans le jardin prisé du top 10. Mia-Rose, Emma-Rose et Lila-Rose, bien enracinées dans le top 30, ne demandent qu'à grimper et lui tenir compagnie dans les hauteurs du classement. En poursuivant sa croissance, Emy-Rose complète le paysage. Il faut dire que les deux prénoms connaissent de belles progressions dans leur carrière en solo !

Un peu flétrie, mais pas encore fanée, Anne surprend par sa persistance. Anna-Lou et Anna-Rose viennent lui prêter main-forte et dépoussièrent un peu le registre.

De quoi rendre jalouse Marie, son ancienne rivale. Car celle qui fut si longtemps (et si largement) reine des compositions est désormais renvoyée dans les dédales du classement. Certes, Marie-Lou brille à la 3e place du tableau, mais le temps de la gloire, que l'on croyait éternel, est bel et bien révolu.

À défaut de mieux, Marie se consolera avec l'arrivée de son diminutif breton et international Mai dans le top 10 (Mai-Ly). Mei-Lynn vient également métisser le millésime 2023 (Mei signifie « bourgeon », « beauté » en chinois, et « germer » en japonais).

Retrouvez le quiz sur les prénoms composés interdits dans le carnet bullet détachable !

* En prenant en compte la variante Lilly-Rose.

Martha
1 300 Top 800 ↗

Dame, maîtresse de maison (araméen). Féminin allemand, scandinave, grec, basque et corse. *Variante :* Marta. *Caractérologie :* connaissances, spiritualité, originalité, sagacité, philosophie.

Marthe
17 000 Top 2 000 ↘

Dame, maîtresse de maison (araméen). Ce prénom a connu une certaine faveur en France à la fin du XIXe siècle. En dehors de l'Hexagone, Marthe est usité en Allemagne. *Caractérologie :*

M

sociabilité, détermination, diplomatie, réceptivité, sensibilité.

Martina
500 ↗

Se rapporte à Mars, le dieu romain de la Guerre (latin). Féminin allemand, scandinave, néerlandais, italien, espagnol, portugais, anglais, tchèque, croate, slovaque, slovène, basque, corse et occitan. *Caractérologie :* efficacité, persévérance, sécurité, résolution, structure.

Martine
288 000

Se rapporte à Mars, le dieu romain de la Guerre (latin). Ce féminin de Martin a été peu attribué en dehors de son jaillissement soudain au milieu du XXe siècle. Sa croissance exponentielle le propulse au 2e rang du classement de 1950 à 1957, sur les talons de l'indétrônable Marie. Il est retombé dans l'abîme depuis la fin des années 1980. Fille de consul, sainte Martine refusa d'abjurer et subit le martyre avant d'être décapitée dans la capitale romaine au IIIe siècle. Elle est l'une des patronnes de Rome. On peut estimer que moins de 30 enfants seront prénommés ainsi en 2023. *Variante :* Martina. *Caractérologie :* vitalité, résolution, achèvement, ardeur, stratégie.

Marwa
7 500 **Top 400** →

Roche, quartz (arabe). *Variante :* Maroua. *Caractérologie :* diplomatie, sociabilité, réceptivité, loyauté, résolution.

Mary
5 000 **Top 2 000** →

Celle qui élève (hébreu). Ce prénom a pris son essor en Angleterre et dans les pays anglophones à partir du XVIe siècle. Il y est encore très répandu aujourd'hui. *Caractérologie :* pragmatisme, communication, optimisme, réalisation, créativité.

Maryam
10 000 **Top 200** →

Forme arabe de Marie : celle qui élève (hébreu). Maryam est particulièrement répandu en Iran. *Variantes :* Maryama, Maryame, Maryem. *Caractérologie :* habileté, force, ambition, passion, réussite.

Marylène
16 000

Contraction de Mary et Hélène. Féminin français. On peut estimer que moins de 30 enfants seront prénommés ainsi en 2023. *Caractérologie :* pratique, communication, enthousiasme, cœur, réussite.

Marylin
1 400

Celle qui élève (hébreu). Féminin anglais. On peut estimer que moins de 30 enfants seront prénommés ainsi en 2023. *Caractérologie :* cœur, intuition, relationnel, médiation, réussite.

Maryline
36 000

Celle qui élève (hébreu). Féminin français. On peut estimer que moins de 30 enfants seront prénommés ainsi en 2023. *Caractérologie :* sagacité, spiritualité, réalisation, sympathie, connaissances.

Marylise
3 000

Contraction de Mary et Lise. On peut estimer que moins de 30 enfants seront prénommés ainsi en 2023. *Caractérologie :* pratique, enthousiasme, communication, amitié, réalisation.

Marylou
5 500 **Top 600** ↘

Contraction de Mary et Louise. *Variante :* Mary-Lou. *Caractérologie :* équilibre, famille, responsabilité, logique, réussite.

Maryne
2 000

Mer (latin). On peut estimer que moins de 30 enfants seront prénommés ainsi en 2023. *Variante :* Maryn.

M

Caractérologie : persévérance, sécurité, structure, réalisation, résolution.

Maryse

79 000

Celle qui élève (hébreu). Féminin français. On peut estimer que moins de 30 enfants seront prénommés ainsi en 2023. *Caractérologie :* altruisme, idéalisme, intégrité, réalisation, détermination.

Maryvonne

29 000

Contraction de Marie et Yvonne. Féminin français. On peut estimer que moins de 30 enfants seront prénommés ainsi en 2023. *Caractérologie :* volonté, autorité, énergie, réalisation, innovation.

Mathéa

450 ➔

Don de Dieu (hébreu). Mathéa est particulièrement répandu en Corse. *Variantes :* Matéa, Matisse, Mattéa, Mathée. *Caractérologie :* paix, bienveillance, conscience, conseil, sagesse.

Mathilda

4 000 Top 700 ➔

Puissance, combat (germanique). En dehors de l'Hexagone, Mathilda est particulièrement répandu dans les pays scandinaves et anglophones. *Caractérologie :* curiosité, dynamisme, organisation, indépendance, courage.

Mathilde

119 000 Top 100 ➔

Puissance, combat (germanique). Avant de renaître dans les années 1980, Mathilde était particulièrement attribué à la fin du Moyen Âge et au XIXe siècle. Ce prénom a été, avec Pauline et Lisa, précurseur de la vague rétro en France. Il a brillé dans le top 20 féminin de 1990 à 2006 et rencontre encore bien du succès auprès des parents français aujourd'hui. 🔍 Fille du comte Baudouin VI, Mathilde de Flandre épousa Guillaume, duc de Normandie et futur Guillaume le Conquérant. Couronnée reine d'Angleterre en 1068, elle assuma la régence de la Normandie lors des expéditions de son époux. *Variantes :* Mathéna, Matheline, Mathylde, Mathie, Matilde, Maty, Tilda, Tilde. *Caractérologie :* rêve, humanité, résolution, rectitude, finesse.

Mathurine

300

Maturité (latin). *Variante :* Thurine. *Caractérologie :* dynamisme, direction, audace, finesse, résolution.

Matilda

1 200 Top 700 ➔

Puissance, combat (germanique). Matilda est répandu dans les pays anglophones et scandinaves. C'est aussi un choix traditionnel corse. *Caractérologie :* conscience, bienveillance, paix, conseil, organisation.

Maud

36 000 Top 800 ➔

Puissance, combat (germanique). En dehors de l'Hexagone, Maud est répandu dans les pays anglophones et aux Pays-Bas. *Caractérologie :* enthousiasme, communication, pratique, générosité, adaptation.

Maude

5 000 Top 2 000 ↘

Puissance, combat (germanique). Ancienne forme de Mathilde, le prénom Maude est apparu dans les pays anglo-saxons à partir du XVe siècle, où il fut particulièrement utilisé jusqu'à la fin du XIXe siècle. En France, malgré une tentative entamée dans les années 1970, Maude n'atteint pas la barre des 200 attributions à son pic, en 1986. *Caractérologie :* achèvement, vitalité, stratégie, ardeur, leadership.

Maurane

1 700

Celle qui élève (hébreu). Féminin français. On peut estimer que moins

M

Les héroïnes de cinéma

Il n'est pas nécessaire d'être un pur cinéphile ou d'avoir passé toute son adolescence sur les strapontins des salles obscures pour se laisser inspirer par le 7e art.

En termes de casting de prénoms, le grand écran nous offre un festival de suggestions ! Qu'il s'agisse de péplums, de la nouvelle vague, de blockbusters ou de Bollywood, libre à vous de choisir l'univers qui vous ressemble.

Voici une sélection non exhaustive de prénoms liés au cinéma, pour rendre hommage à ceux qui nous ont fait rêver. Elle ne se veut nullement objective (c'est le jeu !) et doit être complétée à l'envi par vos propres souvenirs. Comme des albums photos qui ne demandent qu'à être feuilletés, certains personnages n'ont pas pris une ride, et d'autres sont, au contraire, le reflet d'une autre époque. Gros plans sur des prénoms pleins de talent !

- Adèle, dans *L'Histoire d'Adèle H.* de François Truffaut
- Alicia, dans *Les Enchaînés* d'Alfred Hitchcock
- Amélie, dans *Le Fabuleux destin d'Amélie Poulain* de Jean-Pierre Jeunet
- Anouk, comme Anouk Aimée, actrice de *La Dolce Vita* de Fellini et d'*Un homme et une femme* de Claude Lelouch
- Ariel, dans *La Petite Sirène* de Walt Disney
- Artémise, dans *300* de Zack Snyder
- Arwen, dans *Le Seigneur des anneaux* de Peter Jackson
- Ava, comme Ava Gardner dans *La Comtesse aux pieds nus* ou *Pandora* de Joseph L. Mankiewicz
- Belle et Nora, dans *Barry Lyndon* de Stanley Kubrik
- Cléo, dans *Cléo de 5 à 7* d'Agnès Varda
- Delphine et Solange, dans *Les Demoiselles de Rochefort* de Jacques Demy
- Elsa, dans *La Reine des Neiges* de Walt Disney
- Esmée et Bella, dans *Twilight* de Catherine Hardwicke
- Ève, dans *All about Eve* de Joseph L. Mankiewicz
- Fanny, dans *Fanny et Alexandre* d'Ingmar Bergman
- Garance, dans *Les Enfants du paradis* de Marcel Carné
- Grace, dans *Grace de Monaco* d'Olivier Dahan
- Gretta, dans *Gens de Dublin* de John Huston
- Ilsa, dans *Casablanca* de Michael Curtiz
- Ingrid, comme Ingrid Bergman
- Irène et Sophie, dans *L'Accompagnatrice* de Claude Miller
- Kim, comme Kim Novak, actrice dans *Vertigo* d'Alfred Hitchcock
- Laura, dans *Laura* d'Otto Preminger
- Lauren, comme Lauren Bacall
- Leia, dans *Star Wars* de George Lucas
- Lilo, dans *Lilo et Stitch* de Chris Sanders et Dean DeBlois
- Lilou, dans *Le Cinquième Élément* de Luc Besson
- Lola, dans *Lola* de Jacques Demy
- Loulou, dans *Loulou* de Georg Wilhem
- Lucie, dans *Lucie Aubrac* de Claude Berri
- Manon, dans *Manon des sources* de Claude Berri
- Marion, dans *Les Aventuriers de l'arche perdue* de Steven Spielberg
- Marlène, comme Marlene Dietrich dans *L'Ange Bleu* ou *L'Impératrice* de Josef von Sternberg
- Mathilde, dans *L'Armée des ombres* de Jean-Pierre Melville
- Maud, dans *Ma nuit chez Maud* d'Éric Rohmer
- Nikita, dans *Nikita* de Luc Besson
- Rosalie, dans *César et Rosalie* de Claude Sautet
- Rose, dans *Titanic* de James Cameron

M

- Roxane, dans *Cyrano de Bergerac* de Jean-Paul Rappeneau
- Sarah, dans *Terminator* de James Cameron
- Scarlett et Mélanie, dans *Autant en emporte le vent* de Victor Fleming
- Sophie, dans *Jeux d'enfants* de Yann Samuell
- Sylvia, dans *Partie de campagne* de Jean Renoir
- Thelma et Louise, dans *Thelma et Louise* de Ridley Scott
- Vicki, dans *L'Affaire Thomas Crown* de Norman Jewison

de 30 enfants seront prénommés ainsi en 2023. *Variante :* Mauranne. Forme occitane : Maura. *Caractérologie :* audace, indépendance, direction, dynamisme, décision.

Maureen

8 000 Top 2 000

Celle qui élève (hébreu). Maureen est très répandu en Irlande et dans les pays anglophones. *Variante :* Maureene. *Caractérologie :* découverte, audace, originalité, détermination, énergie.

Mauricette

29 000

Sombre, foncé (latin). Féminin français. On peut estimer que moins de 30 enfants seront prénommés ainsi en 2023. *Caractérologie :* gestion, connaissances, sagacité, décision, spiritualité.

Maurine

2 500

Celle qui élève (hébreu). Féminin anglais. On peut estimer que moins de 30 enfants seront prénommés ainsi en 2023. *Variantes :* Maurie, Maurina, Mauryne. *Caractérologie :* détermination, humanité, rêve, rectitude, tolérance.

Mauve

- de 100

Fleur mauve (latin). *Caractérologie :* ardeur, achèvement, vitalité, leadership, stratégie.

Mavelle

- de 30

Aimable (latin). *Variante :* Maveline. *Caractérologie :* spiritualité, connaissances, sagacité, originalité, philosophie.

Maxanne

- de 30

Contraction de Maxine et Anne. *Caractérologie :* humanité, rectitude, rêve, volonté, ouverture d'esprit.

Maxence

700

La plus grande (latin). Au Ve siècle, Maxence, princesse écossaise convertie au christianisme, voulut échapper au mariage arrangé avec un puissant seigneur. Elle se réfugia dans l'Oise, mais il la retrouva et l'assassina près de Pont-Sainte-Maxence. Une chapelle, aujourd'hui disparue, fut édifiée en sa mémoire. Maxence est aussi le nom porté par un empereur romain vaincu en 312 par Constantin. Ce prénom mixte est plus largement masculin aujourd'hui. *Caractérologie :* diplomatie, réceptivité, sociabilité, loyauté, caractère.

Maxima

- de 30

La plus grande (latin), la plus belle (hébreu). *Variantes :* Maima, Maxa. *Caractérologie :* sagacité, originalité, spiritualité, connaissances, philosophie.

Maximilienne

350

La plus grande (latin). Féminin français. *Variantes :* Maximilia, Maximilie, Maximine, Massima, Massilia. *Caractérologie :* diplomatie, réceptivité, sociabilité, analyse, volonté.

Maxine

4 000 Top 300

La plus grande (latin). Féminin anglais. *Variante :* Maxina. *Caractérologie :*

M

pragmatisme, optimisme, détermination, communication, volonté.

May
1 200 Top 2 000 ↗

Diminutif de Marie et forme internationale de Marguerite. May désigne également le mois de mai en anglais. *Caractérologie :* créativité, optimisme, communication, pragmatisme, réussite.

Maya
16 000 Top 100 →

Maya vient de l'hébreu mayan, « eau, source ». C'est également un prénom indien d'Asie qui signifie « illusion » en sanscrit. La ressemblance phonétique avec Maïa pourrait faire croire que ces prénoms sont apparentés, mais Maïa, l'aînée des Pléiades dans la mythologie grecque, vient probablement d'un nom grec signifiant « mère, nourrice ». C'est bien après le succès de la série télévisée *Maya l'abeille* (en 1978) que ce prénom décolle en France. Maya atteint le 73e rang féminin à son pic de popularité, en 2010. *Caractérologie :* méthode, ténacité, réussite, fiabilité, engagement.

M

Mayana
650 Top 900 ↗

Contraction basque de Mariana. *Variantes :* Mayan, Mayanna, Mayanne. *Caractérologie :* réalisation, autorité, énergie, ambition, innovation.

Mayane
600 Top 2 000 →

Contraction basque de Mariane. *Caractérologie :* découverte, réalisation, audace, séduction, originalité.

Maylane
400 ↓

Contraction de Maylis et Anne. *Variante :* Maylan. *Caractérologie :* pratique, communication, amitié, enthousiasme, réalisation.

May-Li
110

Forme composée de May et Li. Féminin français. *Caractérologie :* courage, dynamisme, indépendance, charisme, aboutissement.

Maylie
1 700 Top 600 ↘

Contraction de Maylis et Maélie. *Caractérologie :* sociabilité, sympathie, réceptivité, réalisation, diplomatie.

Mayline
3 000 Top 500 →

Fusion des prénoms commençant par « May » (May, Maylis, etc.) et Line. *Caractérologie :* méditation, savoir, intelligence, sympathie, réalisation.

May-Line
400 ↘

Forme composée de May et Line. Féminin français. *Caractérologie :* sagacité, connaissances, réalisation, détermination, spiritualité.

Maylis
7 500 Top 700 ↘

Maylis est issu de la fusion de May et Lys. D'où la signification : « Marie à la fleur de lys ». Les premières Maylis de France sont nées en 1932, bien avant la naissance de Maëlle (dans les années 1960), ou celle de Maëlys (fin des années 1970). Ce prénom a connu l'éclipse avant de jaillir dans le Pays basque, puis se diffuser dans le reste de l'Hexagone. *Variante :* Mayliss. *Caractérologie :* finesse, connaissances, originalité, réussite, sagacité.

Mayssa
5 000 Top 300 →

Grâce, scintillement d'une étoile (arabe). *Caractérologie :* équilibre, famille, responsabilité, réalisation, influence.

Mazarine
750 Top 2 000 →

Féminin de Mazarin, cardinal et homme politique qui succéda à Richelieu en tant que Premier ministre en France de 1643 à 1661. *Caractérologie :* équilibre, responsabilité, famille, détermination, influence.

Méane
- de 100

Variante probable de Meagan. *Caractérologie :* diplomatie, loyauté, réceptivité, sociabilité, bonté.

Médarine
- de 30

Forte (germanique). *Caractérologie :* conscience, résolution, conseil, paix, sagesse.

Meg
350

Perle (grec). Féminin anglais. *Caractérologie :* sagacité, spiritualité, originalité, philosophie, connaissances.

Megan
1 800

Perle (grec). Féminin gallois usité dans les pays anglophones. On peut estimer que moins de 30 enfants seront prénommés ainsi en 2023. *Caractérologie :* méthode, engagement, ténacité, fiabilité, réalisation.

Mégane
14 000 Top 2 000

Perle (grec). Voir Megan. Féminin français. *Variantes :* Megann, Méganne, Meggan, Meggane. *Caractérologie :* intégrité, idéalisme, réflexion, altruisme, réussite.

Meggy
900

Perle (grec). Féminin anglais. *Variantes :* Meggie, Meguy. *Caractérologie :* générosité, communication, enthousiasme, adaptation, pratique.

Meghan
700 Top 2 000

Perle (grec). Féminin anglais. *Caractérologie :* enthousiasme, adaptation, communication, pratique, réalisation.

Meghane
800

Perle (grec). *Caractérologie :* stratégie, achèvement, réussite, vitalité, ardeur.

Meï
800 Top 700

Beauté, bourgeon (chinois), germer, lumineuse (japonais). *Caractérologie :* dévouement, altruisme, intégrité, idéalisme, réflexion.

Meïra
- de 100

Celle qui éclaire (hébreu). *Caractérologie :* direction, audace, résolution, dynamisme, indépendance.

Meïssa
1 700 Top 2 000

Grâce, scintillement d'une étoile (arabe). *Variante :* Meïssane. *Caractérologie :* pragmatisme, communication, optimisme, créativité, résolution.

Mélaine
1 500

Noir, peau brune (grec), ou forme dérivée de Maëlle. Féminin français et breton. On peut estimer que moins de 30 enfants seront prénommés ainsi en 2023. *Caractérologie :* dynamisme, curiosité, courage, résolution, indépendance.

Mélanie
121 000 Top 800

Noir, peau brune (grec). Ce prénom porté par deux saintes est attesté dès les premiers siècles. Il est recensé sous différentes formes au Moyen Âge, mais sa gloire internationale émane du succès plus récent d'*Autant en emporte le vent*, film américain sorti en 1939. Ses héroïnes Scarlett et Melanie changent instantanément le cours de ces prénoms, inexistants à l'époque. Mélanie entame une brillante carrière dans les pays anglophones avant d'émerger en France, puis de s'imposer dans le top 20 national de 1980 à 1998. Ce prénom est également très répandu en Allemagne aujourd'hui.
Jeune aristocrate romaine au Ve siècle, sainte Mélanie convainquit son époux de distribuer leur fortune aux pauvres. Veuve, elle termina ses jours dans le monastère qu'elle fonda à Jérusalem, sur le mont des Oliviers. Sa grand-mère, dite Mélanie l'Ancienne,

M

est également une sainte fêtée le 26 janvier. *Variantes :* Mélana, Mélane, Melen, Méléna, Mélène. *Caractérologie :* courage, indépendance, curiosité, dynamisme, détermination.

Mélany
1 600

Noir, peau brune (grec). Féminin anglais. On peut estimer que moins de 30 enfants seront prénommés ainsi en 2023. *Caractérologie :* savoir, intelligence, cœur, méditation, réussite.

Mélia
4 000 Top 300 ↗

Diminutif d'Amélia et des prénoms ayant la même terminaison. Melia est particulièrement attribué dans le monde occidental et anglophone. *Variantes :* Melle, Mélie, Mellie, Melly. *Caractérologie :* méthode, fiabilité, sécurité, détermination, résolution.

Mélie
1 600 Top 900 ↘

Diminutif d'Amélie, d'Émilie et des prénoms ayant la même terminaison. *Caractérologie :* force, habileté, management, passion, ambition.

M

Mélina
29 000 Top 200 ↘

Abeille (grec). Féminin anglais, français et occitan. *Variante :* Mélyna. *Caractérologie :* ouverture d'esprit, humanité, rectitude, rêve, décision.

Mélinda
10 000 Top 2 000 ↓

Abeille (grec). Melinda est très répandu dans les pays anglophones. *Variantes :* Mélynda, Mindy. *Caractérologie :* fiabilité, engagement, résolution, ténacité, méthode.

Méline
15 000 Top 300 ↘

Abeille (grec). Féminin français. *Variantes :* Méliana, Méliane, Mélyna, Mélyne. *Caractérologie :* méthode, fiabilité, ténacité, engagement, sens du devoir.

Mélis
1 200 Top 2 000 ↘

Abeille (grec). *Caractérologie :* ténacité, méthode, fiabilité, engagement, détermination.

Mélisa
2 000 Top 1 000 →

Abeille (grec). *Caractérologie :* énergie, découverte, originalité, audace, résolution.

Mélisande
1 300

Abeille (grec). On peut estimer que moins de 30 enfants seront prénommés ainsi en 2023. *Caractérologie :* dynamisme, direction, indépendance, audace, résolution.

Mélissa
69 000 Top 200 ↘

Abeille (grec). En dehors de l'Hexagone, Melissa est très répandu en Italie, dans les pays anglophones et aux Pays-Bas. *Variantes :* Mélis, Mélisse, Mélissane, Mélissanne. *Caractérologie :* famille, responsabilité, influence, décision, équilibre.

Mélissandre
1 700 Top 2 000 ↘

Abeille (grec). *Variantes :* Mélissande, Mélisandre, Mélyssandre. *Caractérologie :* diplomatie, décision, réceptivité, sociabilité, loyauté.

Mellina
3 500 Top 600 ↘

Travailleuse (germanique), abeille (grec). *Caractérologie :* détermination, enthousiasme, pratique, communication, adaptation.

Mélodie
14 000 Top 500 →

Mélodie, chanson (grec). Féminin français. *Variantes :* Mélodi, Mélodine. *Caractérologie :* rectitude, volonté, humanité, analyse, rêve.

Mélody
10 000 Top 500 →

Mélodie, chanson (grec). Melody est plus particulièrement usité dans les pays anglophones. *Caractérologie :*

intuition, relationnel, sympathie, volonté, médiation.

Méloé

950 Top 2 000

Étymologie probable : noir, peau brune (grec). *Variantes :* Mélinée, Méloée. *Caractérologie :* découverte, originalité, audace, volonté, énergie.

Mélusine

1 200 Top 2 000

Mélodieux, qui chante (celte). Prénom français. On raconte dans les légendes celtiques que Mélusine, la fille du roi Élénas, se transformait en serpent chaque samedi. Elle fit promettre à son époux, le comte Raymondin de Lusignan, de garder son secret et de ne jamais tenter d'en découvrir la cause. Mais un jour, la curiosité de ce dernier l'emporta, et Mélusine disparut. Seuls ses cris se firent entendre plus tard pour annoncer l'imminence de malheurs. *Caractérologie :* ardeur, achèvement, stratégie, vitalité, résolution.

Melvina

400

Amie de l'assemblée (celte). Féminin anglais. *Variante :* Melvine. *Caractérologie :* persévérance, sécurité, détermination, structure, efficacité.

Mélyssa

2 000

Abeille (grec). On peut estimer que moins de 30 enfants seront prénommés ainsi en 2023. *Caractérologie :* ténacité, fiabilité, réalisation, méthode, bonté.

Mendy

750

Diminutif anglophone de Marie : celle qui élève (hébreu). Mendi signifie « montagne » en basque. *Caractérologie :* spiritualité, connaissances, originalité, philosophie, sagacité.

Méora

- de 30

Lumière (hébreu). *Variante :* Maor. *Caractérologie :* sagacité, spiritualité, volonté, connaissances, résolution.

Mercedes

2 500

Prix, grâce (latin). Mercedes est très répandu en Espagne. En France, ce prénom est plus traditionnellement usité au Pays basque. On peut estimer que moins de 30 enfants seront prénommés ainsi en 2023. *Caractérologie :* altruisme, idéalisme, résolution, intégrité, réflexion.

Mérédith

1 100 Top 2 000

Grande, qui a le pouvoir (gallois). Ce prénom gallois est usité dans les pays anglophones. *Caractérologie :* autorité, innovation, énergie, ambition, sensibilité.

Meriem

6 000 Top 600

Forme arabe de Marie : celle qui élève (hébreu). *Variantes :* Meriam, Meriame, Meryam. *Caractérologie :* intégrité, altruisme, idéalisme, réflexion, dévouement.

Merveille

500

Dans le langage courant, une merveille est une chose qui cause une admiration intense. Ce prénom est apparu au féminin dans les années 1990 en France. Il bourgeonne au masculin depuis les années 2000. La fête des Merveilles, ou fête des Miracles, est une cérémonie à la fois religieuse et païenne qui a eu cours à Lyon, sur les rives de la Saône, pendant une partie du Moyen Âge. *Caractérologie :* sociabilité, diplomatie, réceptivité, bonté, loyauté.

Meryem

4 000 Top 400

Forme arabe de Marie : celle qui élève (hébreu). Ce prénom est répandu dans les cultures arabes et/ou musulmanes. *Variante :* Meyrem. *Caractérologie :* sagacité, spiritualité, connaissances, philosophie, originalité.

Meryl

3 000 Top 600

Celle qui élève (hébreu). *Variantes :* Meril, Merryl, Mery, Merry, Meryll.

M

Caractérologie : énergie, ambition, autorité, innovation, sympathie.

Messaline
350

Nom de famille romain très ancien (latin). *Caractérologie* : finesse, connaissances, sagacité, résolution, originalité.

Mia
24 000 Top 50

Celle qui élève (hébreu). *Variante* : Mya. *Caractérologie* : énergie, découverte, originalité, audace, séduction.

Michaëla
550

Qui est comme Dieu (hébreu). *Variantes* : Micaelle, Micah, Mickaëla, Mika, Mikaela, Mikela. Forme occitane : Miquela. *Caractérologie* : connaissances, spiritualité, sagacité, détermination, originalité.

Michaëlle
550

Qui est comme Dieu (hébreu). Féminin français. *Variantes* : Michaëla, Michaële, Mickaëlle. *Caractérologie* : découverte, énergie, originalité, audace, détermination.

M

Michèle
150 000

Qui est comme Dieu (hébreu). Ce féminin de Michel a décollé après Michelle dans les années 1930, mais il a davantage brillé que son homophone. Michèle figure parmi les 10 premiers rangs français dans les années 1940. On peut estimer que moins de 30 enfants seront prénommés ainsi en 2023. *Caractérologie* : autorité, innovation, ambition, énergie, autonomie.

Micheline
58 000

Qui est comme Dieu (hébreu). Prénom français. Ce vieux prénom connaît son apogée en France en 1931. Son succès lance la carrière de Michelle, plus courte et moderne, qui connaîtra la gloire deux décennies plus tard. À la mort de son mari, sainte Micheline distribua toute sa fortune aux pauvres et termina sa vie dans un couvent. Elle est la patronne de la ville italienne de Pisaure. On peut estimer que moins de 30 enfants seront prénommés ainsi en 2023. *Caractérologie* : conscience, paix, conseil, bienveillance, sagesse.

Michelle
91 000 Top 2 000

Qui est comme Dieu (hébreu). Le succès de *Michelle*, chanté par les Beatles en 1965, a lancé la carrière du prénom dans les pays anglophones, mais il arrive trop tard en France : Michelle a déjà atteint son pic dans les années 1920 et aucun tube, aussi planétaire soit-il, ne peut endiguer son reflux. *Caractérologie* : ténacité, méthode, fiabilité, engagement, sens du devoir.

Mieko
- de 30

Très belle enfant (japonais). *Caractérologie* : achèvement, stratégie, ardeur, vitalité, caractère.

Miki
- de 100

Arbre, beauté (japonais). *Caractérologie* : paix, bienveillance, conscience, conseil, sagesse.

Mila
31 000 Top 50

Diminutif de Ludmilla qui signifie, en slave, « aimée du peuple », et diminutif espagnol de Milagros, du latin *miraculum* : « miracle ». *Variantes* : Milana, Ludmilla, Ludmila. *Caractérologie* : vitalité, ardeur, stratégie, achèvement, leadership.

Milana
1 200 Top 700

Aimée du peuple (slave). Prénom serbe, croate, tchèque et slovène. *Caractérologie* : détermination, curiosité, courage, dynamisme, indépendance.

Milane
300

Aimée du peuple (slave). *Variantes* : Milana, Miliana. *Caractérologie* : réflexion, altruisme, idéalisme, résolution, intégrité.

Mia

Fête :
15 août

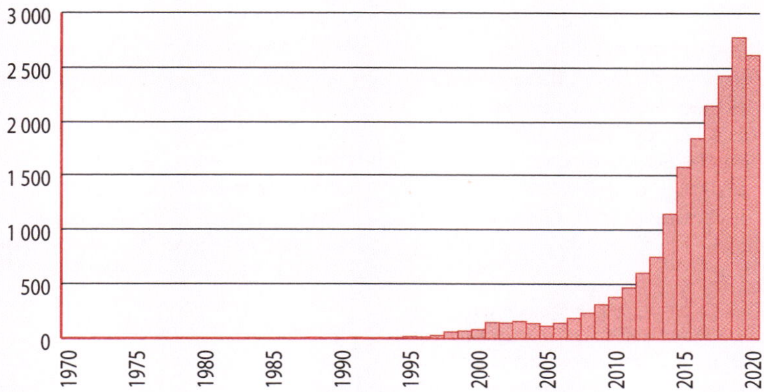

Étymologie

Diminutif international de Marie, de l'hébreu *mem*, « celle qui élève ». Ce petit nom est apparu dans les pays scandinaves, anglophones et germanophones au milieu du XXe siècle et a connu, peu avant les années 2000, un boom de popularité dans de nombreux pays occidentaux. Son introduction française est bien plus récente puisque, avant 1997, Mia ne franchissait pas la barre des 25 naissances chaque année. L'an 2000 marque un tournant dans sa carrière : peu après que l'actrice britannique Kate Winslet a prénommé sa fille Mia, le nombre de ses attributions a doublé en France. Il faut dire qu'avec ses 3 lettres et sa terminaison en « ia », cette jeune pousse fait figure de choix moderne et original. Sa consécration ne s'est pas fait attendre : Mia a franchi, en quelques années seulement, le cap symbolique du top 10.

En dehors de l'Hexagone, Mia est en vogue dans de nombreux pays occidentaux, tant anglophones qu'hispanophones. La francophonie n'est pas en reste puisque ce prénom a percé dans les tableaux suisse romand, wallon et québécois.

Personnes célèbres

Mia Farrow, comédienne et chanteuse américaine, née en 1945 ; Mia Frye, chorégraphe et danseuse américaine, née en 1965 ; Mia Zapata, chanteuse et membre du groupe The Gits (1965-1993) ; Mia Kirshner, actrice canadienne, née en 1975 ; Mia Aegerter, actrice et chanteuse suisse, née en 1976 ; Mía Maestro, actrice et chanteuse argentine, née en 1978 ; Mia Hansen-Løve, réalisatrice française, née en 1981 ; Mia Wasikowska, actrice australienne, née en 1989.

Statistiques

Mia est le 59e prénom féminin le plus donné en France depuis l'an 2000. Ce prénom est attribué à près d'une fille sur 120 aujourd'hui.

M

Mildred
300

Conseillère, diplomate (anglais). Féminin anglais. *Caractérologie :* intuition, médiation, fidélité, adaptabilité, relationnel.

Miléna
4 000 Top 500

Contraction de Marie et Hélène, ou variante féminine de Milan. En dehors de l'Hexagone, Miléna est particulièrement répandu dans les pays slaves, en Arménie, en Macédoine et en Italie. *Variante :* Myléna. *Caractérologie :* décision, ouverture d'esprit, humanité, rêve, rectitude.

La journaliste et militante Milena Jesenská est la voix intellectuelle de la Mitteleuropa d'avant-guerre. Kafka, son soupirant, entretient avec elle une des plus belles correspondances amoureuses. Il disait d'elle qu'elle était un « feu vivant ». Son engagement et son insoumission prirent fin au camp de Ravensbrück. Son œuvre est demeurée longtemps méconnue. Reste son prénom.

Milène
1 800

Contraction de Marie et Hélène. Féminin français. On peut estimer que moins de 30 enfants seront prénommés ainsi en 2023. *Caractérologie :* méthode, ténacité, fiabilité, sens du devoir, engagement.

Miley
350

Apparu pour la première fois dans l'Hexagone en 2008, ce prénom est associé à l'actrice américaine Miley Cirus, surnommée « Smiley » Cirus (sourire en anglais). *Variantes :* Mailey, Maily, Mylie, Mylee. *Caractérologie :* autonomie, ambition, énergie, autorité, innovation.

Milia
500 Top 2 000

Miracles (latin), diminutif basque d'Emilia : travailleuse (germanique). *Caractérologie :* vitalité, achèvement, ardeur, stratégie, leadership.

Miliane
- de 30

Variante féminine de Milian ou Milane. *Caractérologie :* résolution, rectitude, ouverture d'esprit, humanité, rêve.

Milica
190

Travailleuse (germanique). *Variante :* Milika. *Caractérologie :* loyauté, sociabilité, réceptivité, diplomatie, bonté.

Milka
110

Reine, conseillère (hébreu), paix glorieuse (slave). Féminin anglais, espagnol, allemand, serbe et croate. *Variante :* Milcah. *Caractérologie :* dynamisme, direction, audace, organisation, indépendance.

Milla
3 500 Top 400

Diminutif possible de Camilla. En dehors de l'Hexagone, Milla est plus particulièrement usité en Italie et dans les pays scandinaves. *Variantes :* Millie, Milly. *Caractérologie :* réceptivité, sociabilité, diplomatie, bonté, loyauté.

Millie
500 Top 700

Travailleuse (germanique). Féminin anglais. *Variantes :* Mylie, Milly. *Caractérologie :* paix, conseil, sagesse, conscience, bienveillance.

Milly
400

Travailleuse (germanique). Féminin anglais. *Caractérologie :* ardeur, stratégie, achèvement, leadership, vitalité.

Mimi
- de 100

Celle qui élève (hébreu). *Caractérologie :* passion, ambition, habileté, force, management.

Mina
6 500 Top 300

Diminutif des prénoms se terminant par « mina » (Wilhemina, Carmina, Jasmina, etc.). Mina est également un prénom féminin japonais et indien d'Asie. Il signifie « poisson » en sanscrit. *Variantes :* Mine, Mini, Minna, Minnie. *Caractérologie :* autorité, énergie, innovation, résolution, ambition.

Mindy
450 ↘

Abeille (grec). Féminin anglais. *Caractérologie :* intuition, relationnel, médiation, fidélité, adaptabilité.

Miora
- de 100

Lumière (hébreu). *Caractérologie :* intuition, relationnel, médiation, fidélité, adaptabilité.

Mira
2 000 Top 300 →

Celle qui élève (hébreu). *Variante :* Myra. *Caractérologie :* séduction, audace, originalité, énergie, découverte.

Mirabelle
300 ↗

Nom du fruit du mirabellier, une variété de prunier. Féminin français. Mirabelle est fêté avec Fleur, le 5 octobre. *Caractérologie :* énergie, gestion, audace, découverte, décision.

Miranda
700 ↘

Celle qui élève (hébreu). Féminin anglais. *Variantes :* Mira, Mirana, Mirabelle. *Caractérologie :* bienveillance, paix, détermination, conscience, conseil.

Mirca
- de 30

Lagon bleu (tahitien). *Caractérologie :* passion, ambition, habileté, force, management.

Mireille
94 000

Celle qui élève (hébreu). Cette forme provençale de Myriam a été redécouverte dans les années 1950 grâce à *Mireille*, l'œuvre maîtresse de Frédéric Mistral. On peut estimer que moins de 30 enfants seront prénommés ainsi en 2023. *Caractérologie :* médiation, intuition, fidélité, adaptabilité, relationnel.

Mirella
2 000

Celle qui élève (hébreu). On peut estimer que moins de 30 enfants seront prénommés ainsi en 2023. *Variantes :* Mirela, Miren, Mérielle, Mirielle. *Caractérologie :* méditation, intelligence, savoir, indépendance, décision.

Miriam
1 600 Top 2 000 →

Celle qui élève (hébreu). Féminin anglais et allemand. *Variante :* Miryam. *Caractérologie :* altruisme, dévouement, idéalisme, intégrité, réflexion.

Misao
- de 30

Fidèle, loyale (japonais). *Caractérologie :* optimisme, communication, créativité, pragmatisme, sociabilité.

Misty
- de 30

Brumeux (anglais). *Caractérologie :* originalité, énergie, découverte, réussite, audace.

Miya
3 000 Top 300 ↗

Prénom japonais signifiant, selon les kanji utilisés, « belle » ou « palace ». Miya est également une variante de Mia : celle qui élève (hébreu). On rencontre plus particulièrement ce prénom au Japon et en Russie. *Caractérologie :* pratique, enthousiasme, adaptation, communication, réalisation.

Miyo
- de 30

Belle, enfant (japonais). *Caractérologie :* achèvement, vitalité, leadership, ardeur, stratégie.

Moa
- de 30

Mère (suédois). Moa est très en vogue en Suède et en Norvège actuellement. *Caractérologie :* bonté, diplomatie, loyauté, sociabilité, réceptivité.

Moana
700 Top 800 ↑

Océan (tahitien). *Caractérologie :* achèvement, stratégie, ardeur, vitalité, caractère.

Modestine
- de 100

Timide, discrète (latin). *Caractérologie :* énergie, audace, caractère, découverte, décision.

Moéa
- de 100

Femme couchée sur un lit de fleurs (tahitien). Moea s'orthographie sans accent à Tahiti. *Caractérologie :* finesse, connaissances, sagacité, caractère, originalité.

Mohana
- de 100

Plaisante, charmante (sanscrit). Mohana est répandu en Inde. *Caractérologie :* savoir, méditation, indépendance, intelligence, volonté.

Moïra
1 100 Top 600 ↗

Celle qui élève (hébreu). Féminin écossais et irlandais. *Variantes :* Maéra, Maïra, Maïre. *Caractérologie :* sociabilité, réceptivité, loyauté, diplomatie, bonté.

Molly
1 600 Top 600 →

Celle qui élève (hébreu). Féminin anglais. *Caractérologie :* courage, curiosité, indépendance, charisme, dynamisme.

Mona
6 000 Top 300 →

Vœu, désir (arabe), solitaire (grec), noble (irlandais), et forme scandinave de Monika. Mona est répandu dans les pays anglophones, les pays scandinaves et les cultures musulmanes. *Variante :* Monna. *Caractérologie :* sagacité, originalité, spiritualité, connaissances, volonté.

Monia
3 500

Vœu, désir (arabe). On peut estimer que moins de 30 enfants seront prénommés ainsi en 2023. *Variante :* Monya. *Caractérologie :* finesse, sagacité, connaissances, caractère, décision.

Monica
2 500 Top 1 000 →

Solitaire (grec). Monica est très répandu en Italie, dans les pays anglophones, hispanophones et lusophones. C'est aussi un choix traditionnel corse et occitan. *Variantes :* Monick, Monika. *Caractérologie :* direction, audace, analyse, dynamisme, volonté.

Monique
284 000

Solitaire (grec). Peu attribué avant le XXe siècle, ce prénom jaillit dans les années 1920 et brille au 2e rang du classement français de 1935 à 1948. Son long triomphe prend fin au moment où Véronique s'envole vers le succès, munie de la même terminaison. Originaire d'Afrique du Nord, sainte Monique fut mariée très jeune à un païen. Elle ne cessa, durant leur mariage, de l'exhorter à se convertir, ce qu'il fit un an avant sa mort. Son fils, qui s'était déjà converti, devint par la suite saint Augustin d'Hippone. Sainte Monique est la patronne des épouses et des mères de famille. On peut estimer que moins de 30 enfants seront prénommés ainsi en 2023. *Caractérologie :* ténacité, fiabilité, analyse, méthode, volonté.

Montaine
550 →

La légende raconte qu'une jeune bergère prénommée Montaine cassa ses cruches en allant les remplir à la fontaine d'un village du Berry. La fermière en colère lui ordonna de ramener de l'eau dans deux paniers en osier, ce que Montaine parvint à faire. La fontaine fut alors considérée comme miraculeuse et fut appelée Sainte-Montaine, comme la commune dans laquelle elle se trouve. *Caractérologie :* audace, décision, ténacité, indépendance, vision.

Mila

Fête :
16 septembre

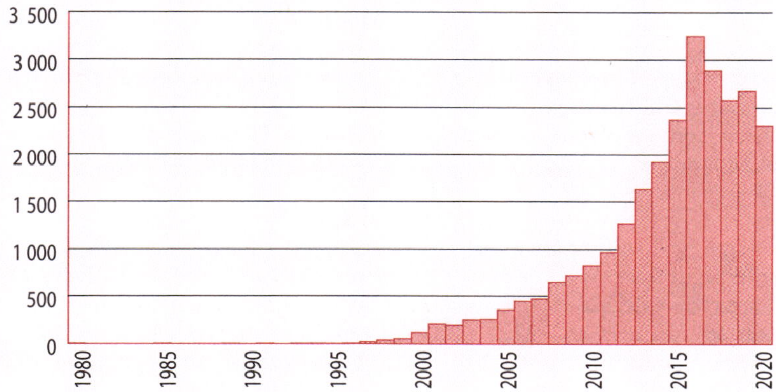

Étymologie

Diminutif de Ludmilla qui signifie en slave « aimée du peuple », et diminutif espagnol de Milagros, du latin *miraculum*, « miracle ». Mila est plus particulièrement répandu dans les pays slaves, dans les pays hispanophones et lusophones. C'est également un choix traditionnel basque qui, avant 1997, ne prénommait guère plus de 5 Françaises par an.

Quelle carrière fulgurante a-t-il entamée depuis ! Après avoir franchi la barre des 1 000 attributions en 2012, Mila s'est imposé dans le top 10 national 5 ans plus tard. Il faut dire que ce prénom avait tous les atouts pour percer. D'une part, il est porté par la vague des prénoms courts en « a ». D'autre part, sa double identité slave et basque lui donne un charme particulièrement recherché en France. Cela ne l'empêche pas de conquérir d'autres contrées, comme le montre son émergence dans les pays anglophones (États-Unis, Australie, Nouvelle-Zélande et Grande-Bretagne), sa percée dans les pays francophones (Wallonie et Suisse romande en tête) et son succès allemand. En attendant la gloire internationale, les variantes Milah, Milana et le composé Mila-Rose s'épanouissent dans l'Hexagone.

Apparu dans les années 1990 en France, Milo, la version masculine, est promis à un bel avenir (voir le focus qui lui est consacré).

Personnes célèbres

Ludmila Oulitskaïa, romancière, née en Azerbaïdjan en 1943, l'une des autrices russes les plus lues dans le monde (*Sonietchka* a notamment été couronné par le prix Médicis étranger en 1996) ; Ludmila Mikaël, actrice et sociétaire honoraire de la Comédie-Française, née en 1947.

Statistiques

Mila est le 49e prénom féminin le plus donné en France depuis l'an 2000. Ce prénom est attribué à près d'une fille sur 160 aujourd'hui.

M

Montserrat
250

Montagne dentelée (catalan). La Vierge de Montserrat est la patronne de la Catalogne. *Variante :* Monserrat. *Caractérologie :* vitalité, achèvement, stratégie, volonté, résolution.

Morane
800

Née de la mer (gallois). *Variantes :* Morana, Morine. *Caractérologie :* pragmatisme, communication, décision, caractère, optimisme.

Morgan
2 500

Née de la mer (gallois). Féminin anglais, breton et français. On peut estimer que moins de 30 enfants seront prénommés ainsi en 2023. *Caractérologie :* caractère, courage, dynamisme, réussite, curiosité.

Morgane
75 000 Top 500

Née de la mer (gallois). Dans la légende arthurienne, Morgane, la demi-sœur d'Arthur, règne sur l'île enchantée d'Avalon. Fée maléfique ou magicienne guérisseuse, elle est fidèle aux traditions et s'emploie à protéger les croyances celtiques de l'influence du christianisme. Morgane a commencé sa carrière française dans les années 1980, bien après que la forme anglophone Morgan a fait ses preuves outre-Manche. Ce prénom a grandi de telle sorte qu'il est devenu l'un des 80 prénoms les plus attribués en France en 2010. Sa décrue s'accentue aujourd'hui. *Variantes :* Morgan, Morgana, Morgann, Morganne, Morgiane. *Caractérologie :* innovation, énergie, autorité, volonté, réalisation.

Morine
250

Née de la mer (gallois). *Caractérologie :* intuition, relationnel, fidélité, volonté, médiation.

Morwenna
- de 100

Mer blanche (celte). Prénom breton. *Variante :* Morwenn. *Caractérologie :* fiabilité, volonté, ténacité, résolution, méthode.

Mounia
3 000

Vœu, désir (arabe). On peut estimer que moins de 30 enfants seront prénommés ainsi en 2023. *Variantes :* Mouna, Mounya. *Caractérologie :* dynamisme, audace, volonté, direction, analyse.

Muguette
3 500

Se rapporte à la plante à fleurs blanches en forme de clochette. On peut estimer que moins de 30 enfants seront prénommés ainsi en 2023. *Caractérologie :* structure, persévérance, sympathie, efficacité, sécurité.

Muriel
67 000

Celle qui élève (hébreu). Féminin français et anglais. On peut estimer que moins de 30 enfants seront prénommés ainsi en 2023. *Caractérologie :* conseil, paix, bienveillance, sagesse, conscience.

Murielle
36 000

Celle qui élève (hébreu). Féminin français. On peut estimer que moins de 30 enfants seront prénommés ainsi en 2023. *Variantes :* Muriele, Muryel, Muryelle. *Caractérologie :* audace, énergie, séduction, originalité, découverte.

Mya
13 000 Top 50

Celle qui élève (hébreu). Mya est plus particulièrement attribué dans le monde occidental et anglophone. *Caractérologie :* adaptation, communication, réussite, pratique, enthousiasme.

Myla
4 500 Top 200

Forme anglophone moderne de Mila. *Caractérologie :* sérénité, éthique, influence, conseil, volonté.

M

Mylène
24 000

Contraction de Marie et Hélène. Féminin français. On peut estimer que moins de 30 enfants seront prénommés ainsi en 2023. *Variante :* Mylaine. *Caractérologie :* sociabilité, réceptivité, diplomatie, loyauté, sympathie.

Myriam
95 000 Top 300

Celle qui élève (hébreu). Féminin français et anglais. Lorsque le pharaon décrète que les nouveau-nés mâles hébreux doivent être tués, Moïse est placé dans un panier d'osier, puis déposé sur le Nil. Sa sœur Myriam se présente à la fille du pharaon lorsque celle-ci le recueille du fleuve. Elle l'encourage à garder l'enfant et fait en sorte que sa mère puisse l'élever en se faisant passer pour une nourrice. *Caractérologie :* méditation, réussite, savoir, intelligence, indépendance.

Myriame
1 500

Celle qui élève (hébreu). On peut estimer que moins de 30 enfants seront prénommés ainsi en 2023. *Variantes :* Maram, Myra, Myria, Myriama. *Caractérologie :* communication, pratique, enthousiasme, résolution, réalisation.

Myriem
1 100

Forme arabe de Marie : celle qui élève (hébreu). On peut estimer que moins de 30 enfants seront prénommés ainsi en 2023. *Caractérologie :* intuition, médiation, relationnel, fidélité, adaptabilité.

Myrtille
1 600 Top 2 000

Ce prénom issu du calendrier révolutionnaire désigne une variété d'airelles. Sainte Fleur, religieuse auvergnate du XIVe siècle, est la patronne de Myrtille. *Caractérologie :* conscience, conseil, bienveillance, sympathie, paix.

N

Naama
- de 100

Douceur, beauté (hébreu). Naama est la fille de Lémec dans l'Ancien Testament. *Variante :* Naamah. *Caractérologie :* optimisme, pragmatisme, communication, créativité, sociabilité.

Nabila
3 000

Noble, honorable (arabe). On peut estimer que moins de 30 enfants seront prénommés ainsi en 2023. *Variantes :* Nabella, Nabilah, Nabilla. *Caractérologie :* pratique, communication, enthousiasme, organisation, résolution.

Nada
3 000 Top 700

Rosée du matin (arabe), espoir (slave). Nada est particulièrement répandu en Serbie, en Croatie et dans les cultures musulmanes. *Caractérologie :* diplomatie, réceptivité, sociabilité, loyauté, bonté.

Nadège
47 000

Espérance dans l'attente (latin). Féminin français. Chrétienne au IIe siècle, sainte Nadège fut martyrisée en Asie Mineure avec sa mère, sainte Sophie. On peut estimer que moins de 30 enfants seront prénommés ainsi en 2023. *Variante :* Nadeje. *Caractérologie :* rêve, humanité, rectitude, tolérance, réalisation.

Nadette
- de 100

Force, ours (germanique). Féminin français. *Caractérologie :* responsabilité, équilibre, famille, influence, exigence.

Nadia
71 000 Top 800

Celle qui proclame haut et fort (arabe), espérance dans l'attente (latin), espoir (slave). En dehors de l'Hexagone, Nadia est très répandu en Russie, en Italie, dans les pays slaves et les cultures musulmanes. *Variante :* Nadya. *Caractérologie :* diplomatie, réceptivité, sociabilité, détermination, loyauté.

Nadine
120 000 Top 1 000

Contraction de Nadège ou Nadia et du suffixe « ine ». En dehors de l'Hexagone, Nadine est répandu en Allemagne et dans les pays anglophones. Sainte Nadège est la patronne de Nadine. *Variantes :* Nadina, Nadyne. *Caractérologie :* sociabilité, diplomatie, réceptivité, loyauté, résolution.

Nadja
350

Celle qui proclame haut et fort (arabe), espoir (slave). *Caractérologie :* communication, enthousiasme, pratique, adaptation, générosité.

Avec un pinceau trempé dans une palette qui ignore les tons pastel, l'autrice Nadja révolutionne la littérature enfantine avec son *Chien bleu*. Son pseudonyme est inspiré de l'œuvre d'André Breton, un hymne à l'amour fou. Un prénom qui incarne tout un univers à la fois surréaliste et poétique.

Naé
450 Top 2 000

Grâce (hébreu), fleur (japonais). *Variante :* Naë. *Caractérologie :* bonté, loyauté, diplomatie, sociabilité, réceptivité.

Naëlle
6 500 Top 200

Diminutif des prénoms formés avec Naëlle (exemple : Annaëlle), et variante de Naela : qui a étanché sa soif (arabe). *Variante :* Naëla. *Caractérologie :* ténacité, fiabilité, méthode, engagement, sens du devoir.

Naëlys
650 Top 2 000

Fusion de « Na » et de Maëlys, ou de prénoms se terminant par « lys ». *Variante :* Naëlis. *Caractérologie :* ténacité, méthode, fiabilité, sens du devoir, engagement.

Naéva
200

Combinaison du son « na » avec Éva. *Caractérologie :* originalité, sagacité, spiritualité, connaissances, philosophie.

Nahara
- de 30

Lumière (araméen). *Caractérologie :* connaissances, sagacité, originalité, résolution, spiritualité.

Nahia
1 300 Top 700

Flot, fluide (grec), désirée (basque). *Caractérologie :* équilibre, famille, influence, éthique, détermination.

Nahima
550

Tendre, douce (arabe). *Variantes :* Naéma, Nahéma. *Caractérologie :* direction, audace, détermination, dynamisme, indépendance.

Naïa
3 000 Top 300

Flot, fluide (grec), désirée (basque). Voir également Naya. *Caractérologie :* savoir, indépendance, intelligence, méditation, détermination.

Naïda
250

Flot, fluide (grec). *Variantes :* Naïad, Naïada. *Caractérologie :* médiation, relationnel, fidélité, intuition, résolution.

Naïg
200

Diminutif breton d'Anne : grâce (hébreu). En Bretagne, Naig s'orthographie souvent sans tréma. *Caractérologie :* structure,

N

persévérance, sécurité, efficacité, résolution.

Naïla
6 500 Top 300 ➔

Qui a étanché sa soif (arabe). *Variantes :* Naïlah, Nahla. *Caractérologie :* direction, résolution, dynamisme, indépendance, audace.

Naïlys
150

Combinaison de Naïs et des prénoms se terminant en « lys » (Maëlys, Maïlys, Isalys, etc.). *Caractérologie :* stratégie, empathie, leadership, ardeur, accomplissement.

Naïma
9 500 Top 800 ➔

Tendre, douce (arabe). *Variantes :* Naaïma, Nayma. *Caractérologie :* intuition, médiation, relationnel, détermination, fidélité.

Naïs
4 000 Top 700 ↘

Diminutif d'Anaïs et forme occitane d'Anne : grâce (hébreu). Dans l'Hexagone, Naïs est plus particulièrement attribué en Provence et en Occitanie. *Caractérologie :* finesse, connaissances, sagacité, originalité, décision.

Najat
1 300 ↑

Sauvée (arabe). *Variantes :* Nadjate, Nadjet, Naget, Nagète, Najet, Najette, Najia. *Caractérologie :* équilibre, responsabilité, exigence, influence, famille.

Nami
250 Top 2 000 ➔

Vague (japonais). *Caractérologie :* dynamisme, direction, audace, détermination, indépendance.

Nana
500 Top 2 000 ↘

Grâce (hébreu), pomme (japonais). *Caractérologie :* communication, pragmatisme, optimisme, créativité, sociabilité.

Nancy
9 000

Grâce (hébreu). En dehors de l'Hexagone, ce prénom est particulièrement porté dans les pays anglophones. On peut estimer que moins de 30 enfants seront prénommés ainsi en 2023. *Variantes :* Nana, Nancie. *Caractérologie :* communication, enthousiasme, pratique, adaptation, cœur.

Nao
- de 100

Fleur de pêcher (vietnamien), honnête (japonais). *Caractérologie :* pragmatisme, optimisme, sociabilité, communication, créativité.

Naoëlle
170

Contraction de Nao et Noëlle. *Caractérologie :* énergie, autonomie, direction, persuasion, innovation.

Naoline
- de 100

Contraction de Nao et des prénoms se terminant par « line ». *Caractérologie :* spiritualité, raisonnement, philosophie, connaissances, originalité.

Naomi
9 500 Top 200 ➔

Belle, agréable (hébreu). Voir Noémie. Naomi est particulièrement répandu dans les pays anglophones et néerlandophones. *Caractérologie :* spiritualité, sagacité, volonté, détermination, connaissances.

Naomie
8 000 Top 500 ➔

Belle, agréable (hébreu). Féminin français et néerlandais. *Variantes :* Naomy, Néomie, Noam, Noamie. *Caractérologie :* décision, communication, pragmatisme, caractère, optimisme.

Naoual
1 000

Un présent (arabe). *Variantes :* Naouel, Naouele, Nawaël. *Caractérologie :* énergie, ambition, innovation, autonomie, autorité.

Nara
- de 100

Chêne, symbole de stabilité (japonais), heureuse (celte), proche, aimée (anglais). Nara est plus particulièrement usité dans les pays anglophones et au Japon. *Caractérologie :* résolution, méditation, savoir, intelligence, indépendance.

Narimane
350

Au caractère doux et agréable (arabe). La reine Narimane, seconde épouse du roi Farouk, lança la mode de ce prénom en Égypte dans les années 1940. *Variantes :* Narima, Narimen, Narimene, Narrimane, Neriman. *Caractérologie :* pragmatisme, communication, optimisme, créativité, résolution.

Nassera
2 500

Protection, victoire (arabe). On peut estimer que moins de 30 enfants seront prénommés ainsi en 2023. *Variantes :* Nacera, Nacira, Nassira. *Caractérologie :* audace, détermination, découverte, originalité, énergie.

Nassima
3 000

Air frais (arabe). On peut estimer que moins de 30 enfants seront prénommés ainsi en 2023. *Caractérologie :* sécurité, persévérance, détermination, structure, efficacité.

Nastasia
1 000

Jour de la naissance (latin). Prénom suédois et russe. *Variantes :* Nassia, Nastassia, Nastasya, Natassia, Nasya. *Caractérologie :* enthousiasme, pratique, communication, adaptation, détermination.

Natacha
29 000 Top 2 000

Forme francisée de Natasha : jour de la naissance (latin). *Variante :* Natasha. *Caractérologie :* communication, enthousiasme, pratique, organisation, finesse.

Natalia
2 000 Top 1 000

Jour de la naissance (latin). Natalia est particulièrement répandu dans les pays slaves et hispanophones, en Italie et en Grèce. C'est aussi un choix traditionnel corse et occitan. *Variante :* Natalya. *Caractérologie :* méthode, fiabilité, ténacité, décision, gestion.

Natalie
1 000

Jour de la naissance (latin). Féminin anglais et allemand. *Variantes :* Natale, Natali. *Caractérologie :* organisation, stratégie, vitalité, achèvement, détermination.

Nataline
- de 100

Jour de la naissance (latin). *Variantes :* Natalena, Natalène, Natalina, Nathalène, Nathaline, Talina. *Caractérologie :* gestion, méthode, ténacité, décision, fiabilité.

Natasha
800 Top 2 000

Jour de la naissance (latin). Féminin anglais, russe et slave. *Caractérologie :* ambition, autorité, innovation, finesse, énergie.

Nathalia
900

Jour de la naissance (latin). Ce prénom est particulièrement répandu au Brésil et au Portugal. *Caractérologie :* communication, finesse, pratique, enthousiasme, résolution.

Nathalie
367 000 Top 2 000

Jour de la naissance (latin). Ce prénom porté par une sainte au IVe siècle (Nathalie de Nicomédie) n'est pas nouveau, mais son usage est longtemps resté confidentiel en France. C'est dans les années 1960 que Nathalie s'envole vers la gloire, prenant la tête du classement féminin de 1965 à 1971. L'immense succès de *Nathalie*, la chanson de Gilbert Bécaud, en 1964, a contribué à sa popularité. Bien qu'il soit depuis tombé dans l'oubli, Nathalie est aujourd'hui le deuxième prénom féminin le plus porté dans l'Hexagone. Il est par ailleurs très répandu en Allemagne et aux Pays-Bas. Condamnée au martyre par l'émir de Cordoue au IXe siècle, sainte Nathalie mourut aux côtés de son mari et du moine qu'ils avaient caché. *Variantes :* Nataly, Natalis, Nathaly, Natty. *Caractérologie :* finesse, connaissances, décision, sagacité, attention.

Nathanaëlle
1 800

Il a donné (hébreu). On peut estimer que moins de 30 enfants seront prénommés ainsi en 2023. *Caractérologie :* pratique, enthousiasme, communication, sensibilité, organisation.

Nava
- de 100

Belle (hébreu). *Caractérologie :* réceptivité, loyauté, sociabilité, bonté, diplomatie.

Nawel
7 000 Top 600

Un présent (arabe). *Variantes :* Naouale, Naouelle, Naoïl, Naoïle, Nawal, Nawale, Nawell, Nawelle. *Caractérologie :* autorité, innovation, énergie, ambition, autonomie.

Naya
4 500 Top 200

Instrument de musique (arabe). *Variante :* Nayah. *Caractérologie :* audace, découverte, originalité, énergie, séduction.

Nayana
110

Regard, yeux (sanscrit). Nayana est usité en Inde. *Caractérologie :* médiation, relationnel, intuition, fidélité, adaptabilité.

Nayla
3 500 Top 300

Qui a étanché sa soif (arabe). *Variante :* Nahila. *Caractérologie :* passion, sympathie, ambition, force, habileté.

Neela
1 300 Top 1 000

Championne (celte). Féminin anglais. *Caractérologie :* autonomie, innovation, ambition, énergie, autorité.

Neige
300

Neige (français). *Caractérologie :* persévérance, structure, sécurité, honnêteté, efficacité.

Neila
4 000 Top 400

Championne (celte), variante de Naïla. Féminin anglais. *Variantes :* Neil, Nehla, Neilla, Nella, Neyla. *Caractérologie :* énergie, découverte, originalité, détermination, audace.

Neïma
- de 100

Mélodie (hébreu). *Caractérologie :* famille, responsabilité, décision, équilibre, influence.

Nejma
950 Top 2 000

Étoile (arabe). *Variantes :* Najima, Najma, Nedjma. *Caractérologie :* originalité, connaissances, philosophie, sagacité, spiritualité.

Nelcy
120

Diminutif possible de Nell, ou combinaison des prénoms commençant par « Nel » et se finissant en « y ». *Variantes :* Nelcie, Nelcia, Nelzie. *Caractérologie :* curiosité, volonté, indépendance, empathie, dynamisme.

Nélia
5 500 Top 100

Ce diminutif de Cornelia (cornue, corneille en latin) est aussi un prénom kabyle signifiant « petite fleur ». Il peut également être considéré comme une variante moderne de Nelly ou d'Hélène, sa forme majeure (éclat du soleil en grec). Cette forme latine de Cornelia s'est longtemps passée d'accent aigu, mais une majorité de parents la préfère

N

avec celui-ci désormais. *Variante :* Nélie. *Caractérologie :* énergie, découverte, audace, détermination, originalité.

Nell
3 000 Top 600

Championne (celte). Nell est répandu dans les pays anglophones. *Caractérologie :* savoir, intelligence, méditation, indépendance, sagesse.

Nella
950 Top 2 000

Éclat du soleil (grec). Féminin anglais. *Caractérologie :* stratégie, leadership, ardeur, achèvement, vitalité.

Nellie
600

Éclat du soleil (grec). Féminin français. *Caractérologie :* communication, créativité, sociabilité, pragmatisme, optimisme.

☆ Nellie Bly, de son vrai nom Elisabeth Jane Cochrane, est la version féminine de Phileas Fogg. À ce détail près qu'elle n'est pas un personnage de roman, mais une intrépide globe-trotter qui fit le tour du monde en moins de 72 jours en 1889. Non contente de cet exploit, elle fut également pionnière dans le journalisme et la première correspondante de guerre des États-Unis.

N

Nelly
56 000 Top 700

Éclat du soleil (grec). Féminin anglais et français. *Variantes :* Neela, Nela, Nèle, Nélie, Nelig, Nella, Nelli, Nely. *Caractérologie :* énergie, audace, amitié, découverte, originalité.

Nelya
6 000 Top 100

Voir Nélia. Contrairement à Nélia, Nelya est le plus souvent orthographié sans accent dans l'Hexagone. *Caractérologie :* pragmatisme, communication, cœur, créativité, optimisme.

Néola
- de 30

Jeune (grec). *Caractérologie :* réceptivité, sociabilité, diplomatie, bonté, loyauté.

Néona
- de 30

Nouvelle lune (grec). *Caractérologie :* méthode, sens du devoir, fiabilité, engagement, ténacité.

Néréa
250

Mien, mienne (basque). Nerea est très en vogue en Espagne actuellement. *Caractérologie :* indépendance, intelligence, savoir, méditation, décision.

Néria
- de 30

Dieu illumine (hébreu). *Caractérologie :* intuition, médiation, décision, fidélité, relationnel.

Nérys
- de 30

Dame (gallois), ou variante de Nérina : nymphe de la mer (grec). *Variantes :* Néris, Nérissa, Nérisse, Néryssa. *Caractérologie :* humanité, rêve, rectitude, détermination, ouverture d'esprit.

Nesrine
5 000 Top 800

Fleur sauvage (arabe). *Variantes :* Nasrine, Nassrine, Nesrin, Nesserine, Nessrine, Nisrin. *Caractérologie :* pragmatisme, optimisme, créativité, communication, résolution.

Ness
800 Top 700

Diminutif de Nesrine ou Vanessa : fleur sauvage (arabe), papillon (grec). Féminin anglais. *Variantes :* Nessa, Neïssa, Nissa. *Caractérologie :* optimisme, communication, créativité, pragmatisme, sociabilité.

Nessa
1 200 Top 800

Diminutif de Nesrine ou Vanessa : fleur sauvage (arabe), papillon (grec). Féminin anglais. *Caractérologie :* efficacité, sécurité, structure, persévérance, honnêteté.

Nesta
200 Top 2 000

Forme galloise d'Agnès : chaste, pure (grec). *Caractérologie :* volonté, charisme, indépendance, curiosité, dynamisme.

Nelya, Nélia

Fête :
peuvent se fêter,
comme Nelly, le 18 août

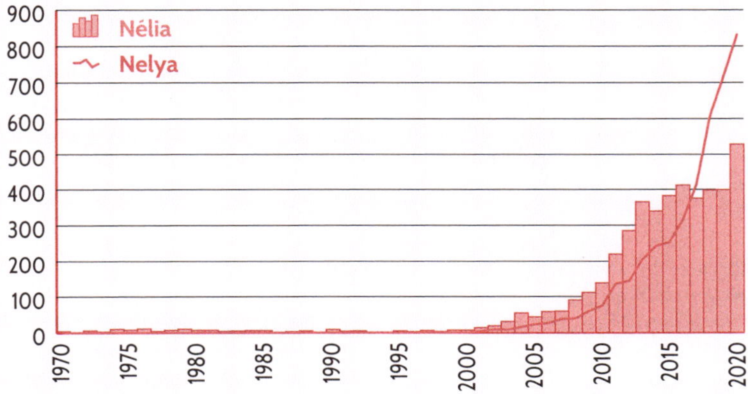

Étymologie

Diminutifs de Cornelia (« cornue », « corneille » en latin), Nélia et Nelya sont aussi des prénoms kabyles signifiant « petite fleur ». Ils peuvent également être considérés comme une variante moderne de Nelly ou d'Hélène, leur forme majeure (« éclat du soleil » en grec).

C'est sans doute cette référence universelle qui inspire les jeunes parents aujourd'hui. Il n'a fallu que 2 décennies à Nelya pour germer et éclore dans les classements nationaux. Totalement inexistante avant les années 2000, elle prénomme à peine une centaine de bébés en 2010. Dix années plus tard, le nombre de naissances a été multiplié par huit. En 2022, plus de 1 000 petites Nelya verront le jour. À ce rythme, son entrée dans le top 50 est à anticiper pour la prochaine saison. Bel exemple d'acclimatation !

Sa sonorité harmonieuse, sa terminaison, sa concision et l'immixtion du « y » lui confèrent une touche à la fois moderne et cosmopolite. Cette jolie fleur n'a pas encore pris racine à l'international, si ce n'est en Russie et en Ukraine. Mais sa référence ensoleillée et sa prononciation aisée dans des langues différentes pourraient révéler une âme voyageuse.

Sa sœur jumelle Nélia apparaît dès le début du XXe siècle en France. Elle reste discrète jusqu'au début des années 2000 qui la voient fleurir soudainement. Nul doute que son éclosion a provoqué celle de Nelya, qui la distance depuis 2015. Ce duo viendra enrichir le bouquet des Rose, Iris ou Capucine qui orne les registres de maternité et les sommets du classement.

Les prénoms kabyles sont librement inspirés de la poésie, des éléments naturels ou des augures. Et dans le registre de la nature, Nélia est décidément championne : ce nom désigne une variété de plante et deux espèces de papillons recensés en Amérique du Sud. Autant d'attraits qui devraient inspirer les jeunes parents à la recherche de symboliques porteuses pour leurs enfants.

Personnes célèbres
Nelya Ihorivna Shtepa, femme politique ukrainienne, née en 1962 ; Nelya Mustafina, gymnaste artistique russe, née en 1996.

Statistiques
Nelya est le 210e prénom féminin le plus donné en France depuis l'an 2000. Il est attribué à près d'une fille sur 320 aujourd'hui. **Nélia** devrait prénommer une fille sur 550 et figurer au 256e rang de ce palmarès.

Nettie
- de 30

Dieu fait grâce (hébreu). Féminin anglais. *Variante :* Netty. *Caractérologie :* autorité, autonomie, innovation, énergie, ambition.

Néva
750 Top 600

Forme abrégée de Geneva ou variante de Nieves. Féminin anglais et espagnol. *Caractérologie :* équilibre, influence, famille, exigence, responsabilité.

Névada
- de 30

Ce nom signifie « enneigé » en espagnol. Nevada est également le nom d'un État américain. *Caractérologie :* sociabilité, diplomatie, réceptivité, loyauté, bonté.

Neya
180

Variante de Nia, un diminutif de Niamh, ou variante de Naya : instrument de musique (arabe). *Variante :* Neïa. *Caractérologie :* altruisme, intégrité, idéalisme, dévouement, réflexion.

N

Neyla
4 500 Top 200

Variante de Nélia ou Nell. Voir ces prénoms. *Caractérologie :* sympathie, adaptation, communication, pratique, enthousiasme.

Nia
190 Top 2 000

Diminutif de Niamh, prénom irlandais signifiant « lumineuse », ou des prénoms se terminant en « nia ». Dans la mythologie celtique irlandaise, Niamh est la fille de la déesse de la mer. Elle tombe amoureuse du poète Oisín et l'invite à la rejoindre au pays de la jeunesse éternelle. Nia est également un diminutif des prénoms qui se terminent par ces 3 lettres. *Caractérologie :* équilibre, famille, responsabilité, influence, décision.

Nicole
230 000 Top 1 000

Victoire du peuple (grec). Ce féminin de Nicolas est attesté au Moyen Âge, mais son usage reste discret jusqu'au XXe siècle. Il s'élance dans les années 1920 et brille au 3e rang du classement de 1939 à 1948 avant de se retirer progressivement, et de se raréfier plus nettement dans les années 1980. Contrairement à son dérivé Colette, plus prospère au Moyen Âge, Nicole s'est exporté outre-Manche dès le XIIIe siècle et a connu un beau succès à la fin du XXe siècle dans les pays anglophones. *Variantes :* Nickie, Nicky, Nicolasa, Nicolina, Nicoline. Forme basque : Nikole. *Caractérologie :* efficacité, persévérance, structure, analyse, sécurité.

Nicolette
450

Victoire du peuple (grec). Féminin français. *Variante :* Nicoletta. *Caractérologie :* logique, ténacité, fiabilité, engagement, méthode.

Nicolle
7 000

Victoire du peuple (grec). On peut estimer que moins de 30 enfants seront prénommés ainsi en 2023. *Caractérologie :* intelligence, méditation, indépendance, savoir, logique.

Nieves
- de 100

Ce nom signifie « neiges » en espagnol. *Variante :* Neva. *Caractérologie :* sociabilité, loyauté, diplomatie, résolution, réceptivité.

Nikita
1 100

Victoire du peuple (grec), maison (indien d'Asie). On peut estimer que moins de 30 enfants seront prénommés ainsi en 2023. *Variante :* Nikki. *Caractérologie :* innovation, ambition, énergie, autorité, résolution.

Nila
850 Top 1 000

Championne (celte). Féminin anglais. *Variante :* Nyla. *Caractérologie :* rectitude, rêve, ouverture d'esprit, détermination, humanité.

Nilda
250

Armure, couleur brune (germanique). Féminin italien. *Caractérologie :* organisation, patience, efficacité, constance, honnêteté.

Nima
130

Plaisirs, bienfaits (arabe), corde d'instrument de musique (hébreu), ajuster (sanscrit). *Variantes :* Nimah, Nimat. *Caractérologie :* autorité, ambition, innovation, énergie, détermination.

Nina
46 000 Top 50

Diminutif russe d'Anne, de l'hébreu hannah, « grâce », ou forme abrégée de Christiana, d'Antonina et des prénoms se terminant en « ina ». *Caractérologie :* intuition, fidélité, relationnel, détermination, médiation.

Nine
900 Top 2 000

Grâce (hébreu). En dehors de l'Hexagone, Nine est particulièrement usité aux Pays-Bas. *Caractérologie :* conscience, paix, sagesse, conseil, bienveillance.

Ninon
14 000 Top 200

Grâce (hébreu). *Nin* signifie également « jeune », « petit enfant » en occitan. Féminin français et occitan. *Variantes :* Nena, Nine. *Caractérologie :* pragmatisme, communication, créativité, optimisme, sociabilité.

Nisa
1 800 Top 600

Lutin (scandinave), un signe (hébreu). *Caractérologie :* originalité, connaissances, sagacité, décision, spiritualité.

Nisha
- de 100

Nuit (sanscrit). Nisha est répandu en Inde. *Caractérologie :* paix, conscience, bienveillance, résolution, conseil.

Nisrine
2 000 Top 2 000

Fleur sauvage (arabe). *Variante :* Nissrine. *Caractérologie :* indépendance, méditation, intelligence, décision, savoir.

Nissa
300

Un signe (hébreu). Féminin anglais. *Variantes :* Nisa, Nisha, Nyssa. *Caractérologie :* détermination, ambition, habileté, force, passion.

Nita
250

Grâce (hébreu). Féminin anglais. *Caractérologie :* vitalité, achèvement, décision, stratégie, ardeur.

Niva
- de 30

Parole (hébreu). *Caractérologie :* ambition, innovation, autorité, énergie, résolution.

Nixie
- de 30

Nymphe des eaux dans la mythologie germanique. *Caractérologie :* sagacité, connaissances, spiritualité, philosophie, originalité.

N

Noa

6 000 Top 300

En mouvement (hébreu). Au féminin, Noa est également un prénom japonais qui signifie « amour ». Dans l'Ancien Testament, Noa revendique auprès de Moïse un droit à l'héritage laissé par son père. C'est grâce à elle que la loi régissant les successions est modifiée en faveur des femmes. La première Noa de l'Hexagone est née en 1982, bien avant que ce prénom soit attribué à un garçon (en 1998). Depuis, Noa s'est largement masculinisé. Au féminin, ce prénom est très en vogue en Espagne et en Israël. Il est en cours d'ascension dans les pays occidentaux et anglophones. *Variantes :* Noée, Noha. *Caractérologie :* communication, enthousiasme, adaptation, pratique, générosité.

Noadia

- de 30

Connaissance (hébreu). *Caractérologie :* habileté, ambition, management, passion, détermination.

Noan

180

Agneau (celte), ou dérivé d'Oanez (une forme bretonne d'Agnès signifiant « chaste, pur » en grec). Noan est essentiellement masculin aujourd'hui. *Variante :* Noane. *Caractérologie :* vitalité, achèvement, stratégie, ardeur, management.

Noane

200

Agneau (celte), ou dérivé d'Oanez (une forme bretonne d'Agnès signifiant « chaste, pur » en grec). *Variante :* Noanne. *Caractérologie :* patience, logique, famille, ténacité, création.

Noèle

1 200

Jour de la naissance (latin). Féminin français. On peut estimer que moins de 30 enfants seront prénommés ainsi en 2023. *Variantes :* Noéla, Noélane. *Caractérologie :* exigence, influence, équilibre, famille, responsabilité.

Noélia

2 000 Top 600

Jour de la naissance (latin). *Caractérologie :* logique, relationnel, décision, médiation, intuition.

Noélie

8 500 Top 400

Jour de la naissance (latin). Féminin français. *Variantes :* Noélia, Noélya. *Caractérologie :* influence, responsabilité, équilibre, famille, raisonnement.

Noéline

4 500 Top 600

Combinaison de Noëlle et Line. Féminin français. *Caractérologie :* médiation, fidélité, intuition, relationnel, logique.

Noëlla

5 000 Top 2 000

Jour de la naissance (latin). Féminin français. *Caractérologie :* curiosité, indépendance, dynamisme, charisme, courage.

Noëlle

22 000

Jour de la naissance (latin). Féminin français et anglais. On peut estimer que moins de 30 enfants seront prénommés ainsi en 2023. *Caractérologie :* rectitude, ouverture d'esprit, générosité, humanité, rêve.

Noemi

1 300

Belle, agréable (hébreu). Féminin italien, hongrois, espagnol et portugais. On peut estimer que moins de 30 enfants seront prénommés ainsi en 2023. *Caractérologie :* intuition, médiation, relationnel, volonté, fidélité.

Noémie

70 000 Top 200

Belle, agréable (hébreu). Ce prénom de l'Ancien Testament fut répandu dans les familles juives avant d'être adopté par les puritains anglais à la fin du XVIe siècle. Naomi est très courant dans les pays anglophones lorsqu'il émerge en France sous la forme de Noémie. Cette nouveauté culmine au 27e rang du classement féminin en 1996, et se maintient encore en bonne

N

Nina

Fêtes :
15 décembre,
14 janvier ou 16 septembre

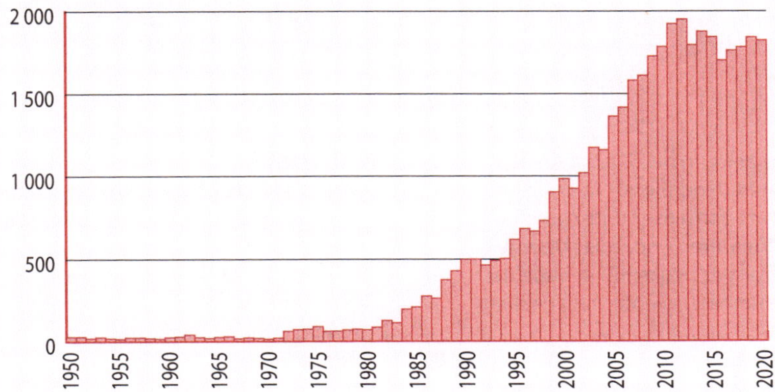

Étymologie

Diminutif russe d'Anne, de l'hébreu *hannah*, « grâce », ou forme abrégée de Christiana, d'Antonina et des prénoms se terminant en « ina ». Au IVe siècle, sainte Nina, ou Christiane (le nom qui la désignait en tant que « chrétienne »), aurait converti la famille royale de Géorgie et propagé la foi à tout le pays. Sa popularité assura la diffusion du prénom en Géorgie, en Russie, dans l'ensemble des pays slaves puis dans les pays hispanophones (Nina signifie « petite fille » en espagnol). Notons que ses origines plurielles n'empêchent pas les Bretons de lui attribuer des racines celtes. Ninian, un saint d'origine écossaise ayant vécu en Bretagne au Ve siècle, pourrait en effet lui être apparenté (*nin* signifie « hauteur », « sommet » en vieux breton). D'où la date de sa fête locale, le 16 septembre.

Nina s'est propagée en Europe et dans les pays anglophones à partir du XIXe siècle, mais sa faveur est toute nouvelle en France. Les Parisiens, à l'origine de son décollage français, ont été prompts à l'adopter et la propulser dans les 30 premiers rangs féminins au début des années 2000. En dehors de la France, ce prénom a pris son envol en Wallonie et en Suisse romande.

Son équivalent masculin connaît une jolie croissance. Mais si l'orthographe les assemble, leur origine les dissocie. Nino est en effet le diminutif de Giovanni, une forme italienne de Jean. Son ascension mérite d'être suivie...

Selon la légende, **sainte Nina** soigna un enfant très malade alors qu'elle était retenue captive en Géorgie au IVe siècle. Elle fut appelée au chevet de la reine de Géorgie agonisante, et la guérit. Nina refusa l'or de la souveraine et lui demanda, en guise de récompense, de se convertir, ce qu'elle fit avant d'être imitée par le roi, puis par le pays tout entier. Les chrétiens orthodoxes célèbrent cette sainte le 14 janvier et les catholiques la fêtent le 15 décembre.

Dans la littérature, **Nina** est l'héroïne de *La Mouette*, pièce de théâtre d'Anton Tchekhov. Sa première représentation, à Saint-Pétersbourg, date de 1896.

Personnes célèbres

Nina Ricci, créatrice de mode franco-italienne (1883-1970) ; Nina Simone, chanteuse américaine (1933-2003) ; Anna Maria Agusti Flores, dite Nina, actrice et chanteuse catalane célèbre en Espagne, née en 1966.

Statistiques

Nina est le 40e prénom féminin le plus donné en France depuis l'an 2000. Ce prénom est attribué à près d'une fille sur 190 aujourd'hui.

position aujourd'hui. Dans l'Ancien Testament, Noémie est la belle-mère de Ruth et l'arrière-grand-mère du roi David. *Variantes :* Noémia, Noémy. *Caractérologie :* sagacité, spiritualité, connaissances, volonté, originalité.

Noha

750 ↘

Esprit, sagesse (arabe), et variante moderne de Noa. *Caractérologie :* intuition, relationnel, fidélité, médiation, adaptabilité.

Nola

2 500 Top 400 ↗

Diminutif de Fionnula, qui signifie « épaule pâle », ou d'autres prénoms qui se terminent par « nola ». Ce prénom d'origine irlandaise n'est pas apparenté à Nolan. *Caractérologie :* famille, équilibre, responsabilité, exigence, influence.

Nolane

250

Championne (celte). Cette forme féminine de Nolan est apparue dans l'Hexagone à la fin des années 1990. Elle est également recensée dans les pays anglophones. *Variantes :* Nolana, Nolanne, Nolène, Noline. *Caractérologie :* sagacité, philosophie, connaissances, spiritualité, originalité.

Noline

- de 100

Championne (celte). *Caractérologie :* conseil, paix, bienveillance, raisonnement, sagesse.

Nolwen

1 700

Blanc, heureux (celte). Voir Nolwenn. Féminin breton. On peut estimer que moins de 30 enfants seront prénommés ainsi en 2023. *Variantes :* Nolvenn, Nolween, Nolwene. *Caractérologie :* relationnel, intuition, médiation, fidélité, adaptabilité.

Nolwenn

13 000 Top 900 →

Blanc, heureux (celte). Prénom français et breton. Au VIe siècle, sainte Nolwenn s'apprêtait à mener une vie de recluse, mais elle fut courtisée par un seigneur dont elle osa repousser les avances. Fou de rage, il la fit décapiter. La légende raconte qu'elle ramassa sa tête et poursuivit son chemin jusqu'à un lieu de sépulture approprié. Une chapelle lui est dédiée à Noyal-Pontivy, commune du Morbihan dont Nolwenn est la patronne. *Variante :* Nolwenne. *Caractérologie :* sagacité, connaissances, spiritualité, philosophie, originalité.

Noor

2 500 Top 300 ↑

Lumière (arabe). *Caractérologie :* passion, habileté, ambition, management, force.

Nora

22 000 Top 200 →

Éclat du soleil (grec), lumière (arabe). Féminin irlandais, anglais, scandinave, allemand, néerlandais, italien et français. *Caractérologie :* communication, optimisme, pragmatisme, créativité, détermination.

Nour

Fête :
13 décembre

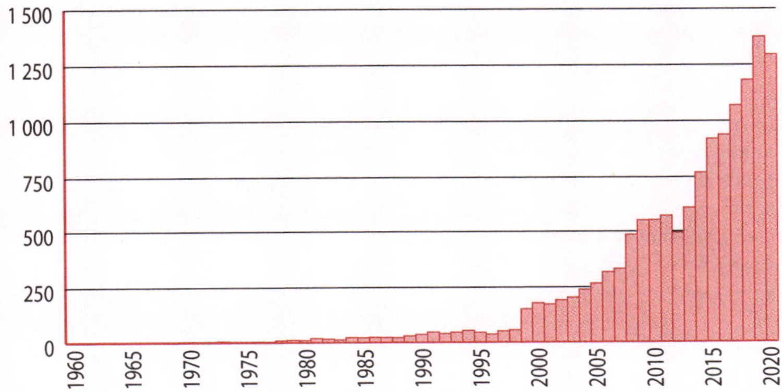

Étymologie

Ce prénom tire son origine de l'arabe *nûr*, « lumière ». Une signification qui lui vaut d'être fêté le même jour que Lucie (*lux*, « lumière » en latin). Populaire en Iran et dans les pays d'Afrique du Nord, il est couramment diffusé dans les pays arabophones.

Son rayonnement est sans doute lié à celui de la reine Noor de Jordanie. Cette Américaine, qui épousa le roi Hussein en 1978, sut gagner le cœur de la population par son engagement sincère pour sa nouvelle patrie. Elle s'illustra auprès des ONG œuvrant dans les camps de réfugiés. Elle prit part à de nombreuses conférences sur le Proche-Orient, offrant une vision de dialogue peu courante à cette époque.

Ce prénom a été longtemps confidentiel en France. C'est au masculin que Nour surgit dans les années 1950, bien avant de prénommer ses premières Françaises en 1973. Jusqu'à la fin des années 1990, le nombre annuel de ses attributions ne dépasse pas la cinquantaine. Forte d'une maturité désormais résolument féminine, Nour sort de l'ombre et atteint le cap symbolique des 1 000 naissances en 2017. Elle semble avoir pris goût à la lumière et s'affiche désormais dans le top 40 national.

Son succès est moins flagrant chez nos amis francophones. Nour ne parvient pas à se hisser dans les 90 premières places, ou *in extremis* en Wallonie (88e position). Noor, sa version anglophone, porte le flambeau à l'international, mais sans éclat.

Nour a sans doute une belle carrière à poursuivre. Ce prénom aux harmonieuses sonorités est court, comme le veut la tendance. Il présente aussi l'atout de se prononcer de la même façon en arabe et en français. Il éclipse pour le moment ses petites sœurs, Noura et Nouria, qui demeurent en fond de classe. Seule Nora, qui s'enorgueillit d'une double origine (« éclat de soleil » en grec et « lumière » en arabe) est parvenue à se hisser aux portes du top 100.

N

Personnes célèbres
Nour Azzam, chanteuse suisse, née en 1984 ; Noor al-Hussein, épouse du roi Hussein, fut la reine de Jordanie de 1978 à 1999 ; Nour El-Sherif, acteur égyptien (1946-2015) ; Nour Ali Boroumand, musicien iranien (1905-1977).

Statistiques
Nour est le 95e prénom féminin le plus donné en France depuis l'an 2000. Ce prénom est attribué à près d'une fille sur 250 aujourd'hui. Nora devrait prénommer une fille sur 570 et figurer au 150e rang de ce palmarès.

Norah
6 000 Top 300 →

Éclat du soleil (grec), lumière (arabe). Norah est plus particulièrement répandu en Irlande, dans les pays anglophones et les cultures musulmanes. *Variante :* Norha. *Caractérologie :* réceptivité, sociabilité, diplomatie, loyauté, détermination.

Noria
1 400

Lumière (arabe). On peut estimer que moins de 30 enfants seront prénommés ainsi en 2023. *Variante :* Noriane. *Caractérologie :* adaptation, enthousiasme, communication, détermination, pratique.

Norine
300 ↓

Éclat du soleil (grec). Féminin anglais. *Variantes :* Noreen, Norette, Norina. *Caractérologie :* optimisme, communication, créativité, sociabilité, pragmatisme.

N

Norma
550 →

Règle (latin). Féminin anglais. *Caractérologie :* connaissances, résolution, sagacité, spiritualité, volonté.

Nour
16 000 Top 50 ↗

Lumière (arabe). Épouse du roi Hussein, Nour fut la reine de Jordanie de 1978 à 1999. *Variantes :* Nore, Nourra, Nur. *Caractérologie :* énergie, découverte, audace, raisonnement, originalité.

Noura
3 500 Top 2 000 →

Lumière (arabe), feu (hébreu). *Variantes :* Nouria, Nouriya, Nooria, Noorya, Nuriya. *Caractérologie :* bienveillance, détermination, raisonnement, paix, conscience.

Nova
200 Top 2 000

Nouveau (latin). *Variante :* Novia. *Caractérologie :* connaissances, sagacité, spiritualité, originalité, volonté.

Noyale
- de 100

Blanc, heureux (celte). Féminin breton. *Caractérologie :* altruisme, intégrité, réflexion, amitié, idéalisme.

Nuala
- de 30

Épaule pâle (irlandais). *Caractérologie :* ténacité, fiabilité, méthode, engagement, sens du devoir.

Nuccia
- de 100

Qui ajoutera (hébreu). Féminin italien. *Caractérologie :* paix, bienveillance, conseil, conscience, résolution.

Nuria
350 →

Lieu entre des collines (basque), sanctuaire pyrénéen dédié à la Vierge de Nuria. Féminin espagnol, français, basque et catalan. *Variantes :* Nuriah, Nurya. *Caractérologie :* altruisme, réflexion, idéalisme, intégrité, détermination.

Nymphéa
- de 30

Femme (latin). Se rapporte également aux nymphes qui ont peuplé l'imaginaire des mythologies grecque et romaine. *Caractérologie :* relationnel, réalisation, fidélité, adaptabilité, médiation.

Nyoko
- de 30

Trésor (japonais). *Caractérologie :* force, ambition, passion, habileté, management.

O

Oana
200

Forme bretonne d'Agnès : chaste, pure (grec). *Caractérologie :* efficacité, sécurité, honnêteté, persévérance, structure.

Oanell
130

Forme bretonne d'Agnès : chaste, pure (grec). *Variantes :* Oanel, Oanelle. *Caractérologie :* courage, charisme, indépendance, curiosité, dynamisme.

Oanez
- de 30

Forme bretonne d'Agnès : chaste, pure (grec). *Caractérologie :* indépendance, méditation, savoir, intelligence, sagesse.

Obéline
- de 100

Obélisque (grec). *Variantes :* Obélia, Obélie. *Caractérologie :* habileté, ambition, force, passion, analyse.

Océane
87 000 Top 200

Océan (grec). Tout comme Ondine, ce prénom est né dans l'Hexagone en 1972, au moment où Marine entamait sa brillante carrière. Océane est rarissime jusqu'à la fin des années 1980, où son décollage est fulgurant. Clouant Ondine sur place, Océane pointe au 6e rang féminin en 1998, son meilleur classement. La relève de Marine est alors assurée pour quelques années. On fête ce prénom le même jour qu'Océan, un saint du IVe siècle dont on sait peu de choses. Voir Océan. *Variantes :* Aucéane, Océana, Océanie. *Caractérologie :* savoir, intelligence, méditation, sagesse, indépendance.

Océanne
1 900

Océan (grec). On peut estimer que moins de 30 enfants seront prénommés ainsi en 2023. *Caractérologie :* communication, adaptation, pratique, enthousiasme, générosité.

Océlia
250

Contraction d'Océane et Célia. *Variante :* Océlie. *Caractérologie :* humanité, raisonnement, générosité, rêve, ouverture d'esprit.

Octavia
1 100 Top 200

Huitième (latin). Féminin anglais, espagnol, portugais et occitan. *Caractérologie :* organisation, force, analyse, habileté, ambition.

Octavie
1 200 Top 2 000

Huitième (latin). Ce prénom porté par la sœur de l'empereur Auguste fut très répandu à l'époque romaine. Il était traditionnellement attribué pour désigner le huitième enfant né dans une famille. Octavie est le féminin français d'Octave. *Variantes :* Octavia, Octavienne, Ottavia. *Caractérologie :* optimisme, communication, pragmatisme, volonté, analyse.

Odélia
700

Richesse (germanique). Féminin anglais. *Variantes :* Odélie, Odelinda, Odell, Odelle. *Caractérologie :* audace, direction, caractère, logique, dynamisme.

Odeline
300

Richesse (germanique). *Caractérologie :* direction, audace, caractère, dynamisme, logique.

Odessa
400 Top 2 000

Long voyage (grec). *Caractérologie :* rêve, rectitude, caractère, humanité, ouverture d'esprit.

Odette
51 000

Richesse (germanique). Féminin français. On peut estimer que moins de 30 enfants seront prénommés ainsi en 2023. *Variantes :* Odete, Odetta, Odiane. *Caractérologie :* responsabilité, équilibre, volonté, famille, influence.

Odile
69 000

Richesse (germanique). Féminin français. On peut estimer que moins de 30 enfants seront prénommés ainsi en 2023. *Variantes :* Odila, Odilia, Odyle, Odylle. *Caractérologie :* intégrité, altruisme, raisonnement, volonté, idéalisme.

Odille
450

Richesse (germanique). *Caractérologie :* communication, pratique, analyse, volonté, enthousiasme.

Ohana
300 Top 800

Dieu fait grâce (hébreu), nid, famille (hawaïen, tahitien), bosquet, bois (basque). *Variante :* Ohanna. *Caractérologie :* achèvement, vitalité, stratégie, leadership, ardeur.

Ohiana
- de 100

Bosquet, bois (basque). *Variante :* Ohiane. *Caractérologie :* adaptation, communication, pratique, enthousiasme, détermination.

Oihana
1 000 Top 2 000

Bosquet, bois (basque). *Caractérologie :* communication, enthousiasme, pratique, adaptation, détermination.

Oksana
600 Top 2 000

Hospitalier (grec). *Variantes :* Oksanna, Oksanne. *Caractérologie :* indépendance, savoir, méditation, intelligence, sagesse.

Olariane
- de 30

Contraction d'Olalia et d'Ariane. *Caractérologie :* communication, logique, pratique, enthousiasme, décision.

Olfa
950

Entente, harmonie (arabe). *Variante :* Olpha. *Caractérologie :* intelligence, savoir, indépendance, méditation, sagesse.

Olga
7 500 Top 700

Heureuse (germanique). Une reine de Grèce, la fille du tsar Nicolas II de Russie et l'épouse et muse de Picasso, Olga Khokhlova, ont porté ce prénom. Olga est très répandu en Russie, en Roumanie et dans l'ensemble des pays slaves. *Variante :* Elga. *Caractérologie :* vitalité, achèvement, ardeur, stratégie, leadership.

Oliana
250

Dérivé d'Olina ou combinaison d'Olivia et Anna. Féminin suédois et norvégien. *Variantes :* Olianna, Oliane, Olianne. *Caractérologie :* raisonnement, spiritualité, volonté, originalité, connaissances.

Olina
- de 100

Ancêtre (vieux norrois). Féminin scandinave. *Caractérologie :* logique, paix, bienveillance, conscience, décision.

Olinda
130

Aube (grec), violette (latin). Féminin anglais. *Variante :* Olynda. *Caractérologie :* autorité, innovation, énergie, volonté, raisonnement.

Oliva
- de 100

Olive (latin). Une racine scandinave (*olafr*) pourrait également lui conférer le sens d'« ancêtre » en vieux norrois. *Caractérologie :* audace, énergie, originalité, raisonnement, découverte.

Olive
550 Top 2 000

Olive (latin). Une racine scandinave (*olafr*) pourrait également lui conférer le sens d'« ancêtre » en vieux norrois. Féminin anglais. *Caractérologie :* altruisme, analyse, idéalisme, intégrité, volonté.

Olivia
44 000 Top 50

Olive (latin). Une racine scandinave (*olafr*) pourrait également lui conférer le sens d'« ancêtre » en vieux norrois. *Variantes :* Oliane, Olivane, Olivéa, Oliviana, Oliviane, Olivie, Olivine. *Caractérologie :* indépendance, courage, curiosité, dynamisme, analyse.

Olwen
110

Trace blanche (celte). Prénom gallois et breton. Olwen est l'une des héroïnes des Mabinogion, contes médiévaux des anciens Gallois. *Variante :* Olwenn. *Caractérologie :* paix, conseil, bienveillance, conscience, sagesse.

Olympe
4 000 Top 200

Variantes : Olympie, Olympia. *Caractérologie :* curiosité, courage, dynamisme, sympathie, volonté.

« La femme a le droit de monter sur l'échafaud ; elle doit avoir également celui de monter à la tribune. » Olympe de Gouges, inspirée des Lumières, femme de lettres, ouvre la voie en choisissant ses combats dans le contexte de la Révolution française : les droits civils et politiques des femmes et l'abolition de l'esclavage.

Omaya
190 Top 2 000

Jeune mère (arabe). *Variante :* Oméya. *Caractérologie :* réalisation, autorité, énergie, innovation, ambition.

Ombeline
3 500 Top 700

Esprit brillant (germanique). Féminin français. *Variante :* Ombline. *Caractérologie :* enthousiasme, pratique, volonté, communication, raisonnement.

Ona
- de 100

Bon (basque). *Caractérologie :* pragmatisme, communication, sociabilité, optimisme, créativité.

Ondine
1 100 Top 2 000

Flot, vague (latin). C'est en 1972 que naissent, en France, les premières Ondine. Si elle surfe sans grand succès sur la vague des Marine et des Océane dans les années 1990, elle a repris de la vigueur dans les années 2010. *Variante :* Ondina. *Caractérologie :* connaissances, sagacité, spiritualité, originalité, volonté.

Oona
300 Top 2 000

Agneau (irlandais). Féminin irlandais et finlandais. *Caractérologie :* humanité, rectitude, ouverture d'esprit, rêve, générosité.

Opale
400 Top 2 000

Forme anglophone du sanscrit *upala* qui signifie « pierre précieuse ». *Variantes :* Opal, Opaline. *Caractérologie :* structure, persévérance, sécurité, cœur, efficacité.

Opaline
350

Voir Opale. *Caractérologie :* amitié, idéalisme, raisonnement, intégrité, altruisme.

Ophélia
2 000 Top 2 000

Qui aide (grec). Féminin anglais. *Variante :* Phélia. *Caractérologie :* communication, enthousiasme, pratique, ressort, analyse.

Ophélie
36 000 Top 800

Qui aide (grec). Féminin français. *Variantes :* Oliphie, Ophély. *Caractérologie :* connaissances, sagacité, analyse, ressort, spiritualité.

Héroïne du phénomène de littérature enfantine de la décennie, *La Passe-Miroir*, Ophélie est une jeune conservatrice d'un musée insolite qui recense les objets de notre monde actuel. Maladivement maladroite, dotée du don de traverser les miroirs, armée de son éternelle écharpe comme un talisman, c'est notre Harry Potter à la française.

O

Ophéline
300

Qui aide (grec). *Caractérologie :* enthousiasme, ressort, communication, analyse, pratique.

Ophira
- de 30

En or (hébreu). *Variante :* Ofira. *Caractérologie :* méthode, engagement, ténacité, ressort, fiabilité.

Ora
300 Top 2 000

Lumière (hébreu). *Variante :* Orah. *Caractérologie :* savoir, intelligence, méditation, indépendance, sagesse.

Orama
- de 30

Inspiration céleste (tahitien). *Caractérologie :* pratique, adaptation, communication, générosité, enthousiasme.

Orane
3 000

Dérivé d'Uranie, du grec *ouranos*, « ciel », et contraction d'Ora et Anne. Féminin français. On peut estimer que moins de 30 enfants seront prénommés ainsi en 2023. *Variante :* Oranne. *Caractérologie :* habileté, ambition, passion, résolution, force.

O

Oréa
- de 30

Montagnes (grec). *Variante :* Oréal. *Caractérologie :* enthousiasme, pratique, communication, résolution, adaptation.

Orégane
170

De haute naissance (celte). Voir Aurégane. *Variante :* Orégan. *Caractérologie :* réceptivité, détermination, sociabilité, loyauté, diplomatie.

Orélie
- de 100

En or (latin). *Variante :* Orélia. *Caractérologie :* énergie, innovation, autorité, ambition, analyse.

Oria
450

En or (latin), nom de villages situés au Pays basque et en Italie. Prénom basque et italien. *Caractérologie :* philosophie, spiritualité, sagacité, originalité, connaissances.

Oriana
1 500 Top 2 000

Contraction d'Oria et Anna. Prénom italien. *Caractérologie :* engagement, fiabilité, ténacité, méthode, décision.

Oriane
10 000 Top 900

Contraction d'Oria et Anne. Féminin français. *Variantes :* Oria, Oriola, Orria. *Caractérologie :* ambition, passion, détermination, force, habileté.

Orianna
350

Contraction d'Oria et Anna. *Caractérologie :* décision, ouverture d'esprit, humanité, rectitude, rêve.

Orianne
2 500

Contraction d'Oria et Anne. Féminin français. On peut estimer que moins de 30 enfants seront prénommés ainsi en 2023. *Caractérologie :* persévérance, structure, sécurité, efficacité, décision.

Orina
- de 30

Paix (grec). Orina est plus particulièrement répandu en Russie. *Caractérologie :* pratique, résolution, communication, adaptation, enthousiasme.

Orlanda
- de 30

Gloire du pays (germanique). Féminin italien, corse et espagnol. *Caractérologie :* fidélité, intuition, volonté, raisonnement, médiation.

Orlane
10 000 Top 700

Gloire du pays (germanique). Féminin français. *Variantes :* Orlanne, Orléane, Orléanne, Orlène. *Caractérologie :* détermination, diplomatie, réceptivité, raisonnement, sociabilité.

Olivia

Fête :
5 mars

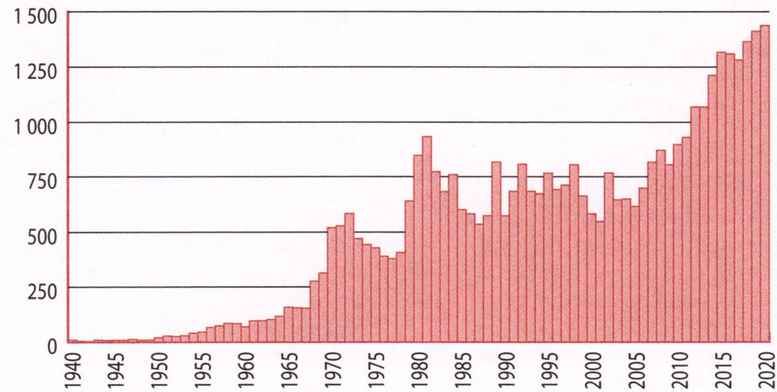

Étymologie

Olive (latin). Une racine scandinave (*olafr*) pourrait également lui conférer le sens d'« ancêtre » en vieux norrois. On attribue à Shakespeare l'invention d'Olivia, inspirée par les prénoms anciens Olive et Oliva. Ce prénom est rarement attribué en Europe avant les années 1960, même si son usage est attesté en Angleterre à partir du XVIIIe siècle. En France, c'est l'ascension d'Olivier qui révèle cette forme féminine dans les années 1970. Après un début de parcours chaotique, Olivia s'est imposée dans le top 40 national dans les années 2010. En attendant de briller à l'échelle nationale, elle a bondi au 7e rang parisien en 2021 (+ 12 places de classement en un an). Un succès inédit et de bon augure pour la suite de sa carrière…

En dehors de l'Hexagone, Olivia scintille dans les palmarès anglais, américain, canadien et australien. Elle est en vogue dans les pays scandinaves et triomphe dans les premiers rangs au Québec, en Suisse romande et en Wallonie.

Les Olivia sont fêtées le 5 mars, avec sainte Olive. Cette dernière vécut au IIe siècle et fut martyre à Brescia, où reposent ses reliques.

Personnes célèbres

Olivia Newton-John, chanteuse et actrice anglo-australienne, née en 1948 ; Olivia Wilde, actrice américaine, née en 1984 ; Olivia Palermo, actrice et mannequin américaine, née en 1986 ; Olivia Ruiz, autrice-compositrice-interprète, actrice et réalisatrice française, née en 1980.

Statistiques

Olivia est le 64e prénom féminin le plus donné en France depuis l'an 2000. Ce prénom est attribué à près d'une fille sur 230 aujourd'hui.

Orléna
- de 100

Gloire du pays (germanique). *Caractérologie :* sociabilité, diplomatie, réceptivité, raisonnement, détermination.

Orline
- de 30

Gloire du pays (germanique). *Caractérologie :* raisonnement, audace, direction, dynamisme, indépendance.

Orna
- de 100

Couleur pâle (irlandais), forme féminine d'Oren. Orna est assez répandu dans les pays anglophones. *Caractérologie :* pratique, communication, adaptation, détermination, enthousiasme.

Ornella
8 000 Top 900

Éclat du soleil (grec). Féminin italien. *Variante :* Ornela. *Caractérologie :* dynamisme, logique, courage, décision, curiosité.

Orphée
350

Prénom mixte révolutionnaire dont l'origine est incertaine. *Caractérologie :* méthode, ténacité, fiabilité, engagement, ressort.

O

Oryane
180

Variante d'Oriane. *Caractérologie :* résolution, équilibre, famille, responsabilité, influence.

Osana
- de 100

Santé (basque), qui sauve (hébreu). *Variantes :* Osanna, Ozana. *Caractérologie :* séduction, énergie, originalité, audace, découverte.

Osanne
- de 30

Variante francisée d'Osane : santé (basque), qui sauve (hébreu). Forme basque : Osane. *Caractérologie :* dynamisme, charisme, curiosité, courage, indépendance.

Oscarine
- de 30

Lance divine (germanique). Féminin français. *Caractérologie :* communication, décision, optimisme, pragmatisme, logique.

Osian
- de 30

Petit faon (celte). Féminin possible d'Oisín, héros et poète dans la mythologie irlandaise. *Caractérologie :* loyauté, persévérance, sécurité, efficacité, honnêteté.

Othilia
- de 100

Riche, prospère (germanique). *Variantes :* Otilia, Otillia. *Caractérologie :* logique, sociabilité, gestion, réceptivité, diplomatie.

Othilie
550

Riche, prospère (germanique). Dans l'Hexagone, Othilie est plus traditionnellement usité en Alsace. *Variantes :* Othélie, Othilde, Ottilie. *Caractérologie :* bienveillance, paix, finesse, conscience, analyse.

Ottoline
- de 30

Diminutif anglais d'Othilie : riche, prospère (germanique). Il est également rare outre-Manche. *Caractérologie :* raisonnement, sociabilité, diplomatie, loyauté, bonté.

Ouarda
1 400

Rose (arabe). On peut estimer que moins de 30 enfants seront prénommés ainsi en 2023. *Variantes :* Oirda, Ouardia, Ourda, Ourdia. *Caractérologie :* responsabilité, analyse, influence, équilibre, famille.

Oumaïma
1 100 Top 2 000

Jeune mère (arabe). *Variantes :* Oum, Ouma. *Caractérologie :* direction, indépendance, audace, logique, dynamisme.

Oumayma
950 Top 2 000

Jeune mère (arabe). *Variantes :* Omayma, Oumou, Umay, Umayma. *Caractérologie :* vitalité, stratégie, achèvement, réalisation, ardeur.

Oumy
400 Top 1 000

Jeune mère (arabe). *Caractérologie :* relationnel, médiation, intuition, adaptabilité, fidélité.

Oxana
550 Top 2 000

Hospitalier (grec). Prénom slave oriental. *Variante :* Oxanna. *Caractérologie :* audace, direction, dynamisme, indépendance, assurance.

Oxane
350 Top 900

Hospitalier (grec). *Variante :* Oxanne. *Caractérologie :* découverte, énergie, audace, séduction, originalité.

Oyana
250

Bosquet, bois (basque). *Caractérologie :* loyauté, bonté, diplomatie, réceptivité, sociabilité.

Ozanne
- de 30

Variante francisée d'Osane : santé (basque), qui sauve (hébreu). *Variante :* Ozane. *Caractérologie :* partage, créativité, communication, pragmatisme, enthousiasme.

P

Palma
- de 100

Palmiers (hébreu). *Caractérologie :* savoir, indépendance, réalisation, méditation, intelligence.

Palmyre
400

Palmiers (hébreu). Féminin anglais. *Variantes :* Palmira, Palmire. *Caractérologie :* idéalisme, sympathie, réalisation, altruisme, intégrité.

Paloma
7 000 Top 400

Colombe (latin). Ce prénom espagnol se rapporte également à la Vierge de la Paloma (Notre-Dame-de-la-Colombe, à Madrid). *Caractérologie :* persévérance, structure, sécurité, efficacité, réussite.

Paméla
8 500

Sucré (grec). En dehors de l'Hexagone, Pamela est particulièrement recensé dans les pays anglophones. On peut estimer que moins de 30 enfants seront prénommés ainsi en 2023. *Variantes :* Pam, Pamella. *Caractérologie :* sympathie, communication, pratique, enthousiasme, réalisation.

Paola
9 500 Top 300

Petit, faible (latin). Paola est répandu en Italie et dans les pays hispanophones. C'est aussi un choix traditionnel breton. *Variante :* Paolina. *Caractérologie :* altruisme, idéalisme, réflexion, dévouement, intégrité.

Paolina
750 Top 2 000

Petit, faible (latin). Prénom italien. *Caractérologie :* raisonnement, charisme, indépendance, curiosité, dynamisme.

Paoline
300

Petit, faible (latin). *Caractérologie :* rêve, bonté, rectitude, raisonnement, humanité.

Pâquerette
800

Perle (grec). *Caractérologie :* relationnel, médiation, ressort, finesse, intuition.

P

Paquita
800

Libre, française (latin). *Caractérologie :* structure, persévérance, action, sécurité, organisation.

Pascale
97 000

Passage (hébreu). Peu attribué par le passé, ce prénom a jailli dans le sillon de son masculin Pascal et culminé au 12e rang féminin en 1962. Pascale est redevenu très discret depuis les années 1990. On peut estimer que moins de 30 enfants seront prénommés ainsi en 2023. *Caractérologie :* pratique, communication, enthousiasme, sympathie, adaptation.

Pascaline
10 000

Passage (hébreu). Féminin français. On peut estimer que moins de 30 enfants seront prénommés ainsi en 2023. *Caractérologie :* stratégie, achèvement, décision, vitalité, cœur.

Patience
- de 100

Patience (latin). *Caractérologie :* sympathie, audace, dynamisme, résolution, direction.

P

Patricia
195 000 Top 2 000

Noble personne (latin). Noble par son étymologie latine *patricius*, Patricia était en usage dans la Rome antique. L'ajout de sa terminaison en « a » permettait aux Romains de distinguer la gente féminine issue des familles nobles. Malgré un usage ancien en Occitanie, Patricia s'est peu propagé en France. Il émerge avec tout l'attrait d'une nouveauté dans les années 1950 et se hisse en quelques années dans le top 20. Patricia s'y maintient durant deux décennies avant de chuter fortement. Ce prénom, très répandu dans les pays anglophones, s'est illustré dans le top 10 américain de 1929 à 1966. *Variantes :* Patriciane, Patricie, Patrizia, Patsy, Pattie, Patty. *Caractérologie :* énergie, gestion, découverte, originalité, audace.

Paula
4 500 Top 400

Petit, faible (latin). Paula est très répandu dans les pays hispanophones. C'est aussi un choix traditionnel corse et occitan. *Variante :* Pola. *Caractérologie :* paix, bienveillance, conscience, conseil, sagesse.

Paule
13 000

Petit, faible (latin). Féminin français. *Caractérologie :* autorité, énergie, innovation, ambition, cœur.

Paulette
68 000

Petit, faible (latin). Féminin français. On peut estimer que moins de 30 enfants seront prénommés ainsi en 2023. *Caractérologie :* autorité, énergie, innovation, organisation, bonté.

Paulina
400

Petit, faible (latin). Féminin espagnol, polonais, letton, catalan et corse. *Caractérologie :* sociabilité, réceptivité, diplomatie, décision, cœur.

Pauline
134 000 Top 200

Petit, faible (latin). Ce féminin français de Paul est aujourd'hui répandu dans les pays anglophones, en Allemagne et aux Pays-Bas. Dans l'Hexagone, il y a belle lurette qu'il a supplanté Paulina, la forme latine originelle portée par une sainte martyre au IVe siècle. Pauline a été en vogue au XIXe siècle, puis s'est éclipsé pour mieux revenir dans les années 1980. Bien qu'ayant passé le point culminant de sa carrière (7e rang français en 1991), Pauline reste un choix prisé aujourd'hui. Pauline Bonaparte (1780-1825), la sœur de Napoléon Ier, et sainte Pauline, missionnaire belge martyrisée en Chine en 1901, ont porté ce prénom. *Variantes :* Paulia, Pauliana, Paulienne, Paulyne. *Caractérologie :* paix, résolution, bienveillance, conscience, sympathie.

Paz
- de 100

Ce nom signifie « paix » en espagnol. En Espagne, Paz se réfère à la Vierge de la Paix. *Caractérologie :* sagacité, connaissances, philosophie, spiritualité, originalité.

Pearl
550 Top 2 000

Perle (grec). Féminin anglais. *Caractérologie :* détermination, bonté, sagacité, connaissances, spiritualité.

Peggy
17 000

Perle (grec). En dehors de l'Hexagone, ce prénom est particulièrement porté dans les pays anglophones. On peut estimer que moins de 30 enfants seront prénommés ainsi en 2023. *Variantes :* Peg, Peggie. *Caractérologie :* exigence, équilibre, responsabilité, famille, influence.

Pélagie
500

Haute mer (grec). *Variantes :* Pélage, Pélagia. *Caractérologie :* audace, direction, détermination, dynamisme, bonté.

Penda
550

Celle qui est pourvue de nombreuses capacités (grec). *Variante :* Pandora. *Caractérologie :* méthode, fiabilité, ténacité, engagement, réalisation.

Pénélope
5 000 Top 700

Tisserande (grec). Pénélope est l'épouse fidèle d'Ulysse et la mère de Télémaque dans *L'Iliade* et *L'Odyssée* d'Homère. Sans accents, Penelope est plus particulièrement répandu dans les pays anglophones et en Grèce. *Variante :* Penny. *Caractérologie :* connaissances, sagacité, originalité, spiritualité, bonté.

Périne
700

Petit caillou (grec). *Variantes :* Périna, Périnne. *Caractérologie :* sécurité, persévérance, structure, efficacité, honnêteté.

Perla
800 Top 1 000

Perle (grec). *Caractérologie :* intelligence, décision, méditation, savoir, cœur.

Perle
2 500 Top 900

Perle (grec). *Variantes :* Perlina, Perline. *Caractérologie :* réceptivité, diplomatie, sociabilité, loyauté, bonté.

Pernelle
500

Petit caillou (grec). *Variantes :* Pernille, Péronelle, Péroline, Péronille, Péronne, Péronnelle. *Caractérologie :* paix, conscience, bienveillance, amitié, conseil.

Perrine
22 000 Top 2 000

Petit caillou (grec). Féminin français. *Variantes :* Perrina, Perryne. *Caractérologie :* persévérance, structure, honnêteté, sécurité, efficacité.

Petra
250

Petit caillou (grec). Petra est plus traditionnellement usité en Hongrie, en Finlande et au Pays basque. *Caractérologie :* paix, détermination, conscience, bienveillance, conseil.

Pétronille
550

Petit caillou (grec). *Caractérologie :* humanité, rêve, amitié, rectitude, raisonnement.

☆ Ah, Claude Ponti... Des souvenirs d'enfance pour vous, et bientôt des lectures du soir pour la future perle de vos yeux. Hors des sentiers battus, empreint d'une douce folie et d'un ton décalé, l'auteur nous surprend à chaque (re)lecture. Échappée d'un univers à la Lewis Caroll, dotée d'humour et capable d'affronter ses peurs, tout un programme.

Pétunia
- de 30

Nom de plante herbacée originaire des régions tropicales d'Amérique du Sud. Pétunia peut se fêter avec Fleur, le 5 octobre. *Caractérologie :* résolution, dynamisme, sympathie, curiosité, courage.

Phénicia
- de 100

Se rapporte au Phénix qui parvenait, dans la mythologie égyptienne, à renaître de ses cendres. *Caractérologie :* médiation, intuition, relationnel, amitié, action.

Philaé
300

Qui aime (grec). *Variantes :* Phila, Philia, Phillie. *Caractérologie :* bienveillance, paix, ressort, sympathie, conscience.

Philippa
350 Top 1 000

Qui aime les chevaux (grec). Féminin anglais et allemand. *Variantes :* Filippa, Fily. Forme occitane : Felipa. *Caractérologie :* équilibre, ressort, famille, responsabilité, influence.

Philippine
6 500 Top 400

Qui aime les chevaux (grec). Féminin français. *Variante :* Philipine. *Caractérologie :* amitié, paix, conscience, bienveillance, action.

Philomène
3 500 Top 800

Affectueuse, amicale (grec). Féminin français. *Variantes :* Filomena, Philoména. *Caractérologie :* sagacité, spiritualité, connaissances, raisonnement, volonté.

Philys
- de 30

Feuille (grec). Féminin anglais. *Caractérologie :* ambition, habileté, passion, force, action.

Phoebé
950 Top 2 000

Brillante, lumineuse (grec). Dans la mythologie grecque, Phoebé était l'autre nom d'Artémis. *Variantes :* Phébée, Phèbe. *Caractérologie :* bienveillance, conscience, paix, finesse, conseil.

Pia
3 000 Top 400

Pieuse (latin). Dans l'Hexagone, Pia est plus traditionnellement usité au Pays basque. *Caractérologie :* vitalité, achèvement, ardeur, leadership, stratégie.

Pierrette
44 000

Petit caillou (grec). Féminin français. On peut estimer que moins de 30 enfants seront prénommés ainsi en 2023. *Variantes :* Perrette, Pierra, Pierret. *Caractérologie :* management, ambition, force, passion, habileté.

Pilar
1 100

Pilier (basque). On peut estimer que moins de 30 enfants seront prénommés ainsi en 2023. *Caractérologie :* intuition, médiation, adaptabilité, fidélité, relationnel.

Pimprenelle
- de 100

Plante des prés à fleurs pourpres. *Caractérologie :* vitalité, achèvement, stratégie, ardeur, décision.

Poe
- de 30

Perle (tahitien). *Caractérologie :* rectitude, humanité, rêve, générosité, ouverture d'esprit.

Poema
- de 100

Perle des mers profondes (tahitien). *Caractérologie :* volonté, structure, honnêteté, sens du devoir, efficacité.

Pollyanna
- de 100

Héroïne de *Pollyanna ou le Jeu du contentement*, d'Eleanor H. Porter, paru en 1913. *Variante :* Pollyanne. *Caractérologie :* diplomatie, loyauté, sociabilité, réceptivité, cœur.

P

Les anticotes

Nous avons sélectionné des prénoms anticote qui ont connu leurs heures de gloire à différentes périodes du XXe siècle.

Les anticotes du début du XXe siècle (1900-1929)

Adrienne, Albertine, Alphonsine, Andrée, Antoinette, Augusta, Berthe, Émilienne, Fernande, Francine, Geneviève, Georgette, Germaine, Gisèle, Henriette, Julienne, Lucienne, Marcelle, Marie-Louise, Marthe, Odette, Paule, Paulette, Raymonde, Reine, Renée, Simone, Thérèse, Yvonne.

Les anticotes de la période 1930-1949

Bernadette, Christiane, Claude, Claudine, Danièle, Danielle, Éliane, Françoise, Huguette, Jacqueline, Jeannine, Joëlle, Josette, Liliane, Linette, Louisette, Marie-Christine, Mireille, Odile, Pierrette.

Les anticotes de la période 1950-1979

Annick, Annie, Brigitte, Carole, Chantal, Claudie, Corinne, Danielle, Dominique, Évelyne, Fabienne, Frédérique, Géraldine, Josiane, Karine, Laurence, Magali, Marie-Christine, Marie-Hélène, Marie-Pierre, Martine, Maryline, Maryse, Michèle, Micheline, Mireille, Monique, Muriel, Nadège, Nadine, Pascale, Patricia, Régine, Roseline, Sabine, Sylviane, Sylvie, Valérie, Véronique, Viviane.

Les anticotes de la période 1980-1999

Alexandra, Amandine, Amélie, Angélique, Aurélie, Aurore, Caroline, Céline, Christelle, Cindy, Delphine, Élodie, Fabienne, Isabelle, Jennifer, Jocelyne, Laetitia, Marion, Mélanie, Sabrina, Sandrine, Séverine, Stéphanie, Sylvie, Valérie, Vanessa.

Les anticotes en 2023

Les prénoms phares des années 2000 sont toujours d'actualité. Si vous recherchez des prénoms démodés, voici un top 20 à rebours des prénoms les plus portés (par plus de 130 000 Françaises) et les moins attribués (donnés moins de 20 fois) dans l'Hexagone en 2023. Le nombre estimé d'attributions est indiqué entre parenthèses.

1. Chantal (0)
2. Corinne (0)
3. Dominique (0)
4. Laurence (2)
5. Véronique (3)
6. Françoise (3)
7. Christiane (3)
8. Monique (3)
9. Virginie (4)
10. Sylvie (5)
11. Michèle (8)
12. Brigitte (8)
13. Sandrine (9)
14. Martine (11)
15. Christine (13)
16. Valérie (13)
17. Christelle (14)
18. Jacqueline (16)
19. Florence (17)
20. Nathalie (19)

Notons que la moyenne d'âge des porteurs de ces prénoms n'a pas influencé leur popularité de la même manière. Ainsi, les Chantal sont en moyenne âgées d'une soixantaine d'années, mais curieusement, en 2023, ce prénom devrait être moins donné que les Brigitte ou Michèle dont la moyenne d'âge approche les 60 ans également. Doit-on y voir un effet « Première dame » ?

Pomme
- de 100

Ce prénom issu du calendrier révolutionnaire se rapporte au nom du fruit. Sainte Fleur, religieuse auvergnate du XIVe siècle, est la patronne de Pomme. *Variante :* Pomeline. *Caractérologie :* achèvement, ardeur, vitalité, volonté, stratégie.

Prescilia
1 600

Ancien (latin). On peut estimer que moins de 30 enfants seront prénommés ainsi en 2023. *Variantes :* Precillia, Precilia, Prescylia. *Caractérologie :* réceptivité, diplomatie, sociabilité, résolution, sympathie.

Prescilla
1 200

Ancien (latin). On peut estimer que moins de 30 enfants seront prénommés ainsi en 2023. *Caractérologie :* découverte, bonté, détermination, énergie, audace.

Prescillia
5 500

Ancien (latin). Féminin français. On peut estimer que moins de 30 enfants seront prénommés ainsi en 2023. *Caractérologie :* énergie, découverte, audace, sympathie, résolution.

Prima
- de 30

Premier (latin). *Variante :* Primia. *Caractérologie :* enthousiasme, communication, pratique, adaptation, réalisation.

Princesse
300 ↗

En premier (latin). *Caractérologie :* rêve, humanité, rectitude, amitié, détermination.

Prisca
4 000

Ancien (latin). Prénom italien. On peut estimer que moins de 30 enfants seront prénommés ainsi en 2023. *Variante :* Priska. *Caractérologie :* créativité, pragmatisme, optimisme, communication, sociabilité.

Priscilia
1 200

Ancien (latin). Priscilia est plus particulièrement répandu aux États-Unis et en Corse. On peut estimer que moins de 30 enfants seront prénommés ainsi en 2023. *Caractérologie :* famille, responsabilité, équilibre, influence, exigence.

Priscilla
13 000

Ancien (latin). Féminin français et anglais. On peut estimer que moins de 30 enfants seront prénommés ainsi en 2023. *Caractérologie :* humanité, rectitude, rêve, générosité, tolérance.

Priscille
2 500 Top 2 000 →

Ancien (latin). *Caractérologie :* sécurité, résolution, structure, sympathie, persévérance.

Priscillia
8 000

Ancien (latin). Féminin français. On peut estimer que moins de 30 enfants seront prénommés ainsi en 2023. *Variantes :* Priscila, Prissie, Pricilla, Pricillia. *Caractérologie :* altruisme, intégrité, idéalisme, dévouement, réflexion.

Priya
350 Top 2 000 ↗

Qui est aimée (sanscrit). *Caractérologie :* conscience, paix, conseil, bienveillance, sagesse.

Prudence
950 ↘

Prudente (latin). Féminin anglais et français. *Variantes :* Prudencia, Prudenza, Prudenzia, Prudie, Prudy. *Caractérologie :* audace, énergie, découverte, originalité, sympathie.

Prune
3 500 Top 500 →

Ce prénom issu du calendrier révolutionnaire renvoie au fruit

P

du prunier. Sainte Fleur, religieuse auvergnate du XIVe siècle, est la patronne de Prune. *Caractérologie :* intuition, relationnel, médiation, cœur, fidélité.

Prunelle

500 ➔

Le prénom Prune, issu du calendrier révolutionnaire, renvoie au fruit du prunier. *Variante :* Prunella. *Caractérologie :* structure, efficacité, sécurité, cœur, persévérance.

Pulchérie

130

Beauté (latin). *Caractérologie :* méditation, sympathie, savoir, ressort, intelligence.

Q

Qiana

- de 30

Dans les années 1970, ce nom était donné aux tissus en polyamide fabriqués aux États-Unis, mais par la suite, Qiana est devenu un prénom américain. Il est désormais considéré comme une variante possible de Kiana. *Caractérologie :* indulgence, volonté, décision, éthique, sérénité.

Quinta

- de 30

Cinquième (latin). Féminin anglais. *Variante :* Quinte. *Caractérologie :* innovation, autorité, énergie, attention, décision.

Quiterie

350

Calme et tranquille (latin). Forme occitane : Quiteira. *Caractérologie :* dynamisme, curiosité, courage, indépendance, sensibilité.

Quitterie

1 600 Top 2 000 ➘

Calme et tranquille (latin). Féminin français. *Variante :* Quitteri. *Caractérologie :* sagacité, connaissances, spiritualité, sensibilité, originalité.

Q

R

Rabia

2 000 Top 2 000 ➔

Jardin (arabe). Ancienne esclave affranchie par son maître, celle qui fut surnommée « la sainte de Basra » était une mystique musulmane du VIIIe siècle originaire d'Iraq. Elle a introduit dans le soufisme la nécessité de vénérer Dieu de manière désintéressée. Selon Rabia, la foi ne doit pas être guidée par l'attrait d'une récompense ni par la crainte de représailles. *Variantes :* Rabah, Rabha, Rabiya, Rabiye, Rabiaa. *Caractérologie :* sécurité, persévérance, efficacité, honnêteté, structure.

Rachel

40 000 Top 300 ➔

Brebis (hébreu). Très usité dans les familles juives, ce prénom de l'Ancien Testament connaît la faveur des protestants français puis des puritains

Les prénoms oubliés

Cette sélection rassemble des petits noms qui furent en faveur au début des années 1900. Après avoir sombré dans l'oubli, ces pépites retrouvent des couleurs. Certaines, comme Madeleine ou Suzanne reprennent discrètement le chemin de l'école. D'autres, comme Adèle, Lucie, Victoire ou Rose s'ébattent déjà dans les cours de récréation !

Adèle, Albertine, Alice, Alma, Angèle, Anne, Apolline, Armance, Artémise, Augustine, Blanche, Célestine, Eugénie, Félicie, Fleurine, Gabrielle, Hélène, Henriette, Ida, Jeanne, Joséphine, Léona, Léonie, Léontine, Louise, Lucienne, Madeleine, Marcelle, Marguerite, Maria, Marie, Marthe, Mathilde, Nine, Odette, Philomène, Rosalie, Sidonie, Suzanne, Victoire, Victorine, Yvonne, Zélie.

D'autres perles au côté suranné ne méritent pas le désintérêt qui les accable aujourd'hui.

Ci-dessous des prénoms qui furent attribués à une poignée d'enfants au tout début du XXe siècle… avant de disparaître des registres d'état civil. Avis aux amateurs…

Aglaë, Amantine, Amaranthe, Anathilde, Anatoline, Angeline, Aude, Aventine, Berthe, Cléonice, Cléore, Colette, Cyrienne, Églantine, Émiliette, Eudora, Eulalie, Germaine, Honorine, Léonelle, Marcelline, Mariette, Octavie, Olympia, Rosine, Séraphine, Solange, Théophanie.

R

anglophones à la fin du XVIe siècle. Ce n'est qu'à partir du XIXe siècle qu'il se diffuse plus largement, y compris dans les registres catholiques. Rachel atteint son pic de popularité français en 1972, mais ce prénom reste beaucoup moins répandu dans l'Hexagone que dans les pays anglophones. Dans le Livre de la Genèse, Rachel, la sœur de Léa, est la seconde épouse de Jacob et la mère de Benjamin et Joseph. *Caractérologie :* diplomatie, réceptivité, sociabilité, loyauté, détermination.

Rachelle

3 500 Top 2 000

Brebis (hébreu). Féminin français et anglais. *Variante :* Rachèle. *Caractérologie :* innovation, autorité, énergie, ambition, résolution.

Rachida

6 000

Bien guidée, qui a la foi (arabe). On peut estimer que moins de 30 enfants seront prénommés ainsi en 2023. *Caractérologie :* leadership, vitalité, achèvement, stratégie, ardeur.

Radegonde

- de 100

Conseil, guerre (germanique). *Caractérologie :* énergie, volonté, innovation, autorité, réalisation.

Radia

1 300

Satisfaction, plénitude (arabe). *Variantes :* Radhia, Radija, Rida. *Caractérologie :* conscience, bienveillance, sagesse, paix, conseil.

Rafaëla

500 Top 2 000

Dieu a guéri (hébreu). Rafaela est répandu dans les pays hispanophones et lusophones. C'est aussi un choix traditionnel basque. *Variantes :* Raffaëla, Rafaëlla. *Caractérologie :* ambition, décision, force, habileté, logique.

Rahma
2 500 Top 800 ↗

Qui pardonne (arabe). *Variante :* Rahima. *Caractérologie :* curiosité, dynamisme, indépendance, charisme, courage.

Raïa
- de 30

Amie (hébreu), variante de Raya. *Variante :* Rahia. *Caractérologie :* diplomatie, réceptivité, bonté, loyauté, sociabilité.

Raina
300 Top 2 000 ↗

Qui conseille avec sagesse (germanique). Raina est également un prénom bulgare qui pourrait signifier « heureuse » (du slave *rad*). Il est orthographié avec et sans tréma dans l'Hexagone. On recense particulièrement ce nom en Bulgarie, aux États-Unis et dans les pays scandinaves. *Variante :* Rayna. *Caractérologie :* culture, volonté, application, médiation, sagesse.

Raïssa
2 500 Top 2 000 →

Déluge (arabe). *Caractérologie :* ténacité, engagement, méthode, fiabilité, sens du devoir.

Raja
1 000

Espoir (arabe), reine (sanscrit). *Variantes :* Radja, Rajah. *Caractérologie :* communication, pragmatisme, optimisme, créativité, sociabilité.

Rama
350 ↘

Élevée (hébreu), belle, celle qui enchante (sanscrit). Prénom indien d'Asie. *Caractérologie :* bienveillance, paix, conscience, conseil, sagesse.

Ramona
400

Qui conseille avec sagesse (germanique). Ramona est plus particulièrement usité dans les pays hispanophones, en Italie et au Pays basque. Forme occitane : Raimonda. *Caractérologie :* habileté, ambition, force, volonté, résolution.

Randa
300 ↑

Arbuste odorant (arabe), protection (scandinave). *Caractérologie :* diplomatie, sociabilité, réceptivité, loyauté, détermination.

Rania
7 500 Top 400 ↘

Riche et noble (arabe). *Variantes :* Rana, Raniha, Rahnia, Rhania, Ranya. *Caractérologie :* spiritualité, connaissances, détermination, sagacité, originalité.

Raphaële
2 500

Dieu a guéri (hébreu). On peut estimer que moins de 30 enfants seront prénommés ainsi en 2023. *Variantes :* Rafaële, Rafaëlle. *Caractérologie :* pragmatisme, communication, ressort, optimisme, sympathie.

Raphaëlla
600 →

Dieu a guéri (hébreu). Féminin anglais et allemand. *Variante :* Raphaëla. *Caractérologie :* diplomatie, réceptivité, sociabilité, cœur, action.

Raphaëlle
13 000 Top 300 →

Dieu a guéri (hébreu). Féminin français. *Caractérologie :* conscience, bienveillance, sympathie, paix, ressort.

Raquel
1 000 Top 2 000 ↗

Brebis (hébreu). Raquel est très répandu dans les pays hispanophones et lusophones. *Caractérologie :* relationnel, intuition, fidélité, médiation, détermination.

Rayana
450 Top 2 000 ↘

Forme féminine de Rayan : petite reine (irlandais), belle, désaltérée (arabe). *Variantes :* Rahiana, Raïana, Raya, Rayenne, Rayhane. *Caractérologie :* conseil, bienveillance, paix, conscience, sagesse.

Raymonde
44 000

Qui conseille avec sagesse (germanique). Féminin français. On peut estimer que moins de 30 enfants seront prénommés ainsi en 2023. *Variantes :* Raymonda, Raymone. *Caractérologie :* découverte, audace, énergie, caractère, réussite.

Razane
1 000 Top 700

Prénom arabe d'origine persane signifiant « vigne ». *Variante :* Razan. *Caractérologie :* bonté, diplomatie, détermination, sociabilité, réceptivité.

Rébecca
13 000 Top 400

Rassasiée (hébreu). Ce prénom biblique est établi de longue date dans les cultures juives du monde entier. Bien que les puritains anglophones aient relancé sa carrière au XVIIe siècle, il est resté peu attribué en France. Il est plus particulièrement répandu dans les pays anglophones et en Italie aujourd'hui. Dans l'Ancien Testament, Rébecca épouse Isaac et donne naissance aux jumeaux Ésaü et Jacob. Les deux sont destinés à devenir pères de deux nations, mais Jacob a la préférence de sa mère. Elle l'aide à se faire passer pour Esaü auprès de son père aveugle, et Jacob reçoit l'Alliance à sa place. *Variantes :* Becca, Becka, Becky, Reba, Rébeca, Rebecka, Rebeka, Rebekka, Riva, Rivka. *Caractérologie :* direction, dynamisme, décision, gestion, audace.

Régina
1 600 Top 2 000

Reine (latin). *Caractérologie :* intégrité, idéalisme, réflexion, altruisme, décision.

Régine
49 000

Reine (latin). Féminin français. On peut estimer que moins de 30 enfants seront prénommés ainsi en 2023. *Caractérologie :* ténacité, méthode, fiabilité, engagement, sens du devoir.

Reine
10 000

Reine (latin). Féminin français. Variante basque et occitane : Reina. *Caractérologie :* conscience, paix, bienveillance, conseil, sagesse.

Reine-Claude
350

Au XVIe siècle, il n'était pas rare de voir de nouvelles espèces de fruits nommées en hommage à une reine régnante. C'est donc à la reine Claude (1499-1524), épouse de François Ier, que le fruit éponyme est dédié. On le savoure cru ou cuit, en tarte ou en confiture, mais il est aussi délicieux sous forme de prénom. Près de 400 Françaises ont été prénommées Reine-Claude de 1948 à 1984. Avis aux amateurs... Ce prénom oublié a traversé les siècles en toute discrétion, mais il a tout de même été attribué à près de 400 Françaises de 1948 à 1984. *Caractérologie :* diplomatie, entente, compréhension, fiabilité, sociabilité.

Réjane
7 500

Reine (latin). Féminin français. On peut estimer que moins de 30 enfants seront prénommés ainsi en 2023. *Variantes :* Rejana, Réjanne, Réjeane, Réjine. *Caractérologie :* ambition, force, habileté, passion, résolution.

Renata
350

Renaître (latin). Féminin italien, polonais, espagnol, portugais, allemand et slave. *Variante :* Renate. *Caractérologie :* originalité, découverte, audace, détermination, énergie.

Renée
58 000

Renaître (latin). Peu donné par le passé, Renée entame sa carrière à la fin du XIXe siècle et culmine au 9e rang féminin en 1920. Bien qu'il ait grandi dans le sillon de René, ce prénom a été deux fois moins attribué que son

R

masculin. On peut estimer que moins de 30 enfants seront prénommés ainsi en 2023. *Variante :* Réna. *Caractérologie :* diplomatie, réceptivité, sociabilité, loyauté, bonté.

Reva
- de 30

Voûte céleste (tahitien), rassasiée (hébreu). *Caractérologie :* dynamisme, audace, direction, détermination, indépendance.

Rexana
- de 30

Aube (persan). *Caractérologie :* réflexion, idéalisme, décision, intégrité, altruisme.

Rhéa
- de 100

Fleur, protectrice des cités (grec/latin). Dans la mythologie grecque, Rhea désespère de voir Cronos avaler ses nouveau-nés (il pense ainsi échapper à la prophétie selon laquelle un de ses fils le détrônera). Elle cache Zeus en Crète et présente à Cronos une pierre entourée de langes en guise d'enfant, ce qu'il s'empresse d'avaler. Cette supercherie permet à Zeus d'accomplir son destin à l'âge adulte : il détrône son père et le force à restituer ses frères. Dans la mythologie romaine, Rhea est l'autre nom de Cybèle, la mère des dieux associée à la Terre et la Fertilité. *Caractérologie :* curiosité, dynamisme, détermination, indépendance, courage.

Rhéane
- de 100 Top 2 000

Fleur, protectrice des cités (grec/latin). Voir Rhéa. *Caractérologie :* équilibre, responsabilité, résolution, exigence, famille.

Rhoda
- de 30

Rose (grec). Féminin anglais. *Variantes :* Rhode, Rhodia. *Caractérologie :* audace, dynamisme, indépendance, direction, assurance.

Rhonda
- de 100

Rivière (celte). Féminin anglais. *Caractérologie :* conscience, paix, bienveillance, détermination, volonté.

Riana
160

Petite reine (irlandais), cascade (malgache), féminin de Rayane (usage récent). *Variantes :* Ryana, Ryhana. *Caractérologie :* connaissances, spiritualité, décision, originalité, sagacité.

Richarde
120

Puissant gouverneur (germanique). *Caractérologie :* pragmatisme, communication, résolution, optimisme, créativité.

Riham
550 Top 2 000

Pluie fine (arabe). *Caractérologie :* efficacité, persévérance, honnêteté, structure, sécurité.

Rihana
350

Ce jeune prénom a grandi en Angleterre avant d'apparaître en France en 2002. Il doit tout ou partie de son existence à Ryan, dont le succès a inspiré plusieurs dérivés féminins. Dans la mythologie galloise, Rhiannon est la déesse de la Fertilité et de la Lune. *Caractérologie :* conscience, résolution, conseil, paix, sagesse.

Rihanna
1 000 Top 2 000

Voir Rihana. Nul doute que la chanteuse originaire de la Barbade Rihanna (de son vrai nom Robyn Fenty) a accéléré l'émergence de ce prénom. Les premières Rihanna de France sont nées en 2005. *Caractérologie :* médiation, relationnel, fidélité, adaptabilité, intuition.

Rim
2 000 Top 700

Antilope (arabe). *Variantes :* Reem, Rime, Rym, Ryme. *Caractérologie :* ténacité,

R

Les internationaux

Le tableau ci-dessous propose une sélection de prénoms francophones et leurs équivalents anglophones et hispanophones. Cette sélection sera utile aux parents qui souhaitent trouver un prénom dont l'orthographe ou la prononciation reste identique dans de nombreuses régions du monde.

Prénom francophone	Prénom anglophone	Prénom hispanophone
Alexa	Alexa	Alexia
Alice	Alice	Alicia
Alma	Alma	Alma
Amélia	Amelia	Amelia
Anna	Hannah	Anna, Ana
Ava	Ava	Ava
Carla	Carla	Carla
Chloé	Chloe	Cloe
Clara	Clara	Clara
Claudia	Claudia	Claudia
Éléna	Elena	Elena
Ella	Ella	Ella
Emma	Emma	Emma
Éva, Ève	Ava, Evie	Ava, Eva
Gabrielle	Gabriella	Gabriela
Inès	--	Inés
Iris	Iris	Iris
Jade	Jade	Jade
Julia	Julia	Julia
Laura	Laura	Laura
Lili, Lily	Lily	Lili, Lily
Lina	Lina	Lina
Lisa	Lisa	Lisa
Lola	Lola	Lola
Louise	Louisa	Luisa
Lucie	Lucy	Lucía
Luna	Luna	Luna
Marie	Mary	María
Maya	Maya	Maïa, Maya
Mia	Mia	Mía
Mila	Mila	Mila
Myriam	Miriam	Miriam
Nicole	Nicole	Nicole
Nina	Nina	Nina
Nora(h)	Norah	Nora
Olivia	Olivia	Olivia
Pauline	Pauline	Paula, Paulina

R

Prénom francophone	Prénom anglophone	Prénom hispanophone
Rose	Rose	Rosa
Sarah	Sarah	Sara
Sophie, Sophia, Sofia	Sophie, Sophia, Sofia	Sofía
Théa	Thea	Tea
Victoria	Victoria	Victoria
Zoé	Zoe	Zoé

sens du devoir, fiabilité, méthode, engagement.

Rima
750

Antilope (arabe). *Variante :* Ryma. *Caractérologie :* curiosité, dynamisme, courage, charisme, indépendance.

Rina
850

Jasmin (japonais), joie, bonheur (hébreu), dissolution (sanscrit) et contraction, dans de nombreux pays, de prénoms se terminant par « rina ». *Caractérologie :* paix, bienveillance, conscience, conseil, détermination.

Rinda
- de 30

Don de Dieu (grec). *Caractérologie :* résolution, dynamisme, audace, direction, indépendance.

Riona
- de 30

Pure (grec). *Caractérologie :* partage, adéquation, détermination, communication, inventivité.

Rita
7 000 Top 500

Perle (grec). Rita est très répandu en Italie et dans les pays hispanophones. C'est aussi un choix traditionnel corse et occitan. *Variante :* Ritta. *Caractérologie :* créativité, pragmatisme, sociabilité, optimisme, communication.

Rivka
550 Top 2 000

Rassasiée (hébreu). *Caractérologie :* savoir, méditation, indépendance, intelligence, sagesse.

Robanne
- de 30

Contraction de Roberte et Anne. *Caractérologie :* influence, décision, famille, équilibre, responsabilité.

Roberte
5 500

Brillant, gloire (germanique). Féminin français. On peut estimer que moins de 30 enfants seront prénommés ainsi en 2023. *Variantes :* Roberta, Robertina, Robertine, Bertina, Bertine. *Caractérologie :* médiation, adaptabilité, fidélité, relationnel, intuition.

Robertine
190

Brillant, gloire (germanique). *Caractérologie :* connaissances, spiritualité, sagacité, originalité, philosophie.

Robyn
180 Top 2 000

Brillant, gloire (germanique). *Variantes :* Robine, Robyne. *Caractérologie :* responsabilité, exigence, conseil, harmonie, affection.

Rocca
- de 30

Reposé (germanique), Il est Guide (hébreu). *Caractérologie :* méthode, ténacité, engagement, fiabilité, analyse.

R

Rogatienne
- de 30

Requête (latin). *Caractérologie :* idéalisme, décision, réflexion, altruisme, intégrité.

Rohana
- de 30

En ascension, bois de santal (sanscrit), roux (irlandais). Rohana est très répandu en Inde. *Variantes :* Rohanna, Rohanne. *Caractérologie :* pratique, communication, enthousiasme, adaptation, décision.

Rolande
16 000

Gloire du pays (germanique). Féminin français. On peut estimer que moins de 30 enfants seront prénommés ainsi en 2023. *Variante :* Rollande. *Caractérologie :* famille, responsabilité, logique, équilibre, caractère.

Romaine
750

Romaine (latin). *Caractérologie :* communication, enthousiasme, pratique, décision, caractère.

Romance
350

De Rome (latin), chanson sentimentale (français). *Caractérologie :* caractère, responsabilité, logique, équilibre, famille.

R

Romane
62 000 Top 50

Romaine (latin). Ce féminin de Romain, inconnu jusqu'au début des années 1970, le serait sans doute resté si l'actrice Romane Bohringer s'était prénommée autrement. Découverte en 1992 dans les films de Claude Miller (*L'Accompagnatrice*) et de Cyril Collard (*Les Nuits fauves*), la comédienne devient la meilleure ambassadrice du prénom. Après avoir culminé au 14e rang national (en 2007), Romane poursuit son lent déclin. À l'exception de la Wallonie, ce prénom n'a guère été attribué en dehors de l'Hexagone. *Variantes :* Romana, Romanella, Romanie, Romélie, Romina. *Caractérologie :* pragmatisme, communication, optimisme, détermination, volonté.

Romarine
- de 30

Se rapporte au romarin, plante dont le nom signifie « rosée de mer » (latin). *Caractérologie :* communication, pratique, résolution, enthousiasme, volonté.

Roméa
- de 30

De Rome (latin). Dans l'Hexagone, Romea est plus traditionnellement usité au Pays basque. *Variantes :* Roma, Romée. *Caractérologie :* sagacité, connaissances, spiritualité, caractère, décision.

Romy
19 000 Top 50

Romaine (latin). Romy est répandu dans les pays germanophones et anglophones. *Caractérologie :* ardeur, vitalité, achèvement, stratégie, leadership.

Rosa
7 000 Top 500

Rose (latin). Féminin espagnol, italien, portugais, scandinave, néerlandais, allemand, anglais, corse et occitan. *Variante :* Roza. *Caractérologie :* stratégie, achèvement, ardeur, vitalité, leadership.

Rosabelle
- de 100

Rose (latin). *Variantes :* Rosabel, Rosabella, Rozabel. *Caractérologie :* achèvement, vitalité, stratégie, raisonnement, détermination.

Rosalia
850 Top 400

Rose (latin). Féminin italien. *Caractérologie :* communication, enthousiasme, raisonnement, pratique, adaptation.

Rosalie
7 500 Top 400

Rose (latin). Cette forme française de Rosa et Rosalia n'a jamais été très

Romy

Fêtes :
23 août ou 28 février

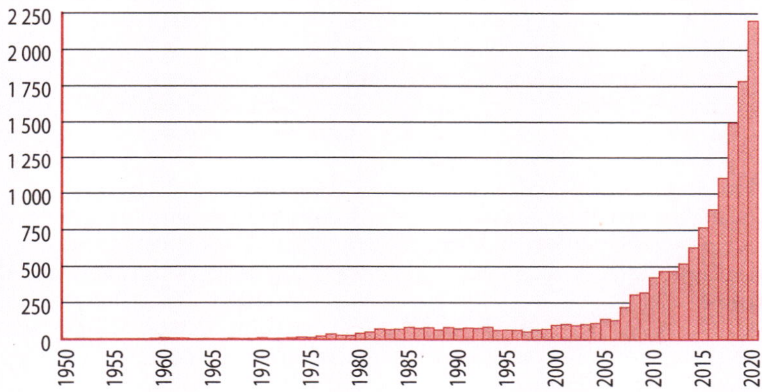

Étymologie

Romy est le diminutif de Rose-Marie. Il conjugue deux origines, latine avec Rose (*rosa* en latin) et hébraïque avec Marie, « celle qui élève ». Depuis les années 1990, Romy est devenue une variante moderne de Romane la latine, venue de Rome. Cette double origine explique les 2 jours de fête possibles du prénom.

Mais sans remonter aussi loin dans le temps, gageons que le choix des jeunes parents doit beaucoup à celle qui personnifie à elle seule le prénom : Romy Schneider. Elle n'aurait d'ailleurs pas renié cette multiplicité d'origine, étant née en Autriche, ayant vécu en France et travaillé avec les plus grands metteurs en scène européens de théâtre et de cinéma. Elle laisse un souvenir ému à des générations de cinéphiles, au point que l'on omet son patronyme pour l'évoquer... Elle est tout simplement « Romy ».

Malgré l'aura de cette personnalité, il a fallu du temps à ce prénom pour se faire une carrière. L'actrice meurt en 1982, et ce n'est qu'à partir des années 2000 que Romy revient sous les feux de la rampe. Aujourd'hui, le come-back du prénom ne fait plus de doute. Sa progression est d'ailleurs spectaculaire : après avoir percé dans le top 20 parisien en 2018, Romy pourrait devenir l'un des 10 prénoms les plus attribués dans l'Hexagone en 2023. En revanche, ses preuves restent à faire dans les pays francophones, hormis le Québec qui la place 9e.

Statistiques

Romy est le 76e prénom féminin le plus donné en France depuis l'an 2000. Ce prénom est attribué à près d'une fille sur 125 aujourd'hui.

R

répandue dans l'Hexagone. Certes, elle s'y épanouit au XIXe siècle, mais son boom est bref et elle essaime surtout outre-Manche. Depuis, elle est plus présente en Allemagne, aux Pays-Bas, et même au Québec où elle s'est imposée dans les 10 premiers prénoms dans les années 2010. *Variante :* Rosali. *Caractérologie :* intelligence, logique, méditation, décision, savoir.

Rosaline
350 Top 2 000

Contraction de Rosa et Line. Féminin français et anglais. *Variantes :* Rosalina, Rosalyn. *Caractérologie :* communication, pratique, analyse, résolution, enthousiasme.

Rosamée
- de 30

Contraction de Rose et Aimée. *Caractérologie :* structure, persévérance, sécurité, détermination, volonté.

Rosanna
750

Contraction de Rose et Anna. Prénom italien. *Variante :* Rosana. *Caractérologie :* autorité, ambition, énergie, innovation, détermination.

R

Rosanne
450

Contraction de Rose et Anne. Féminin français et anglais. *Variantes :* Rosane, Rozane, Rozanne. *Caractérologie :* sens du devoir, structure, honnêteté, efficacité, résolution.

Rosario
600

Rose (latin). *Caractérologie :* énergie, séduction, audace, découverte, originalité.

Rose
61 000 Top 50

Rose (latin). *Variantes :* Rosaura, Rosaure, Rosalba, Rosalio, Rosaria, Roscoe, Rosemonde, Roselle. *Caractérologie :* décision, communication, pratique, enthousiasme, adaptation.

Roseline
15 000

Contraction de Rose et Line. Féminin français. On peut estimer que moins de 30 enfants seront prénommés ainsi en 2023. *Variantes :* Roselena, Roselene. *Caractérologie :* résolution, intelligence, savoir, méditation, analyse.

Rosella
170

Rose (latin). *Caractérologie :* audace, dynamisme, direction, décision, logique.

Roselyne
21 000

Contraction de Rose et Lyne. Féminin français. On peut estimer que moins de 30 enfants seront prénommés ainsi en 2023. *Caractérologie :* analyse, découverte, énergie, audace, sympathie.

Rose-Marie
9 500

Forme composée de Rose et Marie. Féminin français. *Caractérologie :* structure, sécurité, persévérance, résolution, volonté.

Rosemary
350

Contraction de Rose et Mary. Féminin français et anglais. *Variantes :* Rosemarie, Rosemay. *Caractérologie :* bienveillance, paix, conscience, volonté, réalisation.

Rosemonde
1 500

Rose (latin). Féminin français. On peut estimer que moins de 30 enfants seront prénommés ainsi en 2023. *Caractérologie :* idéalisme, altruisme, intégrité, détermination, volonté.

Rosette
3 500

Rose (latin). Féminin français. On peut estimer que moins de 30 enfants seront prénommés ainsi en 2023. *Variantes :* Rosetta, Rosella. *Caractérologie :* adaptation, pratique, communication, détermination, enthousiasme.

Rose

Fête : 23 août

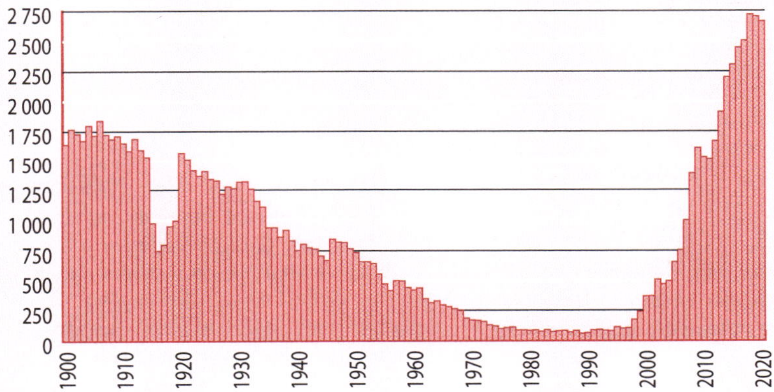

Étymologie

Du latin *rosa*, « rose ». Dans l'Antiquité, la rose était la fleur d'Aphrodite, la déesse grecque de l'Amour et de la Beauté. De nombreux poètes immortalisèrent ce symbole de la féminité qui devint Vénus à l'époque romaine. Rose entame sa carrière au Ve siècle et fleurit sous différentes formes, simples, composées ou contractées, dans tous les pays européens. Sa prospérité prend fin durant le haut Moyen Âge, ses déclinaisons se raréfiant jusqu'au retour de Rosine, au XIXe siècle.

Au XXe siècle, Rose devient une source prolifique de prénoms composés, mais elle est délaissée dans sa forme simple. Qu'importe, puisqu'elle revient de plus belle aujourd'hui. Happée par la vogue des prénoms rétro, Rose s'élève dans le top 10 féminin tandis que les Parisiens ont déjà succombé à son charme. Elle s'épanouit également dans les terres francophones de la Belgique et du Québec, mais peine à éclore en Suisse.

À l'international, c'est plutôt sa version latine, Rosa, qui crée l'engouement, notamment en Europe du Nord.

Sainte Rose de Lima, religieuse dominicaine aussi connue sous le nom d'Isabelle de Florès, vécut au XVIe siècle au Pérou. Elle est la patronne de l'Amérique latine, des Philippines, des fleuristes, des horticulteurs et des jardiniers.

Personnes célèbres

Rosa Parks, figure emblématique de la lutte contre la ségrégation raciale aux États-Unis, s'est rendue célèbre en 1955 en refusant de céder sa place à un passager blanc dans un autobus.

Statistiques

Rose est le 38e prénom féminin le plus donné en France depuis l'an 2000. Ce prénom est attribué à près d'une fille sur 130 aujourd'hui. Dans les compositions de Rose, Lili-Rose et Rose-Marie sont de loin les plus portées en France.

R

Rosie
2 000 Top 500 ➔

Rose (latin). *Caractérologie :* pragmatisme, communication, détermination, optimisme, créativité.

☆ Avec son foulard à pois retenant ses cheveux, sa manche de chemise retroussée découvrant son biceps, Rosie incarne de concert la féminité et la détermination ! À l'origine, cette affiche valorisait l'effort de guerre des ouvrières, soutenant le combat des « boys » envoyés sur le terrain de la Seconde Guerre mondiale. « We can do it ! » est une douce musique pour celle qui n'a pas peur des bras de fer.

Rosina
350

Rose (latin). Prénom italien. *Caractérologie :* sécurité, efficacité, structure, résolution, persévérance.

Rosine
5 000

Rose (latin). Ce prénom ancien a connu un pic de popularité avec Rose au XIXe siècle, mais il s'est évaporé dans les années 1970. La renaissance de Rose n'a pour l'heure aucun effet sur Rosine. On peut estimer que moins de 30 enfants seront prénommés ainsi en 2023. *Variantes :* Rosin, Rosina, Rosita, Rosiane. *Caractérologie :* passion, habileté, détermination, ambition, force.

Rosy
1 100 Top 2 000 ➔

Rose (latin). Féminin anglais et français. *Variantes :* Rosée, Rosi, Rosia, Rozy. *Caractérologie :* énergie, audace, découverte, séduction, originalité.

Roxana
400 ↑

Aube (persan). Féminin anglais, espagnol et occitan. *Variantes :* Roxanna, Roxie, Roxine, Roxy. *Caractérologie :* autorité, innovation, énergie, décision, ambition.

Roxane
23 000 Top 100 ➔

Aube (persan). Roxane est l'héroïne de *Cyrano de Bergerac*, la pièce de théâtre la plus célèbre d'Edmond Rostand. Au IVe siècle, Roxane épousa Alexandre le Grand et devint reine de Macédoine. En dehors de l'Hexagone, Roxane est plus particulièrement usité dans les pays anglophones. *Caractérologie :* curiosité, indépendance, détermination, dynamisme, courage.

Roxanne
4 000 Top 400 ➔

Aube (persan). Féminin anglais et français. *Caractérologie :* autorité, innovation, résolution, énergie, ambition.

Rozenn
4 500 Top 2 000 ➔

Rose (latin). Prénom breton. *Variantes :* Rozen, Rozenne. *Caractérologie :* médiation, relationnel, adaptabilité, fidélité, intuition.

Ruby
2 000 Top 200 ➔

Rougeâtre (latin). Féminin anglais. *Variante :* Rubis. *Caractérologie :* communication, optimisme, créativité, pragmatisme, sociabilité.

Ruth
2 500 Top 2 000 ↗

Compagne, amie (hébreu). Dans le Livre de Ruth, dans l'Ancien Testament, Ruth la moabite se convertit au judaïsme et épouse en secondes noces Boaz, avec lequel elle a un fils, Obed, père de Jessé et grand-père de David. Elle est donc l'arrière-grand-mère du roi David. 🔍 Dès le XVIe siècle, ce prénom à la fois biblique et vertueux (Ruth évoque la compassion) se diffusera massivement dans les familles puritaines. En Angleterre d'abord, puis aux États-Unis, où Ruth culminera au 5e rang féminin dans les années 1900. *Caractérologie :* sécurité, structure, efficacité, persévérance, honnêteté.

R

S

Sabah
3 000

Beauté fraîche comme le matin (arabe). On peut estimer que moins de 30 enfants seront prénommés ainsi en 2023. *Variantes :* Saba, Sabaé, Sabahe, Sabbah, Sabéa, Sabéha, Sabiah, Sabiha, Sabya. *Caractérologie :* fiabilité, ténacité, méthode, sens du devoir, engagement.

Sabia
- de 100

Version latine du Sadhbh gaélique, Sabia est un prénom irlandais qui signifie « douce ». Sabia est également une variante de Sabah et Sabina. *Caractérologie :* découverte, audace, énergie, originalité, séduction.

Sabina
750

Habitante d'Italie centrale (latin). Féminin italien, espagnol, portugais, roumain, slave, corse et occitan. *Caractérologie :* dynamisme, direction, audace, indépendance, détermination.

Sabine
60 000

Habitante d'Italie centrale (latin). Féminin français et allemand. L'enlèvement des Sabines par Romulus et ses troupes provoqua une guerre entre les Sabins (habitants d'un territoire d'Italie centrale) et les Romains. Cet évènement fut déterminant dans le processus de formation de Rome. En mémoire de sainte Sabine, martyre romaine au Ve siècle, la basilique Sainte-Sabine fut édifiée à Rome. On peut estimer que moins de 30 enfants seront prénommés ainsi en 2023. *Caractérologie :* énergie, découverte, originalité, décision, audace.

Sabria
450

Calme et patiente (arabe). *Variantes :* Sabra, Sabriya, Sabrya. *Caractérologie :* originalité, séduction, énergie, découverte, audace.

Sabrina
95 000 Top 800

Cactus épineux (hébreu). Sabrina est également le nom d'une rivière du pays de Galles dans laquelle la princesse Sabrina se serait noyée. Sabrina est particulièrement répandu en Italie, dans les pays anglophones, hispanophones et lusophones. C'est aussi un choix traditionnel corse. *Variante :* Sabryna. *Caractérologie :* indépendance, direction, dynamisme, audace, détermination.

Sabrine
2 500 Top 2 000

Cactus épineux (hébreu). *Caractérologie :* dynamisme, indépendance, courage, curiosité, décision.

Safa
4 500 Top 400

Pure (arabe). *Variantes :* Safaa, Safae. *Caractérologie :* humanité, rectitude, tolérance, générosité, rêve.

Safia
7 000 Top 400

Pure, amie (arabe), et variante de Sofia : sagesse (grec). *Caractérologie :* altruisme, idéalisme, intégrité, réflexion, dévouement.

Safiya
4 000 Top 200

Pure, amie (arabe), et variante de Sofia : sagesse (grec). *Variante :* Safya. *Caractérologie :* originalité, philosophie, connaissances, spiritualité, sagacité.

Sahra
2 500 Top 2 000

Fleur, blancheur lumineuse (arabe). *Caractérologie :* sociabilité, diplomatie, loyauté, réceptivité, bonté.

S

Saïda
3 500 Top 2 000

Heureuse, que le destin favorise (arabe). *Variantes :* Saad, Saada, Sadia, Sadie, Sadio. *Caractérologie :* connaissances, sagacité, spiritualité, originalité, philosophie.

Sakina
3 500 Top 600

Bien-être, maison du paradis (arabe). *Variante :* Soukina. *Caractérologie :* direction, audace, indépendance, décision, dynamisme.

Saliha
3 000 Top 2 000

Intègre, équitable (arabe). *Variante :* Salia. *Caractérologie :* audace, découverte, énergie, originalité, séduction.

Salila
- de 30

Eau (sanscrit). Féminin indien d'Asie. *Caractérologie :* intégrité, réflexion, idéalisme, altruisme, dévouement.

Salima
6 500 Top 2 000

Pure, intacte, en sécurité (arabe). *Variante :* Salama. *Caractérologie :* assurance, dynamisme, direction, indépendance, audace.

S

Sally
800 Top 2 000

Diminutif de Sarah : princesse (hébreu). Féminin anglais. *Variantes :* Sallie, Saly. *Caractérologie :* conscience, sagesse, bienveillance, paix, conseil.

Salma
9 500 Top 300

Intacte, saine (arabe). *Variante :* Selima. *Caractérologie :* dynamisme, audace, direction, indépendance, assurance.

Salomé
26 000 Top 200

Paix (hébreu). Veuve d'Alexandre Jannée, Salomé prit la régence du royaume d'Israël en 76 avant J.-C. Usant de fermeté et de diplomatie, elle évita les guerres et offrit à son peuple plusieurs décennies de prospérité. Un demi-siècle plus tard, Salomé, la fille d'Hérodiade, se rendit encore plus célèbre. La jeune princesse dansa si bien devant Hérode Antipas qu'il lui offrit d'exaucer n'importe lequel de ses vœux. À l'instigation de sa mère, elle demanda la tête de Jean-Baptiste, laquelle lui fut livrée sur un plateau. Cette scène fut immortalisée par le Titien, le Caravage et de nombreux peintres. Salomé est plus particulièrement usité en France, en Italie, en Espagne, au Portugal et en Corse. *Variantes :* Saloméa, Salomée. *Caractérologie :* réceptivité, diplomatie, sociabilité, loyauté, caractère.

Saloni
- de 30

Belle (sanscrit). Féminin indien d'Asie. *Caractérologie :* savoir, méditation, résolution, intelligence, analyse.

Samantha
18 000 Top 2 000

Celle qui écoute (araméen). Ce prénom est apparu en France en 1966, l'année de diffusion de *Ma sorcière bien-aimée*, série télévisée américaine qui a fait un triomphe et dont la sympathique sorcière se prénomme Samantha. Samantha est très répandu dans les pays anglophones. *Variantes :* Samanta, Sammantha. *Caractérologie :* dynamisme, curiosité, courage, attention, indépendance.

Samia
15 000 Top 2 000

Élevée, admirable (arabe). Ce prénom est particulièrement répandu dans les cultures musulmanes francophones. *Variantes :* Sama, Samah, Samae, Samiha, Samya, Samiya, Sémiha. *Caractérologie :* méditation, savoir, intelligence, indépendance, sagesse.

Samira
13 000 Top 700

Conversation intime pendant la nuit (arabe). Ce prénom est particulièrement répandu dans les cultures musulmanes francophones. *Variantes :* Samar, Samara, Sémira. *Caractérologie :* savoir, intelligence, indépendance, sagesse, méditation.

Samuelle
350

Son nom est Dieu (hébreu). *Variantes :* Samuela, Samuella. *Caractérologie :* sagacité, spiritualité, originalité, connaissances, philosophie.

Sana
8 500 Top 400 ➔

Élévation, élégance (arabe). *Variantes :* Sanae, Sanah, Sania, Sanna, Sany, Sena. *Caractérologie :* stratégie, vitalité, leadership, ardeur, achèvement.

Sanaa
3 000 Top 500 ➔

Élévation, élégance (arabe). *Caractérologie :* idéalisme, altruisme, intégrité, réflexion, dévouement.

Sandie
4 000

Défense de l'humanité (grec). Féminin anglais. On peut estimer que moins de 30 enfants seront prénommés ainsi en 2023. *Variantes :* Sandi, Sandia. *Caractérologie :* originalité, sagacité, détermination, spiritualité, connaissances.

Sandra
102 000 Top 2 000 ➔

Défense de l'humanité (grec). Ce diminutif d'Alessandra est apparu dans plusieurs pays européens au XIXe siècle, mais il est resté inexistant en France jusque dans les années 1970. Son jaillissement est instantanément couronné de succès : Sandra accède au 11e rang en 1973, l'année de son apogée, avant de refluer lentement. Il est très répandu dans les pays slaves et occidentaux. *Variante :* Saundra. *Caractérologie :* enthousiasme, communication, pratique, adaptation, détermination.

Sandrine
234 000

Défense de l'humanité (grec). Ce dérivé d'Alexandra apparaît pour la première fois en France en 1947. Attribué à une poignée de filles, il fait tant d'émules qu'il accède au premier rang féminin en 1972 et 1973. Il restera une décennie dans le top 10 national avant de décliner progressivement. On peut estimer que moins de 30 enfants seront prénommés ainsi en 2023. *Variantes :* Sandrina, Sendrine. *Caractérologie :* créativité, décision, optimisme, pragmatisme, communication.

Sandy
16 000

Défense de l'humanité (grec). En dehors de l'Hexagone, ce prénom est particulièrement porté dans les pays anglophones. On peut estimer que moins de 30 enfants seront prénommés ainsi en 2023. *Caractérologie :* altruisme, réalisation, idéalisme, intégrité, réflexion.

Santana
200

Vénérée (latin). Prénom espagnol. *Variantes :* Santa, Santine. *Caractérologie :* spiritualité, sagacité, originalité, connaissances, philosophie.

S

Saphia
600 ➔

Sagesse (grec). Féminin anglais et international. *Caractérologie :* rêve, rectitude, humanité, ouverture d'esprit, ressort.

Sara
27 000 Top 200 ↘

Princesse (hébreu). Prénom indien d'Asie qui peut évoquer la solidité, le fer, ou même une cascade selon les signes diacritiques sanskrits utilisés. Connue sous le nom de « Sara la Noire », sainte Sarah est la patronne des Gitans. Elle est honorée le 25 mai. Ce prénom est répandu dans de nombreux pays occidentaux et dans les cultures musulmanes du monde entier. *Variante :* Saura. *Caractérologie :* pragmatisme, communication, sociabilité, créativité, optimisme.

Sarah

169 000 Top 100 ↘

Princesse (hébreu). Très choisi dans les familles puritaines anglaises, Sarah se diffuse en Angleterre dès le XVIe siècle. Son succès s'élargit rapidement aux États-Unis puis à l'ensemble des pays anglophones, où Sarah se maintient dans le haut des classements jusqu'au 3e millénaire (il se place 3e en Angleterre dans les années 1850 et rugit encore dans le top 5 américain dans les années 1980). Son émergence française est palpable durant la Réforme, mais sa gloire est récente : il lui faudra attendre la fin des années 1990 pour s'imposer au 8e rang du palmarès féminin, son point culminant.

Épouse d'Abraham dans la Bible, Sarah a le don de la beauté mais pas celui de la maternité. Aussi ne peut-elle réprimer un rire lorsqu'un ange vient lui annoncer qu'elle mettra au monde un enfant à l'âge de 90 ans. Son fils, le bien-nommé Isaac (de l'hébreu : « rire »), naîtra dans l'année. *Caractérologie :* intuition, relationnel, fidélité, médiation, adaptabilité.

Sarah-Lou

200

Forme composée de Sarah et Lou. Féminin français. *Caractérologie :* originalité, découverte, énergie, audace, analyse.

Saran

400 Top 1 000 ↗

Contraction de Sarah et Ann, refuge (sanscrit), et prénom soninké signifiant « joie ». Féminin anglais. *Caractérologie :* ambition, décision, habileté, force, passion.

Sarina

250

Contraction de Sarah et Anna. Féminin anglais. *Caractérologie :* force, habileté, ambition, passion, décision.

Sasha

7 500 Top 300 →

Défense de l'humanité (grec). Ce prénom mixte, très répandu en Russie, est également fréquent au féminin dans les pays anglophones. Sa vogue est née dans les années 1930 grâce à Sasha, la princesse russe du roman *Orlando*, de Virginia Woolf. *Variante :* Sascha. *Caractérologie :* optimisme, créativité, pragmatisme, sociabilité, communication.

Saskia

800 →

Saxonne (vieil allemand), petite épée (vieux norrois). Saskia est particulièrement usité dans les pays néerlandophones et scandinaves. *Caractérologie :* influence, responsabilité, équilibre, famille, exigence.

Satine

1 000 ↓

Satiné, poli (français). *Variantes :* Sahteene, Sateen, Satheen, Satin. *Caractérologie :* énergie, originalité, audace, découverte, décision.

Savannah

2 500 Top 900 →

Grande plaine verdoyante (anglais). Savannah est répandu aux États-Unis. *Variantes :* Savana, Savanah, Savanna. *Caractérologie :* vitalité, achèvement, ardeur, leadership, stratégie.

Saveria

500 ↑

Forme corse de Xavière : maison neuve (basque). *Caractérologie :* optimisme, créativité, pragmatisme, communication, résolution.

Savina

110

Habitante d'Italie centrale (latin). Prénom italien et occitan. *Variante :* Savine. *Caractérologie :* enthousiasme,

S

pratique, communication, adaptation, détermination.

Scarlett
1 100 Top 800

De couleur écarlate (latin). Féminin anglais. *Variante :* Scarlet. *Caractérologie :* ambition, résolution, habileté, organisation, force.

Sébastienne
300

Respectée, vénérée (grec). *Variantes :* Bastienne, Sébastiane. *Caractérologie :* originalité, audace, découverte, décision, énergie.

Séda
500

Grande dame (arménien). *Caractérologie :* médiation, fidélité, relationnel, adaptabilité, intuition.

Ségolène
5 000

Victoire (germanique). Féminin français. On peut estimer que moins de 30 enfants seront prénommés ainsi en 2023. *Variante :* Ségolaine. *Caractérologie :* énergie, autorité, innovation, amitié, ambition.

Séléna
8 500 Top 300

Solennelle (latin). En dehors de l'Hexagone, Selena est plus particulièrement répandu dans les pays hispanophones. *Caractérologie :* réceptivité, diplomatie, loyauté, sociabilité, bonté.

Sélène
3 000 Top 400

Solennelle (latin). Féminin anglais et basque. *Variantes :* Selen, Sélénia, Selenna. *Caractérologie :* famille, équilibre, influence, exigence, responsabilité.

Selma
12 000 Top 300

Intacte, saine (arabe), protection divine (germanique). Féminin suédois, allemand et turc, aussi recensé dans les cultures arabes et/ou musulmanes. *Caractérologie :* dynamisme, curiosité, courage, indépendance, charisme.

Selvi
160

Forêt (latin). *Caractérologie :* méthode, détermination, fiabilité, engagement, ténacité.

Sema
750

Ciel (turc), signe (grec). *Caractérologie :* relationnel, fidélité, intuition, médiation, adaptabilité.

Seona
- de 30

Dieu fait grâce (hébreu). Seona est très répandu en Écosse. *Caractérologie :* rectitude, rêve, humanité, tolérance, générosité.

Sephora
4 000 Top 1 000

Siffler (arabe), oiselle (hébreu). Prénom biblique. Dans l'Ancien Testament, Séphora (ou Tsippora) est l'épouse de Moïse. *Variante :* Céphora. *Caractérologie :* direction, audace, résolution, dynamisme, ressort.

Séraphine
1 000 Top 2 000

Ardente (hébreu). Féminin français. *Variantes :* Sérafina, Séraphina, Séraphie. *Caractérologie :* audace, découverte, détermination, action, énergie.

Séréna
9 000 Top 200

Sereine (latin). Serena est particulièrement répandu en Italie, en Corse, en Occitanie et dans les pays anglophones. *Variante :* Séren. *Caractérologie :* ardeur, vitalité, achèvement, stratégie, résolution.

Serine
1 500 Top 2 000

Sereine (latin). *Variante :* Serina. *Caractérologie :* indépendance, intelligence, méditation, détermination, savoir.

Servane
3 500

Qui est respectueuse (celte). Prénom breton. On peut estimer que moins de 30 enfants seront prénommés ainsi en 2023. *Caractérologie :* communication, pragmatisme, optimisme, créativité, résolution.

Servanne
400

Qui est respectueuse (celte). Prénom breton. *Caractérologie :* achèvement, stratégie, décision, ardeur, vitalité.

Sévane
- de 100

Nom d'un lac d'Arménie (arménien). *Variante :* Sévan. *Caractérologie :* pratique, générosité, enthousiasme, communication, adaptation.

Séverine
93 000

Grave, sérieuse (latin). Féminin français. On peut estimer que moins de 30 enfants seront prénommés ainsi en 2023. *Variantes :* Sévéra, Sévériane, Sévérienne, Séverina, Séveryne. *Caractérologie :* connaissances, originalité, sagacité, détermination, spiritualité.

S

Shade
550 Top 2 000

Ombre (anglais). Féminin anglais. *Caractérologie :* audace, dynamisme, direction, indépendance, assurance.

Shaïa
- de 30

Palace féerique (irlandais). *Caractérologie :* réceptivité, loyauté, diplomatie, bonté, sociabilité.

Shaïma
2 500 Top 2 000

D'une grande beauté (arabe). *Variantes :* Shayma, Sheïma, Sheyma. *Caractérologie :* paix, bienveillance, sagesse, conscience, conseil.

Shaïna
4 500 Top 600

Belle (yiddish). *Variantes :* Shaïnesse, Shainez, Shayna, Sheïna. *Caractérologie :* sagacité, originalité, spiritualité, connaissances, résolution.

Shana
8 500 Top 600

Dieu fait grâce (hébreu). Féminin anglais. *Variantes :* Shanaé, Shanaël, Shanaëlle, Shaine, Shane, Shania, Shanée, Shawnee. *Caractérologie :* savoir, intelligence, méditation, sagesse, indépendance.

Shanice
1 100

Dieu fait grâce (hébreu). Féminin anglais. On peut estimer que moins de 30 enfants seront prénommés ainsi en 2023. *Caractérologie :* découverte, détermination, audace, séduction, originalité.

Shanna
5 500 Top 500

Dieu fait grâce (hébreu). Shanna signifie également « amour » aux Comores. Shanna est plus particulièrement recensé dans les pays anglophones et aux Comores. *Caractérologie :* pratique, communication, générosité, adaptation, enthousiasme.

Shannon
2 500 Top 2 000

Expérience, sagesse (irlandais). Shannon est également le nom du plus long fleuve d'Irlande et des îles Britanniques. Féminin irlandais et anglais. L'usage de ce prénom mixte a évolué : aujourd'hui, Shannon est presque exclusivement féminin. *Variantes :* Shanon, Shannen, Shanone, Shannone. *Caractérologie :* structure, sécurité, efficacité, persévérance, honnêteté.

Shanyce
350

Dieu fait grâce (hébreu). *Variantes :* Shanie, Shany, Shanys. *Caractérologie :* créativité, optimisme, pragmatisme, communication, cœur.

Le top 100 du XXe siècle

Les prénoms ci-dessous sont classés par ordre décroissant d'attribution. Marie, Jeanne et Françoise sont les trois prénoms féminins les plus attribués du siècle dernier.

1. Marie
2. Jeanne
3. Françoise
4. Anne
5. Monique
6. Catherine
7. Jacqueline
8. Madeleine
9. Isabelle
10. Nathalie
11. Suzanne
12. Marguerite
13. Sylvie
14. Yvonne
15. Hélène
16. Martine
17. Denise
18. Nicole
19. Marcelle
20. Christine
21. Germaine
22. Renée
23. Christiane
24. Louise
25. Andrée
26. Simone
27. Paulette
28. Valérie
29. Jeannine
30. Sophie
31. Sandrine
32. Céline
33. Stéphanie
34. Véronique
35. Odette
36. Chantal
37. Yvette
38. Annie
39. Geneviève
40. Lucienne
41. Brigitte
42. Patricia
43. Thérèse
44. Raymonde
45. Georgette
46. Colette
47. Julie
48. Michèle
49. Émilie
50. Alice
51. Cécile
52. Élisabeth
53. Laurence
54. Lucie
55. Aurélie
56. Virginie
57. Dominique
58. Henriette
59. Josette
60. Claire
61. Claudine
62. Marthe
63. Maria
64. Danielle
65. Corinne
66. Caroline
67. Christelle
68. Élodie
69. Gisèle
70. Bernadette
71. Florence
72. Juliette
73. Ginette
74. Camille
75. Simonne
76. Laetitia
77. Pauline
78. Mireille
79. Annick
80. Audrey
81. Charlotte
82. Nadine
83. Béatrice
84. Mélanie
85. Évelyne
86. Michelle
87. Delphine
88. Josiane
89. Micheline
90. Éliane
91. Mathilde
92. Léa
93. Karine
94. Joséphine
95. Agnès
96. Liliane
97. Laura
98. Élise
99. Fernande
100. Marion

S

Sharleen
350

Force (germanique). *Variantes :* Sharlen, Sharlène. *Caractérologie :* innovation, détermination, autorité, ambition, énergie.

Sharon
2 500 Top 2 000

Plaine déserte (hébreu). Ce prénom mixte est largement féminin en France et dans les pays anglophones. *Caractérologie :* pragmatisme, optimisme, créativité, résolution, communication.

Sharone
350

Plaine déserte (hébreu). *Caractérologie :* force, ambition, habileté, décision, passion.

Shauna
450

Dieu fait grâce (hébreu). Shauna est plus particulièrement répandu en Irlande. *Caractérologie :* innovation, autonomie, énergie, autorité, ambition.

Sheila
700

Aveugle (latin). Voir Cécile. Féminin anglais. *Variantes :* Sheela, Shelley. *Caractérologie :* idéalisme, résolution, intégrité, réflexion, altruisme.

S

Shelby
650 Top 700

Ville abritée (vieil anglais). Mixte dans les pays anglophones, Shelby reste à ce jour exclusivement féminin en France. *Caractérologie :* vitalité, achèvement, attention, stratégie, cœur.

Shérazade
1 700 Top 2 000

Femme de la haute ville (prénom arabe d'origine persane). Shéhérazade est l'héroïne mythique des *Mille et Une Nuits*, recueil anonyme de contes populaires écrits en arabe au XIIIe siècle, d'origine persane. *Variantes :* Charazed, Chéhérazade, Chéhrazad, Chérazade, Chérazad, Shéérazade. *Caractérologie :* paix, conscience, bienveillance, conseil, décision.

Sherine
2 500 Top 2 000

Charmante, agréable (arabe, persan). *Variante :* Shirine. *Caractérologie :* équilibre, responsabilité, famille, influence, résolution.

Sherley
700

Prairie ensoleillée (anglais). *Caractérologie :* diplomatie, sympathie, ressort, réceptivité, sociabilité.

Sheryl
500

Cerise (latin). Féminin anglais. *Caractérologie :* bienveillance, paix, conscience, action, bonté.

Shirel
1 400 Top 2 000

Cerise (latin). Féminin anglais. *Variante :* Shyrel. *Caractérologie :* détermination, responsabilité, bienveillance, exigence, famille.

Shirley
4 500

Prairie ensoleillée (anglais). Féminin anglais. On peut estimer que moins de 30 enfants seront prénommés ainsi en 2023. *Caractérologie :* bienveillance, paix, conscience, action, cœur.

Shona
650

Dieu fait grâce (hébreu). Shona est très répandu en Écosse. *Variante :* Shonah. *Caractérologie :* générosité, communication, pratique, enthousiasme, adaptation.

Sia
400 Top 900

Dans la mythologie égyptienne, Sia est la personnification de l'intuition, une divinité qui aide à prendre les bonnes décisions. Ce prénom, dont l'origine est difficile à déterminer, est essentiellement porté dans les pays anglophones et en Afrique. *Variante :* Sya. *Caractérologie :*

intuition, diplomatie, relationnel, loyauté, bienveillance.

Sian
- de 100

Forme galloise de Jeanne : Dieu fait grâce (hébreu). *Caractérologie :* savoir, détermination, intelligence, méditation, indépendance.

Siana
1 400 Top 500

Forme galloise de Jeanne : Dieu fait grâce (hébreu). *Variantes :* Sinead, Sheona, Syana. *Caractérologie :* originalité, spiritualité, sagacité, connaissances, résolution.

Sibel
1 800

Prophétesse (grec). On peut estimer que moins de 30 enfants seront prénommés ainsi en 2023. *Variantes :* Cybèle, Cybelle, Sybel. *Caractérologie :* intuition, relationnel, médiation, gestion, décision.

Sibille
140

Prophétesse (grec). *Caractérologie :* curiosité, dynamisme, courage, gestion, décision.

Sibylle
3 500 Top 600

Prophétesse (grec). Féminin français et allemand. Dans l'Antiquité, la Sibylle était une prêtresse qui avait reçu d'Apollon le don de prophétie. Une des sibylles les plus connues est celle de Cumes. Selon la légende, elle vendit au roi Tarquin les *Livres sibyllins*, recueils de prophéties censés contenir tout l'avenir de Rome. *Variantes :* Sibyl, Sibylline. *Caractérologie :* pragmatisme, communication, optimisme, décision, cœur.

Sidney
950

Habitante de Sidon (latin). Voir Sidonie. Féminin anglais. *Variante :* Sidaine. *Caractérologie :* persévérance, structure, sécurité, réussite, décision.

Sidonie
5 000 Top 2 000

Habitante de Sidon (latin). Prénom français. Sidon, l'une des plus vieilles cités de la Phénicie, aurait été fondée par Canaan, le petit-fils de Noé. Cette ville au destin exceptionnel surmonta les destructions infligées par les Perses (en 343) puis par les Assyriens (en 677). Située sur la côte libanaise, Sidon est appelée Sayda aujourd'hui. *Variantes :* Sidony, Sydonie. Forme basque : Sidonia. *Caractérologie :* communication, pragmatisme, détermination, optimisme, volonté.

Sidonie ou Sido, c'est la maman de Colette. « Le personnage principal de ma vie », selon la propre expression de l'auteur. Une mère libre, aimante, en parfaite symbiose avec la nature. Cette mère règne sur le jardin de Saint-Sauveur, magnifié par la magie des souvenirs d'enfance. Elle a su initier sa fille aux merveilles du monde, libérant sans doute sa fibre créatrice.

Siegrid
- de 100

Victoire, paix (germanique), belle victoire (scandinave). *Variante :* Fawsia. *Caractérologie :* stratégie, achèvement, détermination, réalisation, vitalité.

Sienna
1 600 Top 500

Se rapporte à Sienne, ville toscane d'Italie (Siena en italien). Sienna est très répandu dans les pays européens et anglophones. *Variante :* Siena. *Caractérologie :* engagement, méthode, fiabilité, ténacité, sens du devoir.

Sierra
- de 100

Ce nom signifie « chaîne de montagne » en espagnol. Il se réfère à la Sierra Nevada, la chaîne de montagne la plus connue de l'ouest des États-Unis. Sierra est plus particulièrement attribué aux États-Unis. *Caractérologie :* intelligence, savoir, détermination, méditation, indépendance.

Sigrid
1 300

Victoire, paix (germanique), belle victoire (scandinave). Prénom scandinave. On peut estimer que moins de 30 enfants seront prénommés ainsi en 2023. *Caractérologie :* pratique, communication, adaptation, enthousiasme, réalisation.

Sihem
3 000 Top 2 000

Flèches (arabe). *Variantes :* Siham, Sihame, Siheme. *Caractérologie :* rêve, ouverture d'esprit, rectitude, humanité, décision.

Siloé
1 300 Top 800

Nom d'une ancienne source d'eau près de laquelle la ville de Jérusalem, en Israël, s'est construite. *Caractérologie :* analyse, famille, responsabilité, équilibre, résolution.

Silvana
1 100

Forêt (latin). *Variantes :* Silva, Silvaine, Silvanie. *Caractérologie :* famille, responsabilité, équilibre, influence, décision.

Silvia
2 000

Forêt (latin). Ce prénom italien, très attribué à partir de la Renaissance, a bâti son succès grâce à son association avec Rhea Silvia, la mère des fondateurs de Rome (Romulus et Remus) dans la mythologie romaine. Silvia est également usité dans les pays lusophones et hispanophones, en Catalogne et en Corse. On peut estimer que moins de 30 enfants seront prénommés ainsi en 2023. *Variante :* Silbia. *Caractérologie :* humanité, rêve, rectitude, générosité, tolérance.

Silviane
400

Forêt (latin). Féminin français. *Caractérologie :* direction, audace, dynamisme, indépendance, décision.

Simone
71 000 Top 2 000

Qui est exaucée (hébreu). Féminin français et anglais. *Variantes :* Simona, Simonetta, Simonette, Simonne. *Caractérologie :* communication, enthousiasme, détermination, volonté, pratique.

☆ En 1949, *Le Deuxième Sexe*, texte fondateur du féminisme moderne, fait scandale. Il marque le début de l'engagement de Simone de Beauvoir, la figure iconique de l'intellectuelle engagée du XXe siècle. Jean-Paul Sartre, compagnon de toute une vie, a respecté son refus du mariage et son goût de la liberté.

Simonne
13 000

Qui est exaucée (hébreu). Féminin français. On peut estimer que moins de 30 enfants seront prénommés ainsi en 2023. *Caractérologie :* volonté, ambition, détermination, force, habileté.

Siobhan
250

Dieu fait grâce (hébreu). Féminin irlandais. *Variante :* Siobhane. *Caractérologie :* énergie, découverte, audace, décision, attention.

Siona
- de 100

Ce prénom biblique se rapporte au second nom du mont Hermon, en Israël. *Caractérologie :* fiabilité, méthode, ténacité, engagement, détermination.

Sirine
9 500 Top 300

Charmante, agréable (arabe, persan). *Variantes :* Cirine, Chirine, Sheryne, Shirine, Sirin, Siryne. *Caractérologie :* relationnel, intuition, fidélité, médiation, décision.

Sissi
130

Aveugle (latin). Voir Cécile. Féminin anglais. *Caractérologie :* pragmatisme, communication, optimisme, sociabilité, créativité.

Sita
200

Sillon (sanscrit). Prénom indien d'Asie. *Caractérologie :* méthode, ténacité, engagement, sens du devoir, fiabilité.

Sixtine
5 000 Top 500

Lisse, polie (grec). Féminin français. *Caractérologie :* autorité, détermination, innovation, énergie, ambition.

Sloane
1 000

Guerrière (celte). Féminin anglais. *Variante :* Sloanne. *Caractérologie :* optimisme, communication, pragmatisme, sociabilité, créativité.

Soa
300

Diminutif breton de Françoise : libre, française (latin). Soa est aussi un prénom malgache qui signifie « belle », « excellente ». *Caractérologie :* ardeur, achèvement, vitalité, stratégie, leadership.

Soane
900 Top 2 000

Forme de Jeanne couramment usitée dans les îles de Wallis-et-Futuna, variante de Sohane. Également une forme féminine bretonne moderne de Soan. *Variantes :* Soana, Soanne. *Caractérologie :* rêve, humanité, générosité, rectitude, ouverture d'esprit.

Soazig
1 300 Top 2 000

Forme bretonne de Françoise : libre, française (latin). *Caractérologie :* originalité, action, énergie, découverte, audace.

Soéline
- de 100

Contraction de « soleil » et du suffixe « ine ». *Caractérologie :* raisonnement, connaissances, originalité, volonté, liberté.

Sofia
30 000 Top 50

Sagesse (grec). *Caractérologie :* audace, découverte, énergie, originalité, séduction.

Sohane
2 000 Top 2 000

Étoile (arabe). *Variantes :* Soana, Soane, Soanna, Soanne, Soha, Sohana, Sohann, Sohanne. *Caractérologie :* stratégie, vitalité, achèvement, leadership, ardeur.

Soizic
5 000 Top 1 000

Forme bretonne de Françoise : libre, française (latin). *Variantes :* Soazic, Soïzig, Soïsick, Soïzick. *Caractérologie :* altruisme, idéalisme, intégrité, réflexion, logique.

Solange
43 000 Top 2 000

Solennelle (latin). Prénom français. Au XIe siècle, sainte Solange froissa la susceptibilité d'un seigneur en refusant de l'épouser. Dépité, il l'assassina. Sainte Solange est la patronne de Bourges et du Berry. *Caractérologie :* dynamisme, indépendance, direction, audace, sympathie.

Soléa
450 Top 2 000

Solennelle (latin). *Caractérologie :* spiritualité, connaissances, philosophie, sagacité, originalité.

Soléane
500

Contraction de Soléa et Anne. Féminin français. *Variantes :* Soléanne, Soliane, Solianne. *Caractérologie :* habileté, ambition, management, passion, force.

Soledad
750

Signifie « solitude » en espagnol. *Caractérologie :* équilibre, responsabilité, famille, influence, caractère.

Soleil
- de 100

Soleil (latin). *Caractérologie :* raisonnement, intégrité, idéalisme, altruisme, détermination.

Solen
1 300

Solennelle (latin). On peut estimer que moins de 30 enfants seront prénommés ainsi en 2023. *Caractérologie :* médiation, intuition, adaptabilité, fidélité, relationnel.

Solena
400 ➔

Solennelle (latin). Féminin breton. *Variantes :* Solan, Solenna. *Caractérologie :* optimisme, pragmatisme, communication, créativité, sociabilité.

Solène
32 000 Top 400 ↘

Solennelle (latin). Prénom français. Évêque de Chartres à la fin du Ve siècle, saint Solène devint l'un des conseillers de Clovis et assista à son baptême. Au fil des siècles, ce prénom masculin a changé de genre. Peu attribué avant la fin du XXe siècle, Solène surgit dans le top 50 féminin en 2000, le point culminant de sa carrière. *Caractérologie :* sagesse, savoir, intelligence, indépendance, méditation.

Solenn
6 000

Solennelle (latin). Féminin breton. On peut estimer que moins de 30 enfants seront prénommés ainsi en 2023. *Variante :* Solen. *Caractérologie :* indépendance, méditation, intelligence, sagesse, savoir.

Solenne
5 000

Solennelle (latin). On peut estimer que moins de 30 enfants seront prénommés ainsi en 2023. *Caractérologie :* pratique, communication, enthousiasme, adaptation, générosité.

Soline
12 000 Top 200 ➔

Solennelle (latin). Prénom français. Sainte Soline, chrétienne originaire du Poitou au IIIe siècle, refusa d'apostasier pendant les persécutions de Dèce et mourut martyre. Sa fête locale est le 17 octobre. *Variantes :* Silana, Solin, Soliane, Solianne, Solyane, Solyanne, Solyne. *Caractérologie :* intuition, décision, logique, relationnel, médiation.

Solveig
1 700 Top 900 ➔

Gardienne du foyer (scandinave). *Variante :* Solweig. *Caractérologie :* réussite, achèvement, vitalité, logique, stratégie.

Somaya
300 ➔

Parfaite, élevée (arabe). *Caractérologie :* diplomatie, réceptivité, loyauté, sociabilité, réalisation.

Sona
160

Grande, élancée (arménien), feu, couleur du feu (sanscrit). Se prononce phonétiquement comme Sonia. Sona est plus particulièrement usité en Arménie et en Inde. *Caractérologie :* structure, sécurité, persévérance, honnêteté, efficacité.

Sonia
80 000 Top 700 ↘

Sagesse (grec). En dehors de l'Hexagone, Sonia est très répandu dans les pays slaves, anglophones et en Italie. *Caractérologie :* persévérance, sécurité, structure, décision, efficacité.

Sonja
750

Sagesse (grec). Féminin italien, scandinave, russe et slave méridional. *Caractérologie :* dynamisme, curiosité, charisme, courage, indépendance.

Sonya
800 ➔

Sagesse (grec). Sonya est particulièrement répandu en Russie. *Variantes :* Sonnia, Sonny, Sounia. *Caractérologie :* relationnel, intuition, médiation, fidélité, adaptabilité.

Sophia
16 000 Top 200 ➔

Sagesse (grec). Voir le focus sur Sofia. *Caractérologie :* dynamisme, curiosité, action, indépendance, courage.

S

Sofia

Fête :
25 mai

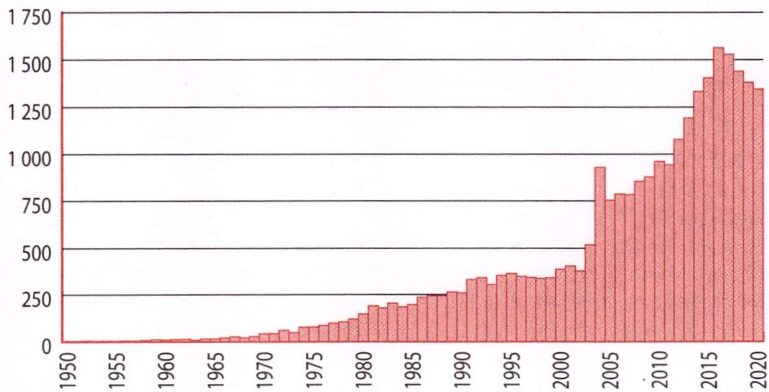

Étymologie

Issu du grec *sophia*, signifiant « la sagesse ». Ce nom est attesté dès les premiers siècles dans les provinces orientales de l'Empire romain, berceau de l'Église orthodoxe. Il devient fréquent dans les pays de culture grecque puis dans les zones de peuplement slave, avant d'apparaître dans plusieurs pays européens au XVIe siècle. Sa faveur va grandissant jusqu'à la fin du XIXe siècle et ce prénom, sous toutes ses formes (Sophia, Sofie, Sophy, Sophie), se propage à l'échelle internationale.

Aujourd'hui, Sofia est recensée dans plus de 20 langues différentes. Elle brille dans tous les pays, du nord au sud, et d'est en ouest. Si l'on cumule les attributions de Sophia, son succès est encore plus retentissant. Par ailleurs, Sofia semble indémodable dans les pays de l'Est. Et comme si ce succès planétaire n'était pas suffisant, son envol dans les pays musulmans (en tant que variante du prénom arabe Safiya : « pure », « amie ») se confirme. Nul besoin, dans ce contexte, de préciser que Sofia est l'un des prénoms les plus attribués dans le monde. En France, elle a commencé sa carrière à Paris (top 20) et la poursuit aujourd'hui au niveau national (top 50), loin devant Sophie. Nos cousins francophones succombent également à son charme.

Personnes célèbres

Sophia Loren, figure emblématique du cinéma italien, née en 1934 ; Sofia Coppola, comédienne et cinéaste américaine, née en 1971 ; Sofía Vergara, actrice et mannequin colombienne, née en 1972 ; Sofia Arvidsson, joueuse de tennis suédoise, née en 1984 ; Sofia Assefa, athlète éthiopienne, née en 1987 ; Sophia Aram, animatrice de radio et humoriste française, née en 1973 ; Sofia Essaïdi, chanteuse et musicienne d'origine marocaine, née en 1984.

Statistiques

Sofia est le 65e prénom féminin le plus donné en France depuis l'an 2000. Ce prénom est attribué à près d'une fille sur 270 aujourd'hui. **Sophia** devrait prénommer une fille sur 750 et figurer au 195e rang de ce palmarès.

Sophie
232 000 Top 300

Sagesse (grec). Issu du grec *sophia*, ce nom est attesté dès les premiers siècles dans les provinces orientales de l'Empire romain, berceau de l'Église orthodoxe. Il devient fréquent dans les pays de culture grecque puis dans les zones de peuplement slave avant d'apparaître dans plusieurs pays européens au XVIe siècle. Sa faveur va grandissant jusqu'à la fin du XIXe siècle et le prénom, sous toutes ses formes (Sofie, Sofia, Sophia, Sophy), se propage à l'échelle internationale. En France, le succès des *Malheurs de Sophie* (roman de la comtesse de Ségur publié en 1848) altère la carrière prometteuse du prénom. Il s'efface pendant plus d'un siècle avant de revenir en force (dans le top 10 féminin) dans les années 1970. Au IIe siècle, sainte Sophie refusa d'abjurer et fut condamnée au martyre par l'empereur Hadrien. Selon une légende qui fut très populaire à Rome, elle mourut après que ses filles, Foi, Espérance et Charité, eurent subi le même sort. En Orient, de nombreuses églises et basiliques portant son nom furent édifiées dès les premiers siècles. Elles honorent en réalité la Sagesse divine, c'est-à-dire le Christ, mais l'association avec ce prénom explique sa diffusion première dans l'Empire byzantin. Elle est fêtée le 17 septembre en Orient et le 25 mai en Occident. *Caractérologie :* rectitude, humanité, rêve, décision, action.

Soraya
10 000 Top 500

Beauté des étoiles (arabe, persant). Une princesse iranienne a illustré ce prénom au milieu du XXe siècle. *Caractérologie :* sagacité, connaissances, philosophie, spiritualité, originalité.

Soria
700

Clarté du soleil (cambodgien). *Variantes :* Souria, Soriya, Sorya. *Caractérologie :* ardeur, stratégie, vitalité, achèvement, leadership.

Soriane
130

Contraction de Soria et Anne. *Caractérologie :* humanité, rectitude, détermination, ouverture d'esprit, générosité.

Souad
4 000 Top 2 000

Heureuse, chanceuse (arabe). *Variantes :* Souaad, Souade, Souhad, Souhade, Souadou, Suheda. *Caractérologie :* conscience, bienveillance, conseil, sagesse, paix.

Soukaïna
3 000 Top 900

Bien-être, maison du paradis (arabe). *Variantes :* Soukayna, Soukéina. *Caractérologie :* autorité, énergie, décision, logique, innovation.

Soumaya
5 000 Top 400

Parfaite, élevée (arabe). *Variantes :* Soumia, Soumiya, Soumya, Souméya. *Caractérologie :* dynamisme, curiosité, courage, indépendance, réussite.

Stacy
6 000 Top 2 000

Résurrection (grec). Stacy est très répandu dans les pays anglophones. *Variantes :* Stacey, Stacie. *Caractérologie :* énergie, audace, découverte, organisation, originalité.

Stanislawa
850

Commandeur glorieux (slave). Prénom polonais. *Variante :* Stanislava. *Caractérologie :* relationnel, médiation, intuition, gestion, décision.

Stecy
2 000

Résurrection (grec). On peut estimer que moins de 30 enfants seront prénommés ainsi en 2023. *Variantes :* Steacy, Stecie. *Caractérologie :* humanité, rectitude, rêve, cœur, gestion.

S

Steffy
1 100

Couronnée (grec). Steffy est très répandu en Allemagne. On peut estimer que moins de 30 enfants seront prénommés ainsi en 2023. *Variantes :* Steffi, Steffie, Stephie, Stephy. *Caractérologie :* idéalisme, dévouement, altruisme, réflexion, intégrité.

Stella
18 000 Top 200

Étoile (latin), pilier (grec). Stella est très usité dans les pays anglophones, en Italie, en Grèce et en Corse. *Variantes :* Stelia, Stellia, Stellie, Stellina, Stelly. *Caractérologie :* éthique, équilibre, famille, influence, gestion.

Stéphane
1 100

Couronnée (grec). L'actrice française Stéphane Audran (de son vrai nom Colette Suzanne Dacheville) a contribué à l'envol féminin de Stéphane dans les années 1960. Ce prénom n'est plus donné aux filles depuis la fin des années 1990, mais au masculin, Stéphane n'a pas disparu des maternités. On peut estimer que moins de 30 enfants seront prénommés ainsi en 2023. *Caractérologie :* savoir, indépendance, méditation, intelligence, finesse.

Stéphania
400

Couronnée (grec). Féminin anglais. *Variante :* Stefania. *Caractérologie :* pratique, communication, enthousiasme, sensibilité, action.

Stéphanie
231 000 Top 2 000

Couronnée (grec). Quasi inexistant avant le XIXe siècle, Stéphanie est très rare jusqu'au début des années 1960 (on dénombre alors moins de 200 occurrences chaque année). La fulgurance de son ascension est telle que Stéphanie s'élève au sommet en une décennie, détrônant Sandrine en 1974 pour régner durant quatre ans. Stéphanie se maintiendra dans l'élite des choix français jusqu'à la fin des années 1980, avant de conquérir les pays de langue anglaise. Dominicaine italienne née en 1457, issue d'une famille très pauvre, sainte Stéphanie entra dans les ordres à l'âge de 15 ans et se consacra aux malades et aux plus déshérités. Elle fonda une communauté à Soncino, en Lombardie, dont elle devint la première abbesse. *Variantes :* Estephany, Stefanie, Steffanie, Stefany, Stephany. *Caractérologie :* ressort, intelligence, savoir, méditation, finesse.

Sterenn
1 100

Astre (celte). Féminin breton. On peut estimer que moins de 30 enfants seront prénommés ainsi en 2023. *Variante :* Steren. *Caractérologie :* courage, dynamisme, curiosité, indépendance, résolution.

Stessy
2 500

Résurrection (grec). On peut estimer que moins de 30 enfants seront prénommés ainsi en 2023. *Variante :* Stessie. *Caractérologie :* achèvement, ardeur, vitalité, stratégie, leadership.

Summer
400 Top 2 000

L'été (anglais). *Caractérologie :* habileté, détermination, ambition, force, passion.

Susan
700

Lys (hébreu). Féminin anglais. *Caractérologie :* loyauté, sociabilité, bonté, réceptivité, diplomatie.

Susana
400

Lys (hébreu). Susana est particulièrement répandu dans les pays hispanophones et lusophones. *Variantes :* Sue, Susanna. *Caractérologie :* enthousiasme, communication, adaptation, pratique, générosité.

S

Susie
750

Lys (hébreu). Féminin anglais. *Variantes :* Suzi, Suzy. *Caractérologie :* audace, direction, dynamisme, indépendance, décision.

Suzanne
69 000 Top 200

Lys (hébreu). Ce prénom biblique est porté au IIIe siècle par sainte Suzanne de Rome, une vierge romaine martyrisée sous le règne de l'empereur Dioclétien. En usage au Moyen Âge, Suzanne n'a jamais autant brillé en France qu'à la fin du XIXe siècle. Encore très choisi au début des années 1920 (à la 4e place), ce prénom décline au moment où la forme anglophone Susan s'envole, au milieu du XXe siècle. Suzanne renaît depuis quelques années et pourrait de nouveau éclairer le palmarès français.

Injustement accusée d'adultère par deux vieillards dont elle osa repousser les avances, Suzanne fut défendue et sauvée par le prophète Daniel. Cet épisode biblique est représenté dans les peintures de Rembrandt et de nombreux artistes. *Variantes :* Susanne, Suzan, Suzane, Suzanna. *Caractérologie :* indépendance, direction, audace, dynamisme, assurance.

S

Suzel
600

Lys (hébreu). Dans l'Hexagone, Suzel a été plus traditionnellement usité en Alsace. *Caractérologie :* sociabilité, diplomatie, réceptivité, loyauté, bonté.

Suzelle
850

Lys (hébreu). Féminin anglais. *Caractérologie :* audace, assurance, dynamisme, direction, indépendance.

Suzette
4 000

Lys (hébreu). Féminin français. On peut estimer que moins de 30 enfants seront prénommés ainsi en 2023. *Caractérologie :* force, ambition, sensibilité, organisation, habileté.

Suzie
4 000 Top 600

Lys (hébreu). Féminin anglais. *Caractérologie :* ambition, décision, force, habileté, passion.

Suzon
1 600 Top 1 000

Lys (hébreu). Féminin français. *Caractérologie :* curiosité, dynamisme, courage, charisme, indépendance.

Suzy
4 500

Lys (hébreu). Féminin anglais. On peut estimer que moins de 30 enfants seront prénommés ainsi en 2023. *Caractérologie :* direction, audace, dynamisme, indépendance, assurance.

Svetlana
950 Top 2 000

Lumineux (slave). Féminin russe, serbe, croate et macédonien. *Caractérologie :* persévérance, structure, sécurité, efficacité, gestion.

Swann
2 500 Top 500

Cygne (anglais). *Variantes :* Swan, Swana, Swane, Swanna, Swanny. *Caractérologie :* achèvement, vitalité, stratégie, ardeur, leadership.

Sybil
450

Prophétesse (grec). *Caractérologie :* persévérance, efficacité, structure, sécurité, organisation.

Sybille
3 000 Top 2 000

Prophétesse (grec). Voir Sibylle. En dehors de l'Hexagone, ce prénom est plus particulièrement usité en Allemagne et en Autriche. *Variante :* Sybile. *Caractérologie :* communication, détermination, pragmatisme, optimisme, bonté.

Sydney
1 200

Habitante de Sidon (latin). Féminin anglais. On peut estimer que moins de 30 enfants seront prénommés ainsi en 2023. *Caractérologie :* relationnel, intuition, fidélité, médiation, réalisation.

Sylia
1 000 Top 800 ➔

Aveugle (latin). Voir Cécile. *Variantes :* Silia, Silke, Silya, Sylla, Syllia. *Caractérologie :* pragmatisme, optimisme, communication, créativité, sociabilité.

Sylvaine
8 000

Forêt (latin). Féminin français. On peut estimer que moins de 30 enfants seront prénommés ainsi en 2023. *Variantes :* Sylva, Sylvana, Sylvane, Sylvanie, Sylvanna, Sylvène, Sylvina, Sylvine, Sylvienne. *Caractérologie :* ambition, réalisation, force, habileté, bonté.

Sylvana
1 700

Forêt (latin). On peut estimer que moins de 30 enfants seront prénommés ainsi en 2023. *Caractérologie :* méthode, réalisation, ténacité, fiabilité, bonté.

Sylvanie
600

Forêt (latin). Féminin français. *Caractérologie :* vitalité, achèvement, cœur, réussite, stratégie.

Sylvette
12 000

Forêt (latin). Féminin français. On peut estimer que moins de 30 enfants seront prénommés ainsi en 2023. *Caractérologie :* relationnel, intuition, réalisation, médiation, bonté.

Sylvia
20 000

Forêt (latin). En dehors de l'Hexagone, Sylvia est plus particulièrement attribué dans les pays anglophones et scandinaves. On peut estimer que moins de 30 enfants seront prénommés ainsi en 2023. *Caractérologie :* intelligence, savoir, méditation, indépendance, réalisation.

Sylviane
45 000

Forêt (latin). Féminin français. On peut estimer que moins de 30 enfants seront prénommés ainsi en 2023. *Caractérologie :* achèvement, bonté, vitalité, stratégie, réalisation.

Sylvianne
1 600

Forêt (latin). On peut estimer que moins de 30 enfants seront prénommés ainsi en 2023. *Caractérologie :* persévérance, réalisation, structure, sympathie, sécurité.

Sylvie
342 000

Forêt (latin). Très attribué à partir de la Renaissance, ce prénom a bâti son succès grâce à son association avec Rhea Silvia, la mère des fondateurs de Rome (Romulus et Remus) dans la mythologie romaine. Son succès se propage aux pays anglophones au XIXe siècle, et revient un siècle plus tard sous la forme de Sylvie en France. Sylvie trône sur le palmarès de 1960 à 1964 et prénomme une fille sur 16 à son sommet. Un succès foudroyant, concomitant à celui de Sylvie Vartan, chanteuse star qui aura inspiré de nombreux parents. Sainte Sylvie, la mère du pape Grégoire le Grand, a également illustré ce prénom au VIe siècle. On peut estimer que moins de 30 enfants seront prénommés ainsi en 2023. *Variante :* Silvie. *Caractérologie :* relationnel, médiation, intuition, cœur, réussite.

Syrine
4 500 Top 600 ➘

Charmante, agréable (arabe, persan). *Variantes :* Syriana, Syriane, Syrina. *Caractérologie :* rêve, décision, rectitude, ouverture d'esprit, humanité.

S

T

Tabatha
350

Gazelle (grec, araméen). *Caractérologie :* force, passion, ambition, management, habileté.

Tahia
120

La déesse de l'Amour qui agit la nuit (tahitien). *Caractérologie :* adaptation, communication, enthousiasme, pratique, générosité.

Tahlia
- de 100

Rosée (hébreu). *Caractérologie :* équilibre, famille, responsabilité, organisation, influence.

Taïna
2 500 Top 800

Fée (slave). Féminin finlandais. *Caractérologie :* décision, altruisme, réflexion, résolution, dévouement.

Taïs
1 300 Top 1 000

Lien, bandage (grec). *Caractérologie :* fiabilité, méthode, ténacité, engagement, sens du devoir.

Takara
- de 30

Trésor (japonais). *Caractérologie :* intelligence, savoir, sagesse, méditation, indépendance.

Tal
300 Top 2 000

Rosée (hébreu). *Variantes :* Talila, Talilah, Telila, Telilah. *Caractérologie :* famille, équilibre, responsabilité, influence, organisation.

Talia
4 000 Top 300

Rosée (hébreu), lumière du paradis (arabe), diminutif de Natalia. Talia pourrait également signifier « jeune agneau » en araméen. *Variantes :* Tali, Talie, Talya. *Caractérologie :* méditation, savoir, organisation, intelligence, indépendance.

Taline
400 Top 2 000

Nom d'une ville d'Arménie et prénom féminin arménien. *Variantes :* Talin, Taline. *Caractérologie :* connaissances, sagacité, résolution, spiritualité, organisation.

Tam
- de 100

Centre, cœur, esprit (vietnamien). *Caractérologie :* connaissances, philosophie, sagacité, spiritualité, originalité.

Tama
- de 30

Bijou (japonais), complet, parfait (hébreu), enfant (tahitien). *Caractérologie :* vitalité, achèvement, leadership, ardeur, stratégie.

Tamako
- de 30

L'enfant joyau (japonais). *Caractérologie :* connaissances, sagacité, spiritualité, originalité, philosophie.

Tamala
- de 30

Bijou (japonais). *Caractérologie :* optimisme, communication, pragmatisme, créativité, organisation.

Tamar
180

Palmier (hébreu). Féminin anglais. *Caractérologie :* achèvement, leadership, vitalité, ardeur, stratégie.

Tamara
4 500 Top 2 000

Palmier (hébreu). Tamara est très répandu en Russie, dans les pays slaves et anglophones. *Variante :* Thamara. *Caractérologie :* altruisme, idéalisme, réflexion, intégrité, dévouement.

☆ Tamara de Lempicka est une artiste polonaise qui deviendra l'une des égéries de la période Art déco. Ses peintures représentent des femmes fortes et vibrantes. Autant d'amazones qui séduiront Madonna. Certaines de ses œuvres figurent même dans ses clips esthétisants, tel *Vogue*.

Tami

- de 30

Peuple (japonais), variante de Tamara. *Variantes :* Tamia, Tamie, Tammi, Tammie, Tammy, Tamy. *Caractérologie :* savoir, intelligence, sagesse, méditation, indépendance.

Tamiko

- de 30

Enfant du peuple (japonais). *Caractérologie :* conscience, bienveillance, paix, conseil, sagesse.

Tanaïs

400 Top 2 000

Variante possible de Tania. Tanais est l'ancien nom de l'un des plus grands fleuves russes, le Don. *Variantes :* Tana, Tanys. *Caractérologie :* innovation, détermination, autorité, énergie, ambition.

Tania

9 500 Top 2 000

Fée (slave). Tania est plus particulièrement répandu dans les pays anglophones, hispanophones et en Italie. *Caractérologie :* humanité, rectitude, rêve, décision, tolérance.

Tanya

1 700 Top 2 000

Fée (slave). Prénom russe, ukrainien et anglophone. *Variantes :* Tanaya, Tanina. *Caractérologie :* connaissances, sagacité, spiritualité, philosophie, originalité.

Tara

3 000 Top 600

Tour, colline rocailleuse (celte), étoile (sanscrit). Ce prénom est usité en Inde et dans les pays anglophones. *Variante :* Thara. *Caractérologie :* fiabilité, méthode, engagement, ténacité, sens du devoir.

Tatiana

16 000 Top 2 000

Fée (slave). Ce prénom présente une large diffusion européenne, russe et slave. *Variantes :* Tanja, Tatjana, Taunia, Taunya, Tatia, Tatiane, Tatianne, Tatienne, Tatyana. *Caractérologie :* communication, créativité, optimisme, décision, pragmatisme.

Téa

2 500 Top 500

Dieu (grec), blanc (tahitien). Téa est répandu dans les pays scandinaves, en Croatie, en Slovénie et en Italie. *Caractérologie :* ambition, force, passion, habileté, management.

Téana

250 Top 2 000

Contraction de Téa et Anna. *Variantes :* Téanna, Téane, Téanne. *Caractérologie :* curiosité, charisme, courage, dynamisme, indépendance.

Tehora

- de 30

Pure (hébreu). *Caractérologie :* détermination, méthode, ténacité, fiabilité, sensibilité.

Télia

350 Top 1 000

L'étymologie est controversée, mais il est probable que Télia soit le féminin de Télio. *Caractérologie :* relationnel, résolution, médiation, organisation, intuition.

Telma

750 Top 2 000

Protection divine (germanique). Telma est plus particulièrement répandu dans les pays scandinaves. *Caractérologie :* bienveillance, conscience, paix, conseil, organisation.

Teora

- de 30

Vie (tahitien). *Caractérologie :* gestion, ambition, habileté, passion, force.

Térébentine

- de 30

Ce prénom issu du calendrier révolutionnaire a été choisi par la femme politique française Cécile Duflot pour sa fille. La térébenthine

T

est une résine semi-liquide extraite de certains conifères. Le choix de l'ancienne ministre du Logement ne fait pour l'instant guère d'émules... *Caractérologie :* idéalisme, rectitude, tolérance, réflexion, humanité.

Teresa
1 600 ↑

Qui récolte (grec). Teresa est particulièrement répandu dans les pays hispanophones, lusophones, germanophones et en Italie. C'est aussi un choix corse et occitan. *Variante :* Tereza. *Caractérologie :* courage, décision, curiosité, dynamisme, indépendance.

Terry
300

Qui récolte (grec). Féminin anglais. *Variantes :* Teri, Terri. *Caractérologie :* séduction, énergie, découverte, originalité, audace.

Tess
9 000 Top 300 ↘

Qui récolte (grec). Tess est très usité dans les pays anglophones et aux Pays-Bas. *Caractérologie :* idéalisme, altruisme, intégrité, réflexion, dévouement.

T

Tessa
10 000 Top 100 ↘

Qui récolte (grec). Tessa est très usité dans les pays anglophones et aux Pays-Bas. *Variante :* Thessa. *Caractérologie :* indépendance, dynamisme, direction, assurance, audace.

Tessy
600 →

Qui récolte (grec). Féminin anglais. *Variante :* Tessie. *Caractérologie :* méditation, intelligence, sagesse, indépendance, savoir.

Teva
- de 100

Grande voyageuse (tahitien), ange (cambodgien). Écrit avec un accent, Téva signifie également « fruit de la nature » en hébreu. *Caractérologie :* optimisme, pragmatisme, communication, sociabilité, créativité.

Texa
- de 30

Qui récolte (grec). Féminin anglais. *Caractérologie :* audace, découverte, originalité, séduction, énergie.

Thaïs
15 000 Top 100 →

En grec, *thais* signifie « lien, bandage ». Connu dès la Renaissance, puis oublié, ce prénom a surgi en France dans les années 1990. Sans avoir connu d'envolée fulgurante, Thaïs a percé dans le top 100 féminin en 2008. Elle doit sa progression à sa grande constance et à deux atouts majeurs : sa jeunesse, qui l'inscrit dans une thématique de renouvellement, et sa terminaison en « ys » qui a fait le succès de Maëlys. Ce prénom féminin est depuis quelques années attribué à un nombre croissant de garçons. Courtisane athénienne d'une grande beauté, Thaïs était si convoitée que les hommes se battaient jusque devant sa porte pour obtenir ses faveurs. Elle ruina de nombreux soupirants et fut pendant longtemps la maîtresse d'Alexandre le Grand. Après la mort de ce dernier, Thaïs jeta son dévolu sur Ptolémée (premier roi égyptien de cette dynastie), qu'elle épousa. Thaïs a vécu au IVe siècle avant J.-C. Un autre récit de sa vie fut écrit par Marbode, évêque de Rennes au XIIe siècle. Il relate que Thaïs se repentit d'avoir mené une vie sulfureuse, qu'elle se convertit au christianisme et termina ses jours religieuse. Elle passa trois années de pénitence recluse dans une cellule avant de devenir sainte Thaïs. Son histoire a inspiré un roman d'Anatole France et un opéra de Jules Massenet, la célèbre *Méditation de Thaïs*. *Variante :* Thays. *Caractérologie :* pratique, adaptation, communication, enthousiasme, générosité.

Thalia
4 500 Top 300 ➔

Rosée (hébreu), diminutif de Nathalia. *Caractérologie :* famille, équilibre, responsabilité, influence, organisation.

Thalie
450 Top 2 000 ➚

Jour de la naissance (latin). Dans la mythologie grecque, Thalie est la Muse de la Comédie. *Caractérologie :* autorité, énergie, résolution, innovation, finesse.

Tham
- de 30

Grâce (vietnamien). *Caractérologie :* équilibre, responsabilité, famille, exigence, influence.

Thamila
- de 100 Top 2 000

Tourterelle (kabyle). *Caractérologie :* autorité, innovation, gestion, énergie, ambition.

Thanh
250

Fin, clair, couleur bleue ou muraille (idée de solidité), achevé (vietnamien). *Caractérologie :* responsabilité, équilibre, famille, influence, sensibilité.

Théa
12 000 Top 100 ➚

Dieu (grec). Théa est particulièrement répandu dans les pays germanophones, scandinaves et anglophones. Dans l'Hexagone, ce prénom s'envole de manière exponentielle depuis 2014. *Caractérologie :* sagacité, connaissances, spiritualité, originalité, attention.

Théana
600 Top 800 ➚

Contraction de Théa et Anna. Féminin anglais. *Variantes :* Théane, Théanna, Théanne, Thela. *Caractérologie :* structure, persévérance, sécurité, efficacité, sensibilité.

Thelma
3 000 Top 400 ➚

Protection divine (germanique). Féminin anglais. *Caractérologie :* dynamisme, curiosité, courage, organisation, finesse.

☆ Thelma Dickinson, interprétée par Geena Davis dans le film de Ridley Scott, *Thelma et Louise*, entame un road trip libérateur (et mortel) avec son acolyte Louise. Fuyant le carcan de la condition féminine dans l'Amérique des années 1980, cette héroïne part à la conquête de la liberté et de la sororité. Un prénom dans l'air du temps !

Thémis
550 ➘

Fille d'Ouranos et Gaia, Thémis épousa Zeus et devint l'ordonnatrice des rites, des oracles et des lois. Elle est la seule Titanide qui vécut aux côtés des divinités de l'Olympe. *Variante :* Thémys. *Caractérologie :* intuition, relationnel, résolution, médiation, finesse.

Théodora
850 Top 2 000 ➔

Don de Dieu (grec). Féminin grec et anglophone. Impératrice de Byzance au IIe siècle, sainte Théodora rétablit le culte des icônes. Theodora est plus particulièrement répandu en Grèce. *Variantes :* Téodora, Théodoria, Théodorine. *Caractérologie :* attention, dynamisme, curiosité, caractère, courage.

Théola
- de 30

Envoyée de Dieu (grec). *Caractérologie :* savoir, intelligence, méditation, gestion, attention.

Théoline
- de 100

Contraction de Théo et Line. *Caractérologie :* relationnel, intuition, finesse, adaptabilité, médiation.

Théona
- de 30

Dieu (grec). Féminin anglais. *Caractérologie :* attention, altruisme, idéalisme, intégrité, réflexion.

Théonie
- de 100

Dieu (grec). Ce féminin de Théo a discrètement traversé les siècles sans

T

jamais disparaître. *Variante :* Théone. *Caractérologie :* ténacité, engagement, méthode, fiabilité, finesse.

Théophanie
- de 30

Apparition divine (grec). *Variante :* Théophania. *Caractérologie :* action, intuition, sensibilité, médiation, relationnel.

Théophila
- de 30

Qui aime Dieu (grec). *Variante :* Théophilia. *Caractérologie :* méthode, ténacité, fiabilité, sensibilité, raisonnement.

Théotine
- de 30

Honorer Dieu (grec). *Caractérologie :* conscience, paix, bienveillance, finesse, conseil.

Théoxane
- de 100

Dieu, hospitalier (grec). *Variantes :* Téoxana, Téoxanna, Téoxanne, Téoxena, Téoxène, Téoxenna, Téoxenne, Théoxanna, Théoxanne, Théoxena, Théoxène, Théoxenna, Théoxenne. *Caractérologie :* force, habileté, passion, ambition, management.

Thérésa
1 200

Qui récolte (grec). Féminin anglais et allemand. On peut estimer que moins de 30 enfants seront prénommés ainsi en 2023. *Variantes :* Thérésia, Thérézia, Thérézina. *Caractérologie :* résolution, ténacité, fiabilité, méthode, finesse.

Thérèse
77 000

Qui récolte (grec). Féminin français et scandinave. Issue d'une noble famille espagnole, sainte Thérèse d'Avila fonda de nombreux monastères au XVIe siècle. Elle laissa à la postérité de nombreux écrits spirituels. On peut estimer que moins de 30 enfants seront prénommés ainsi en 2023. *Variante :* Thérèze. *Caractérologie :* détermination, ambition, force, habileté, sensibilité.

Thi
1 400

Poème (vietnamien). On peut estimer que moins de 30 enfants seront prénommés ainsi en 2023. *Variantes :* Thia, Thy, Thya. *Caractérologie :* innovation, autorité, ambition, énergie, autonomie.

Thifaine
200

Apparition divine (grec). *Variantes :* Thiphaine, Thyphaine. *Caractérologie :* altruisme, intégrité, attention, idéalisme, décision.

Thuy
250

Eau (vietnamien). *Caractérologie :* réceptivité, sociabilité, loyauté, diplomatie, bonté.

Tia
2 000 Top 600 ↗

Diminutif des prénoms se terminant par « tia ». *Variante :* Tya. *Caractérologie :* communication, pragmatisme, optimisme, créativité, sociabilité.

Tiana
2 500 Top 500 ↗

Diminutif de Tatiana : fée (slave). Aimée (malgache). Féminin russe et slave. *Variantes :* Tia, Tianna, Tyana, Tyanna. *Caractérologie :* altruisme, idéalisme, réflexion, résolution, intégrité.

Tifany
1 800

Apparition divine (grec). Féminin anglais. On peut estimer que moins de 30 enfants seront prénommés ainsi en 2023. *Variantes :* Thifanie, Thifany, Thiffany, Thiphanie, Tifanny. *Caractérologie :* pratique, détermination, communication, enthousiasme, adaptation.

T

Tifenn
2 000

Apparition divine (grec). Féminin breton. On peut estimer que moins de 30 enfants seront prénommés ainsi en 2023. *Variantes :* Tifaine, Tiffaine, Tifene, Tiffène, Tiffen, Tiphène. *Caractérologie :* courage, dynamisme, charisme, curiosité, indépendance.

Tiffanie
2 000

Apparition divine (grec). Féminin anglais et français. On peut estimer que moins de 30 enfants seront prénommés ainsi en 2023. *Variantes :* Tifanie, Tiffani. *Caractérologie :* intelligence, méditation, savoir, détermination, indépendance.

Tiffany
17 000 Top 2 000

Apparition divine (grec). Tiffany est très répandu dans les pays anglophones. *Caractérologie :* résolution, idéalisme, intégrité, altruisme, réflexion.

Timéa
1 000 Top 2 000

Honorer Dieu (grec). Féminin hongrois. *Caractérologie :* pratique, adaptation, communication, résolution, enthousiasme.

Tina
4 000 Top 600

Diminutif des prénoms se terminant par « tina » (Augustina, Christina, Martina, etc.). Féminin anglais, italien et néerlandais. *Caractérologie :* passion, force, ambition, habileté, décision.

Tiphaine
18 000 Top 2 000

Apparition divine (grec). Au Moyen Âge, ce nom était donné aux enfants nés le jour de l'Épiphanie, la fête chrétienne qui donna naissance au prénom. Avant de devenir un féminin traditionnel breton, il fut largement attribué dans les deux genres. Après une longue absence, Tiphaine renaît au milieu du XXe siècle et se hisse au seuil du top 100 féminin en 1988, son dernier point culminant. *Caractérologie :* dynamisme, audace, attention, direction, action.

Tiphanie
4 500

Apparition divine (grec). Féminin français. On peut estimer que moins de 30 enfants seront prénommés ainsi en 2023. *Caractérologie :* ressort, finesse, audace, dynamisme, direction.

Tiphany
850

Apparition divine (grec). Féminin anglais. *Caractérologie :* adaptabilité, relationnel, action, fidélité, médiation.

Tonia
200

Inestimable (latin), fleur (grec). Féminin anglais. *Variantes :* Tonya, Tonina. *Caractérologie :* découverte, énergie, audace, originalité, détermination.

Tosca
200

Étrusque (latin). Prénom italien. *Caractérologie :* structure, sécurité, efficacité, persévérance, gestion.

Toscane
700

Étrusque (latin). *Caractérologie :* découverte, audace, énergie, organisation, originalité.

Touria
700

Étoile des Pléiades dans la constellation du Taureau (arabe). *Variantes :* Touraya, Touriya. *Caractérologie :* pratique, gestion, enthousiasme, communication, logique.

Tracy
4 000

Qui récolte (grec). Féminin anglais. On peut estimer que moins de 30 enfants seront prénommés ainsi en 2023. *Variantes :* Tracey, Tracie, Trecy, Tressy. *Caractérologie :* organisation, fiabilité, méthode, engagement, ténacité.

Les graines de stars

Nous nous intéressons de plus en plus au monde du spectacle et cet intérêt se répercute sur les prénoms que nous donnons à nos enfants. Nous les appelons comme nos vedettes préférées, mais aussi, parfois, comme leurs propres bébés.

Voici un bouquet de prénoms choisis par des people pour leur fille :

- Abbie chez Faustine Bollaert et Maxime Chattam
- Ada chez Jude Law et Samantha Burke
- Adèle chez Sandrine Bonnaire
- Adrienne chez la Princesse Madeleine de Suède
- Alana chez Cristiano Ronaldo
- Alice chez Charlotte Gainsbourg et Yvan Attal
- Alma chez Jacques Lanzmann
- Amalya chez Anne-Claire Coudray
- Amazonie chez Vincent Cassel et Tina Kunakey
- Angelina chez Manon Marsault
- Anna chez Benjamin Biolay
- Anthéa chez Paul Anka
- Aria chez Olivier Giroud
- Ava chez Hugh Jackman
- Bella Esmeralda chez Cristiano Ronaldo
- Bianca chez Stéphane Freiss
- Billie chez Pierre Niney
- Blanche chez David Douillet
- Bleuette chez Cécile Duflot
- Camille chez Romain Grosjean
- Candice chez Nathalie Rihouet
- Capucine chez Éliette Abécassis
- Carla chez Daniela Lumbroso
- Célestine chez Laurent Gerra
- Charlotte chez Kate Middleton et le prince William
- Chiara chez Catherine Deneuve et Marcello Mastroianni
- Claudia chez Yoann Gourcuff
- Cléo chez Christina Ricci
- Daisy Dove chez Orlando Bloom
- Daniella chez Gal Gadot
- Delilah chez Keira Knightley
- Elea chez Rebecca Hampton
- Eléanor chez Christophe Lambert
- Ella chez Amal et George Clooney
- Esmée chez Louane et Florian Rossi
- Esmeralda chez Eva Mendes et Ryan Gosling
- Eva Alba chez Kendji Girac
- Ève chez Bono
- Félicité chez Anna Gavalda
- Garance chez Lio
- Georgia chez Mick Jagger
- Gina chez Michael Schumacher
- Giulia chez Carla Bruni et Nicolas Sarkozy
- Gloria chez Axelle Red
- Grace chez André-Pierre Gignac
- Hana chez Amel Bent
- Iris chez Jude Law

T

- Isabella chez Tom Cruise et Nicole Kidman
- Isaure chez Alexia Laroche-Joubert
- Izïa chez Jacques Higelin
- Jade chez Laetitia et Johnny Hallyday
- Jasmine chez Michael Jordan
- Jeanne chez Jean Dujardin et Nathalie Péchalat
- Jim chez Alexandra Rosenfeld et Hugo Clément
- June chez Clémentine Sarlat
- Léa chez Nicolas Hulot
- Léna chez Gérard Darmon
- Léonie chez Vincent Cassel et Monica Bellucci
- Leonor chez Felipe d'Espagne et Letizia
- Lila chez Kate Moss
- Lilibeth chez le prince Harry et Meghan Markle
- Lily-Dorina chez Roch Voisine
- Lola chez Pierre Niney
- Lou chez Laure Manaudou
- Louise chez Emma Stone
- Louison chez Léa François
- Luna chez Penélope Cruz et Javier Bardem
- Lyana chez Laëtitia Milot
- Madeline chez Lea Thompson
- Maggy chez Alizée et Grégoire Lyonnet
- Maïa chez Hélène Ségara
- Marguerite chez François Cluzet
- Maya chez Ethan Hawke et Uma Thurman
- Mia chez Kate Winslet
- Mila chez Mélanie Laurent
- Misha chez le chanteur Cale
- Naomi chez Stephen King
- Nina chez Adriana Karembeu
- Nine chez Inès de La Fressange
- Olivia chez Denzel Washington
- Olympia chez Serena Williams
- Osian chez Milla Jovovich
- Paloma chez David Caruso
- Phoebe chez Bill Gates
- Pia chez Pio Marmaï
- Raina chez Laurent Koscielny
- Rose chez Scarlett Johansson et Romain Dauriac
- Ruby chez Carla Moreau et Kevin Guedj
- Salomé chez Claude Lelouch
- Sarah chez Harry Connick Jr.
- Sofia chez Felipe d'Espagne et Letizia
- Solveig chez Alexia Laroche-Joubert
- Stella chez Paul McCartney
- Suzanne chez Daphné Burki et Gunther Love
- Suzon chez Élodie Gossuin
- Swann chez Alice Taglioni
- Tara chez Mazarine Pingeot
- Tess chez Judith Godrèche
- Thalia chez Luc Besson
- Uhaina chez Bixente Lizarazu
- Victoria chez Nelson Monfort
- Violette chez Inès de La Fressange
- Yasmine chez Marc Lavoine
- Zelda chez Victoria Bedos
- Zoé chez Rosanna Arquette

Tricia
400

Noble personne (latin). Féminin anglais. *Variante :* Trycia. *Caractérologie :* influence, responsabilité, équilibre, organisation, famille.

Tristana
190

Étymologie possible : révolte, tumulte (celte). Féminin breton et occitan. *Caractérologie :* pragmatisme, communication, optimisme, créativité, résolution.

Trixie
- de 30

Heureuse, qui rend heureuse (latin). Féminin anglais. *Caractérologie :* efficacité, honnêteté, persévérance, structure, sécurité.

Tsipora
300

Petit oiseau (hébreu). *Caractérologie :* ambition, passion, force, habileté, management.

Tuana
500

Talent, savoir (vietnamien). *Caractérologie :* enthousiasme, gestion, pratique, communication, adaptation.

Typhaine
5 000

Apparition divine (grec). On peut estimer que moins de 30 enfants seront prénommés ainsi en 2023. *Variantes :* Tyffaine, Typhène. *Caractérologie :* force, action, ambition, habileté, attention.

Typhanie
1 300

Apparition divine (grec). On peut estimer que moins de 30 enfants seront prénommés ainsi en 2023. *Variante :* Tyffanie. *Caractérologie :* vitalité, stratégie, achèvement, ressort, finesse.

U

Uguette
- de 30

Esprit, intelligence (germanique). *Caractérologie :* rectitude, humanité, ouverture d'esprit, rêve, sympathie.

Uhaina
190

Vague (basque). *Caractérologie :* intégrité, dévouement, réflexion, altruisme, idéalisme.

Ulrika
- de 30

Puissance (germanique). Féminin allemand et scandinave. *Variantes :* Ulla, Ulrica, Ulricke, Ulrique. *Caractérologie :* rectitude, rêve, ouverture d'esprit, humanité, organisation.

Ulrike
- de 30

Puissance (germanique). Féminin allemand et scandinave. *Variantes :* Ulrica, Ulrique. *Caractérologie :* structure, sécurité, efficacité, persévérance, honnêteté.

Ulyssia
- de 30

Courroucée (latin). *Caractérologie :* spiritualité, connaissances, sagacité, originalité, philosophie.

Uma
300

Splendeur, lumière, sérénité (sanscrit). Dans l'hindouisme, Uma est l'un des noms de la déesse Parvati. Prénom indien d'Asie. *Caractérologie :* ambition, force, management, passion, habileté.

Uranie
- de 100

Céleste (grec). Dans la mythologie grecque, Uranie, la fille de Zeus et de Mnémosyne (déesse de la Mémoire), est la Muse de l'Astronomie. *Variantes :* Urana, Urane, Urania. *Caractérologie :* audace, énergie, originalité, découverte, détermination.

Urbaine
- de 100

De la ville (latin). *Variantes :* Urbane, Urbanie. *Caractérologie :* connaissances, sagacité, spiritualité, organisation, détermination.

Urielle
350

Dieu est ma lumière (hébreu). *Variantes :* Uria, Uriah, Urias, Uriel, Uriela. Forme bretonne : Uriell. *Caractérologie :* audace, direction, dynamisme, assurance, indépendance.

Ursula
950

Ours (latin). Féminin anglais, scandinave, allemand, italien et corse. *Variante :* Ursulla. *Caractérologie :* loyauté, sociabilité, réceptivité, diplomatie, bonté.

Ursule
650

Ours (latin). Féminin français. *Caractérologie :* paix, décision, conscience, bienveillance, conseil.

Ursuline
- de 30

Ours (latin). *Variantes :* Ursina, Ursine. *Caractérologie :* détermination, médiation, relationnel, intuition, fidélité.

Usoa
- de 30

Colombe (basque). *Caractérologie :* diplomatie, réceptivité, bonté, sociabilité, loyauté.

Uta
- de 30

Poème (japonais). *Caractérologie :* conseil, bienveillance, conscience, paix, gestion.

Uxia
- de 30

Forme galicienne d'Eugenia : bien née (grec). *Caractérologie :* décision, dynamisme, indépendance, direction, assurance.

V

Vaea
- de 100

Souveraine qui a partagé l'océan (tahitien). *Caractérologie :* intuition, relationnel, médiation, fidélité, adaptabilité.

Vaiana
600 Top 2 000

L'eau de la grotte (tahitien). *Caractérologie :* décision, enthousiasme, communication, adaptation, pratique.

Valentina
4 000 Top 200

Vaillante (latin). Féminin italien, espagnol, russe, slave méridional et roumain. *Caractérologie :* vitalité, achèvement, stratégie, organisation, résolution.

Valentine
37 000 Top 100

Vaillante (latin). Féminin français. *Variantes :* Vale, Valantine, Valence, Valencia, Valencina, Valentia, Valentiane, Valentienne. *Caractérologie :* communication, pragmatisme, optimisme, détermination, organisation.

Valéria
750

Valeureuse (latin). Féminin hongrois et corse. *Caractérologie :* découverte, énergie, originalité, audace, détermination.

Valériane
1 100

Se rapporte à la valériane, plante médicinale aux propriétés calmantes. On peut estimer que moins de 30 enfants seront prénommés ainsi en 2023. *Variante :* Valérianne. *Caractérologie :* responsabilité, résolution, famille, équilibre, influence.

Valérie
242 000

Valeureuse (latin). Forme française du latin Valeria, un nom porté par une puissante famille romaine et plusieurs saintes ayant vécu aux premiers siècles. Malgré ce passé riche en histoire, Valérie est quasi inexistant en Europe avant la fin du XIXe siècle. Il le serait peut-être resté s'il n'avait pas été adopté par les parents de langue anglaise, puis par les familles allemandes et scandinaves. Dans ces pays, Valérie connaît un pic de popularité entre les deux guerres mondiales. Avec un temps de retard, mais poussé par une formidable croissance, Valérie s'impose en quelques années dans les 5 premiers rangs français. Il s'y maintient de 1965 à 1972, allant jusqu'à talonner Nathalie à la 2e place en 1969. Sa chute est ensuite vertigineuse, et ce prénom disparaît aussi rapidement qu'il avait surgi. Sainte Valérie de Milan, martyre chrétienne au IIe siècle, refusa d'apostasier et subit le martyre à la suite de son époux, saint Vital. Elle est fêtée le 28 avril. On peut estimer que moins de 30 enfants seront prénommés ainsi en 2023. *Variantes :* Vaka, Valérienne, Valérina, Valérine, Valeska, Vallie, Vallonia. *Caractérologie :* décision, humanité, rêve, rectitude, tolérance.

Valia
- de 100

Vaillante (latin). Féminin slave oriental. *Caractérologie :* altruisme, réflexion, idéalisme, intégrité, dévouement.

Vanessa
80 000 Top 800

Papillon (grec). Ce prénom inventé par Jonathan Swift au XIXe siècle était le surnom d'Hester, l'une des femmes que l'écrivain irlandais a aimées. En dehors de la France, ce prénom est plus particulièrement recensé dans les pays anglophones. *Variantes :* Vanesa, Vannessa. *Caractérologie :* humanité, rêve, rectitude, tolérance, générosité.

Vania
250

Diminutif anglais et allemand de Vanessa : papillon (grec), et forme italienne de Jeanne. Notons qu'en Russie, Vania est essentiellement masculin. *Variantes :* Vana, Vanie, Vannie, Vanny, Vanya. *Caractérologie :* médiation, relationnel, intuition, fidélité, résolution.

Vanille
1 300 Top 1 000

Nom du fruit du vanillier (latin). *Caractérologie :* pragmatisme, communication, optimisme, résolution, créativité.

Vanina
3 500

La pluie chasse la tristesse (tahitien), et forme corse de Jeanne : Dieu fait grâce (hébreu). On peut estimer que moins

V

Le top des prénoms mixtes

Le classement a été effectué par ordre décroissant d'attribution. La seconde colonne indique le pourcentage d'attribution au féminin. Les prénoms dont l'attribution est supérieure à 90 % dans un genre (comme Lou, Maël, Charly ou Marie) ne figurent pas dans ce palmarès.

Prénom	% féminin
1. Éden	13
2. Charlie	68
3. Camille	56
4. Andréa*	37
5. Noa	25
6. Thaïs	88
7. Maé	20
8. Sasha	41
9. Louison	54
10. Élie	11

Rarement attribués de nos jours, Claude, Dominique et Frédérique figurent bien en deçà de l'élite du top 20. Et pour cause : une multitude de nouveautés leur ont volé la vedette. En 2023, celles-ci se nomment Éden, Charlie, Camille ou Andrea. Cette année, Camille cède sa place à Charlie et poursuit sa mutation : le pourcentage de garçons prénommés ainsi augmente de manière constante chaque année. Ce prénom décrochera-t-il la palme de la parité détenue par Louison ? Nous le verrons l'an prochain... En attendant, Charlie semble prendre l'avantage au féminin et Andrea est plus masculin aujourd'hui qu'hier.

Il faut dire que les parents d'aujourd'hui sont plus nombreux à choisir des prénoms mixtes ou épicènes pour leurs enfants. Dans *Sociologie des prénoms*, le sociologue Baptiste Coulmont confirme cette tendance haussière. Il souligne par ailleurs que le nombre d'hommes portant ces prénoms est proche de celui des femmes. Un bel exemple de parité !

Si cette communauté tend à augmenter grâce à l'apparition d'une foultitude de prénoms nouveaux en France, ils peuvent changer d'autant plus facilement de genre qu'ils grandissent dans notre société sans être assimilés à un sexe préétabli. Prenons l'exemple de Noa : on ne peut pas tenir rigueur aux personnes qui ignorent sa mixité. Et encore moins blâmer celles qui l'imaginent féminin. D'autant que les 3 premiers Noa de France étaient... des filles nées en 1982 ! Il a fallu attendre 1998 pour que des petits garçons soient prénommés ainsi dans l'Hexagone. Or aujourd'hui, Noa est très largement masculin.

Éden, autre exemple flagrant, apparaît pour la première fois en France en 1977. Rarissime, ce dernier est alors exclusivement masculin, mais il change très vite de genre : en 2002, 85 % des enfants nés sous ce nom sont des filles. Mais cette évolution n'est pas définitive. En 2 décennies, Éden a poursuivi sa mue, de sorte qu'aujourd'hui, ce prénom est essentiellement masculin.

Nous suivrons l'évolution de Charly qui s'envole dans les 2 genres et s'approche du seuil des 10 % d'attributions au féminin. Il pourrait, dès l'an prochain, intégrer ce palmarès.

Le saviez-vous ?
Nombre de prénoms féminins furent par le passé employés au masculin. On connaît les exemples de Camille et Marie, mais savez-vous qu'Anne et Solène entrent aussi dans cette catégorie ?

Plus récemment, d'autres vedettes ont fait l'objet d'attributions à contre-emploi. Dans les années 1960-1970, Colette Dacheville, dite Stéphane Audran, a inspiré tant de parents que plus de 1 000 Françaises ont reçu le prénom Stéphane.

* Au masculin, Andrea s'orthographie sans accent.

de 30 enfants seront prénommés ainsi en 2023. *Variante :* Vannina. *Caractérologie :* savoir, intelligence, méditation, indépendance, décision.

Varda
- de 30

Rose (hébreu). Dans *Le Seigneur des Anneaux*, de Tolkien, Varda Elentári est la reine des étoiles. *Variantes :* Vardia, Vardiella, Vardina. *Caractérologie :* assurance, direction, dynamisme, audace, indépendance.

Vélia
- de 30

Jour de la naissance (latin). *Variante :* Vélina. *Caractérologie :* méthode, ténacité, fiabilité, engagement, décision.

Venise
250

Se rapporte à Venise, ville d'Italie. *Variante :* Vénusia. *Caractérologie :* intuition, médiation, relationnel, fidélité, détermination.

Venise est la benjamine de la fratrie Morlevent. Du haut de ses cinq ans, dotée d'un solide caractère et d'une franchise désarmante, elle sait y faire pour susciter l'amour de chacun. *Oh, boy !*, le roman de Marie-Aude Murail alterne entre rires et larmes comme le monde de l'enfance.

V

Vénus
250

Déesse de l'Amour dans la mythologie romaine (latin). Prénom italien. *Variante :* Vénissia. *Caractérologie :* altruisme, dévouement, intégrité, idéalisme, réflexion.

Véra
1 200

Vrai (latin), foi (slave). Vera est très répandu dans les pays slaves et hispanophones. On peut estimer que moins de 30 enfants seront prénommés ainsi en 2023. *Variantes :* Veera, Veira, Viera. *Caractérologie :* dynamisme, indépendance, direction, audace, détermination.

Vérane
500

Vrai (latin), foi (slave). *Variante :* Vérana. *Caractérologie :* diplomatie, réceptivité, sociabilité, loyauté, décision.

Verena
250

Vrai (latin), foi (slave). *Caractérologie :* intuition, détermination, médiation, fidélité, relationnel.

Verna
- de 30

Vérité (latin). *Variante :* Virna. *Caractérologie :* paix, bienveillance, détermination, conseil, conscience.

Veronica
1 000

Porter la victoire (grec). Veronica est plus particulièrement répandu en Italie, dans les pays anglophones et en Roumanie. C'est aussi un choix traditionnel corse et occitan. *Variantes :* Verona, Veronika, Ronnie, Rony. *Caractérologie :* éthique, équilibre, famille, analyse, volonté.

Véronique
222 000

Porter la victoire (grec). Véronique et ses variantes (Veronica, Veronika, etc.) émergent au XIXe dans plusieurs pays européens, mais leur diffusion reste modeste jusque dans les années 1950. Dans l'Hexagone, Véronique s'élève dans le sillon de Monique et brille dans le top 10 français de 1959 à 1970. C'est aussi le nom d'une plante herbacée dont les fleurs violettes ou bleues s'épanouissent dans de nombreuses régions du monde. Sainte Véronique est le nom donné à une habitante de Jérusalem qui fut témoin du calvaire de Jésus et qui, par compassion, essuya avec son voile le visage de ce dernier. Cette étoffe devenue célèbre aurait gardé l'empreinte des traits du Christ. Elle est la patronne des lingères et des photographes. On peut estimer que moins de 30 enfants seront prénommés ainsi en 2023. *Caractérologie :* intégrité, analyse, idéalisme, altruisme, volonté.

Vesna

450

Printemps (slave). Féminin croate, serbe, slovène et macédonien. *Caractérologie :* sagacité, connaissances, spiritualité, originalité, philosophie.

Via

- de 30

Voie (latin), diminutif des prénoms se terminant par « via ». Via est plus particulièrement répandu dans les pays scandinaves et au Brésil. *Caractérologie :* curiosité, dynamisme, charisme, courage, indépendance.

Viana

- de 30

Diminutif d'Iviana, une forme hispanophone de Jeanne : Dieu fait grâce (hébreu). Dans l'Hexagone, Viana est plus traditionnellement usité en Occitanie. *Caractérologie :* sociabilité, réceptivité, diplomatie, loyauté, décision.

Vianca

- de 30

Clair (germanique). Féminin anglais. *Caractérologie :* audace, énergie, découverte, originalité, résolution.

Vicky

2 500 Top 2 000

Victorieuse (latin). Féminin anglais. *Variantes :* Vicki, Vickie. *Caractérologie :* intelligence, indépendance, savoir, méditation, sagesse.

Victoire

24 000 Top 50

Victorieuse (latin). Ce prénom porté par plusieurs saintes est rarement attribué avant la fin de la Renaissance. Plusieurs princesses portent ce prénom aux XVIIe et XIXe siècles avant qu'il se diffuse plus largement dans l'Hexagone. Il est en retrait depuis que Victoria l'a supplanté à l'aube du XXe siècle. *Caractérologie :* relationnel, intuition, caractère, médiation, logique.

Victoria

37 000 Top 50

Victorieuse (latin). *Variantes :* Viktoria, Vittoria, Toria. *Caractérologie :* intelligence, méditation, gestion, savoir, logique.

Victorine

4 000 Top 2 000

Victorieuse (latin). Féminin français. *Variantes :* Victoriana, Victorie, Victorienne, Victorina. *Caractérologie :* sagacité, connaissances, volonté, spiritualité, raisonnement.

Vilma

180

Protectrice résolue (germanique). Féminin espagnol, allemand, slave méridional, hongrois et scandinave. *Caractérologie :* enthousiasme, communication, générosité, adaptation, pratique.

Vincente

800

Qui triomphe (latin). Féminin français. *Variantes :* Vinca, Vincencia, Vincenza. *Caractérologie :* sociabilité, réceptivité, diplomatie, loyauté, bonté.

Vinciane

1 800

Qui triomphe (latin). Féminin français. On peut estimer que moins de 30 enfants seront prénommés ainsi en 2023. *Variante :* Vincianne. *Caractérologie :* originalité, énergie, décision, découverte, audace.

Violaine

8 000

Se rapporte à la violette, fleur aux pétales violets (latin). C'est au poète et écrivain Paul Claudel que l'on doit l'invention de ce prénom français. Violaine est le personnage principal dans la pièce de théâtre *L'Annonce faite à Marie* de Paul Claudel, c'est aussi le nom d'un petit village de l'Ain. On peut estimer que moins de 30 enfants seront prénommés ainsi en 2023. *Variantes :* Viola, Violène, Violine. *Caractérologie :* équilibre, logique, éthique, famille, caractère.

Violetta
700

Se rapporte à la violette, fleur aux pétales violets (latin). Prénom italien. *Variante :* Violeta. *Caractérologie :* logique, énergie, découverte, audace, caractère.

Violette
17 000 Top 300

Ce prénom issu du calendrier révolutionnaire se rapporte à la violette, fleur aux pétales violets (latin). Féminin français. *Caractérologie :* humanité, rêve, rectitude, caractère, logique.

Virgilia
- de 100

Qui porte une canne (latin). *Caractérologie :* équilibre, famille, responsabilité, réussite, influence.

Virginia
2 500

Pure, vierge (latin). Féminin anglais. Dans l'Hexagone, Virginia est plus traditionnellement usité au Pays basque et en Corse. On peut estimer que moins de 30 enfants seront prénommés ainsi en 2023. *Variantes :* Virgina, Virginy. *Caractérologie :* vitalité, décision, achèvement, stratégie, réussite.

Virginie
161 000

Pure, vierge (latin). Jeune citoyenne romaine d'une grande beauté, Virginie était convoitée par un magistrat, Appius Claudius, qui la réclamait injustement comme esclave. Prévenu à temps, son père accourut voir sa fille. Arrivé au forum, le malheureux déroba un couteau de boucher et le lui planta dans le cœur, seul moyen selon lui de redonner sa dignité à la jeune fille. Cette légende populaire confirme l'ancienneté de ce prénom, et pourtant, il tarde à se manifester en France. C'est au XVIe siècle que Virginia émerge en Amérique, lorsque les Anglais nomment « Virginia » l'un des États colonisés en hommage à Élisabeth Ire, dite la « reine vierge ». Le prénom se propage des deux côtés de l'Atlantique et devient très fréquent au XIXe siècle. Il atteint alors des sommets de popularité en France. Une gloire confortée par le roman de Bernardin de Saint-Pierre, *Paul et Virginie*, paru en 1787, dont l'immense succès dépassa les frontières. En voie de disparition dans les années 1950, Virginie est ressuscitée par la vague naissante des terminaisons en « ie » et brille, de 1974 à 1979, dans les 5 premiers choix français. Riche veuve du XVIIe siècle, sainte Virginie consacra sa vie à secourir les pauvres tout en élevant ses deux enfants. Elle créa plusieurs écoles et fonda un institut religieux. On peut estimer que moins de 30 enfants seront prénommés ainsi en 2023. *Caractérologie :* pratique, communication, adaptation, enthousiasme, générosité.

Vitaline
- de 100

Vie (latin). *Variantes :* Vita, Vitalie. *Caractérologie :* gestion, intuition, médiation, décision, relationnel.

Vittoria
550 Top 2 000

Victorieuse (latin). Prénom italien. Dans l'Hexagone, Vittoria est plus traditionnellement usité en Corse. *Caractérologie :* famille, exigence, équilibre, responsabilité, influence.

Viviane
45 000 Top 2 000

Vivante (latin). Au moment où il apparaît dans les légendes arthuriennes, ce prénom est plus rare en France qu'en Angleterre, où Vivian est usité dans

V

Victoria

Fête :
15 novembre

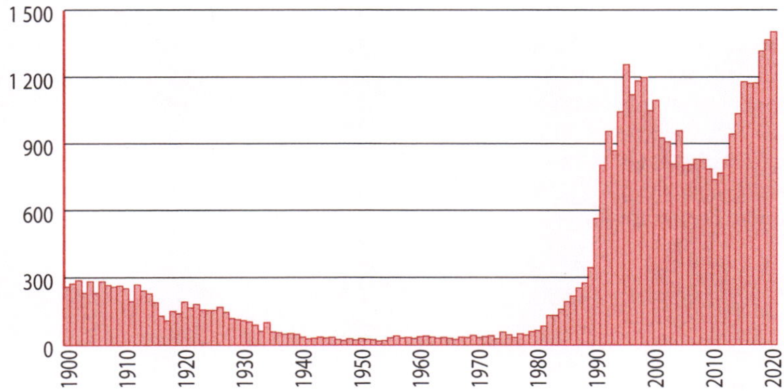

Étymologie

Cette version anglophone et hispanophone de notre classique Victoire vient du latin *victoria*, signifiant « victoire ». Patronne des légions romaines, Victoria est représentée par une déesse ailée tendant une couronne de laurier offerte au vainqueur.

En dépit de cette prédestination, ce prénom connaît une existence très discrète jusqu'à la fin du XIXe siècle. C'est sans conteste le règne historique de la reine Victoria (de 1837 à 1901) qui assure son essor. À partir de l'entre-deux-guerres, le prénom survit modestement. Il renoue avec son naturel conquérant à partir de 1990. Talonnée par Victoire, Victoria s'est hissé dans le top 20 parisien dans les années 2010. Porté par cet élan, ce duo part désormais à l'assaut du top 30 national. Dans les pays francophones, Victoria cumule les succès en gravissant les échelons du top 20 au Québec, en Wallonie et en Romandie. Sa carrière à l'international confirme cette consécration dans les pays germanophones, anglophones, hispanophones, lusophones et italophones : quinté gagnant !

Victoria (1819-1901) est reine du Royaume-Uni de 1837 à sa mort. Son règne, l'un des plus longs de l'histoire, marque l'apogée de l'Angleterre au niveau économique et territorial, tant et si bien que l'on qualifie son époque d'« ère victorienne ».

Personnes célèbres

Victoria Abril, actrice et chanteuse espagnole, née en 1959 ; Victoria de Suède, princesse héritière du trône de Suède, née en 1977 ; Victoria Beckham, née en 1974, chanteuse des Spice Girls et femme du non moins célèbre footballeur David Beckham ; Victoria Song, actrice, danseuse et chanteuse chinoise, née en 1987 ; Victoria Ocampo, écrivaine argentine (1890-1979).

Statistiques

Victoria est le 61e prénom féminin le plus donné en France depuis l'an 2000. Ce prénom est attribué à près d'une fille sur 230 aujourd'hui. **Victoire** devrait prénommer une fille sur 190 et figurer au 77e rang de ce palmarès.

V

les deux genres. Après cette embellie médiévale, Viviane tombe dans un oubli si profond qu'il arbore toute la jeunesse d'un prénom neuf en ressuscitant au siècle dernier. Favorisé par la notoriété de l'actrice française Viviane Romance, ce prénom se hisse dans les 50 premiers choix français en 1955, peu après sa découverte. Dans la légende arthurienne, Vivianne est la protectrice du royaume d'Avalon et de l'épée sacrée Excalibur. Elle élève Lancelot qui devient l'un des chevaliers les plus célèbres de la Table ronde. En faisant tourner neuf fois son voile magique autour de Merlin, elle fait de ce dernier son « amant éternel ». *Caractérologie :* innovation, énergie, ambition, autorité, décision.

Vivianne

1 100

Vivante (latin). Voir Viviane. Féminin français. On peut estimer que moins de 30 enfants seront prénommés ainsi en 2023. *Variantes :* Bibiane, Bibianne, Vienne, Viva, Vivian, Viviana, Vivianka, Vivienna, Viviene, Vivienne. *Caractérologie :* famille, équilibre, détermination, responsabilité, influence.

W

Wafa

1 500

Fidèle (arabe). On peut estimer que moins de 30 enfants seront prénommés ainsi en 2023. *Variantes :* Wafaa, Waffa, Wafae. *Caractérologie :* honnêteté, efficacité, sécurité, persévérance, structure.

Wallis

- de 100

Du pays de Galles (anglais). Féminin anglais. *Variante :* Wally. *Caractérologie :* fiabilité, méthode, ténacité, engagement, décision.

Wanda

2 000

Branche fine (germanique). Wanda est particulièrement répandu dans les pays anglophones, en Pologne et en Allemagne. *Variantes :* Vanda, Venda, Wandeline, Wenda. *Caractérologie :* savoir, sagesse, intelligence, méditation, indépendance.

Warda

1 100

Rose (arabe). On peut estimer que moins de 30 enfants seront prénommés ainsi en 2023. *Caractérologie :* sociabilité, diplomatie, loyauté, réceptivité, résolution.

Wassila

2 500 Top 1 000

Maturation spirituelle (arabe). *Caractérologie :* enthousiasme, pratique, adaptation, communication, détermination.

Wendie

300

Branche fine (germanique). *Variante :* Wendi. *Caractérologie :* paix, conseil, conscience, sagesse, bienveillance.

Wendy

13 000 Top 400

Branche fine (germanique). Wendy est très répandu dans les pays anglophones.

Wendy Renard a été sacrée 7 fois championne de l'UEFA. Avec plus de 120 sélections, elle mène le jeu sur le terrain du ballon rond à la française. La défenseuse de l'OL et capitaine de l'équipe de France incarne l'instinct et l'engagement sur le terrain. Don de soi, exigence et générosité sur le gazon, son legs au football français ne risque pas la relégation.

Whitney
950 ↘

Île blanche (anglais). *Caractérologie :* dynamisme, curiosité, courage, finesse, ressort.

Widad
700 →

Fidèle, affectionnée (arabe). *Variantes :* Ouidad, Ouidade, Ouided, Wided, Wydad. *Caractérologie :* dynamisme, curiosité, courage, indépendance, résolution.

Wilhelmine
- de 100

Protectrice résolue (germanique). Féminin allemand. *Variante :* Vilhelmine. *Caractérologie :* diplomatie, réceptivité, sociabilité, bonté, loyauté.

Willow
700 Top 600 →

Saule (anglais). Willow est mixte en France, mais exclusivement féminin dans les pays anglophones. *Caractérologie :* ténacité, raisonnenent, fiabilité, méthode, engagement.

Wilma
250

Protectrice résolue (germanique). Wilma est particulièrement répandu dans les pays scandinaves et en Allemagne. *Variantes :* Vilma, Wylma. *Caractérologie :* sécurité, structure, persévérance, décision, efficacité.

Wilona
- de 100

Désirée, attendue (anglais). Ce prénom est apparu dans l'Hexagone dans les années 2000. *Variantes :* Wiloh, Wilonah, Wylona. *Caractérologie :* volonté, médiation, adaptabilité, raisonnement, relationnel.

Windy
350

Venteux (anglais), ou variante de Wendy. *Caractérologie :* communication, optimisme, créativité, pratique, adaptation.

Winnie
- de 100

Gardienne sacrée (germanique). Féminin anglais. *Caractérologie :* sociabilité, réceptivité, diplomatie, loyauté, bonté.

Winona
250

Gardienne sacrée (germanique). Féminin anglais. *Variante :* Wynona. *Caractérologie :* détermination, structure, persévérance, sécurité, efficacité.

Wissal
1 300 Top 2 000 ↘

Couple harmonieux (arabe). *Caractérologie :* relationnel, décision, intuition, médiation, fidélité.

Wissem
650 →

Honorée de médailles (arabe). *Variantes :* Wissam, Wissame. *Caractérologie :* sagacité, spiritualité, connaissances, originalité, décision.

Withney
200

Île blanche (anglais). *Caractérologie :* découverte, énergie, audace, ressort, finesse.

Wladyslawa
180

Gouverneur puissant et renommé (slave). *Caractérologie :* ténacité, méthode, réussite, fiabilité, cœur.

Wyn
- de 30

Blanc, heureux (celte). *Caractérologie :* communication, optimisme, pragmatisme, résolution, créativité.

La législation française

Les parents d'aujourd'hui ont une liberté de choix de prénom qui leur fut longtemps contestée. Pendant la Révolution, les lois françaises imposaient aux parents de choisir les prénoms selon qu'ils étaient en usage dans les différents calendriers ou dans une liste qui incluait des personnages de l'histoire ancienne. Un prénom peu conformiste n'avait aucune chance d'être accepté par les fonctionnaires d'État.

Dans les années 1960, la montée des identités régionales pousse de nombreuses familles à se rebeller contre le système. Bon nombre de parents décident alors de maintenir leur choix de prénoms, au risque de priver l'enfant d'une existence civile reconnue. L'instruction ministérielle du 12 avril 1966 élargit, fort heureusement, le répertoire de prénoms recevables à des prénoms tirés de la mythologie, aux prénoms régionaux et aux prénoms composés. Elle tolère même, dans certains cas, les diminutifs et les variations.

Ce n'est qu'en 1993 que la loi s'assouplit réellement, garantissant l'acceptabilité de n'importe quel prénom dans la mesure où il ne contrevient pas à l'intérêt de l'enfant. Seuls les prénoms qui paraissent grossiers ou péjoratifs, qui présentent une consonance ridicule ou une extrême complexité peuvent être contestés par l'officier d'état civil. Ce fonctionnaire informe alors le procureur de la République qui peut à son tour saisir le juge aux affaires familiales. Si ce dernier estime que le prénom sort du cadre autorisé par la loi, il peut en ordonner la suppression des registres d'état civil. Dans ce cas de figure, le juge a le pouvoir d'attribuer un autre prénom, à moins que les parents ne conviennent d'un nouveau choix légalement acceptable.

Titeuf, Princesse-Rebecca et Nutella recalés

En 2012, un enfant prénommé Titeuf s'est vu interdire son prénom par la justice. La Cour de cassation, qui avait été saisie en appel, a expliqué ainsi son jugement : « L'association au personnage de préadolescent naïf et maladroit risque de constituer un réel handicap pour l'enfant devenu adolescent puis adulte, tant dans ses relations personnelles que professionnelles. »

En 2015, le tribunal de Besançon a jugé que Princesse-Rebecca, choisi par des parents originaires du Togo, avait une consonance trop ridicule ou fantaisiste, et l'a interdit. La même année, Nutella, nom commercial d'une pâte à tartiner, a été interdit pour des raisons évidentes.

Fraise interdite, au grand regret de Framboise, Myrtille, Pomme et Cerise

Fraise fut à son tour interdite car « nécessairement à l'origine de moqueries, notamment avec l'utilisation de l'expression "Ramène ta fraise" » selon le juge. Ce dernier a proposé Fraisine qui figure désormais, avec Framboise, dans l'inventaire des prénoms fruités recevables.

On peut s'interroger sur la nécessité d'avoir interdit Fraise alors que Cerise, Prune et Pomme étaient autorisés. Les expressions négatives contenant ces noms ne manquent pourtant pas (« bien fait pour ta pomme », « se prendre une prune », « avoir la cerise », etc.). Aujourd'hui, Fraisine ne fait pas d'émules, mais 4 800 Françaises se prénomment Cerise, Pomme et Prune. Le verger est rempli de jolis noms de fruits qui ne demandent qu'à être cueillis, et les parents commencent à se servir... Pomme, le nom de scène de la chanteuse Claire Pommet, a été élue artiste féminine de l'année aux 36e Victoires de la Musique en février 2021. De quoi faire fructifier l'inspiration...

Poteau pour Griezmann Mbappé !

En 2018, quelques mois après la coupe du monde de football, à Brive, des parents fans

W

de ballon rond ont voulu baptiser leur fils Griezmann Mbappé. Ce choix n'a pas passé les sélections des services d'état civil. Le procureur, saisi par le juge aux affaires familiales, a invité les parents à choisir un autre prénom. C'est chose faite : le petit Corrézien s'appelle désormais Dany Noé !

Jihad transformé en Jahid

En 2018, un juge aux affaires familiales de Toulouse a invalidé le choix de prénom Jihad. Une année plus tard, la situation s'est reproduite à Dijon. Dans le contexte des attentats commis au nom du djihadisme, les juges ont choisi, dans l'intérêt de l'enfant, d'intervertir deux des voyelles du prénom, et c'est Jahid qui a été inscrit dans les registres d'état civil.

Signes diacritiques

Après maints refus de la justice et plusieurs appels depuis le début des années 2000, la proposition de loi Molac relative à la protection patrimoniale des langues régionales a été promulguée en mai 2021. Mais le Conseil constitutionnel a censuré la disposition concernant l'utilisation de signes diacritiques car elle est en contradiction avec l'article 2 de notre Constitution. Aña, Lluís, Núria, Llívia, Fañch et Martí devront patienter pour arborer leur identité basque, bretonne et catalane.

X

Xana
140

Forme espagnole, basque et galicienne de Jeanne. Dans la mythologie asturienne, Xana est une petite fée. *Caractérologie :* efficacité, sécurité, structure, persévérance, honnêteté.

Xanthia
- de 30

Jaune (grec). *Variantes :* Xanthe, Xantia. *Caractérologie :* découverte, détermination, énergie, audace, sensibilité.

Xaverine
- de 30

Maison neuve (basque). *Caractérologie :* résolution, ambition, force, volonté, habileté.

Xaviera
- de 100

Maison neuve (basque). *Caractérologie :* volonté, force, habileté, résolution, ambition.

Xavière
600

Variante francisée de Xabiere qui signifie « maison neuve » en basque. *Variantes :* Xaverine, Xaviera. *Caractérologie :* pratique, communication, enthousiasme, décision, caractère.

Xena
- de 100

Prénom inspiré du personnage de *Xena, la princesse guerrière*, série télévisée américaine et néo-zélandaise qui fut diffusée pour la première fois dans l'Hexagone en 1996. Un an plus tard, des petites Xena ont été recensées pour la première fois dans les fichiers d'état civil français. *Caractérologie :* achèvement, vitalité, ardeur, stratégie, leadership.

Xénia
180

Variante d'Auxane ou de Xéna. Féminin anglais. *Variante :* Xia. *Caractérologie :* force, ambition, habileté, passion, décision.

Xia
- de 30

Selon les textes les plus anciens de l'histoire chinoise, la dynastie Xia aurait été la première des trois dynasties de la Chine pré-impériale. En fonction des sinogrammes utilisés, *xia* peut signifier « brume », « aube » ou « crépuscule ». *Caractérologie :* sagacité, connaissances, spiritualité, originalité, philosophie.

Xiao

- de 30

Selon les sinogrammes utilisés, *xiao* peut signifier « flûte », « sourire », ou désigner un rang militaire en chinois. *Caractérologie :* sens du devoir, engagement, fiabilité, méthode, ténacité.

Ximena

- de 30

Forme espagnole et basque de Simone : qui est exaucée (hébreu). Bien que la forme Jimena soit prédominante dans les pays et cultures hispanophones, Ximena n'y a pas disparu. *Variante :* Semena. *Caractérologie :* créativité, optimisme, ténacité, communication, décision.

Xuan

- de 100

Printemps, jeunesse (vietnamien), équivalent espagnol de Jean. *Caractérologie :* famille, équilibre, responsabilité, influence, exigence.

Xylia

- de 30

Forêt (latin). *Variante :* Xylina. *Caractérologie :* habileté, ambition, force, raisonnement, passion.

Y

Yaël

4 500 Top 400

Chèvre sauvage (hébreu). Personnage biblique, Yaël, ou Jaël, tua Sisera, le chef de l'armée cananéenne, et délivra ainsi les tribus d'Israël du joug du roi Yabin. Yaël était elle-même cananéenne ; cet acte de bravoure lui valut la reconnaissance des Hébreux et une place dans le Livre des Juges de l'Ancien Testament. Au féminin, ce prénom est particulièrement en vogue dans les cultures juives et en Israël. Au masculin, Yaël est une forme basque et bretonne de Joël. *Caractérologie :* connaissances, spiritualité, sagacité, originalité, bonté.

Yaëlle

5 000 Top 500

Forme bretonne et basque de Joëlle, variante de Yaël au féminin. Notons que Yael et Yaelle s'orthographient également sans tréma. *Caractérologie :* influence, éthique, équilibre, famille, sympathie.

Yamina

9 500 Top 900

Éthique, morale (arabe). *Variantes :* Yamma, Yaminah, Yemina, Yeminah. *Caractérologie :* altruisme, idéalisme, intégrité, détermination, réalisation.

Yamini

- de 30

Nuit (sanscrit). Féminin indien d'Asie. *Caractérologie :* force, ambition, réussite, habileté, décision.

Yana

600 Top 2 000

Dieu fait grâce (hébreu). Prénom slave. Dans l'Hexagone, Yana est plus traditionnellement attribué en Bretagne. *Variante :* Yane. *Caractérologie :* courage, dynamisme, charisme, indépendance, curiosité.

Yanick

400

Dieu fait grâce (hébreu). *Caractérologie :* humanité, rectitude, sympathie, rêve, résolution.

Yanna
550 ↘

Dieu fait grâce (hébreu). Prénom breton. *Caractérologie :* audace, dynamisme, indépendance, direction, assurance.

Yanne
140

Dieu fait grâce (hébreu). *Caractérologie :* audace, séduction, originalité, découverte, énergie.

Yannick
5 000

Dieu fait grâce (hébreu). Masculin français et breton. On peut estimer que moins de 30 enfants seront prénommés ainsi en 2023. *Variantes :* Yanic, Yanik, Yaniv, Yannic, Yannig, Yannik. *Caractérologie :* curiosité, dynamisme, courage, sympathie, résolution.

Yara
1 600 Top 500 →

Se rapporte à Iara, une sirène d'une beauté fulgurante dans la mythologie brésilienne. Prénom lusophone. *Variante :* Iara. *Caractérologie :* courage, indépendance, audace, séduction, énergie.

Yasmina
14 000 Top 700 ↘

Prénom arabe emprunté au persan signifiant « fleur de jasmin ». Ce prénom est particulièrement répandu dans les cultures musulmanes francophones. *Variante :* Iasmina. *Caractérologie :* innovation, énergie, autorité, réussite, décision.

Yasmine
30 000 Top 100 →

Prénom arabe emprunté au persan signifiant « fleur de jasmin ». Ce prénom est particulièrement répandu dans les cultures musulmanes francophones. *Variantes :* Yasmin, Yasmeen, Yassmine. *Caractérologie :* énergie, découverte, audace, décision, réussite.

Yelena
1 600 Top 2 000 ↑

Éclat du soleil (grec). Féminin russe. *Caractérologie :* cœur, vitalité, achèvement, stratégie, ardeur.

Yen
- de 30

Paix, hirondelle (vietnamien). *Caractérologie :* achèvement, vitalité, ardeur, stratégie, leadership.

Yeva
150 Top 2 000

Vie, donner la vie (hébreu). Féminin arménien. *Caractérologie :* habileté, force, passion, réussite, ambition.

Ylana
750 →

Arbre (hébreu). *Caractérologie :* ambition, habileté, force, passion, cœur.

Yléana
130

Éclat du soleil (grec). *Caractérologie :* structure, persévérance, efficacité, amitié, honnêteté.

Ylena
300 ↘

Éclat du soleil (grec). *Variantes :* Illénia, Ylénia, Ylenna. *Caractérologie :* ténacité, enthousiasme, pratique, adaptation, générosité.

Ylona
1 300 Top 600 ↘

Éclat du soleil (grec). Voir Ilona. *Caractérologie :* engagement, fiabilité, cœur, méthode, ténacité.

Ynes
1 300 Top 2 000 ↘

Chaste, pure (grec), sympathique, généreuse (arabe). Ynes peut également s'orthographier sans accent. *Caractérologie :* rêve, ouverture d'esprit, humanité, rectitude, générosité.

Yoanna
400

Dieu fait grâce (hébreu). *Variantes :* Yoana, Yoanie, Yoannie. *Caractérologie :* indépendance, méditation, savoir, intelligence, sagesse.

Y

Yohanna
500
Dieu fait grâce (hébreu). *Variantes :* Yohana, Yohanne. *Caractérologie :* paix, bienveillance, sagesse, conscience, conseil.

Yoko
- de 100
L'enfant du soleil (japonais). *Caractérologie :* créativité, communication, pragmatisme, optimisme, sociabilité.

Yolaine
3 500
Aube (grec), violette (latin). Féminin français. On peut estimer que moins de 30 enfants seront prénommés ainsi en 2023. *Variante :* Yola. *Caractérologie :* altruisme, sympathie, idéalisme, analyse, intégrité.

Yolanda
600
Aube (grec), violette (latin). Yolanda est plus particulièrement recensé en Italie, en Espagne et en Amérique du Nord. Iolanda Cristina Gigliotti est le nom de naissance de la célèbre chanteuse et actrice franco-italienne Dalida (1933-1987). *Caractérologie :* idéalisme, altruisme, intégrité, volonté, réalisation.

Y

Yolande
34 000
Aube (grec), violette (latin). Féminin français. On peut estimer que moins de 30 enfants seront prénommés ainsi en 2023. *Variante :* Iolanda. *Caractérologie :* fiabilité, ténacité, méthode, réalisation, volonté.

Yolène
1 100
Aube (grec), violette (latin). On peut estimer que moins de 30 enfants seront prénommés ainsi en 2023. *Variantes :* Iolande, Yolenn. *Caractérologie :* sécurité, persévérance, efficacité, structure, bonté.

Yoline
110
Aube (grec), violette (latin). *Caractérologie :* altruisme, rêve, tolérance, raisonnement, dévouement.

Yona
1 800 Top 2 000
Colombe (hébreu). Sans le h final, Yona est presque exclusivement employé au féminin de nos jours. *Variantes :* Yonah, Yonna. *Caractérologie :* innovation, autorité, énergie, ambition, autonomie.

Yosana
- de 30
Jeune fille (sanscrit). Féminin indien d'Asie. *Caractérologie :* art, communication, adaptation, partage, créativité.

Youna
2 500 Top 2 000
If (celte). Prénom breton. *Caractérologie :* fiabilité, méthode, ténacité, amitié, engagement.

Yousra
5 500 Top 400
Qui a bon caractère (arabe). *Variantes :* Yossra, Yosra, Youssra, Yousria, Yusra. *Caractérologie :* rectitude, raisonnement, humanité, rêve, tolérance.

Ysabel
- de 100
Dieu est serment (hébreu). Féminin anglais. *Variante :* Ysabelle. *Caractérologie :* dynamisme, gestion, indépendance, assurance, audace.

Ysalie
- de 100
Dieu est serment (hébreu). *Variante :* Isalie. *Caractérologie :* stratégie, vitalité, leadership, ardeur, accomplissement.

Ysaline
1 400
Dieu est serment (hébreu). Féminin français. On peut estimer que moins de 30 enfants seront prénommés ainsi en 2023. *Caractérologie :* décision, structure, cœur, persévérance, sécurité.

Ysalis
200
Dieu est serment (hébreu). *Variantes :* Isalis, Isalys. *Caractérologie :* efficacité, honnêteté, structure, persévérance, sécurité.

Ysance
- de 30

Variante d'Ysabel ou combinaison d'Ysabel et des prénoms se terminant par « ance » (Constance, France, etc.). *Caractérologie :* constance, logique, amitié, créativité, famille.

Ysandre
- de 30

Cette petite cousine de Lysandre est apparue pour la première fois en France en 1992. Elle est également recensée au Québec depuis 2004. *Variantes :* Isandre, Izandre, Yzandre. *Caractérologie :* curiosité, charisme, réalisation, courage, indépendance.

Ysanne
- de 30

Contraction d'Yseult ou Ysabel et Anne. *Variantes :* Ysann, Ysanna. *Caractérologie :* paix, bienveillance, conscience, conseil, sagesse.

Ysatis
150

Se rapporte à l'isatis, le renard blanc d'Arctique. Ysatis est également le nom d'un parfum très connu. Féminin français. *Variantes :* Isathis, Isatis. *Caractérologie :* générosité, pratique, communication, enthousiasme, adaptation.

Ysaure
140

Habitante d'Isaurie (grec). *Caractérologie :* sympathie, achèvement, vitalité, stratégie, résolution.

Ysé
650 Top 800

Voir Ysée. *Caractérologie :* ténacité, méthode, sens du devoir, engagement, fiabilité.

Ysée
1 300 Top 500

Orateur athénien du IVe siècle avant J.-C., élève d'Isocrate, Isée se rendit célèbre pour ses excellentes plaidoiries. Ysée pourrait également être apparenté à Élisabeth. *Caractérologie :* dévouement, réflexion, altruisme, idéalisme, intégrité.

Yseult
500

Belle (celte). Féminin anglais et français. Dans la légende médiévale de *Tristan et Iseut*, Tristan était éperdument amoureux d'Iseut la blonde, mais il dut se résoudre à épouser Iseut aux blanches mains. Le récit de cette passion tragique a transcendé les siècles et inspiré nombre de poètes et musiciens. *Variantes :* Yseut, Ysold, Ysolde, Ysolt. *Caractérologie :* pratique, communication, cœur, enthousiasme, gestion.

Ysia
500 Top 700

Déesse, souveraine (grec). *Caractérologie :* idéalisme, altruisme, intégrité, dévouement, réflexion.

Ysoline
200

Dieu est serment (hébreu). *Caractérologie :* rêve, humanité, rectitude, raisonnement, bonté.

Yuko
- de 30

Enfant gracieuse (japonais). *Caractérologie :* humanité, ouverture d'esprit, rectitude, rêve, générosité.

Yumi
450 Top 800

Belle révérence (japonais). *Caractérologie :* curiosité, charisme, dynamisme, courage, indépendance.

Yuna
5 000 Top 200

Se rapporte au nom d'une sainte de Belle-Île-en-Terre (breton). *Caractérologie :* originalité, spiritualité, sagacité, cœur, connaissances.

Yuri
- de 30

Lys (japonais). *Caractérologie :* direction, indépendance, audace, dynamisme, assurance.

Y

Yvana 800 Top 2 000
Dieu fait grâce (hébreu). *Variante :* Yva. *Caractérologie :* humanité, rectitude, rêve, réussite, ouverture d'esprit.

Yvane 400
Dieu fait grâce (hébreu). *Variante :* Yvanne. *Caractérologie :* méthode, engagement, fiabilité, réalisation, ténacité.

Yvanna 650
Dieu fait grâce (hébreu). *Caractérologie :* indépendance, réalisation, courage, dynamisme, curiosité.

Yveline 8 000
Contraction d'Yvanne et Line. Féminin français. On peut estimer que moins de 30 enfants seront prénommés ainsi en 2023. *Caractérologie :* amitié, diplomatie, sociabilité, loyauté, réceptivité.

Yvette 93 000
If (celte). Féminin français. On peut estimer que moins de 30 enfants seront prénommés ainsi en 2023. *Variantes :* Ivetta, Yvetta. *Caractérologie :* sagesse, savoir, intelligence, indépendance, méditation.

Yvonne 43 000
If (celte). Féminin français, allemand et scandinave. *Variantes :* Ivona, Yvone, Ivonna, Yvona, Yvonna. *Caractérologie :* curiosité, dynamisme, courage, indépendance, volonté.

Z

Zahara 170
Éclatante, en fleur (hébreu, arabe, swahili). Zahara est le prénom donné par Angelina Jolie à sa fille adoptive née en Éthiopie. *Caractérologie :* dynamisme, indépendance, direction, audace, assurance.

Zahia 1 500
Splendeur, lumière (arabe). *Variante :* Zahya. *Caractérologie :* ouverture d'esprit, rectitude, humanité, rêve, générosité.

Zahra 4 000 Top 400
Fleur, blancheur lumineuse (arabe). *Variantes :* Sarha, Sarra, Zahera, Zahira, Zarha, Zhora. *Caractérologie :* humanité, générosité, rectitude, ouverture d'esprit, rêve.

Zaïa 400
Splendeur, lumière (arabe). *Caractérologie :* innovation, énergie, autorité, autonomie, ambition.

Zaïg - de 30
Forme bretonne de Louise : illustre au combat (germanique). *Caractérologie :* savoir, méditation, ressort, indépendance, intelligence.

Zaïna 1 500 Top 600
Belle (arabe). *Variante :* Zana. *Caractérologie :* famille, responsabilité, décision, équilibre, influence.

Zakia 1 400
Intelligente, pure (arabe). On peut estimer que moins de 30 enfants seront prénommés ainsi en 2023. *Variantes :* Zakiya, Zakya. *Caractérologie :* communication, optimisme, créativité, pragmatisme, sociabilité.

Zao

- de 100

Commencement, matinée (chinois). Voir Zao au masculin. Dans les deux genres, Zao est apparu dans les registres d'état civil français à partir de 2009. *Caractérologie :* humilité, harmonie, exigence, influence, éthique.

Zara

1 000 Top 2 000

Fleur, blancheur lumineuse (arabe). *Variante :* Zarah. *Caractérologie :* direction, audace, dynamisme, indépendance, assurance.

Zazie

110

Libre, française (latin). Féminin français. *Caractérologie :* sécurité, persévérance, résolution, structure, efficacité

Dans *Zazie dans le métro*, de Raymond Queneau, Zazie est une jeune ingénue qui est très vive et curieuse. Elle va vivre un séjour à Paris tout en aventures qu'elle surmontera... sans toutefois parvenir à prendre le métro ! Ce prénom n'a pas pris une ride et renaît depuis la fin des années 1990 en France.

Zehra

1 200

Fleur, blancheur lumineuse (arabe). On peut estimer que moins de 30 enfants seront prénommés ainsi en 2023. *Caractérologie :* structure, sécurité, persévérance, décision, efficacité.

Zéina

650 Top 2 000

Décoration (arabe). *Caractérologie :* audace, dynamisme, direction, résolution, indépendance.

Zelda

550 Top 2 000

Diminutif probable de Griselda : sombre bataille (vieil allemand). Féminin anglais. *Variantes :* Zilda, Zélida, Zéliha. *Caractérologie :* créativité, pragmatisme, optimisme, communication, sociabilité.

Zélia

2 000 Top 900

Solennelle (latin). Cette forme latinisée de Zélie a connu une grande faveur dans les pays anglophones au XIXe siècle. *Caractérologie :* vitalité, achèvement, détermination, stratégie, ardeur.

Zélie

13 000 Top 100

Forme abrégée de Soline, du latin *solemnis*, « solennelle ». Ce prénom a fait l'objet d'une inscription tardive au temps de Rome. Dans la mythologie grecque, Zelos, le fils du Titan Pallas et de Styx, est une divinité personnifiant le zèle. Malgré son histoire ancienne, Zélie est si peu employée avant la fin du XVIIe siècle qu'on la confond parfois avec Solène. Avec 5 lettres pour tout bagage, Zélie s'envole au siècle suivant, faisant en passant quelques apparitions dans les arts et les sciences. Ingres peint en 1806 le portrait de Madame Aymon, dite « la belle Zélie », et dans la littérature, Zélie est l'un des personnages des *Études de mœurs* de Balzac, dans un volume paru en 1834. Les frères Paul et Henry Prosper, opticiens et astronomes français, découvriront de leur côté un astéroïde qu'ils nommeront ainsi en 1876. Zélie renaît discrètement depuis le début des années 2010. *Caractérologie :* pragmatisme, communication, optimisme, créativité, sociabilité.

Zélina

110

Solennelle (latin). Dans l'Hexagone, Zelina est plus traditionnellement usité au Pays basque. *Caractérologie :* engagement, méthode, fiabilité, ténacité, détermination.

Zéline

110

Solennelle (latin). *Caractérologie :* vitalité, ardeur, achèvement, leadership, stratégie.

Zéna
170

Hospitalier (grec). Féminin anglais et français. *Variante :* Zénon. *Caractérologie :* autorité, innovation, énergie, autonomie, ambition.

Zénaïde
140

Hospitalier (grec). *Variantes :* Zenaida, Zénia. *Caractérologie :* autorité, énergie, innovation, ambition, résolution.

Zéphirine
- de 30

Vent doux (grec). *Caractérologie :* intuition, fidélité, médiation, action, relationnel.

Zeynep
3 000 Top 600

Belle, qui console (arabe). *Variantes :* Zaïnab, Zaïneb, Zéinab, Zéinabou, Zéine, Zéineb, Zeyneb, Zinab. *Caractérologie :* direction, audace, dynamisme, indépendance, assurance.

Zia
1 700 Top 2 000

Nom d'une tribu indienne du Nouveau-Mexique (États-Unis) connue pour vénérer le soleil. Zia est également le nom de la jeune héroïne inca des *Mystérieuses Cités d'or*, une série d'animation télévisée devenue célèbre en France dans les années 1980. Ce prénom est plus particulièrement usité en Amérique latine. *Caractérologie :* altruisme, dévouement, intégrité, idéalisme, réflexion.

Zilia
- de 30

Forme basque de Cécile : aveugle (latin). *Caractérologie :* générosité, enthousiasme, communication, pratique, adaptation.

Zina
2 500 Top 600

Belle, qui console (arabe), variante de Zénia. *Caractérologie :* dynamisme, indépendance, curiosité, courage, détermination.

Zineb
3 500 Top 1 000

Belle, qui console (arabe). *Caractérologie :* sociabilité, réceptivité, finesse, diplomatie, loyauté.

Zita
550 Top 2 000

Jeune fille (italien), sainte (basque), qui recherche (grec). Féminin italien, hongrois, tchèque, basque, corse et occitan. *Caractérologie :* intuition, médiation, relationnel, fidélité, adaptabilité.

Zoé
67 000 Top 50

Vie (grec). *Variantes :* Zéa, Zoée. *Caractérologie :* dynamisme, indépendance, direction, audace, assurance.

Zoélie
550 Top 2 000

Vie (grec). *Variantes :* Zoéline, Zoëlla, Zoëlle, Soélie. *Caractérologie :* rectitude, analyse, humanité, ouverture d'esprit, rêve.

Zoéline
300

Vie (grec). *Caractérologie :* découverte, logique, énergie, originalité, audace.

Zofia
200

Forme polonaise de Sofia : sagesse (grec). *Caractérologie :* communication, enthousiasme, adaptation, pratique, générosité.

Zohra
6 500 Top 800

Fleur, blancheur lumineuse (arabe). *Caractérologie :* curiosité, dynamisme, charisme, courage, indépendance.

Zola
750 Top 800

Ce nom de famille porté par Émile Zola, le célèbre écrivain français (1840-1902), est un prénom usité dans les pays anglophones depuis le XIXe siècle. Il est également recensé en Afrique du Sud, et passe pour être calme, conformément à sa signification en zoulou. Dans l'Hexagone, Zola a été attribué pour la première fois

Z

Zoé

Fête :
2 mai

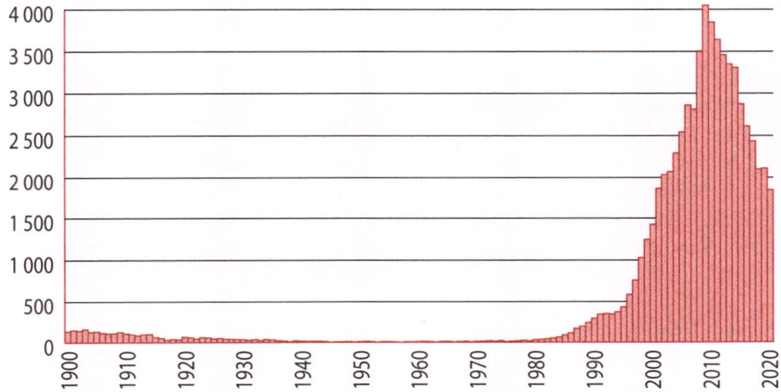

Étymologie

Du grec *zoè*, « vie ». L'histoire de ce prénom remonte à l'Antiquité. En 270 avant J.-C., sur l'ordre de Ptolémée II, 72 habitants d'Alexandrie furent sélectionnés pour traduire la Torah en grec. Le nom hébreu *h'ava*, qui signifie « vie » (et qui devint Ève en français), fut traduit par *zoè* en grec. Cette traduction assura la diffusion de Zoé dans le monde hellénique, puis son envol dans l'Empire romain et en Orient chrétien.

Au XIXe siècle, Zoé revient en faveur dans les pays anglophones et réapparaît en France. Mais il lui faut attendre les années 1980 pour émerger dans le sillon de Pauline. Soutenue par une vague rétro, elle s'impose dans le top 20 féminin en 2006 et galvanise les espoirs de Rose et Zélie, bourgeons dont la dernière floraison remonte au XIXe siècle. Elle se maintiendra dans le groupe de tête jusqu'à la fin des années 2010. Son rebond au 17e rang parisien en 2021 était pour le moins inattendu.

En dehors de l'Hexagone, Zoé a connu un pic de popularité aux États-Unis (top 40) dans les années 1990. Il n'en fallait pas moins pour relancer sa carrière en Angleterre, où son dernier succès fut retentissant. Elle se maintient également dans les tops 20 wallon, romand et québécois. Sa variante Zoey, au 31e rang américain, rencontre peu d'amateurs français et européens.

Dans l'histoire

Après avoir fait assassiner son vieux mari Romain III, **Zoé Phyrogénète**, impératrice d'Orient de 1028 à 1050, éleva son amant et futur époux Michel IV au pouvoir. À la mort de ce dernier, elle jeta son dévolu sur Michel le Calfat, figure impopulaire dont elle se débarrassa rapidement. N'ayant pas perdu le goût pour l'aventure, elle épousa Constantin IX en troisièmes noces, heureux élu auprès duquel elle termina paisiblement ses jours.

Personnes célèbres

Zoe Caldwell, actrice américaine, née en 1933 ; Zoé Valdés, poète, romancière et scénariste française d'origine cubaine, née en 1959 ; Zoé Félix, actrice française, née en 1976.

Statistiques

Zoé est le 15e prénom féminin le plus donné en France depuis l'an 2000. Ce prénom est attribué à près d'une fille sur 210 aujourd'hui.

Z

à des garçons en 1988, et à des filles en 1998. *Caractérologie :* réflexion, idéalisme, intégrité, dévouement, altruisme.

Zora
1 600

Fleur, blancheur lumineuse (arabe), aurore (slave). Zora est plus particulièrement attribué dans les pays slaves méridionaux, les cultures musulmanes et la Macédoine. On peut estimer que moins de 30 enfants seront prénommés ainsi en 2023. *Variantes :* Zorah, Zorha. *Caractérologie :* conscience, paix, bienveillance, conseil, sagesse.

Zulma
- de 100

Forme possible de Selma ou Salomé. Ce prénom, autrefois usité dans le nord de la France et en Belgique, est devenu très rare depuis les années 1940. Notons que Zulma s'est répandu en Amérique latine dans les années 1970 grâce à la popularité de l'actrice argentine Zulma Faiad. *Caractérologie :* dynamisme, audace, direction, assurance, indépendance.

Zuria
- de 30

Blanche (basque). *Caractérologie :* sociabilité, communication, créativité, pragmatisme, optimisme.

Zuzanna
150

Lys (hébreu). *Variante :* Zuzana. *Caractérologie :* persévérance, structure, sécurité, efficacité, honnêteté.

Z

Prénoms masculins

A

Aaron
34 000 Top 50

Esprit (hébreu). *Variantes :* Aron, Ayron. *Caractérologie :* ténacité, méthode, décision, engagement, fiabilité.

Abdallah
6 000 Top 400

Serviteur de Dieu (arabe). *Variantes :* Abdelah, Abdelila, Abdelilah. *Caractérologie :* gestion, découverte, énergie, audace, originalité.

Abdel
4 500 Top 1 000

Serviteur de Dieu (arabe). *Variantes :* Abdel, Abd-el, Abdelali. *Caractérologie :* paix, bienveillance, conscience, conseil, gestion.

Abdelaziz
2 000 Top 2 000

Serviteur du Tout-Puissant (arabe). *Variantes :* Abdelhaziz, Abdelazize, Abdelazziz, Abdellaziz. Forme composée : Abdel-Aziz. *Caractérologie :* détermination, audace, énergie, découverte, sensibilité.

A

Abdelhakim
1 500

Serviteur de Celui qui est sage (arabe). On peut estimer que moins de 30 enfants seront prénommés ainsi en 2023. *Variante :* Abdel-Karim. *Caractérologie :* pratique, communication, résolution, enthousiasme, finesse.

Abdelkader
9 500 Top 900

Serviteur du Puissant (arabe). *Variante :* Abdulkadir. Forme composée : Abdel-Kader. *Caractérologie :* idéalisme, altruisme, résolution, organisation, intégrité.

Abdelkarim
1 500

Serviteur de Celui qui est généreux (arabe). On peut estimer que moins de 30 enfants seront prénommés ainsi en 2023. *Variantes :* Abdelkrim, Abdelkrime. *Caractérologie :* méthode, fiabilité, organisation, ténacité, résolution.

Abdellah
3 000 Top 800

Serviteur de Dieu (arabe). *Variantes :* Abdala, Abdela, Abdella, Abdellali, Abdoul, Abdoulah, Abdoullah, Abdul, Abdullah. *Caractérologie :* organisation, rectitude, humanité, rêve, finesse.

Abel
12 000 Top 200

Souffle, respiration (hébreu). Masculin anglais, français, espagnol et portugais. Abèl est également un prénom occitan et provençal. Dans le Livre de la Genèse, Abel, le fils d'Adam et Ève, s'attire les foudres de son frère Caïn lorsque Dieu accepte l'offrande du premier et refuse celle du second. Dévoré par la jalousie, Caïn assassine Abel. Cette tragédie a inspiré de nombreux artistes, peintres et poètes. *Variantes :* Abélard, Abelardo, Abelin, Abelino. *Caractérologie :* fidélité, intuition, médiation, relationnel, organisation.

Abiel
- de 30

Dieu est mon père (hébreu). Masculin anglais. *Caractérologie :* médiation, intuition, organisation, relationnel, résolution.

Aboubacar
2 000 Top 400

Petit chameau (arabe). Premier calife de l'islam, Abou Bakr prit la succession du prophète Mahomet en 632 et poursuivit le processus de conquête de terres arabes. *Variantes :* Aboubakar, Aboubakari, Aboubaker, Aboubakr, Boubakary, Boubakeur, Boubker. *Caractérologie :* organisation, autorité, innovation, énergie, raisonnement.

Abraham
2 000 Top 800

Père des nations (hébreu). Personnage central de la Genèse, initiateur du monothéisme, Abraham est celui dont

Aaron

Fête :
1er juillet

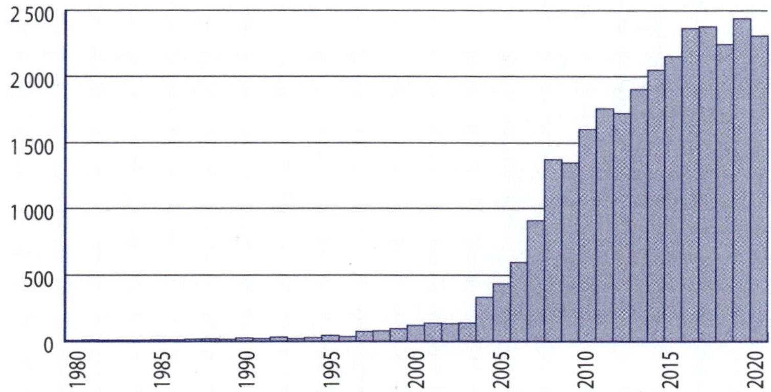

Étymologie

Aaron signifie « esprit » en hébreu, mais il a certainement une origine égyptienne ancienne. Au VIIe siècle, Aaron, médecin d'Alexandrie, rédigea une compilation de traités de médecine qui font date.

Ce prénom de l'Ancien Testament s'est diffusé dès le XVe siècle dans les pays anglophones et figurait avec constance dans les années 1970-1980 dans les tops 30 américain et anglais. Son envol européen est plus récent. Stimulé par un succès fulgurant dans les pays scandinaves, Aaron (Aron pour les Suédois) se propage à l'ensemble du Vieux Continent. En France, il apparaît comme un jeune inconnu : au début des années 1990, moins de 200 Français portent ce prénom ! Suivant les traces d'Adam, autre pépite biblique en plein essor, Aaron enregistre une croissance exponentielle. Il s'impose au 20e rang français en 2019 et poursuit son ascension dans le groupe de tête aujourd'hui. Nos voisins francophones le portent aussi au pinacle. Le Québec résiste encore…

Haroun, la forme arabe, connaît un certain élan, mais n'a pas encore percé dans le top 100.

Issu de la prestigieuse tribu des Lévi, **Aaron**, le frère de Moïse dans l'Ancien Testament, intercède auprès du pharaon pour demander la libération de son peuple. Malgré l'épisode du Veau d'or (durant l'absence prolongée de Moïse, Aaron cède aux pressions du peuple et crée ce substitut symbolique de Dieu), il est pardonné et élevé au rang de grand prêtre. Il meurt sans avoir pu entrer en Terre promise.

Personnes célèbres

Aaron Eckhart, acteur américain, né en 1968 ; AaRON, groupe de musique français, acronyme de Artificial Animals Riding on Neverland.

Statistiques

Aaron est le 51e prénom masculin le plus donné en France depuis l'an 2000. Il est attribué à près d'un garçon sur 150 aujourd'hui.

se réclament les religions juive, chrétienne et musulmane. Abraham (Ibrahim dans le Coran) est usité de longue date dans les familles juive et arabe. En France, ce prénom rare connaît une certaine faveur auprès des protestants français durant la Réforme, mais c'est surtout l'engouement des puritains anglais et américains qui va populariser le prénom dans le monde anglophone à partir du XVIIe siècle. L'un des plus grands présidents américains, Abraham Lincoln (1809-1865), célèbre pour avoir œuvré pour l'abolition de l'esclavage, a illustré ce prénom. Dans la Genèse, Abram (le nom initial d'Abraham) quitte son pays natal et sa tribu avec son épouse Sarah pour une destination désignée par Dieu. Se croyant infertile, Sarah demande à Abraham de concevoir un fils avec sa servante Agar. De leur union naît Ismaël, qui deviendra l'ancêtre des populations arabes. Treize ans plus tard, contre toute attente, Sarah met au monde Isaac, le deuxième fils d'Abraham, dont le peuple juif est le descendant. La foi d'Abraham sera soumise à 10 épreuves, et restera inébranlable, même lorsque Dieu lui ordonne de sacrifier Isaac. Abraham obéit et Dieu lui permet, au dernier moment, de substituer un bélier à son fils. *Variantes :* Aba, Avraham. Forme basque : Abarran. *Caractérologie :* vitalité, stratégie, achèvement, leadership, ardeur.

Abriel
250 Top 2 000

Né en avril (latin). Ce prénom d'inspiration printanière est apparu pour la première fois en France en 2007. *Caractérologie :* relationnel, médiation, intuition, résolution, organisation.

Achille
10 000 Top 200

Qui a de belles lèvres (grec). Afin de le rendre immortel, Thétis plongea son fils Achille dans le Styx, fleuve réservé aux dieux. Le corps d'Achille devint invulnérable, excepté au talon par lequel Thétis l'avait tenu. En perçant son pied d'une flèche fatale, Pâris mit fin aux exploits d'un des plus grands héros de la mythologie grecque. Aujourd'hui encore, on désigne par « talon d'Achille » le point faible d'une personne. Achille est un prénom français et italien. *Variantes :* Achile, Achilles, Aghiles. *Caractérologie :* dynamisme, curiosité, courage, décision, indépendance.

Adalbert
- de 100

Noble, brillant (germanique). Masculin allemand. *Variantes :* Adalard, Adelbert. *Caractérologie :* idéalisme, intégrité, altruisme, décision, gestion.

Adam
75 000 Top 50

De l'hébreu *adamah* et *adom*, « fait de terre rouge ». Des origines babyloniennes ou phéniciennes signifiant « homme », « humanité » lui sont également associées. *Variantes :* Adan, Adame, Adamo, Adao, Damek, Damica, Damicke. *Caractérologie :* dynamisme, direction, audace, indépendance, assurance.

Adama
2 500 Top 500

Fait de terre rouge (hébreu). Voir Adam. Masculin sénégalais. *Caractérologie :* diplomatie, loyauté, réceptivité, sociabilité, bonté.

Adams
250

Fait de terre rouge (hébreu). Voir Adam. Masculin anglais. *Caractérologie :* sociabilité, réceptivité, bonté, diplomatie, loyauté.

Adan
1 300 Top 900

Forme espagnole et basque d'Adam : fait de terre rouge (hébreu). *Caractérologie :* intuition, adaptabilité, fidélité, médiation, relationnel.

Adel
9 000 Top 400

Juste (arabe). *Caractérologie :* persévérance, sécurité, structure, efficacité, honnêteté.

Adam

Fête :
16 mai

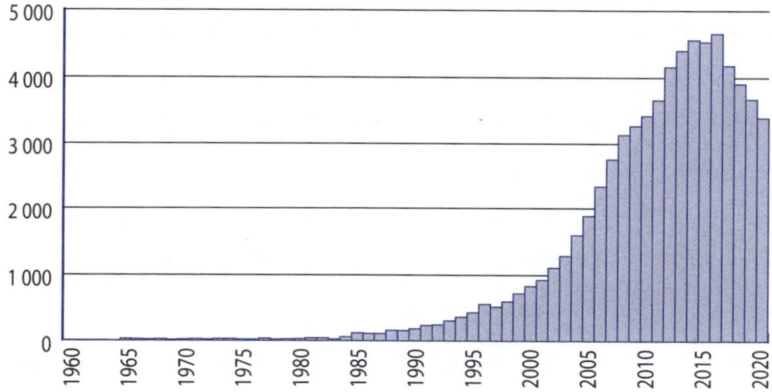

Étymologie

De l'hébreu *adamah* et *adom*, « fait de terre rouge ». Des origines babyloniennes ou phéniciennes, signifiant « homme », « humanité », lui sont également associées. Ce vieux prénom est recensé dans les pays anglo-saxons dès le VIIe siècle, mais sa diffusion est bien plus tardive en France. Encore inconnu au début des années 1950, Adam prénomme moins de 10 Français chaque année. Mais la décennie 1990, marquée par l'essor des prénoms de l'Ancien Testament, le pousse dans le sillon de Nathan, Noah, Gabriel et Raphaël. Son jaillissement au sommet est fulgurant : après avoir conquis le trône parisien en 2015, il talonne Gabriel au 2e rang national en 2018. Il fluctue depuis dans le top 10 français.

Valeur sûre dans les pays de l'Est et en Scandinavie, Adam grandit également dans les pays francophones. Il s'élève dans les tops 25 québécois, suisse romand et wallon. Bien qu'il marque le pas dans les pays anglophones, sa carrière internationale est loin d'être terminée.

Dans le Livre de la Genèse, **Adam**, le premier homme créé par Dieu, coule des jours heureux avec Ève dans le jardin des Délices. Mais ce bonheur tranquille s'interrompt lorsque le couple goûte au fruit défendu de l'arbre de la connaissance du bien et du mal. Pour les punir de leur désobéissance, Dieu les chasse du jardin d'Éden, vouant Adam et ses descendants au travail et aux réalités de la vie sur terre. Adam est le patron des jardiniers. Les musulmans vénèrent Adam en sa qualité de premier homme et premier prophète. Sa dimension multiculturelle a favorisé son succès.

Personnes célèbres

Adam de la Halle, auteur-compositeur français de chansons et rondeaux du XIIIe siècle ; Adam Sandler, acteur américain, né en 1966.

Statistiques

Adam est le 18e prénom masculin le plus donné en France depuis l'an 2000. Il est attribué à près d'un garçon sur 110 aujourd'hui.

A

Adelin
550 Top 2 000 ➔

Noble (germanique). Dans l'Hexagone, Adelin est plus traditionnellement usité au Pays basque. *Variantes :* Adelino, Adelio, Hedelin. *Caractérologie :* ouverture d'esprit, humanité, rêve, résolution, rectitude.

Adem
12 000 Top 200 ➔

Forme arabe d'Adam. *Caractérologie :* curiosité, dynamisme, indépendance, courage, charisme.

Adiel
- de 30

Parure divine (hébreu). *Caractérologie :* persévérance, décision, structure, sécurité, efficacité.

Adil
5 500 Top 700 ➔

Juste (arabe). *Variantes :* Aadil, Adile, Adlâne, Adlen, Adlène. *Caractérologie :* achèvement, stratégie, ardeur, leadership, vitalité.

Adolphe
1 700

Noble, loup (germanique). Un saint, évêque de Westphalie et protecteur des pauvres, porta ce nom au XIIIe siècle. Peu attribué par le passé, ce prénom français a connu son dernier pic de popularité en 1908. On peut estimer que moins de 30 enfants seront prénommés ainsi en 2023. *Variantes :* Adelphe, Adolf, Adolfo, Adolph, Adolpho. *Caractérologie :* finesse, volonté, connaissances, sagacité, réalisation.

Adonis
1 500 Top 700 ↑

Seigneur (hébreu). Adonis est également un nom qui désigne un jeune homme d'une grande beauté, en référence à l'éphèbe qui était l'amant d'Aphrodite dans la mythologie grecque. Ce prénom est plus particulièrement usité en Occitanie et dans les pays anglophones. Forme basque : Adon. *Caractérologie :* force, ambition, habileté, décision, caractère.

Adrian
6 000 Top 300 ↗

Habitant d'Adria, Italie (grec). Adrian est particulièrement répandu dans les pays anglophones, germanophones, hispanophones et slaves. C'est également un choix traditionnel occitan. *Variantes :* Adryan, Adryen. *Caractérologie :* relationnel, intuition, fidélité, médiation, détermination.

Adriano
2 500 Top 800 ➔

La majesté de Dieu (hébreu). Adriano est très porté en Italie et dans les pays lusophones. *Caractérologie :* résolution, achèvement, vitalité, stratégie, volonté.

Adriel
950 Top 500 ↗

La majesté de Dieu (hébreu). Adriel est également une contraction d'Adrien et des prénoms se terminant en « el ». *Variantes :* Adrial, Hadriel. *Caractérologie :* ténacité, méthode, fiabilité, engagement, détermination.

Adrien
108 000 Top 200 ↘

La forme latine Adrianus était portée par une famille romaine habitant la ville d'Adria. C'est elle qui a donné son nom à la mer Adriatique et au célèbre empereur Hadrien. Au cours des siècles, plusieurs saints et six papes ont porté ce nom sous ses différentes formes. Adrien est connu, même si son usage reste discret, jusqu'à la fin du XXe siècle. Il s'envole alors en Europe et dans l'Hexagone, culminant au 20e rang français en 1991. Il est, avec Adrian et Adriano, très répandu dans le monde occidental et les pays slaves aujourd'hui. 🔍 Hadrien succède à Trajan en 117 et règne sur l'Empire romain jusqu'en 138. Homme politique brillant et cultivé, il réorganise l'administration et protège son empire des invasions barbares en fortifiant ses frontières. L'Angleterre lui doit notamment la construction du célèbre mur d'Hadrien.

A

Dans la littérature, Hadrien a inspiré un roman de Marguerite Yourcenar et de nombreux récits. *Caractérologie :* paix, bienveillance, conscience, conseil, décision.

Aedan
1 300 Top 900

Petit feu (celte). Masculin anglais. *Caractérologie :* savoir, intelligence, sagesse, indépendance, méditation.

Aël
800 Top 900

Forme bretonne d'Ange : messager (grec). *Variantes :* Aëlane, Aelig. *Caractérologie :* idéalisme, altruisme, dévouement, réflexion, intégrité.

Aelian
- de 30

Se rapporte à Claudius Aelianus, historien, orateur romain et maître de rhétorique surnommé Élien le Sophiste, né vers 170, mort à Rome en 235. Masculin anglais moderne. *Caractérologie :* influence, équilibre, exigence, détermination, responsabilité.

Agathon
- de 30

Bonté (grec). *Caractérologie :* communication, enthousiasme, pratique, adaptation, sensibilité.

Agénor
- de 30

Forme masculine bretonne d'Éléonore. En breton, *enor* signifie « honneur ». *Caractérologie :* conscience, paix, décision, bienveillance, conseil.

Agnan
120

Chaste, pur (grec). *Caractérologie :* assurance, indépendance, audace, direction, dynamisme.

Agnel
- de 30

Chaste, pur (grec). *Variante :* Agnan. Forme bretonne : Noan. *Caractérologie :* créativité, communication, pragmatisme, sympathie, optimisme.

Agustin
160

Consacré par les augures (latin). Agustin est très en vogue en Amérique latine, notamment au Chili et en Uruguay. C'est aussi un choix traditionnel basque. *Variantes :* Agosti, Agostinho, Agostino, Agustinho, Agustino. *Caractérologie :* détermination, innovation, énergie, autorité, bonté.

Ahmed
22 000 Top 200

Digne d'éloges (arabe). Théologien au IXe siècle, Ahmed Ibn Hanbal est l'un des fondateurs de l'école hanbalite, l'une des quatre écoles qui régissent les lois islamiques. *Variantes :* Aimad, Ahmad, Ahmet, Ahmadou, Ahmid, Amadou, Mamoudou. *Caractérologie :* persévérance, structure, honnêteté, sécurité, efficacité.

Aidan
2 500 Top 800

Petit feu (celte). Se rapporte également à Aodh, prénom porté par le fils du roi Lir dans la mythologie irlandaise. Prénom irlandais, écossais et anglais. Notons qu'Aidan s'est francisé avec l'utilisation du tréma alors que ses origines celtiques en contredisent l'usage. *Variantes :* Aden, Aedan, Aeden, Aiden, Aydan, Ayden. *Caractérologie :* relationnel, fidélité, intuition, médiation, résolution.

Aimable
- de 100

Aimable (latin). *Variantes :* Amable, Amavel, Mavel. *Caractérologie :* détermination, sagacité, connaissances, spiritualité, organisation.

Aimé
9 000 Top 600

Qui est aimé (latin). Masculin français. *Caractérologie :* autorité, énergie, innovation, détermination, ambition.

Aimeric
700

Puissant (germanique). Dans l'Hexagone, Aimeric est plus traditionnellement usité en Occitanie. *Variantes :* Aimerick, Aimery,

A

Amery, Aymerich. Formes basques : Aimar, Aimard. *Caractérologie :* méthode, ténacité, fiabilité, résolution, engagement.

Aïssa
3 500 Top 800

Jésus (arabe), Dieu sauve (hébreu). *Caractérologie :* fiabilité, ténacité, sens du devoir, méthode, engagement.

Aitor
180

Père de tous les Basques (mythologie basque). *Caractérologie :* idéalisme, altruisme, intégrité, réflexion, dévouement.

Akash
130

Ciel (sanscrit). Akash est très répandu en Inde. *Caractérologie :* efficacité, sécurité, structure, persévérance, honnêteté.

Akim
3 500 Top 2 000

Dérivé russe de Joachim et variante d'Hakim. *Variante :* Achim. *Caractérologie :* savoir, intelligence, indépendance, méditation, sagesse.

Akira
160

Très intelligent (japonais). *Variante :* Akio. *Caractérologie :* honnêteté, structure, sécurité, efficacité, persévérance.

A

Al
450 Top 2 000

Beau, calme (celte). Masculin anglais. *Caractérologie :* méthode, ténacité, engagement, sens du devoir, fiabilité.

Aladin
140

Foi élevée (arabe). Aladin est le héros du conte *Aladin ou la Lampe merveilleuse*, issu du recueil arabo-persan des *Mille et Une Nuits*. *Caractérologie :* dynamisme, courage, indépendance, détermination, curiosité.

Alain
391 000 Top 2 000

Beau, calme (celte). Un saint breton, évêque de Quimper au VIe siècle, atteste l'ancienneté de ce prénom. Il est recensé, en France comme en Angleterre (Alan), dès le Moyen Âge, mais c'est au XXe siècle qu'il fait véritablement carrière en France. Il brille au 3e rang masculin en 1950 et reste largement attribué ensuite. Une popularité qui lui vaut d'être le 7e prénom masculin le plus attribué du siècle passé. Dominicain breton au XVe siècle, saint Alain de La Roche fonda plusieurs confréries du Rosaire en France, en Allemagne et aux Pays-Bas. *Variante :* Allain. *Caractérologie :* direction, indépendance, détermination, audace, dynamisme.

Alan
20 000 Top 500

Beau, calme (celte). Alan est plus traditionnellement usité en Angleterre, en Écosse, en Bretagne et en Occitanie. *Variantes :* Alane, Alanig, Alann, Alen, Alenn, Lan, Lanig. *Caractérologie :* innovation, autorité, énergie, autonomie, ambition.

Alaric
900 Top 2 000

Roi de tous (germanique). Masculin allemand, anglais et scandinave. Formes bretonnes : Alar, Alarig. Forme occitane : Alari. *Caractérologie :* ardeur, achèvement, vitalité, stratégie, leadership.

Albain
- de 100

Blanc (latin). *Caractérologie :* optimisme, communication, pragmatisme, détermination, organisation.

Alban
25 000 Top 200

Blanc (latin). Alban est plus particulièrement usité en Allemagne et dans les pays anglophones. C'est aussi un choix traditionnel occitan. *Variante :* Albano. *Caractérologie :* communication, pragmatisme, créativité, optimisme, gestion.

Le top 20 en 2023

Ci-dessous les projections du top 20 des prénoms masculins. Le classement a été effectué par ordre décroissant d'attribution.

1. Gabriel
2. Léo
3. Raphaël
4. Arthur
5. Louis
6. Jules
7. Maël
8. Adam
9. Gabin
10. Noah
11. Hugo
12. Lucas
13. Liam
14. Sacha
15. Aaron
16. Léon
17. Isaac
18. Paul
19. Nathan
20. Noé

Gabriel a cédé sa couronne à Léo en 2020, mais la vague qui le porte est puissante, et il est revenu au premier plan dès 2021. Il devrait, cette année encore, dominer le classement masculin. Force est de constater que les prénoms multiculturels poursuivent une remarquable ascension. Ange ou messager, Gabriel, à la confluence des 3 religions monothéistes, en est le parfait exemple. Autre mythe des Écritures, qu'elles soient chrétiennes, judaïques ou musulmanes, Adam et Aaron se sont imposés dans le top 20 masculin dans les années 2010. Ces exploits ravivent les ardeurs d'un autre héros, Noé, qui navigue sur son arche vers le succès. Noah ne l'a pas attendu pour rebondir dans le top 10.

Léon, nouvel arrivant dans ce club privé, vient renforcer la source rétro (Léo, Louis, Jules). Il pourrait à terme devenir le nouveau roi lion (Léo et Léon viennent du latin *leo*, « lion »).

Malgré la chute de Nolan, les sonorités irlandaises n'ont pas dit leur dernier mot : en témoigne Liam qui campe dans la lumière aux côtés des celtiques et gaéliques Maël et Arthur.

Le court continue d'être une composante majeure du succès. On n'a jamais vu autant de prénoms d'une syllabe (Louis, Liam, Jules et Paul) ou de 3 à 4 lettres (Léo, Noé, Maël) briller à ce point dans les 20 premiers rangs. Une exception confirme la règle : Tom, bien que concis, est en fin de carrière et chute dans le top 30.

À contre-courant de cette tendance, Mohamed, avec 7 lettres et 3 syllabes, se place au 22e rang masculin. Mais n'allons pas imaginer le retour des prénoms longs. Augustin renaît, mais Alexandre, Isidore et Maximilien devront patienter longtemps avant de pouvoir revenir sur le devant de la scène !

Au seuil du top 20, Éden et Naël sont les mieux placés pour succéder à Paul et Nathan.

Albéric

1 300

Noble, brillant (germanique). Masculin anglais et français. On peut estimer que moins de 30 enfants seront prénommés ainsi en 2023. *Caractérologie :* découverte, énergie, audace, décision, gestion.

Albert

37 000 **Top 800**

Noble, brillant (germanique). Succédant aux formes moyenâgeuses Adalbert, Albrecht et Aubert, Albert a attendu le XIXe siècle pour briller dans la plupart des pays occidentaux. Prenant la relève d'Alfred et porté par le prestige d'Albert de Saxe (1819-1861), prince consort et époux bien-aimé de la reine Victoria en Angleterre, il culmine dans les tops 20 nationaux de nombreux pays à la fin du siècle. En France, Albert figure encore au 15e rang à l'aube de son reflux, en 1920. Il est devenu rare pour un nouveau-né depuis les années 1970. Évêque de Ratisbonne au XIIIe siècle, saint Albert consacra une grande partie de sa vie à la réflexion et à l'enseignement. Il est le patron des scientifiques. *Variantes :* Albérie, Albertin, Alibert, Albrecht, Bel, Béla, Elbert. *Caractérologie :* persévérance, structure, gestion, décision, sécurité.

☆ Albert Einstein ne s'est pas contenté d'être un scientifique génial et un pacifiste sincère, il a été « l'homme du XXe siècle ». Nous lui devons la théorie de la relativité et une porte ouverte sur la connaissance. Sa formule, $E = mc^2$, est notre sésame pour un voyage aux confins de l'univers.

Alberto

1 800

Noble, brillant (germanique). Masculin espagnol, italien et portugais. On peut estimer que moins de 30 enfants seront prénommés ainsi en 2023. *Variantes :* Alberti, Albertino. *Caractérologie :* détermination, direction, audace, dynamisme, raisonnement.

Albin

4 000 **Top 500**

Blanc (latin). Albin est plus particulièrement usité dans les pays slaves méridionaux. C'est aussi un choix traditionnel occitan. *Variante :* Albino. *Caractérologie :* relationnel, médiation, organisation, intuition, détermination.

Alcée

- de 30

Poète lyrique grec qui chanta des hymnes à la beauté, à l'amour et à la mort vers 640-580 avant J.-C. Il est considéré comme l'inventeur des vers « alcaïques » qui furent ensuite empruntés par Horace. *Caractérologie :* habileté, force, management, passion, ambition.

Alcibiade

- de 30

Nom d'un général et homme politique grec du Ve siècle avant J.-C. *Caractérologie :* énergie, autorité, innovation, gestion, décision.

Alcide

550

Voir Alcibiade. Prénom corse. *Caractérologie :* méditation, détermination, savoir, intelligence, indépendance.

Alderic

120

Noble, puissant (germanique). *Variante :* Alderick. *Caractérologie :* méditation, savoir, indépendance, intelligence, détermination.

Aldo

2 500 **Top 2 000**

Noble (germanique). Masculin italien. *Variante :* Alde. *Caractérologie :* découverte, audace, énergie, séduction, originalité.

Aldous

- de 30

Vieil ami (anglais). *Caractérologie :* rectitude, humanité, ouverture d'esprit, générosité, rêve.

Aldric

1 100

Noble, puissant (germanique). En dehors de l'Hexagone, Aldric est plus particulièrement

A

usité en Allemagne. On peut estimer que moins de 30 enfants seront prénommés ainsi en 2023. *Variante :* Aldrick. *Caractérologie :* sociabilité, diplomatie, réceptivité, bonté, loyauté.

Aldwin
140

Vieil ami (anglais). *Caractérologie :* idéalisme, altruisme, intégrité, décision, réflexion.

Aleandro
120

Défense de l'humanité (grec). Masculin italien. *Caractérologie :* dévouement, idéalisme, intégrité, décision, réflexion.

Alessandro
4 000 **Top 600** ➔

Défense de l'humanité (grec). Alessandro est très répandu en Italie et au Portugal. *Variantes :* Alejandro, Alessio. *Caractérologie :* rectitude, humanité, rêve, logique, caractère.

Alessio
7 500 **Top 100** ↗

Défense de l'humanité (grec). Masculin italien. *Caractérologie :* rectitude, humanité, raisonnement, générosité, tolérance.

Alex
29 000 **Top 300** ➔

Défense de l'humanité (grec). Alex est très répandu dans les pays occidentaux et anglophones. *Variante :* Alec. *Caractérologie :* exigence, influence, famille, équilibre, responsabilité.

Alexander
2 500 **Top 900** ➔

Défense de l'humanité (grec). Alexander est très répandu dans les pays anglophones, germanophones et scandinaves. *Variantes :* Sancho, Sander, Sanders, Skender, Xander, Xandre. *Caractérologie :* volonté, pratique, enthousiasme, communication, raisonnement.

Alexandre
268 000 **Top 100** ↘

Défense de l'humanité (grec). Ce prénom porté par plusieurs saints, huit papes, trois empereurs russes et de nombreux souverains a été, sous ses nombreuses graphies, en usage dès le Moyen Âge. Mais c'est à partir du XVIe siècle qu'il entame une grande carrière dans de nombreux pays occidentaux et slaves. En France, Alexandre a figuré dans le top 10 masculin de 1982 à 2002, s'illustrant à plusieurs reprises dans les tout premiers rangs. Loin d'être éteinte, sa gloire a engendré celles d'Alexis et Sacha. 🔍 Roi de la Macédoine à l'âge de 20 ans, Alexandre le Grand (356-323 avant J.-C.), ou Alexandre III, se rendit maître de l'Empire perse à l'issue de nombreuses batailles. Il fonda, au cours de ses campagnes, une soixantaine de cités avant de mourir au combat à 33 ans. En mémoire de son fondateur, la ville égyptienne d'Alexandrie a gardé son nom. 🔍 Alexandre II, tsar de Russie à la fin du XIXe siècle, humanisa la justice, abolit le servage des paysans et s'engagea dans des réformes démocratiques qui diminuèrent les privilèges des classes nobles. Il fut assassiné à Saint-Pétersbourg en 1881. 🔍 Alexandre Dumas (1802-1870), écrivain français et auteur de nombreux romans historiques, connut un succès mondial avec *Les Trois Mousquetaires* et *Le Comte de Monte-Cristo*. *Variantes :* Aleksandar, Aleksandre, Ales, Alesander, Alexan, Alexandros. *Caractérologie :* caractère, enthousiasme, logique, communication, pratique.

Alexandro
650 ➔

Défense de l'humanité (grec). *Caractérologie :* caractère, logique, ténacité, méthode, fiabilité.

Alexi
1 800

Défense de l'humanité (grec). On peut estimer que moins de 30 enfants seront prénommés ainsi en 2023. *Caractérologie :* responsabilité, famille, équilibre, détermination, raisonnement.

A

Alexian
650

Défense de l'humanité (grec). *Variante :* Alexio. *Caractérologie :* raisonnement, communication, détermination, enthousiasme, pratique.

Alexis
135 000 Top 200

Défense de l'humanité (grec). Ce diminutif d'Alexandre a été porté par cinq empereurs byzantins et un tsar russe, ce qui explique sa popularité en Grèce, en Russie et dans les pays slaves. Au milieu du XXe siècle, Alexis s'est répandu en Allemagne et aux États-Unis où il s'est, depuis la fin des années 1990, considérablement féminisé : en 1999, il figurait au 3e rang du tableau féminin américain. Cette situation n'affecte pas le genre masculin d'Alexis en France. Propulsé par la gloire d'Alexandre au 11e rang français au milieu des années 1990, Alexis est encore prisé par les parents aujourd'hui. Au XIVe siècle, saint Alexis renonça à ses activités de marchand florentin pour vivre dans la prière et la pauvreté. *Caractérologie :* intelligence, méditation, raisonnement, détermination, savoir.

A

Alexy
4 500 Top 2 000

Défense de l'humanité (grec). *Variantes :* Alexei, Alexian, Alexys. *Caractérologie :* engagement, ténacité, fiabilité, méthode, bonté.

Alfie
- de 100

Noble paix (germanique). *Variantes :* Alfeo, Alphie. *Caractérologie :* paix, bienveillance, conscience, résolution, analyse.

Alfonso
500

Noble, vif (germanique). Ce prénom est particulièrement répandu au Portugal et en Espagne. *Caractérologie :* énergie, autorité, ambition, innovation, autonomie.

Alfred
11 000 Top 2 000

Noble paix (germanique). Roi des Anglo-Saxons au IXe siècle, Alfred le Grand défendit admirablement son royaume contre les Vikings venus du Danemark. Alfred se diffuse à cette période mais sombre ensuite dans l'oubli. Il renaît au XIXe siècle dans les pays anglophones, scandinaves et germanophones avant de gagner l'Hexagone et le reste de l'Europe. Alfred figurait dans les 30 premiers rangs français en 1910, à l'aube de son déclin. Il a presque totalement disparu depuis les années 1960. *Variantes :* Alfrède, Alfredo, Alfie, Alfy, Alphie, Eldrid. *Caractérologie :* direction, logique, audace, caractère, dynamisme.

Alfredo
850

Noble paix (germanique). Alfredo est plus traditionnellement usité en Italie, dans les pays hispanophones et lusophones. C'est aussi un choix traditionnel basque. *Caractérologie :* connaissances, logique, sagacité, spiritualité, caractère.

Ali
28 000 Top 200

Noble, admirable (arabe). Cousin du prophète Mahomet et époux de sa fille Fatima, Ali fut le quatrième calife « orthodoxe » de l'islam. Ali est répandu dans les cultures musulmanes. *Variantes :* Ala, Alaa, Aly. *Caractérologie :* structure, honnêteté, persévérance, efficacité, sécurité.

Alistair
700 Top 2 000

Oculiste (grec). Masculin écossais et irlandais. *Variante :* Alister. *Caractérologie :* passion, force, ambition, habileté, organisation.

Alix
7 500 Top 400

De noble lignée (germanique). *Caractérologie :* innovation, autorité, énergie, logique, ambition.

Les plus portés aujourd'hui

Les prénoms les plus portés en France ne sont pas ceux qui y sont les plus attribués aujourd'hui. Le tableau ci-dessous nous en fait la démonstration. Ces prénoms sont classés par ordre décroissant, du 1er au 50e prénom le plus porté en 2023.

Les dates entre parenthèses indiquent les années record d'attribution de chaque prénom pour la période de 1900 à 2023.

1. Jean *(1946)*
2. Michel *(1947)*
3. Philippe *(1963)*
4. Alain *(1950)*
5. Pierre *(1930)*
6. Nicolas *(1980)*
7. Christophe *(1969)*
8. Patrick *(1956)*
9. Christian *(1949)*
10. David *(1972)*
11. Daniel *(1947)*
12. Frédéric *(1973)*
13. Laurent *(1970)*
14. Julien *(1985)*
15. Sébastien *(1977)*
16. Éric *(1965)*
17. Stéphane *(1971)*
18. Bernard *(1947)*
19. Thomas *(2000)*
20. Pascal *(1962)*
21. Alexandre *(1995)*
22. Thierry *(1964)*
23. Olivier *(1971)*
24. Gérard *(1949)*
25. Jacques *(1946)*
26. Claude *(1936)*
27. François *(1963)*
28. Vincent *(1981)*
29. Maxime *(1992)*
30. Guillaume *(1984)*
31. Antoine *(1996)*
32. Didier *(1958)*
33. André *(1920)*
34. Dominique *(1958)*
35. Jérôme *(1974)*
36. Bruno *(1963)*
37. Louis *(1920)*
38. Romain *(1987)*
39. Paul *(1920)*
40. Lucas *(2002)*
41. Marc *(1959)*
42. Anthony *(1988)*
43. Kevin *(1991)*
44. Franck *(1965)*
45. Jean-Pierre *(1947)*
46. Clément *(1998)*
47. Hugo *(2000)*
48. Cédric *(1978)*
49. Raphaël *(2015)*
50. Serge *(1952)*

Durant des décennies, **Jean** a été l'unique prénom masculin porté par plus d'un million de Français, mais depuis 3 ans, il figure sous le seuil du million. Cette évolution était attendue, car l'âge moyen des Jean est supérieur à 70 ans, mais il fallait le souligner : le répertoire des prénoms attribués augmente de telle sorte qu'aucun autre prénom ne devrait, à l'avenir, connaître un tel destin. Porté par plus de 500 000 garçons, **Michel** distance **Philippe**, **Alain** et **Pierre** dans la catégorie des 400 000 individus. De **Nicolas** à **Dominique**, la fréquence du prénom varie de 300 000 à 200 000. Deux novices, Hugo et Raphaël, font irruption dans le tableau. Rien d'étonnant pour ces prénoms phares depuis le tournant du siècle. Au 50e rang, **Serge** désigne environ 150 000 Français.

Allan
17 000 Top 900

Beau, calme (celte). En dehors de l'Hexagone, Allan est très répandu en Écosse. *Variante :* Allen. *Caractérologie :* méthode, ténacité, fiabilité, engagement, sens du devoir.

Aloïs
6 500 Top 300

Très sage (vieil allemand). En dehors de l'Hexagone, Alois est particulièrement répandu en Allemagne et en Autriche. *Caractérologie :* médiation, intuition, logique, relationnel, fidélité.

Aloïse
170

Très sage (vieil allemand). *Caractérologie :* raisonnement, méditation, intelligence, détermination, savoir.

Alonzo
950 Top 2 000

Nom castillan dérivé d'un patronyme germanique. Prénom italien. *Caractérologie :* relationnel, intuition, fidélité, adaptabilité, médiation.

Aloyse
450

Très sage (vieil allemand). Aloyse est plus particulièrement recensé au Luxembourg. *Caractérologie :* curiosité, dynamisme, courage, indépendance, sympathie.

Alpha
900 Top 2 000

Désigne la première lettre de l'alphabet grec. *Variante :* Alfa. *Caractérologie :* médiation, intuition, relationnel, fidélité, adaptabilité.

Alphée
- de 30

Dans la mythologie grecque, Alphée se transforme en fleuve pour rejoindre sa bien-aimée, la nymphe Aréthuse. *Caractérologie :* sociabilité, réceptivité, diplomatie, amitié, loyauté.

Alphonse
5 500 Top 700

Noble, vif (germanique). Masculin français. *Variantes :* Alfons, Alfonse, Alonso, Alonzo, Alphonso. *Caractérologie :* idéalisme, intégrité, réflexion, altruisme, bonté.

Alric
400

Roi de tous (germanique). Masculin allemand. *Variantes :* Alrick, Alrik. *Caractérologie :* sagesse, savoir, intelligence, méditation, indépendance.

Altman
- de 30

Vieil homme (germanique). Masculin anglais. *Caractérologie :* originalité, spiritualité, sagacité, connaissances, organisation.

Alvaro
750 Top 800

Noble et fidèle (germanique). Prénom espagnol. *Variante :* Alvar. *Caractérologie :* influence, famille, équilibre, responsabilité, analyse.

Alvin
1 800 Top 2 000

Elfe, ami (vieil anglais). Masculin anglais. *Variantes :* Alvine, Alvino, Alvyn, Alwin. *Caractérologie :* méthode, engagement, ténacité, fiabilité, résolution.

Amadéo
250

Amour de Dieu (latin). Prénom italien. *Variante :* Amadeus. *Caractérologie :* créativité, communication, optimisme, volonté, pragmatisme.

Amadis
- de 30

Amour de Dieu (latin). Héros du roman de chevalerie *Amadis de Gaule*, écrit en 1508 par Garci Rodríguez de Montalvo. *Caractérologie :* diplomatie, bonté, loyauté, réceptivité, sociabilité.

Amador
- de 100

Celui qui aime (latin). Masculin espagnol, portugais et basque. *Caractérologie :* sagacité, connaissances, philosophie, spiritualité, originalité.

Amadou
3 000 Top 600

Digne d'éloges (arabe). *Caractérologie :* direction, dynamisme, audace, assurance, indépendance.

Amaël
2 000 Top 500

Variante moderne de Maël : chef, prince (celte). *Caractérologie :* courage, curiosité, dynamisme, indépendance, charisme.

Amance
- de 30

Aimé (latin). *Caractérologie :* ténacité, méthode, fiabilité, engagement, sécurité.

Amand
600

Aimé (latin). Masculin français. *Variante :* Amandin. *Caractérologie :* bienveillance, paix, conseil, conscience, sagesse.

Amandio
- de 100

Aimé (latin). *Variante :* Amando. *Caractérologie :* communication, pratique, caractère, enthousiasme, décision.

Amar
6 000 Top 800

Aimer (latin), bâtisseur (arabe). *Caractérologie :* bienveillance, conscience, paix, sagesse, conseil.

Amara
900 Top 2 000

Immortel (sanscrit). Prénom indien d'Asie. *Caractérologie :* savoir, intelligence, méditation, sagesse, indépendance.

Amaram
- de 30

Manguier (sanscrit). Masculin indien d'Asie. *Caractérologie :* adaptabilité, relationnel, fidélité, intuition, médiation.

Amarin
- de 100

Aimer (latin). *Caractérologie :* réceptivité, loyauté, sociabilité, diplomatie, détermination.

Amaury
20 000 Top 200

Puissant (germanique). Masculin français. *Variante :* Amory. *Caractérologie :* savoir, indépendance, méditation, intelligence, réalisation.

Ambroise
5 000 Top 400

Immortel (grec). Prénom français. Saint Ambroise fut l'un des plus grands liturgistes de l'Église. Docteur de l'Église latine, il mourut archevêque de Milan au IVe siècle. *Variantes :* Ambrose, Ambrosio. *Caractérologie :* direction, audace, dynamisme, décision, caractère.

Amédée
1 400

Amour de Dieu (latin). On peut estimer que moins de 30 enfants seront prénommés ainsi en 2023. *Variantes :* Amédé, Amédéo. *Caractérologie :* bienveillance, conseil, paix, conscience, sagesse.

Amélien
300

Travailleur (germanique). *Variante :* Amélio. *Caractérologie :* dynamisme, courage, curiosité, résolution, indépendance.

Amelin
- de 30

Travailleur (germanique). *Variantes :* Amelio, Amelius. *Caractérologie :* humanité, rectitude, détermination, générosité, tolérance.

Amiel
200 Top 2 000

Peuple de Dieu (hébreu). *Caractérologie :* ténacité, engagement, méthode, fiabilité, détermination.

Amin
3 500 Top 900

Loyal, digne de confiance (arabe). *Caractérologie :* dynamisme, direction, audace, indépendance, décision.

Amine
25 000 Top 200

Loyal, digne de confiance (arabe). Ce prénom est particulièrement répandu dans les cultures musulmanes

A

francophones. *Caractérologie :* paix, conscience, conseil, bienveillance, résolution.

Amir
17 000 Top 50

Prince (arabe), proclamé (hébreu). *Caractérologie :* curiosité, dynamisme, indépendance, courage, charisme.

Amiram
- de 30

Mon peuple est puissant (hébreu). *Caractérologie :* direction, audace, assurance, indépendance, dynamisme.

Amos
400 Top 1 000

Né de Dieu, fardeau (hébreu). Masculin anglais. *Caractérologie :* pragmatisme, communication, optimisme, sociabilité, créativité.

Amos était un simple berger de Judée que Dieu a appelé comme prophète. Son étymologie, « celui qui est chargé d'un fardeau », le disposait tout particulièrement à la prédication. Fidèle observateur de son époque, il dénonça les injustices et n'épargna ni les riches ni les prêtres. Ernest Renan le décrit comme « le premier journaliste de l'histoire ».

Amour
110

Amour (latin). *Caractérologie :* dynamisme, curiosité, indépendance, courage, raisonnement.

Anaël
2 500 Top 600

Grâce (hébreu). *Variante :* Énaël. *Caractérologie :* équilibre, responsabilité, influence, exigence, famille.

Anas
11 000 Top 100

Sociable, sympathique (arabe). *Variante :* Anes. *Caractérologie :* ambition, force, management, habileté, passion.

Anastase
160

Résurrection (grec). *Variante :* Anastasio. *Caractérologie :* achèvement, vitalité, ardeur, stratégie, leadership.

Anatole
7 500 Top 300

Aube, soleil levant (grec). Ce prénom porteur de lumière est usité depuis les premiers siècles, mais il a mené une existence discrète en France. Redécouvert à partir des années 1990, il grandit sans faire de vagues, mais avec la constance des prénoms qui finissent par nous étonner. Forme basque : Anatoli. *Caractérologie :* organisation, énergie, audace, découverte, originalité.

Anatole Latuile est déjà la star des cours de récré. Ce personnage de BD aux cheveux ébouriffés est un concentré de sympathiques bêtises et d'idées folles. Par définition, l'élève le plus populaire de la classe ! C'est la version moderne du petit Nicolas.

Ancelin
400

Serviteur (latin). *Variantes :* Ancel, Ancelot. *Caractérologie :* fiabilité, ténacité, méthode, engagement, détermination.

Andelin
- de 30

Noble (germanique). *Caractérologie :* courage, indépendance, décision, dynamisme, curiosité.

Andéol
200

Force, courage (grec). Chrétien parti évangéliser le sud de la Gaule au IIIe siècle, Andéol fut mis à mort par l'empereur Septime. Une commune ardéchoise porte ce nom occitan. *Caractérologie :* direction, audace, dynamisme, indépendance, assurance.

Anderson
950

Force, courage (grec). *Variantes :* Ander, Anders. *Caractérologie :* détermination, rêve, volonté, rectitude, humanité.

Andie
- de 30

Force, courage (grec). *Variante :* Andi. *Caractérologie :* résolution, bienveillance, conseil, paix, conscience.

Andoni
700 Top 2 000 ➔

Inestimable (latin), fleur (grec). Prénom basque. *Variantes :* Andere, Andolin. *Caractérologie :* pratique, communication, enthousiasme, décision, caractère.

André
201 000 Top 600 ➔

Force, courage (grec). Ce prénom a été porté par le premier disciple de Jésus et de nombreux saints, ce qui explique sa diffusion ancienne. En usage au Moyen Âge, André (Andrew) devient assez fréquent dans les pays anglophones jusqu'au XXe siècle. En France, il renaît au milieu du XIXe siècle, culmine au 2e rang en 1920 et se maintient dans le top 10 masculin jusqu'en 1948. En dehors de l'Hexagone, André et ses variantes (Andreas, Andrei, Anders, Andrej, etc.) sont très répandus dans les pays slaves et occidentaux. 🔍 Frère de saint Pierre, saint André fut le premier disciple de Jésus. Il parcourut l'Asie Mineure et la Grèce pour y prêcher l'Évangile et mourut crucifié à Patras. Saint André est le patron de l'Écosse, des pêcheurs et des poissonniers. *Caractérologie :* famille, éthique, équilibre, influence, décision.

Andrea
12 000 Top 100 ↗

Force, courage (grec). Ce prénom venu d'Italie a connu une certaine faveur au féminin avant d'émerger au masculin dans les années 1990. Notons qu'Andrea est également un choix traditionnel basque et corse. *Caractérologie :* intelligence, savoir, méditation, indépendance, décision.

Andreas
4 500 Top 400 ➔

Force, courage (grec). Masculin allemand et néerlandais. *Caractérologie :* décision, habileté, ambition, force, passion.

Andrés
950 Top 2 000 ➔

Force, courage (grec). Prénom espagnol. *Caractérologie :* connaissances, spiritualité, sagacité, originalité, résolution.

Andrew
4 000 Top 600 ➔

Force, courage (grec). Masculin anglais. *Caractérologie :* loyauté, diplomatie, sociabilité, réceptivité, résolution.

Andria
600 Top 700 ↗

Force, courage (grec). Prénom corse et italien. Andria est également le nom d'une ville italienne située dans la région des Pouilles. *Caractérologie :* relationnel, médiation, fidélité, intuition, détermination.

Andrian
- de 30

Force, courage (grec). Cette variante russe d'Adrien est également recensée en Finlande et en Suède. *Variantes :* Andriano, Andric, Andrick, Andrien, Andris, Andry. *Caractérologie :* pionnier, autorité, dynamisme, ambition, ténacité.

Andro
- de 30

Force, courage (grec). *Caractérologie :* curiosité, motivation, découverte, organisation, courage.

Andy
12 000 Top 500 ↘

Force, courage (grec). En dehors de l'Hexagone, Andy est plus particulièrement répandu dans les pays anglophones. *Variante :* Anddy. *Caractérologie :* achèvement, stratégie, réalisation, vitalité, ardeur.

Ange
11 000 Top 300 ➔

Messager (grec). Masculin français et corse. *Variante :* Angy. *Caractérologie :* humanité, rectitude, rêve, générosité, tolérance.

Angel
6 500 Top 500 ➔

Messager (grec). En dehors de l'Hexagone, Angel est répandu dans les pays anglophones. *Variantes :* Angéli, Angelus,

Angély. *Caractérologie :* optimisme, communication, sympathie, pragmatisme, créativité.

Angelin
250

Messager (grec). *Caractérologie :* détermination, ambition, passion, habileté, force.

Angelo
11 000 Top 400

Messager (grec). Masculin italien. *Variante :* Angelito. *Caractérologie :* intégrité, idéalisme, altruisme, cœur, réflexion.

Angus
400 Top 2 000

Celui qui est choisi (celte). Masculin anglais. *Caractérologie :* habileté, ambition, force, passion, sympathie.

Anh
190

Reflet, rayon lumineux (vietnamien). *Caractérologie :* découverte, énergie, séduction, originalité, audace.

Anibal
- de 100

À la grâce de Baal (dieu phénicien). Homme politique et général célèbre pour avoir longtemps tenu tête aux Romains, Annibal est souvent représenté assis sur l'éléphant qu'il utilisa comme monture lors d'une grande bataille. Il est considéré comme l'un des plus grands tacticiens militaires de l'histoire. Il meurt par suicide en 183 avant J.-C. *Variantes :* Annibal, Hannibal. *Caractérologie :* pragmatisme, communication, détermination, optimisme, organisation.

Anice
200

Invincible (grec). *Caractérologie :* curiosité, dynamisme, courage, indépendance, décision.

Anicet
1 200 Top 2 000

Invincible (grec). Masculin français. *Caractérologie :* connaissances, spiritualité, sagacité, organisation, détermination.

Aniel
- de 100

Variante d'Anil recensée dans les pays occidentaux. *Caractérologie :* énergie, décision, résolution, indépendance, charisme.

Anil
550 Top 2 000

Vent (sanscrit). Prénom indien d'Asie. *Caractérologie :* rêve, rectitude, humanité, décision, ouverture d'esprit.

Anis
10 000 Top 300

Sociable, sympathique (arabe). *Variantes :* Aniss, Anisse, Anys. *Caractérologie :* savoir, intelligence, indépendance, méditation, détermination.

Anouar
2 000 Top 2 000

Lumière (arabe). *Variantes :* Anoir, Anwar. *Caractérologie :* méditation, décision, intelligence, savoir, logique.

Anselme
1 800 Top 1 000

Protection divine (germanique). *Variante :* Anselmo. *Caractérologie :* exigence, famille, responsabilité, équilibre, influence.

Anthelme
120

Protection divine (germanique). *Caractérologie :* bienveillance, attention, paix, gestion, conscience.

Anthime
650

Protection divine (germanique). *Variantes :* Antim, Anthyme, Antime. *Caractérologie :* sagacité, connaissances, spiritualité, résolution, finesse.

Anthony
170 000 Top 700

Inestimable (latin), fleur (grec). En dehors de l'Hexagone, Anthony est très répandu dans les pays anglophones. *Variantes :* Anthonie, Anthoni, Anthoine, Anthonny, Antonie. *Caractérologie :* spiritualité, connaissances, originalité, sagacité, sensibilité.

A

Les thématiques tendance

Une vague de prénoms courts déferle en France depuis la fin des années 1990. Qu'ils soient anciens, nouveaux, issus du terroir français ou du monde entier, ces choix enrichissent le répertoire collectif de sonorités inédites.

Alors que les prénoms d'origines irlandaise ou celte font monter les terminaisons en « an » et « en », l'engouement des Français pour les prénoms régionaux est sans précédent. Celui-ci a répandu des sonorités jusqu'alors spécifiques à la Bretagne, au Pays basque ou à l'Occitanie (voir l'encadré sur les prénoms régionaux p. 343).

Sans avoir disparu, les prénoms médiévaux sont un peu éclipsés par la renaissance du rétro (Arthur, Jules, Léo, etc.). La gloire de Gabriel, Raphaël, Adam et Noah confirme quant à elle la vitalité des prénoms de l'Ancien Testament.

Certains parents remontent encore plus loin dans le temps et n'hésitent pas à s'inspirer de la mythologie. Ces personnages aux destins épiques sont des trajectoires évocatrices pour les futurs cadors des cours de récréation.

Les tendances qui influencent la mode des prénoms peuvent être rassemblées autour de plusieurs thématiques. En voici un aperçu, qui prend en compte des perles rares tout juste apparues en France.

Les courts (1 à 2 syllabes, 4 à 6 lettres)

Aaron, Adam, Alec, Amir, Ange, Clovis, Côme, Éden, Elio, Eliott, Ethan, Evan, Ezio, Gabin, Harry, Ilyan, Jules, Kenzo, Liam, Lino, Louis, Lucas, Maé, Malo, Marius, Milo, Naël, Naïm, Nils, Nino, Noa, Noah, Noé, Nolan, Oscar, Pablo, Paul, Rayan, Romain, Ruben, Ryan, Sacha, Soan, Solal, Swan, Tao, Théo, Tiago, Tilio, Tom, Victor, Yaël, Yoan.

Les celtes et les irlandais

Aidan, Alan, Armel, Arthur, Audren, Awen, Corentin, Darren, Donovan, Douglas, Élouan, Eoghan, Erwan, Evan, Eyden, Fergus, Gildas, Glenn, Keny, Kerian, Kyle, Kylian, Liam, Loan, Logan, Lou, Maël, Maëlan, Malo, Malone, Malory, Neal, Nolan, Owen, Renan, Ronan, Ryan, Tanguy, Tristan, Youen.

Les rétro

Alfred, Alphonse, Antoine, Aristide, Arsène, Auguste, Augustin, Barthélemy, Charles, Constant, Cyprien, Émile, Ernest, Eugène, Félix, Ferdinand, Fernand, Firmin, François, Georges, Gustave, Henri, Honoré, Isidore, Joseph, Jules, Justin, Léandre, Léon, Léonard, Léopold, Louis, Lucien, Marcel, Max, Oscar, Théodore, Théophile, Victor, Virgile.

Les médiévaux

Aloys, Amaury, Ambroise, Amédée, Anastase, Archambault, Arnaud, Arthur, Augustin, Aurèle, Aymeric, Béranger, Bertrand, Clément, Clotaire, Clovis, Édouard, Enguerrand, Étienne, Eudes, Fulbert, Gautier, Geoffroy, Ghislain, Grégoire, Guillaume, Hugues, Léon, Lothaire, Louis, Perceval, Raoul, Robin, Roland, Théobald, Thibaut, Tristan.

Les prénoms de source biblique (Ancien Testament)

Aaron, Abel, Adam, Amos, Ariel, Benjamin, Dan, Daniel, David, Éden, Élie, Emmanuel, Ethan, Ezéchiel, Ezra, Gabriel, Ilan, Isaac, Jacob, Jérémie, Joachim, Jonas, Joseph, Manoah, Melchior, Moïse, Nathan, Noa, Noam, Noé, Raphaël, Ruben, Samuel, Saül, Simon, Tobias, Yoël, Zacharie.

Divinités et prénoms issus des différentes mythologies

Achille, Adonis, Aidan, Alphée, Amon, Apollo, Arthur, Artus, Dagan, Danaos, Denis, Emrys, Enki, Éole, Éros, Fenris, Gilles, Hector, Hélios, Hercule, Hermès, Inko, Iovan, Jao, Jason, Josserand, Merlin, Néréo, Océan, Odon, Orion, Ossian, Paris, Perceval, Phoenix, Priam, Remus, Sol, Sylvain, Télémaque, Ulysse, Vali, Vivian, Zelos, Zéphyr.

Antoine
204 000 Top 100

Inestimable (latin), fleur (grec). Du temps des Romains à la Renaissance, ce nom porté par une vingtaine de saints fut modérément attribué. Le XVIe siècle marque un tournant dans sa carrière : Antoine grimpe à la poursuite de Pierre et Jean aux premiers rangs, se maintenant dans les cimes jusqu'au milieu du XIXe siècle. Il revient dans les années 1990 après une période discrète, s'imposant dans le top 10 français et dans l'élite des choix occidentaux (Antonio en Italie, Anton en Suède, Anthony en Angleterre et aux États-Unis, etc.). Mais à l'issue de cette gloire internationale, son reflux s'accentue. Saint Antoine de Padoue, franciscain portugais du XIIIe siècle, est reconnu pour les talents de prédicateur qu'il a exercés dans toute l'Europe. À partir du XVIIe siècle, il est également invoqué pour retrouver les objets perdus. *Caractérologie :* bienveillance, conscience, conseil, résolution, paix.

Antoine de Saint-Exupéry écrit *Le Petit Prince* en 1942. Il utilise ses souvenirs de l'Aéropostale pour raconter les aventures d'un jeune garçon quittant son minuscule astéroïde en quête d'amis. C'est l'ouvrage le plus traduit après la Bible (200 millions d'exemplaires vendus et plus de 400 traductions).

Anton
5 000 Top 400

Inestimable (latin), fleur (grec). Anton est très répandu dans les pays scandinaves et slaves. Forme basque : Antton. *Caractérologie :* autorité, innovation, énergie, ambition, autonomie.

Antone
900 Top 800

Inestimable (latin), fleur (grec). Ce prénom corse est également recensé dans les pays anglophones, notamment aux États-Unis. *Caractérologie :* exigence, équilibre, influence, responsabilité, famille.

Antoni
1 400

Inestimable (latin), fleur (grec). Prénom catalan. On peut estimer que moins de 30 enfants seront prénommés ainsi en 2023. *Variantes :* Antolin, Antonetto. *Caractérologie :* autorité, énergie, innovation, ambition, détermination.

Antonin
31 000 Top 200

Inestimable (latin), fleur (grec). Empereur romain au IIe siècle, Antonin le Pieux pacifia son empire et en favorisa le développement social et économique. Sa piété envers l'empereur Hadrien, son père adoptif, lui valut son titre de « pieux ». Prélat italien, saint Antonin devint archevêque de Florence en 1446. Avant d'émerger sur le plan national au début des années 2000, cette forme ancienne d'Antoine s'était montrée discrète, même dans son berceau occitan. *Variantes :* Anthonin, Tonin. *Caractérologie :* bienveillance, paix, conscience, conseil, décision.

Antonino
700

Inestimable (latin), fleur (grec). Masculin italien. *Caractérologie :* raisonnement, patience, motivation, créativité, famille.

Antonio
18 000 Top 600

Inestimable (latin), fleur (grec). Antonio est très répandu dans les pays hispanophones, lusophones et en Italie. *Caractérologie :* méditation, intelligence, savoir, décision, indépendance.

Antony
16 000 Top 2 000

Inestimable (latin), fleur (grec). Antony est répandu dans les pays anglophones. *Variantes :* Antonie, Antonny. *Caractérologie :* ambition, force, passion, habileté, management.

Aodren
450 Top 2 000 ➔

Au-dessus, royal (celte). Un roi de Bretagne porta ce nom au Ve siècle. Prénom breton. *Caractérologie :* communication, enthousiasme, pratique, décision, caractère.

Apollinaire
170

Qui vient d'Apollonie (grec). *Variante :* Appolinaire. *Caractérologie :* structure, persévérance, sécurité, cœur, logique.

☆ « Passent les jours et passent les semaines Ni temps passé Ni les amours reviennent Sous le pont Mirabeau coule la Seine... » Ces vers du grand poète Apollinaire célèbrent l'amour. Quel plus bel écrin pour une nouvelle vie ?

Aram
300 Top 2 000 ↗

Magnificence, éminence (arménien). *Caractérologie :* équilibre, famille, responsabilité, influence, exigence.

Aramis
140

Aramis est l'un des trois valeureux mousquetaires du roman d'Alexandre Dumas. *Caractérologie :* intelligence, savoir, indépendance, méditation, sagesse.

Aran
- de 100

Souverain (sanscrit). *Caractérologie :* spiritualité, connaissances, sagacité, originalité, résolution.

Aranis
- de 30

Qui tourne (sanscrit). Autre nom donné au soleil. *Caractérologie :* aspiration, impétuosité, force, humour, détermination.

Arcade
110

Qui vient d'Arcadie (latin). *Variantes :* Arcadie, Arcadius, Arcady. *Caractérologie :* détermination, découverte, énergie, audace, originalité.

Archange
160

Nom de saint qui fut archevêque de Florence vers 151. *Caractérologie :* communication, pratique, enthousiasme, sympathie, ressort.

Archibald
850 Top 600 ➔

Audacieux (germanique). Masculin anglais et écossais. Dérivé du prénom normand Archambaud, ce prénom s'est bien implanté à partir du XIIe siècle dans les terres britaniques et écossaises. *Variantes :* Archambaud, Ubald, Ubaldo. *Caractérologie :* ténacité, fiabilité, méthode, engagement, organisation.

Archie
180 Top 600

Diminutif d'Archibald (voir ci-dessus). En 2019, alors qu'ils étaient encore duc et duchesse de Sussex, Harry et Meghan ont choisi de prénommer leur premier enfant Archie. Ce coup de projecteur royal a accéléré la carrière florissante de ce prénom dans le top 20 britannique. *Caractérologie :* force, ambition, habileté, passion, décision.

Archimède
- de 30

Maître de la pensée (grec). Savant grec du IIIe siècle avant J.-C., Archimède a inventé le principe de physique qui porte son nom. Ce dernier établit qu'un corps immergé dans un fluide subit une poussée verticale qui le fait remonter vers la surface. *Caractérologie :* intelligence, indépendance, méditation, savoir, sagesse.

Arda
1 400 Top 2 000 ↓

Celui dont le règne est conforme à la loi (arménien). Masculin arménien. *Caractérologie :* influence, équilibre, famille, exigence, responsabilité.

Arezki
800 ↗

Trésor, précieux (kabyle). *Variantes :* Areski, Ariski, Arizki, Rezki, Rizki. *Caractérologie :* sagacité, connaissances, résolution, finesse, spiritualité.

A

Argan
200

Argent (celte). Prénom breton. *Caractérologie :* courage, dynamisme, curiosité, indépendance, décision.

Arian
110

Forme néerlandaise d'Adrien. Voir Arian. Masculin néerlandais. *Variante :* Aryan. *Caractérologie :* sagacité, détermination, spiritualité, connaissances, originalité.

Arie
450 Top 2 000

Diminutif probable d'Ariel : lion de Dieu (hébreu). Prénom catalan. *Variante :* Ari. *Caractérologie :* conscience, paix, bienveillance, conseil, décision.

Ariel
1 900 Top 600

Lion de Dieu (hébreu). Dans l'Ancien Testament, le prophète Isaïe utilise le nom symbolique d'Ariel pour désigner la ville de Jérusalem. En dehors de l'Hexagone, Ariel est répandu dans les pays anglophones. Il est attribué de longue date dans les cultures juives. *Variante :* Arel. *Caractérologie :* rectitude, humanité, tolérance, rêve, détermination.

A

Aris
900 Top 500

Le meilleur objectif (grec). Diminutif d'Aristote, le célèbre philosophe grec qui vécut au IVe siècle avant J.-C. *Caractérologie :* intuition, relationnel, médiation, fidélité, adaptabilité.

Aristide
3 000 Top 800

Le meilleur objectif (grec). Masculin français et italien. *Variantes :* Ariste, Aristides. *Caractérologie :* structure, persévérance, résolution, sécurité, efficacité.

Aristote
200

Le meilleur objectif (grec). Nom porté par le célèbre philosophe grec qui vécut au IVe siècle avant J.-C. *Caractérologie :* achèvement, vitalité, décision, stratégie, ardeur.

Arius
- de 30

Immortel (grec). *Caractérologie :* charisme, dynamisme, curiosité, courage, indépendance.

Armand
25 000 Top 200

Fort, armé (germanique). Masculin français. *Variantes :* Arman, Armant, Mandy. Formes occitanes : Aman, Amans. *Caractérologie :* bienveillance, paix, conscience, conseil, détermination.

Armando
1 200

Fort, armé (germanique). Armando est répandu dans les pays hispanophones et lusophones, ainsi qu'en Italie et au Pays basque. On peut estimer que moins de 30 enfants seront prénommés ainsi en 2023. *Caractérologie :* optimisme, communication, décision, caractère, pragmatisme.

Armel
5 000 Top 600

Prince, ours (celte). Masculin français et breton. *Caractérologie :* méthode, ténacité, fiabilité, engagement, détermination.

Armen
200

L'Arménien (arménien). *Variante :* Armin. *Caractérologie :* équilibre, famille, responsabilité, influence, détermination.

Arnaud
128 000 Top 600

Aigle, gouverneur (germanique). Abbé dans le monastère de Sainte-Sabine, saint Arnaud vécut à Padoue au XIIIe siècle. Jeté au cachot par le gouverneur tyrannique de la région, il mourut au bout de huit années d'emprisonnement. Ce prénom français est également un choix traditionnel occitan. *Caractérologie :* audace, énergie, découverte, originalité, détermination.

Arthur

Fête :
15 novembre

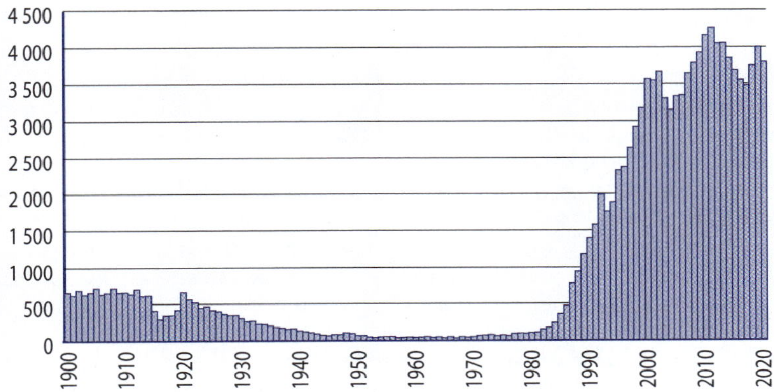

Étymologie

Du celte *arzh*, « ours ». Figure légendaire de la littérature médiévale, Arthur est l'un des premiers prénoms celtes à s'être diffusé en France. Nourri par de nombreux récits folkloriques dès le VIe siècle, il grandit en Bretagne avant de conquérir l'ensemble de la Gaule. Sa carrière est florissante en Angleterre et en France, où il se diffuse jusqu'à la fin du Moyen Âge. Au XIXe siècle, Arthur renaît dans les pays anglophones, mais il peine à rejaillir en France, en dépit de l'élan insufflé par Arthur Rimbaud. Sa persévérance porte toutefois ses fruits en 2007, l'année de sa percée dans le top 20 français. Aujourd'hui, il est l'un des 5 prénoms les plus choisis par les parents, à Paris comme dans l'ensemble de l'Hexagone.

Sa popularité semble avoir traversé l'océan Atlantique. Une belle carrière s'amorce pour ce prénom auquel les croisades ne font pas peur. Sa percée dans les tops 5 romand et belge fera-t-elle des émules ? L'Angleterre et les pays scandinaves l'ont déjà adoubé.

Dans l'histoire

Arthur, ou **Artus**, le roi légendaire des Bretons, repoussa les armées anglo-saxonnes qui tentaient d'envahir la Bretagne. Ses exploits, contés au XIIe siècle par Chrétien de Troyes, en font l'un des chevaliers les plus connus des romans de la Table ronde.

Personnes célèbres

Arthur Schopenhauer, philosophe allemand (1788-1860) ; Arthur Rimbaud, poète français (1854-1891) ; Arthur Conan Doyle, écrivain et auteur de *Sherlock Holmes* (1859-1930) ; Arthur Rubinstein, pianiste virtuose américain (1887-1982) ; Arthur Miller, dramaturge américain (1915-2005) ; Arthur H, chanteur français, né en 1966 ; Arthur, humoriste et présentateur de télévision, né en 1966.

Statistiques

Arthur est le 10e prénom masculin le plus donné en France depuis l'an 2000. Il est attribué à près d'un garçon sur 90 aujourd'hui. Par contraste, le rarissime **Artus** sera attribué à un garçon sur 17 000.

Arnauld
1 400

Aigle, gouverneur (germanique). On peut estimer que moins de 30 enfants seront prénommés ainsi en 2023. *Variantes :* Arnald, Arnaut, Arne, Arnie. *Caractérologie :* ambition, force, passion, habileté, décision.

Arnault
1 100

Aigle, gouverneur (germanique). On peut estimer que moins de 30 enfants seront prénommés ainsi en 2023. *Caractérologie :* bienveillance, paix, conscience, organisation, résolution.

Arno
2 000

Aigle, gouverneur (germanique). Arno est plus traditionnellement usité dans les pays anglophones et au Pays basque. On peut estimer que moins de 30 enfants seront prénommés ainsi en 2023. Variante occitane : Arnos. *Caractérologie :* détermination, optimisme, pragmatisme, créativité, communication.

Arnold
1 900

Aigle, gouverneur (germanique). Arnold est particulièrement répandu dans les pays germanophones et anglophones. En France, il est plus traditionnellement usité en Alsace et dans les Flandres. On peut estimer que moins de 30 enfants seront prénommés ainsi en 2023. *Variantes :* Arnaldo, Arnould, Arnoux. *Caractérologie :* autorité, innovation, énergie, volonté, analyse.

Aron
2 500 Top 400

Esprit (hébreu). *Caractérologie :* communication, adaptation, pratique, enthousiasme, résolution.

Arsène
9 000 Top 200

Masculin (grec). Masculin français. *Variantes :* Arsenio, Arsenius. *Caractérologie :* passion, force, ambition, habileté, décision.

☆ Arsène Lupin, le gentleman cambrioleur des années folles, est un personnage récurrent de l'œuvre de Maurice Leblanc. C'est un cambrioleur, mais il commet toujours ses forfaits avec panache et élégance, répugnant à la violence. Son art de la métamorphose fait de lui un personnage intemporel, qui a récemment inspiré une série avec Omar Sy.

Arthémon
- de 30

Dérivé masculin d'Arthémise. Artémis, la fille de Zeus et Léto dans la mythologie grecque, est la déesse de la Chasse. Elle est l'équivalent grec de la déesse romaine Diane. *Variantes :* Artème, Artémon, Arthème, Arthène. *Caractérologie :* volonté, découverte, énergie, audace, détermination.

Arthur
114 000 Top 50

Ours (celte). *Variantes :* Arthaud, Artur, Arturo. *Caractérologie :* énergie, découverte, audace, originalité, organisation.

Arthus
1 200 Top 1 000

Ours (celte). *Caractérologie :* organisation, bienveillance, conscience, conseil, paix.

Artur
950 Top 2 000

Ours (celte). *Caractérologie :* responsabilité, famille, gestion, influence, équilibre.

Artus
700 Top 2 000

Ours (celte). Masculin breton et occitan (Artús). *Variantes :* Arzel, Arzu. *Caractérologie :* gestion, méditation, intelligence, savoir, indépendance.

Aslan
550 Top 2 000

Lion (turc). *Variante :* Arslan. *Caractérologie :* intuition, relationnel, fidélité, adaptabilité, médiation.

Athanaël
- de 100

Présent de Dieu (hébreu). *Caractérologie :* gestion, achèvement, vitalité, stratégie, attention.

A

Athanase
450 ↑

Immortel (grec). Masculin français. *Variantes :* Athanas, Athos. *Caractérologie :* famille, équilibre, finesse, responsabilité, influence.

Athmane
110

Homme sage (germanique). *Variantes :* Athman, Atman, Atmane. *Caractérologie :* ambition, habileté, passion, force, sensibilité.

Atilla
500 →

Dieu est exalté (hébreu). *Variantes :* Atila, Atilio, Attila, Attilius, Attilo. *Caractérologie :* autorité, innovation, énergie, organisation, ambition.

Atlas
- de 100

Le porteur (grec ancien). D'après l'Académie de la langue basque, Atlas est un prénom basque. *Caractérologie :* achèvement, vitalité, ardeur, organisation, stratégie.

☆ Atlas appartient à la famille des Titans, fils d'Uranus, le Ciel, et de Gaïa, la Terre-Mère. Avec une telle filiation, on ne sera pas étonné qu'il ose affronter Zeus lui-même. Vaincu par le seigneur de l'Olympe, il doit porter la terre, ou la voûte céleste, selon les versions, sur ses épaules. Petit gabarit s'abstenir !

Aubert
300

Noble, brillant (germanique). Cette forme médiévale d'Albert est devenue un patronyme assez répandu en France. *Variantes :* Aubertin, Aubrey, Aubri. *Caractérologie :* persévérance, gestion, structure, sécurité, décision.

Aubin
6 500 Top 300 →

Blanc (latin). Masculin français et occitan. *Caractérologie :* médiation, intuition, résolution, relationnel, organisation.

Aubry
350

Noble, brillant (germanique). *Caractérologie :* ténacité, méthode, gestion, fiabilité, engagement.

Audoin
- de 30

Se rapporte à saint Hadouin, évêque du Mans au VIIe siècle. Il érigea une abbaye portant son nom dans la paroisse d'Aurion, dans le Maine. *Caractérologie :* dynamisme, direction, volonté, indépendance, assurance.

Audran
600 ↘

Au-dessus, royal (celte). Masculin breton et français. *Variante :* Audren. *Caractérologie :* indépendance, résolution, curiosité, dynamisme, courage.

Audren
300 ↑

Au-dessus, royal (celte). Masculin breton. *Caractérologie :* altruisme, idéalisme, réflexion, résolution, intégrité.

Audric
1 900

Noble, puissant (germanique). On peut estimer que moins de 30 enfants seront prénommés ainsi en 2023. *Variantes :* Adrick, Audic. *Caractérologie :* réceptivité, sociabilité, loyauté, bonté, diplomatie.

Audry
200

Noble, puissant (germanique). *Caractérologie :* responsabilité, équilibre, famille, influence, réussite.

Auguste
14 000 Top 100 ↑

Vénérable, grand (latin). Le titre honorifique d'Auguste, habituellement réservé aux divinités, fut donné aux empereurs romains après qu'Octave, le premier d'entre eux, eut été surnommé ainsi par le Sénat romain. Ce prénom, très connu aux premiers siècles, se raréfie à partir du Moyen Âge. Néanmoins, la forme latine Augustus vivote encore dans quelques pays européens lorsque Auguste s'élance en France. Il devient assez fréquent au XIXe siècle, et figure encore dans les 30 premiers rangs français dans les années 1900. Il renaît timidement dans le sillon d'Augustin dans les années 2010. Auguste est le nom de postérité d'Octave (63 avant J.-C.-14 après J.-C.), le fils adoptif de Jules César. Ses qualités exceptionnelles de gestionnaire et de chef de guerre lui permirent de gouverner un vaste Empire romain et d'y établir la *Pax Romana*, une paix qui dura plusieurs siècles. *Variantes :* August, Augusto, Gusto, Guste. *Caractérologie :* ténacité, fiabilité, méthode, amitié, organisation.

Augustin
29 000 **Top 50**

Consacré par les augures (latin). *Variante :* Gustin. *Caractérologie :* sécurité, structure, résolution, persévérance, sympathie.

Aumaric
- de 30

Puissant (germanique). *Caractérologie :* pragmatisme, optimisme, sociabilité, communication, créativité.

Aurel
1 000 **Top 900**

En or (latin). Nom de village situé au pied du mont Ventoux, en Provence. Masculin allemand et roumain. *Caractérologie :* optimisme, communication, pragmatisme, décision, créativité.

Aurèle
2 500 **Top 400**

En or (latin). *Caractérologie :* stratégie, achèvement, ardeur, vitalité, décision.

Aurélien
77 000 **Top 600**

En or (latin). Peu connu avant 1975, Aurélien émerge dans la vague des prénoms d'inspiration romaine. Son ascension fulgurante le propulse dans le top 30 français en quelques années. Une gloire néanmoins éphémère comparée à celles de Maxime, Adrien, Romain et Romane, issus de la même souche. Empereur romain au IIIe siècle, Aurélien reconstruisit l'unité de son empire et repoussa les invasions des Barbares. Il institua le culte du Soleil à Rome, proclamant *Sol Invictus* (soleil invaincu) le patron de l'Empire romain. La date officielle de sa fête fut fixée au 25 décembre. Un saint évêque d'Arles au VIe siècle porta également ce prénom. *Variantes :* Aurélian, Aurélio, Aurian, Auriol, Orélien. *Caractérologie :* sécurité, structure, persévérance, détermination, efficacité.

Aurre
- de 30

En or (latin), devant (basque). *Caractérologie :* rêve, humanité, rectitude, ouverture d'esprit, décision.

Austin
300

Consacré par les augures (latin). Masculin anglais. Dans l'Hexagone, Austin a été plus traditionnellement usité en Occitanie. *Variante :* Auste. *Caractérologie :* communication, pratique, décision, gestion, enthousiasme.

Auxence
1 100 **Top 1 000**

Augmenter (latin). *Caractérologie :* autorité, innovation, énergie, ambition, autonomie.

Avédis
- de 30

Porteur de bonnes nouvelles (arménien). Masculin arménien. *Caractérologie :* équilibre, famille, influence, résolution, responsabilité.

Avel
- de 100

Forme bretonne d'Abel. Avel signifie également « vent » en vieux breton. *Caractérologie :* ténacité, fiabilité, méthode, sens du devoir, engagement.

Avelino
170

Souffle, respiration (hébreu). *Caractérologie :* logique, bienveillance, paix, caractère, conscience.

Augustin

Fête :
28 août

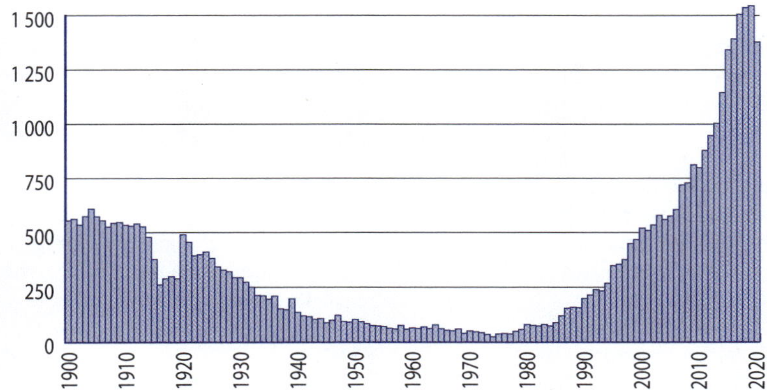

Étymologie

Du latin *augustinus*, « consacré par les augures ». Ce prénom, apparu dès les premiers temps du christianisme, se propage grâce à la popularité de saint Augustin, théologien du IVe siècle considéré comme le plus important docteur de l'Église. Au Moyen Âge, la postérité d'un autre saint, Augustin de Canterbury, intensifie la vogue du prénom en Angleterre. Il est plus discret en France jusqu'au XIXe siècle, où il prend une certaine ampleur, sans toutefois dépasser celle d'Auguste.

Augustin se raréfie au XXe siècle, mais la vogue du rétro le fait renaître dans les années 1990. Après avoir conquis la capitale (12e rang en 2018), Augustin évolue dans le top 50 national.

À l'international, Agustín est en vogue dans plusieurs pays d'Amérique latine, notamment au Chili et en Uruguay. Il s'affiche dans les 50 premières places wallonnes depuis 2018. Quant à August, il décolle au Danemark et en Suède.

Dans l'histoire

Élevé par une mère chrétienne et un père incroyant, **saint Augustin** naît à Tagaste (en Tunisie), en 354. Élève brillant, il enseigne la rhétorique à Milan et se convertit au christianisme avant de retourner en Afrique, où il devient évêque d'Hippone. Les *Confessions* font partie des écrits qui ont fondamentalement marqué la pensée chrétienne occidentale. Saint Augustin est le patron des imprimeurs.

Moine italien au VIe siècle, **saint Augustin de Canterbury** partit évangéliser l'Angleterre ; il parvint à convertir le roi du Kent et plusieurs milliers de ses sujets.

Personnes célèbres

Agustín Lara, chanteur et compositeur mexicain (1897-1970) ; Augustin Lesage, peintre français (1876-1954) ; Augustin Legrand, comédien français, né en 1975 ; Augustin Trapenard, journaliste et critique littéraire, né en 1979.

Statistiques

Augustin est le 73e prénom masculin le plus donné en France depuis l'an 2000. Il est attribué à près d'un garçon sur 265 aujourd'hui. Auguste devrait prénommer un garçon sur 460 et se placer 222e.

Aven
- de 30

Noble ami (irlandais). *Caractérologie :* bienveillance, conseil, conscience, sagesse, paix.

Aventin
- de 30

Avènement (latin). *Caractérologie :* engagement, méthode, fiabilité, ténacité, sens du devoir.

Avi
400 Top 2 000

Père de tous (hébreu). *Caractérologie :* charisme, curiosité, dynamisme, courage, indépendance.

Aviel
200

Dieu est mon père (hébreu). *Caractérologie :* structure, persévérance, sécurité, efficacité, décision.

Avner
160

Père de la flamme (hébreu). *Caractérologie :* conscience, bienveillance, paix, conseil, résolution.

Awen
900 Top 2 000

Noble ami (irlandais). Awen est plus traditionnellement usité en Irlande et en Bretagne. *Variante :* Aven. *Caractérologie :* intelligence, sagesse, savoir, méditation, indépendance.

Axel
86 000 Top 50

Dérivé scandinave d'Absalom : mon père est paix (hébreu). De longue date associé aux pays scandinaves, Axel se diffuse dès le XIIe siècle en hommage à un saint, évêque danois et homme d'État, qui vécut en ce temps. Longtemps inconnu en France, il parvient à s'élancer jusqu'aux portes du top 20 français au début des années 2000. Forme scandinave répandue : Aksel. *Caractérologie :* famille, équilibre, éthique, exigence, influence.

Ayan
1 100 Top 400

Clair de lune (turc). *Variantes :* Ayane, Ayann, Ayhan. *Caractérologie :* charisme, dynamisme, courage, indépendance, curiosité.

Aydan
2 000 Top 600

Petit feu (celte). Voir Aïdan. Masculin anglais. *Variante :* Ayden. *Caractérologie :* intégrité, réflexion, réalisation, idéalisme, altruisme.

Ayden
12 000 Top 50

Variante d'Aïdan : petit feu (celte), force (arabe). *Caractérologie :* ténacité, méthode, fiabilité, réalisation, engagement.

Aylan
5 000 Top 100

Clair de lune (turc). *Caractérologie :* achèvement, vitalité, amitié, ardeur, stratégie.

Aymen
9 000 Top 200

Heureux (arabe). *Variantes :* Aïman, Aïmen, Ayman, Aymane, Aymon. *Caractérologie :* ténacité, fiabilité, méthode, engagement, réalisation.

Aymeric
22 000 Top 700

Puissant (germanique). Masculin français. *Variantes :* Amalric, Aymerie, Aymerik. Forme basque : Ainaut. *Caractérologie :* relationnel, médiation, intuition, amitié, réalisation.

Aymerick
1 900

Puissant (germanique). On peut estimer que moins de 30 enfants seront prénommés ainsi en 2023. *Caractérologie :* fiabilité, bonté, méthode, réalisation, ténacité.

Ayoub
18 000 Top 200

Forme arabe de Job : celui qui se repent (hébreu). *Variante :* Ayoube. *Caractérologie :* énergie, innovation, autorité, ambition, gestion.

A

Azad
1 000 Top 700

Noble, libre (arménien). Masculin arménien. *Caractérologie :* découverte, audace, originalité, séduction, énergie.

Azel
\- de 100

Noble (hébreu). Dans l'Ancien Testament, Azel est un descendant du roi Saül. *Variante :* Azaël. *Caractérologie :* force, habileté, stratégie, passion, chef.

Aziz
4 000 Top 800

Aimé, précieux, puissant (arabe). Calife fatimide, Al-Aziz Billah ordonna la construction de la mosquée d'Al-Hâlim au Caire en 380. Ce prénom est attribué de longue date dans les cultures musulmanes. *Variantes :* Aaziz, Azize, Azouz, Azziz. *Caractérologie :* ambition, habileté, force, passion, management.

Azur
160 Top 2 000

Couleur bleue (français). *Caractérologie :* optimisme, communication, pragmatisme, créativité, sociabilité.

Azzedine
1 400

La religion est puissante (arabe). On peut estimer que moins de 30 enfants seront prénommés ainsi en 2023. *Variantes :* Azzdine, Azedine. *Caractérologie :* ouverture d'esprit, rectitude, humanité, rêve, résolution.

B

Bachir
2 000 Top 2 000

Qui annonce une bonne nouvelle (arabe). *Caractérologie :* dynamisme, courage, indépendance, organisation, curiosité.

Badis
2 000 Top 900

Prénom kabyle qui fut porté par un roi, Badis le Hammadite, au XIe siècle. *Caractérologie :* achèvement, leadership, ardeur, vitalité, stratégie.

Badr
1 500 Top 900

Pleine lune, zénith (arabe). *Variantes :* Bader, Badre. *Caractérologie :* intelligence, savoir, indépendance, méditation, sagesse.

Bakary
1 700 Top 600

Patronyme répandu dans de nombreux pays d'Afrique et prénom malien dont la signification est inconnue. *Variante :* Bakari. *Caractérologie :* structure, persévérance, sécurité, efficacité, honnêteté.

Balthazar
2 000 Top 500

Bel protège le roi (akkadien). Selon la tradition chrétienne, Balthazar, l'un des trois Rois mages venus d'Orient, se laissa guider par une étoile jusqu'à Bethléem. Lorsqu'il se présenta devant l'Enfant Jésus, il lui offrit de la myrrhe pour l'honorer comme roi. Dans l'Ancien Testament, Balthazar, le roi de Babylone, organise un festin. Durant la fête, une inscription mystérieuse apparaît sur les murs. Captif du roi, le prophète Daniel interprète ce message et annonce la fin imminente du royaume. La prophétie se réalise avec l'assassinat de Balthazar dans la nuit. *Variante :* Balthasar. *Caractérologie :* habileté, force, ambition, passion, organisation.

Balthus
\- de 30

Ce diminutif de Balthazar est le nom d'artiste du peintre figuratif français

B

Balthasar Kłossowski (1908-2001). Il est aussi connu pour avoir été pendant 16 ans le directeur de l'Académie de France à Rome (Villa Médicis). *Caractérologie :* diplomatie, réceptivité, gestion, sociabilité, loyauté.

Bao 160

Protection, précieux (vietnamien). *Caractérologie :* rectitude, humanité, générosité, ouverture d'esprit, rêve.

Baptiste 99 000 Top 100

Immerger (grec). De longue date associé à saint Jean-Baptiste, ce prénom s'est diffusé sous différentes formes (Baptist, Battista, etc.) dans les pays chrétiens. Il est éclipsé par Jean-Baptiste dès le XIXe siècle en France, et n'émerge pas avant la fin des années 1950. C'est alors que le repli de Jean puis la défaveur touchant les prénoms composés lui dégagent la voie. Baptiste s'est hissé au 17e rang français en 2002 ; il n'est pas près de sombrer dans l'oubli. Fils de Zacharie et Élisabeth, saint Jean le Baptiste naquit en Palestine au Ier siècle. Infatigable prêcheur des foules qui s'amassaient sur les rives du Jourdain, il baptisa Jésus et de nombreux convertis dans l'eau du fleuve. *Variantes :* Baptista, Baptistin. *Caractérologie :* diplomatie, sociabilité, détermination, réceptivité, loyauté.

Baptistin 250

Immerger (grec). Masculin français, occitan. *Caractérologie :* sociabilité, diplomatie, loyauté, réceptivité, résolution.

Baran 650

Pluie (persan, turc). *Caractérologie :* réflexion, altruisme, intégrité, idéalisme, décision.

Barclay - de 30

Bois de bouleau (anglais). Plus fréquent sous forme de patronyme. Masculin écossais et anglais. *Caractérologie :* vitalité, stratégie, achèvement, ardeur, gestion.

Barnabé 1 400 Top 2 000

Fils du prophète (hébreu). Formes basques : Barnaba, Barnabe. *Caractérologie :* savoir, intelligence, méditation, indépendance, résolution.

Barry 120

Aux cheveux clairs (irlandais). Masculin anglais. *Variante :* Barrie. *Caractérologie :* indépendance, audace, assurance, direction, dynamisme.

Bart - de 30

Diminutif de Barthélemy : fils de Tolomai (araméen). *Caractérologie :* courage, charisme, curiosité, indépendance, dynamisme.

Barthélemy 3 000 Top 2 000

Fils de Tolomai (araméen). Masculin français. *Variantes :* Bario, Barthélemi, Barthélemie, Bortolo. Forme basque : Bartolo. Forme occitane : Bertomieu. *Caractérologie :* audace, dynamisme, direction, réalisation, finesse.

Bartholomé 200

Fils de Tolomai (araméen). *Variante :* Bartolomé. *Caractérologie :* audace, finesse, direction, dynamisme, analyse.

Basile 14 000 Top 100

Roi (grec). Dans l'Hexagone, Basile est plus traditionnellement usité en Occitanie et en Provence. *Variante :* Basil. Formes basques : Basilio, Bazil, Bazile. *Caractérologie :* optimisme, organisation, communication, pragmatisme, détermination.

Bastian 2 500 Top 2 000

Respecté, vénéré (grec). Dans l'Hexagone, Bastian est plus

B

Les sonorités actuelles

Penchons-nous sur les sonorités, les rythmes et les parcours empruntés par les prénoms dont la gloire est confirmée ou dont l'existence est en devenir. Composés de 2 syllabes ou moins (Jules, Liam et Tom se contentent d'une seule), les prénoms qui triomphent depuis la fin des années 1990 sont courts. Tour d'horizon des sonorités dans l'air du temps.

Les « el »

La montée des prénoms bibliques donne, depuis la fin des années 1990, un bel essor à Gabriel et Raphaël. C'est une aubaine pour Maël, qui a suivi ce duo dans le top 20, et une chance que Naël et Samuel saisiront peut-être pour grimper vers le sommet. En attendant leur jaillissement, Abel et Ismaël montrent la voie aux graines de stars Ezéchiel et Timaël.

Les « o »

Les désinences en « o » ne sont guère affectées par la décrue des superstars Théo et Hugo. Léo tient le haut du pavé, tandis que Milo, Elio, Livio et Pablo poursuivent une remarquable ascension dans le top 100 français. Sans oublier Sandro, Dario, Ezio et Diego qui se profilent à l'horizon.

Les « an »

Les prénoms irlandais sont en perte de vitesse, comme l'atteste la chute de Nolan. Seul Liam poursuit sa carrière avec brio, en flirtant avec le top 10. Malgré cela, les terminaisons en « an » venues du monde entier (Nathan, Ethan, Ilyan, Imran, Milan, Soan, et les plus rares Célian, Julian et Rowan) continuent à fleurir. Suivant la même logique des rimes, Adam et Liam pourraient élargir le succès de ces désinences à celles en « am ». Nous vous proposons ce petit florilège en vers : Noam, William, Sam et Thyam.

Les juxtapositions de voyelles

Depuis la chute de Théo, Mathéo et Timéo, les terminaisons en « éo » misent leur avenir sur Léo. Ce dernier devrait briller au firmament du tableau 2023. La langue française et ses facéties orthographiques offrent beaucoup de solutions aux parents. Marceau retrouve du lustre ; Théau et Bruneau surprennent. Mais le vent a tourné et de nouvelles combinaisons de voyelles s'épanouissent. En témoigne l'ascension actuelle d'Ismaël, Isaac et Maël dans le classement masculin. De leur côté, les sonorités inversées en « oé » de Noé, Manoé et Soen tentent de s'élever aux côtés du « oa » de Noah. Son succès a généré la percée de Noa, Noam et Manoa, et fait grandir Mao, Tao et Nao dans les tableaux. Ces récents mariages de voyelles inspireront-ils de nouvelles sonorités pour demain ?

L'attrait des sonorités venues d'ailleurs

Nombre de prénoms qui enrichissent le patrimoine français sont importés de nos pays voisins. À la fin des années 1990, la gloire des italiens Enzo et Matteo, de l'espagnol Esteban, des slaves Sacha et Milan, des scandinaves Nils, Solveig et Sven, et des anglophones Adam, Ethan et Noah l'a démontré. Aujourd'hui, le succès des irlandais Liam et Nolan prouve que l'influence gaélique n'est pas en reste. Malone, Swan et Lewis viennent renouveler les désinences. Zack, Jacob et Caleb étoffent les inspirations hébraïques tout en faisant fi de la rime en « el ». Nous observons par ailleurs que les prénoms exotiques séduisent de plus en plus de parents. Certains, comme Kéo ou Jolan, s'inspirent des cultures indienne et amérindienne. D'autres sont originaires d'îles lointaines, comme Enoha à Tahiti ou Tao en Asie. De nombreux prénoms venus d'ailleurs peuvent être découverts au fil des pages de cet ouvrage.

traditionnellement usité en Bretagne et en Occitanie. *Caractérologie :* pratique, communication, enthousiasme, adaptation, résolution.

Bastien
55 000 Top 200 ↘

Respecté, vénéré (grec). Masculin français. *Caractérologie :* savoir, méditation, intelligence, indépendance, décision.

Batiste
1 800 Top 2 000 ↘

Immerger (grec). Masculin français. *Variante :* Battista. *Caractérologie :* méthode, fiabilité, ténacité, engagement, décision.

Baudouin
1 300 Top 2 000 →

Audacieux, amical (germanique). *Variantes :* Baudoin, Beaudoin, Beaudouin. *Caractérologie :* volonté, bienveillance, paix, conscience, raisonnement.

Béchir
700 →

Qui apporte les bonnes nouvelles (arabe). *Variante :* Békir. *Caractérologie :* rêve, humanité, ouverture d'esprit, rectitude, sensibilité.

B

Ben
2 500 Top 500 →

Diminutif anglophone des prénoms formés avec Ben. *Caractérologie :* générosité, pratique, enthousiasme, adaptation, communication.

Benjamin
146 000 Top 200 ↘

Fils du Sud (hébreu). Ce prénom biblique est établi de longue date dans les cultures juives du monde entier. Doté d'un saint ayant vécu au Ve siècle, il fut également usité dans les familles chrétiennes au Moyen Âge. Il est peu fréquent lorsque les puritains anglophones relancent sa vogue au XVIIe siècle. Très rare jusqu'au début des années 1970, Benjamin se hisse dans les 10 premiers rangs français en l'espace de deux décennies. Il est très répandu dans les pays anglo-saxons aujourd'hui, notamment aux États-Unis. 🔍 Dans l'Ancien Testament, Benjamin est le fils de Jacob et Rachel. En le mettant au monde, Rachel le prénomme Ben Oni (« fils de ma douleur »), avant de décéder. Mais Jacob, qui ne peut se résoudre à tant de tristesse, opte pour un prénom signifiant « fils du Sud ». Benjamin est le père de la tribu des Benjaminites dont Saül, le premier roi d'Israël, est descendant. 🔍 Prédicateur en Perse, saint Benjamin fut condamné au martyre par le roi Yezdegerd au Ve siècle. *Variantes :* Benji, Bunyamin, Bunyamine. *Caractérologie :* audace, énergie, découverte, originalité, détermination.

Benoist
1 100

Béni (latin). On peut estimer que moins de 30 enfants seront prénommés ainsi en 2023. *Variantes :* Benilde, Benedict, Benito, Benoni, Benony. *Caractérologie :* créativité, pragmatisme, décision, optimisme, communication.

Benoît
115 000 Top 800 ↘

Béni (latin). Masculin français. Issu d'une famille noble italienne au IVe siècle, saint Benoît se retira pour méditer dans une caverne à la fin de ses études. Il fonda 12 monastères, dont l'abbaye du Mont-Cassin, près de Naples. *Caractérologie :* médiation, relationnel, fidélité, intuition, adaptabilité.

Béranger
500

Esprit, ours (germanique). *Caractérologie :* sagacité, connaissances, spiritualité, originalité, détermination.

Bérenger
1 100

Esprit, ours (germanique). On peut estimer que moins de 30 enfants seront prénommés ainsi en 2023. Forme occitane : Berengier. *Caractérologie :* intuition, relationnel, fidélité, médiation, adaptabilité.

Bernard
279 000

Force, ours (germanique). Puissant par son étymologie, Bernard se répand dès le Moyen Âge dans les pays chrétiens. Au IXe siècle, sa notoriété est renforcée par un saint originaire de Lyon qui devint archevêque de Vienne-sur-le-Rhône et fonda l'abbaye de Romans. Les liens politiques qu'il tisse à la cour de Charlemagne en font un personnage très influent. En maintenant un niveau constant d'attributions, ce prénom est devenu intemporel jusqu'au XIXe siècle, où il s'est essoufflé avant de revenir de plus belle. Il culmine au 3e rang français en 1942 et reste l'un des 10 premiers choix des parents jusqu'en 1958, avant de chuter brutalement. On peut estimer que moins de 30 enfants seront prénommés ainsi en 2023. *Variantes :* Barnard, Bernhard, Bernalt, Bernat, Bernd, Bernie, Berny. *Caractérologie :* ambition, force, habileté, détermination, passion.

Bernardin
160

Force, ours (germanique). *Caractérologie :* décision, méthode, fiabilité, ténacité, engagement.

Bernardo
350

Force, ours (germanique). Bernardo est très répandu en Italie et dans les pays hispanophones et lusophones. *Caractérologie :* détermination, curiosité, dynamisme, volonté, courage.

Berthold
- de 30

Brillant, illustre (germanique). Masculin allemand. *Variante :* Bertil. *Caractérologie :* communication, pratique, finesse, enthousiasme, analyse.

Bertil
110

Forme scandinave de Bertrand : brillant, illustre (germanique). *Caractérologie :* pragmatisme, créativité, communication, sociabilité, optimisme.

Bertin
600

Brillant, illustre (germanique). *Variante :* Berthin. *Caractérologie :* dynamisme, curiosité, charisme, courage, indépendance.

Bertrand
57 000

Brillant, corbeau (germanique). Masculin français. On peut estimer que moins de 30 enfants seront prénommés ainsi en 2023. *Variantes :* Belt, Beltig, Bertram, Bertranet, Bertranot. Forme basque : Bertran. *Caractérologie :* ambition, autorité, détermination, énergie, innovation.

Berty
- de 100

Brillant, illustre (germanique). Masculin anglais. *Variantes :* Berthie, Bertie. *Caractérologie :* spiritualité, connaissances, originalité, philosophie, sagacité.

Béryl
180

Pierre précieuse vert pâle (grec). *Caractérologie :* stratégie, vitalité, ardeur, achèvement, bonté.

Bilal
15 000 Top 300

Eau, rafraîchissement (arabe). Bilal fut une personnalité importante de l'islam. Noir affranchi, il devint vers l'an 600 le premier muezzin de l'islam. Devenu trésorier général, il participa à l'administration de l'Empire musulman jusqu'à la mort de Mahomet. Ce prénom a été découvert dans l'Hexagone dans les années 1980. *Variantes :* Belal, Bellal, Bilail, Bilale, Bilele, Bilhal, Billale, Bylel. *Caractérologie :* rectitude, rêve, humanité, tolérance, gestion.

Bildad
- de 30

Aimé (hébreu). *Caractérologie :* courage, curiosité, dynamisme, indépendance, organisation.

B

Bilel
7 000 Top 400 ↘

Eau, rafraîchissement (arabe).
Caractérologie : persévérance, structure, sécurité, efficacité, honnêteté.

Bill
- de 100

Protecteur résolu (germanique). Masculin anglais. *Caractérologie :* achèvement, stratégie, leadership, ardeur, vitalité.

Billal
1 800

Eau, rafraîchissement (arabe). On peut estimer que moins de 30 enfants seront prénommés ainsi en 2023. *Caractérologie :* créativité, pragmatisme, gestion, communication, optimisme.

Billy
2 500 Top 900 ↗

Protecteur résolu (germanique). Masculin anglais. *Variante :* Bily. *Caractérologie :* équilibre, famille, responsabilité, influence, exigence.

Bixente
850 Top 2 000 ↘

Forme basque de Vincent : qui triomphe (latin). *Caractérologie :* savoir, intelligence, méditation, sagesse, indépendance.

B

Bjorn
450 Top 700 ↑

Ours (scandinave). *Caractérologie :* découverte, audace, énergie, originalité, décision.

Blaise
2 500 Top 2 000 →

Qui balbutie (latin). *Variante :* Blaize.
Caractérologie : pratique, communication, décision, enthousiasme, gestion.

Blake
- de 30

Foncé, ou clair (anglais). Masculin anglais. *Caractérologie :* fiabilité, ténacité, engagement, méthode, gestion.

Blanc
- de 30

Clair (germanique). Formes basques : Blanko, Blanco. *Caractérologie :* découverte, audace, énergie, originalité, organisation.

Bob
300

Brillant, gloire (germanique).
Caractérologie : direction, audace, assurance, dynamisme, indépendance.

Bobby
130

Brillant, gloire (germanique). Masculin anglais. *Variantes :* Bob, Boby.
Caractérologie : autonomie, autorité, innovation, ambition, énergie.

Bogdan
450 Top 2 000 →

Présent de Dieu (slave). Prénom polonais, russe et ukrainien. *Variante :* Bodhan. *Caractérologie :* savoir, intelligence, méditation, volonté, réalisation.

Bojan
- de 100

Conflit (tchèque). Prénom slave méridional. *Caractérologie :* famille, équilibre, responsabilité, influence, exigence.

Boniface
250

Bonne figure, heureuse destinée (latin).
Caractérologie : détermination, autorité, énergie, innovation, raisonnement.

Boris
15 000 Top 2 000 ↘

Combattant, guerrier (slave). Masculin russe, bulgare, ukrainien, polonais et roumain. *Variantes :* Borislav, Borris, Borya. *Caractérologie :* altruisme, réflexion, idéalisme, dévouement, intégrité.

Bosco
250 Top 2 000 ↗

Bois (latin). *Caractérologie :* rectitude, humanité, organisation, générosité, ouverture d'esprit.

Boualem
750

Chef, meneur de troupe (arabe).
Variantes : Boualam, Bouhalem.
Caractérologie : équilibre, famille, responsabilité, gestion, caractère.

Boubacar 1 600 Top 700
Petit chameau (arabe). *Variantes :* Boubakar, Boubaker. *Caractérologie :* idéalisme, intégrité, altruisme, organisation, analyse.

Bradley 2 500 Top 800
Terrain déboisé (anglais). Masculin anglais. *Variantes :* Brad, Bradan, Braden, Bradin, Bradleigh, Bradlie, Bradly, Brady. *Caractérologie :* ténacité, fiabilité, cœur, méthode, réussite.

Brahim 8 500 Top 1 000
Diminutif d'Ibrahim, l'équivalent arabe d'Abraham. *Variantes :* Braham, Brahima, Brahime. *Caractérologie :* famille, équilibre, responsabilité, exigence, influence.

Brandon 11 000 Top 2 000
Épée, tison (vieux norrois). Ce prénom est parfois usité en tant que variante de Brendan. Brandon est répandu dans les pays anglophones. *Variantes :* Brandy, Brendon. *Caractérologie :* détermination, audace, énergie, découverte, volonté.

Brayan 3 500 Top 800
Puissance, noblesse, respect (celte). *Variante :* Brayane. *Caractérologie :* connaissances, sagacité, originalité, spiritualité, décision.

Brendan 1 700
Prince (celte). Ce prénom est parfois usité en tant que variante de Brandon. Masculin irlandais et anglais. On peut estimer que moins de 30 enfants seront prénommés ainsi en 2023. *Variante :* Brandan. *Caractérologie :* méthode, ténacité, résolution, engagement, fiabilité.

Brett - de 100
Ancien patronyme qui désignait les premiers habitants de Grande-Bretagne. Masculin anglais. *Variantes :* Bret, Brit. *Caractérologie :* médiation, relationnel, intuition, adaptabilité, fidélité.

Briac 1 500 Top 2 000
Puissance, noblesse, respect (celte). Prénom breton. *Caractérologie :* gestion, bienveillance, conscience, paix, conseil.

Brian 8 000 Top 2 000
Puissance, noblesse, respect (celte). Masculin irlandais et anglais. *Caractérologie :* vitalité, stratégie, achèvement, décision, ardeur.

Brice 27 000 Top 2 000
Tacheté, moucheté (celte). Masculin français et anglais. *Caractérologie :* autorité, innovation, autonomie, ambition, énergie.

Brieg 250
Puissance, noblesse, respect (celte). Prénom breton. *Variantes :* Briag, Briec. *Caractérologie :* curiosité, courage, dynamisme, indépendance, charisme.

Brieuc 2 500 Top 2 000
Puissance, noblesse, respect (celte). Prénom breton. *Variante :* Brieux. *Caractérologie :* engagement, fiabilité, méthode, ténacité, sens du devoir.

Brivael - de 100
Puissance, respect, prince (celte). Masculin breton. *Caractérologie :* paix, détermination, bienveillance, organisation, conscience.

Broderick - de 30
Fils de grand gouverneur (gallois). *Caractérologie :* structure, volonté, analyse, persévérance, sécurité.

Bronislaw 130
Protection, gloire (slave). Prénom polonais. *Variantes :* Bronislas,

Bronislavant. *Caractérologie :* découverte, énergie, audace, décision, logique.

Brooklyn

150

Ruisseau (anglais). Ce nom désigne également l'un des cinq arrondissements de la ville de New York, aux États-Unis. C'est le prénom choisi par David et Victoria Beckham pour leur fils aîné. *Caractérologie :* persévérance, structure, sécurité, sympathie, analyse.

Bruce

2 500

Ce patronyme de lointaine ascendance normande aurait été porté par une famille originaire de Brix. Il se répandit en Écosse et devint célèbre lorsque Robert de Bruce devint le premier roi de ce pays en 1306. Masculin écossais et anglais. On peut estimer que moins de 30 enfants seront prénommés ainsi en 2023. *Caractérologie :* ténacité, méthode, engagement, fiabilité, sens du devoir.

Bruno

195 000 Top 2 000 ➔

Armure, couleur brune (germanique). Peu commun au Moyen Âge, Bruno est traditionnellement usité pour désigner les enfants aux cheveux bruns ou au teint mat. Un saint originaire de Cologne, fondateur de l'ordre des Chartreux au XIe siècle, illustre ce nom qui deviendra populaire en Allemagne. Il se propage à l'Angleterre mais reste bien rare en France jusqu'à son émergence dans les années 1930. Bruno culmine au 8e rang masculin au début des années 1960. Il cultive une certaine vogue jusqu'à l'aube du 3e millénaire. *Variantes :* Bruneau, Brunon, Brunot. *Caractérologie :* indépendance, intelligence, savoir, méditation, raisonnement.

Bryan

25 000 Top 300 ➔

Puissance, noblesse, respect (celte). En dehors de l'Hexagone, Bryan est très répandu en Irlande et dans les pays anglophones. *Variante :* Bryann. *Caractérologie :* bienveillance, paix, conscience, conseil, décision.

Bryce

450

Tacheté, moucheté (celte). Masculin anglais. *Caractérologie :* vitalité, achèvement, sympathie, ardeur, stratégie.

Burak

1 000 ↘

Aux dix mille sources (arménien). *Caractérologie :* ardeur, vitalité, stratégie, achèvement, organisation.

Byron

650 Top 2 000 ↘

Étable (anglais). *Caractérologie :* intuition, relationnel, adaptabilité, médiation, fidélité.

C

Caelan

- de 100

Élancé (irlandais). *Caractérologie :* humanité, rêve, générosité, rectitude, tolérance.

Caleb

900 Top 400 ↑

Audacieux (hébreu). *Caractérologie :* dynamisme, curiosité, courage, indépendance, organisation.

Calhoun

- de 30

Petit bois (irlandais). *Variante :* Colhoun. *Caractérologie :* réceptivité, bonté, diplomatie, sociabilité, loyauté.

Prénoms qui montent et perles rares

Qu'on le veuille ou non, la mode influence la façon dont nous prénommons nos enfants. Tel un baromètre qui prédit le temps, elle désigne les prénoms les plus tendance, et par défaut ceux qui ne le sont pas. Source d'inspiration pour les uns, elle est aussi indispensable aux parents qui souhaitent attribuer un prénom original ou à contre-courant.

Les choix de prénoms rares ne dérogent pas à cette emprise invisible. De nombreuses variantes profitent du succès de leurs homophones pour faire carrière (exemples : Ayden, Lukas, Lyam, etc.). Des prénoms originaux parviennent également à se démarquer, comme Philéas, Éloïs ou Sirius, en jouant sur des sonorités peu communes. Mais ce phénomène de distinction n'est-il pas lui-même devenu « branché » ?

Difficile donc d'échapper à la mode... Heureusement que celle-ci laisse une place à la créativité ! La marmite des prénoms de demain mitonne bien des saveurs, voyons d'un peu plus près les tendances qui s'en dégagent.

Les prénoms en forte croissance dans le top 100

Amir, Auguste, Ayden, Basile, Charlie, Côme, Élio, Ilyan, Marceau, Naïm, Marin, Owen et Sohan se font particulièrement remarquer. Certains de ces prénoms évoluent dans le top 50 et pourraient prochainement s'imposer dans l'élite.

Les prénoms de demain

Dans le top 200, Achille, Léonard, Mayron, Nahil, Sandro et Zayn ambitionnent d'intégrer les 100 premiers rangs et grandissent vigoureusement. Ils devancent Arsène, César, Emilio, Ezra, Gustave, Jad, Maé, Marcel, Octave et Swan qui se profilent à l'horizon.

Les choix originaux

Vous recherchez des prénoms rares aux sonorités variées ? Ci-dessous un bouquet de prénoms qui devraient être attribués à moins de 30 Français en 2023.

Abriel, Adelin, Alcide, Amiel, Aramis, Audren, Avel, Aventin, Barnabé, Briac, Cassien, Ciaran, Colas, Cosma, Cyriel, Daël, Dao, Daren, Edgard, Élior, Éole, Évane, Faustin, Ferréol, Gian, Horace, Iago, Igor, Kolia, Laélien, Léonor, Lilien, Lilo, Loric, Louan, Maloé, Maximin, Oan, Octavien, Oreste, Orian, Oriel, Orson, Paol, Rodin, Séverin, Siméo, Sully, Téoman, Téophile, Ugolin, Urbain, Viggo, Vivien, Winter, Yoram, Yoris, Zadig, Zéphyr.

La génération 2000

Nés dans les années 2000 en France, ces petits noms se multiplient au fil des saisons :

Adriel, Agenor, Aleck, Alonzo, Athanaël, Aylan, Carmin, Cassien, Cosmin, Darian, Darrel, Diango, Dolan, Édan, Edris, Eloïm, Elouane, Elvio, Énaël, Eris, Ethane, Éthaniel, Évence, Faust, Finn, Gilane, Gohan, Guerlain, Ilio, Iloan, Ion, Jaden, Joah, Kaylan, Kéane, Kéoni, Lenzo, Léonis, Lilo, Lilouan, Loam, Loevan, Lolan, Maëlo, Maho, Manao, Manéo, Mathéis, Maxent, Mayan, Mayas, Melvil, Menzo, Milhane, Milio, Nathéo, Nikos, Nilo, Noëlan, Pharell, Reyane, Sael, Sirius, Soen, Taddéo, Théliau, Thelo, Thémis, Théoden, Théossian, Tilian, Tilio, Timaël, Tylio, Ylian, Zao.

Calixte
1 600 **Top 800** ➔

Le plus beau (grec). *Variantes :* Cali, Calix, Calliste, Callixte. *Caractérologie :* décision, réceptivité, sociabilité, logique, diplomatie.

Callum
- de 100

Colombe (latin). Masculin écossais et anglais. *Caractérologie :* ambition, passion, habileté, force, management.

Calvin
4 500 **Top 1 000** ➘

Chauve (latin). Calvin est répandu dans les pays anglophones. *Caractérologie :* savoir, indépendance, méditation, intelligence, décision.

Cameron
5 000 **Top 300** ➔

Nez crochu (écossais). Cameron est répandu en Écosse et dans les pays anglophones. *Variantes :* Camron, Camerone, Kameron. *Caractérologie :* volonté, raisonnement, équilibre, responsabilité, famille.

Camil
2 500 **Top 900** ➔

Variante de Camille ou Camel. *Caractérologie :* fidélité, intuition, relationnel, médiation, adaptabilité.

Camilien
- de 30

Jeune assistant de cérémonies (étrusque). *Caractérologie :* créativité, pragmatisme, communication, optimisme, résolution.

Camille
35 000 **Top 100** ➔

Jeune assistant de cérémonies (étrusque). Voir le focus sur Camille dans la partie prénoms féminins. *Variantes :* Camil, Camillo, Camilo, Kamillo. *Caractérologie :* énergie, innovation, ambition, résolution, autorité.

Candide
200 **Top 2 000**

D'un blanc éclatant (latin). *Variante :* Candido. *Caractérologie :* résolution, efficacité, structure, sécurité, persévérance.

Carel
150

Force (germanique). *Caractérologie :* originalité, audace, énergie, découverte, charisme.

Carl
5 000 **Top 900** ➔

Force (germanique). Carl est très répandu en Allemagne et dans les pays anglophones. C'est aussi un choix traditionnel alsacien. Forme occitane : Carle. *Caractérologie :* sagesse, intelligence, méditation, savoir, indépendance.

Carlos
9 500 **Top 2 000** ➔

Force (germanique). Carlos est très répandu dans les pays hispanophones et lusophones. *Variantes :* Carles, Carlito, Carlo. *Caractérologie :* audace, énergie, découverte, originalité, logique.

Carmin
- de 30

Chanson, hymne (latin). *Variante :* Carmine. *Caractérologie :* efficacité, détermination, sécurité, persévérance, structure.

Carol
400

Force (germanique). Masculin anglais. *Variantes :* Carolus, Caryl. *Caractérologie :* fiabilité, ténacité, engagement, méthode, logique.

Casimir
1 600

Assemblée, paix (slave). Masculin russe et slave. Casimir est également un choix traditionnel occitan. On peut estimer que moins de 30 enfants seront prénommés ainsi en 2023. *Variantes :* Casimiro, Casimo, Kasimir, Kazimir. *Caractérologie :* ouverture d'esprit, rêve, humanité, rectitude, générosité.

Cassien
200

Vide (latin). *Variantes :* Cassian, Cassius. *Caractérologie :* connaissances, sagacité, spiritualité, originalité, détermination.

Cassius
100

Vide (latin). *Caractérologie :* assurance, dynamisme, direction, indépendance, audace.

Cecil
- de 100

Aveugle (latin). On rencontre également cette forme masculine anglaise de Cécile avec l'accent aigu. *Variantes :* Cécilien, Cécilio. *Caractérologie :* dynamisme, curiosité, courage, indépendance, charisme.

Cécilien
140

Aveugle (latin). Voir Célio. *Caractérologie :* paix, bienveillance, conseil, sagesse, conscience.

Cédric
149 000 Top 900

Chef de bataille (anglais). Prénom gallois, anglais et français. Moine anglais au VIIe siècle, saint Cédric évangélisa les Saxons et devint évêque. Fondateur de plusieurs abbayes, il mourut de la peste en soignant les malades qui en étaient infectés. *Variantes :* Céderic, Cédrique, Cédrix, Cédryc, Ceydric, Sédric. *Caractérologie :* paix, sagesse, conscience, bienveillance, conseil.

Cédrick
2 000

Chef de bataille (anglais). Masculin français. On peut estimer que moins de 30 enfants seront prénommés ainsi en 2023. *Caractérologie :* habileté, force, ambition, passion, management.

Célestin
5 500 Top 300

Qui se rapporte au ciel (latin). *Variantes :* Céleste, Celestino, Colestin. *Caractérologie :* paix, organisation, bienveillance, résolution, conscience.

Célian
5 500 Top 500

Aveugle (latin). Voir Célio. Masculin français. *Variante :* Célien. *Caractérologie :* ardeur, détermination, stratégie, achèvement, vitalité.

Célio
650

Aveugle (latin). Cette forme francisée de l'italien Celio tire ses origines de Caecilii, nom d'une puissante famille romaine. Prénom italien. *Variante :* Célyo. *Caractérologie :* stratégie, achèvement, ardeur, vitalité, raisonnement.

Celyan
1 100 Top 800

Aveugle (latin). S'orthographie avec ou sans accent dans l'Hexagone. Voir Célio. *Variante :* Celyann. *Caractérologie :* adaptation, communication, pratique, générosité, enthousiasme.

Césaire
200

Tête aux cheveux longs (latin). *Caractérologie :* conseil, bienveillance, paix, conscience, détermination.

☆ Il portait si bien son prénom, Aimé ! Mais, c'est son nom qui est devenu le symbole d'un courant littéraire et intellectuel, le mouvement de la négritude. Sa poésie, la « parole essentielle » selon lui, hurlait la douleur et la révolte, mais aussi la renaissance de la conscience noire. Cet Orphée noir, comme le décrivait Sartre, a fait rimer mondes poétiques et politiques pour sa cause.

César
8 500 Top 200

Tête aux cheveux longs (latin). En latin, César (ou Cæsar) est le titre honorifique qui désigne les empereurs. Brillant homme d'État romain, Jules César (11-44 avant J.-C.) conquit la Gaule et repoussa les frontières de son empire jusqu'au Rhin. Peu après avoir été nommé consul et dictateur à vie, il fut assassiné par des conspirateurs en plein sénat. C'est Brutus, son protégé, qui l'acheva du vingt-troisième et ultime coup de poignard. Saint César de Bus, le fondateur des Pères de la doctrine chrétienne, porta également ce prénom au XVIIe siècle. Cesar est particulièrement usité dans les pays hispanophones, au Portugal et en Occitanie. *Variantes :* Césaire, Césare, Cesareo, Cesari, Cesarino, Cesario. *Caractérologie :* dynamisme, audace, direction, indépendance, décision.

Ceylan
- de 100

Ce nom, qui désignait le Sri Lanka avant 1972, est également un prénom turc d'origine persane signifiant « gazelle ». *Caractérologie :* conseil, conscience, amitié, bienveillance, paix.

Chad
500

Bataille, guerrier (celte). Masculin anglais. *Caractérologie :* sagacité, spiritualité, connaissances, originalité, philosophie.

Chahine
2 500 Top 500

Le roi des rois (arabe). Chahine est également un prénom arménien d'origine persane. *Variantes :* Chahan, Chahin. *Caractérologie :* pratique, communication, enthousiasme, adaptation, résolution.

Chaï
120

Un présent (hébreu). *Caractérologie :* pratique, enthousiasme, communication, générosité, adaptation.

Chaïm
130

Vie (hébreu). Chaim est assez répandu aux États-Unis et dans les cultures juives. *Variante :* Chaym. *Caractérologie :* méditation, savoir, intelligence, sagesse, indépendance.

Chakib
950

Rétribution, don (arabe). *Caractérologie :* originalité, gestion, connaissances, sagacité, spiritualité.

Chan
- de 100

Explication, exposition (chinois), arbuste aromatique (cambodgien). Nom de famille très courant en Chine. *Caractérologie :* ambition, management, habileté, passion, force.

Charlélie
700

Contraction de Charles et Élie. *Variantes :* Charles-Élie, Charlély. *Caractérologie :* innovation, autorité, énergie, ambition, décision.

Charlemagne
200

Force (germanique). Héritier du royaume de Pépin le Bref, Charlemagne fut roi des Francs de 768 à 814 et empereur d'Occident de 800 à 814. *Caractérologie :* bienveillance, paix, conscience, réalisation, ressort.

Charles
86 000 Top 200

Force (germanique). Au cours des siècles, dix rois de France, sept empereurs d'Allemagne et plusieurs rois anglais, suédois et espagnols ont porté ce nom. Malgré ce passé riche en histoire, Charles est peu répandu avant la Restauration. En 1660, le retour puis le couronnement de Charles II en Angleterre donnent une impulsion au prénom. Lorsque Charles Dickens (1812) et Charles Baudelaire (1821) voient le jour, Charles et ses différentes graphies connaissent une très grande vogue en Europe. En France, ce prénom reste prisé tout au long de la vie de Charles de Gaulle (1890-1970). Il n'a jamais disparu des maternités depuis son repli dans les années 1920 et reprend même des couleurs aujourd'hui. Issu d'une famille noble italienne, saint Charles fit le choix de vivre pauvrement et d'accomplir sa vocation religieuse. Archevêque de Milan, il soigna lui-même les malades de la peste en 1576. *Variantes :* Charle, Charlet, Charlot. Formes basques : Karol, Thales. *Caractérologie :*

C

détermination, communication, pragmatisme, optimisme, créativité.

Charles-Antoine
850

Forme composée de Charles et Antoine. Masculin français. *Caractérologie :* rêve, rectitude, humanité, finesse, analyse.

Charles-Édouard
1 200

Forme composée de Charles et Édouard. Masculin français. On peut estimer que moins de 30 enfants seront prénommés ainsi en 2023. *Caractérologie :* vitalité, achèvement, stratégie, volonté, raisonnement.

Charles-Henri
1 800

Forme composée de Charles et Henri. Masculin français. On peut estimer que moins de 30 enfants seront prénommés ainsi en 2023. *Caractérologie :* pratique, communication, adaptation, enthousiasme, décision.

Charlie
15 000 Top 100

Force (germanique). Voir le focus sur Charlie dans la partie prénoms féminins. *Variantes :* Charley, Charli. *Caractérologie :* médiation, relationnel, intuition, fidélité, détermination.

Charly
22 000 Top 100

Force (germanique). Masculin anglais et français. *Caractérologie :* structure, sécurité, persévérance, efficacité, action.

Cheick
1 000 Top 600

Le maître que l'expérience a rempli de sagesse (arabe). *Variantes :* Cheik, Cheikh. *Caractérologie :* enthousiasme, pratique, communication, adaptation, finesse.

Chérif
2 500 Top 2 000

De haut rang (arabe). *Variantes :* Charaf, Charef, Charif, Chériff, Sharif, Sherif. *Caractérologie :* ténacité, fiabilité, engagement, méthode, logique.

Chrétien
120

Messie (grec). Très courant au Moyen Âge et à l'époque des croisades, ce prénom délaissé pour Christian n'est plus attribué en France depuis les années 1960. Poète français du XIIe siècle, Chrétien de Troyes écrivit les *Romans de la Table Ronde*, œuvre inspirée par des récits médiévaux et les légendes celtes et bretonnes. *Caractérologie :* direction, indépendance, dynamisme, attention, audace.

Chris
5 000 Top 700

Diminutif des prénoms formés avec Christ. Chris est très répandu aux Pays-Bas, dans les pays anglophones et scandinaves. *Variante :* Chrys. *Caractérologie :* pratique, communication, enthousiasme, adaptation, générosité.

Christian
305 000 Top 800

Messie (grec). Sous ses différentes graphies, ce prénom porté par une longue lignée de rois danois apparaît au XVIIe siècle dans plusieurs pays européens. Au début du XXe siècle, il est encore peu connu lorsque Christiane commence sa carrière française. Parti sur les traces de son féminin, Christian connaît le succès et pointe, dès le lendemain de la Seconde Guerre mondiale, dans les 10 premiers rangs masculins. Il restera dans le groupe de tête durant 15 ans, culminant à la 5e place en 1954. Sa gloire est fatale à Chrétien, une forme ancienne du prénom qui disparaît totalement dans les années 1960. Évangélisateur de la Pologne au XIe siècle, saint Christian fut assassiné avec ses frères moines venus d'Italie. Il est fêté le 12 novembre. *Variantes :* Christ, Christel, Christiaen, Christien, Christin, Kristian. *Caractérologie :* relationnel, décision, intuition, attention, médiation.

Christophe
353 000 Top 1 000

Porte-Christ (grec). Selon la légende, saint Christophe était un passeur syrien

C

qui aida un enfant à traverser les eaux tumultueuses d'un fleuve. Lorsqu'il découvrit que son passager était le Christ, il se fit baptiser. La notoriété du patron des voyageurs est ancienne : le prénom est recensé dans les pays chrétiens dès le Moyen Âge. Sa fréquence augmente au XVIe siècle grâce à l'exploit de Christophe Colomb (1451-1506), navigateur rendu célèbre par la découverte de l'Amérique. Christophe se fait plus discret au XIXe siècle, mais il revient au siècle suivant dans de nombreux pays occidentaux. En France, il a trôné sur le palmarès masculin de 1967 à 1970 avant de reprendre par deux fois la couronne de Stéphane. Il s'est ensuite maintenu dans les premiers prénoms jusqu'au début des années 1980. *Variantes :* Christo, Christobal, Christos, Christy, Chrystophe, Cristofe, Cristophe, Cristopher, Cristovao. *Caractérologie :* persévérance, sécurité, finesse, analyse, structure.

Christopher
38 000 Top 1 000

Porte-Christ (grec). Christopher est très répandu dans les pays européens et anglophones. *Variantes :* Christofer, Chrystopher, Kristofer. *Caractérologie :* logique, méthode, ténacité, fiabilité, attention.

Cian
- de 100

Dans la mythologie celtique irlandaise, Cian est un dieu appartenant à la tribu de la déesse Dana. Son nom signifie « ancien ». *Caractérologie :* altruisme, idéalisme, intégrité, réflexion, décision.

Ciaran
- de 100

Brun (irlandais). *Caractérologie :* autonomie, autorité, résolution, énergie, ambition.

Clair
250

Illustre (latin). Masculin français et anglais. Clair est également un choix traditionnel occitan. *Caractérologie :* méditation, sagesse, intelligence, savoir, indépendance.

Clancy
- de 30

Descendant (irlandais). Masculin anglais et irlandais. *Caractérologie :* engagement, ténacité, méthode, fiabilité, sympathie.

Clarel
- de 100

Illustre (latin). *Caractérologie :* paix, bienveillance, conscience, résolution, conseil.

Clarence
2 000 Top 800

Illustre (latin). Masculin anglais. *Variantes :* Clarel, Clarens, Claris, Clarius. *Caractérologie :* sagacité, connaissances, spiritualité, originalité, résolution.

Clark
250 Top 2 000

Secrétaire, clerc (anglais). *Caractérologie :* humanité, rectitude, organisation, ouverture d'esprit, rêve.

Claude
222 000

Boiteux (latin). Deux empereurs romains portent le nom latin Claudius aux premiers siècles, mais c'est au VIIe siècle que saint Claude, l'évêque de Besançon, introduit le prénom en Franche-Comté. Claude est alors inexistant et se propage très lentement. Une dizaine de siècles lui seront nécessaires pour être finalement connu en France et en Angleterre. Si sa carrière devenue florissante tourne court au XIXe siècle, c'est pour mieux briller au suivant. Au masculin, Claude figure parmi les 10 premiers rangs français de 1930 à 1950. Il s'affichera même 3e à son point culminant (1936). Par comparaison, l'envol de Claude au féminin est resté discret. Saint Claude La Colombière, jésuite au XVIIe siècle, confesseur de sainte Marguerite-Marie, est fêté le 15 février. On peut estimer que moins de 30 enfants seront prénommés ainsi en 2023. *Variantes :* Claudi, Claudie,

Claudien, Claudino, Claudius, Clodius. *Caractérologie :* audace, direction, indépendance, dynamisme, assurance.

Claudio
1 500 ⬆

Boiteux (latin). Masculin italien, espagnol et portugais. *Caractérologie :* réceptivité, sociabilité, diplomatie, raisonnement, loyauté.

Claudius
650

Boiteux (latin). *Caractérologie :* humanité, rêve, rectitude, générosité, tolérance.

Claudy
1 100

Boiteux (latin). On peut estimer que moins de 30 enfants seront prénommés ainsi en 2023. Formes occitanes : Glaudi, Claudi. Formes basques : Kauldi, Klaudi, Klaudio. *Caractérologie :* pratique, communication, adaptation, réalisation, enthousiasme.

Clayton
600 Top 2 000 ↘

Qui habite sur un sol d'argile (anglais). *Variante :* Clay. *Caractérologie :* altruisme, idéalisme, organisation, intégrité, bonté.

Cléandre
- de 100

Gloire, homme (grec). *Caractérologie :* habileté, ambition, management, passion, détermination.

Clémenceau
- de 30

Ce patronyme devenu prénom tire ses origines de Clément (du latin *clemens*, « doux », « bon »). Georges Clemenceau (1841-1929), homme d'État français, fut l'une des plus grandes figures de la IIIe République. Son patriotisme et sa pugnacité en tant que président du Conseil à partir de 1917 lui valurent d'être longtemps surnommé le « Père la Victoire » par les Français. Il est le plus célèbre des Clemenceau. *Caractérologie :* autorité, autonomie, ambition, énergie, innovation.

Clément
158 000 Top 100 ↘

Douceur, bonté (latin). La renommée de ce prénom, porté par 14 papes, est immense. Pour autant, Clément n'a jamais connu d'engouement comparable à celui de référents chrétiens qui, tels Jean ou Pierre, prénommèrent tant d'enfants. Boudé en Angleterre et dans les pays anglophones, Clément a surtout été populaire en France au Moyen Âge. Modestement attribué au XIXe siècle, il s'éclipse une grande partie du siècle suivant avant de renaître dans les années 1990. C'est en devenant le 8e choix préféré des Français, en 1998, qu'il obtient son meilleur classement. Saint Clément de Rome, le premier pape qui porta ce prénom, est le troisième successeur de saint Pierre. *Variante :* Clemens. Variante corse : Clemente. *Caractérologie :* altruisme, idéalisme, intégrité, réflexion, dévouement.

Clémentin
190

Douceur, bonté (latin). *Caractérologie :* dynamisme, indépendance, curiosité, courage, charisme.

Cléo
550 Top 2 000 ➔

Gloire, célébrité (grec). Cleo est recensé dans les pays anglophones. *Caractérologie :* achèvement, leadership, vitalité, stratégie, ardeur.

Cléon
- de 100

Gloire, célébrité (grec). *Caractérologie :* organisation, sécurité, persévérance, efficacité, honnêteté.

Cléophas
- de 30

Célébration (grec). *Caractérologie :* connaissances, sagacité, spiritualité, cœur, originalité.

Cliff
200

Falaise (anglais). Masculin anglais. *Caractérologie :* réflexion, intégrité, altruisme, raisonnement, idéalisme.

Clifford
140

Ville proche d'une falaise (anglais). Masculin anglais. *Caractérologie :* indépendance, audace, direction, dynamisme, logique.

Clint
- de 100

Village sur une colline (anglo-saxon). *Variante :* Clinton. *Caractérologie :* honnêteté, structure, efficacité, persévérance, sécurité.

Clotaire
1 200

Gloire, puissance (germanique). Clotaire fut illustré par quatre rois mérovingiens et fut très populaire chez les Francs du Ve au VIIIe siècle. On peut estimer que moins de 30 enfants seront prénommés ainsi en 2023. *Variante :* Clothaire. *Caractérologie :* réceptivité, sociabilité, diplomatie, raisonnement, détermination.

☆ *Le Petit Nicolas*, c'est notre compagnon des premières lectures. On a grandi avec, puis on le fait lire à nos enfants ! C'est aussi une source d'inspiration pour des prénoms pleins de malice et d'espièglerie. Alceste et ses sandwichs à la confiture, Eudes et ses genoux sales, Agnan, le premier de la classe, et Clotaire, le cancre. Un bel échantillon de prénoms !

C

Clovis
6 000 Top 500 ➔

Illustre au combat (germanique). Clovis, roi des Francs de 481 à 511, se fit baptiser par l'évêque de Reims en 496. Il est considéré comme le premier roi catholique de France. *Caractérologie :* vitalité, achèvement, ardeur, stratégie, logique.

Clyde
350 ↓

Qui habite près de la rivière Clyde (celte). Masculin anglais. *Caractérologie :* persévérance, sécurité, structure, sympathie, efficacité.

Cody
600 Top 900 ➔

Coussin (anglo-saxon). Masculin anglais. *Variante :* Coddy. *Caractérologie :* réceptivité, sociabilité, loyauté, diplomatie, bonté.

Colas
750 Top 2 000 ↘

Victoire du peuple (grec). *Caractérologie :* curiosité, dynamisme, courage, charisme, indépendance.

Colbert
140

Cou (latin). Plus fréquent sous forme de patronyme. Masculin anglais. *Caractérologie :* communication, pratique, enthousiasme, adaptation, analyse.

Colby
- de 30

Ville minière (anglais). Masculin anglais. *Caractérologie :* pratique, communication, adaptation, enthousiasme, générosité.

Colin
6 000 Top 600 ↘

Victoire du peuple (grec). En dehors de l'Hexagone, Colin est répandu en Écosse et dans les pays anglophones. *Variante :* Collin. Forme basque : Kolin. *Caractérologie :* habileté, ambition, force, raisonnement, passion.

Colomban
200

Colombe (latin). Prénom corse. *Caractérologie :* organisation, optimisme, communication, pragmatisme, volonté.

Côme
15 000 Top 100 ↑

Univers (grec). Prénom français. Médecin syrien au IIIe siècle, saint Côme consacra sa vie à soigner les pauvres avant d'être condamné au martyre par Lysias, le gouverneur de la région. Il est le patron des médecins. *Caractérologie :* rêve, humanité, rectitude, tolérance, volonté.

Connor
400 Top 800 ↑

Celui qui aime les loups (irlandais). *Variante :* Conor. *Caractérologie :* intelligence, savoir, indépendance, raisonnement, méditation.

Côme

Fête :
26 septembre

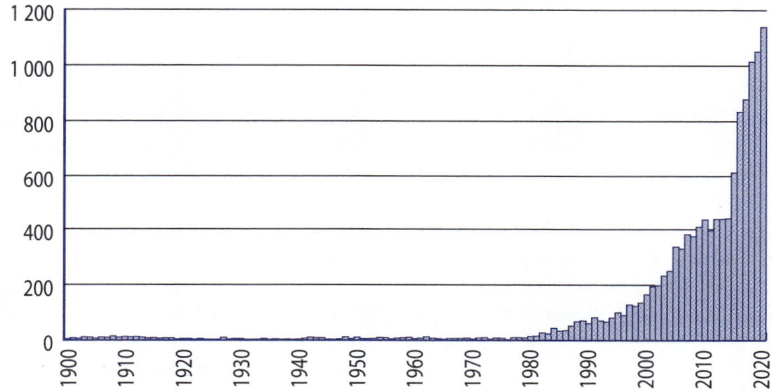

Étymologie

En grec, *kosmos* signifie « univers », et par extension, ordre et harmonie. Cette dimension universelle sied tout à fait à la famille des Médicis qui donne ses lettres de noblesse au prénom. La fameuse dynastie florentine a été fondée par Côme l'Ancien, banquier et homme d'État. Devenu le plus riche marchand de Florence, il s'intéressa à la peinture et l'architecture. Il y investit généreusement sa fortune, au point de rester connu comme le prince des arts et des sciences dans l'histoire. Durant le Quattrocento italien, au XVe siècle, l'un de ses descendants, nommé Côme également, perpétue cette tradition familiale de mécénat culturel.

Toujours en Italie, mais au nord cette fois, le lac de Côme et ses rives romantiques inspirèrent d'illustres musiciens et écrivains. Franz Liszt y connut l'amour fou avec la comtesse et écrivaine Marie d'Agoult. De leur union naquit une fille, Cosima (version féminine de Côme en italien), qui convola en justes noces avec Wagner. Les grandes figures de la littérature succomberont également à son charme. George Sand vint y pleurer ses amours malheureux avec Alfred de Musset. Enfin, dans *La Chartreuse de Parme* de Stendhal, le site lacustre est le théâtre de l'enfance du héros.

Cet ancien prénom, autrefois orthographié Cosme, est longtemps resté d'usage confidentiel. Attribué à une poignée de Français jusque dans les années 1980, il s'élance avec la fougue d'un prénom neuf, et plus rien ne semble l'arrêter aujourd'hui. Il vient de s'imposer dans le top 30 parisien et pourrait bientôt faire de même au niveau national.

En dehors de l'Hexagone, Côme peine à faire carrière dans les pays francophones, à l'exception des wallons qui le hissent aux abords du top 50.

Cosma, Cosmo et Cosimo, ses variantes les plus connues, sont italiennes. Leur féminin Cosima est très rare en France.

Saint Côme, patron des chirurgiens, pratiquait la médecine au secours des pauvres, il aurait procédé à la première greffe de jambe sur un patient gangréné. Il fut persécuté par les Romains au IIIe siècle après J.-C.

C

Personnes célèbres
Côme de Médicis, banquier et homme d'État florentin, fondateur de la dynastie politique des Médicis (1389-1464).

Statistiques
Côme est le 127e prénom masculin le plus donné en France depuis l'an 2000. Ce prénom est attribué à près d'un garçon sur 280 aujourd'hui.

Conogan
- de 30

Blanc, courage (celte). Masculin breton. *Caractérologie :* amitié, conseil, conscience, paix, bienveillance.

Conrad
500 Top 2 000

Conseiller courageux (germanique). Masculin allemand. *Variantes :* Conrado, Corado. *Caractérologie :* dynamisme, volonté, direction, raisonnement, audace.

Constant
4 500 Top 700

Constant (latin). Masculin français. *Variante :* Constans. *Caractérologie :* intelligence, savoir, indépendance, gestion, méditation.

Constantin
3 000 Top 600

Constant (latin). De nombreux empereurs d'Orient, plusieurs saints et un pape ont porté ce prénom. Le 21 mai célèbre saint Constantin Ier le Grand, le plus célèbre d'entre eux. Constantin le Grand imposa le christianisme à son empire après s'être converti en 313. En renommant Byzance Constantinople (« la ville de Constantin »), il dota l'Empire romain d'une seconde capitale. Ce prénom est particulièrement répandu en Bulgarie, en Russie et en Roumanie. C'est aussi un choix traditionnel occitan. *Variantes :* Constantino, Costantino. *Caractérologie :* communication, pragmatisme, optimisme, résolution, analyse.

Corentin
56 000 Top 300

Ami (celte). Masculin français. *Variantes :* Coranthin, Corantin, Corentyn. *Caractérologie :* achèvement, vitalité, stratégie, raisonnement, ardeur.

Corneille
- de 100

Cornu, corneille (latin). Centenier romain établi à Césarée. Il était d'origine païenne, mais il craignait Dieu. Il devint chrétien après que l'apôtre Pierre lui eut annoncé l'Évangile. *Caractérologie :* adaptation, communication, pratique, enthousiasme, analyse.

Cornélius
- de 30

Cornu, corneille (latin). Ancien patronyme romain. *Variantes :* Cornel, Cornélien, Cornélio, Cornélis, Cornély, Cornil, Korneli, Kornelio. *Caractérologie :* vigueur, raison, motivation, achèvement, stratégie.

Corto
650 Top 2 000

Petit (latin). Masculin espagnol. *Caractérologie :* force, ambition, habileté, passion, raisonnement.

☆ Corto Maltese est le marin le plus célèbre du 9e art. Sa silhouette est inspirée de deux stars, John Wayne et Burt Lancaster, chères à son créateur, Hugo Pratt. Son tempérament, un brin anarchiste, est un hymne à la liberté. Son image élégante et désinvolte, pour toujours en noir et blanc, est devenue une signature.

Cory
170

Ravin, crevasse (irlandais). *Variante :* Corey. *Caractérologie :* savoir, méditation, logique, indépendance, intelligence.

Cosme
250

Univers (grec). Voir Côme. Cosme a été plus traditionnellement usité en Occitanie, notamment en Provence. *Variantes :* Cosma, Cosmo. *Caractérologie :* innovation, autorité, volonté, ambition, énergie.

Cosmin
- de 100

Univers (grec). Voir Côme. Cette forme roumaine de Cosme est apparue pour la première fois en France en 2005. *Caractérologie :* innovation, raisonnement, audace, volonté, autonomie.

Costa
190

Diminutif grec de Constantin : constant (latin). Costa est également un nom de famille répandu dans les cultures hispanophones, lusophones et italophones. *Caractérologie :* sécurité, efficacité, persévérance, structure, organisation.

Craig
140

Rocher (gallois). Ce prénom gallois est usité dans les pays anglophones. *Variante :* Kraig. *Caractérologie :* diplomatie, loyauté, réceptivité, bonté, sociabilité.

Crépin
140

Crépu (latin). Formes occitanes : Crespin, Crispin. *Caractérologie :* relationnel, intuition, médiation, fidélité, cœur.

Crescent
- de 100

Croître (latin). *Variante :* Crescence. *Caractérologie :* paix, bienveillance, organisation, conscience, détermination.

Cristian
350 ➔

Messie (grec). Masculin espagnol et occitan. *Variantes :* Cristian, Cristiano, Christiano, Cristino. Forme occitane : Crestian. *Caractérologie :* pratique, communication, gestion, décision, enthousiasme.

Cristiano
1 100

Messie (grec). Masculin italien et portugais. On peut estimer que moins de 30 enfants seront prénommés ainsi en 2023. *Caractérologie :* rectitude, humanité, raisonnement, générosité, ouverture d'esprit.

Cristobal
200

Porte-Christ (grec). Prénom espagnol. *Caractérologie :* rêve, rectitude, humanité, gestion, logique.

Curtis
2 000 Top 800 ↘

Enclos (latin). Masculin anglais. *Variantes :* Curt, Kurtis. *Caractérologie :* idéalisme, altruisme, réflexion, organisation, intégrité.

Cyan
- de 100

Désigne une couleur de teinte bleu-vert. *Variante :* Cian. *Caractérologie :* sagacité, connaissances, spiritualité, originalité, sympathie.

Cylian
300 ↓

Lune (grec). Se rapporte également à un nom de lieu romain. *Variantes :* Cilian, Cillian. *Caractérologie :* décision, cœur, innovation, autorité, énergie.

Cyprien
8 000 Top 2 000 ↘

Qui vient de Chypre (grec). *Variantes :* Ciriac, Ciprian, Ciprien, Cipriano, Cyprian, Cypriane, Cypriano, Cypriaque. *Caractérologie :* idéalisme, altruisme, amitié, intégrité, réflexion.

☆ Vidéaste, blogueur, acteur, scénariste de films et de bandes dessinées, Cyprien Iov cumule beaucoup de casquettes. Il a inventé un personnage à l'humour potache, Monsieur Dream, qui ne laisse passer aucun de nos travers. Il déride, depuis plusieurs années, des millions d'abonnés.

Cyr
200

Seigneur (grec). *Caractérologie :* ambition, autorité, innovation, énergie, autonomie.

Cyrano
- de 30

Habitant de Cyrène, ancienne ville grecque. Cyrano est également le héros romantique de *Cyrano de Bergerac*, la pièce de théâtre d'Edmond Rostand écrite en 1897. *Caractérologie :* ténacité, fiabilité, méthode, amitié, raisonnement.

C

Cyrian
500

Seigneur (grec). *Caractérologie :* intelligence, savoir, méditation, décision, cœur.

Cyriaque
1 500

Seigneur (grec). On peut estimer que moins de 30 enfants seront prénommés ainsi en 2023. *Variantes :* Cyriac, Cyrius. Forme basque : Ziriako. *Caractérologie :* humanité, rectitude, cœur, action, rêve.

Cyriel
180

Seigneur (grec). *Caractérologie :* idéalisme, altruisme, réflexion, intégrité, cœur.

Cyril
86 000 Top 2 000

Seigneur (grec). En dehors de l'Hexagone, Cyril est répandu dans les pays anglophones. *Caractérologie :* persévérance, structure, honnêteté, sécurité, efficacité.

Cyrille
32 000

Seigneur (grec). Masculin français. On peut estimer que moins de 30 enfants seront prénommés ainsi en 2023. *Variantes :* Ciryl, Cyrile. *Caractérologie :* communication, pragmatisme, optimisme, cœur, créativité.

Cyrus
300

Seigneur (grec). Cyrus II le Grand, fondateur de l'Empire perse, vécut au VIe siècle avant J.-C. Ce vieux prénom perse est essentiellement usité aux États-Unis et en Inde aujourd'hui. *Variantes :* Cyrius, Sirius, Syrius. *Caractérologie :* courage, dynamisme, indépendance, charisme, curiosité.

Czeslaw
350

Gloire immense (slave). Prénom polonais. *Variantes :* Ceslas, Ceszlaw. *Caractérologie :* rectitude, rêve, humanité, ouverture d'esprit, générosité.

D

D

Daegan
- de 100

Jour (vieux norrois), variante de Dagan. *Caractérologie :* dynamisme, courage, curiosité, indépendance, réalisation.

Dael
- de 100

Vallée (vieil anglais). Dael est également le nom d'une ville syrienne. *Caractérologie :* ténacité, fiabilité, méthode, sens du devoir, engagement.

Dagan
- de 100

Dieu des Semences et de l'Agriculture des populations sémitiques du Nord-Ouest, Dagan fut notamment révéré par les Philistins. Dagan signifie « grains » en hébreu. *Variantes :* Daeg, Dag, Dagane, Dagen. *Caractérologie :* rêve, humanité, rectitude, réalisation, ouverture d'esprit.

Dale
- de 100

Vallée (vieil anglais). Masculin anglais. *Caractérologie :* structure, sécurité, persévérance, honnêteté, efficacité.

Dalil
1 300 Top 2 000

Guide (arabe). *Caractérologie :* diplomatie, sociabilité, réceptivité, bonté, loyauté.

Damian
1 600 Top 700

Dompter (grec). Masculin anglais, roumain et néerlandais. Damian est également un choix traditionnel occitan et provençal. *Variante :* Damiano. *Caractérologie :*

conseil, bienveillance, paix, décision, conscience.

Damien

122 000 Top 600 ↘

Dompter (grec). Prénom français. Médecin syrien au IIIe siècle, saint Damien consacra sa vie à soigner les pauvres avant d'être condamné au martyre par Lysias, le gouverneur de la région. Il est le patron des médecins. *Variantes :* Damias, Damiens, Damijan, Damion, Damon. *Caractérologie :* autorité, innovation, ambition, énergie, décision.

Damon

500 →

Dompter (grec). Damon et Pythias symbolisent le lien indéfectible de l'amitié. Au Ve siècle avant J.-C., lorsque Pythéas fut condamné à mort par Denys le Jeune, le tyran de Syracuse, Damon se porta garant de Pythéas en l'absence de ce dernier. Il était sur le point d'être supplicié lorsque Pythéas apparut. Damon voulut mourir à la place de son ami et le combat qui s'ensuivit émut tant le tyran qu'il renonça à sa sentence en échange de leur amitié. Cette forme anglophone de Damien est plus particulièrement répandue aux États-Unis. *Caractérologie :* adaptabilité, relationnel, volonté, fidélité, médiation.

Dan

4 500 Top 1 000 →

Dieu est mon juge (hébreu). Dan est très répandu dans les pays anglophones. Personnage biblique, Dan est le patriarche de la tribu des Danites, l'une des 12 tribus d'Israël. *Variantes :* Dane, Dann. *Caractérologie :* direction, audace, indépendance, dynamisme, assurance.

Danaël

250 ↗

Combinaison moderne de Daniel et Maël, ou fusion de « Dan » et « aël». *Caractérologie :* direction, indépendance, innovation, énergie, ambition.

Danaos

- de 30

Dans la mythologie grecque, Danaos est choisi par les dieux pour devenir roi d'Argos. *Caractérologie :* caractère, volonté, intégrité, réflexion, dévouement.

Danick

- de 100

L'étoile du matin (slave). *Caractérologie :* conscience, organisation, paix, bienveillance, détermination.

Daniel

300 000 Top 200 →

Dieu est mon juge (hébreu). Un prophète de la Bible et plusieurs saints ont, dès les premiers siècles, popularisé ce nom dans l'Empire romain d'Orient. À la fin du Moyen Âge, Daniel devient assez fréquent dans les pays chrétiens, y compris slaves, se maintenant avec constance jusqu'au début du XIXe siècle. À l'issue d'une période de décrue, ce prénom rejaillit et brille sur la 3e marche du podium français en 1946. Il reste ensuite très attribué jusqu'au milieu des années 1970. 🔍 L'Ancien Testament présente Daniel comme l'un de ses quatre grands prophètes. Lorsqu'il est capturé par Nabuchodonosor, le roi de Babylone, il ne reste pas longtemps son prisonnier : ses visions divines et sa faculté d'expliquer les songes en font rapidement l'un de ses plus proches conseillers. 🔍 Prêtre solitaire, saint Daniel le Styliste vécut en Asie Mineure au Ve siècle. Il est fêté le 11 décembre. *Variantes :* Danaël, Danijel, Danilo, Danillo, Danyl. *Caractérologie :* intégrité, idéalisme, réflexion, altruisme, résolution.

Danny

2 500 Top 2 000 →

Dieu est mon juge (hébreu). Masculin anglais. *Caractérologie :* persévérance, structure, sécurité, efficacité, réalisation.

Dante

600 Top 2 000 ↑

Endurant (latin). Prénom italien. *Variante :* Dantes. *Caractérologie :* ambition, habileté, management, force, passion.

D

☆ Considéré comme le « père de la langue italienne », le poète florentin Dante Alighieri a écrit, pour les beaux yeux de Béatrice, une œuvre à l'influence monumentale qui façonne encore notre imaginaire du paradis et de l'enfer. Sa *Divine Comédie* nous propose de gagner le ciel !

Dany
17 000 Top 900 ➔

Dieu est mon juge (hébreu). Masculin français. *Variante :* Dani. *Caractérologie :* achèvement, vitalité, réussite, stratégie, ardeur.

Dao
- de 100

Philosophies (vietnamien). *Caractérologie :* intuition, relationnel, médiation, fidélité, adaptabilité.

Daoud
1 100 Top 900 ➔

Forme arabe de David : aimé, chéri (hébreu). *Caractérologie :* rêve, rectitude, générosité, humanité, ouverture d'esprit.

Daouda
1 400 Top 800 ↗

Variante de Daoud : aimé, chéri (hébreu). *Caractérologie :* innovation, autorité, énergie, ambition, autonomie.

D

Dara
190

Chêne (celte), perle de sagesse (hébreu), étoile (cambodgien), chef (turc), riche (persan), beau (swahili). *Caractérologie :* bienveillance, conscience, paix, conseil, sagesse.

Darcy
- de 100

Qui a le teint mat (irlandais). Ce prénom, masculin dans les pays anglophones, est également féminin dans l'Hexagone. *Variante :* Darcie. *Caractérologie :* bienveillance, conscience, réussite, paix, conseil.

Darian
- de 100

Grec (latin). *Caractérologie :* résolution, intuition, fidélité, adaptabilité, médiation.

Dario
3 000 Top 300 ↗

Voir Darius. Masculin italien. *Caractérologie :* relationnel, intuition, adaptabilité, médiation, fidélité.

Darius
1 800 Top 600 ➔

Forme latine du perse antique *daraya*, « posséder », et *vahu*, « bon ». Trois rois persans ont porté ce prénom. Darius Ier, l'un des plus grands souverains de l'Asie occidentale, était d'une énergie et d'une intelligence vives. Il reconstitua l'unité de l'Empire perse et le légua à son fils Darius II. Vaincu par Alexandre, son petit-fils, Darius III, fut le dernier descendant des Achéménides. Dans l'Hexagone, ce prénom est plus traditionnellement usité en Occitanie. *Caractérologie :* humanité, tolérance, rectitude, rêve, générosité.

Daron
- de 30

Nom d'une province historique d'Arménie (arménien). *Caractérologie :* connaissances, sagacité, spiritualité, détermination, volonté.

Darren
1 200 Top 1 000 ↘

Grand (irlandais). Masculin anglais. *Variante :* Daren. *Caractérologie :* famille, résolution, équilibre, influence, responsabilité.

Daryl
1 600 Top 700 ➔

Aimé (anglo-saxon). Masculin anglais. *Variantes :* Darrel, Darryl. *Caractérologie :* équilibre, famille, influence, responsabilité, réalisation.

Dave
1 100 ↑

Aimé, chéri (hébreu). Masculin anglais. *Caractérologie :* dynamisme, curiosité, courage, charisme, indépendance.

David
301 000 Top 200 ➔

Aimé, chéri (hébreu). Dans l'Ancien Testament, David est célèbre pour avoir terrassé le géant Goliath avec sa fronde, mettant un terme à la guerre qui opposait les Philistins à l'armée d'Israël. Cet épisode biblique a inspiré les œuvres de Michel-Ange, Titien et bien d'autres artistes. David est très répandu dans les pays anglophones depuis le Moyen Âge, notamment en Écosse qui a compté deux rois porteurs du nom. Malgré sa notoriété, ce prénom est rare avant le milieu du XXe siècle en France. Il rencontre un fort engouement une fois redécouvert, s'illustrant dans les 5 premiers rangs français tout au long des années 1970. On rencontre David et ses variantes (Daoud, Davud, Davo, Davut, etc.) dans le monde entier. Jeune berger dans l'Ancien Testament, David se distingue à la cour du roi grâce à ses talents de poète et de musicien hors pair. Il épouse la fille du roi Saül, et s'il commet l'adultère avec Bethsabée, son repentir n'en est pas moins exemplaire. Devenu roi, David rassemble les Hébreux et leur offre Jérusalem pour capitale. *Variantes :* Davey, Davi, Davie, Davit, Davo, Dawid, Deve, Dewi. *Caractérologie :* engagement, ténacité, méthode, sens du devoir, fiabilité.

Davide
550

Aimé, chéri (hébreu). Masculin italien et corse. *Caractérologie :* rêve, ouverture d'esprit, rectitude, décision, humanité.

Davis
300

Fils de David (anglais). Plus courant sous forme de patronyme anglophone. *Variantes :* Davidson, Davison. *Caractérologie :* direction, dynamisme, audace, assurance, indépendance.

Davor
- de 30

Amour (slave). Masculin croate, serbe et slovène. *Caractérologie :* équilibre, affection, conseil, conscience, volonté.

Davut
160

Aimé, chéri (hébreu). Prénom suisse allemand. *Caractérologie :* audace, énergie, originalité, gestion, découverte.

Davy
9 000 Top 2 000

Aimé, chéri (hébreu). *Variante :* Devy. *Caractérologie :* sagacité, connaissances, spiritualité, réussite, originalité.

Dawson
1 100

Aimé, chéri (hébreu). Cette forme anglophone de David est apparue dans l'Hexagone à la suite de la série *Dawson*, diffusée sur TF1 en 1999. On peut estimer que moins de 30 enfants seront prénommés ainsi en 2023. *Variante :* Dowson. *Caractérologie :* efficacité, persévérance, sécurité, structure, caractère.

Dayan
1 300 Top 800

Juge (hébreu). Dayan est également un nom de famille particulièrement usité en Algérie ou au Maroc. *Variante :* Dayane. *Caractérologie :* humanité, rectitude, générosité, réalisation, ouverture d'esprit.

Dean
950 Top 1 000

Vallée (vieil anglais). Masculin anglais et néerlandais. *Caractérologie :* exigence, influence, famille, équilibre, responsabilité.

Delan
- de 30

Enfant de rival (irlandais). *Variantes :* Delaine, Delainey, Delane, Delaney, Delano, Delayno. *Caractérologie :* découverte, énergie, audace, séduction, originalité.

Delmar
- de 30

Mer (latin). Masculin anglais. *Variantes :* Delmor, Delmore. *Caractérologie :* habileté, passion, force, détermination, ambition.

Delphin
450

Dauphin (latin). Masculin français et anglais relativement répandu en Belgique. Dans l'Hexagone, le dérivé masculin Delphe est rarissime. *Variante :* Dauphin. Forme basque : Delfin. *Caractérologie :* audace, énergie, découverte, cœur, action.

D

Demba
1 600 Top 800

Le troisième-né (soninké). Le soninké est une langue parlée en Afrique de l'Ouest. *Caractérologie :* sagacité, connaissances, philosophie, originalité, spiritualité.

Démétrien
- de 30

Amoureux de la terre (grec). *Caractérologie :* sociabilité, créativité, optimisme, pragmatisme, communication.

Denis
120 000 Top 900

Fils de Dieu (grec). Dieu du Vin dans la mythologie grecque, Dionysos donne des racines anciennes à ce nom. Porté par un saint du IIIe siècle et attesté au Moyen Âge, Denis s'implante outre-Manche sous le règne de Guillaume le Conquérant. Il y devient assez fréquent et maintient son niveau d'occurrences jusqu'au XVIIe siècle. Son essor français est bien plus tardif : Denis monte aux portes du top 20 dans les années 1960 et prénomme plus de 1 000 nouveau-nés par an jusqu'en 1979. Missionnaire en Gaule au IIIe siècle, saint Denis fut le premier évêque de Paris. L'empereur Domitien le jugea trop influent et le fit décapiter sur le mont des Martyrs (aujourd'hui connu sous le nom de Montmartre). Saint Denis est le patron de la France. *Variantes :* Danis, Deniz, Dennis. *Caractérologie :* bienveillance, paix, conseil, détermination, conscience.

Deniz
1 300 Top 2 000

Mer (turc). Prénom mixte. *Caractérologie :* structure, sécurité, persévérance, efficacité, honnêteté.

Denovan
250

Puissant gouverneur (celte). Masculin anglais. *Caractérologie :* pratique, communication, adaptation, caractère, enthousiasme.

Denys
1 200

Fils de Dieu (grec). On peut estimer que moins de 30 enfants seront prénommés ainsi en 2023. *Variantes :* Denny, Dennys. *Caractérologie :* méthode, fiabilité, engagement, ténacité, réalisation.

Denzel
400

Se rapporte au patronyme Denzil qui fut porté dès le XVIe siècle en Cornouailles, notamment par l'homme d'État Denzil Holles. Il signifierait « forteresse » en cornique. *Caractérologie :* sociabilité, communication, créativité, pragmatisme, optimisme.

Derek
500

Gouverneur du peuple (germanique). Masculin anglais. *Variantes :* Darrick, Darrik, Darryk, Dereck, Derrick. *Caractérologie :* savoir, intelligence, indépendance, méditation, sagesse.

Derick
140

Gouverneur du peuple (germanique). *Caractérologie :* énergie, originalité, audace, découverte, séduction.

Désiré
3 000

Désiré (latin). On peut estimer que moins de 30 enfants seront prénommés ainsi en 2023. *Variantes :* Désir, Désirat. *Caractérologie :* conseil, paix, bienveillance, détermination, conscience.

Desmond
- de 100

Homme du monde (celte). Masculin anglais et irlandais. *Caractérologie :* réceptivité, diplomatie, sociabilité, caractère, loyauté.

Devin
- de 30

Poète (gaélique). *Caractérologie :* idéalisme, intégrité, réflexion, dévouement, altruisme.

Devon
650 Top 2 000

Dérivé de Devin, essentiellement féminin en Irlande et dans les pays anglophones. *Variante :* Davon. *Caractérologie :* conscience, bienveillance, paix, conseil, volonté.

Les prénoms basques, bretons, corses et occitans

Les prénoms les plus attribués sur le plan national font décidément recette en régions. De la Picardie à la Provence, en passant par l'Auvergne, les classements régionaux font la part belle à Léo, Gabriel, Raphaël et Louis, les stars du palmarès français. Cela ne signifie pas que les prénoms à forte identité régionale ont disparu. Redécouverts et attribués par davantage de parents chaque année, ces derniers sont en plein essor, notamment en Bretagne, en Corse, au Pays basque ou en Occitanie. Certains gardent une identité régionale très marquée. Le basque Iban et le corse Lisandru sont presque exclusivement attribués dans leurs régions respectives.

D'autres prénoms connaissent tant de succès que leurs origines s'en trouvent oubliées. Matheo et Maël ont beau s'être répandus dans l'ensemble de la France, ils n'en restent pas moins bretons. Parce qu'ils grandissent dans l'ombre de stars nationales, ces petits noms apparaissent rarement dans les classements régionaux. Pour leur redonner une voix, nous avons réuni la garde montante des prénoms de tradition et d'identités basques, bretonnes, corses et occitanes. Ils sont dépourvus d'accents, conformément à l'usage traditionnel.

Les basques

Agustin, Aitor, Alfredo, Andoni, Andrea, Armando, Arno, Diego, Eneko, Esteban, Ettore, Fabrizio, Faustin, Felipe, Goran, Iban, Jaime, Javier, Joan, Jon, Julian, Julio, Leandro, Manuel, Martin, Mikel, Oihan, Ozan, Pablo, Paco, Patxi, Rafael, Ruben, Saverio, Stefan, Xabi, Xan, Yael, Yan, Yoann, Yohan, Yorick, Youcef, Zacharia.

Notons que Rafael, Martin, Esteban et Yael maintiennent leur suprématie à la tête du palmarès basque.

Les bretons

Alan, Armel, Arthur, Artus, Avel, Bastian, Brendan, Brieuc, Elouan, Evan, Ewan, Fanch*, Gael, Gildas, Goulven, Gurvan, Gwenael, Gwendal, Josselin, Judicael, Kenan, Loan, Loïc, Mael, Malo, Matheo, Morgan, Neven, Noan, Nolan, Oan, Pol, Renan, Ronan, Soen, Suliac, Tanguy, Telio, Titouan**, Yael, Yann, Yoan, Youenn, Yves.

Dans les prénoms bretons, Arthur et Mael détiennent les records d'attribution.

Les corses

Andrea, Andria, Ange, Ange-Marie, Antone, Carlu, Ghjulianu, Ghjuliu, Lisandru, Lucca, Marc-Antoine, Marc'Andria, Marcu, Matteu (ou Mathéo), Orsu, Pasquale, Petru, Rafael, Salvo, Santu, Saverin, Saveriu, Vito.

Gabriel, Baptiste et Antoine sont en tête des attributions actuelles dans l'île de Beauté, mais Andria, Marc-Antoine et Lisandru se distinguent dans les prénoms typiquement corses.

Les occitans

Agustin, Alan, Andeol, Andrea, Andrieu, Antime, Antoni, Arnaud, Auban, Aubin, Aumaric, Calixte, Carles, Cosme, Emilian, Enric, Esteve, Fabian, Felip, Felix, Gabin, Guibert, Guilhem, Jan, Joan, Jordan, Jordi, Julian, Leon, Lino, Lois, Martin, Matias, Roman, Titouan, Vital, Vivian.

Dans la sélection occitane, les choix dominants sont Gabin, Martin et Titouan.

Sur le plan national, Arthur, Gabin, Martin, Rafael sont les choix régionaux qui ont connu les plus fortes progressions.

* La proposition de loi Molac relative à la protection patrimoniale des langues régionales a été promulguée en mai 2021. Mais le Conseil

D

constitutionnel a censuré la disposition concernant l'utilisation de signes diacritiques car elle est en contradiction avec l'article 2 de notre Constitution. Fañch devra encore patienter pour arborer son tilde.

** Bien que Titouan ait des origines occitanes, il est presque exclusivement attribué en Bretagne aujourd'hui.

Diango
- de 100

Prénom malien dont la signification est inconnue. *Variante :* Django. *Caractérologie :* volonté, réussite, indépendance, curiosité, charisme.

Dick
- de 30

Puissant gouverneur (germanique). *Variante :* Dix. *Caractérologie :* rectitude, ouverture d'esprit, rêve, humanité, générosité.

Didier
204 000

Désiré, attendu (latin). Bien qu'il ait donné son nom à plusieurs saints et à de nombreuses communes françaises, Didier a été peu attribué par le passé. Il s'élance comme une nouveauté au début des années 1940, et s'élève au point d'atteindre le 7e rang à son pic (en 1958). Il reste quelque temps dans l'élite avant de s'éclipser en fin de siècle. Archevêque de Vienne au VIIe siècle, saint Didier fut assassiné sur l'ordre de la reine Brunehaut. La population scella son crime à jamais en bâtissant la commune de Saint-Didier-de-Chalarone autour du tombeau de l'archevêque. Il est fêté le 23 mai. On peut estimer que moins de 30 enfants seront prénommés ainsi en 2023. *Variante :* Diadie. *Caractérologie :* persévérance, sécurité, structure, efficacité, honnêteté.

Diego
21 000 Top 100

Supplanter, talonner (hébreu). Cette forme espagnole de Jacques est très répandue dans les pays hispanophones. *Variante :* Diegue. *Caractérologie :* sécurité, structure, persévérance, volonté, efficacité.

Dieter
- de 100

Gouverneur du peuple (germanique). Masculin allemand. *Caractérologie :* spiritualité, sagacité, connaissances, originalité, philosophie.

Dilan
1 100

Mer (gallois). On peut estimer que moins de 30 enfants seront prénommés ainsi en 2023. *Variantes :* Dillan, Dilane, Dilhan. *Caractérologie :* méthode, fiabilité, ténacité, engagement, résolution.

Dimitri
38 000 Top 600

Amoureux de la terre (grec). Dimitri est très répandu en Russie, en Italie, en Serbie et dans les pays slaves. *Variantes :* Dimitrios, Dimitris. *Caractérologie :* innovation, énergie, autorité, ambition, autonomie.

Dimitry
1 900 Top 2 000

Amoureux de la terre (grec). Masculin anglais. *Caractérologie :* habileté, force, ambition, management, passion.

Dino
1 100

Diminutif des prénoms qui se terminent avec le suffixe « dino ». On peut estimer que moins de 30 enfants seront prénommés ainsi en 2023. *Caractérologie :* équilibre, famille, influence, responsabilité, volonté.

D

Diogène
- de 30

De la famille de Dieu (grec). Masculin corse. *Caractérologie :* audace, découverte, originalité, énergie, volonté.

Diogo
1 200 Top 2 000

Supplanter, talonner (hébreu). Ce prénom est particulièrement répandu au Portugal. *Caractérologie :* dynamisme, charisme, courage, indépendance, curiosité.

Dion
130

Diminutif de Dionisio : Fils de Dieu (grec). *Variantes :* Dionisio, Dioni, Dionis. *Caractérologie :* résolution, sécurité, structure, volonté, persévérance.

Diwan
200

Germer, sortir de terre (breton). *Caractérologie :* décision, influence, équilibre, sens des responsabilités, famille.

Djamal
1 700 Top 2 000

D'une grande beauté physique et morale (arabe). *Variante :* Djamale. *Caractérologie :* courage, dynamisme, indépendance, curiosité, charisme.

Djamel
7 000 Top 2 000

D'une grande beauté physique et morale (arabe). *Variantes :* Djamele, Djamil, Djemel. *Caractérologie :* altruisme, idéalisme, intégrité, réflexion, dévouement.

Djibril
8 000 Top 200

Forme arabe de Gabriel : force de Dieu (hébreu). Dans le Coran, Djibril est l'ange porteur d'ordres et de châtiments divins. C'est lui qui révèle le Coran à Mahomet. Djibril est largement attribué dans les cultures musulmanes. *Variante :* Jibril. *Caractérologie :* idéalisme, organisation, réflexion, gestion, intégrité.

Djilali
1 200 Top 2 000

Respectable (kabyle). *Caractérologie :* adaptation, enthousiasme, générosité, pratique, communication.

Dolan
- de 100

Cheveux bruns (irlandais). Ce patronyme existe également sous forme de prénom. *Caractérologie :* assurance, ténacité, vision, ambition, indépendance.

Domenico
800

Qui appartient au Seigneur (latin). Domenico est très répandu en Italie. *Caractérologie :* analyse, équilibre, famille, volonté, éthique.

Domingo
400

Qui appartient au Seigneur (latin). Ce prénom est particulièrement répandu au Portugal. *Variante :* Mingo. *Caractérologie :* découverte, énergie, audace, caractère, originalité.

Dominique
197 000 Top 2 000

Qui appartient au Seigneur (latin). Dérivés du latin *dominicus*, Dominique et ses différentes graphies (Dominic en Angleterre, Domingo en Espagne, Domenico en Italie, etc.) sont attribués dès le Moyen Âge. Ils deviennent, au fil du temps, très courants dans les familles catholiques. Dominique s'efface au XIXe siècle dans l'Hexagone, et on le trouve en petite forme avant la Seconde Guerre mondiale. Sa renaissance entraîne l'émergence, puis le vif succès de son féminin, qui lui donne toute sa mixtité. Dans les deux genres, il brille dans le top 10 français une bonne partie des années 1950. Aujourd'hui, Dominique est porté par une courte majorité d'hommes.
Originaire de Castille, saint Dominique de Guzman fut prédicateur dans les campagnes du Languedoc. Il eut pour mission de combattre l'hérésie cathare et de ramener les Albigeois à la foi

D

catholique. Fondateur en 1206 de l'ordre des Frères prêcheurs (plus tard appelé ordre des Dominicains), il est l'un des pères de l'Inquisition. *Variantes :* Dom, Domen, Domengo, Dominico, Dominick, Dominik, Menault. *Caractérologie :* caractère, force, ambition, habileté, logique.

Domitien
- de 30

Celui qui a soumis (latin). *Variante :* Domitian. *Caractérologie :* stratégie, ardeur, achèvement, volonté, vitalité.

Don
450 ↘

Puissant gouverneur (celte). Masculin anglais. *Caractérologie :* conscience, bienveillance, paix, conseil, volonté.

Donagan
- de 30

Fête (arménien). *Caractérologie :* réalisation, réceptivité, diplomatie, sociabilité, volonté.

Donald
900

Puissant gouverneur (celte). Masculin écossais et anglais. *Caractérologie :* audace, originalité, découverte, énergie, caractère.

Donatien
2 500

Donation (latin). On peut estimer que moins de 30 enfants seront prénommés ainsi en 2023. *Variantes :* Donat, Donatio. *Caractérologie :* énergie, autorité, innovation, détermination, volonté.

Donovan
7 500 Top 900 ↘

Ancien patronyme irlandais signifiant « brun foncé ». Donovan est très répandu en Irlande et dans les pays anglophones. *Variantes :* Donavan, Donovane, Donovann. *Caractérologie :* méthode, ténacité, fiabilité, engagement, volonté.

Doran
- de 100

Prénom anglophone inspiré d'un nom de famille irlandais signifiant « descendant de l'exil ». *Caractérologie :* intelligence, savoir, résolution, volonté, méditation.

Dorian
33 000 Top 500 ↘

Don de Dieu (grec). Masculin anglais et occitan. *Variantes :* Doriand, Doriann. *Caractérologie :* savoir, décision, caractère, intelligence, méditation.

Doris
250

Don de Dieu (grec). *Caractérologie :* relationnel, médiation, intuition, fidélité, adaptabilité.

Doryan
1 500

Don de Dieu (grec). On peut estimer que moins de 30 enfants seront prénommés ainsi en 2023. *Variante :* Doryann. *Caractérologie :* dynamisme, volonté, réalisation, curiosité, courage.

Douglas
1 000 ↗

Rivière bleu foncé (celte). Masculin écossais et anglais. *Variante :* Doug. *Caractérologie :* spiritualité, sagacité, connaissances, originalité, réussite.

Dov
350 ↗

Ours (hébreu). *Caractérologie :* énergie, découverte, audace, originalité, séduction.

Dragan
700 ↘

Précieux (slave). Prénom serbe, croate, slovène et macédonien. *Caractérologie :* altruisme, intégrité, idéalisme, décision, réussite.

Drake
- de 30

Dragon (latin). Masculin anglais. *Variante :* Drago. *Caractérologie :* communication, créativité, pragmatisme, optimisme, détermination.

Driss
4 500 Top 1 000 ↘

Diminutif d'Idriss : études, connaissance (arabe). *Variantes :* Dris, Dryss, Drice, Drisse. *Caractérologie :* responsabilité, équilibre, famille, influence, exigence.

Duane
120

De petite taille, brun (irlandais). *Variantes :* Doan, Doane. *Caractérologie :* rectitude, humanité, générosité, ouverture d'esprit, rêve.

Duarte
300 ➔

Gardien des richesses (germanique). Ce prénom est particulièrement répandu au Portugal. *Caractérologie :* conscience, bienveillance, paix, organisation, résolution.

Duc
180

Désir (vietnamien). *Caractérologie :* audace, direction, indépendance, dynamisme, assurance.

Duncan
1 400

Tête brune (celte). Masculin écossais et anglais. On peut estimer que moins de 30 enfants seront prénommés ainsi en 2023. *Variante :* Dunkan. *Caractérologie :* créativité, communication, optimisme, pragmatisme, sociabilité.

Dusan
- de 100

Spirituel (slave). Prénom tchèque, serbe et slovaque. *Caractérologie :* découverte, originalité, énergie, audace, séduction.

Dusty
170

Se rapporte au patronyme Dustin qui signifie « pierre de Thor » (scandinave). *Variante :* Dustin. *Caractérologie :* réalisation, vitalité, stratégie, achèvement, organisation.

Dylan
68 000 Top 300 ↘

Mer (gallois). Dans les contes médiévaux des Mabinogion, Dylan disparaît dans la mer peu après sa naissance, ce qui lui vaut le surnom de « fils de la vague ». Ce masculin gallois est établi de longue date au pays de Galles. Il était inconnu en France jusqu'à son jaillissement, à la fin du XXe siècle. Sans même prendre le temps de se faire connaître, Dylan a bondi au 6e rang français en 1996 avant de se replier plus lentement. Il est désormais très répandu dans les pays anglophones et néerlandophones. *Variantes :* Dillan, Dilane, Dilhan, Dylane, Dylann, Dyllan. *Caractérologie :* réceptivité, sociabilité, diplomatie, réalisation, sympathie.

☆ Bob Dylan est le premier chanteur-compositeur à recevoir la plus haute distinction littéraire du monde, le prix Nobel. Ces chansons font tellement partie de nos vies, toutes générations confondues, que l'on est porté à croire que l'icône des années 1960 ne peut pas vieillir.

E

E

Earvin
130

Ami (germanique). *Caractérologie :* paix, bienveillance, conscience, conseil, résolution.

Édan
600 Top 1 000 ➔

Variante d'Aïdan : petit feu (celte). *Caractérologie :* sagesse, conscience, paix, bienveillance, conseil.

Eddie
4 000 ↑

Diminutif des prénoms formés avec Ed. Masculin anglais. *Variantes :* Ed, Eddi, Edi, Edie. *Caractérologie :* intégrité, altruisme, réflexion, idéalisme, dévouement.

Eddine
350 ↘

Religion (arabe). *Caractérologie :* dynamisme, curiosité, courage, indépendance, charisme.

Eddy
24 000 Top 2 000 ➔

Diminutif des prénoms formés avec Ed. Eddy est très répandu dans les pays anglophones. *Variante :* Edy.

Caractérologie : relationnel, médiation, intuition, fidélité, adaptabilité.

Éden
24 000 **Top 50**

L'étymologie de ce prénom ne fait pas l'unanimité. Il pourrait signifier « délices » en hébreu, « fructueux » en araméen, et « plaine », ou « steppe », en akkadien. *Caractérologie :* énergie, innovation, autonomie, ambition, autorité.

Edern
400

De très grande taille (gallois). Masculin gallois et breton. *Caractérologie :* direction, assurance, audace, dynamisme, indépendance.

Edgar
7 000 **Top 400**

Lance riche (germanique). Edgar est répandu dans les pays anglophones. *Caractérologie :* stratégie, vitalité, achèvement, détermination, réalisation.

Edgard
2 500

Lance riche (germanique). Masculin français. On peut estimer que moins de 30 enfants seront prénommés ainsi en 2023. *Caractérologie :* réalisation, communication, pratique, enthousiasme, détermination.

E

Edis
110

Gardien des richesses (germanique). *Caractérologie :* autorité, innovation, ambition, décision, énergie.

Edmé
110

Riche protecteur (germanique). *Caractérologie :* altruisme, idéalisme, dévouement, intégrité, réflexion.

Edmond
11 000 **Top 2 000**

Riche protecteur (germanique). Masculin français et occitan. *Variantes :* Edmé, Edmon, Edmondo, Edmont, Edmund. *Caractérologie :* autorité, innovation, énergie, volonté, ambition.

Édouard
34 000 **Top 300**

Gardien des richesses (germanique). Ce nom porté par huit rois d'Angleterre (Edward) est très courant outre-Manche depuis le haut Moyen Âge. Sa vogue, plus tardive en France, se manifeste essentiellement au XIXe siècle. Au début des années 1900, il figure encore dans les 40 premiers rangs, avant de se faire plus discret. Édouard n'a jamais disparu des maternités. Il pourrait redécoller dans les prochaines années. Couronné roi d'Angleterre en 1041, Édouard fut l'un des souverains les plus aimés des Anglais. Pieux et bon, il protégea les pauvres en diminuant leurs impôts et en favorisant le développement d'une justice pour tous. Contrairement à ses successeurs, il s'efforça de préserver la paix sous son règne. Il est appelé « saint Édouard le Confesseur » en hommage à sa compassion et à sa capacité d'écoute. *Caractérologie :* courage, curiosité, raisonnement, volonté, dynamisme.

Édric
- de 100

Prospère, puissant (germanique). Masculin anglais. *Caractérologie :* optimisme, communication, pragmatisme, créativité, sociabilité.

Edris
110

Puissant, prospère (germanique), ou variante moderne d'Idriss. *Caractérologie :* dynamisme, direction, indépendance, audace, détermination.

Eduardo
900

Gardien des richesses (germanique). Eduardo est répandu en Italie. *Variante :* Edouardo. *Caractérologie :* volonté, courage, dynamisme, curiosité, analyse.

Edur
- de 30

Neige (basque). *Caractérologie :* optimisme, pragmatisme, communication, sociabilité, créativité.

Éden

Fête :
1er novembre

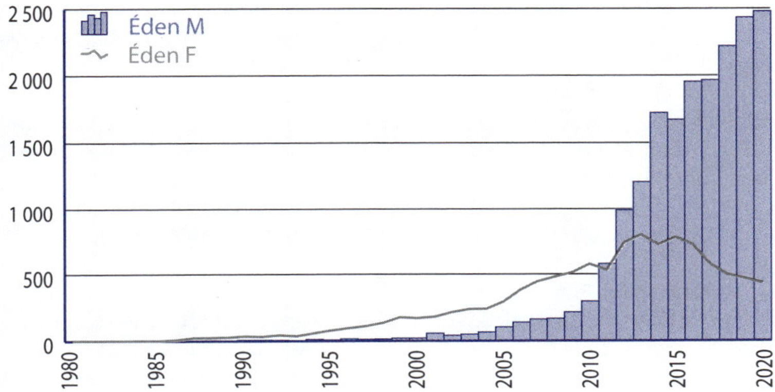

Étymologie

L'étymologie de ce prénom ne fait pas l'unanimité. Il pourrait signifier « délices » en hébreu, « fructueux » en araméen, et « plaine » ou « steppe », en akkadien. Mais dans la Genèse, le jardin d'Éden est sans équivoque le jardin des Délices. Un lieu planté par Dieu lui-même, dans lequel vécurent Adam et Ève, le premier couple de l'humanité. Ce jardin merveilleux évoque la notion de paradis terrestre.

Usité par les puritains anglais au XVIIe siècle, Éden apparaît pour la première fois en France en 1977. Ce prénom est alors exclusivement masculin, mais il change très vite de genre, au point que 85 % des enfants nés sous ce nom en 2002 sont des filles. Cela ne l'empêche pas de nous surprendre de nouveau : en 2011, en pleine poussée de croissance, la forme masculine reprend l'avantage et propulse Éden vers le top 20 national. On peut se demander combien de temps ce prénom restera mixte. En attendant, il reste un prénom très prisé.

En dehors de l'Hexagone, Éden a percé dans les tableaux masculins suisse et wallon. C'est au féminin qu'il frémit dans les pays anglophones.

Eden est le titre d'un manga d'Hiroki Endo et d'une bande dessinée de Maret et Cabrera, ouvrages parus dans les années 2000. En 1999, Vince a également fait paraître une bande dessinée portant ce titre. Dans un autre registre, Éden est le nom choisi par Étienne Daho pour intituler son album sorti en 1996 (idée reprise par le groupe Fawn en 2011). Dans les années 1950, *À l'Est d'Éden*, le roman de John Steinbeck dont Elia Kazan a tiré un film, assura une postérité littéraire à ce prénom.

Personnes célèbres

Eden Hazard, footballeur international belge, né en 1991 ; Eden Ben Basat, footballeur international israélien, né en 1986.

Statistiques

Éden est le 66e prénom masculin le plus donné en France depuis l'an 2000. Il est attribué à près d'un garçon sur 130 aujourd'hui. Au féminin, Éden devrait prénommer une fille sur 880 cette année. À noter : en 2023, Éden devrait être recensé au masculin dans 94 % de ses attributions dans l'Hexagone.

E

Edward
2 500 Top 800 →

Gardien des richesses (germanique). Masculin anglais. *Variantes :* Édard, Édouart, Edvard, Edwart. *Caractérologie :* innovation, autorité, énergie, décision, ambition.

Edwin
3 000 Top 2 000 →

Riche ami (germanique). Masculin anglais. *Variantes :* Edvin, Edwyn. *Caractérologie :* innovation, autorité, énergie, autonomie, ambition.

Efflam
300 ↘

Rayonnant, brillant (celte). Prénom breton. *Caractérologie :* intelligence, caractère, savoir, méditation, indépendance.

Egon
150

Feu (celte). *Variantes :* Egan, Egann. *Caractérologie :* audace, originalité, découverte, séduction, énergie.

Egun
- de 30

Jour (basque). *Caractérologie :* sympathie, sociabilité, réceptivité, loyauté, diplomatie.

Éli
2 000 Top 300 ↗

Le Seigneur est mon Dieu (hébreu). Eli est très répandu en Israël, dans les pays anglophones et scandinaves. C'est aussi un choix traditionnel occitan. *Caractérologie :* ambition, habileté, passion, force, management.

Élia
450 Top 2 000 →

Le Seigneur est mon Dieu (hébreu). Elia est plus traditionnellement usité en Italie et en Corse. Malgré sa mixité, Élia est très largement féminin. *Variantes :* Élya, Elyo, Ilia, Ilya. *Caractérologie :* idéalisme, réflexion, altruisme, détermination, intégrité.

Eliad
110 Top 2 000

Dieu éternel (hébreu). Masculin anglais. *Variante :* Elead. *Caractérologie :* persévérance, structure, sécurité, efficacité, décision.

Éliam
750 Top 900 ↗

Dieu du peuple (hébreu). *Caractérologie :* ténacité, détermination, méthode, fiabilité, engagement.

Élian
3 500 Top 800 →

Le Seigneur est mon Dieu (hébreu). *Variante :* Élien. *Caractérologie :* dynamisme, curiosité, courage, indépendance, décision.

Élias
16 000 Top 200 →

Le Seigneur est mon Dieu (hébreu). Masculin grec, portugais, allemand, scandinave, également usité dans les cultures arabes et musulmanes (Élias est une variante d'Élie, prophète reconnu par le Coran). *Variantes :* Éliasse, Éllias, Hélias. *Caractérologie :* énergie, autorité, ambition, détermination, innovation.

Eliaz
700 Top 2 000 ↗

Le Seigneur est mon Dieu (hébreu). Prénom breton. *Variante :* Eliez. *Caractérologie :* achèvement, vitalité, stratégie, ardeur, détermination.

Élie
20 000 Top 200 →

Forme francisée du nom hébreu Elijah signifiant « le Seigneur est mon Dieu ». Personnage de l'Ancien Testament, Élie est un prophète reconnu dans les trois religions monothéistes. Ce prénom est porté par les Hébreux plusieurs siècles avant notre ère, puis sous la forme d'Élias chez les Grecs et les Latins. Élias et ses formes dérivées se propagent plus largement en Occident chrétien à partir du IXe siècle, après le martyre de saint Élie, un prêtre espagnol de Cordoue. Au XVIe siècle, la Réforme fait redécouvrir Ellis, Eliott, Hélias et Élie en Europe. Sauvés de l'oubli, ces prénoms réapparaissent épisodiquement, comme aux XIXe et

XXe siècles. À défaut d'avoir connu la gloire, Élie a remporté, aux côtés du Héli breton, quelques succès récents : il reprend depuis les années 1980 un cours ascendant. Dans l'Ancien Testament, Élie annonce à Achab, le roi d'Israël, que son culte impie sera sanctionné par la colère du dieu Yahvé. Après plusieurs années de sécheresse, Élie convoque le peuple et les prêtres de Baal sur le mont Carmel. Il prédit alors le retour de la pluie au peuple converti d'Israël. Plus tard, lorsque Jéhu succède au roi Achab, Élie choisit Élisée comme successeur avant de s'élever vers le ciel sur un char de feu. *Variantes :* Éliel, Élien, Ellis, Elly, Ély. *Caractérologie :* efficacité, sécurité, structure, honnêteté, persévérance.

Eliel
500 Top 2 000 ➔

Le Seigneur est mon Dieu (hébreu). *Caractérologie :* sagacité, philosophie, connaissances, spiritualité, originalité.

Elio
11 000 Top 50 ↗

Le Seigneur est mon Dieu (hébreu). Elio est essentiellement orthographié dans accent en France. Il est très répandu en Italie. *Caractérologie :* courage, curiosité, indépendance, dynamisme, analyse.

Elior
350 Top 2 000 ➔

Dieu est ma lumière (hébreu). *Caractérologie :* découverte, raisonnement, audace, séduction, originalité.

Eliot
12 000 Top 200 ➔

Le Seigneur est mon Dieu (hébreu). Eliot est particulièrement répandu dans les pays anglophones. *Caractérologie :* indépendance, intelligence, savoir, méditation, raisonnement.

Eliott
27 000 Top 50 ↗

Il est vraisemblable qu'Eliott se rattache, comme Élie, à une forme francisée du nom hébreu Elijah signifiant « le Seigneur est mon Dieu ». Ce prénom répandu dans les pays anglophones a peu de passé en France. Il s'y envole soudainement en 1983, l'année suivant l'immense succès d'*E.T.* (film de Steven Spielberg dans lequel le jeune héros se prénomme Eliott). Ce prénom progresse dans le classement national et vient de percer dans le top 50. *Caractérologie :* tolérance, rectitude, humanité, rêve, analyse.

Élisée
500 ➔

Dieu a aidé (hébreu). *Variantes :* Élisien, Elisio. Forme basque : Eliseo. *Caractérologie :* audace, direction, dynamisme, indépendance, détermination.

Elliot
8 500 Top 300 ➔

Le Seigneur est mon Dieu (hébreu). Elliot est particulièrement répandu dans les pays anglophones. *Caractérologie :* analyse, direction, audace, dynamisme, indépendance.

Elliott
2 500 Top 500 ➔

Le Seigneur est mon Dieu (hébreu). Masculin anglais. *Caractérologie :* communication, enthousiasme, raisonnement, pratique, adaptation.

Ellis
110

Doux (gallois), forme diminutive d'Élias. *Variantes :* Elis, Ellys. *Caractérologie :* communication, pragmatisme, optimisme, créativité, résolution.

Elmer
- de 30

Noble, célèbre (germanique). Masculin anglais. *Variante :* Ulmer. *Caractérologie :* vitalité, achèvement, leadership, stratégie, ardeur.

☆ En inventant un éléphant revêtu de mille couleurs, David McKee aborde le très sérieux sujet de la différence. Mais rien de sombre dans le récit ! Si Elmer rêve d'être aussi gris que ses acolytes, il est pétri d'humour. Ce classique des meilleurs livres pour enfants permettra à votre cher petit trésor de découvrir la tolérance.

E

Les prénoms de l'après 2020

Après une longue période d'isolement et de contraintes, nous rêvons tous d'escapade. Les sources d'évasion sont propres à chacun. Si l'appétence pour l'espoir et la positivité est le dénominateur commun, les inspirations peuvent être diverses. Nous en avons recensé quelques-unes. Élargissons nos horizons pour faire place à ces prénoms inspirants !

Les prénoms de la nature
Un prénom ne fait pas le printemps. Mais nous vous offrons une sélection qui fait rimer poésie et environnement.

Filles : Aéna, Amazone, Ambre, Ambrine, April, Arwen, Aube, Aubeline, Aurore, Automne, Avril, Colombe, Dawn, Gaïa, Iola, Iona, Jade, Léonie, Louve, Maya, Ness, Océane, Olinda, Ondine, Paloma, Roxane, Summer, Uranie, Ursula, Ursule, Vanessa, Yoko.

Garçons : Abriel, Anatole, Armel, Arthur, Artus, Auguste, Avel, Dune, Elaia, Enki, Éole, Forrest, Gaïus, Germinal, Iolan, Kaï, Kian, Léo, Léon, Loup, Manua, Marin, Noan, Océan, Orso, Orson, Romarin, Septembre, Téva, Winter, Yeram, Yolan.

Les prénoms botaniques
Les prénoms référencés ci-dessous ont tous un rapport avec les fruits, les fleurs, les plantes ou les arbres. N'hésitez pas à plonger la main dans cette corbeille, ils sont tous arrivés à maturité...

Filles : Airelle, Amaranthe, Anémone, Anthéa, Bleuenn, Bruyère, Camélia, Capucine, Cassis, Célerine, Chloé, Dahlia, Églantine, Fleur, Florane, Flore, Garance, Hanaé, Iris, Ixia, Jacynthe, Jasmine, Kalinka, Lilas, Magnolia, Mai-Li, Mauve, Maylane, Maylis, Miki, Muguette, Naé, Nao, Nélia, Nelya, Pimprenelle, Rhéa, Rhéane, Rose, Tamara, Vanille, Violette, Yasmina, Yasmine, Ylana.

Garçons : Antoine, Anton, Antonin, Bosco, Floréal, Floris, Hyacinthe, Ilan, Jasmin, Maïlan, Muguet, Nao, Olivier, Ylan.

Et voici le panier de fruits que l'on ne recense qu'au féminin :

Amande, Amandine, Cannelle, Cassis, Clémentine, Framboise, Livie, Mai, Marie-Pomme, Mirabelle, Myrtille, Olive, Olivia, Pomme, Prune, Reine-Claude, Vanille.

Les prénoms de l'air et du cosmos
Comme Apollinaire, on peut rallumer les étoiles, ou tout simplement observer les astres. Laissez-vous emporter par la Voie lactée des prénoms !

Filles : Alizée, Éoline, Esther, Étoile, Iris, Louna, Luna, Lune, Nejma, Orane, Sema, Soleil, Soraya, Stella, Windy, Zéphyrine.

Garçons : Aniel, Anil, Aranis, Avel, Azur, Célestin, Éole, Héole, Nadjim, Neven, Orion, Samson, Sirius, Soen, Sohan, Sol, Sol-Abriel, Suliac, Sun, Tarek, Zéphyr, Zéphyrin.

Les prénoms lumineux
Nous ne sommes pas au bout du tunnel, mais la lumière est au bout du chemin. Alors, pour les parents résilients, nous avons identifié les prénoms synonymes de lumière.

Filles : Aliona, Apolline, Dayana, Éléna, Éliora, Éloane, Élouane, Eurielle, Hélène, Iona, Kira, Léna, Léora, Lilou, Liora, Loane, Lou, Louana, Luan, Luce, Lucie, Lucienne, Lucille, Lucinda, Lucine, Lucy, Luz, Miora, Nahara, Nora, Nour, Ora, Soria, Uma, Urielle, Zahara, Zia, Zora.

Garçons : Elior, Éloan, Élouan, Éole, Hélian, Héliodore, Helios, Heol, Huy, Ilio, Iloan, Lénaïc, Lior, Loan, Loann, Lou, Louan, Louka, Luan, Luc, Lucas, Lucian, Luciano, Luke, Ouriel, Roshan, Uriel, Yamine.

Les prénoms porteurs de paix, de victoire et de liberté

Certes, la covid et l'actualité ne nous ménagent pas. Mais la nature humaine est ainsi faite que la résilience et l'espoir de paix reprennent le dessus. Célébrons les prénoms conquérants et libérateurs !

Filles : Bérénice, Caline, Coleen, Coline, Colleen, Eunice, Faïza, Fantine, Jaya, Liberté, Nicole, Nikita, Orina, Orlanda, Orlane, Paz, Salomé, Ségolène, Sigrid, Veronica, Véronique, Vicky, Victoire, Victoria, Victorine, Vilma, Vinciane, Vittoria, Yen.

Garçons : Alfie, Alfred, Bixente, Casimir, Colas, Colin, Frédéric, Geoffroy, Godefroy, Jay, Liebert, Manfred, Nicolas, Nikita, Nikola, Salomon, Siegfried, Tancrède, Thane, Victor, Victorien, Victorin, Vincent, Waldo, Wilfried, Ziggy.

Les prénoms zen*

Pour des parents qui ont envie d'accueillir leurs enfants sous des cieux douillets et cléments, la liste des prénoms bienveillants est riche.

Filles : Anabelle, Anaëlle, Anaïs, Anna, Annabella, Annabelle, Annaïg, Anne, Annie, Anouck, Anya, Gatienne, Gianna, Giovanna, Grace, Gracianne, Hana, Hannah, Ioana, Iva, Ivana, Ivanne, Jane, Jeanne, Jenna, Joan, Joana, Joanie, Joanna, Joanne, Johana, Johane, Juana, Naïg, Naïs, Nana, Nancy, Nettie, Nina, Nine, Ninon, Ohana, Seona, Shona, Sian, Siana, Vanina, Viana, Yanna, Yoanna, Yvana, Zulma.

Garçons : Anaël, Anatole, Gatien, Gian, Gianni, Giovanni, Giovanny, Gratien, Ian, Ianis, Iban, Ifan, Ioan, Ion, Iovan, Ivan, Iwan, Jan, Jean, Joan, Joanis, Joannes, Joao, Johan, John, Jon, Jonel, Keoni, Manech, Manu, Nino, Ohan, Sean, Shane, Vania, Xan, Yani, Yanis, Yanko, Yann, Yoan, Yohan, Yovan, Yoven, Yun, Yvan.

* Dans leur étymologie.

Elmo

- de 30

Amical (grec). Masculin italien et anglais. *Caractérologie :* rectitude, humanité, rêve, volonté, ouverture d'esprit.

Éloan

2 500 Top 400 ➔

Lumière (celte). Ce dérivé récent d'Élouan s'orthographie également sans accent. *Variantes :* Eloann, Iloan. *Caractérologie :* relationnel, intuition, fidélité, adaptabilité, médiation.

Éloi

6 500 Top 300 ➔

Élu (latin). Masculin français. *Caractérologie :* découverte, énergie, audace, originalité, logique.

Eloïm

- de 100

Forme francisée d'Elohim : la main de Dieu (hébreu). *Caractérologie :* rectitude, humanité, volonté, générosité, analyse.

Éloïs

350 ➔

Illustre au combat (germanique). *Caractérologie :* décision, paix, bienveillance, conscience, logique.

Elon

450 Top 600 ↑

Arbre (hébreu). Elon est l'un des 12 juges cités dans le Livre des Juges, dans l'Ancien Testament. *Variante :* Elone. *Caractérologie :* assurance, audace, indépendance, direction, dynamisme.

Élouan

7 500 Top 500 ↘

Lumière (celte). Originaire d'Irlande, saint Elouan mena une vie d'ermite en Bretagne au VIIe siècle. Il est honoré dans une chapelle de Saint-Guen (Côtes-d'Armor), où se trouve son tombeau. Ce prénom est très populaire en Bretagne. *Variantes :* Élouann, Élouen, Élouane. *Caractérologie :*

E

curiosité, indépendance, dynamisme, courage, charisme.

Éloy
300

Élu (latin). Prénom espagnol. *Caractérologie :* communication, enthousiasme, pratique, adaptation, bonté.

Elric
700

Roi de tous (germanique). *Variantes :* Elrick, Elrik. *Caractérologie :* intuition, relationnel, médiation, fidélité, adaptabilité.

Elton
200 Top 2 000

De la vieille ville (anglais). Masculin anglais. *Caractérologie :* communication, pratique, enthousiasme, adaptation, générosité.

Elvin
600

Elfe, ami (vieil anglais). *Variantes :* Elwin, Elwyn. *Caractérologie :* ambition, management, passion, force, habileté.

Elvis
2 500

Ce prénom, rendu célèbre par le chanteur américain Elvis Presley (1935-1977), est une variante d'Alvis, prénom scandinave signifiant, en vieux norrois, « omniscient », ou une variante anglaise d'Elwin. Masculin anglais. *Variante :* Elwis. *Caractérologie :* ténacité, méthode, fiabilité, engagement, résolution.

Elwan
500

Voir Elvan. *Variante :* Elwann. *Caractérologie :* conseil, paix, bienveillance, résolution, conscience.

Ely
950 Top 1 000

Le Seigneur est mon Dieu (hébreu). Prénom mixte. *Caractérologie :* bienveillance, paix, conscience, conseil, sympathie.

Elyan
600 Top 2 000

Le Seigneur est mon Dieu (hébreu). *Caractérologie :* sympathie, enthousiasme, communication, pratique, adaptation.

☆ *Le Roman du roi Arthur* met en scène un certain Elyan, compagnon de Lancelot et frère de Guenièvre. Les séries et films à succès inspirés de ce récit médiéval, comme la série *Kaamelot* ou le film *Le Roi Arthur* de Guy Ritchie, pourraient contribuer à dépoussiérer le prénom.

Élyas
4 000 Top 300

Forme arabe et persane d'Élie : le Seigneur est mon Dieu (hébreu). *Variante :* Élyass. *Caractérologie :* achèvement, sympathie, stratégie, vitalité, ardeur.

Élyes
4 000 Top 600

Forme arabe et persane d'Élie : le Seigneur est mon Dieu (hébreu). *Variantes :* Élies, Éliesse, Élyess, Élyesse, Hélies. *Caractérologie :* pratique, communication, enthousiasme, adaptation, bonté.

Elyo
3 000 Top 200

Le Seigneur est mon Dieu (hébreu). *Caractérologie :* découverte, décision, découverte, curiosité, détermination.

Élysée
- de 100

Dieu est serment (hébreu). *Caractérologie :* ambition, passion, force, habileté, sympathie.

Elzéar
- de 100

Secours de Dieu (hébreu). Elzear est plus traditionnellement usité en Occitanie, notamment en Provence. *Variante :* Elzéard. *Caractérologie :* méthode, fiabilité, ténacité, engagement, détermination.

Emanuel
1 100 Top 2 000

Dieu est avec nous (hébreu). Masculin allemand et scandinave. *Caractérologie :* vitalité, achèvement, ardeur, stratégie, leadership.

Émeric
9 000

Puissant (germanique). Masculin français. On peut estimer que moins de 30 enfants seront prénommés ainsi en 2023. *Variantes :* Émery,

Émeryc, Émmeric, Émmerie, Émmery. *Caractérologie :* stratégie, achèvement, ardeur, leadership, vitalité.

Émerick
1 800

Puissant (germanique). On peut estimer que moins de 30 enfants seront prénommés ainsi en 2023. *Variante :* Émerik. *Caractérologie :* autorité, innovation, énergie, ambition, autonomie.

Emerson
300 →

Fils d'Emery (vieil anglais). *Caractérologie :* habileté, détermination, force, volonté, ambition.

Emil
800 Top 2 000 →

Travailleur (germanique). Masculin allemand, slave, scandinave et anglais. *Caractérologie :* créativité, optimisme, sociabilité, pragmatisme, communication.

Émile
31 000 Top 200 →

Travailleur (germanique). Ce nom porté par une grande famille romaine renaît en France au XVIe siècle. Il atteint son sommet durant la vie d'Émile Zola (1840-1902), se manifestant aussi bien en Allemagne (Emil) qu'au Portugal ou en Espagne (Emilio). Émile est fréquemment attribué dans l'Hexagone jusqu'à sa disparition progressive dans les années 1920. Mais le retour du rétro le fait frémir de nouveau. Émile pourrait briguer de nouveaux trophées dans les prochaines années. Général romain né vers 230 avant J.-C, Lucius Æmilius Paullus vainquit Persée, le dernier roi de Macédoine, à Pydna. Au IIIe siècle, un saint portant ce nom fut condamné au martyre à Carthage pour avoir proclamé sa foi. *Caractérologie :* vitalité, achèvement, stratégie, leadership, ardeur.

Émilien
17 000 Top 600 ↘

Travailleur (germanique). Ermite espagnol, saint Émilien fonda l'ermitage de San Millan à Tarragone au VIe siècle. Émilien est un prénom français. *Caractérologie :* engagement, ténacité, méthode, sens du devoir, fiabilité.

Emilio
4 500 Top 200 ↑

Travailleur (germanique). Emilio est très répandu en Italie, dans les pays hispanophones et lusophones. *Variantes :* Emil, Emilian, Emiland, Emiliano, Emilion, Emille, Mil, Milio. *Caractérologie :* intégrité, altruisme, idéalisme, raisonnement, volonté.

Émin
850 Top 1 000 →

Loyal, digne de confiance (arabe). *Variante :* Émine. *Caractérologie :* charisme, indépendance, dynamisme, curiosité, courage.

Emir
4 000 Top 300 →

Gouverneur, décret (turc). *Variantes :* Emire, Emirhan, Emircan. *Caractérologie :* humanité, rectitude, rêve, ouverture d'esprit, générosité.

Emmanuel
118 000 Top 300 →

Dieu est avec nous (hébreu). Masculin français et anglais. En donnant ce nom à l'enfant que portait une jeune femme vierge, le prophète Isaïe désigna avec une certaine ambiguïté le Messie à venir. Par la suite, Emmanuel a été identifié au Christ par les chrétiens. Forme basque : Imanol. *Caractérologie :* adaptation, générosité, enthousiasme, pratique, communication.

Emre
3 000 Top 2 000 ↘

Frère (turc). *Variantes :* Emra, Emrah. *Caractérologie :* courage, indépendance, charisme, dynamisme, curiosité.

Emrick
600 ↓

Maître de maison (germanique). *Variante :* Emric. *Caractérologie :* indépendance, curiosité, dynamisme, courage, charisme.

Emrys
1 300 Top 2 000

Forme galloise d'Ambroise, du grec *ambrosios*, immortel. Emrys apparaît comme l'un des noms de Merlin dans les textes de Geoffroy de Monmouth. Ces écrits datent du XIIe siècle et constituent la source principale de la légende arthurienne. *Variante :* Emris. *Caractérologie :* force, habileté, ambition, détermination, réalisation.

Énaël
2 500 Top 200

Combinaison de la sonorité « én » et des prénoms se terminant en « aël ». *Caractérologie :* assurance, dynamisme, audace, indépendance, direction.

Énaël
2 500 Top 200

Variante d'Anaël ou contraction des prénoms associés avec « É » et « Naël ». *Caractérologie :* direction, audace, dynamisme, indépendance, assurance.

Eneko
1 000 Top 2 000

À moi (basque). Eneko est également une forme basque d'Ignace signifiant « feu » en latin. *Caractérologie :* énergie, découverte, audace, séduction, originalité.

Enes
3 500 Top 400

Ami (turc). *Caractérologie :* intuition, relationnel, fidélité, médiation, résolution.

Enguerran
750

Ange, corbeau (germanique). Voir Enguerrand. *Variante :* Engueran. *Caractérologie :* fiabilité, méthode, détermination, ténacité, bonté.

Enguerrand
1 800 Top 2 000

Ange, corbeau (germanique). Enguerrand de Marigny fut le ministre du roi Philippe IV le Bel, mais c'est grâce aux *Rois maudits*, de Maurice Druon, que ce prénom français a été redécouvert. Enguerrand est un choix traditionnel occitan. *Variante :* Enguerand. *Caractérologie :* sympathie, vitalité, stratégie, achèvement, réalisation.

Enis
1 000 Top 2 000

Ami (turc). *Variantes :* Enis, Ennis, Enys. *Caractérologie :* résolution, diplomatie, sociabilité, réceptivité, loyauté.

Enki
350

Dans la mythologie sumérienne, Enki est le dieu des Eaux souterraines. Enes Bilal, dit Enki Bilal, né en 1951 à Belgrade, est un réalisateur, dessinateur de bandes dessinées français. *Caractérologie :* optimisme, sociabilité, pragmatisme, communication, créativité.

Ennio
650 Top 2 000

Nom dérivé d'Ennius, un ancien patronyme romain. Ce nom a été porté au IIe siècle avant J.-C par un poète romain, Quintus Ennius, considéré comme le père de la poésie latine. *Variante :* Enio. *Caractérologie :* générosité, pratique, adaptation, enthousiasme, communication.

☆ Le célèbre compositeur italien aux 500 musiques de film a marqué le 7e art, notamment par ses compositions épiques pour les westerns spaghetti. Ses symphonies, mélanges de mélodies et d'arrangements insolites, l'ont hissé au panthéon des musiques populaires. Il était une fois Ennio, comme Morricone...

Énoah
300 Top 2 000

Combinaison de la lettre É et de Noah, ou variante d'Enoha. *Caractérologie :* savoir, médiation, culture, intelligence, sagesse.

Enoha
1 200 Top 900

Parfums (tahitien). *Caractérologie :* sagacité, philosophie, spiritualité, originalité, connaissances.

E

Enos
- de 30

Être humain (hébreu). *Caractérologie :* passion, ambition, force, habileté, management.

Enrick
750

Maître de maison (germanique). Variante catalane et occitane : Enric. *Caractérologie :* famille, équilibre, influence, responsabilité, exigence.

Enrico
600

Maître de maison (germanique). Masculin italien. *Variante :* Enriko. *Caractérologie :* audace, indépendance, direction, dynamisme, raisonnement.

Enrique
2 500

Maître de maison (germanique). Masculin espagnol. On peut estimer que moins de 30 enfants seront prénommés ainsi en 2023. *Caractérologie :* habileté, ambition, force, passion, management.

Enzo
117 000 Top 50

Forme italienne d'Henri, du germain *heim*, « maison », et *ric*, « puissant », d'où la signification « maître de maison ». C'est en 1988 que *Le Grand Bleu* sort sur les écrans et qu'Enzo, l'un de ses héros, séduit le public. L'impact du film de Luc Besson est immédiat. Propulsé au zénith à une vitesse fulgurante, Enzo trône sur le palmarès français de 2004 à 2007, avant de céder sa couronne à Lucas.

Fils naturel de l'empereur germanique Frédéric II, Enzo devint roi de Sardaigne en 1242. Il s'illustra par son courage en combattant, aux côtés de son père, contre le pape et les Génois à la Meloria. Mais après avoir conquis une grande partie du Milanais, il fut vaincu et capturé. Prisonnier, il fut assigné à résidence dans un palais bolognais où il établit une cour somptueuse jusqu'à sa mort, en 1272. *Variante :* Enso. *Caractérologie :* équilibre, influence, éthique, famille, exigence.

Eoen
- de 30

Bien né (grec). Cette forme irlandaise d'Eugène est connue en Irlande et dans les pays anglophones. *Caractérologie :* créativité, pragmatisme, communication, adéquation, optimisme.

Eoghan
- de 100

Bien né (grec). Eoghan est une forme irlandaise et écossaise d'Eugène. *Variante :* Eogan. *Caractérologie :* dynamisme, curiosité, charisme, courage, indépendance.

Éole
200

Soleil (breton), vent (grec). Dans la mythologie grecque, Éole est le maître des vents. *Caractérologie :* dynamisme, direction, audace, indépendance, assurance.

Éphraïm
650 Top 2 000

Fructueux (hébreu). Éphraïm est le fils de Joseph dans l'Ancien Testament. *Variante :* Éphrem. *Caractérologie :* connaissances, spiritualité, sagacité, ressort, réalisation.

Épiphane
180

Illustre (grec). Nom porté par plusieurs souverains qui succédèrent à Alexandre le Grand. Épiphane est également un surnom que l'on appliquait aux dieux de l'Olympe. *Caractérologie :* générosité, résolution, fiabilité, idéalisme, détermination.

Eren
2 000 Top 400

Saint (turc). *Caractérologie :* paix, bienveillance, conscience, sagesse, conseil.

Erhan
300

Chef courageux (turc). *Variantes :* Eran, Érane. *Caractérologie :* innovation, autorité, ambition, énergie, décision.

Éric
292 000 Top 700

Noble souverain (germanique). Voir Erik. Ce grand prénom scandinave a été, sous ses différentes graphies, porté par plus

E

de 20 rois suédois et danois. En dehors de son berceau nordique, Erik émerge en Allemagne et en Angleterre au XIXe siècle. Il gagne la France bien plus tard, dans les années 1940. Doté d'un « c » final, il se hisse au 3e rang masculin en 1965, avant de chuter fortement. Saint Erik, roi de Suède, améliora la condition des femmes et christianisa son pays au XIIe siècle. Il mourut assassiné par un prince danois à Uppsala. Erik le Rouge, navigateur et explorateur norvégien du Xe siècle, est célèbre pour avoir fondé la première colonie du Groenland. *Caractérologie :* ambition, force, passion, habileté, management.

Erich

200

Noble souverain (germanique). Masculin allemand. *Caractérologie :* savoir, intelligence, méditation, indépendance, sagesse.

Erick

6 000 Top 2 000

Noble souverain (germanique). En dehors de l'Hexagone, ce prénom est particulièrement porté dans les pays anglophones. *Variante :* Erico. *Caractérologie :* indépendance, dynamisme, audace, direction, assurance.

Erik

2 500

Noble souverain (germanique). Plus de 20 rois suédois et danois ont porté ce prénom. Saint Erik, roi de Suède, améliora la condition des femmes et christianisa son pays au XIIe siècle. Il mourut assassiné par un prince danois à Uppsala. On peut estimer que moins de 30 enfants seront prénommés ainsi en 2023. *Caractérologie :* sagacité, philosophie, connaissances, spiritualité, originalité.

Ernest

8 500 Top 300

Qui mérite (germanique). En dehors de l'Hexagone, ce prénom est particulièrement porté dans les pays anglophones et en Allemagne. *Variantes :* Arnst, Erneste, Ernie, Erno, Ernst. *Caractérologie :* résolution, idéalisme, intégrité, altruisme, réflexion.

Ernesto

550

Qui mérite (germanique). Masculin italien, espagnol, portugais et occitan. *Caractérologie :* paix, détermination, bienveillance, conscience, conseil.

Erol

350

Noble (anglais), fort, courageux (turc). *Caractérologie :* énergie, découverte, originalité, audace, logique.

Éros

550 Top 2 000

Fils d'Aphrodite, Éros est le dieu de l'Amour dans la mythologie grecque. *Caractérologie :* pratique, communication, enthousiasme, adaptation, décision.

Ersin

300

Illuminé (turc). *Caractérologie :* engagement, diplomatie, résolution, loyauté, intuition.

Ervin

350

Ami (germanique). *Caractérologie :* originalité, audace, découverte, énergie, séduction.

Erwan

40 000 Top 300

If (celte). Masculin français et breton. *Variantes :* Ervan, Ervin, Erwoan. *Caractérologie :* sagacité, spiritualité, originalité, connaissances, détermination.

Erwann

7 500 Top 1 000

If (celte). Masculin français et breton. *Caractérologie :* communication, pragmatisme, optimisme, créativité, résolution.

Erwin

1 900

Ami (germanique). On peut estimer que moins de 30 enfants seront prénommés

Ethan

Fête :
7 mars

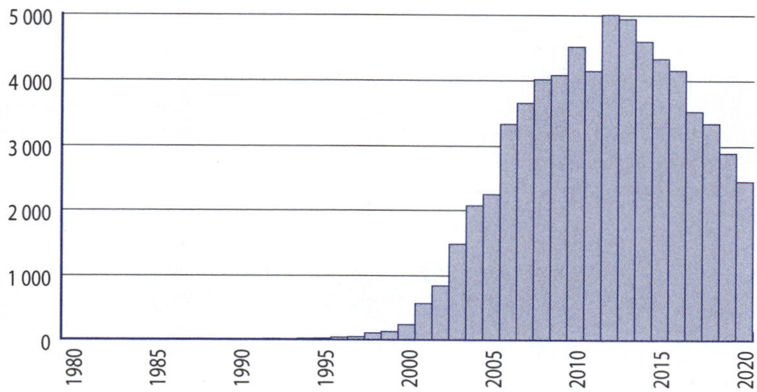

Étymologie

Forme d'Etan qui signifie en hébreu « fort, ferme ». Redécouvert outre-Atlantique dans les années 1990, ce prénom biblique renaît après 2 millénaires d'éclipse. Et de quelle manière ! Sa diffusion est planétaire. Son parcours français ne fait pas figure d'exception. Après avoir timidement émergé en 1989 (3 naissances), puis plus résolument les années suivantes, Ethan s'est envolé. Il se maintient aujourd'hui aux portes du top 20 masculin.

Plusieurs éléments expliquent cette percée. Outre le fait qu'Ethan ait déjà fait carrière dans les pays anglophones, ce choix de 5 lettres s'inscrit dans la vogue française des prénoms courts. De plus, sa carrière a été galvanisée par la gloire des terminaisons en « an » (Kylian, Nathan, Nolan).

En dehors de l'Hexagone, Ethan se maintient en haut du palmarès de nombreux pays anglophones. En Espagne, sa forme ibérique, Izan, se place au 20e rang. Sa cote est aussi observée dans la bulle francophone, où il se distingue dans les tops 30 wallon et romand. Il grandit également au Québec, où l'on pensait que sa forte identité anglophone freinerait ses ambitions. Notons que la forme hébraïque Etan (aussi orthographiée Etân) est peu usitée en France.

Etan est un prénom porté par 3 personnages de l'Ancien Testament. Le premier, un lévite, chante et joue de la cymbale pendant le transfert de l'Arche à Jérusalem ; le deuxième, fils de Mahol, dont la grande sagesse est si grande qu'elle est comparée à celle du roi Salomon ; le troisième est l'un des petits-fils de Judas.

Personnes célèbres

Ethan Coen, un cinéaste américain qui a produit, avec son frère Joël, les films *Fargo* (1996) et *The Barber* (2001) ; Ethan Hawke, acteur et réalisateur américain, né en 1970.

Statistiques

Ethan est le 19e prénom masculin le plus donné en France depuis l'an 2000. Il est attribué à près d'un garçon sur 170 aujourd'hui.

E

ainsi en 2023. *Variante :* Erwine. *Caractérologie :* équilibre, responsabilité, famille, exigence, influence.

Ésaïe
750 Top 800

Dieu est mon salut (hébreu). Prophète de l'Ancien Testament, Isaïe dénonça les pratiques impies du peuple et du roi Manassé. Il mourut martyr sur l'ordre de ce dernier vers 701. Ésaïe est la forme francisée. *Caractérologie :* communication, pratique, enthousiasme, détermination, adaptation.

Esteban
32 000 Top 200

Couronné (grec). Cette forme espagnole d'Étienne a émergé en France dans les années 1980, au moment où le dessin animé *Les Mystérieuses Cités d'or* était diffusé pour la première fois. Esteban, son personnage héroïque, a fait bien des émules : à la fin des années 2000, il atteignait le seuil des 2 000 attributions par an. Il se fait beaucoup plus discret depuis. *Variantes :* Estebane, Estebann, Estefan, Estevan, Estheban. *Caractérologie :* optimisme, communication, créativité, pragmatisme, sociabilité.

E

Estève
250

Couronné (grec). Dans l'Hexagone, Estève est plus traditionnellement usité en Occitanie et en Provence. C'est aussi un choix traditionnel catalan. Formes basques : Estebe, Istebe. *Caractérologie :* honnêteté, persévérance, structure, sécurité, efficacité.

Ethan
71 000 Top 50

Fort, ferme (hébreu). *Variantes :* Etan, Etane, Etann, Ethane, Ethann. *Caractérologie :* pratique, enthousiasme, adaptation, communication, sensibilité.

Éthanaël
170

Contraction d'Ethan et des prénoms se terminant par « el » (Maël, Raphaël, etc.). *Variante :* Éthaniel. *Caractérologie :* optimisme, communication, organisation, pragmatisme, sensibilité.

Étienne
49 000 Top 600

Couronné (grec). De nombreux saints, plusieurs papes et souverains ont porté cette forme française de Stéphane. La popularité de saint Étienne, l'un des premiers diacres martyrs de l'Église, fut si grande que ce prénom supplanta Stéphane à partir du XIVe siècle. Sa prééminence, d'une grande longévité, ne prit fin qu'à la gloire naissante de Stéphane à la fin des années 1950. Étienne figurait dans le top 70 masculin à la fin des années 1990 et se raréfie aujourd'hui. *Caractérologie :* humanité, rectitude, rêve, tolérance, générosité.

Ettore
120 Top 2 000

Constant, qui retient (grec). Ce prénom italien est également usité dans le Pays basque. *Variante :* Etore. *Caractérologie :* intuition, relationnel, fidélité, médiation, adaptabilité.

Euclide
- de 30

Bon, juste, gloire (grec). Né vers -300 avant J.-C., Euclide est l'un des plus grands mathématiciens de l'Antiquité. Ses travaux et découvertes ont servi de base à la géométrie pendant plus de 2 000 ans. Aujourd'hui encore, les collégiens le connaissent bien grâce aux divisions euclidiennes. *Caractérologie :* séduction, découverte, énergie, originalité, audace.

Eudes
550

Noble, fortuné (latin). *Variante :* Eudelin. *Caractérologie :* idéalisme, intégrité, réflexion, altruisme, dévouement.

Eudore
- de 30

Beau présent (grec). *Caractérologie :* dynamisme, analyse, courage, indépendance, caractère.

Eugène
12 000 Top 500

Bien né (grec). Comme son étymologie l'indique, ce nom désignait à l'origine le fils de bonnes familles. Il fut, dès les premiers siècles, porté par plusieurs saints. Quatre papes assurèrent ensuite sa visibilité tout au long du Moyen Âge. Eugène et ses variantes se propagent dans toutes les langues européennes, notamment dans les pays slaves et en Russie, où il est révéré par les orthodoxes. Au sommet de sa carrière française dans la seconde moitié du XIXe siècle, il s'illustre parmi les 10 premiers rangs. Eugène est encore placé 20e en 1908, au seuil d'un reflux qui le voit disparaître dans les années 1960. Il devrait se manifester de nouveau dans les prochaines années. Au VIe siècle, saint Eugène de Carthage défendit l'Église malgré les persécutions d'Huméric, le roi des Vandales. *Variantes :* Eoen, Eugen, Eugénien, Eugenius, Eugenio, Gènes. *Caractérologie :* pratique, cœur, communication, enthousiasme, adaptation.

Eustache
300

Récolte abondante (grec). *Caractérologie :* gestion, audace, direction, attention, dynamisme.

Eutrope
- de 30

De tempérament calme (grec). *Caractérologie :* autorité, énergie, cœur, innovation, logique.

Evan
47 000 Top 100

If (celte), bien né, jeune guerrier (vieil irlandais), ou forme galloise de Jean. À l'exception du pays de Galles, où ses occurrences se multiplient à partir du XVIe siècle, Evan n'a guère été attribué autrement que sous une forme patronymique (Evan, Ievan). C'est bien plus tard que le prénom se propage hors de son berceau gallois pour gagner l'ensemble des pays anglophones. L'engouement pour les prénoms irlando-bretons a favorisé son essor en France à la fin des années 1990. Il s'est hissé au seuil du top 20 masculin en 2010 à son apogée. *Variantes :* Évane, Ivane. *Caractérologie :* famille, équilibre, éthique, influence, exigence.

Évandre
- de 30

Variante d'Évariste ou contraction d'Evan et Alexandre d'usage moderne. *Caractérologie :* paix, conscience, bienveillance, résolution, conseil.

Evann
4 500 Top 700

Voir Evan. Evann est répandu dans les pays anglophones. *Caractérologie :* sociabilité, diplomatie, loyauté, réceptivité, bonté.

Evans
1 100

Fils d'Evan (anglais). Masculin anglais. On peut estimer que moins de 30 enfants seront prénommés ainsi en 2023. *Caractérologie :* philosophie, connaissances, spiritualité, sagacité, originalité.

Évariste
550

Agréable (grec). *Variante :* Evaristo. *Caractérologie :* altruisme, idéalisme, détermination, intégrité, réflexion.

Even
1 500 Top 900

Île, chance, victoire (vieux norrois), forme bretonne d'Yves. Masculin breton et scandinave. *Variante :* Iwen. *Caractérologie :* dynamisme, direction, audace, indépendance, assurance.

Évence
- de 100

Forme francisée du prénom Evans : fils d'Evan (anglais). Évence est apparu dans les années 2000 dans l'Hexagone. *Caractérologie :* idéalisme, dévouement, réflexion, altruisme, intégrité.

Évrard
350

Puissant ours sauvage (germanique). Évrard est plus traditionnellement usité en Alsace, dans les Flandres

E

et en Provence. *Variantes :* Éberhard, Everard, Everhard. *Caractérologie :* audace, découverte, originalité, énergie, décision.

Ewan
6 500 Top 900 ↘

If (celte), bien né, jeune guerrier (vieil irlandais), ou forme galloise de Jean. Voir Evan. Ewan est très répandu dans les pays anglophones. C'est aussi un choix breton traditionnel. *Variante :* Ewann. *Caractérologie :* savoir, indépendance, méditation, intelligence, sagesse.

Ewen
13 000 Top 200 →

Voir Evan. Ewen est particulièrement attribué en Angleterre et en Bretagne. *Variantes :* Ewenn, Ewin, Evyn, Evon, Iwan. *Caractérologie :* réceptivité, diplomatie, sociabilité, bonté, loyauté.

Eymeric
800 ↓

Puissant (germanique). *Variantes :* Eymard, Eymerick. *Caractérologie :* équilibre, responsabilité, famille, sympathie, influence.

Eytan
900 ↘

Fort, ferme (hébreu). *Variante :* Eythan. *Caractérologie :* intuition, relationnel, médiation, adaptabilité, fidélité.

Ézéchiel
1 700 Top 400 ↗

Dieu donne la force (hébreu). *Caractérologie :* énergie, innovation, ambition, autorité, autonomie.

Ezio
6 500 Top 100 ↗

Aigle (latin). Prénom italien. *Caractérologie :* autorité, énergie, innovation, autonomie, ambition.

Ezra
2 000 Top 200 ↑

Aide (hébreu). Selon un livre de l'Ancien Testament qui porte son nom, Ezra est un prophète qui a mené environ 5 000 exilés judéens de Babylone à Jérusalem en 459 avant J.-C. Ce prénom a été particulièrement usité durant la Réforme dans les pays anglophones. *Caractérologie :* curiosité, dynamisme, indépendance, détermination, originalité.

F

F

Fabian
4 000 Top 2 000 ↘

Fève (latin). Masculin anglais, allemand, roumain et occitan. *Variante :* Fabiano. *Caractérologie :* famille, éthique, équilibre, détermination, influence.

Fabien
106 000 Top 2 000 ↘

Fève (latin). Masculin français. *Caractérologie :* direction, audace, indépendance, décision, dynamisme.

Fabio
8 500 Top 300 ↘

Fève (latin). Masculin italien. *Variante :* Fabricio. *Caractérologie :* famille, influence, équilibre, éthique, exigence.

Fabrice
126 000

Fabricateur (latin). Au XIXe siècle, Stendhal a contribué à la vogue de ce prénom en faisant de Fabrice del Dongo le héros de son roman *La Chartreuse de Parme*. 🔍 On sait peu de choses sur saint Fabrice de Tolède, si ce n'est qu'il mourut martyr au IIIe siècle. Ce prénom français est un choix traditionnel occitan et provençal. On peut estimer que moins de 30 enfants seront prénommés ainsi en 2023. *Caractérologie :* vitalité, stratégie, résolution, achèvement, analyse.

Fabrizio
650

Fabricateur (latin). Masculin italien. *Caractérologie :* découverte, audace, originalité, séduction, énergie.

Fadi
1 000 Top 2 000

Celui qui porte secours (arabe). *Variante :* Fady. *Caractérologie :* intuition, adaptabilité, médiation, relationnel, fidélité.

Faël
500 Top 1 000

Heureux présage (arabe). *Caractérologie :* sagesse, paix, bienveillance, conseil, conscience.

Fahim
1 100 Top 700

Intelligent, qui apprend facilement (arabe). *Variantes :* Fahem, Fahmi. *Caractérologie :* ambition, autonomie, innovation, autorité, énergie.

Falco
- de 30

Faucon (basque). *Caractérologie :* famille, équilibre, exigence, responsabilité, influence.

Fanch
350

Forme bretonne de François : libre, français (latin). Fañch est l'orthographe originale qui pourrait bientôt être officiellement reconnue. Après maints refus de la justice et plusieurs appels depuis le début des années 2000, la proposition de loi Molac relative à la protection patrimoniale des langues régionales a été promulguée en mai 2021. Mais le Conseil Constitutionnel a censuré la disposition concernant l'utilisation de signes diacritiques car elle est en contradiction avec l'article 2 de notre Constitution. Aña, Lluís, Núria, Llívia, Fañch et Martí devront patienter pour arborer leur identité basque, bretonne et catalane. *Caractérologie :* audace, énergie, originalité, découverte, séduction.

Faniel
- de 30

Heureux (vieil anglais). Masculin anglais. *Variante :* Fane. *Caractérologie :* résolution, analyse, intuition, médiation, relationnel.

Fantin
450

Enfant (latin). *Caractérologie :* énergie, innovation, ambition, résolution, autorité.

Farès
9 000 Top 300

Chevalier, valeureux comme un lion (arabe). *Variantes :* Faress, Faresse. *Caractérologie :* efficacité, sécurité, structure, persévérance, décision.

Farid
17 000

Unique (arabe). Ce prénom est particulièrement répandu dans les cultures musulmanes francophones. On peut estimer que moins de 30 enfants seront prénommés ainsi en 2023. *Variantes :* Faride, Farrid, Férid. *Caractérologie :* intuition, adaptabilité, relationnel, médiation, fidélité.

Faris
600

Chevalier, valeureux comme un lion (arabe). *Caractérologie :* achèvement, stratégie, ardeur, leadership, vitalité.

Farouk
1 800

Celui qui discerne le bien du mal (arabe). On peut estimer que moins de 30 enfants seront prénommés ainsi en 2023. *Variantes :* Farik, Faruk. *Caractérologie :* altruisme, intégrité, idéalisme, gestion, logique.

Fatih
2 000

Victorieux (arabe). On peut estimer que moins de 30 enfants seront prénommés ainsi en 2023. *Variantes :* Fatah, Fatèh, Fathi, Fathy, Fati, Feti, Fety, Fethy. *Caractérologie :* ambition, force, habileté, management, passion.

Faust
- de 100

Heureux, fortuné (latin). Masculin anglais. *Variante :* Fauste. *Caractérologie :*

F

structure, sécurité, organisation, persévérance, efficacité.

Faustin
1 600 Top 2 000

Heureux, fortuné (latin). Dans l'Hexagone, Faustin est plus traditionnellement usité au Pays basque et en Occitanie. *Variantes :* Faustino, Fausto. *Caractérologie :* humanité, rectitude, rêve, détermination, raisonnement.

Fayçal
3 500

Juge (arabe). On peut estimer que moins de 30 enfants seront prénommés ainsi en 2023. *Variantes :* Faïçal, Faïsal, Faïssal, Fayçel, Faysal, Fayssal. *Caractérologie :* enthousiasme, pratique, communication, adaptation, générosité.

Federico
400

Pouvoir de la paix (germanique). Federico est très répandu dans les pays hispanophones et en Italie. *Caractérologie :* logique, médiation, relationnel, caractère, intuition.

Félicien
2 500

Heureux, chanceux (latin). On peut estimer que moins de 30 enfants seront prénommés ainsi en 2023. *Variantes :* Félice, Felician, Feliciano. *Caractérologie :* logique, ouverture d'esprit, rêve, humanité, rectitude.

Felipe
850

Qui aime les chevaux (grec). Ce prénom espagnol est très répandu dans les pays hispanophones. Forme occitane : Felip. *Caractérologie :* stratégie, sympathie, vitalité, achèvement, analyse.

Félix
23 000 Top 200

Heureux, chanceux (latin). Heureux, chanceux (latin). Felix est à l'origine un cognomen (surnom romain) dont l'usage remonte à l'Antiquité. Sa signification le prédisposait à une carrière internationale, et il n'a pas failli : quatre papes et une dizaine de saints ont illustré ce nom au Moyen Âge. Il reviendra en faveur au XIXe siècle dans de nombreux pays occidentaux, y compris en France, où Félix Faure, président de 1895 à 1899, illustra le prénom. Son rebond dans les années 1920, concomitant au succès du dessin animé américain *Félix le Chat*, est suivi d'une éclipse d'un demi-siècle. Gageons que sa signification positive le fera rebondir dans les années 2020 de l'après-covid. Formes basques et bretonnes : Feliz, Filiz, Heliz. *Caractérologie :* intuition, relationnel, médiation, analyse, fidélité.

Ferdinand
4 000 Top 800

Courageux, aventurier (germanique). Masculin allemand, français, néerlandais, tchèque et occitan. *Variante :* Ferdi. *Caractérologie :* communication, pragmatisme, résolution, optimisme, volonté.

Fergus
- de 100

Choix (irlandais). Masculin écossais et irlandais. *Caractérologie :* sympathie, sécurité, persévérance, structure, analyse.

Fernand
18 000 Top 2 000

Courageux, aventurier (germanique). Navigateur portugais, Fernand de Magellan a découvert en 1520 le détroit auquel il a donné son nom. En France, Fernand s'est placé à la 21e place du classement masculin en 1920, son dernier pic de popularité. *Variantes :* Ferando, Fernandez, Ferran, Ferrando. *Caractérologie :* achèvement, vitalité, volonté, stratégie, détermination.

Fernando
4 000

Courageux, aventurier (germanique). Fernando est très répandu dans les pays hispanophones et lusophones. On peut estimer que moins de 30 enfants seront prénommés ainsi en 2023. *Caractérologie :* résolution, courage, dynamisme, volonté, curiosité.

F

Les tops 20 québécois, romand et wallon

Les palmarès ci-dessous sont fondés sur les données les plus récentes des instituts statistiques du Québec (Régie des rentes du Québec), de la Suisse (Office fédéral suisse de la statistique) et de la Belgique (Institut national de statistique de la Belgique). Les prénoms sont classés par ordre décroissant d'attribution.

Le top québécois (2021)

1. Noah
2. William
3. Thomas
4. Léo
5. Liam
6. Jacob
7. Nathan
8. Arthur
9. Édouard
10. Félix
11. Logan
12. Émile
13. Louis
14. Charles
15. Raphaël
16. James
17. Arnaud
18. Théo
19. Victor
20. Adam

Le top suisse romand (2020)

1. Gabriel
2. Liam
3. Noah
4. Arthur
5. Nathan
6. Lucas*
7. Louis
8. Léo
9. Ethan
10. Adam
11. Léon
12. Samuel
13. Enzo
14. Jules
15. Matteo
16. Nolan
17. Isaac
18. Mathis
19. Théo
20. Thomas

Le top wallon (2020)

1. Gabriel
2. Arthur
3. Jules
4. Louis
5. Hugo
6. Victor
7. Liam
8. Léo
9. Théo
10. Lucas
11. Noah
12. Tom
13. Sacha
14. Tiago
15. Robin
16. Raphaël
17. Adam
18. Éden
19. Nathan
20. Enzo

Comme il fallait s'y attendre, Gabriel a résisté et reconquis sa première place en Suisse et en Belgique. La guerre de succession est ouverte ! Difficile de renoncer à de longues années d'hégémonie et céder son trône aux ambitieux prénoms en vogue que sont Liam, Noah et Arthur.

D'autant que la vague impétueuse des prénoms de l'Ancien Testament reste un courant dominant. Si Raphaël accuse un léger reflux, Adam, Samuel et Jacob assurent la relève. Cette source ne saurait se tarir, et Isaac ouvre la voie à Aaron et Elias, dont les performances annoncent la prochaine mise en lumière. Éden, présent dans le top 20 belge depuis plus de 6 ans, doit probablement plus son succès aux prouesses du champion de football, Eden Hazard, qu'à une influence biblique.

Autre dynamique qui ne faiblit pas : les prénoms rétro. Mais là encore, chaque contrée assume ses goûts. Nos voisins du plat pays portent au pinacle Léo et Jules, et ressuscitent Sacha, encore peu prisé dans les autres régions francophones. De l'autre côté des Alpes, Arthur et Léon sont les porte-drapeaux du rétro, épaulés par Thomas et Mathis qui sortent de l'anonymat. Les Québécois, tout aussi sensibles au charme désuet de ces prénoms, ont jeté leur dévolu sur Émile, Édouard, Félix, Théo et Charles.

Les Romands font également la part belle aux prénoms méditerranéens qui résonnent bien dans la partie italophone du pays. Matteo et Enzo, en perte de vitesse dans les autres pays, continuent à séduire les Helvètes. Et si l'on additionnait ses deux graphies, Luca(s)* prendrait la 1re place du top suisse romand.

Les Québécois aiment se distinguer tant de leurs voisins américains que de leurs anciens cousins français. Ils jonglent avec les sonorités francophones et anglophones et créent leurs propres tendances. Ainsi continuent-ils d'apprécier James et Logan. Ces deux prénoms auront du mal à percer sur le Vieux Continent.

F

Ferréol
350 Top 2 000

De fer (latin). *Variantes :* Féréol, Ferrero, Ferruccio, Ferrucio, Feruccio, Ferucio, Ferrer. *Caractérologie :* savoir, intelligence, méditation, indépendance, logique.

Fiacre
- de 100

Se rapporte à saint Fiacre, moine irlandais qui vécut en France au VIIe siècle. Il est le patron des jardiniers. Fiacre est plus traditionnellement usité en Occitanie. *Caractérologie :* résolution, responsabilité, famille, équilibre, analyse.

Filipe
2 500

Qui aime les chevaux (grec). Ce prénom est particulièrement répandu au Portugal. On peut estimer que moins de 30 enfants seront prénommés ainsi en 2023. *Variantes :* Filip, Filipp, Filipo, Filipus, Filippo. *Caractérologie :* pratique, sympathie, analyse, communication, enthousiasme.

Finn
200 Top 2 000

Blanc, clair (gaélique). *Caractérologie :* indépendance, méditation, intelligence, sagesse, savoir.

F

Firmin
2 500 Top 2 000

Fermeté, rigueur (latin). Prénom français. Saint Firmin, évêque d'Uzès au VIe siècle, est invoqué venir en aide aux caractères faibles. Forme basque : Fermin. *Caractérologie :* paix, bienveillance, conseil, conscience, volonté.

Flavien
13 000 Top 2 000

Couleur jaune, blond (latin). Masculin français. *Variantes :* Flavian, Flavy. *Caractérologie :* famille, équilibre, caractère, responsabilité, logique.

Flavio
4 000 Top 700

Couleur jaune, blond (latin). Masculin italien, espagnol et portugais. Dans l'Hexagone, Flavio est plus traditionnellement usité en Provence. *Caractérologie :* diplomatie, sociabilité, loyauté, analyse, réceptivité.

Fleury
150

Fleur (latin). *Variante :* Florimon. *Caractérologie :* conscience, bienveillance, sympathie, paix, analyse.

Flint
- de 30

Ruisseau (anglo-saxon). Masculin anglais. *Caractérologie :* sagacité, spiritualité, connaissances, analyse, originalité.

Floran
550

Fleur (latin). *Variantes :* Florant, Florancio. *Caractérologie :* analyse, pragmatisme, communication, optimisme, résolution.

Floréal
450

En floraison (latin). Ce nom évocateur désignait le huitième mois du calendrier républicain révolutionnaire conçu en 1793 par le poète et chansonnier Fabre d'Eglantine. Il correspond au deuxième mois du printemps dans notre calendrier actuel. *Caractérologie :* conscience, paix, bienveillance, logique, décision.

Florent
65 000 Top 1 000

Fleur (latin). Masculin français. *Caractérologie :* altruisme, idéalisme, réflexion, intégrité, logique.

Florentin
5 500

Fleur (latin). Florentin est plus particulièrement répandu en Roumanie. On peut estimer que moins de 30 enfants seront prénommés ainsi en 2023. *Variante :* Florentino. *Caractérologie :* découverte, énergie, audace, analyse, originalité.

Florestan
300

Fleur (latin). *Caractérologie :* réceptivité, sociabilité, diplomatie, décision, logique.

Florian
125 000 Top 700

Fleur (latin). En dehors de l'Hexagone, Florian est répandu dans les pays anglophones et germanophones. Saint Florian est le patron de l'Autriche. *Variantes :* Florain, Floriant, Florien, Florin, Floride, Flory, Floryan. Forme basque : Floriano. *Caractérologie :* détermination, pratique, raisonnement, communication, enthousiasme.

☆ Un prénom réservé aux amateurs de cappuccino, de gondoles et d'Italie. Le célèbre et historique café vénitien dégage un charme gourmand et une élégante nostalgie, teintés aux couleurs de carnaval. Toute une ambiance ! À siroter en feuilletant les histoires et mésaventures de Casanova.

Florient
600

Fleur (latin). *Caractérologie :* idéalisme, altruisme, intégrité, réflexion, analyse.

Florimond
550

Fleur (latin). *Variante :* Florimon. *Caractérologie :* méditation, savoir, intelligence, caractère, logique.

Floris
800

Fleur (latin). Floris est plus particulièrement répandu dans les cultures néerlandophones. *Variante :* Florice. *Caractérologie :* sagacité, philosophie, raisonnement, spiritualité, originalité.

Floyd
170

Cheveux gris (gallois). *Caractérologie :* achèvement, vitalité, ardeur, leadership, stratégie.

Forrest
- de 30

Patronyme anglophone dérivé du nom *forest* (« forêt » en ancien français). Forrest est également le prénom du héros de *Forrest Gump*, film très célèbre de Robert Zemeckis produit en 1994. *Caractérologie :* intuition, relationnel, médiation, fidélité, détermination.

Fortune
500

Heureux, fortuné (latin). *Caractérologie :* raisonnement, altruisme, intégrité, idéalisme, réflexion.

Foster
- de 30

Gardien de forêt (anglais). Masculin anglais. *Caractérologie :* fidélité, intuition, relationnel, médiation, décision.

Fouad
5 000

Généreux, qui a du cœur (arabe). *Variantes :* Foad, Fouaad, Fouade, Foued, Fouede, Fouhad, Fouhed. *Caractérologie :* adaptabilité, relationnel, intuition, fidélité, médiation.

Foucauld
750 Top 2 000

Peuple de la forêt (germanique). Se rapporte également à Charles de Foucauld, prêtre assassiné en 1916 à Tamanrasset. *Variante :* Foucault. *Caractérologie :* intuition, médiation, adaptabilité, relationnel, fidélité.

Foulques
190

Peuple (germanique). *Caractérologie :* résolution, relationnel, raisonnement, assurance, sociabilité.

Franc
750

Libre, français (latin). *Caractérologie :* équilibre, détermination, responsabilité, famille, raisonnement.

France
550

Libre, français (latin). *Caractérologie :* sociabilité, diplomatie, réceptivité, décision, logique.

Francesco
2 500 Top 2 000

Libre, français (latin). Masculin italien. *Caractérologie :* enthousiasme, pratique, communication, raisonnement, détermination.

Francis
102 000

Libre, français (latin). Cette forme anglaise de François, répandue depuis des siècles

F

dans les pays anglophones, a connu son apogée en France en 1952. Après avoir culminé au 20e rang masculin, elle s'est repliée pour disparaître à la fin du siècle. On peut estimer que moins de 30 enfants seront prénommés ainsi en 2023. *Variante :* Francys. *Caractérologie :* savoir, intelligence, méditation, analyse, résolution.

Francisco
6 500 Top 2 000

Libre, français (latin). Masculin espagnol et portugais. *Caractérologie :* détermination, spiritualité, connaissances, raisonnement, sagacité.

Francisque
450

Libre, français (latin). *Caractérologie :* analyse, audace, énergie, découverte, résolution.

Franck
165 000

Libre, français (latin). Évocateur du peuple des Francs, ce diminutif de Francis a surgi dans l'Hexagone au milieu des années 1960. Sans faire de grandes vagues, Franck s'est placé au 13e rang français à son sommet. Il est beaucoup moins répandu que le Frank anglophone ou germanophone qui a décollé dès le milieu du XIXe siècle dans de nombreux pays. On peut estimer que moins de 30 enfants seront prénommés ainsi en 2023. *Caractérologie :* stratégie, achèvement, détermination, vitalité, raisonnement.

Francky
1 900

Libre, français (latin). On peut estimer que moins de 30 enfants seront prénommés ainsi en 2023. *Variantes :* Franco, Francki, Franckie, Franki, Frankie. Formes bretonnes : Soaig, Soizic. *Caractérologie :* sympathie, responsabilité, équilibre, famille, analyse.

Franco
1 900

Libre, français (latin). Masculin espagnol et italien. On peut estimer que moins de 30 enfants seront prénommés ainsi en 2023. *Caractérologie :* raisonnement, pragmatisme, communication, optimisme, créativité.

François
215 000 Top 600

Ce prénom ancien a été porté par plusieurs saints, deux rois de France, et plus récemment, deux présidents français et un pape. Il vient du latin *francus*, « homme libre », et signifie également « le Français » depuis que saint François d'Assise, né sous le nom de Giovanni, fut renommé Francesco par son père : ce dernier revenait si heureux d'un voyage d'affaires en France qu'il voulut ainsi rendre hommage à ce pays. Si Francesco et François se sont propagés ensemble au XIIIe siècle, François est rapidement devenu l'unique forme incontournable en France. Il est très fréquent au moment du règne de François Ier, au XVIe siècle, et restera l'un des 10 prénoms les plus attribués jusqu'au XIXe siècle. François a dû reprendre son souffle pour se hisser aux portes du top 20 français en 1961, son dernier point culminant. Le 4 octobre célèbre la fête de saint François d'Assise (1182-1226), le plus connu des saints porteurs du nom. Saint François d'Assise vendit ses biens au profit des pauvres, fonda un ordre qui porta son nom et partit évangéliser les campagnes. Il prêcha la foi aux musulmans de Syrie et d'Égypte, et plaida pour l'arrêt de la guerre opposant chrétiens et musulmans auprès du sultan de Damiette. Artisan de la Réforme catholique, saint François de Sales (1567-1622) est le patron des journalistes. Il est fêté le 24 janvier. *Caractérologie :* structure, sécurité, persévérance, raisonnement, détermination.

François-Xavier
7 000

Forme composée de François et Xavier. Masculin français. On peut estimer que moins de 30 enfants seront prénommés

F

Changement de prénom

En 2016, la loi de modernisation de la justice du XXIe siècle a grandement simplifié la procédure du changement de prénom. Avant cette loi, il fallait passer par un avocat, déposer la requête au tribunal, puis être entendu par un juge aux affaires familiales et un procureur. Autant dire que la démarche était longue et coûteuse… Depuis 2017, il suffit de déposer un dossier à sa mairie de naissance ou de résidence.

Contrairement au changement de patronyme, cette procédure est gratuite. Plus simple, elle n'est pas automatique pour autant. L'officier d'état civil doit apprécier « l'intérêt légitime » de la requête. Qu'il s'agisse d'un prénom ridicule, péjoratif, extravagant, ou difficile à assumer, il convient d'étayer solidement sa demande, en multipliant les pièces justificatives et les témoignages de l'entourage professionnel ou familial.

Si la procédure s'est assouplie, les motifs de convenance personnelle ne constituent pas un argument suffisant pour obtenir gain de cause. Prendre le temps et se poser les bonnes questions avant de choisir un prénom est indispensable (lire p. 12 nos conseils pour choisir le bon prénom).

En Angleterre, en 2019, un sondage* révélait qu'un parent sur 7 regrettait le prénom choisi pour son enfant. Parmi ces parents, 14 % envisageaient même de le faire modifier officiellement ! Leur première cause de regret était la trop grande popularité du prénom, mais les prénoms jugés très inhabituels ou difficiles à épeler étaient également mis en cause…

* Sondage réalisé auprès de 2 000 Britannique par le site Channelmum.com

ainsi en 2023. *Caractérologie :* volonté, intuition, médiation, relationnel, analyse.

Frank
10 000

Libre, français (latin). En dehors de l'Hexagone, Frank est très répandu dans les pays anglophones, germanophones et néerlandophones. On peut estimer que moins de 30 enfants seront prénommés ainsi en 2023. *Caractérologie :* courage, dynamisme, curiosité, indépendance, détermination.

Franklin
750

Libre, français (latin). Masculin anglais. *Caractérologie :* persévérance, résolution, structure, sécurité, analyse.

Franky
650

Libre, français (latin). *Caractérologie :* créativité, optimisme, communication, pragmatisme, détermination.

Frantz
4 500 ↗

Libre, français (latin). *Variante :* Frans. *Caractérologie :* structure, sécurité, sensibilité, persévérance, détermination.

Franz
900

Libre, français (latin). Masculin allemand. *Caractérologie :* médiation, fidélité, détermination, relationnel, intuition.

Fred
3 500

Diminutif des prénoms formés avec Fred. Masculin anglais, néerlandais, allemand et français. On peut estimer que moins de 30 enfants seront prénommés ainsi en 2023. *Variante :* Frede. *Caractérologie :* famille, équilibre, responsabilité, influence, volonté.

Freddy
15 000

Pouvoir de la paix (germanique). On peut estimer que moins de

30 enfants seront prénommés ainsi en 2023. *Variantes :* Fredy, Freddie. *Caractérologie :* ténacité, méthode, fiabilité, engagement, volonté.

Frédéric

295 000 Top 2 000

Pouvoir de la paix (germanique). Ce grand prénom royal a été, sous ses différentes graphies, porté par une trentaine de souverains germaniques, prusses, danois, suédois et norvégiens. Il est fréquent dans les pays anglo-saxons et scandinaves à partir du XIXe siècle, mais il peine à briller en France. C'est bien plus tard, au terme d'une progression lente mais constante, qu'il se révèle au XXe siècle. Il culmine au 4e rang masculin en 1973, après la gloire d'Éric, avant de chuter brutalement. Il s'orthographie sans accent en dehors de l'Hexagone. Surnommé Barberousse, Frédéric Ier (Friedrich en allemand) fut le premier roi de Prusse au XIXe siècle. Son fils et successeur, Frédéric II le Grand, réorganisa ses États et fit de son armée une force militaire redoutable. Intellectuel francophile, il tissa des liens avec Voltaire et les plus grands savants de son époque. *Caractérologie :* dynamisme, curiosité, logique, courage, caractère.

Frederick

4 500

Pouvoir de la paix (germanique). Masculin anglais. On peut estimer que moins de 30 enfants seront prénommés ainsi en 2023. *Variantes :* Frederi, Frederich, Frederico, Fredric, Friedrich, Fritz. *Caractérologie :* méditation, savoir, volonté, intelligence, raisonnement.

Frederik

1 100

Pouvoir de la paix (germanique). On peut estimer que moins de 30 enfants seront prénommés ainsi en 2023. *Caractérologie :* fiabilité, méthode, engagement, ténacité, caractère.

Fulbert

400

Peuple brillant (germanique). *Caractérologie :* enthousiasme, communication, adaptation, pratique, analyse.

Fulgence

- de 30

Fulgurant (latin). *Variantes :* Fulgencio, Fulgent. *Caractérologie :* direction, dynamisme, audace, cœur, indépendance.

Fulvio

- de 100

Couleur jaune, blond (latin). Masculin italien. *Variante :* Fulvien. *Caractérologie :* ténacité, méthode, fiabilité, engagement, logique.

G

Gabin

48 000 Top 50

Qui vient de Gabium (latin). Gabium désigne une ancienne ville du Latium, en Italie centrale. *Variantes :* Gabino, Gabyn. *Caractérologie :* paix, bienveillance, conscience, conseil, décision.

Gabriel

132 000 Top 50

Force de Dieu (hébreu). *Variantes :* Gabe, Gabi, Gabirel, Gabriele, Gabryel. *Caractérologie :* altruisme, idéalisme, détermination, amitié, intégrité.

Gaby

1 900 Top 600

Force de Dieu (hébreu). Masculin anglais. *Caractérologie :* force, ambition, habileté, passion, management.

Gad
350 ➔

Heureux, fortuné (hébreu). Dans l'Ancien Testament, Gad est le fils de Jacob et de Zilpa, la servante de Léa. *Caractérologie :* communication, pratique, enthousiasme, réalisation, adaptation.

Gaël
34 000 Top 300 ➔

Seigneur généreux (celte). Ancien peuple celte, les Gaëls s'établirent en Irlande à la fin du Ve siècle. Ce prénom breton s'orthographie souvent sans tréma. *Variante :* Gaelig. *Caractérologie :* méditation, savoir, intelligence, cœur, indépendance.

Gaétan
49 000 Top 500 ↘

De Gaète, ville d'Italie (latin). Gaëtan peut également s'orthographier avec un tréma, mais il n'en porte aucun dans sa forme traditionnelle provençale. *Variante :* Gaéthan. *Caractérologie :* communication, enthousiasme, pratique, générosité, adaptation.

Gaetano
550

De Gaète, ville d'Italie (latin). *Caractérologie :* altruisme, réflexion, dévouement, intégrité, idéalisme.

Gaïl
- de 30

Variante anglophone de Gaël. Masculin anglais. *Caractérologie :* sensibilité, médiation, fidélité, conseil, intuition.

Gaïus
- de 30

Variante de Caius, ancien prénom latin issu du grec *gaia*, la terre. *Caractérologie :* communication, générosité, pratique, adaptation, enthousiasme.

Gamiel
- de 30

Dieu est ma récompense (hébreu). *Caractérologie :* relationnel, sympathie, intuition, médiation, réalisation.

Gary
5 500 Top 2 000 ➔

Lance, gouverner (germanique). Masculin anglais. *Variante :* Garry. *Caractérologie :* paix, sagesse, bienveillance, conscience, conseil.

Gaspard
24 000 Top 100 ➔

Gardien du trésor (hébreu). *Variantes :* Caspar, Casper, Gaspar, Jasper. *Caractérologie :* optimisme, communication, créativité, pragmatisme, réalisation.

Gaston
13 000 Top 300 ↗

Accueillant (germanique). Masculin français. Évêque d'Arras, Gaston (ou saint Vaast) aurait été l'instructeur religieux de Clovis avant son baptême. *Caractérologie :* fiabilité, engagement, méthode, ténacité, sens du devoir.

Gatien
3 000 Top 900 ↘

Grâce (latin). *Caractérologie :* sociabilité, réceptivité, diplomatie, résolution, loyauté.

Gaultier
600 ↘

Commander, gouverner (germanique). *Variante :* Gaulthier. *Caractérologie :* communication, détermination, enthousiasme, amitié, pratique.

Gauthier
17 000 Top 300 ↘

Commander, gouverner (germanique). Masculin français. *Caractérologie :* stratégie, achèvement, vitalité, attention, action.

Gautier
8 500 Top 1 000 ↘

Commander, gouverner (germanique). Masculin français et occitan. *Caractérologie :* rêve, détermination, humanité, amitié, rectitude.

Gauvain
600 Top 2 000 ↑

Faucon de plaine (gallois). Gawain, le neveu du roi Arthur, est considéré comme l'un des meilleurs chevaliers de la Table ronde. Gauvain est la forme française de ce prénom. *Variantes :* Gavin, Gauvin. *Caractérologie :* optimisme, pragmatisme, réalisation, amitié, communication.

Gaylord

2 000

Gaillard (vieux français). Masculin anglais. On peut estimer que moins de 30 enfants seront prénommés ainsi en 2023. *Variante :* Gaylor. *Caractérologie :* dynamisme, audace, réalisation, analyse, direction.

Gédéon

350

Qui coupe les arbres (hébreu). *Caractérologie :* originalité, énergie, découverte, caractère, audace.

Gédéon Spilett, reporter, fait partie de l'expédition de *L'Île mystérieuse*. Avec Cyrus, l'ingénieur, Nab, l'ancien esclave, Pencroff, le marin, et Harbert, l'apprenti botaniste, il échappe en ballon aux troupes sudistes, mais échoue sur une île. Notre « Robinson Crusoé » version Jules Verne fera l'apprentissage de la survie et bien plus encore...

Geoffray

1 300

La paix de Dieu (germanique). Masculin français. On peut estimer que moins de 30 enfants seront prénommés ainsi en 2023. *Caractérologie :* relationnel, médiation, intuition, fidélité, décision.

Geoffrey

27 000

La paix de Dieu (germanique). En dehors de l'Hexagone, Geoffrey est répandu dans les pays anglophones. On peut estimer que moins de 30 enfants seront prénommés ainsi en 2023. *Variante :* Gottfried. *Caractérologie :* bienveillance, paix, conscience, sagesse, conseil.

Geoffroy

8 000

La paix de Dieu (germanique). Dans l'Hexagone, Geoffroy est plus traditionnellement usité dans les Flandres. On peut estimer que moins de 30 enfants seront prénommés ainsi en 2023. *Variantes :* Geoffroi, Goeffrey. *Caractérologie :* connaissances, sagacité, originalité, spiritualité, philosophie.

George

1 200 Top 2 000

Labourer le sol (grec). Prénom anglais et roumain. *Caractérologie :* optimisme, créativité, pragmatisme, communication, sociabilité.

Georges

104 000 Top 300

Labourer le sol (grec). Peu connu par le passé, Georges entame une carrière anglaise sous le règne de George Ier (1714-1727). Ce patronage royal assure le succès du prénom dans le monde anglophone avant de le propulser dans l'Hexagone. Bien qu'il ait atteint son apogée à la fin du XIXe siècle, Georges se maintient parmi les 10 premiers choix français de 1900 à 1929. Une gloire qui fait de lui le 17e prénom le plus attribué du XXe siècle en France. Soldat romain né en Cappadoce, saint Georges mourut martyr en 303 sous le règne de Dioclétien. Une légende raconte qu'il aurait tué un dragon dans un camp libyen afin de sauver une princesse qui allait lui être sacrifiée. Patron de l'Angleterre, saint Georges a inspiré la création de la croix de saint Georges, récompense attribuée aux plus braves et courageux. George Washington (1732-1799), le premier président des États-Unis, Georges Pompidou (1911-1974), président français, et plusieurs rois d'Angleterre ont illustré ce prénom. Et depuis l'été 2013, un nouvel héritier à la couronne britannique se prénomme George : le fils de Kate Middleton et du prince William. *Variantes :* Georgie, Georgio, Georgy, Jurgen, Jorj. *Caractérologie :* structure, sécurité, persévérance, efficacité, détermination.

Gabin

Fête :
19 février

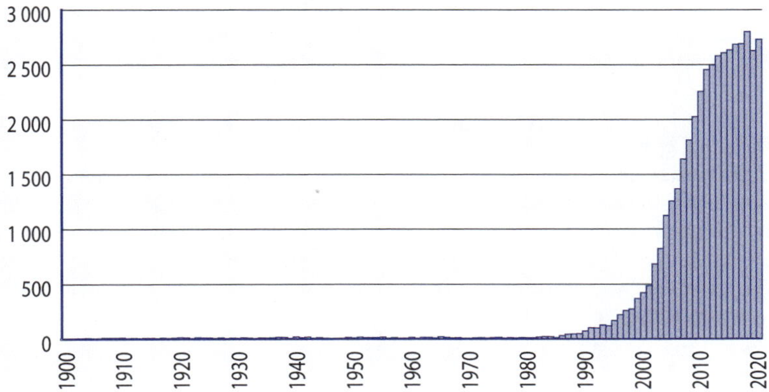

Étymologie

Se rapporte à *Gabinus*, « qui vient de Gabium » en latin. Gabium désigne une ancienne ville du Latium, en Italie centrale. Mais l'origine pouvant expliquer l'essor de ce prénom est très différente. Gabin aurait pour ancêtre Gauvain, le neveu du roi Arthur. Chevalier de la Table ronde, Gauvain avait toutes les qualités d'un gentleman et portait souvent l'épée Excalibur. Selon la légende, sa force se trouvait décuplée avec la lumière du soleil. Véhiculée par les légendes arthuriennes au Moyen Âge, la popularité de ce personnage assura au prénom une large diffusion en France et en Grande-Bretagne*.

Gawain réapparaît en Écosse au XVIe siècle et surgit sous la forme de Gabin en Occitanie, notamment en Provence. C'est précisément cette graphie qui renaît dans les années 1980 en France. L'acteur Jean Gabin (1904-1976) a peut-être contribué à son succès, et peu importe que son nom de naissance ait été Jean Alexis Moncorgé. Aujourd'hui, Gabin s'envole avec toute la fougue d'un prénom neuf. Il devrait conforter sa place dans le top 20 national en 2023. Sa progression internationale est encore imperceptible, mais sa percée débute en terres wallonne et suisse.

Sous le règne de l'empereur Dioclétien au IIIe siècle, **saint Gavino** mourut en martyr avec sa fille en Sardaigne.

Personnage de l'Ancien Testament, **Jabin**, le roi de Hazor (en Galilée), dirige une coalition contre les Israélites. Il est vaincu par les troupes de Josué et la ville est brûlée.

Personne célèbre

Gabin Nuissier, chorégraphe français, né en 1965.

Statistiques

Gabin est le 34e prénom masculin le plus donné en France depuis l'an 2000. Il est attribué à près d'un garçon sur 115 aujourd'hui.

* Gawain était alors l'équivalent anglais de Gauvain. Aujourd'hui, la forme anglophone la plus usitée est Gavin.

G

Gérald
28 000

Lance, gouverner (germanique). Masculin français et anglais. On peut estimer que moins de 30 enfants seront prénommés ainsi en 2023. *Variantes :* Géralde, Geraldo, Geraldy. *Caractérologie :* sociabilité, réceptivité, diplomatie, réalisation, sympathie.

Gérard
240 000 Top 2 000

Lance puissante (germanique). Les troupes normandes de Guillaume le Conquérant ont introduit ce prénom en Angleterre au XIe siècle. Gérard y fait tant d'émules qu'il fera carrière dans l'ensemble des pays anglo-saxons jusqu'au XVIIe siècle. En France comme outre-Manche, Gérard renaît dans les années 1920. Il a culminé dans les 10 premiers rangs français de 1938 à 1950. Abbé de Brogne au Xe siècle, saint Gérard réforma plusieurs abbayes dans le nord-est de la France. *Variantes :* Gérardin, Gerardo, Gerbert, Gerhard. Variante alsacienne : Guerard. *Caractérologie :* décision, achèvement, vitalité, stratégie, réussite.

Géraud
2 000

Lance, gouverner (germanique). Géraud d'Aurillac, comte et fondateur de l'abbaye d'Aurillac, vécut au IXe siècle. On peut estimer que moins de 30 enfants seront prénommés ainsi en 2023. *Caractérologie :* relationnel, médiation, intuition, sympathie, réalisation.

Germain
10 000 Top 2 000

De même sang (latin). Masculin français. *Variante :* Germano. Variante basque et occitane : German. *Caractérologie :* sécurité, structure, réalisation, persévérance, détermination.

Germinal
300

Période du début du printemps dans le calendrier révolutionnaire. *Caractérologie :* sagacité, sympathie, connaissances, réalisation, spiritualité.

Gérôme
1 200

Nom sacré (grec). Voir Jérôme. On peut estimer que moins de 30 enfants seront prénommés ainsi en 2023. *Caractérologie :* rêve, tolérance, volonté, rectitude, humanité.

Gervais
2 000

Prêt au combat (germanique). Masculin français. On peut estimer que moins de 30 enfants seront prénommés ainsi en 2023. *Caractérologie :* détermination, humanité, rectitude, rêve, réalisation.

Géry
1 100

Diminutif des prénoms formés avec « Ger ». On peut estimer que moins de 30 enfants seront prénommés ainsi en 2023. *Variante :* Gerry. *Caractérologie :* autorité, innovation, ambition, autonomie, énergie.

Ghislain
11 000

Doux (germanique). Masculin français. On peut estimer que moins de 30 enfants seront prénommés ainsi en 2023. *Variantes :* Ghyslain, Gyslain. *Caractérologie :* sympathie, intelligence, méditation, savoir, ressort.

Giacomo
550 Top 2 000

Supplanter, substituer (hébreu). Masculin italien. *Caractérologie :* idéalisme, intégrité, altruisme, logique, réussite.

Gian
250

Dieu fait grâce (hébreu). Prénom italien. *Variante :* Gyan. *Caractérologie :* structure, sécurité, persévérance, efficacité, résolution.

Gianni
8 500 Top 200

Dieu fait grâce (hébreu). Masculin italien. *Variantes :* Gian, Giani, Gianny.

Gabriel

Fête :
29 septembre

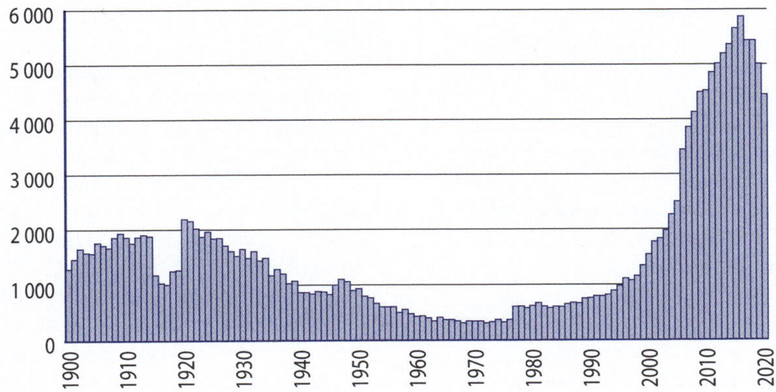

Étymologie

De l'hébreu *gabor* et *el*, « force de Dieu ». Si Gabriel a connu une certaine faveur au Moyen Âge, l'engouement pour ce prénom s'estompe et se déplace de la France aux pays anglophones. Plusieurs siècles d'éclipse partielle lui sont imposés avant qu'il ne renaisse à la fin des années 1990. Il repart alors comme une fusée et décroche le 1er rang parisien de 2007 à 2021, avant de s'imposer au sommet du classement national. Le jaillissement de Raphaël, qui rime avec lui, a favorisé ce retour, mais c'est à l'essor des prénoms de l'Ancien Testament qu'il doit sa gloire.

Comme la plupart des référents bibliques, Gabriel jouit d'une immense notoriété internationale. Bien que sa popularité soit variable selon les pays, il descend rarement en seconde division des classements. En zone francophone, il trône sur les palmarès suisse romand et wallon et n'a pas à rougir de sa position dominante au Québec. Gabriel se prête peu aux variations, mais le diminutif Gaby est attribué dans les deux genres.

La version féminine reprend quant à elle des couleurs. Près de 1 000 petites filles recevront ce prénom cette année. Gabrielle a été propulsée au 13e rang parisien, soit une progression de 18 places en 2 ans.

Gabriel est vénéré dans le judaïsme, le christianisme et l'islam. Dans l'Ancien Testament, il est le messager du ciel qui aide le prophète Daniel à interpréter ses songes. Il apparaît sous la même forme dans le Nouveau Testament pour annoncer à Marie qu'elle va mettre au monde l'Enfant Jésus. Enfin, dans le Coran, **Djibril** (l'équivalent arabe de Gabriel) est considéré comme l'ange porteur d'ordres et de châtiments divins. C'est lui qui révèle le Coran à Mahomet.

L'archange Gabriel est le patron des postiers et de nombreux métiers de la communication.

Statistiques

Gabriel est le 8e prénom masculin le plus donné en France depuis l'an 2000. Il est attribué à près d'un garçon sur 90 aujourd'hui.

Caractérologie : idéalisme, décision, réflexion, humanité, fiabilité.

Gidéon
- de 100

Qui coupe les arbres (hébreu). *Caractérologie :* rêve, rectitude, ouverture d'esprit, humanité, caractère.

Gil
3 000

Diminutif des prénoms formés avec Gil. Masculin espagnol, portugais et anglais. On peut estimer que moins de 30 enfants seront prénommés ainsi en 2023. *Caractérologie :* énergie, autorité, ambition, autonomie, innovation.

Gilane
- de 30

Contraction de Gilles et Anne. *Caractérologie :* communication, pragmatisme, détermination, créativité, amitié.

Gilbert
80 000

Promesse brillante (germanique). Évêque de Meaux au XIIe siècle, saint Gilbert fonda deux monastères, l'un dans l'Allier, et l'autre dans le Puy-de-Dôme. En dehors de l'Hexagone, Gilbert est très répandu dans les pays anglophones et en Allemagne. On peut estimer que moins de 30 enfants seront prénommés ainsi en 2023. *Variante :* Wilbert. *Caractérologie :* direction, dynamisme, audace, indépendance, sympathie.

Gilberto
250

Promesse brillante (germanique). Gilberto est très répandu dans les pays hispanophones et lusophones. *Caractérologie :* méditation, savoir, logique, intelligence, cœur.

Gildas
7 000

Chevelure (celte), ou doré (vieil anglais). Prénom breton. On peut estimer que moins de 30 enfants seront prénommés ainsi en 2023. *Variantes :* Gidas, Jildas, Jildaz. *Caractérologie :* connaissances, spiritualité, originalité, réalisation, sagacité.

Gilles
147 000

Bouclier, protection (grec). De nombreuses légendes entourent ce prénom français. Ermite dans le Gard au Ve siècle, saint Gilles fit bâtir un monastère sur l'un des chemins de Compostelle. Depuis, ce lieu est devenu le village de Saint-Gilles-du-Gard. On dit que l'égide, origine étymologique de Gilles, était le bouclier miraculeux d'Athéna et Zeus. On peut estimer que moins de 30 enfants seront prénommés ainsi en 2023. *Variantes :* Ghiles, Giles, Gille, Gilian, Gillian, Gill. Forme occitane : Geli. *Caractérologie :* cœur, énergie, autorité, innovation, décision.

Gillian
600

De la famille romaine de Iule (latin). Masculin anglais. *Caractérologie :* énergie, bonté, autorité, innovation, détermination.

Gino
5 000 Top 1 000

Royal (latin). Masculin italien. *Variantes :* Gine, Ginno. *Caractérologie :* idéalisme, altruisme, intégrité, réflexion, dévouement.

Giordano
- de 100

Descendre (hébreu). En plus d'être italien, Giordano est également un choix traditionnel basque. *Caractérologie :* diplomatie, sociabilité, volonté, réceptivité, réalisation.

Giorgio
450

Labourer le sol (grec). Masculin italien. *Caractérologie :* vitalité, ardeur, leadership, achèvement, stratégie.

Gaspard

Fêtes :
28 décembre, 6 janvier

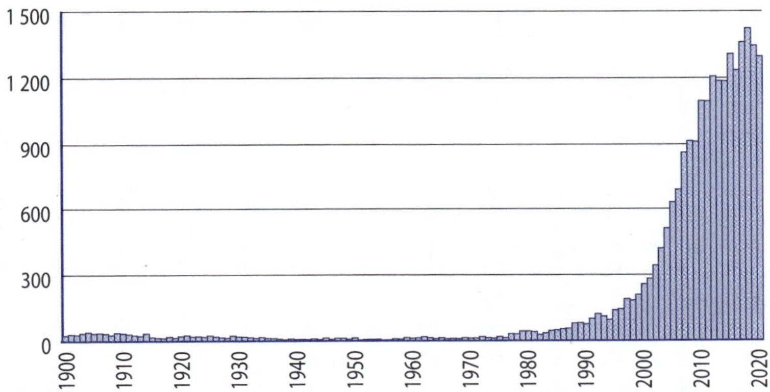

Étymologie

Gaspard se rapporte à *ghizbar*, un nom hébreu d'origine perse signifiant « gardien du trésor ». L'Évangile selon saint Matthieu raconte que des mages venus d'Orient se laissèrent guider par une étoile jusqu'à Bethléem pour honorer Jésus nouveau-né. Au VIe siècle, l'Église nomma ces mages Gaspard, Melchior et Balthazar, mais c'est au XIIe siècle que leur double reconnaissance, liturgique et iconographique, lança la carrière des prénoms.

Gaspard est en faveur du Moyen Âge au début du XIXe siècle, mais il se raréfie ensuite, au point de ne prénommer aucun Français en 1955. Sa renaissance est singulièrement lente jusqu'à la fin des années 1980, où ses attributions frémissent dans la capitale. Il s'est imposé dans les 10 premiers rangs parisiens en 2018 et a intégré dans la foulée le top 50 national. En Belgique et en Suisse francophones, il poursuit une belle carrière.

Dans les peintures du XIIe siècle, Gaspard apparaît sous les traits d'un jeune homme imberbe au teint clair, agenouillé pour offrir l'or à Jésus. À ses côtés, Melchior, le plus âgé des trois, offre l'encens pendant que Balthazar, le roi maure coiffé d'un turban, tend la myrrhe. Ensemble, ils représentent les peuples et les continents connus de l'époque ; l'Asie, l'Europe et l'Afrique. Cet épisode biblique fut également immortalisé par Rubens au début du XVIIe siècle.

Saint Gaspard del Bufalo, évangélisateur italien au XVIIIe siècle, est fêté le 28 décembre.

Personnes célèbres

Gaspard Koenig, écrivain français, né en 1982 ; Gaspard Ulliel, acteur français (1984-2022) ; Gaspard Proust, humoriste français, né en 1976.

Statistiques

Gaspard est le 75e prénom masculin le plus donné en France depuis l'an 2000. Il est attribué à près d'un garçon sur 280 aujourd'hui. Notons que son féminin Gasparine n'a pas été attribué depuis 1927.

Giovanni
11 000 Top 400 ➔

Dieu fait grâce (hébreu). Masculin italien. *Variantes :* Giovani, Giovany, Giovanny, Jovanny. *Caractérologie :* audace, direction, dynamisme, caractère, réussite.

Giovanny
1 100

Dieu fait grâce (hébreu). On peut estimer que moins de 30 enfants seront prénommés ainsi en 2023. *Caractérologie :* volonté, habileté, réalisation, force, ambition.

Girard
130

Lance puissante (germanique). Dans l'Hexagone, Girard est plus traditionnellement usité en Occitanie, notamment en Provence. *Variante :* Giraud. *Caractérologie :* communication, optimisme, créativité, pragmatisme, réussite.

Gislain
450

Doux (germanique). *Caractérologie :* stratégie, achèvement, cœur, vitalité, décision.

Giulian
3 000 Top 200 ➔

De la famille romaine de Iule (latin). Masculin italien. *Variantes :* Giulian, Giuliano, Giullian. *Caractérologie :* innovation, énergie, ambition, décision, indépendance.

Giulio
900 Top 800 ➔

De la famille romaine de Iule (latin). Prénom italien. *Caractérologie :* raisonnement, énergie, autorité, ambition, innovation.

Giuseppe
2 000 Top 2 000 ↗

Dieu ajoutera (hébreu). Masculin italien. *Caractérologie :* décision, habileté, force, ambition, cœur.

Glen
500

Vallée boisée (irlandais). *Caractérologie :* sociabilité, réceptivité, diplomatie, loyauté, cœur.

Glenn
1 700 Top 2 000 ➔

Vallée boisée (irlandais). Masculin écossais et anglais. *Caractérologie :* cœur, méditation, intelligence, savoir, indépendance.

Godard
- de 30

Divinement ferme (germanique). *Caractérologie :* fiabilité, ténacité, méthode, réussite, engagement.

Godefroy
800

La paix de Dieu (germanique). *Variante :* Godefroi. *Caractérologie :* indépendance, volonté, courage, dynamisme, curiosité.

Gohan
250 Top 2 000 ↑

Chouette (celte), riz cuit (japonais). Gohan est également un personnage du manga *Dragon Ball*. *Caractérologie :* rêve, humanité, ouverture d'esprit, rectitude, générosité.

Gonthier
- de 30

Combat, armée (germanique). Dans l'Hexagone, Gonthier est plus traditionnellement usité en Alsace. *Caractérologie :* paix, conscience, bienveillance, sensibilité, action.

Gontran
700

Combat, corbeau (germanique). Roi de Bourgogne de 561 à 592, saint Gontran œuvra pour la paix et la christianisation de la population. Ce prénom rare a traversé les siècles sans pour autant disparaître. Il est plus traditionnellement usité en Provence. *Caractérologie :* achèvement, vitalité, stratégie, résolution, ardeur.

Gonzague
1 600

Ce prénom français se rapporte au nom d'une famille noble italienne du XVIe siècle. On peut estimer que moins

G

de 30 enfants seront prénommés ainsi en 2023. *Caractérologie :* conscience, paix, conseil, bienveillance, cœur.

Goran
950 ➔

Croix sacrée (basque). *Caractérologie :* indépendance, audace, direction, dynamisme, résolution.

Gordon
400

Colline triangulaire (anglais). Masculin écossais et anglais. *Caractérologie :* audace, dynamisme, direction, caractère, indépendance.

Gorka
140

Dérivé basque de Georges : labourer le sol (grec). *Caractérologie :* connaissances, spiritualité, philosophie, sagacité, originalité.

Goulven
1 100

Blanc, heureux (celte). Prénom breton. On peut estimer que moins de 30 enfants seront prénommés ainsi en 2023. *Variante :* Goulwen. *Caractérologie :* responsabilité, équilibre, amitié, famille, volonté.

Gracien
- de 30

Grâce (latin). *Variante :* Grace. *Caractérologie :* communication, optimisme, résolution, pragmatisme, sympathie.

Graham
110

Maison grise (anglo-saxon), patronyme écossais ancien. Graham est recensé dans les pays anglophones. *Variante :* Grahem. *Caractérologie :* pratique, communication, ressort, réalisation, enthousiasme.

Grant
- de 30

Grand, généreux (anglais). Masculin écossais et anglais. *Caractérologie :* paix, bienveillance, conseil, conscience, décision.

Gratien
550

Grâce (latin). Masculin français. *Variantes :* Gratian, Graziano. *Caractérologie :* loyauté, sociabilité, résolution, réceptivité, diplomatie.

Greg
800

Veilleur, vigilant (grec). Masculin anglais. *Variantes :* Graig, Gregg. *Caractérologie :* direction, audace, indépendance, assurance, dynamisme.

Grégoire
24 000 Top 600 ➘

Veilleur, vigilant (grec). Prénom français. Auteur des *Dialogues* et pape en 590, Grégoire Ier le Grand est l'un des quatre Pères de l'Église d'Occident. Sa popularité nourrit le succès de ce prénom pendant des siècles. Parmi ses successeurs, 15 papes se firent prénommer Grégoire. *Caractérologie :* communication, pragmatisme, optimisme, créativité, sociabilité.

Grégory
89 000 Top 2 000 ➘

Veilleur, vigilant (grec). En dehors de l'Hexagone, Gregory est très répandu dans les pays anglophones. *Variantes :* Gregor, Grégori, Grégorie, Grégorio. *Caractérologie :* dynamisme, courage, charisme, curiosité, indépendance.

Griffin
- de 30

Noble (celte). Masculin anglais. *Variante :* Griffith. *Caractérologie :* responsabilité, équilibre, famille, influence, exigence.

Guénaël
1 600 Top 2 000 ➔

Blanc, heureux, prince (celte). Prénom breton. *Variante :* Ganael. *Caractérologie :* loyauté, sympathie, sociabilité, réceptivité, diplomatie.

Guenhaël
250

Blanc, heureux, généreux (celte). Prénom breton. *Caractérologie :*

G

Destin et évolution de la forme composée...

Depuis l'assouplissement de la législation, en 1993, le catalogue des choix composés s'est enrichi de compositions inédites. Certaines sont devenues si célèbres (Lily-Rose, Lou-Anne) qu'elles s'exportent au-delà des frontières. Malgré ce succès, seuls 4 % des prénoms attribués sont des composés. Ce chiffre, en deçà de la réalité (les compositions qui sont données à moins de 3 personnes éludent les recensements), est comparable au niveau d'attribution observé dans les années 1900. Revenons en arrière pour mieux apprécier leur évolution...

Les années 1900-1940

En 1900, on dénombre près de 90 compositions attribuées à plus de 3 personnes en France, soit 5 % des attributions totales. Le répertoire est alors beaucoup plus restreint, et la législation laisse peu de liberté aux parents. Dans ce contexte, on peut s'étonner que la forme composée n'ait pas été plus massivement utilisée pour former des assemblages originaux : les officiers d'état civil, si prompts à refuser les choix peu ordinaires, n'auraient pas pu rejeter l'association de deux grands noms. Mais au début du XXe siècle, le genre composé n'est pas vraiment en faveur. Seuls Marie-Louise et Jean-Baptiste, respectivement placés 45e et 78e, figurent dans les 100 premiers choix français.

Les années 1940-1970

Durant la première partie du XXe siècle, toutes les compositions sont formées de Jean pour les garçons, Marie pour les filles. Anne-Marie, l'unique innovation qui ose placer Anne avant Marie, ne s'envole qu'à la fin des années 1940. C'est précisément à cette époque que l'engouement pour les compositions se précise, portant rapidement Jean-Pierre et Jean-Claude aux 20 premiers rangs du classement. Sans compter la multitude d'assemblages qui les suit de près. Leur envolée se poursuit dans les deux genres et culmine en 1955, où 25 d'entre eux percent dans le top 100, Jean-Pierre et Marie-Christine en tête. Cette décennie historique marque l'apogée du prénom composé.

Dans les années qui suivent, le genre composé décline mais ne disparaît pas. Il bénéficie même d'une certaine prospérité jusque dans les années 1970. Durant cette période, on dénombre 15 à 20 assemblages dans l'élite des classements annuels. Anne-Sophie prend la tête des duos féminins en 1975, mais Marie en reste un élément clé jusque dans les années 2000. De son côté, Jean-Baptiste règne sur le palmarès composé et la dynastie des Jean de 1981 à 2007.

Les années 1980-1990

La décennie 1980 marque le déclin des prénoms assemblés. À l'exception d'Anne-Sophie et de Jean-Baptiste, les compositions s'effacent progressivement du top 100. Elles en disparaissent totalement en 1999 et n'auraient peut-être pas ressurgi si Lou-Ann(e) ne s'était pas imposée dans le top 80 français en 2004. Son succès fait sensation, au point que Louane tout court s'envole rapidement au sommet. Lou-Ann(e) ouvre la voie à Lily-Rose, une nouveauté qui fleurit en France et dans les pays francophones. Dans le même temps, Léo-Paul et Pierre-Louis deviennent des choix chics et originaux, incontournables dans le registre masculin. Nous n'aurions jamais observé ce retour si Pierre, Charles, Paul et Louis, Lou, Lily et Rose ne s'étaient pas rebellés contre Marie et Jean.

Les années 2000
Aujourd'hui, Jean-Pierre, Jean-Claude, Marie-Christine et Marie-Claude sont, dans leur immense majorité, grands-parents, témoins d'une autre génération. Jean n'est plus le composant indispensable des compositions, et Marie s'est effacée au profit de Lily, Lou et Rose. Autre évolution majeure, le succès des compositions arabes n'a jamais été aussi éclatant, particulièrement chez les garçons. Car si Fatimah-Zahra est bien seule au 2e rang des attributions féminines, Mohamed compose 4 d'entre elles dans le top 10 masculin. Depuis que Mohamed-Amine a supplanté Jean-Baptiste en 2008, l'ascension des compositions arabes s'est accélérée. La révolution du genre composé est en marche et elle n'a pas fini de nous surprendre...

autorité, énergie, ambition, amitié, innovation.

Guénolé
800

Blanc, heureux, valeur (celte). Prénom breton. *Caractérologie :* savoir, indépendance, méditation, intelligence, sympathie.

Guérande
- de 30

Célèbre nom des salines bretonnes de Guérande. *Caractérologie :* optimisme, communication, pragmatisme, sympathie, réalisation.

Guerric
400

Puissant protecteur (germanique). *Caractérologie :* rectitude, sympathie, ouverture d'esprit, rêve, humanité.

Guido
400

Guide (latin). Masculin italien. *Caractérologie :* loyauté, raisonnement, adaptabilité, intuition, médiation.

Guilhem
8 000 Top 2 000

Protecteur résolu (germanique). Dans l'Hexagone, Guilhem est plus traditionnellement usité en Occitanie. *Caractérologie :* communication, enthousiasme, pratique, ressort, sympathie.

Guilian
250

Doux (germanique). *Caractérologie :* énergie, innovation, résolution, sympathie, autorité.

Guillaume
206 000 Top 700

Protecteur résolu (germanique). Ce prénom riche en histoire doit beaucoup à Guillaume le Conquérant (1027-1087), duc de Normandie célèbre pour avoir été roi d'Angleterre. Très courant en France à la fin du Moyen Âge, Guillaume reste un choix prisé jusqu'à la fin du XIXe siècle. Il renaît dans les années 1960, alors que Guy tombe en défaveur, et culmine au 3e rang masculin au milieu des années 1980. Il n'a cependant pas disparu des maternités aujourd'hui.
À la mort d'Édouard le Confesseur, Guillaume de Normandie affirma qu'il était le successeur désigné du roi anglais. Mais son cousin Harold, qui revendiquait la même chose, se fit couronner en premier. Guillaume souleva une armée et partit à la conquête du trône anglais. Vainqueur, il se fit couronner en 1066 et devint l'un des souverains les plus puissants de l'Occident. *Variantes :* Guilem, Guilhelm, Guilherme, Guillermo, Guilhaume, Guillemin, Guyllaume, Gwilherm. *Caractérologie :* relationnel, médiation, intuition, réussite, cœur.

Guillem
800

Protecteur résolu (germanique). Masculin catalan et occitan. *Caractérologie :* originalité, sagacité, connaissances, amitié, spiritualité.

Guirec
450

Ambre (celte). Prénom breton. *Caractérologie :* idéalisme, altruisme, réflexion, sympathie, intégrité.

Gunther
300

Combat, armée (germanique). Masculin allemand. *Variante :* Gunter. *Caractérologie :* communication, pratique, action, enthousiasme, sensibilité.

Gurval
- de 100

Sagesse, bravoure, valeur (celte). Masculin breton. *Caractérologie :* humanité, rêve, rectitude, ouverture d'esprit, réalisation.

Gurvan
2 000

Sagesse (celte). Prénom breton. On peut estimer que moins de 30 enfants seront prénommés ainsi en 2023. *Variantes :* Gurvann, Gurwan. *Caractérologie :* réceptivité, réalisation, sociabilité, diplomatie, bonté.

Gustave
8 000 Top 200

Combattant (germanique). Masculin germanique d'origine scandinave, Gustave serait moins connu s'il n'avait pas été porté par une lignée de six rois suédois. La notoriété du deuxième d'entre eux, Gustave II Adolphe (1594-1632), lance la diffusion progressive du prénom en Europe. Il connaîtra, sous ses différentes formes, une certaine vogue au XIXe siècle. En France, il est illustré par deux célébrités qui ont transcendé les siècles, l'écrivain Gustave Flaubert (1821-1880) et le peintre Gustave Courbet (1819-1877). En perte de vitesse au début du XXe siècle, Gustave quitte rapidement le top 40 français. Il bourgeonne depuis peu et pourrait renaître dans les prochaines années. Gustave II Adolphe le Grand, roi de Suède, fut si respecté pour son génie militaire qu'il fut surnommé « le Lion du Nord ». Les réformes qu'il mit en place et ses interventions durant la guerre de Trente Ans permirent d'élever la Suède au rang des grandes puissances européennes. Il mourut au combat durant la bataille de Lützen le 16 novembre 1632. *Variantes :* Gustav, Gustavo. *Caractérologie :* curiosité, dynamisme, cœur, réussite, courage.

Guy
140 000

Forêt (germanique). Comme d'autres prénoms médiévaux avant lui, Guy a refait surface dans un passé récent. Diffusé par le culte de plusieurs saints, il fut assez fréquent en Europe du Xe au XVe siècle. Après une période de retrait, il renaît à l'aube du XXe siècle, peut-être sous l'impulsion de Guy de Maupassant (1850-1893), et connaît un succès durable dans l'Hexagone (de 1930 à 1960). Guy a été le 39e prénom le plus attribué du siècle dernier en France. On peut estimer que moins de 30 enfants seront prénommés ainsi en 2023. *Variante :* Gui. *Caractérologie :* achèvement, vitalité, stratégie, ardeur, leadership.

Guylain
400

Doux (germanique). *Variantes :* Gislain, Guilain, Guilen, Guillain, Guillian, Guislain, Guylian. *Caractérologie :* achèvement, stratégie, décision, vitalité, cœur.

Gweltaz
350

Chevelure (celte). Masculin breton. *Caractérologie :* attention, persévérance, structure, sécurité, cœur.

Gwen
500

Blanc, heureux (celte). Prénom breton. *Variante :* Gwenn. *Caractérologie :* fiabilité, ténacité, engagement, méthode, sens du devoir.

Gwenaël
9 000 Top 2 000 ➔

Blanc, heureux, prince (celte). Prénom breton. *Variantes :* Gwanal, Gwanael, Gwenal, Gwenel, Gwenhaël, Gwennaël. *Caractérologie :* sécurité, efficacité, persévérance, structure, bonté.

Gwendal
6 000 Top 2 000 ↓

Blanc, heureux, paiement (celte). Prénom breton. *Caractérologie :* pratique, réalisation, communication, enthousiasme, bonté.

Gwenole
850

Blanc, heureux, valeur (celte). Prénom breton. *Variante :* Gwennole. *Caractérologie :* rectitude, cœur, humanité, ouverture d'esprit, rêve.

Gwenvaël
200

Contraction de Gwenn et Maël. Prénom breton. *Caractérologie :* habileté, force, ambition, amitié, réalisation.

H

Habib
3 000 Top 800 ➔

Aimé, généreux (arabe). *Caractérologie :* structure, persévérance, efficacité, sécurité, honnêteté.

Hadi
600 Top 2 000 ↗

Qui guide au droit chemin (arabe). *Variantes :* Haddi, Hady. *Caractérologie :* sécurité, efficacité, honnêteté, persévérance, structure.

Hadriel
190 Top 2 000

La majesté de Dieu (hébreu). *Caractérologie :* pragmatisme, créativité, communication, décision, optimisme.

Hadrien
7 000 Top 600 ↘

La forme latine Adrianus était portée par une famille romaine habitant la ville d'Adria. C'est elle qui a donné son nom à la mer Adriatique et au célèbre empereur Hadrien. Ce prénom est apparu pour la première fois en France en 1972. Surfant sur la vogue d'Adrien, sans pour autant s'envoler, il se fait remarquer au milieu des années 1990. Aujourd'hui, Hadrien est rarement attribué aux nouveau-nés, mais il est connu sous cette orthographe. *Variante :* Hadrian. *Caractérologie :* découverte, énergie, audace, résolution, originalité.

☆ Avec le H qui fait sa distinction, Hadrien est l'empereur romain qui succède à Trajan en 117 et règne sur l'Empire romain jusqu'en 138. Il réorganise l'administration et protège son empire des invasions barbares en fortifiant ses frontières. L'Angleterre lui doit notamment le célèbre mur d'Hadrien. Dans la littérature, cet homme qui était aussi architecte, poète et philosophe a inspiré un roman de Marguerite Yourcenar et de nombreux récits.

Haïm
200

La vie (hébreu). *Variante :* Haym. *Caractérologie :* efficacité, persévérance, structure, honnêteté, sécurité.

Hakim
9 500 Top 800 ➔

Qui est juste et sage (arabe). *Variantes :* Hachim, Hakime. *Caractérologie :* conseil, bienveillance, conscience, sagesse, paix.

Halil
900

Amitié, loyauté (turc). *Caractérologie :* conseil, conscience, paix, bienveillance, sagesse.

Halim
1 500 Top 2 000

Indulgent (arabe). *Variantes :* Alim, Halime. *Caractérologie :* intelligence, savoir, méditation, indépendance, sagesse.

Hamed
2 000

Digne d'éloges (arabe). On peut estimer que moins de 30 enfants seront prénommés ainsi en 2023. *Caractérologie :* structure, persévérance, sécurité, honnêteté, efficacité.

Hamid
3 500 Top 2 000

Digne d'éloges (arabe). *Variantes :* Hamida, Hamide, Hamidou. *Caractérologie :* vitalité, stratégie, achèvement, ardeur, leadership.

Hamilton
120

Château fort (anglais). *Caractérologie :* réceptivité, sociabilité, diplomatie, sensibilité, raisonnement.

H

Hamza
16 000 Top 200

Puissant (arabe). *Variantes :* Amza, Hamsa. *Caractérologie :* méthode, fiabilité, ténacité, engagement, sens du devoir.

Hans
1 700

Dieu fait grâce (hébreu). Ce prénom allemand est également répandu dans les pays scandinaves et néerlandophones. On peut estimer que moins de 30 enfants seront prénommés ainsi en 2023. *Variantes :* Hane, Hänsel. *Caractérologie :* paix, bienveillance, conscience, sagesse, conseil.

Harald
300

Puissant général d'armée (scandinave). Masculin allemand et scandinave. Plusieurs rois du Danemark ont porté ce nom. *Variante :* Hal. *Caractérologie :* ardeur, leadership, achèvement, stratégie, vitalité.

Haris
800 Top 1 000

Fils d'Henri (germanique). Haris est plus particulièrement répandu dans les pays anglophones et en Grèce. *Caractérologie :* autonomie, autorité, énergie, innovation, ambition.

Harley
110

La prairie du lièvre (anglais). *Caractérologie :* bienveillance, paix, conscience, amitié, action.

Harold
3 500 Top 2 000

Puissant général d'armée (scandinave). Masculin anglais. Plusieurs rois d'Angleterre ont porté ce nom. *Variante :* Arold. *Caractérologie :* ténacité, raisonnement, fiabilité, méthode, engagement.

Haroun
4 500 Top 200

Forme arabe d'Aaron : esprit (hébreu). *Variantes :* Arun, Arouna, Harouna, Harun. *Caractérologie :* courage, dynamisme, résolution, curiosité, analyse.

Harrison
450 Top 2 000

Fils d'Henri (anglais). Plus courant sous forme de patronyme anglophone. *Variante :* Harris. *Caractérologie :* enthousiasme, communication, adaptation, résolution, pratique.

Harry
5 500 Top 400

Maître de foyer (germanique). Masculin anglais. *Variante :* Hary. *Caractérologie :* intelligence, indépendance, action, savoir, méditation.

☆ En créant ce personnage d'apprenti magicien, J. K. Rowling a ensorcelé ses lecteurs, toutes générations confondues. Harry Potter, un orphelin naïf et tendre, voit sa vie basculer quand il apprend qu'il est un sorcier. Il va faire l'apprentissage de l'amitié, du courage et des épreuves de la vie. Le parfum de mystère ne s'épuise pas depuis 20 ans.

Hasan

2 000 Top 2 000 ➔

Beau (arabe). *Variantes :* Assan, Assen, Hassane. *Caractérologie :* connaissances, spiritualité, philosophie, sagacité, originalité.

Hassan

5 500 Top 600 ↗

Beau (arabe). *Caractérologie :* force, ambition, management, passion, habileté.

Hassen

1 800

Beau (arabe). On peut estimer que moins de 30 enfants seront prénommés ainsi en 2023. *Variantes :* Hassein, Hassene. *Caractérologie :* pragmatisme, communication, créativité, optimisme, sociabilité.

Hatem

1 200

Générosité (arabe). On peut estimer que moins de 30 enfants seront prénommés ainsi en 2023. *Variantes :* Atime, Hatim, Hatime. *Caractérologie :* médiation, intuition, fidélité, relationnel, sensibilité.

Hayden

5 000 Top 200 ↗

Se rapporte au compositeur Josef Haydn (1732-1809). Hayden est également une nouvelle forme d'Aidan. Masculin anglais. *Caractérologie :* réalisation, créativité, pragmatisme, optimisme, communication.

Hector

6 500 Top 200 ↗

Constant, qui retient (grec). Masculin anglais et français. Époux d'Andromaque et fils du roi Priam, Hector est l'un des héros de la guerre de Troie dans la mythologie grecque. *Caractérologie :* paix, conscience, logique, bienveillance, attention.

Hédi

4 000 Top 500 ➔

Qui guide au droit chemin (arabe). *Variantes :* Heddi, Heddy, Hédy. *Caractérologie :* vitalité, stratégie, ardeur, achèvement, leadership.

Heinrich

- de 100

Maître de maison (germanique). Masculin allemand. *Variantes :* Heinrick, Heinz. *Caractérologie :* réceptivité, sociabilité, diplomatie, loyauté, bonté.

Hélian

200

Éclat du soleil (grec). *Caractérologie :* structure, sécurité, persévérance, efficacité, décision.

Hélie

400 ➔

Le Seigneur est mon Dieu (hébreu). Variante bretonne : Heli. *Caractérologie :* enthousiasme, adaptation, communication, pratique, générosité.

Héliodore

- de 30

Don du soleil (grec). *Variante :* Éléodore. *Caractérologie :* caractère, dynamisme, audace, direction, logique.

Hélios

1 300 Top 400 ↑

Soleil (grec). Dans la mythologie grecque, Hélios est le dieu du Soleil et de la Lumière. *Variantes :* Hélias, Hélio. *Caractérologie :* découverte, énergie, audace, logique, décision.

Helmut

130

Protection, casque (germanique). Masculin allemand. *Variantes :* Hellmut, Hellmuth, Helmi. *Caractérologie :* intelligence, savoir, méditation, indépendance, finesse.

Helori

110

Noble, seigneur, généreux (celte). Prénom breton. *Variante :* Helory. *Caractérologie :* persévérance, structure, logique, efficacité, sécurité.

Hendrick

500 ➔

Maître de maison (germanique). *Variantes :* Endrick, Hendrik, Hendrix, Hendryk. *Caractérologie :* humanité, finesse, rêve, rectitude, ouverture d'esprit.

Henri
92 000 Top 300

Maître de maison (germanique). Sous ses différentes graphies (Henry, Harry, Enrique, Enrico, Heinrich, etc.), ce prénom royal fut porté par quatre rois de France, huit rois anglais et de nombreux souverains castillans et germaniques. Henri est recensé au Moyen Âge, mais il décolle véritablement dans les pays européens au XVIIe siècle. À la fin du XIXe siècle, il est très attribué en France (dans les 5 premiers rangs masculins jusque dans les années 1900). Malgré son déclin subséquent, Henri n'a jamais déserté les maternités. Surnommé le Vert-Galant en référence à ses nombreuses maîtresses, Henri IV est resté dans l'histoire comme un roi doué d'une grande intelligence politique. Assassiné en 1610 par Ravaillac, un catholique fanatique, il fut pleuré par le peuple envers lequel il avait été généreux. Le 13 juillet célèbre un empereur germanique du XIe siècle, Henri II, qui œuvra pour la propagation de la foi chrétienne. *Caractérologie :* altruisme, idéalisme, intégrité, réflexion, dévouement.

H

Henrick
450

Maître de maison (germanique). Dans l'Hexagone, ce prénom est plus traditionnellement usité dans les Flandres. *Variantes :* Henrick, Henrie, Henrik, Henrico, Henriko, Henryk. *Caractérologie :* attention, courage, dynamisme, indépendance, curiosité.

Henrique
1 100

Maître de maison (germanique). *Caractérologie :* originalité, sagacité, connaissances, philosophie, spiritualité.

Henry
5 500 Top 600

Maître de maison (germanique). Henry est très répandu dans les pays anglophones. *Caractérologie :* spiritualité, connaissances, sagacité, originalité, action.

Heol
\- de 100

Soleil (breton), vent (grec). *Variante :* Éol. *Caractérologie :* ténacité, engagement, fiabilité, méthode, sens du devoir.

Herald
\- de 100

Le porteur de nouvelles (anglais). Masculin hongrois. *Caractérologie :* créativité, communication, optimisme, pragmatisme, détermination.

Herbert
650

Soldat glorieux (germanique). Masculin anglais et allemand. *Variantes :* Hébert, Herb, Heribert. *Caractérologie :* méthode, fiabilité, engagement, ténacité, sensibilité.

Herbod
\- de 30

Audacieux (germanique). Masculin breton. *Caractérologie :* caractère, méditation, savoir, intelligence, attention.

Hercule
\- de 30

Gloire majestueuse (grec). *Variantes :* Ercole, Hercules. *Caractérologie :* dévouement, intégrité, altruisme, idéalisme, réflexion.

Hermann
1 600

Soldat (germanique). Masculin anglais, allemand et scandinave. *Variantes :* Erman, Herman, Hermand, Hermelin. *Caractérologie :* détermination, audace, dynamisme, direction, indépendance.

En écrivant *Moby Dick*, Herman Melville a inscrit dans les mémoires une fabuleuse épopée marine et une terrifiante chasse à la baleine symbole d'une lutte à mort entre le bien et le mal. Il laisse également à la postérité le fameux *« I would prefer not to ! »*, une expression devenue emblématique de la résistance passive.

Hugo

Fête :
1er avril

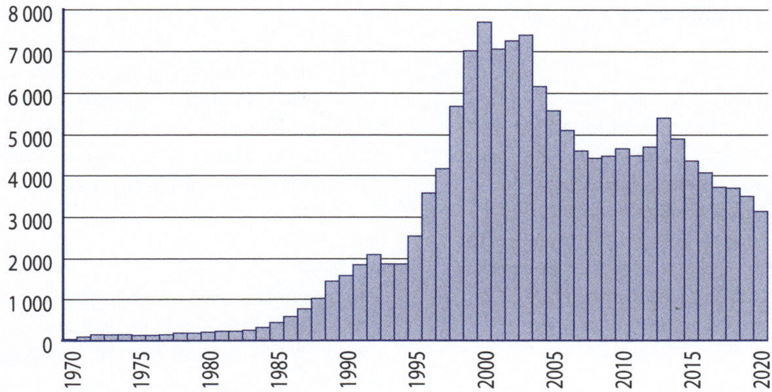

Étymologie

Du germain *hug*, « esprit, intelligence ». Patronyme que l'auteur des *Misérables* a rendu mondialement célèbre, Hugo a pourtant été peu attribué avant les années 1980. Il doit son succès éclair à sa terminaison en « o », sa petite taille (4 lettres) et sa jeunesse. Après s'être imposé au 4e rang du palmarès en 2000, son reflux se précise, mais il devrait se maintenir dans les tops 20 français et parisien en 2023.

Il est difficile de déterminer si les campagnes publicitaires et l'image sexy de la marque Hugo Boss ont influencé sa redécouverte. Toujours est-il que sa popularité a dépassé celle d'Hugues, un grand nom du Moyen Âge dont on aurait pu attendre la renaissance. Un temps portés par la gloire d'Hugo, les élans d'Ugo sont vite retombés. Ce dernier figure désormais dans le top 500, loin devant Hugolin.

Dans les régions francophones, Hugo séduit volontiers nos voisins suisses et belges. Le Québec se laisse tenter mais encore timidement... De l'Espagne où il scintille à la 1re place, à la Suède où il occupe le 4e rang, les parents européens cèdent à son charme universel et multilingue.

Hugues Capet est le fondateur de la troisième dynastie des rois de France. De nombreux comtes et ducs illustrèrent ce prénom en France.

Saint Hugues fut évêque de Grenoble, puis bénédictin de La Chaise-Dieu au XIIe siècle.

Personne célèbre

Hugo Chávez, président du Venezuela de 1999 à sa mort en 2013 ; Hugo Desnoyer, artisan boucher et restaurateur français, né en 1971 ; Hugo Lloris, footballeur international français, né en 1986.

Statistiques

Hugo est le 2e prénom masculin le plus donné en France depuis l'an 2000. Il est attribué à près d'un garçon sur 120 aujourd'hui.

Hermès
300

Dans la mythologie grecque, Hermès est le fils de Maia et Zeus. Il est le dieu des Voyageurs et le messager des dieux. Masculin italien et portugais. *Variante :* Ermès. *Caractérologie :* énergie, découverte, audace, décision, originalité.

Hérode
- de 30

Grand roi de Judée en 37 avant J.-C., Hérode a procuré à son royaume un développement économique prospère. Il est à l'origine de la construction de nombreuses villes et monuments historiques que l'on peut encore visiter aujourd'hui. *Caractérologie :* dynamisme, direction, audace, indépendance, assurance.

Hervé
117 000

Fort, combattant (celte). Aveugle de naissance, saint Hervé vécut au VIe siècle. La légende raconte que ce moine breton marchait accompagné d'un loup en guise de guide. Très populaire en Bretagne, saint Hervé est le protecteur des chevaux. On peut estimer que moins de 30 enfants seront prénommés ainsi en 2023. *Variante :* Harvey. Formes bretonnes : Herve, Veig. *Caractérologie :* sécurité, persévérance, efficacité, structure, honnêteté.

Hicham
5 500 Top 2 000

Celui qui est généreux (arabe). *Variantes :* Icham, Hichame, Hicheme, Ichaï, Ihsan, Ihsane. *Caractérologie :* famille, équilibre, influence, responsabilité, exigence.

Hichem
2 500

Celui qui est généreux (arabe). On peut estimer que moins de 30 enfants seront prénommés ainsi en 2023. *Variantes :* Ichem, Hicheme. *Caractérologie :* audace, indépendance, dynamisme, direction, assurance.

Hilaire
1 400

Joyeux (latin). On peut estimer que moins de 30 enfants seront prénommés ainsi en 2023. *Variantes :* Halari, Hilario. *Caractérologie :* détermination, vitalité, stratégie, ardeur, achèvement.

Hippolyte
5 500 Top 500

Dompteur de chevaux (grec). Masculin français. *Variantes :* Hipolyte, Hippolite, Hippolythe, Hypolite, Hypolyte, Hyppolite, Hyppolyte. *Caractérologie :* raisonnement, idéalisme, altruisme, sensibilité, intégrité.

Hoang
200

Rose (vietnamien). Au Vietnam, la rose est le symbole de l'amour. *Caractérologie :* rêve, générosité, humanité, rectitude, ouverture d'esprit.

Hocine
4 000 Top 2 000

Excellence, beauté (arabe). *Variantes :* Hacène, Houcine, Hosni. *Caractérologie :* idéalisme, intégrité, altruisme, raisonnement, réflexion.

Hoel
500

Noble, au-dessus (celte). Prénom breton. *Caractérologie :* ténacité, méthode, fiabilité, engagement, sens du devoir.

Homère
- de 100

Otage, promesse, sécurité (grec). Poète épique grec, auteur de *L'Iliade* et de *L'Odyssée*, Homère aurait vécu au VIIIe siècle avant J.-C. Ses textes occupent une place importante dans la culture classique européenne. *Caractérologie :* autorité, énergie, ambition, innovation, volonté.

Honoré
2 000 Top 1 000

Honoré (latin). Masculin français. *Variante :* Honorat. *Caractérologie :* communication, pratique, générosité, adaptation, enthousiasme.

H

Honorin
- de 100

Honoré (latin). *Caractérologie :* pragmatisme, communication, créativité, optimisme, sociabilité.

Horace
250

Voir (grec). Masculin français et anglais. *Variantes :* Horacio, Horatio, Otis. *Caractérologie :* découverte, audace, énergie, logique, décision.

Horacio
200

Voir (grec). Masculin espagnol et portugais. *Variante :* Horatio. *Caractérologie :* raisonnement, harmonie, volonté, affection, conseil.

Howard
150

Esprit courageux (germanique). Masculin anglais. *Caractérologie :* paix, bienveillance, volonté, conscience, résolution.

Hubert
35 000

Esprit brillant (germanique). Fils d'un duc d'Aquitaine, au VIIe siècle, Hubert chassait dans la forêt des Ardennes lorsqu'il remarqua une croix plantée entre les bois d'un magnifique cerf. Cet incident, qui le fit s'engager dans la vie monastique, fait également de saint Hubert le patron des chasseurs. En dehors de l'Hexagone, Hubert est plus particulièrement répandu dans les pays anglophones et en Allemagne. On peut estimer que moins de 30 enfants seront prénommés ainsi en 2023. *Variantes :* Huberto, Ubert, Ubertino, Uberto. *Caractérologie :* diplomatie, sociabilité, loyauté, réceptivité, finesse.

Hugo
150 000 Top 50

Esprit, intelligence (germanique). *Variante :* Ugo. *Caractérologie :* bienveillance, paix, conscience, conseil, sagesse.

Hugolin
140

Esprit, intelligence (germanique). *Variante :* Ugolin. *Caractérologie :* logique, découverte, audace, énergie, action.

Hugues
20 000 Top 2 000

Esprit, intelligence (germanique). Hugues Capet, fondateur de la troisième dynastie des rois de France au Xe siècle, et saint Hugues, évêque de Grenoble en 1080, illustrèrent ce prénom français. *Variantes :* Hugh, Ugue, Ugues. *Caractérologie :* idéalisme, altruisme, amitié, intégrité, réflexion.

Humbert
250

Esprit brillant (germanique). Masculin anglais et allemand. Forme basque : Umbert. *Caractérologie :* influence, équilibre, famille, responsabilité, sensibilité.

Humberto
250

Esprit brillant (germanique). Masculin espagnol. *Caractérologie :* optimisme, générosité, finesse, raisonnement, pragmatisme.

Huseyin
1 600 Top 2 000

Beauté (arabe). *Variantes :* Hossein, Hussein. *Caractérologie :* action, sociabilité, diplomatie, amitié, réceptivité.

Huy
- de 100

Projection de lumière, splendide (vietnamien). *Caractérologie :* humanité, rêve, générosité, rectitude, ouverture d'esprit.

Hyacinthe
1 100

Pierre (grec). On peut estimer que moins de 30 enfants seront prénommés ainsi en 2023. *Variantes :* Hyacinth, Hyacinte. *Caractérologie :* enthousiasme, communication, pratique, ressort, finesse.

I

Iago
190 Top 2 000

Supplanter, talonner (hébreu). Iago est un personnage de la pièce de théâtre *Othello*, de Shakespeare. Masculin écossais, gallois, espagnol et portugais. *Variante :* Yago. *Caractérologie :* dynamisme, courage, indépendance, curiosité, charisme.

Ian
2 000 Top 900 ➔

Dieu fait grâce (hébreu). Ian est une forme irlandaise et écossaise de Jean. *Variantes :* Iain, Iann. *Caractérologie :* paix, conscience, résolution, bienveillance, conseil.

Ianis
1 400 Top 2 000 ➔

Dieu fait grâce (hébreu). Voir Yanis. *Caractérologie :* originalité, spiritualité, sagacité, connaissances, résolution.

Iannis
250

Dieu fait grâce (hébreu). Voir Yanis. *Caractérologie :* communication, pragmatisme, optimisme, créativité, détermination.

Iban
2 000 Top 2 000 ↘

Forme basque de Jean : Dieu fait grâce (hébreu). *Caractérologie :* achèvement, vitalité, détermination, ardeur, stratégie.

Ibrahim
22 000 Top 50 ➔

Forme arabe d'Abraham : père des nations (hébreu). *Caractérologie :* paix, bienveillance, conscience, conseil, sagesse.

Ibrahima
3 500 Top 400 ↗

Forme arabe d'Abraham : père des nations (hébreu). *Caractérologie :* connaissances, spiritualité, originalité, sagacité, philosophie.

Ido
- de 30

Son témoin (hébreu). Dans l'Ancien Testament, Ido est le grand-père du prophète Zacharie. *Caractérologie :* innovation, énergie, autorité, autonomie, ambition.

Idris
3 500 Top 500 ➔

Gouverneur impétueux (gallois), ou variante d'Idriss. *Caractérologie :* dynamisme, curiosité, charisme, indépendance, courage.

Idriss
8 500 Top 200 ➔

Études, connaissance (arabe). *Variantes :* Idrissa, Idrisse, Ydris, Ydriss. *Caractérologie :* conseil, bienveillance, paix, conscience, sagesse.

Ifan
- de 30

Dieu fait grâce (hébreu). Variante galloise de Jean. *Caractérologie :* communication, pragmatisme, optimisme, créativité, décision.

Ignace
1 000 ↑

Feu (latin). Masculin français. *Variantes :* Ignaci, Inacio, Ignacy, Ignazio. *Caractérologie :* enthousiasme, pratique, communication, résolution, sympathie.

Igor
3 000

Fils, protection (germanique). Igor est très répandu en Russie, en Italie et dans les pays slaves. On peut estimer que moins de 30 enfants seront prénommés ainsi en 2023. *Caractérologie :* méthode, ténacité, sens du devoir, fiabilité, engagement.

Ilan
14 000 Top 300 ➔

Arbre (hébreu). En dehors de l'Hexagone, Ilan est très répandu en Israël. *Variantes :* Hilan, Ilane, Ilhan, Illan, Ilann. *Caractérologie :* réflexion, altruisme, idéalisme, intégrité, décision.

Ilario

700 ↘

Joyeux (latin). Masculin italien et basque. *Variantes :* Hilari, Hilario, Lari. *Caractérologie :* ambition, autorité, innovation, énergie, analyse.

Ilhan

4 500 Top 500 →

Arbre (hébreu). *Caractérologie :* passion, force, ambition, décision, habileté.

Ilian

5 500 Top 400 →

Ce prénom signifie « le Seigneur est mon Dieu » en hébreu et « qui vient de Dieu » en arabe. Il se rattache, selon toute vraisemblance à Élie, Ilyâs en arabe, reconnu comme prophète dans le judaïsme, le christianisme et l'islam. *Variantes :* Iliane, Iliano, Ylian, Yliane. *Caractérologie :* idéalisme, réflexion, décision, altruisme, intégrité.

Ilias

3 500 Top 2 000 ↘

Ce prénom signifie « le Seigneur est mon Dieu » en hébreu et « qui vient de Dieu » en arabe. Il se rattache, selon toute vraisemblance à Élie, Ilyâs en arabe, reconnu comme prophète dans le judaïsme, le christianisme et l'islam. *Variantes :* Iliass, Iliasse. *Caractérologie :* indépendance, courage, dynamisme, curiosité, charisme.

Ilies

3 500 Top 2 000 ↘

Ce prénom signifie « le Seigneur est mon Dieu » en hébreu et « qui vient de Dieu » en arabe. Il se rattache, selon toute vraisemblance à Élie, Ilyâs en arabe, reconnu comme prophète dans le judaïsme, le christianisme et l'islam. *Variantes :* Iliess, Iliesse. *Caractérologie :* réflexion, idéalisme, altruisme, décision, intégrité.

Ilio

- de 100

Soleil (grec). *Caractérologie :* tolérance, altruisme, rectitude, raisonnement, générosité.

Illan

2 000 Top 300 ↑

Arbre (hébreu), jeunesse (basque). *Caractérologie :* décision, pratique, communication, adaptation, enthousiasme.

Iloan

200 Top 2 000

Lumière (celte). Voir Élouan. *Variantes :* Elouann, Elouen, Elouane. *Caractérologie :* logique, bienveillance, paix, conscience, décision.

Ilyan

8 000 Top 100 ↑

Signifie « le Seigneur est mon Dieu » en hébreu et « qui vient de Dieu » en arabe. Comme pour beaucoup de prénoms sémitiques, il faut chercher ses racines dans les textes sacrés. Il se rattache, selon toute vraisemblance à Élie, Ilyâs en arabe, reconnu comme prophète dans le judaïsme, le christianisme et l'islam. Élie de Tishbé est rentré dans la légende d'Israël en se dressant contre le roi Achab et son épouse Jézabel, qui prônaient le culte du Baal. Virulent combattant de l'idolâtrie, il condamna le couple royal ainsi que son peuple et annonça, en châtiment, une terrible sécheresse. Dans le Coran, il est surnommé El Khader (« le verdoyant ») car il finit, dans sa mansuétude, par faire retomber la pluie après 3 années de famine. Dans les Évangiles, le récit de la Transfiguration le met en scène auprès du Christ et de Moïse. *Caractérologie :* connaissances, sympathie, résolution, sagacité, spiritualité.

Ilyas

7 500 Top 200 →

Voir Ilian. *Variantes :* Ilya, Ilyass, Ilyasse. *Caractérologie :* communication, enthousiasme, pratique, générosité, adaptation.

Ilyes

22 000 Top 100 →

Voir Ilian. *Variantes :* Illies, Illyes, Ilyess, Ilyesse. *Caractérologie :* résolution, savoir, sympathie, méditation, intelligence.

I

Imad
3 000 Top 1 000

Celui qui soutient (arabe). *Variantes :* Imade, Imed. Forme composée : Imad-Eddine. *Caractérologie :* rectitude, générosité, humanité, rêve, tolérance.

Imanol
900 Top 2 000

Forme basque d'Emmanuel : Dieu est avec nous (hébreu). *Caractérologie :* raisonnement, ténacité, audace, indépendance, décision.

Imran
14 000 Top 50

Fleurissant, épanoui (arabe). *Variantes :* Amran, Imrane. *Caractérologie :* autorité, innovation, énergie, ambition, résolution.

Iñaki
350

Feu (latin). *Variante :* Inacio. *Caractérologie :* habileté, ambition, passion, force, décision.

Indiana
- de 100

Divin (latin), nom d'un État américain. Au masculin, ce prénom est apparu en France en 1991, dix ans après le succès retentissant des *Aventuriers de l'Arche perdue* (ou Indiana Jones), film de Steven Spielberg. Masculin anglais. *Caractérologie :* spiritualité, connaissances, originalité, résolution, sagacité.

Indy
180

Forme d'India ou Indiana. Masculin anglais et néerlandais. *Caractérologie :* méditation, intelligence, savoir, indépendance, sagesse.

Innocent
160

Innocent (latin). *Caractérologie :* engagement, ténacité, analyse, méthode, fiabilité.

Ioan
350

Dieu fait grâce (hébreu). Ce prénom est plus particulièrement usité au pays de Galles, en Roumanie et dans les pays slaves. *Variante :* Ioanes. *Caractérologie :* créativité, pragmatisme, communication, optimisme, décision.

Ioen
- de 100

If (celte), bien né, jeune guerrier (vieil irlandais), ou forme galloise de Jean. *Caractérologie :* philosophie, sagacité, connaissances, originalité, spiritualité.

Iolan
- de 30

Aube (grec), violette (latin). *Caractérologie :* raisonnement, conseil, éthique, conscience, volonté.

Ion
170

Dieu fait grâce (hébreu). Masculin roumain et basque. *Caractérologie :* intuition, fidélité, affection, engagement, relationnel.

Iovan
- de 30

Variante d'Ivan : Dieu fait grâce (hébreu). Iovan Iorgovan, l'équivalent d'Hercule dans la mythologie roumaine, est surnommé « fils de Rome » dans les légendes. *Caractérologie :* vivacité, raisonnement, culture, liberté, résolution.

Irénée
900

Paix (grec). Ce prénom mixte est plus courant au masculin. *Caractérologie :* adaptabilité, intuition, médiation, fidélité, relationnel.

Iris
- de 100

Arc-en-ciel (grec). Masculin anglais, néerlandais, grec et scandinave. *Caractérologie :* direction, assurance, audace, indépendance, dynamisme.

Irmin
- de 30

Se rapporte à Irmin, dieu païen (germanique). *Caractérologie :* rectitude, humanité, rêve, ouverture d'esprit, générosité.

I

Isaac

Fête :
20 décembre

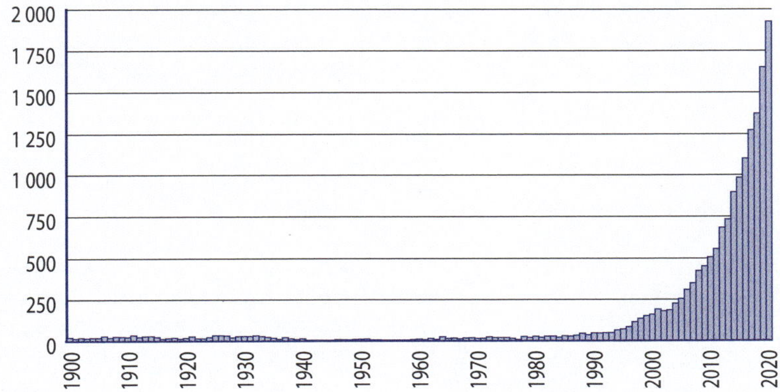

Étymologie

Dans l'Ancien Testament, Isaac est le fils de Sarah et Abraham, premier patriarche du peuple juif. Lorsque Sarah apprend à l'âge de 90 ans qu'elle attend son premier enfant, elle ne peut retenir un rire d'incrédulité, d'où l'origine du prénom Isaac (« rire » en hébreu). Son destin ne fut pourtant pas toujours placé sous le signe de la bonne humeur. En effet, le Livre de la Genèse raconte que Dieu, voulant mettre la foi d'Abraham à l'épreuve, lui demanda d'immoler son fils. Isaac fut épargné *in extremis* par l'Ange qui offrit à sa place un bélier. Le sacrifice de ce fils miraculeux et miraculé inspira les plus grands artistes tels que Rembrandt, Le Caravage ou Chagall.

Considéré comme le deuxième patriarche du peuple juif, Isaac a été très attribué dans les communautés hébraïques du monde entier, mais il a aussi été largement choisi dans les familles protestantes, en France, en Angleterre et aux États-Unis, aux XVIe et XVIIe siècles. En effet, le choix de ce prénom peu donné par les parents catholiques leur permettait de se distinguer et d'affirmer leur foi protestante.

Son engouement actuel dépasse largement les choix communautaires. Car aujourd'hui, les prénoms issus de l'Ancien Testament sont sous les feux de la rampe. Cette mode, venue des États-Unis, a lancé les carrières d'Aaron et Adam. Et voilà qu'aujourd'hui, Isaac semble vouloir réclamer sa part de notoriété. Il faut dire que ces prénoms bibliques cumulent tous les critères du succès. Ils sont courts et apparaissent aux parents, croyants ou non, tant insolites qu'intemporels. Aux États-Unis, Jacob a régné sans partage au 1er rang masculin de 1999 à 2012. Cette tendance anglo-saxonne ferait-elle des émules en France ?

Dans l'Hexagone, l'ascension de ce prénom est exponentielle. De sorte qu'Isaac se trouve aujourd'hui propulsé dans le top 20 français et les 10 premiers rangs parisiens. Cette onde se fait ressentir en Suisse romande (top 20) et au

I

Québec (top 50), et dans une moindre mesure en Belgique francophone (top 70).

Personnes célèbres
Isaac Newton (1642-1727), philosophe et scientifique britannique qui a formulé le premier la théorie de la gravitation universelle et inventé le télescope ; Isaac Asimov (1920-1992), l'un des plus grands écrivains de la littérature de science-fiction ; Isaac Bashevis Singer, prix Nobel de littérature (1902-1991) ; Isaac Stern (1920-2001), célèbre violoniste américain, né en Pologne.

Statistiques
Isaac est le 84e prénom masculin le plus donné en France depuis l'an 2000. Ce prénom est attribué à près d'un garçon sur 150 aujourd'hui.

Irvin
500

Beau (celte). Masculin anglais. *Variantes :* Irvine, Irving, Irwin. *Caractérologie :* altruisme, intégrité, idéalisme, dévouement, réflexion.

Isaac
20 000 Top 50

Rire (hébreu). Dans l'Ancien Testament, Isaac est le fils de Sarah et Abraham. Lorsque Sarah apprend à l'âge de 90 ans qu'elle attend un enfant, elle est secouée d'un petit rire, d'où l'origine (« rire ») du prénom Isaac. En succédant à Abraham, Isaac devient le second grand patriarche d'Israël. Ce prénom a connu une certaine faveur auprès des puritains américains au XVIIe siècle. Il est de longue date attribué dans les cultures juives. *Variantes :* Isa, Isaak, Isac, Izac. *Caractérologie :* éthique, exigence, équilibre, influence, famille.

Isaïe
650 Top 2 000

Dieu est mon salut (hébreu). Prophète de l'Ancien Testament, Ésaïe (ou Isaïe) dénonça les pratiques impies du peuple et du roi Manassé. Il mourut martyr sur l'ordre de ce dernier vers 701. *Variantes :* Isaï, Jesaïa. *Caractérologie :* intelligence, savoir, méditation, indépendance, détermination.

Isandro
- de 30

Défense de l'humanité (grec). *Variantes :* Isandre, Isandro, Ysandro. *Caractérologie :* volonté, intégrité, fiabilité, tolérance, idéalisme.

Isao
350 Top 2 000

Mérite, exploit (japonais). *Caractérologie :* management, ambition, force, passion, habileté.

Isas
- de 30

Celui qui mérite (japonais). *Caractérologie :* pragmatisme, optimisme, créativité, communication, sociabilité.

Ishak
1 800 Top 500

Forme arabe d'Isaac : rire (hébreu). *Caractérologie :* communication, créativité, optimisme, sociabilité, pragmatisme.

Isidore
1 300

Don d'Isis (grec). Masculin anglais et français. *Variantes :* Isidor, Isidoro, Isidro. *Caractérologie :* savoir, intelligence, résolution, méditation, volonté.

Islem
1 900 Top 500

Salut et paix dans la soumission à Dieu (arabe). *Variante :* Islam. *Caractérologie :* méthode, engagement, fiabilité, ténacité, résolution.

Ismaël
23 000 Top 100

Dieu a entendu (hébreu, arabe). Personnage de la Genèse et du Coran,

I

Ismaël est le premier fils d'Abraham. À la demande de son épouse Sarah, qui se croit infertile, Abraham conçoit l'enfant avec Agar, sa servante égyptienne. Mais treize ans plus tard, Sarah et Abraham parviennent à mettre au monde Isaac. Des rivalités surgissent, et pour qu'Isaac n'ait pas à partager son héritage (l'Alliance biblique), Sarah obtient qu'Ismaël et Agar soient chassés. Dieu assure à Abraham qu'il fera d'Ismaël « une grande nation » avant qu'ils soient abandonnés dans le désert. C'est ainsi qu'Ismaël vivra et deviendra l'ancêtre des peuples arabes. Ce prénom est très prisé dans les familles musulmanes ; il est aussi usité dans les familles juives. *Caractérologie :* courage, curiosité, indépendance, dynamisme, détermination.

Ismaïl

9 500 Top 200

Dieu a entendu (hébreu, arabe). Voir Ismaël. *Variantes :* Esmaël, Ismayil, Ismaïla. *Caractérologie :* humanité, rectitude, générosité, ouverture d'esprit, rêve.

Israël

800 Top 2 000

Qui débat avec Dieu (hébreu). *Caractérologie :* autorité, innovation, détermination, énergie, ambition.

Issa

9 000 Top 200

Jésus (arabe), Dieu sauve (hébreu). *Caractérologie :* enthousiasme, communication, pratique, générosité, adaptation.

Issam

6 000 Top 300

Engagement (arabe). *Variantes :* Isam, Issame. *Caractérologie :* savoir, intelligence, indépendance, méditation, sagesse.

Iulian

- de 100

De la famille romaine de Iule (latin). Masculin roumain. *Caractérologie :* inventivité, ténacité, patience, confiance, famille.

Ivan

8 500 Top 700

Dieu fait grâce (hébreu). Ivan est très répandu en Russie et dans les pays slaves. *Variante :* Ivann. *Caractérologie :* décision, vision, assurance, dynamisme, autonomie.

Ivo

190

If (celte). Prénom breton. *Variante :* Yvo. *Caractérologie :* dynamisme, audace, direction, indépendance, assurance.

Iwan

800 Top 2 000

Forme galloise et bretonne de Jean : Dieu fait grâce (hébreu). *Caractérologie :* diplomatie, sociabilité, réceptivité, loyauté, détermination.

Iyad

4 000 Top 300

Soutien (arabe). *Caractérologie :* pratique, communication, enthousiasme, réalisation, adaptation.

Izan

- de 100

Fort, ferme (hébreu). Izan est une forme espagnole moderne d'Ethan. *Caractérologie :* énergie, découverte, originalité, détermination, audace.

J

Jack
8 000 Top 700

Malgré sa ressemblance avec Jacques, Jack est une forme moderne de Jankin, un diminutif de Jean très courant au Moyen Âge dans les pays anglophones. Jack est très en vogue en Angleterre. *Variantes :* Jac, Jacq, Jacmé. *Caractérologie :* sagacité, connaissances, spiritualité, originalité, organisation.

Jacki
1 700

Diminutif de Jack, la forme anglaise de Jacques. On peut estimer que moins de 30 enfants seront prénommés ainsi en 2023. *Caractérologie :* intelligence, indépendance, savoir, méditation, organisation.

Jackie
12 000

Diminutif de Jack, la forme anglaise de Jacques. Masculin anglais et français. On peut estimer que moins de 30 enfants seront prénommés ainsi en 2023. *Caractérologie :* communication, optimisme, pragmatisme, détermination, organisation.

Jackson
850 Top 2 000

Fils de Jacques (vieil anglais). Masculin anglais. *Caractérologie :* énergie, autorité, innovation, ambition, organisation.

Jacky
54 000

Diminutif de Jack, la forme anglaise de Jacques. Masculin anglais et français. On peut estimer que moins de 30 enfants seront prénommés ainsi en 2023. *Caractérologie :* audace, découverte, originalité, énergie, gestion.

Jacob
2 500 Top 400

Supplanter, talonner (hébreu). L'étymologie de Jacob fait référence aux circonstances de sa naissance : la Bible le décrit tenant le talon de son jumeau Ésaü au moment de leur naissance. Ce prénom biblique est établi de longue date dans les cultures juives, mais les puritains ont également alimenté son succès au XVIIe siècle dans les pays anglophones. Héros de la saga américaine *Twilight*, Jacob a trôné sur le palmarès américain dans les années 2000. Il est répandu dans les pays néerlandophones et scandinaves mais peine encore à décoller en France. Fils d'Isaac et de Rébecca dans l'Ancien Testament, Jacob rachète à son frère jumeau Ésaü son droit d'aînesse contre un plat de lentilles. Léa et Rachel, ses épouses successives, mettent au monde les futurs patriarches des 12 tribus d'Israël. *Variantes :* Jacobin, Iacob, Iacov. Forme basque : Jacobe. *Caractérologie :* structure, persévérance, sécurité, organisation, efficacité.

Jacques
229 000 Top 600

Supplanter, talonner (hébreu). Cette forme française de Jacob se propage à la fin du Moyen Âge et devient très usitée jusqu'au XIXe siècle. Jacques se fait plus discret avant de resurgir au début du XXe siècle, s'imposant dans les 10 premiers prénoms de 1926 à 1953. Il est beaucoup plus rare aujourd'hui, mais sa renaissance est à envisager. De son côté, le Jack anglais ne l'a pas attendu pour briller outre-Manche dans les années 1990 et 2000. Jacques de Molay, le dernier grand maître des Templiers, est célèbre pour avoir lancé une malédiction sur les Capétiens avant de périr sur le bûcher à Paris, en 1314. Deux apôtres du Christ, martyrs à Rome au Ier siècle, portèrent ce prénom. Jacques le Majeur et Jacques le Mineur sont respectivement fêtés les 25 juillet et 3 mai. *Variantes :* Jacque, Jacquelin, Jacquemin, Jacquot, Jaques, Jeacques. Forme bretonne : Kou. Variantes irlandaises : Seamus, Shamus. *Caractérologie :* efficacité, structure, persévérance, sécurité, honnêteté.

Jacquie
550

Supplanter, talonner (hébreu). *Variantes :* Jacqui, Jacquies, Jacquis, Jacquit, Jacquy, Jaquy. *Caractérologie :* communication, résolution, pratique, enthousiasme, adaptation.

Jad
4 000 Top 200 ↑

Excellent, généreux (arabe). *Caractérologie :* exigence, responsabilité, influence, équilibre, famille.

Jaden
1 900 Top 500 →

Ce dérivé masculin de Jade, né en France dans les années 2000, désigne une pierre fine de couleur verte. Masculin anglais. *Variante :* Jayden. *Caractérologie :* connaissances, sagacité, originalité, philosophie, spiritualité.

Jaï
- de 30

Victorieux (sanscrit). *Caractérologie :* fidélité, intuition, adaptabilité, médiation, relationnel.

Jaime
750

Supplanter, talonner (hébreu). Ce prénom basque est très répandu dans les pays hispanophones et lusophones. *Variantes :* Jaume, Jayme. *Caractérologie :* loyauté, sociabilité, résolution, diplomatie, réceptivité.

Jaky
550

Supplanter, talonner (hébreu). *Variantes :* Jakes, Jaki, Jakie. Forme bretonne : Jak. *Caractérologie :* médiation, adaptabilité, intuition, fidélité, relationnel.

Jalil
1 500 Top 1 000 ↘

Qui est grand (arabe). *Variantes :* Djelal, Djelali, Djeloul, Djelloul, Jalal, Jalale, Jalel, Jallal, Jelal. *Caractérologie :* ambition, management, force, habileté, passion.

Jamal
3 000 Top 900 ↗

D'une grande beauté physique et morale (arabe). *Variantes :* Jamale, Jamil, Jémil. *Caractérologie :* ambition, autorité, innovation, autonomie, énergie.

Jamel
4 000

D'une grande beauté physique et morale (arabe). On peut estimer que moins de 30 enfants seront prénommés ainsi en 2023. *Caractérologie :* énergie, audace, originalité, découverte, séduction.

James
20 000 Top 200 →

Supplanter, talonner (hébreu). Ce prénom anglais est très répandu dans les pays anglophones. *Variantes :* Jame, Jamie, Jammes. *Caractérologie :* optimisme, communication, créativité, pragmatisme, sociabilité.

Jamie
500 Top 2 000 →

Supplanter, talonner (hébreu). Masculin écossais et anglais. *Variante :* Jaimie. *Caractérologie :* fidélité, relationnel, intuition, décision, médiation.

Jamy
450 →

Supplanter, talonner (hébreu). *Variante :* Jammy. *Caractérologie :* sécurité, structure, efficacité, réalisation, persévérance.

☆ Il est le copain des parents, qui n'ont toujours pas satisfait leur boulimie de savoir, et de leurs enfants, qui ne demandent qu'à comprendre. Grâce à Jamy et ses innombrables épisodes de *C'est pas sorcier*, nous nous sentons tous un peu savants.

Jan
1 400

Dieu fait grâce (hébreu). Masculin allemand, néerlandais, suédois,

J

occitan et provençal. On peut estimer que moins de 30 enfants seront prénommés ainsi en 2023. *Caractérologie :* sagesse, intelligence, savoir, méditation, indépendance.

Janick
1 600

Dieu fait grâce (hébreu). Prénom breton. On peut estimer que moins de 30 enfants seront prénommés ainsi en 2023. *Variantes :* Janic, Janik, Janis, Janssen. *Caractérologie :* détermination, communication, pratique, enthousiasme, organisation.

Janis
450

Dieu fait grâce (hébreu). Masculin anglais. *Caractérologie :* ambition, passion, habileté, détermination, force.

Janvier
- de 100

Correspond au mois de l'année (latin). *Caractérologie :* sagacité, connaissances, originalité, résolution, spiritualité.

Jany
1 300

Dieu fait grâce (hébreu). On peut estimer que moins de 30 enfants seront prénommés ainsi en 2023. *Variante :* Janny. *Caractérologie :* découverte, audace, énergie, séduction, originalité.

Jao
180

Se rapporte au nom d'une divinité inca. Jao est également une variante de Joao (forme portugaise de Jean), et un prénom malgache qui signifie « respecté ». Jao est répandu au Brésil, au Portugal et à Madagascar. *Caractérologie :* ambition, habileté, force, management, passion.

Jarod
3 000 Top 600

Celui qui descendra (hébreu). *Caractérologie :* pragmatisme, créativité, communication, sociabilité, optimisme.

Jasmin
600 Top 2 000

Prénom arabe emprunté au persan signifiant « fleur de jasmin ». En dehors de l'Hexagone, Jasmin est plus particulièrement attribué dans les pays anglophones, germanophones et néerlandophones. *Variantes :* Yasmin, Asmin. *Caractérologie :* pratique, enthousiasme, communication, adaptation, résolution.

Jason
21 000 Top 500

Dieu sauve (hébreu). En tant que variante du Josué qui abrita Saint Paul à Thessalonique, ce prénom a une origine hébraïque (« Dieu sauve »). Mais dans la mythologie grecque, Jason, dont le nom signifie « guérisseur » en grec ancien, est le leader des Argonautes. Ces derniers sont de jeunes héros élevés, comme lui, par le centaure Chiron. Ils accompagneront Jason dans sa conquête de la Toison d'or et du trône. Ce prénom a émergé au XVIIe siècle dans les pays anglophones. Il brillait dans le top 3 américain dans les années 1970 lorsqu'il a émergé en France. Son pic d'attribution date de 1995. *Variante :* Djason. *Caractérologie :* originalité, énergie, découverte, séduction, audace.

Javier
800

Maison neuve (basque). Masculin espagnol, portugais et occitan. *Caractérologie :* réceptivité, diplomatie, sociabilité, loyauté, décision.

Jawad
3 500 Top 700

Celui qui est bon et généreux (arabe). *Variantes :* Djawad, Jawade, Jawed. *Caractérologie :* enthousiasme, communication, adaptation, générosité, pratique.

Jay
300

Victorieux (sanscrit), diminutif anglophone des prénoms commençant par le préfixe « Ja ». *Caractérologie :* humanité, rêve, générosité, ouverture d'esprit, rectitude.

Jayden
4 000 Top 200 ↗

Ce dérivé masculin de Jade, né en France dans les années 2000, désigne une pierre fine de couleur verte. Masculin anglais et néerlandais. *Variante :* Jaiden. *Caractérologie :* dynamisme, réalisation, indépendance, courage, curiosité.

Jayson
3 000 Top 600 →

Dieu sauve (hébreu). *Variantes :* Jaison, Jeason, Jeson, Jeyson. *Caractérologie :* optimisme, pragmatisme, créativité, communication, sociabilité.

Jazz
190

Se rapporte au jazz, style de musique né aux États-Unis à la fin du XIXe siècle. *Caractérologie :* idéalisme, dévouement, intégrité, réflexion, altruisme.

Jean
817 000 Top 200 →

Dieu fait grâce (hébreu). L'apôtre Jean et saint Jean-Baptiste ont, dès le Ier siècle, assuré le succès de Jean. Sa diffusion a été renforcée par les nombreux saints, papes et rois porteurs du nom à différents moments de l'histoire. Jean grandit en Orient avant de se propager en Occident chrétien, où il est très attribué au Moyen Âge. Sous ses différentes graphies (John, Juan, Giovanni, Johannes, Jan, Ivan, etc.), il se maintient tout premier ou presque du XIVe au XIXe siècle. En France, sa prééminence est encore incontestée durant la première partie du XXe siècle, où il règne sans interruption jusqu'à ce que Philippe le détrône en 1959. Il est, aujourd'hui encore, le prénom le plus porté en France. 🔍 Infatigable prêcheur des foules qui s'amassaient sur les rives du Jourdain, Jean le Baptiste (aujourd'hui Jean-Baptiste) baptisa Jésus et de nombreux convertis dans l'eau du fleuve. Il est le patron des Québécois, des cordeliers, des rémouleurs et des tonneliers. *Caractérologie :* adaptation, pratique, générosité, communication, enthousiasme.

Jean-Baptiste
39 000 Top 2 000 ↘

Forme composée de Jean et Baptiste. Fils de Zacharie et d'Élisabeth, Jean naquit en Palestine au Ier siècle. Infatigable prêcheur des foules qui s'amassaient sur les rives du Jourdain, il baptisa Jésus et de nombreux convertis dans l'eau du fleuve, ce qui lui valut le surnom de Jean le Baptiste (aujourd'hui Jean-Baptiste). Il est le patron des Québécois, des cordeliers, des rémouleurs et des tonneliers. Notons que le vrai nom de Molière était Jean-Baptiste Poquelin. *Caractérologie :* audace, énergie, découverte, résolution, originalité.

Jean-Charles
18 000

Forme composée de Jean et Charles. Masculin français. On peut estimer que moins de 30 enfants seront prénommés ainsi en 2023. *Caractérologie :* paix, bienveillance, conseil, conscience, décision.

Jean-Christophe
30 000

Forme composée de Jean et Christophe. Masculin français. On peut estimer que moins de 30 enfants seront prénommés ainsi en 2023. *Caractérologie :* sagacité, spiritualité, connaissances, sensibilité, raisonnement.

Jean-Claude
128 000

Forme composée de Jean et Claude. Masculin français. On peut estimer que moins de 30 enfants seront prénommés ainsi en 2023.

Caractérologie : structure, sécurité, efficacité, persévérance, honnêteté.

Jean-Denis
1 900

Forme composée de Jean et Denis. Masculin français. On peut estimer que moins de 30 enfants seront prénommés ainsi en 2023. *Caractérologie :* humanité, rectitude, rêve, détermination, tolérance.

Jean-François
87 000

Forme composée de Jean et François. Masculin français. On peut estimer que moins de 30 enfants seront prénommés ainsi en 2023. *Caractérologie :* savoir, intelligence, méditation, détermination, raisonnement.

Jean-Gabriel
1 400

Forme composée de Jean et Gabriel. Masculin français. On peut estimer que moins de 30 enfants seront prénommés ainsi en 2023. *Caractérologie :* communication, pratique, enthousiasme, sympathie, résolution.

Jean-Jacques
43 000

Forme composée de Jean et Jacques. Masculin français. On peut estimer que moins de 30 enfants seront prénommés ainsi en 2023. *Caractérologie :* connaissances, spiritualité, sagacité, originalité, philosophie.

Jean-Joseph
1 100

Forme composée de Jean et Joseph. Masculin français. On peut estimer que moins de 30 enfants seront prénommés ainsi en 2023. *Caractérologie :* honnêteté, sécurité, structure, efficacité, persévérance.

Jean-Louis
63 000 ↗

Forme composée de Jean et Louis. Masculin français. *Caractérologie :* sagacité, connaissances, décision, spiritualité, logique.

Jean-Loup
3 000

Forme composée de Jean et Loup. Masculin français. On peut estimer que moins de 30 enfants seront prénommés ainsi en 2023. *Caractérologie :* efficacité, structure, persévérance, sympathie, sécurité.

Jean-Luc
101 000

Forme composée de Jean et Luc. Masculin français. On peut estimer que moins de 30 enfants seront prénommés ainsi en 2023. *Caractérologie :* communication, pratique, enthousiasme, adaptation, générosité.

Jean-Marc
79 000 ↑

Forme composée de Jean et Marc. Masculin français. *Caractérologie :* réceptivité, sociabilité, résolution, diplomatie, loyauté.

Jean-Marie
64 000

Forme composée de Jean et Marie. Masculin français. On peut estimer que moins de 30 enfants seront prénommés ainsi en 2023. *Caractérologie :* engagement, ténacité, méthode, fiabilité, résolution.

Jean-Michel
75 000

Forme composée de Jean et Michel. Masculin français. On peut estimer que moins de 30 enfants seront prénommés ainsi en 2023. *Caractérologie :* stratégie, vitalité, ardeur, décision, achèvement.

Jeannot
1 500

Dieu fait grâce (hébreu). On peut estimer que moins de 30 enfants seront prénommés ainsi en 2023. *Caractérologie :* spiritualité, originalité, sagacité, connaissances, philosophie.

Jean-Pascal
4 500

Forme composée de Jean et Pascal. Masculin français. On peut estimer que

Les prénoms parisiens

La mairie de Paris a publié la liste des prénoms déclarés à l'état civil entre 2004 et 2020 sur son site internet **Open Data Paris**. Ci-dessous le classement des 20 prénoms masculins les plus attribués dans la capitale en 2020.

1. Gabriel
2. Adam
3. Louis
4. Raphaël
5. Arthur
6. Noah
7. Isaac
8. Mohamed
9. Joseph
10. Léon
11. Léo
12. Paul
13. Victor
14. Lucas
15. Gaspard
16. Hugo
17. Alexandre
18. Augustin
19. Sacha
20. Aaron

Depuis 15 ans, Gabriel maintient sa suprématie en occupant la première place. *Fluctuat nec mergitur*, « Il est battu par les flots, mais ne sombre pas », fidèle à la devise de Paris. Louis, Raphaël et Arthur résistent dans cette épreuve d'endurance au sommet. Adam garde ses chances. Certes, l'écart se creuse avec son rival si l'on considère *stricto sensu* le nombre de naissances. Cependant, il pourrait encore s'engouffrer dans la brèche, porté par la déferlante et insistante vague des prénoms bibliques.

Car, cette année encore, les prénoms de l'Ancien Testament confirment leur hégémonie. En témoignent Gabriel, Adam et Raphaël, bien ancrés dans le top 5 parisien. Aaron, Isaac et Noah, en pleine recrudescence, viennent leur prêter main forte. Courts et intemporels, ces prénoms sont des valeurs sûres pour les parents, croyants ou non, car ils sont chargés d'histoire.

Paris est également une belle mosaïque. Mohamed, marqueur identitaire des familles musulmanes, est mieux placé dans la capitale (8e rang) qu'en province.

Une soif de nouveaux horizons transparaît également dans le triomphe des choix internationaux. Alexandre, Arthur et Victor sont de vrais prénoms voyageurs qui évoluent sur plusieurs continents. Mais comme toujours, la capitale est sélective. Liam, l'étendard des sonorités irlandaises en France, a été admis au palmarès parisien en 2017, mais il n'a tenu qu'un an.

L'engouement pour le rétro, précurseur à Paris, a lancé la carrière nationale d'Augustin ou Joseph, mais les tendances nationales influencent également les choix de la capitale. Quand les provinciaux catapultent Léo vers les sommets, les Parisiens lui préfèrent l'intemporel Léon. De là à penser que toute star nationale puisse rayonner dans la Ville Lumière, il y a un pas que nous ne franchirons pas. Comme disait un certain Sacha Guitry : « Être parisien, ce n'est pas être né à Paris, c'est y renaître. » D'ailleurs, le vivier des prénoms désuets semble se renouveler. Si Basile a déjà lassé, Gaspard prend la relève. Auguste et Côme, embusqués dans le top 30, attendent le signal.

Restent les prénoms rétro ou de saints (Louis, Paul, Augustin, Victor) qui font florès parce qu'ils sont classiques et ont une valeur distinctive.

En 2023, certains prénoms préparent leur entrée probable dans l'élite. Noé et Ismaël nous promettent un avenir messianique.

moins de 30 enfants seront prénommés ainsi en 2023. *Caractérologie :* indépendance, audace, direction, dynamisme, bonté.

Jean-Patrick
2 000

Forme composée de Jean et Patrick. Masculin français. On peut estimer que moins de 30 enfants seront prénommés ainsi en 2023. *Caractérologie :* intégrité, décision, cœur, idéalisme, altruisme.

Jean-Paul
69 000

Forme composée de Jean et Paul. Masculin français. On peut estimer que moins de 30 enfants seront prénommés ainsi en 2023. *Caractérologie :* ambition, passion, force, habileté, bonté.

Jean-Philippe
43 000

Forme composée de Jean et Philippe. Masculin français. On peut estimer que moins de 30 enfants seront prénommés ainsi en 2023. *Caractérologie :* structure, persévérance, sécurité, sympathie, ressort.

Jean-Pierre
163 000

Forme composée de Jean et Pierre. Jean-Pierre a brillé dans le top 20 français au milieu des années 1940, alors que la forme composée connaissait son âge d'or. Jean-Pierre est aujourd'hui le prénom composé le plus porté en France. On peut estimer que moins de 30 enfants seront prénommés ainsi en 2023. *Caractérologie :* relationnel, fidélité, intuition, médiation, décision.

Jean-Sébastien
5 000

Forme composée de Jean et Sébastien. Masculin français. On peut estimer que moins de 30 enfants seront prénommés ainsi en 2023. *Caractérologie :* méditation, savoir, intelligence, indépendance, décision.

Jean-Yves
32 000

Forme composée de Jean et Yves. Masculin français. On peut estimer que moins de 30 enfants seront prénommés ainsi en 2023. *Caractérologie :* diplomatie, sociabilité, réceptivité, loyauté, réalisation.

Jeff
1 500

La paix de Dieu (germanique). Masculin anglais. On peut estimer que moins de 30 enfants seront prénommés ainsi en 2023. *Variante :* Jef. *Caractérologie :* humanité, générosité, rectitude, rêve, tolérance.

Jefferson
1 600 Top 2 000

Fils de Jeffrey (anglais). Patronyme porté par Thomas Jefferson, le deuxième président des États-Unis. *Caractérologie :* vitalité, achèvement, ardeur, stratégie, décision.

Jeffrey
2 500 Top 2 000

La paix de Dieu (germanique). *Variante :* Jeffry. *Caractérologie :* communication, pratique, enthousiasme, adaptation, décision.

Jehan
750

Dieu fait grâce (hébreu). Masculin français. *Caractérologie :* intuition, relationnel, médiation, adaptabilité, fidélité.

Jeoffrey
1 100

La paix de Dieu (germanique). On peut estimer que moins de 30 enfants seront prénommés ainsi en 2023. *Variante :* Jeoffray. *Caractérologie :* humanité, rectitude, rêve, ouverture d'esprit, décision.

Jérémi
1 300

Dieu élève (hébreu). Masculin hongrois. On peut estimer que moins de 30 enfants seront prénommés ainsi en 2023. *Variantes :* Gérémie, Gérémy, Gérémi, Jéremiah, Jérémias. *Caractérologie :* résolution, responsabilité, famille, influence, équilibre.

Jérémie

30 000 Top 900

Dieu élève (hébreu). Peu attribué par le passé, ce prénom biblique connaît une certaine faveur à la fin des années 1980. Il rencontre toutefois moins de succès que la forme anglophone Jeremy et se trouve quatre fois moins porté qu'elle dans l'Hexagone. Personnage biblique, Jérémie est l'un des trois grands prophètes d'Israël. Il demande à son peuple d'accepter la domination babylonienne comme une épreuve sous peine d'être châtié par Yahvé. Mais il est rejeté par le peuple, et ses oracles se concrétisent lorsque la ville de Jérusalem et le Temple sont détruits. L'immense peine de Jérémie est décrite dans les *Lamentations* de Jérémie (celles-là mêmes qui ont façonné le terme de jérémiades mentionnées dans l'Ancien Testament). *Caractérologie :* relationnel, médiation, intuition, résolution, fidélité.

Jérémy

132 000 Top 800

Dieu élève (hébreu). Ce prénom biblique est massivement choisi par les protestants anglais puis américains au XVIIe siècle. Il est très fréquent dans le monde anglophone lorsqu'il apparaît en France dans les années 1960. Son succès rapide lui permet d'éclipser la forme française Jérémie et de bondir au 4e rang masculin en 1987. Malgré son repli subséquent, il est, aujourd'hui encore, un prénom de choix. *Caractérologie :* structure, persévérance, détermination, sécurité, réalisation.

Jérôme

196 000

Nom sacré (grec). Au Ve siècle, saint Jérôme traduisit de l'hébreu en latin une grande partie de la Bible. Malgré cette production titanesque, le nom du patron des traducteurs inspira peu de parents avant le XIXe siècle. Après avoir fait de timides percées outre-Manche, Jérôme s'élance finalement en France. On le trouve au 6e rang à son point culminant, en 1974, avant son reflux accéléré à la fin du siècle. Il n'est pas apparenté à Jérémy mais a peut-être, par ses premières lettres en commun, favorisé l'essor de ce dernier. On peut estimer que moins de 30 enfants seront prénommés ainsi en 2023. *Variantes :* Gérôme, Géronimo, Girolamo, Jeroen, Jéronime, Jéronimo, Yerom. Forme basque : Jerolin. *Caractérologie :* communication, enthousiasme, volonté, pratique, résolution.

Jerry

1 500

Nom sacré (grec). Masculin anglais. On peut estimer que moins de 30 enfants seront prénommés ainsi en 2023. *Caractérologie :* fiabilité, résolution, méthode, ténacité, engagement.

Jesse

1 200 Top 2 000

Un présent (hébreu). Jesse est plus particulièrement répandu en Finlande, dans les pays anglophones et aux Pays-Bas. *Variante :* Jess. *Caractérologie :* méthode, fiabilité, ténacité, sens du devoir, engagement.

Jessim

3 500 Top 300

Grand, majestueux (arabe). *Variante :* Jassim. *Caractérologie :* adaptation, communication, pratique, enthousiasme, résolution.

Jessy

13 000 Top 600

Un présent (hébreu). Jessy est très répandu dans les pays anglophones. *Variantes :* Djessy, Jessi. *Caractérologie :* équilibre, responsabilité, famille, influence, exigence.

J

Jésus
1 600

Dieu sauve (hébreu). Ce prénom biblique est très peu répandu en dehors de l'Espagne et du Portugal. On peut estimer que moins de 30 enfants seront prénommés ainsi en 2023. *Caractérologie :* loyauté, réceptivité, diplomatie, sociabilité, bonté.

Jibriel
- de 30

Contraction de Jibril et Gabriel. *Caractérologie :* détermination, diplomatie, organisation, sociabilité, réceptivité.

Jibril
3 500 Top 400

Forme arabe de Gabriel : force de Dieu (hébreu). Voir Djibril. *Variantes :* Gebril, Gibril, Jebril. *Caractérologie :* conseil, bienveillance, organisation, conscience, sagesse.

Jilani
190

Nom du fondateur de la Qadiriya, branche soufie de l'islam créée au XIe siècle en Iraq. *Caractérologie :* dynamisme, direction, détermination, indépendance, assurance.

J

Jillian
200

De la famille romaine de Iule (latin). Masculin anglais. *Variante :* Jilian. *Caractérologie :* structure, efficacité, persévérance, détermination, sécurité.

Jim
2 500 Top 2 000

Supplanter, talonner (hébreu). Masculin anglais. *Variante :* Gim. *Caractérologie :* dynamisme, curiosité, courage, charisme, indépendance.

Jimmy
35 000 Top 700

Supplanter, talonner (hébreu). Jimmy est très répandu dans les pays anglophones. *Variantes :* Djimmy, Gimmy, Jimi, Jimy. *Caractérologie :* sagacité, spiritualité, connaissances, réalisation, originalité.

Joachim
10 000 Top 400

Dieu a établi (hébreu). Roi de Juda au VIe siècle, Joachim complota avec les Égyptiens contre le protectorat babylonien dirigé par Nabuchodonosor. *Variantes :* Akim, Kimo, Joachin, Joackim, Joakim, Joakin, Jochim, Johakim. *Caractérologie :* indépendance, curiosité, analyse, dynamisme, courage.

Joakim
1 600 Top 2 000

Dieu a établi (hébreu). Masculin scandinave, serbe et macédonien. *Caractérologie :* audace, originalité, énergie, séduction, découverte.

Joan
7 000 Top 700

Dieu fait grâce (hébreu). Voir Joan au féminin. Masculin catalan et occitan. *Caractérologie :* sens du devoir, engagement, méthode, ténacité, fiabilité.

Joanis
- de 100

Dieu fait grâce (hébreu). *Variante :* Joannis. *Caractérologie :* curiosité, dynamisme, indépendance, courage, détermination.

Joannes
650

Dieu fait grâce (hébreu). Joannes est assez répandu dans les cultures néerlandophones. Formes basques : Joanes, Joanko. *Caractérologie :* conscience, paix, conseil, sagesse, bienveillance.

Joanny
800

Dieu fait grâce (hébreu). *Variantes :* Joannet, Joanni, Joannic, Joannick, Joannin, Joanis, Joannis, Joany. *Caractérologie :* sagesse, méditation, indépendance, savoir, intelligence.

Joao
4 000 Top 800

Dieu fait grâce (hébreu). João est très répandu au Brésil et au Portugal.

Caractérologie : originalité, énergie, découverte, séduction, audace.

Joaquim
4 500 Top 600 ➔

Dieu a établi (hébreu). Joaquim est très répandu au Portugal. *Caractérologie :* dynamisme, curiosité, courage, indépendance, logique.

Joaquin
1 000 Top 2 000 ↘

Dieu a établi (hébreu). Roi de Juda au VIe siècle, Joachim complota avec les Égyptiens contre le protectorat babylonien dirigé par Nabuchodonosor. *Variantes :* Akim, Kimo, Joachin, Joackim, Joakim, Joakin, Jochim, Johakim. *Caractérologie :* bienveillance, conscience, paix, détermination, raisonnement.

Joas
130

Supplanter, talonner (hébreu). *Caractérologie :* altruisme, intégrité, réflexion, idéalisme, dévouement.

Jocelin
650

Étymologie possible : doux prince (germanique). *Caractérologie :* audace, découverte, énergie, analyse, résolution.

Jocelyn
11 000

Étymologie possible : doux prince (germanique). Masculin français et anglais. Fils de Judaël, le roi de Domnonée, saint Josse refusa la couronne pour se consacrer à la vie monastique au VIIe siècle. Voir Judicaël. On peut estimer que moins de 30 enfants seront prénommés ainsi en 2023. *Variantes :* Jocelin, Joscelyn. *Caractérologie :* adaptation, pratique, communication, amitié, enthousiasme.

Jody
250

Diminutif anglophone de Joseph. Masculin anglais. *Caractérologie :* réalisation, humanité, ouverture d'esprit, rêve, rectitude.

Joé
2 500 Top 2 000 ↘

Diminutif des prénoms formés avec Jo. Masculin anglais. *Caractérologie :* optimisme, communication, pragmatisme, créativité, sociabilité.

Joël
119 000 Top 900 ➔

Dieu est Dieu (hébreu). Joël est l'un des 12 « petits prophètes » de l'Ancien Testament. Il convainquit le peuple de se repentir de son éloignement de Dieu. Cette pénitence fit cesser la sécheresse et l'invasion de sauterelles qu'il avait prophétisées. Ce prénom français est répandu dans les cultures néerlandophones. *Caractérologie :* famille, éthique, influence, équilibre, exigence.

Joévin
300

Jupiter, jeune (latin). *Caractérologie :* pragmatisme, optimisme, décision, communication, caractère.

Joey
3 000 Top 900 ↘

Diminutif anglophone des prénoms formés avec Jo. *Caractérologie :* audace, dynamisme, direction, indépendance, assurance.

Joffrey
7 500

La paix de Dieu (germanique). Masculin français. On peut estimer que moins de 30 enfants seront prénommés ainsi en 2023. *Variantes :* Joeffrey, Jofrey, Joffray, Joffre. *Caractérologie :* structure, persévérance, efficacité, sécurité, résolution.

Johan
34 000 Top 300 ↘

Dieu fait grâce (hébreu). En dehors de l'Hexagone, Johan est très répandu en Allemagne, dans les pays scandinaves et néerlandophones. Il est aussi un prénom traditionnel en Alsace et dans le Pays basque. *Variante :* Johane. *Caractérologie :* pratique, enthousiasme, communication, adaptation, générosité.

Johann

19 000 Top 800

Dieu fait grâce (hébreu). En dehors de l'Hexagone, Johann est très répandu en Allemagne. *Caractérologie :* force, ambition, habileté, passion, management.

Johannes

650

Dieu fait grâce (hébreu). Johannes est plus particulièrement usité en Allemagne, dans les pays néerlandophones et scandinaves. *Variantes :* Johanes, Johanne, Johannis, Johanny, Johany. *Caractérologie :* curiosité, courage, dynamisme, charisme, indépendance.

John

13 000 Top 2 000

Dieu fait grâce (hébreu). Si la conquête normande de Guillaume le Conquérant amène Johan en Angleterre au XIe siècle, c'est la variante John qui s'imposera outre-Manche et dans les pays anglophones, où John se maintiendra parmi les prénoms masculins les plus attribués jusqu'au milieu du XXe siècle. *Caractérologie :* intuition, médiation, relationnel, fidélité, adaptabilité.

Johnny

15 000

Dieu fait grâce (hébreu). Masculin anglais. On peut estimer que moins de 30 enfants seront prénommés ainsi en 2023. *Variante :* Johny. *Caractérologie :* énergie, originalité, découverte, audace, séduction.

Jolan

2 000 Top 2 000

Vallée aux chênes morts (amérindien), variante de Yolan. *Caractérologie :* connaissances, spiritualité, sagacité, originalité, philosophie.

Jon

850 Top 2 000

Dieu fait grâce (hébreu). Dans l'Hexagone, Jon est plus traditionnellement usité au Pays basque. *Caractérologie :* communication, pratique, enthousiasme, adaptation, générosité.

Jonaël

250

Contraction de Jonas et Joël. *Caractérologie :* communication, pragmatisme, optimisme, créativité, sociabilité.

Jonas

9 000 Top 300

Colombe (hébreu). Grâce à la popularité de l'histoire de Jonas dans la Bible, ce prénom, sous ses différentes formes, est connu dès le Moyen Âge dans la chrétienté. Il devient plus fréquent au XVIIe siècle grâce aux puritains anglophones qui le choisissent massivement. Jonas est bien rare en France jusqu'à son apparition dans les années 1970, et grandit lentement depuis. Il est plus particulièrement répandu dans les pays anglo-saxons, scandinaves et néerlandophones aujourd'hui. Jonas est un personnage de l'Ancien Testament. Le Coran lui consacre également un chapitre dans la sourate Yunus. Lorsque Dieu ordonne à Jonas de convertir la ville païenne de Ninive, il fuit sa mission en s'embarquant sur un bateau. Mais un violent orage éclate et l'équipage doit jeter Jonas par-dessus bord afin d'apaiser la colère divine. Avalé par une baleine, Jonas se repent et accepte son mandat. L'ordre religieux est promptement rétabli à Ninive et Dieu épargne la ville de ses châtiments. Maints peintres et artistes ont immortalisé ces scènes bibliques. *Variantes :* Jonah, Yonas. *Caractérologie :* découverte, énergie, audace, séduction, originalité.

Jonathan

104 000 Top 500

Dieu a donné (hébreu). Ce prénom biblique s'est propagé dans les pays anglophones à partir du XVIIe siècle, mais il est longtemps resté inconnu en France. Au début des années 1960, avant son jaillissement, il ne

prénomme qu'une poignée de Français chaque année. Qui aurait imaginé qu'il s'élève au 5e rang masculin en l'espace de 15 ans ? Son repli se poursuit aujourd'hui et ne l'a pas fait disparaître. Jonathan est très répandu dans les pays anglophones, germanophones, néerlandophones et scandinaves.
Dans l'Ancien Testament, Jonathan, le fils du roi Saül, est le jeune officier qui repousse l'armée ennemie en tuant le général des Philistins. Son courage, sa générosité et son intelligence sont légendaires. *Variantes :* Janathan, Johnatan, Johnathan, Jonatan, Jonathane, Jonathann, Jonnathan. *Caractérologie :* intuition, médiation, fidélité, finesse, relationnel.

Jonel
- de 30

Dieu fait grâce (hébreu). *Caractérologie :* intuition, relationnel, médiation, fidélité, adaptabilité.

Joram
- de 100

Labourer le sol (grec). *Caractérologie :* optimisme, communication, adaptation, pragmatisme, art.

Joran
700

Labourer le sol (grec). Joran est plus particulièrement usité dans les pays scandinaves et en Bretagne. *Caractérologie :* structure, sécurité, efficacité, persévérance, décision.

Jordan
55 000 Top 500

Descendre (hébreu). Nom anglais désignant le fleuve (Jourdain) dans lequel Jésus-Christ a été baptisé par saint Jean-Baptiste. Ce prénom répandu dans les pays anglophones a connu un pic de popularité en Occitanie dans les années 1990. *Variantes :* Djordan, Jourdain. *Caractérologie :* décision, ambition, force, caractère, habileté.

Jordane
3 000

Descendre (hébreu). On peut estimer que moins de 30 enfants seront prénommés ainsi en 2023. *Variantes :* Djordan, Jordann, Jordhan. *Caractérologie :* persévérance, structure, sécurité, décision, caractère.

Jordi
1 400

Labourer le sol (grec). Dans l'Hexagone, ce prénom catalan est plus traditionnellement usité en Occitanie. On peut estimer que moins de 30 enfants seront prénommés ainsi en 2023. *Variante :* Jorgi. *Caractérologie :* diplomatie, sociabilité, réceptivité, loyauté, bonté.

Jordy
3 000

Labourer le sol (grec). On peut estimer que moins de 30 enfants seront prénommés ainsi en 2023. *Caractérologie :* humanité, rectitude, rêve, ouverture d'esprit, réussite.

Jorge
2 500

Labourer le sol (grec). Jorge est très répandu dans les pays hispanophones et lusophones. On peut estimer que moins de 30 enfants seront prénommés ainsi en 2023. *Caractérologie :* innovation, énergie, autorité, décision, ambition.

Joris
16 000 Top 1 000

Forme néerlandaise de Georges : labourer le sol (grec). Cette forme néerlandaise de Georges est répandue aux Pays-Bas. *Variantes :* Jauris, Jorick, Jorris, Jory, Jorys. *Caractérologie :* ambition, force, habileté, management, passion.

José
48 000 Top 800

Dieu ajoutera (hébreu). En dehors de l'Hexagone, José est très répandu dans les pays hispanophones et lusophones. *Caractérologie :* méthode, fiabilité, sens du devoir, ténacité, engagement.

J

Joseph
99 000 Top 100

Dieu ajoutera (hébreu). Dans l'Ancien Testament, Joseph, le fils préféré de Jacob, est vendu comme esclave par ses frères jaloux. Malgré sa nouvelle condition, Joseph, qui a le don d'interpréter les rêves, est remarqué par le pharaon. Il le nomme gouverneur, ce qui épargne la famine aux Égyptiens. Plus tard, Joseph pardonne à ses frères et renoue avec sa famille. L'islam considère Joseph (Youssef) comme un prophète et lui consacre une sourate. Enfin, dans le Nouveau Testament, Joseph est l'époux de Marie de Nazareth et le père nourricier de Jésus-Christ. C'est surtout à partir de la Réforme protestante, propice à l'expansion des prénoms de l'Ancien Testament, que Joseph devient courant. Les puritains anglophones le diffusent sur les terres anglo-saxonnes, et plusieurs souverains européens marqueront ce prénom d'un sceau royal (Joseph I et II, empereurs d'Autriche, Joseph Bonaparte, Roi de Naples puis d'Espagne). Joseph fait fi des frontières et des modes grâce à ses nombreuses graphies (José, Giuseppe, Iosef, Youssef et Josep). En France, il monopolise les premiers rangs de la deuxième moitié du XIXe siècle aux années 1900, puis s'éclipse pour mieux revenir à Paris et dans le top 100 national dans les années 2000. *Variantes :* Josef, Josèphe, Josephus. *Caractérologie :* autorité, innovation, énergie, ambition, autonomie.

Joséphin
- de 30

Dieu ajoutera (hébreu). *Caractérologie :* paix, conscience, bienveillance, détermination, action.

Joshua
11 000 Top 300

Dieu aidera (hébreu). Cette forme anglophone de Josué est très répandue dans les pays anglo-saxons, notamment aux États-Unis. Elle est également populaire dans les cultures juives anglophones. Voir Josué. *Variantes :* Josh, Josiah, Jossua, Josua, Josuah, Josuha. *Caractérologie :* sociabilité, réceptivité, loyauté, bonté, diplomatie.

Josian
1 300

Dieu ajoutera (hébreu). Dans l'Hexagone, Josian est plus traditionnellement usité au Pays basque. On peut estimer que moins de 30 enfants seront prénommés ainsi en 2023. *Caractérologie :* dynamisme, indépendance, curiosité, courage, résolution.

Josias
400

Dieu me soutient (hébreu). *Caractérologie :* autorité, innovation, autonomie, ambition, énergie.

Josse
350

Étymologie possible : doux prince (germanique). Fils de Judaël, le roi de Domnonée, saint Josse refusa la couronne pour se consacrer à la vie monastique au VIIe siècle. Josse est un prénom breton. *Variante :* Joss. *Caractérologie :* dynamisme, curiosité, indépendance, courage, charisme.

Josselin
5 500

Étymologie possible : doux prince (germanique). Masculin français et breton. On peut estimer que moins de 30 enfants seront prénommés ainsi en 2023. *Variantes :* Josselyn, Judoc. *Caractérologie :* analyse, structure, persévérance, résolution, sécurité.

Josselyn
350

Étymologie possible : doux prince (germanique). *Caractérologie :* relationnel, médiation, fidélité, sympathie, intuition.

Josserand
- de 100

Se rapporte à Gauz, divinité teutonne (germanique). *Caractérologie :* équilibre,

J

Jules

Fête :
12 avril

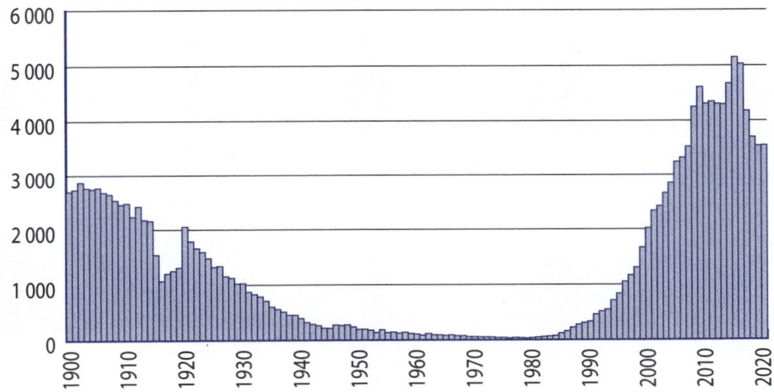

Étymologie

Conformément à ses origines latines, Jules se rapporte à la grande famille romaine de Iule. Usité du temps de Rome à nos jours, ce prénom français a connu des pics de popularité à la Renaissance et au XIXe siècle. Au plus bas de ses attributions dans les années 1970, il est menacé de disparition. Mais le déclin de Julien et la vague des prénoms rétro le font resurgir dans le top 10 français en 2008. Il y prend toutes ses aises encore aujourd'hui.

En dehors de l'Hexagone, ce prénom s'est répandu dans les pays anglophones et aux Pays-Bas à partir de la fin du XIXe siècle. S'il se distingue en Wallonie et Romandie, il reste éclipsé par Julian dans de nombreux pays occidentaux.

Dans l'histoire

Brillant homme d'État romain, **Jules César** (101-44 avant J.-C.) conquit la Gaule et repoussa les frontières de son empire jusqu'au Rhin. Peu après avoir été nommé consul et dictateur à vie, il fut assassiné par des conspirateurs en plein Sénat. C'est Brutus, son protégé, qui l'acheva du 23e et ultime coup de poignard.

Saint Jules est le premier pape romain qui choisit ce prénom au IVe siècle. Durant sa papauté, il fit construire de nombreuses églises à Rome et établit la primauté de la capitale italienne sur les autres Églises.

Jules II, le pape qui succéda à Pie III en 1503, restaura la puissance politique des papes en Italie.

Personnes célèbres

Jules Verne, écrivain français (1828-1905), laisse à la postérité *Vingt Mille Lieues sous les mers*, *L'Île mystérieuse* et *Le Tour du monde en quatre-vingts jours*, romans parus dans les années 1870. Jules Renard, écrivain français (1864-1910), est particulièrement célèbre pour sa nouvelle *Poil de carotte*.

Statistiques

Jules est le 12e prénom masculin le plus donné en France depuis l'an 2000. Il est attribué à près d'un garçon sur 100 aujourd'hui.

J

résolution, famille, responsabilité, volonté.

Josué
4 000 Top 900

Dieu aidera (hébreu). Dans l'Ancien Testament, Josué, le successeur de Moïse, guide les Hébreux vers la Terre promise. On rencontre plus souvent ce prénom rare dans les cultures juives francophones. *Variante :* Jossué. *Caractérologie :* indépendance, intelligence, savoir, méditation, sagesse.

Jovan
450

Jupiter, jeune (latin). Dans l'Hexagone, Jovan est plus traditionnellement usité en Bretagne. *Caractérologie :* passion, volonté, habileté, ambition, force.

Joyce
550

Allégresse (latin). Masculin anglais. *Caractérologie :* ténacité, méthode, engagement, fiabilité, bonté.

Juan
8 000 Top 700

Dieu fait grâce (hébreu). Masculin espagnol. *Caractérologie :* autorité, innovation, énergie, autonomie, ambition.

J

Juanito
500

Dieu fait grâce (hébreu). Masculin espagnol. *Caractérologie :* humanité, rêve, détermination, raisonnement, rectitude.

Jude
1 400 Top 700

Loué, félicité (hébreu). Masculin anglais. *Caractérologie :* ténacité, engagement, méthode, fiabilité, sens du devoir.

Judicaël
2 500

Seigneur généreux (celte). Fils aîné de Judaël, le roi de Domnonée, saint Judicaël refusa la couronne et se retira dans le monastère de Gaël. Il dut cependant monter sur le trône lorsque son frère (saint Josse) déclina ce même honneur. Roi des Bretons malgré lui, saint Judicaël gouverna avec sagesse pendant 20 ans. *Variantes :* Jekel, Jezekael, Jikael, Jikel, Judikael. *Caractérologie :* relationnel, intuition, fidélité, médiation, résolution.

Julen
650 Top 2 000

De la famille romaine de Iule (latin). Prénom basque. *Caractérologie :* stratégie, vitalité, leadership, ardeur, achèvement.

Jules
101 000 Top 50

De la famille romaine de Iule (latin). *Caractérologie :* engagement, fiabilité, méthode, ténacité, sens du devoir.

Julian
18 000 Top 200

De la famille romaine de Iule (latin). Julian est très répandu dans les pays anglophones, hispanophones et néerlandophones. Dans l'Hexagone, il est plus particulièrement attribué en Occitanie et au Pays basque. *Caractérologie :* ténacité, décision, méthode, engagement, fiabilité.

Julien
292 000 Top 400

De la famille romaine de Iule (latin). Encore très méconnu au XIXe siècle, Julien aurait pu rester invisible si Stendhal n'en avait pas fait le héros de son roman *Le Rouge et le Noir*. Un saint légendaire inspira également Gustave Flaubert dans *La Légende de saint Julien l'Hospitalier*, paru en 1877. Mais malgré ces percées littéraires, Julien reste dans l'ombre de Jules dont il est dérivé. Il y restera jusqu'au XXe siècle, où sa glorieuse carrière est comparable à celle de Julian dans les pays anglophones et hispanophones. Julien brille dans les 3 premiers rangs français, de 1979 à 1990, avant de décliner. *Variantes :* Juliann, Juliano, Jullian, Jullien.

Caractérologie : ambition, force, passion, habileté, détermination.

Julio
2 000 Top 700

De la famille romaine de Iule (latin). Julio est très répandu dans les pays hispanophones et lusophones. C'est également un choix traditionnel occitan. *Variante :* Giulio. *Caractérologie :* efficacité, persévérance, raisonnement, sécurité, structure.

Julius
350

De la famille romaine de Iule (latin). *Caractérologie :* réceptivité, loyauté, sociabilité, bonté, diplomatie.

Junien
- de 30

Mois de juin (latin). *Variantes :* Jun, Junian. *Caractérologie :* autorité, énergie, innovation, ambition, détermination.

Junior
1 700 Top 600

Jeunesse (latin). *Variante :* Juvenal. *Caractérologie :* bienveillance, détermination, paix, raisonnement, conscience.

Juste
140

Juste (latin). *Variante :* Just. *Caractérologie :* communication, enthousiasme, pratique, organisation, adaptation.

Justin
13 000 Top 400

Juste (latin). Justin est répandu dans les pays anglophones et aux Pays-Bas. Dans l'Hexagone, il est plus traditionnellement usité en Occitanie. *Variantes :* Justinian, Justinien, Justino, Justo, Justyn, Tin. Forme bretonne : Jestin. *Caractérologie :* pragmatisme, optimisme, organisation, résolution, communication.

K

Kaan
1 400 Top 800

Celui qui gouverne (turc). *Caractérologie :* réflexion, idéalisme, altruisme, intégrité, dévouement.

Kader
1 600

Riche, puissant (arabe). On peut estimer que moins de 30 enfants seront prénommés ainsi en 2023. *Variantes :* Kada, Kadda, Kadder. *Caractérologie :* optimisme, pragmatisme, créativité, communication, décision.

Kadir
950

Riche, puissant (arabe). *Caractérologie :* philosophie, connaissances, originalité, sagacité, spiritualité.

Kael
750 Top 900

Seigneur généreux (celte). *Caractérologie :* réceptivité, diplomatie, sociabilité, loyauté, organisation.

Kaelig
500

Seigneur généreux (celte). Prénom breton. *Caractérologie :* altruisme, détermination, intégrité, idéalisme, bonté.

Kahil
1 100 Top 600

Ami, confident (arabe). *Variante :* Kaïl. *Caractérologie :* altruisme, organisation, intégrité, dévouement, réflexion.

Kaï
190

Mer (hawaïen), terre (japonais), variante galloise de Caius, et diminutif masculin moderne de Catherine. L'éventuelle origine scandinave de

Kai reste à démontrer. *Caractérologie :* pragmatisme, sociabilité, optimisme, créativité, communication.

Kaïs
18 000 Top 100

Fierté (arabe). *Variantes :* Caïs, Caïss, Kaïss, Kays. *Caractérologie :* méthode, ténacité, fiabilité, engagement, sens du devoir.

Kalvin
1 700 Top 2 000

Chauve (latin). *Caractérologie :* paix, conscience, bienveillance, organisation, détermination.

Kamel
13 000 Top 2 000

Parfait, achevé (arabe). Ce prénom est particulièrement répandu dans les cultures musulmanes francophones. *Variantes :* Camal, Camel, Kamal, Kamale, Kamil, Kemal, Kemel, Kemil. *Caractérologie :* famille, responsabilité, influence, équilibre, organisation.

Kan
- de 30

Forme bretonne de Candice : d'un blanc éclatant (latin). *Caractérologie :* leadership, vitalité, achèvement, ardeur, stratégie.

K

Kane
- de 30

Bataille (celte), beau (gallois), homme, ciel de l'est (hawaïen), argent, cloche (japonais). *Caractérologie :* efficacité, persévérance, structure, sécurité, honnêteté.

Karan
110

Instrument de musique (sanscrit), parent (vieux breton). *Variante :* Karanteg. *Caractérologie :* décision, idéalisme, altruisme, réflexion, intégrité.

Karel
800 Top 2 000

Pur (grec). Karel est plus particulièrement répandu dans les régions néerlandophones et en Tchéquie. *Caractérologie :* diplomatie, réceptivité, sociabilité, gestion, décision.

Karim
37 000 Top 400

Bien né, généreux (arabe). Ce prénom est particulièrement répandu dans les cultures musulmanes francophones. *Variantes :* Carim, Karam, Karem, Karime, Karym. *Caractérologie :* originalité, spiritualité, connaissances, philosophie, sagacité.

Karl
10 000 Top 600

Force (germanique). Karl est répandu en Allemagne. C'est aussi un choix traditionnel flamand. *Variantes :* Karlo, Karlos. *Caractérologie :* éthique, famille, influence, équilibre, organisation.

Kassim
4 000 Top 200

Juste (arabe). *Variantes :* Kacem, Kassem, Kazim. *Caractérologie :* humanité, rectitude, générosité, rêve, ouverture d'esprit.

Kaylan
1 000 Top 400

Élancé (irlandais). *Variante :* Kailan. *Caractérologie :* énergie, direction, indépendance, assurance, dynamisme.

Kazuo
- de 30

Le premier-né (japonais). *Caractérologie :* intuition, fidélité, organisation, médiation, relationnel.

Keane
- de 100

Forme francisée de Cian, de l'irlandais *cian*, « ancien ». *Variantes :* Kéan, Kéann. *Caractérologie :* générosité, idéalisme, rectitude, réflexion, loyauté.

Keanu
250

L'air de la montagne (hawaïen). Keanu est usité à Hawaï, dans les pays anglophones et scandinaves. *Caractérologie :* savoir, indépendance, intelligence, méditation, organisation.

Keith
150

Le vent (celte). Masculin écossais et anglais. *Caractérologie :* vitalité, achèvement, stratégie, ardeur, finesse.

Kelan
250 Top 2 000

Élancé (irlandais). *Variante :* Kéalan. *Caractérologie :* intelligence, savoir, méditation, indépendance, gestion.

Kélian
3 000 Top 1 000

Contestation ou église (irlandais). *Variantes :* Kealan, Keelan, Keelyan, Kelan, Keliann, Keilan, Kelyan, Keylian. *Caractérologie :* sagacité, connaissances, gestion, spiritualité, décision.

Kelig
250

Seigneur généreux (celte). Prénom breton. *Caractérologie :* passion, force, habileté, ambition, sympathie.

Kélio
550 Top 700

Fusion de Kélian et de prénoms se terminant en « io » (Élio, Fabio, etc.). *Caractérologie :* méditation, logique, intelligence, savoir, indépendance.

Kellian
950

Contestation ou église (irlandais). *Caractérologie :* résolution, dynamisme, direction, audace, organisation.

Kelvin
1 800 Top 2 000

Petite rivière (celte). Masculin anglais. *Caractérologie :* autorité, ambition, innovation, énergie, autonomie.

Kelyan
4 500 Top 500

Contestation ou église (irlandais). *Caractérologie :* découverte, sympathie, organisation, courage, découverte.

Kemuel
190

Qui aide Dieu (hébreu). *Caractérologie :* ténacité, engagement, fiabilité, méthode, sens du devoir.

Ken
1 300

Identique (japonais). Diminutif des prénoms formés avec Ken. Ken est plus particulièrement répandu en Australie et au Japon. On peut estimer que moins de 30 enfants seront prénommés ainsi en 2023. *Caractérologie :* pragmatisme, optimisme, communication, créativité, sociabilité.

Kenan
3 000 Top 500

Beau (celte), terre sainte (araméen). Kénan est l'un des patriarches cités dans le Livre de la Genèse. Prénom breton et turc. *Caractérologie :* ouverture d'esprit, humanité, rêve, rectitude, générosité.

Kendal
200

Vallée de la rivière Kent (anglais). Masculin anglais. *Variante :* Kendall. *Caractérologie :* relationnel, intuition, organisation, fidélité, médiation.

Kenji
1 700

Prénom traditionnellement attribué au deuxième garçon au Japon. On peut estimer que moins de 30 enfants seront prénommés ainsi en 2023. *Variante :* Kenjy. *Caractérologie :* sécurité, structure, persévérance, efficacité, résolution.

Kenneth
600

Très beau (irlandais). Masculin anglais et écossais. *Caractérologie :* énergie, audace, originalité, découverte, sensibilité.

Kenny
7 000 Top 700

Très beau (irlandais). Kenny est répandu en Écosse et dans les pays anglophones. *Variante :* Keny. *Caractérologie :* conscience, conseil, bienveillance, sagesse, paix.

Kent
- de 100

Limite (anglais). Plus courant sous forme de patronyme. *Caractérologie :*

K

audace, découverte, énergie, séduction, originalité.

Kenzi

1 100 Top 800

Trésor (arabe). *Variante :* Kenzy. *Caractérologie :* diplomatie, sociabilité, attention, réceptivité, loyauté.

Kenzo

15 000 Top 200

Trésor (arabe). Kenzo est également un prénom japonais ayant de nombreuses significations selon les kanji utilisés (« maison », « trésor », « éléphant » pour ne citer que trois d'entre elles). *Caractérologie :* vitalité, achèvement, stratégie, ardeur, sensibilité.

Kenzo Takada, le plus japonais des couturiers parisiens ou vice versa, a contribué à démocratiser la mode. Ses créations sont reconnaissables par ses couleurs, ses visions de nature chatoyantes. Il a fait de son prénom une marque, symbole de fantaisie et de liberté.

Kéo

700 Top 700

Se rapporte à Keokuk, chef indien qui vécut dans les années 1830 (Amérique du Nord). *Caractérologie :* méthode, fiabilité, sécurité, détermination, résolution.

K

Keon

- de 100

Dérivé irlandais d'Ewan et variante moderne de Kian. *Caractérologie :* réflexion, intégrité, dévouement, altruisme, idéalisme.

Keoni

250

Dérivé hawaïen de John : Dieu fait grâce (hébreu). *Variante :* Keon. *Caractérologie :* générosité, rectitude, ouverture d'esprit, rêve, humanité.

Keran

1 100

Poutre de bois (arménien). On peut estimer que moins de 30 enfants seront prénommés ainsi en 2023. *Variantes :* Kerane, Kerann. *Caractérologie :* engagement, ténacité, méthode, fiabilité, détermination.

Kerem

1 100 Top 900

Vigne (hébreu), variante turque de Karim. *Caractérologie :* intelligence, sagesse, indépendance, savoir, méditation.

Kerwan

400

Brun (irlandais). *Variante :* Kervin. *Caractérologie :* intégrité, idéalisme, altruisme, réflexion, résolution.

Keryan

1 000 Top 2 000

Dérivé de Kerrien, éponyme d'une commune du Finistère (Bretagne). *Variantes :* Kerian, Keryann, Kyrian. *Caractérologie :* intuition, relationnel, médiation, décision, fidélité.

Kevan

950

Beau garçon (irlandais). Masculin scandinave et anglais (francisé parfois avec l'accent aigu). *Variantes :* Keven, Keyvan, Kewan. *Caractérologie :* ambition, habileté, management, force, passion.

Kevin

165 000 Top 400

Beau garçon (irlandais). Le triomphe de Kevin dans les années 1990 est souvent associé au succès des séries américaines. À tort, car si ces dernières ont fait déferler une vague de prénoms anglophones, Kevin ne figurait (à l'époque) dans aucune d'entre elles. Cherchons plutôt les clés de sa réussite du côté de Kevin Costner. L'acteur américain (et son prénom) montent en popularité en France quelques années avant l'immense succès, en 1990, du western épique *Danse avec les loups*. Le film, coréalisé et joué par Kevin Costner, renforce la gloire du prénom. Kevin atteint son pic en 1991 avec plus de 14 000 naissances, son record en France. De longue date associé à l'Irlande, Kevin (ou Kévin) se propage

Les prénoms chics et bobos

Qu'ils soient attribués par esprit de tradition, par snobisme ou par inspiration spontanée, les prénoms chics ne laissent pas les parents indifférents. Ils sont l'objet de discussions passionnées sur les forums de sites internet de parents. On les retrouve régulièrement dans les livres, dans les magazines et dans les émissions de radio. Non seulement le style chic n'est plus coincé, mais en outre, il est devenu tendance. Mais qu'est-ce qu'un prénom chic au juste ?

Condition indispensable, mais non suffisante : un « bon » prénom chic doit marquer un signe d'appartenance à la haute bourgeoisie et revêt donc des caractéristiques précises. Ainsi, les vieux prénoms, portés par des personnages qui se sont illustrés dans l'histoire, les prénoms aristocrates ou royaux sont toujours des valeurs refuges. De fait, le registre médiéval est l'une des plus grandes sources d'inspiration de prénoms chics (exemples : Amaury, Éloi, Gonzague). D'ailleurs, dans les familles traditionnelles, les prénoms anciens se transmettent encore de génération en génération.

D'une manière générale, les parents qui recherchent un prénom chic pour leur enfant évitent ceux qui figurent dans le top 50 des attributions au moment de la grossesse. Ils se méfient également des petits noms trop modernes ou inventés, et des prénoms qui n'auraient pas été portés par un saint. La coquetterie supplémentaire consiste à choisir un prénom qui n'est pas mentionné dans les calendriers de la Poste. Mais en cas de doute, vous ne vous tromperez jamais en adoptant un prénom royal inusité !

Notre sélection de prénoms chics
Adhémar, Adrien, Alban, Albéric, Alexis, Amaury, Ambroise, Ancelin, Anselme, Armand, Axel, Aymeric, Barthélemy, Baudoin, Cassien, Célestin, Charles, Charles-Édouard, Clément, Côme, Constant, Constantin, Cyriaque, Edgar, Édouard, Éloi, Enguerrand, Étienne, Eudes, Eugène, Évrard, Ferréol, Foulques, Gauthier, Gauvain, Geoffroy, Gildas, Gonzague, Grégoire, Guillaume, Hadrien, Henri, Hubert, Irénée, Jean, Josselin, Lothaire, Louis, Mathurin, Maxence, Mayeul, Raoul, Rodrigue, Simon, Stanislas, Tancrède, Théobald, Thibault, Tugdual, Ulric, Vianney.

Certains prénoms chics peuvent être bobos, et vice versa, ce qui rend la distinction difficile. Mais tous les prénoms bobos ne sont pas chics. On les reconnaît avec leur côté titi parisien, artiste et poète, un brin désuet et B.C.B.G.

Nos coups de cœur pour les prénoms bobos du moment
Achille, Albert, Alceste, Alfred, Alphonse, Amédée, Anatole, Anthelme, Aristide, Arsène, Aubin, Auguste, Augustin, Basile, Calixte, Camille, Clotaire, Clovis, Cyprien, Domitien, Edmond, Émile, Émilien, Ernest, Eustache, Félix, Ferdinand, Firmin, Gaspard, Gaston, Georges, Gustave, Hector, Hippolyte, Honoré, Isidore, Joseph, Léandre, Léonard, Léonce, Léopold, Lucien, Marceau, Marcel, Marius, Martin, Maurice, Octave, Oscar, Robinson, Séraphin, Théodore, Théophile, Théotime, Thimothée, Ulysse, Valère, Virgile, Wandrille, Zéphyr.

dans les pays anglo-saxons au début du XXe siècle avant de gagner l'ensemble de l'Europe. Jaillissant de nulle part, il bondit peu après sa découverte au sommet masculin français, devenant numéro un de 1989 à 1994. Son déclin s'accentue depuis le début des années 2010.
Ermite irlandais au VIe siècle, saint Kevin est le fondateur du monastère de Glendalough, situé près de Dublin. *Variantes :* Keveen, Keevin, Kevine, Kevy, Kewin. *Caractérologie :* indépendance, savoir, méditation, intelligence, sagesse.

Kevyn
750

Beau garçon (irlandais). *Caractérologie :* énergie, originalité, découverte, séduction, audace.

Keziah
1 500 Top 800

Arbuste dont l'écorce produit des épices (hébreu). *Caractérologie :* équilibre, décision, famille, responsabilité, attention.

Khaled
3 000 Top 2 000

Éternel (arabe). *Caractérologie :* gestion, dynamisme, curiosité, courage, attention.

Khalid
4 000 Top 700

Éternel (arabe). *Caractérologie :* rectitude, humanité, rêve, ouverture d'esprit, organisation.

Khalil
4 000 Top 300

Ami fidèle (arabe). *Variantes :* Khallil, Khélil. *Caractérologie :* passion, force, ambition, habileté, organisation.

Kian
300

Kian est probablement dérivé de l'irlandais *cian*, « ancien ». Kian est également un prénom persan se rapportant aux quatre éléments de la vie : l'eau, la terre, le feu et l'air. *Variantes :* Cian, Kyan. *Caractérologie :* passion, force, ambition, habileté, décision.

Kieran
1 200 Top 2 000

Brun (irlandais). Ce prénom irlandais est assez répandu dans les pays anglophones. Dans l'Hexagone, il est particulièrement attribué en Bretagne. *Variantes :* Keir, Keiran. *Caractérologie :* ténacité, résolution, méthode, fiabilité, engagement.

Kilian
11 000 Top 2 000

Contestation ou église (irlandais). Voir Kylian. *Caractérologie :* réceptivité, sociabilité, diplomatie, gestion, décision.

Killiam
- de 100

Contestation ou église (irlandais). Voir Kylian. *Caractérologie :* organisation, méthode, engagement, ténacité, fiabilité.

Killian
22 000 Top 2 000

Contestation ou église (irlandais). Voir Kylian. *Variantes :* Kilan, Kiliane, Kiliann, Killiane, Killiann, Kilien, Killien, Killyan, Kilyan, Kilyann. *Caractérologie :* curiosité, dynamisme, décision, gestion, courage.

Kilyan
2 500 Top 2 000

Contestation ou église (irlandais). Voir Kylian. *Caractérologie :* rêve, humanité, résolution, sympathie, rectitude.

Kim
1 200

Diminutif anglophone de Kimberly : plaine royale (afrikaans), forme diminutive scandinave de Joachim. On peut estimer que moins de 30 enfants seront prénommés ainsi en 2023. *Caractérologie :* influence, famille, équilibre, responsabilité, exigence.

Kiran
300

Faisceau lumineux (sanscrit), brun (irlandais). Ce prénom est très répandu en Inde. *Variante :* Kyran. *Caractérologie :* force, résolution, ambition, habileté, passion.

K

Les prénoms par décennie

Les choix de prénoms ont beaucoup évolué en France de 1900 à nos jours. Durant la première partie du XXe siècle, Marie et Jean se sont distingués chaque année à la tête du classement national. On les croyait indéboulonnables. Mais c'était sans compter sur l'effervescence des années 1960. Bien avant que les étudiants ne descendent dans les rues en mai 1968, Philippe avait éclipsé Jean !

Une petite révolution qui marque un point de non-retour : Jean, Philippe, Thierry, Christophe, Stéphane, Sébastien, Nicolas, Julien et Kevin marqueront les dernières décennies du XXe siècle. Leur règne est plus court, et la valse des prénoms s'accélère davantage à partir des années 1990.

Dans les années 2020, Thomas, Enzo et Lucas ont cédé leur trône à Gabriel et Léo... Mais pour combien de temps ?

1900-1909	1910-1919	1920-1929	1930-1939
1. Jean	1. Jean	1. Jean	1. Jean
2. Louis	2. André	2. André	2. Michel
3. Pierre	3. Pierre	3. Pierre	3. André
4. Marcel	4. Marcel	4. René	4. Pierre
5. Henri	5. Louis	5. Roger	5. Claude
6. André	6. René	6. Marcel	6. Jacques
7. Joseph	7. Henri	7. Robert	7. René
8. René	8. Georges	8. Georges	8. Roger
9. Georges	9. Joseph	9. Louis	9. Robert
10. Paul	10. Roger	10. Henri	10. Bernard
11. Maurice	11. Maurice	11. Maurice	11. Marcel
12. Charles	12. Paul	12. Jacques	12. Georges
13. François	13. Robert	13. Joseph	13. Guy
14. Émile	14. Raymond	14. Paul	14. Maurice
15. Albert	15. Albert	15. Raymond	15. Henri
16. Robert	16. Charles	16. Lucien	16. Louis
17. Roger	17. Lucien	17. Michel	17. Joseph
18. Lucien	18. François	18. Albert	18. Gérard
19. Léon	19. Émile	19. François	19. Raymond
20. Eugène	20. Léon	20. Charles	20. Paul

K

	1940-1949	1950-1959	1980-1989	1990-1994
1.	Jean	Jean	Nicolas	Kevin
2.	Michel	Michel	Julien	Thomas
3.	Daniel	Alain	Sébastien	Nicolas
4.	Bernard	Patrick	Guillaume	Alexandre
5.	Gérard	Christian	Alexandre	Maxime
6.	Alain	Philippe	David	Julien
7.	Jacques	Bernard	Romain	Anthony
8.	Claude	Daniel	Thomas	Romain
9.	André	Gérard	Anthony	Jérémy
10.	Pierre	Dominique	Cédric	Florian
11.	Christian	Jacques	Vincent	Guillaume
12.	Guy	Didier	Jérémy	Benjamin
13.	René	Jean-Pierre	Jonathan	Quentin
14.	Jean-Claude	Pierre	Mathieu	Antoine
15.	Robert	Claude	Jérôme	Pierre
16.	Jean-Pierre	Serge	Christophe	Clément
17.	Roger	André	Mickaël	Vincent
18.	Georges	Pascal	Damien	Jonathan
19.	Yves	Joël	Kevin	Mathieu
20.	Marcel	Guy	Benjamin	Alexis

	1960-1969	1970-1979	1995-1999	2000-2004
1.	Philippe	Christophe	Thomas	Thomas
2.	Éric	David	Alexandre	Lucas
3.	Pascal	Stéphane	Nicolas	Théo
4.	Thierry	Sébastien	Maxime	Hugo
5.	Patrick	Frédéric	Quentin	Maxime
6.	Christophe	Laurent	Antoine	Enzo
7.	Jean	Olivier	Kevin	Alexandre
8.	Laurent	Jérôme	Julien	Antoine
9.	Alain	Nicolas	Dylan	Clément
10.	Bruno	Éric	Lucas	Quentin
11.	Didier	Philippe	Valentin	Alexis
12.	Frédéric	Franck	Alexis	Nicolas
13.	Michel	Cédric	Clément	Romain
14.	Dominique	Fabrice	Florian	Louis
15.	Stéphane	Vincent	Romain	Léo
16.	Christian	Thierry	Anthony	Nathan
17.	Olivier	Arnaud	Guillaume	Valentin
18.	Franck	Emmanuel	Pierre	Mathis
19.	Gilles	Ludovic	Hugo	Paul
20.	Marc	Pascal	Benjamin	Tom

2005-2009	2010-2014
1. Enzo	1. Lucas
2. Lucas	2. Nathan
3. Nathan	3. Gabriel
4. Mathis	4. Léo
5. Hugo	5. Louis
6. Thomas	6. Hugo
7. Louis	7. Enzo
8. Théo	8. Ethan
9. Tom	9. Jules
10. Raphaël	10. Raphaël
11. Clément	11. Arthur
12. Mathéo	12. Adam
13. Maxime	13. Timéo
14. Léo	14. Nolan
15. Jules	15. Théo
16. Yanis	16. Mathis
17. Gabriel	17. Tom
18. Noah	18. Maël
19. Arthur	19. Noah
20. Ethan	20. Clément

2015-2019
1. Gabriel
2. Raphaël
3. Léo
4. Louis
5. Jules
6. Lucas
7. Adam
8. Hugo
9. Ethan
10. Arthur
11. Maël
12. Liam
13. Nathan
14. Paul
15. Sacha
16. Tom
17. Gabin
18. Noah
19. Nolan
20. Timéo

Kiron

- de 30

Le maître sage (grec). Dans la mythologie grecque, Chiron est le fils de la nymphe Phylire et de Cronos. Centaure pacifique et cultivé, il enseigne la sagesse aux héros Achille, Ulysse, Castor et Pollux. *Caractérologie :* sens du devoir, structure, honnêteté, efficacité, persévérance.

Klaus

170

Victoire du peuple (grec). Masculin allemand et autrichien. *Variante :* Claus. *Caractérologie :* direction, indépendance, audace, dynamisme, organisation.

Kleber

1 100

Bâtisseur (germanique). Patronyme porté par un général français qui s'est particulièrement illustré durant les guerres de la Révolution à la fin du XIXe siècle. On peut estimer que moins de 30 enfants seront prénommés ainsi en 2023. *Variante :* Klebert. *Caractérologie :* force, passion, ambition, habileté, management.

Koffi

- de 100

Né un vendredi (Afrique de l'Ouest). *Caractérologie :* réceptivité, loyauté, sociabilité, bonté, diplomatie.

Kolia

- de 100

Voix du Seigneur (hébreu). Kolia est également un diminutif russe de Nicolas. *Variante :* Kolya. *Caractérologie :* optimisme, pragmatisme, communication, organisation, raisonnement.

Konan

- de 100

Loup, chien (irlandais). Dans l'Hexagone, Konan est plus traditionnellement usité en Bretagne. *Variantes :* Conan, Connor, Conor. *Caractérologie :* direction, audace, dynamisme, assurance, indépendance.

Konrad
160

Conseiller courageux (germanique). *Caractérologie :* humanité, rêve, rectitude, détermination, volonté.

Korentin
450

Ami (celte). *Variante :* Korantin. *Caractérologie :* méditation, intelligence, savoir, indépendance, sagesse.

Kostia
- de 100

Combattant (germanique). Masculin finlandais. *Caractérologie :* adaptation, pratique, enthousiasme, communication, générosité.

Kris
700

Diminutif des prénoms formés avec « Chris ». Masculin anglais et scandinave. *Variantes :* Kriss, Krys. *Caractérologie :* pragmatisme, optimisme, communication, créativité, sociabilité.

Kristen
400

Messie (grec). Kristen est répandu dans les pays scandinaves. C'est aussi un prénom traditionnel mixte en Bretagne. *Caractérologie :* famille, équilibre, influence, éthique, détermination.

K

Kurt
650

Conseiller courageux (germanique). Masculin allemand. *Caractérologie :* sagesse, indépendance, intelligence, savoir, méditation.

Kyle
1 900 Top 500

Élancé (irlandais), ou forme diminutive anglophone récente de Kylian. *Caractérologie :* ardeur, stratégie, vitalité, achèvement, sympathie.

Kylian
30 000 Top 200

Contestation ou église (irlandais). Portés par une vague d'inspiration irlandaise, Kylian et ses dérivés ont connu leur apogée français au début des années 2000. C'est en évangélisant la Bavière au VIIe siècle que saint Kilian rencontra le duc Gosbert à Wurtzbourg. Celui-ci lui demanda de le baptiser, mais l'affaire était compliquée : Kilian devait au préalable obtenir la séparation du duc et de sa concubine. Cette dernière ne le lui pardonna pas et se vengea en le faisant assassiner. La cathédrale Saint-Kilian de Wurtzbourg est aujourd'hui l'un des sanctuaires romans les plus imposants d'Allemagne. On recense une soixantaine de variantes de ce prénom (Kyllian, Kilian, Killian, Kilyan, Kylliann, Kylyan, Kyliane, Kylien, etc.) dans l'Hexagone. *Caractérologie :* idéalisme, résolution, altruisme, intégrité, sympathie.

Kyllian
9 000 Top 700

Contestation ou église (irlandais). Voir Kylian. *Caractérologie :* décision, pragmatisme, communication, optimisme, cœur.

Kyran
250

Faisceau lumineux (sanscrit), brun (irlandais). Ce prénom est très répandu en Inde. *Caractérologie :* résolution, équilibre, famille, responsabilité, influence.

L

Ladislas
650 Top 2 000

Gouverneur puissant et renommé (slave). Prénom polonais. *Variantes :* Ladislav, Ladix, Lao. *Caractérologie :* découverte, audace, originalité, énergie, séduction.

Laël
600 Top 700

Dédié à Dieu (hébreu). Laël est un ancien prénom biblique. Il est le père d'Eliasaph dans l'Ancien Testament. *Caractérologie :* enthousiasme, pratique, communication, adaptation, générosité.

Laélien
- de 100

Se rapporte à Laelianu, patronyme d'une famille espagnole noble du IIIe siècle. *Caractérologie :* structure, sécurité, persévérance, efficacité, décision.

Lambert
1 300

Pays, brillant (germanique). Lambert est plus particulièrement répandu dans les pays anglophones, en Allemagne et dans les régions néerlandophones. On peut estimer que moins de 30 enfants seront prénommés ainsi en 2023. *Variantes :* Lambrecht, Lanbert. *Caractérologie :* vitalité, achèvement, décision, stratégie, gestion.

Lamine
2 000 Top 600

Loyal, digne de confiance (arabe). Lamine est plus particulièrement répandu dans les cultures musulmanes francophones. *Caractérologie :* rêve, détermination, ouverture d'esprit, rectitude, humanité.

Lancelot
1 500 Top 2 000

Assistant (vieux français). Masculin anglais et français. Enlevé par la fée Vivianne à la mort de son père, Lancelot devient l'un des chevaliers les plus célèbres de la Table ronde. *Variante :* Lance. *Caractérologie :* gestion, dynamisme, audace, indépendance, direction.

Landry
3 500 Top 2 000

Gouverneur (anglais). Masculin anglais. *Caractérologie :* intuition, relationnel, médiation, réussite, cœur.

Larry
1 000

Couronné de lauriers (latin). Masculin anglais. *Variante :* Lary. *Caractérologie :* loyauté, diplomatie, sociabilité, réceptivité, bonté.

Lassana
1 900 Top 900

Beau (arabe). *Variantes :* Alassan, Alassane, Lassane, Lassen. *Caractérologie :* sens du devoir, ténacité, engagement, fiabilité, méthode.

Laszlo
500

Gouverneur puissant et renommé (slave). Masculin hongrois. *Variante :* Laslo. *Caractérologie :* ténacité, sens du devoir, méthode, fiabilité, engagement.

Laurent
294 000 Top 2 000

Couronné de lauriers (latin). Sous ses différentes graphies, Laurent est apparu dans plusieurs pays européens au Moyen Âge, mais il est longtemps resté discret en France. C'est au cœur du XXe siècle qu'il démarre pour de bon. Escortant son féminin Laurence dans son ascension, il se hisse derrière Christophe au 2e rang masculin (en 1968). Après un long déclin, il a sombré au début des années 2000. Diacre du pape Sixte II au IIIe siècle, saint Laurent distribua le trésor de l'Église aux pauvres plutôt que de le livrer à son persécuteur, l'empereur Valérien. Il mourut martyr sur un gril trois jours après le martyre du pape. Il est le patron des pauvres. *Variantes :* Lars, Laurel, Laurens, Laurentin, Laurentino, Laurentz, Laurenz, Lavr, Lawrence, Lorentz. Forme

L

Les prénoms et les séries

Angélique, Arya, Éden, Kelly, Jennifer et Anakin, Brandon, Dylan et Jonathan ont une chose en commun : le succès de ces prénoms a été déterminé par celui de séries, en majorité américaines. Faisons place aux héros et héroïnes de soap opéras et de feuilletons télévisés qui, des années 1960 à nos jours, ont inspiré plus d'un parent...

Angélique, Marquise des anges
dans les années 1960
C'est en 1964 que le premier épisode de la saga *Angélique, Marquise des anges* (5 films de Bernard Borderie, adaptés du roman d'Anne Golon) apparaît sur les petits écrans. Les aventures romanesques de la belle Angélique de Sancé de Monteloup, surnommée « marquise des Anges » (incarnée par Michèle Mercier), connaissent un succès fulgurant. En une décennie, le prénom sort de l'anonymat et s'impose dans le top 20 féminin (en 1974).

Samantha, _Ma sorcière bien-aimée_
En 1966, lorsque cette série télévisée nord-américaine est diffusée dans l'Hexagone, Samantha est totalement inconnue des parents. Qui aurait cru que ce prénom donné à une poignée de Françaises en 1966 atteindrait son record en 1992, avec 1 350 attributions ?

Belle et Sébastien
Ce feuilleton télévisé, écrit et réalisé par Cécile Aubry, est diffusé en 1965. Si son succès n'a aucun effet sur Belle (les premières Françaises prénommées ainsi naîtront 16 ans plus tard), il fait triompher Sébastien en un temps record : ce dernier passe d'un peu plus de 100 attributions à près de 20 000 en 10 ans. Il trônera sur le classement masculin de 1975 à 1979.

Sabrina, Jill et Kelly, de _Drôles de dames_
dans les années 1970
À partir des années 1970, le « poste de télévision » fait son entrée dans la majorité des foyers français. Les séries américaines, symboles d'une Amérique moderne, s'invitent dans les salons. Les *Drôles de dames*, série télévisée, deviennent cultes. On y suit les enquêtes de Kelly Garrett, Jill Munroe et Sabrina Duncan, 3 jeunes femmes détectives aussi belles que pétillantes.

L'avènement des prénoms américains est en marche. Sabrina est l'un des premiers à l'illustrer. Si ce prénom était déjà dans l'air du temps en 1977, l'impact de *Charlie's Angels* (titre en anglais) est immédiat : ses attributions passent de 2 500 à 6 200 naissances en un an, ce qui le propulse au 8e rang national en 1981.

De son côté, Kelly avait déjà atteint son pic de popularité aux États-Unis, mais il était quasi inconnu dans l'Hexagone. Il s'y envole, mais sa terminaison, peu commune dans la culture française (surtout au féminin), ralentit sa diffusion initiale. Il lui faudra le renfort de deux autres Kelly (dans *Santa Barbara* et *Beverly Hills*) pour s'épanouir pleinement, au point d'être porté par près de 25 000 Françaises aujourd'hui.

John, Bobby, Pamela et _Dallas_
dans les années 1980
Les jeunes parents ne connaissent pas forcément *Dallas* ou son remake diffusé en 2012, mais en 1981, lorsque le feuilleton télévisé est diffusé dans l'Hexagone, nul n'ignore que J. R. (John Ross Ewing) est le méchant du « monde impitoyable » de Dallas. Le feuilleton, long de 357 épisodes, est suivi par des millions de fidèles.

John et Bobby font des émules, atteignant leur pic français en 1982. Quant à Pamela, c'est la révélation : elle passe de 70 à 1 780 attributions en 2 ans. On note, dans son sillage, l'apparition de noms improbables comme Sue (Sue Ellen), ou Dusty (ce nom signifie « poussiéreux » en anglais). Dans ces seconds rôles, seule Ellie a fait carrière.

L

Jennifer et Jonathan, *Pour l'amour du risque*

Les succès engendrés par *Dallas* ne sauraient éclipser les prouesses du couple phare de la série *Pour l'amour du risque*. Elle débarquait à peine en France (en 1982) que les courbes de popularité de Jennifer et Jonathan s'emballaient déjà vers le top 20. Un boom éphémère, puisque ce duo a perdu tout son lustre 5 ans plus tard.

Santa Barbara et les premiers pas d'Éden

Si Éden est majoritairement masculin aujourd'hui, c'est au féminin qu'il a commencé sa carrière. Ne cherchons plus les circonstances de sa naissance... C'est à Eden Capwell, l'héroïne plantureuse de *Santa Barbara*, que l'on doit son existence. En 1986, l'année de la diffusion du soap opéra, Éden est attribué pour la première fois à 7 petites filles. Quel chemin parcouru depuis ! La réussite de ce prénom est double : Éden est porté par près de 11 000 Françaises et 18 000 Français aujourd'hui.

Brenda, Brendon, Dylan et *Beverly Hills* dans les années 1990

Alors que la série *Friends* permet à Rachel de rebondir et à Phoebe d'accéder à la célébrité, *Berverly Hills* propulse de nouvelles stars au sommet du classement. Dès sa diffusion, en 1993, les prénoms de ses personnages principaux, Brenda et Brendon, jusqu'alors inexistants, décollent en France. Ils atteignent leur pic de popularité en 1995, mais sont vite éclipsés par Dylan, en référence au jeune héros rebelle et ténébreux Dylan McKay. Le nombre d'attributions de Dylan est multiplié par 10 en 3 ans, ce qui lui permet de s'imposer dans le top 10 national en 1995.

Il y a très longtemps, dans une galaxie lointaine...

N'oublions pas les effets de l'épisode I *La Menace fantôme* de *Star Wars*. Bien qu'il soit sorti sur les grands écrans en 1999, ce film, suivi de 5 autres épisodes, se regarde dans l'esprit d'une série. Anakin fait son apparition sur les registres d'état civil en 2000, et Leia, jusqu'alors rarissime, part en orbite. Une réussite de plus pour le réalisateur George Lucas !

Années 2000 : *Twilight* et *Game of Thrones*

En 2006, *Grey's Anatomy* lance la carrière d'Izzie, et en 2012, *Twilight* donne des ailes à Esmée, Jacob et Bella. Mais c'est la série *Game of Thrones* qui crée un choc planétaire. En effet, certains des noms inventés pour *G.O.T.* n'existaient nulle part dans le monde. Leur jaillissement planétaire ne passe pas inaperçu. En France, Daenerys et Sansa sont recensés pour la première fois en 2012. Arya, qui bourgeonnait, enregistre une croissance exponentielle.

Années 2000 : *Les Demoiselles du téléphone*

L'hyperprésence des séries américaines nous ferait presque oublier le triomphe d'une autre série, venue d'Espagne cette fois, *Les Demoiselles du téléphone*, qui lance Alba comme une fusée en 2017. En 2021, Alba talonne Emma et Louise dans les premiers rangs des villes de Toulouse et Montpellier. En attendant de faire de même au niveau national, elle devrait figurer dans le top 10 féminin dès 2023. Reste à savoir si Arsène leur volera la vedette. La série *Lupin*, dont le héros se prénomme ainsi, a battu des records d'audience. Elle pourrait braquer les projecteurs sur ce prénom rétro oublié. Avis aux gentlemen !

bretonne : Laorans. *Caractérologie :* détermination, direction, dynamisme, audace, organisation.

Laurian
170

Couronné de lauriers (latin). Prénom roumain. *Caractérologie :* ténacité, méthode, fiabilité, engagement, décision.

Lauric
300

Couronné de lauriers (latin). *Variantes :* Laurick, Lauris. *Caractérologie :* direction, dynamisme, audace, indépendance, assurance.

Lawrence
500

Couronné de lauriers (latin). Cette forme moderne de Laurence est apparue dans les pays anglophones à partir du XVIe siècle. Elle a remplacé Laurence qui est masculin dans les pays de langue anglaise. *Caractérologie :* motivation, rectitude, générosité, humanité, réflexion.

Lazare
1 600 Top 500

Dieu a secouru (hébreu). Masculin français. *Variantes :* Lazar, Lazaro, Lazhar. *Caractérologie :* réflexion, altruisme, intégrité, idéalisme, détermination.

Léandre
15 000 Top 100

Homme-lion (grec). Masculin français. *Caractérologie :* originalité, audace, découverte, énergie, décision.

Leandro
8 500 Top 200

Homme-lion (grec). Leandro est particulièrement usité en Italie, dans les pays hispanophones et lusophones. C'est aussi un choix traditionnel basque. *Caractérologie :* conscience, paix, bienveillance, volonté, analyse.

Lee
300

Clairière (anglais), poétique (irlandais), force, tranchant, debout (chinois). Lee est également un patronyme chinois très répandu. *Variante :* Li. *Caractérologie :* sens du devoir, méthode, fiabilité, engagement, ténacité.

Leeroy
1 500 Top 400

Clairière du roi (anglais). Masculin anglais. *Caractérologie :* achèvement, vitalité, stratégie, raisonnement, bonté.

Lélio
1 300 Top 600

Se rapporte à Laelianu, patronyme d'une famille espagnole noble du IIIe siècle. Prénom italien. *Caractérologie :* force, ambition, passion, habileté, analyse.

Lemuel
- de 100

Consacré à Dieu (hébreu). Ce prénom a été illustré par un roi dans la Bible. *Caractérologie :* découverte, originalité, énergie, audace, séduction.

Lénaïc
1 500

Éclat du soleil (grec). Dans l'Hexagone, Lenaïc est plus traditionnellement usité en Bretagne. Ce prénom peut s'orthographier avec ou sans tréma. On peut estimer que moins de 30 enfants seront prénommés ainsi en 2023. *Variantes :* Lenaïck, Lenaïk. *Caractérologie :* vitalité, stratégie, achèvement, décision, ardeur.

Léni
2 000 Top 600

Lion (latin). Notons que l'étymologie de ce prénom diffère au féminin. *Caractérologie :* ténacité, méthode, engagement, sens du devoir, fiabilité.

Lenny
28 000 Top 100

Lion (latin). Masculin français. *Caractérologie :* indépendance, méditation, intelligence, savoir, bonté.

Léno
160 Top 2 000

Éclat du soleil (grec). Masculin italien, occitan et provençal. *Caractérologie :*

L

Léo, Léon

Fête :
10 novembre

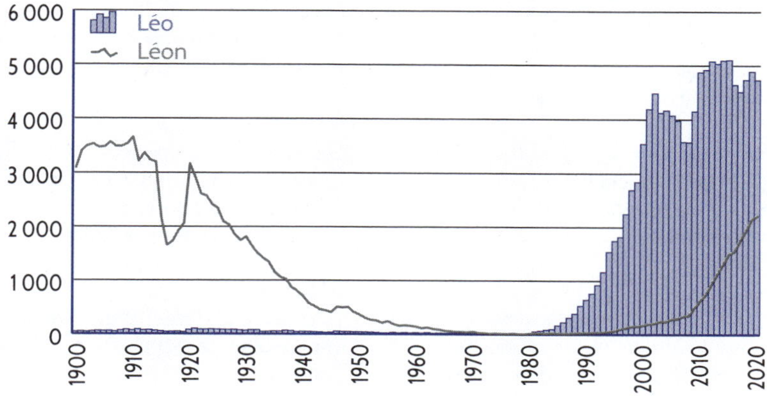

Étymologie

Du latin *leo*, « lion ». Employé sous différentes formes, Léon fut porté par 6 empereurs byzantins, 2 empereurs romains, un roi de Petite Arménie et 13 papes. Il se diffuse dès les premiers siècles dans les pays chrétiens et connaît une grande faveur au Ve siècle, grâce à saint Léon le Grand. Il reste le choix privilégié des Français jusqu'à son effacement dans les années 1940. Ironiquement, c'est à son diminutif Léo qu'il doit sa renaissance actuelle. Après avoir volé la vedette à Léopold, un choix médiéval dont on croyait l'essor imminent, Léon confirme sa percée parisienne (10e rang en 2021). Il devrait s'afficher dans le top 20 national aujourd'hui.

De son côté, Léo apparaît au XIXe siècle en France après avoir brillé outre-Manche (Leo est la forme anglaise de Léon). Il reste longtemps discret, jusqu'à son décollage dans la décennie 1990. Malgré le repli des juxtapositions de voyelles (Théo, Mathéo), Léo se maintient dans les 5 premiers choix français depuis 2014. Sa discrète présence cachait de grandes ambitions et une surprise. Car c'est Léo, et non pas Raphaël, qui a détrôné Gabriel en 2020 ! Il pourrait encore se maintenir au sommet en 2023.

En dehors de l'Hexagone, ce prénom gagne du terrain dans les pays francophones, hispanophones et anglophones, de part et d'autre de l'Atlantique. Il a même repris vigueur en Angleterre, alors que sa gloire semblait consommée. En effet, qu'il est loin, le temps où Tony Blair enflamma la cote de ce prénom en l'attribuant à son fils...

Dans l'histoire

Le pape **saint Léon le Grand** marqua l'histoire en convainquant Attila, le roi des Huns, de renoncer à l'assaut de Rome au Ve siècle. Il obtint ensuite que la population soit épargnée durant le sac de Rome par les Vandales.

Personnes célèbres

Léon Tolstoï, écrivain majeur de la littérature russe (1828-1910) ; Léon Trotsky, révolutionnaire russe assassiné par Staline (1879-1940) ; Léon Blum, chef du gouvernement français sous le Front populaire (1872-1950) ; Léo Ferré, poète et musicien français (1916-1991) ; Leo McCarey, cinéaste américain (1898-1969).

Statistiques

Léo est le 4e prénom masculin le plus donné en France depuis l'an 2000. Il est attribué à près d'un garçon sur 70 aujourd'hui. Léon devrait prénommer un garçon sur 140 et se placer 68e.

autorité, innovation, autonomie, énergie, ambition.

Lény
9 500 Top 300

Lion (latin). Masculin anglais. *Caractérologie :* diplomatie, réceptivité, sociabilité, loyauté, cœur.

Lenzo
3 500 Top 400

Couronné de lauriers (latin). Masculin italien. *Caractérologie :* rectitude, humanité, finesse, générosité, ouverture d'esprit.

Léo
121 000 Top 50

Lion (latin). *Caractérologie :* curiosité, charisme, indépendance, dynamisme, courage.

Léon
35 000 Top 50

Lion (latin). *Variantes :* Léonid, Léonidas, Léontin. Forme occitane : Leon. *Caractérologie :* énergie, innovation, autorité, ambition, autonomie.

Léonard
12 000 Top 200

Lion (latin). Prénom français et anglais. Originaire de Toscane, Léonard de Vinci, peintre, architecte, sculpteur et inventeur génial, termina ses jours près d'Amboise en 1519. Le 6 novembre célèbre la mémoire d'un saint qui fut ermite dans la forêt orléanaise. *Variantes :* Léonar, Leonhard, Loni, Lonni, Lonis, Lony, Lonny. *Caractérologie :* bienveillance, paix, conscience, volonté, raisonnement.

Léonardo
2 500 Top 500

Lion (latin). Leonardo est très répandu en Italie, dans les pays hispanophones et lusophones. *Caractérologie :* pragmatisme, optimisme, caractère, communication, logique.

Léonce
1 300 Top 900

Lion (latin). Masculin français. *Variante :* Leoncio. *Caractérologie :* altruisme, idéalisme, intégrité, réflexion, dévouement.

Léonel
750 Top 2 000

Lion (latin). *Caractérologie :* ouverture d'esprit, rêve, rectitude, générosité, humanité.

Leonis
350

La maison de Léon (vieil anglais). *Caractérologie :* résolution, intuition, médiation, analyse, relationnel.

Léonor
- de 30

Compassion (grec). *Caractérologie :* spiritualité, sagacité, originalité, analyse, connaissances.

Léontin
- de 100

Lion (latin). *Caractérologie :* force, raisonnement, habileté, ambition, passion.

Léo-Paul
2 000 Top 900

Forme composée de Léo et Paul. Masculin français. *Caractérologie :* direction, audace, indépendance, dynamisme, cœur.

Léopold
9 000 Top 200

Peuple courageux (germanique). En dehors de l'Hexagone, Leopold est particulièrement répandu dans les pays germanophones et anglophones. *Variantes :* Léopaul, Léopol, Leopoldo. *Caractérologie :* connaissances, sagacité, spiritualité, amitié, volonté.

Leroy
200

Roi (vieux français). Masculin anglais. *Caractérologie :* enthousiasme, communication, amitié, pratique, raisonnement.

Lévi
1 500 Top 500

Qui accompagne (hébreu). Plus fréquent sous forme de patronyme.

L

Liam

Fête :
10 janvier

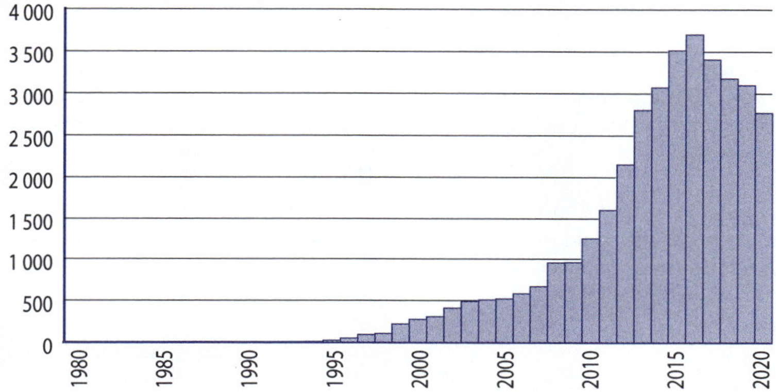

Étymologie

Ce diminutif irlandais de William est aussi un prénom d'origine hébraïque signifiant « le peuple pour moi ». Liam est usité dès le IXe siècle dans les pays anglo-saxons, mais il décolle réellement lorsque Guillaume le Conquérant devient roi d'Angleterre en 1066. Il lance la carrière de William qui se répand en Angleterre avant de gagner le pays de Galles puis l'Irlande. La variante gaélique Uilliam, dans un premier temps, privilégiée, est alors rattrapée par Liam qui s'impose comme le raccourci naturel de William et Uilliam.

Liam disparaît ensuite partout sauf en Irlande, jusqu'à ce que la Grande Famine des années 1840 fasse émigrer des milliers de familles en Grande-Bretagne, aux États-Unis, au Canada et en Australie. Liam se propage dans ces terres d'accueil et devient, dès les années 1930, un prénom à part entière. Mais c'est aujourd'hui que Liam accède à la gloire planétaire : il s'envole dans de nombreux pays européens et brille dans les tout premiers choix américains, scandinaves, australiens et néerlandais.

Il n'est pas en reste en France, où son ascension est fulgurante. Au point que ce prénom, encore inconnu il y a 30 ans, devrait figurer en 13e position en 2023. Avec un temps d'avance, il s'est déjà imposé au sommet des podiums wallon, québécois et romand.

Dans l'histoire

À la mort d'Édouard le Confesseur, **Guillaume le Conquérant**, qui était alors duc de Normandie, affirma qu'il était le successeur désigné du roi anglais. Mais son cousin Harold le prit de vitesse et se fit couronner à sa place. Guillaume souleva une armée et partit à la conquête du trône anglais. Vainqueur, il se fit couronner en 1066 et devint l'un des souverains les plus puissants de l'Occident.

Personnes célèbres

Liam O'Flaherty, écrivain irlandais (1897-1984) ; Liam Neeson, acteur irlandais, né en 1952 ; Liam Cunningham, acteur et réalisateur irlandais, né en 1961 ; Liam Gallagher, musicien et compositeur anglais d'origine irlandaise, né en 1972 ; Liam McMahon, acteur américain d'origine irlandaise, né en 1976.

Statistiques

Liam est le 40e prénom masculin le plus donné en France depuis l'an 2000. Il est attribué à près d'un garçon sur 120 aujourd'hui. Lyam figure au 140e rang de ce palmarès.

Caractérologie : enthousiasme, communication, pratique, adaptation, générosité.

Levy

1 300 Top 2 000

Qui accompagne (hébreu). Plus fréquent sous forme de patronyme. *Caractérologie :* innovation, énergie, ambition, autorité, bonté.

Lewis

2 500 Top 300

Illustre au combat (germanique). Masculin anglais. *Caractérologie :* séduction, découverte, audace, motivation, originalité.

Liam

42 000 Top 50

Ce diminutif irlandais de William est également un prénom d'origine hébraïque signifiant « le peuple pour moi ». *Variante :* Lyam. *Caractérologie :* achèvement, vitalité, stratégie, ardeur, leadership.

Liborio

- de 100

Liberté (latin). Liborio est plus particulièrement usité dans les pays lusophones. *Caractérologie :* force, passion, ambition, habileté, analyse.

Lilian

26 000 Top 400

Lys (latin). En dehors de l'Hexagone, Lilian est répandu dans les pays anglophones. *Variantes :* Lilien, Lillian. *Caractérologie :* résolution, communication, optimisme, pragmatisme, créativité.

Lilio

1 500 Top 300

Variante probable de Lélio. Prénom italien. *Variante :* Lylio. *Caractérologie :* optimisme, communication, élégance, organisation, créativité.

Lilo

350 Top 2 000

Ce qui est mien est à Lui (hébreu). Lilo est un prénom mixte dont la signification diffère au féminin. *Caractérologie :* logique, optimisme, sociabilité, communication, créativité.

Lilouan

200

Contraction de Lilian et Louan. *Caractérologie :* influence, équilibre, attention, conscience, exigence.

Lilyan

450

Lys (latin). *Caractérologie :* innovation, énergie, autorité, amitié, détermination.

Lin

190

Forêt, pierre précieuse (chinois). *Caractérologie :* achèvement, vitalité, stratégie, leadership, ardeur.

Lino

7 000 Top 200

Lin (grec). Lino est très répandu en Italie, dans les pays hispanophones et lusophones. *Caractérologie :* curiosité, dynamisme, courage, logique, indépendance.

Lionel

81 000 Top 2 000

Lion (latin). Masculin français et anglais. *Caractérologie :* sécurité, structure, persévérance, efficacité, logique.

Lionnel

2 000

Lion (latin). On peut estimer que moins de 30 enfants seront prénommés ainsi en 2023. *Caractérologie :* réflexion, altruisme, idéalisme, logique, intégrité.

Lior

800 Top 600

La lumière est à moi (hébreu). Masculin anglais. *Variante :* Lyor. *Caractérologie :* analyse, humanité, rectitude, rêve, ouverture d'esprit.

Lisandre

300 Top 2 000

Défense de l'humanité (grec). *Caractérologie :* résolution, ambition, autorité, innovation, énergie.

Lisandro
3 000 Top 400 ↗

Défense de l'humanité (grec). Masculin espagnol. Variante italienne : Lissandro. *Caractérologie :* résolution, ambition, autorité, innovation, énergie.

Lisandru
1 000 Top 2 000 →

Défense de l'humanité (grec). Cette forme corse d'Alexandre est très en vogue sur l'île de Beauté aujourd'hui. *Caractérologie :* achèvement, vitalité, stratégie, ardeur, résolution.

Livio
7 500 Top 100 ↗

Livio est un nom latin qui fut porté par une famille influente de la Rome antique. Dans les pays anglophones, Livia est considéré comme un diminutif d'Olivia. Masculin italien. *Caractérologie :* méthode, ténacité, fiabilité, raisonnement, engagement.

Lloyd
700 Top 2 000 →

Cheveux gris (gallois). Masculin anglais. *Caractérologie :* découverte, audace, séduction, énergie, originalité.

Loan
13 000 Top 300 ↘

Lumière (celte). Après être sorti du berceau breton qui l'avait vu naître dans les années 1980, Loan s'est propagé dans toute la France. Aujourd'hui, Loan est essentiellement attribué aux garçons dans l'Hexagone. *Caractérologie :* influence, équilibre, famille, éthique, exigence.

Loann
3 000 Top 500 ↘

Lumière (celte). Voir Loan. Prénom breton. *Caractérologie :* réceptivité, sociabilité, loyauté, diplomatie, bonté.

Loeiz
300 ↘

Forme bretonne de Louis : illustre au combat (germanique). *Caractérologie :* efficacité, structure, sécurité, persévérance, analyse.

Loevan
2 000 Top 600 ↘

Prénom breton dérivé de sainte Sève. Voir Loeva. *Caractérologie :* conscience, raisonnement, conseil, caractère, sagesse.

Logan
17 000 Top 100 ↗

Prairie (gaélique). Prénom écossais et anglais. Logan est le nom de marque d'une voiture commercialisée en Europe par Dacia, la filiale roumaine de Renault. *Variantes :* Logann, Loghan. *Caractérologie :* structure, persévérance, sécurité, sympathie, efficacité.

Lohan
6 000 Top 400 ↘

Lumière (celte). Voir Loan. Prénom breton. *Variante :* Lohann. *Caractérologie :* indépendance, courage, curiosité, dynamisme, charisme.

Loïc
102 000 Top 500 ↘

Illustre au combat (germanique). La ressemblance phonétique avec Loïg a fait renaître cette forme provençale de Louis en Bretagne, puis dans l'ensemble de l'Hexagone, à la fin des années 1980. *Variantes :* Lomig, Lowik. *Caractérologie :* logique, optimisme, communication, pragmatisme, créativité.

Loïck
3 000

Illustre au combat (germanique). Voir Loïc. Prénom breton. On peut estimer que moins de 30 enfants seront prénommés ainsi en 2023. *Caractérologie :* énergie, découverte, audace, originalité, raisonnement.

Loïk
750 ↓

Illustre au combat (germanique). Voir Loïc. En Bretagne, ce prénom s'orthographie le plus souvent sans tréma. *Variante :* Loïg. *Caractérologie :* fidélité, relationnel, intuition, médiation, analyse.

Louis

Fête : 25 août

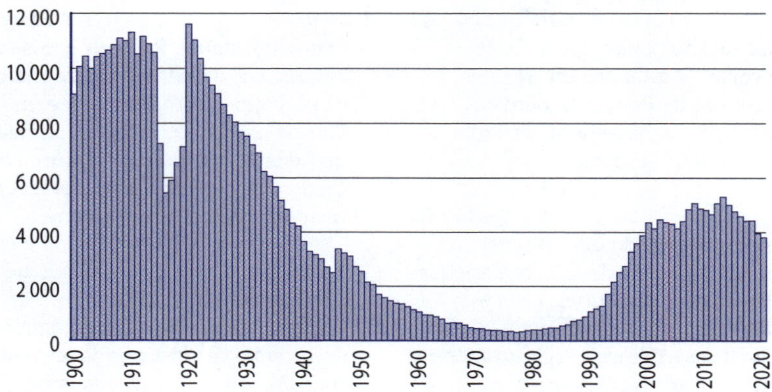

Étymologie

Du germain *hold*, « célèbre », et de *wig*, « combat », d'où le sens : « illustre au combat ». Louis le Pieux, le fils de Charlemagne, était roi d'Aquitaine lorsqu'il fut couronné empereur à Aix-la-Chapelle en 813. Son sacre traça la voie d'une longue dynastie de Louis : 17 rois français portant ce nom se sont succédé jusqu'au XIXe siècle. Mais malgré ce passé prestigieux, Louis n'a guère été attribué en France.

Après avoir battu des records d'impopularité à la fin de la Révolution, à la suite de l'exécution de Louis XVI, le prénom renaît à la fin du XIXe siècle. Il suscite un tel engouement qu'il brille au 2e rang des attributions masculines de 1901 à 1908. Après une période très discrète, Louis renaît dans les années 1990. Il a longtemps tergiversé, mais il brille désormais dans les tops 5 parisien et national.

Comme bien d'autres prénoms chrétiens, Louis cultive une carrière internationale. Il se positionne, aux côtés de Lewis et Luís, dans le top 60 de nombreux pays occidentaux. Dans la sphère francophone, il s'illustre parmi les premiers choix des parents wallons, suisses romands et québécois.

Dans l'histoire

Louis IX, ou **Saint Louis**, fut roi de France de 1226 à 1270. Passionné par la théologie dès son plus jeune âge, le souverain ordonna la construction de la Sainte-Chapelle à Paris et dirigea plusieurs croisades pour soutenir les royaumes chrétiens d'Orient affaiblis. Il mourut en 1270, lors de la 8e croisade, au pied des remparts de Tunis.

Louis XIV (1638-1715) accéda au trône à l'âge de 5 ans. Afin de le préparer à son règne personnel, le jeune Louis fut placé, durant 18 ans, sous la régence de sa mère, Anne d'Autriche. Conseillé par Colbert, il développa le commerce et réorganisa l'armée, l'administration et les finances du pays. Contemporain de Molière, La Fontaine et Lully, le Roi-Soleil a favorisé le rayonnement des arts et des sciences de la France dans le monde.

Louis Pasteur (1822-1895), chimiste et biologiste français, découvrit le processus de pasteurisation et le vaccin contre la rage au XIXe siècle. Louis Aragon a fondé le mouvement surréaliste français au début du XXe siècle.

La naissance du prince **Louis de Cambridge** (né le 23 avril 2018) dans la famille royale britannique pourrait aider Louis à revenir sur le trône... des prénoms français !

Statistiques

Louis est le 5e prénom masculin le plus donné en France depuis l'an 2000. Il est attribué à près d'un garçon sur 100 aujourd'hui.

Loïs
8 000 Top 300 ➔

Illustre au combat (germanique). Au masculin comme au féminin, Loïs est plus traditionnellement usité en Occitanie. *Caractérologie :* innovation, autorité, analyse, ambition, énergie.

Lolan
- de 100

Contraction de « lo » et des prénoms se terminant par « lan ». *Caractérologie :* intégrité, idéalisme, altruisme, réflexion, dévouement.

Loman
- de 100

Enfant nu (gaélique). Nom d'un saint irlandais qui vécut au Ve siècle. *Caractérologie :* autonomie, caractère, innovation, énergie, ambition.

Lorenzo
28 000 Top 200 ↘

Couronné de lauriers (latin). Cette forme italienne de Laurent était quasi inconnue en France avant les années 1990. Elle fait une belle percée actuellement. *Variantes :* Laurenzo, Lenzo, Lorent, Lorenz. *Caractérologie :* équilibre, famille, influence, raisonnement, éthique.

Loric
950 ↘

Couronné de lauriers (latin). *Variante :* Lorick. *Caractérologie :* créativité, optimisme, pragmatisme, communication, raisonnement.

Lorik
1 100

Petite caille (arménien). On peut estimer que moins de 30 enfants seront prénommés ainsi en 2023. *Caractérologie :* fidélité, relationnel, médiation, raisonnement, intuition.

Loris
15 000 Top 300 ↘

Couronné de lauriers (latin). Masculin français. *Variantes :* Lloris, Lorian, Lorin, Lorrain, Lorry, Lory, Lorys. *Caractérologie :* direction, dynamisme, audace, indépendance, logique.

Lorris
650

Couronné de lauriers (latin). *Caractérologie :* autorité, innovation, énergie, ambition, analyse.

Lothaire
400

Illustre guerrier (germanique). *Variantes :* Lothar, Luther. *Caractérologie :* connaissances, sagacité, spiritualité, sensibilité, raisonnement.

Lou
3 500 Top 400 ↗

Illustre au combat (germanique), lumière (celte). En dehors de l'Hexagone, Lou est plus particulièrement répandu dans les pays anglophones. *Caractérologie :* créativité, optimisme, sociabilité, communication, pragmatisme.

L

Louan
1 300

Lumière (celte). Voir Loan. Prénom breton. On peut estimer que moins de 30 enfants seront prénommés ainsi en 2023. *Variante :* Louen. *Caractérologie :* intégrité, altruisme, idéalisme, dévouement, réflexion.

Louca
3 500 Top 800

Lumière (latin). *Caractérologie :* originalité, spiritualité, sagacité, connaissances, philosophie.

Loucas
3 000 Top 700

Lumière (latin). *Caractérologie :* leadership, vitalité, stratégie, ardeur, achèvement.

Louis
194 000 Top 50

Illustre au combat (germanique). *Variantes :* Lewis, Louie, Lowie. *Caractérologie :* persévérance, structure, sécurité, efficacité, raisonnement.

Louis-Alexandre
300

Forme composée de Louis et Alexandre. Masculin français. *Caractérologie :* caractère, savoir, intelligence, logique, méditation.

L

Louis-Marie
1 900 Top 2 000

Forme composée de Louis et Marie. Masculin français. *Caractérologie :* curiosité, dynamisme, courage, caractère, logique.

Louison
5 000 Top 300

Illustre au combat (germanique). Ce prénom mixte est désormais porté par une majorité de filles. *Caractérologie :* décision, bienveillance, paix, conscience, logique.

Louis-Victor
180

Forme composée de Louis et Victor. Masculin français. *Caractérologie :* direction, dynamisme, audace, organisation, analyse.

Louka
14 000 Top 200

Lumière (latin). Masculin anglais et grec. *Variante :* Louki. *Caractérologie :* famille, équilibre, influence, responsabilité, gestion.

Loukas
2 500 Top 800

Lumière (latin). *Caractérologie :* analyse, indépendance, courage, dynamisme, curiosité.

Lounès
2 000 Top 800

Compagnon de fortune (arabe). *Variante :* Lounis. *Caractérologie :* audace, découverte, énergie, originalité, séduction.

Lounis
1 500 Top 1 000

Compagnon de fortune (arabe). *Caractérologie :* logique, humanité, décision, rectitude, rêve.

Loup
2 500 Top 400

Loup (latin). Saint Loup, évêque de Troyes en 426, convainquit le redouté Attila d'épargner sa ville du saccage. *Caractérologie :* innovation, autorité, énergie, autonomie, ambition.

Loyd
200

Cheveux gris (gallois). *Caractérologie :* médiation, fidélité, intuition, relationnel, adaptabilité.

Loys
400 Top 2 000

Illustre au combat (germanique). *Caractérologie :* vitalité, achèvement, ardeur, stratégie, leadership.

Luan
750 Top 2 000

Lumière (celte). Voir Loan. *Caractérologie :* enthousiasme, pratique, communication, adaptation, générosité.

Lubin
4 000 Top 500

Loup (latin). Masculin français. *Caractérologie :* honnêteté, sécurité, persévérance, structure, efficacité.

Lucas

Fête :
18 octobre

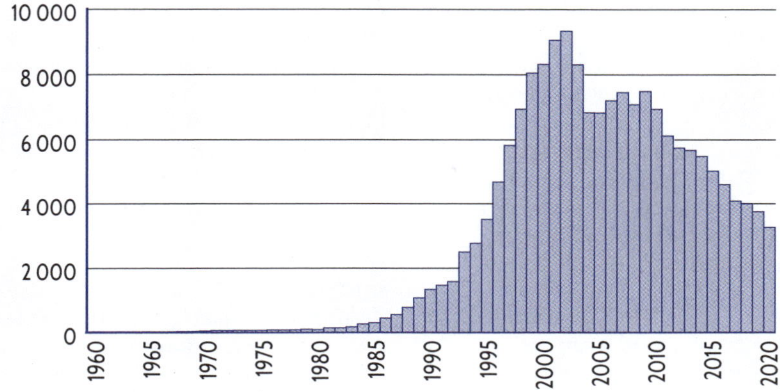

Étymologie

Dérivé de Luc, du latin *lux*, « lumière ». Ce prénom employé au Moyen Âge est longtemps resté dans l'ombre de Luc. Attribué en référence au saint qui en porta le nom, Luc se diffusa dans les pays chrétiens dès les premiers siècles, et traversa l'histoire sans jamais disparaître. Les années 1960 marquent le dernier boom de ses attributions françaises, particulièrement soutenues par le triomphe de Jean-Luc. Son reflux crée une opportunité que Lucas saisit dans les années 1980. Surgissant sous les traits d'un prénom neuf, il se précipite au sommet du classement en 2002. Il trône à maintes reprises sur ce dernier, prêtant ici et là sa couronne à Enzo et Nathan, pour mieux la reprendre ensuite. Aujourd'hui encore, Lucas devrait se maintenir dans les 15 premiers rangs masculins.

Sous ses différentes graphies, Lucas rayonne dans les palmarès de nombreux pays occidentaux. Les parents australiens, américains, canadiens, brésiliens, chiliens, scandinaves, wallons et québécois privilégient l'orthographe française de Lucas, tandis que les Romands et les Italiens se passent plus volontiers du « s » final. Dans les pays slaves, c'est Lukas qui l'emporte, alors qu'en Allemagne, il est dépassé par la popularité de Luca et Luka. En France, ces formes européennes n'ont pas vraiment convaincu.

Saint Luc parcourut la Gaule, l'Italie et la Macédoine dans l'objectif d'évangéliser ces régions. Auteur du troisième des quatre Évangiles, il mourut en martyr au Ier siècle. Il est le patron des peintres.

Saint Lucas, missionnaire dominicain, vécut au Japon au XVIIe siècle.

Personnes célèbres

Lucas Belvaux, acteur et réalisateur belge, né en 1961 ; George Lucas, cinéaste et producteur américain de *Star Wars*, né en 1944 ; Lucas Pouille, champion de tennis français, né en 1994.

Statistiques

Lucas est le 1er prénom masculin le plus donné en France depuis l'an 2000. Il est attribué à près d'un garçon sur 125 aujourd'hui.

Luc
55 000 Top 900

Lumière (latin). Voir le focus sur Lucas. *Caractérologie :* réflexion, intégrité, altruisme, idéalisme, dévouement.

Luca
16 000 Top 200

Lumière (latin). Voir le focus sur Lucas. *Caractérologie :* dynamisme, audace, direction, indépendance, assurance.

Lucas
180 000 Top 50

Lumière (latin). *Variantes :* Lucca, Luck, Lucka, Luckas, Lucke. *Caractérologie :* réceptivité, sociabilité, diplomatie, bonté, loyauté.

Lucian
800 Top 2 000

Lumière (latin). Prénom anglais, roumain et occitan. *Caractérologie :* exigence, influence, famille, équilibre, détermination.

Luciano
3 000 Top 500

Lumière (latin). Luciano est très répandu en Italie et dans les pays hispanophones et lusophones. *Caractérologie :* enthousiasme, communication, résolution, pratique, analyse.

Lucien
53 000 Top 200

Lumière (latin). La forme latine Lucius s'est diffusée en Orient chrétien et en Occident aux premiers siècles grâce au culte voué à plusieurs saints porteurs du nom. Lucien, la forme française moderne, émerge bien plus tard : elle devient très à la mode à la fin du XIXe siècle, après que Lucien Bonaparte (1775-1840) l'a illustrée. Elle pointe encore au 16e rang français au seuil de son déclin, en 1920. Après une période d'hibernation, Lucien bourgeonne depuis peu et semble prêt à fleurir de nouveau. *Variante :* Lulu. *Caractérologie :* dynamisme, direction, audace, indépendance, assurance.

Lucio
550 Top 2 000

Lumière (latin). *Variante :* Lucius. *Caractérologie :* raisonnement, volonté, indulgence, influence, harmonie.

Lucky
190

Lumière (latin). *Caractérologie :* idéalisme, dévouement, intégrité, altruisme, réflexion.

Ludovic
120 000 Top 2 000

Illustre au combat (germanique). Masculin anglais et français. *Caractérologie :* équilibre, influence, famille, exigence, raisonnement.

Ludovick
200

Illustre au combat (germanique). *Variantes :* Ludo, Ludovic, Ludovik. Forme basque : Lodoviko. *Caractérologie :* connaissances, sagacité, spiritualité, originalité, logique.

Ludwig
3 000

Illustre au combat (germanique). Ludwig est plus particulièrement usité en Allemagne et en Alsace. On peut estimer que moins de 30 enfants seront prénommés ainsi en 2023. *Variantes :* Ludwick, Ludwik. *Caractérologie :* ténacité, engagement, méthode, fiabilité, sympathie.

Luigi
4 000 Top 2 000

Illustre au combat (germanique). Luigi est très répandu en Italie et en Corse. *Variantes :* Luidgi, Luidji, Luiggi. *Caractérologie :* structure, persévérance, sécurité, honnêteté, efficacité.

Luis
9 000 Top 400

Illustre au combat (germanique). Luís est très répandu dans les pays hispanophones et lusophones. *Variante :* Luiz. *Caractérologie :* méditation, intelligence, savoir, indépendance, sagesse.

Luka
11 000 Top 300

Lumière (latin). Luka est répandu en Russie, en Macédoine et dans les pays slaves méridionaux. *Caractérologie :* rectitude, humanité, rêve, organisation, tolérance.

Lukas
9 500 Top 400

Lumière (latin). Lukas est très répandu en Allemagne, en Autriche et dans les pays scandinaves. *Caractérologie :* dynamisme, audace, direction, indépendance, organisation.

Luke
1 700 Top 800

Lumière (latin). Luke est très répandu dans les pays anglophones. *Caractérologie :* fiabilité, méthode, engagement, ténacité, sens du devoir.

Lyam
14 000 Top 50

Voir Liam. Masculin irlandais, français et anglais. *Caractérologie :* réalisation, sagesse, conseil, paix, conscience.

Lydéric
250

Puissant, glorieux (germanique). Dans l'Hexagone, Lydéric est plus traditionnellement usité dans les Flandres. *Variante :* Ludéric. *Caractérologie :* persévérance, sécurité, structure, efficacité, sympathie.

Lyès
2 500 Top 900

Seigneur Dieu (arabe). *Variante :* Lyess. *Caractérologie :* spiritualité, connaissances, sagacité, originalité, cœur.

Lylian
1 900 Top 2 000

Lys (latin). *Caractérologie :* direction, dynamisme, audace, résolution, sympathie.

Lyonel
600

Lion (latin). Masculin français. *Caractérologie :* médiation, relationnel, intuition, cœur, fidélité.

Lysandre
1 600 Top 500

Défense de l'humanité (grec). Masculin français. *Caractérologie :* réalisation, force, ambition, habileté, bonté.

M

M

M
130

Dans le langage phonétique des textos, M pourrait s'apparenter au verbe aimer. Mais ce prénom est né en 1961, bien avant l'apparition des téléphones portables, et bien avant de devenir le nom de scène du chanteur Matthieu Chedid. D'autres lettres ont depuis fait leur chemin, mais on peut douter que les enfants prénommés A, N ou X fassent trop d'envieux...

Macaire
- de 100

Bienheureux (grec). Masculin français. *Variantes :* Macario, Makari, Makary. *Caractérologie :* dynamisme, curiosité, courage, indépendance, résolution.

Macéo
2 000 Top 900

Arme médiévale, ou « du domaine de Matthieu » (vieux français). En dehors de l'Hexagone, Maceo est usité dans les pays anglophones. *Variantes :* Mace, Macey, Macy. *Caractérologie :* volonté, innovation, énergie, ambition, autonomie.

Madani
750 ↘

De la ville (arabe). *Caractérologie :* équilibre, responsabilité, famille, influence, résolution.

Mady
1 100 Top 700 ↑

Loué, félicité pour sa droiture (arabe). *Caractérologie :* réalisation, savoir, méditation, intelligence, indépendance.

Maé
7 500 Top 200 →

Chef, prince (celte). *Caractérologie :* autorité, innovation, ambition, énergie, autonomie.

Maël
70 000 Top 50 →

Chef, prince (celte). *Variantes :* Amaël, Maëlig, Maëlo, Maélio, Mahel, Mel, Mélaine. *Caractérologie :* efficacité, persévérance, structure, sécurité, honnêteté.

Maëlan
2 500 Top 300 →

Chef, prince (celte). Prénom breton. *Variantes :* Maëlann, Maëlien. *Caractérologie :* énergie, autorité, innovation, autonomie, ambition.

Maëlig
350 →

Chef, prince (celte). Ce prénom breton peut également s'orthographier sans tréma. *Caractérologie :* relationnel, intuition, réussite, médiation, cœur.

Maëlo
500 Top 800 →

Combinaison de Maël et des prénoms se terminant en « o ». *Caractérologie :* ambition, ténacité, direction, énergie, innovation.

Magnus
- de 100

Le grand (latin). Masculin scandinave. *Caractérologie :* communication, bonté, enthousiasme, réalisation, pratique.

Mahdi
2 500 Top 400 →

Loué, félicité pour sa droiture (arabe). *Variantes :* Madi, Mady. *Caractérologie :* habileté, force, passion, ambition, management.

Mahé
10 000 Top 200 →

Forme bretonne de Mathieu : don de Dieu (hébreu). Mahé est également le nom de l'île principale des Seychelles, dans l'océan Indien. Mahe s'écrit également sans accent. *Variante :* Mazen. *Caractérologie :* humanité, rectitude, rêve, générosité, tolérance.

Maher
1 600 Top 600 →

Celui qui excelle (arabe). *Variante :* Mahir. *Caractérologie :* ouverture d'esprit, rectitude, rêve, décision, humanité.

Mahin
- de 30

Puissant, extraordinaire (sanscrit). Masculin indien d'Asie. *Caractérologie :* idéalisme, résolution, réflexion, altruisme, intégrité.

Mahmoud
1 400 Top 2 000 →

Digne d'éloges (arabe). *Variante :* Mamoud. *Caractérologie :* pragmatisme, optimisme, créativité, sociabilité, communication.

Maïeul
170

Le mois de mai (latin). *Caractérologie :* intelligence, savoir, méditation, indépendance, détermination.

Maïlan
140 Top 2 000

Le féminin de ce prénom, une contraction de Mai Lan, signifie « fleur d'abricot et d'orchidée » en vietnamien. Au masculin, Maïlan est apparu dans les années 2010 dans l'Hexagone. *Caractérologie :* décision, méthode, famille, fiabilité, résolution.

Maixent
350 →

Le plus grand (latin). *Caractérologie :* audace, découverte, énergie, caractère, décision.

Majid
1 500

Noble, glorieux (arabe). On peut estimer que moins de 30 enfants

M

Maël

Fête :
24 mai

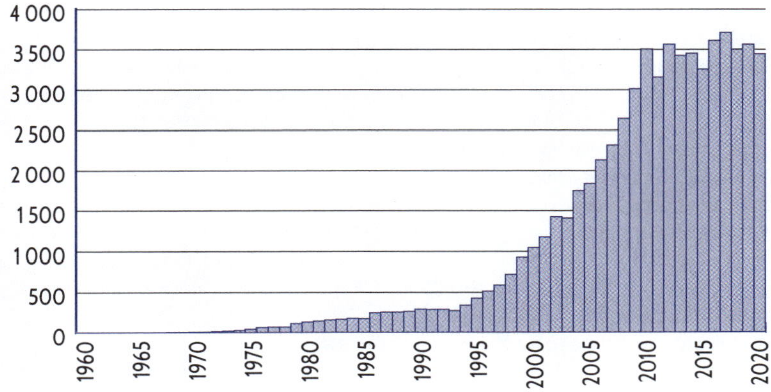

Étymologie

Du celte, « chef, prince ». Maël a longtemps été méconnu en dehors de son Armorique natale. Il le serait encore si la vague des prénoms bretons ne l'avait pas révélé. Parti avec une longueur d'avance sur Mathéo, Maël s'impose dans le top 40 français à la fin des années 1990. Il semble avoir atteint ses limites lorsque l'essor des prénoms bibliques lui redonne des ailes : le « el » de Maël ne rime-t-il pas avec Gabriel et Raphaël ? Fort de ce soutien inespéré, Maël pourrait battre tous ses records dans les 10 premiers rangs nationaux en 2023.

Ce rebond pourrait endiguer le reflux de dérivés féminins qui brillaient encore dans les années 2000. Parmi eux, citons les incontournables Maëlle, Maëlla, Maëlie/Maëly et Maëlys. Au masculin, Amaël, Maëlan, Maëlig et Mel sont restés discrets. Ils doivent envier le destin de Maé, devenu en quelques années l'un des prénoms mixtes les plus attribués en France.

Maël fait peu d'émules à l'international, mais il s'élève dans les tops 30 suisse romand et wallon. Les québécois lui donnent sa chance en le hissant au top 100.

Comme il est coutume de le faire en Bretagne, Mael et ses formes dérivées peuvent s'orthographier sans tréma.

D'origine irlandaise ou galloise, **saint Maël** est le neveu de saint Patrick (le patron des Irlandais) et le frère de Rieg. On sait peu de choses sur ce saint qui vécut au Ve siècle.

Personnes célèbres

Maël de Calan, candidat à la présidence des Républicains, ancien secrétaire national de l'UMP, né en 1980. Martin Leclerc, dit Maël, dessinateur français de bandes dessinées, né en 1976.

Statistiques

Maël est le 22e prénom masculin le plus donné en France depuis l'an 2000. Il est attribué à près d'un garçon sur 100 aujourd'hui. Notons que Louis-Maël, Pierre-Maël, Jean-Maël et Yann-Maël bourgeonnent actuellement en France.

seront prénommés ainsi en 2023. *Variantes :* Majdi, Madjid. *Caractérologie :* indépendance, assurance, direction, audace, dynamisme.

Majoric
- de 30

Grand (latin). *Caractérologie :* équilibre, responsabilité, influence, famille, logique.

Malcolm
1 600 Top 2 000

Disciple de sainte Colombe (gaélique). Masculin anglais. *Variante :* Malcom. *Caractérologie :* conseil, bienveillance, sagesse, conscience, paix.

Malek
2 500 Top 700

Roi (arabe). *Caractérologie :* responsabilité, famille, équilibre, influence, organisation.

Malik
12 000 Top 300

Roi (arabe). *Variantes :* Maelick, Malick, Malike, Melek, Mélih, Mélik. *Caractérologie :* ambition, autorité, organisation, innovation, énergie.

Mallory
750 Top 800

Prince sage (celte). Masculin anglais. *Variantes :* Malaury, Mallaury. *Caractérologie :* paix, réussite, conscience, bienveillance, logique.

Malo
22 000 Top 50

Prince sage (celte). Masculin breton. *Variante :* Malou. *Caractérologie :* curiosité, dynamisme, courage, indépendance, charisme.

Malone
8 500 Top 100

Ancien patronyme irlandais signifiant « serviteur de saint John ». *Variante :* Malonn. *Caractérologie :* bienveillance, volonté, paix, conscience, conseil.

Malory
400 Top 2 000

Prince sage (celte). Masculin anglais. *Caractérologie :* pratique, communication, réalisation, enthousiasme, analyse.

Malvin
300

Ami de l'assemblée (celte). Masculin anglais. *Variante :* Malween. *Caractérologie :* stratégie, vitalité, achèvement, ardeur, résolution.

Mamadou
7 500 Top 300

Qui vient d'être sevré (arabe). Masculin sénégalais. *Caractérologie :* audace, énergie, découverte, originalité, séduction.

Manao
250 Top 2 000

Nom de ville située sur la rive du Rio Negro, au Brésil. *Caractérologie :* passion, force, meneur, achèvement, habileté.

Mandel
- de 30

Amande (germanique). *Caractérologie :* fiabilité, ténacité, engagement, méthode, sens du devoir.

Manech
400

Dieu fait grâce (hébreu), d'une intelligence suprême (sanscrit). *Caractérologie :* vitalité, ardeur, leadership, stratégie, achèvement.

Manéo
150

Contraction de Manuel et Néo. *Caractérologie :* communication, créativité, pratique, optimisme, adaptation.

Manfred
500

Homme de paix (germanique). Masculin allemand, néerlandais et anglais. *Caractérologie :* intelligence, méditation, savoir, détermination, volonté.

Mani
750 Top 900

Joyau (sanscrit). Prénom indien d'Asie. *Caractérologie :* énergie, décision, ambition, autorité, innovation.

Mano
800

Cœur, esprit (thaïlandais), requin, amoureux passionné (hawaïen), et

Les prénoms de rois

La vogue du rétro a fait renaître bien des prénoms oubliés. Curieusement, cet engouement ne s'est pas propagé aux prénoms royaux masculins qui, à l'exception de Louis, restent peu attribués.

Prenons le temps de revisiter l'histoire sous cet angle particulier. Qui sait… après Charles qui reprend du galon, Henri, François, Jean ou Philippe pourraient bien briguer les faveurs des parents ces prochaines années…

Le répertoire ci-dessous retrace les dynasties successives des rois de France :

Les Carolingiens (715-987)
Pépin le Bref
Charles Ier ou Charlemagne
Louis Ier le Pieux
Charles II le Chauve
Louis II le Bègue
Louis III
Carloman
Charles le Gros
Eudes
Charles III le Simple
Robert Ier
Raoul de Bourgogne
Louis IV d'Outremer
Louis V le Fainéant

Les Capétiens (987-1328)
Hugues Capet
Robert II le Pieux
Henri Ier
Philippe Ier
Louis VI le Gros
Louis VII le Jeune
Philippe II Auguste
Louis VIII le Lion
Louis IX le Saint
Philippe III le Hardi
Philippe IV le Bel
Louis X le Hutin
Philippe V le Long
Charles IV le Bel

Les Valois (1328-1589)
Philippe VI de Valois
Jean II le Bon
Charles V le Sage
Charles VI le Fol
Charles VII le Victorieux
Louis XI
Charles VIII l'Affable
Louis XII Père du peuple
François Ier le Roi-Chevalier
Henri II
François II
Charles IX
Henri III

Les Bourbons (1589-1830)
Henri IV le Vert-Galant
Louis XIII le Juste
Louis XIV le Grand
Louis XV le Bien-Aimé
Louis XVI
Louis XVIII
Charles X

Les Orléans (1830-1848)
Louis-Philippe Ier

M

diminutif hongrois et anglophone d'Emmanuel. *Caractérologie :* méditation, caractère, savoir, indépendance, intelligence.

Manoa
1 900 Top 600 →

Reposé, apaisé (hébreu). *Caractérologie :* passion, habileté, volonté, force, ambition.

Manoah
1 000 Top 2 000 →

Reposé, apaisé (hébreu). Dans l'Ancien Testament, Manoah est le père de Samson. *Variante :* Manoa. *Caractérologie :* connaissances, spiritualité, caractère, sagacité, originalité.

Manoé
3 000 Top 300 →

Contraction d'Emmanuel et Noé. *Caractérologie :* pragmatisme, volonté, optimisme, créativité, communication.

Manoël
450

Contraction d'Emmanuel et Joël. *Variantes :* Manaël, Mano, Manoé, Manolis, Manolito, Manolo. *Caractérologie :* paix, bienveillance, conseil, conscience, caractère.

Manolo
1 100 Top 2 000 ↘

Dieu est avec nous (hébreu). Prénom espagnol. *Caractérologie :* savoir, intelligence, ténacité, indépendance, méditation.

Mansour
1 200 Top 2 000 →

Victorieux (arabe). *Variante :* Manssour. *Caractérologie :* volonté, sociabilité, diplomatie, réceptivité, raisonnement.

Manu
550 ↘

Penseur, sage (sanscrit), forme basque de Manuel : Dieu fait grâce (hébreu), oiseau (tahitien). *Caractérologie :* sécurité, efficacité, structure, persévérance, honnêteté.

Manua
- de 100

L'oiseau porteur de bonheur (tahitien). *Caractérologie :* persévérance, structure, honnêteté, sens du devoir, efficacité.

Manuel
32 000 Top 800 ↘

Dieu est avec nous (hébreu). Manuel est très répandu dans les pays germanophones, lusophones et hispanophones. C'est aussi un choix traditionnel basque. *Caractérologie :* pragmatisme, créativité, communication, optimisme, sociabilité.

Mao
1 100 Top 500 ↗

Cet ancien prénom chinois et japonais a été popularisé au XXe siècle par l'homme politique chinois Mao Zedong, fondateur du maoïsme. Ayant surgit en France dans les années 1990 dans le sillon de Maho, une forme bretonne de Mathieu, Mao s'est également bretonnisé. *Caractérologie :* engagement, fidélité, communication, médiation, intuition.

Maodan
- de 100

Jeune, passionné (breton). *Variantes :* Maodez, Modan, Modanig. *Caractérologie :* volonté, optimisme, pragmatisme, créativité, communication.

Marc
179 000 Top 400 →

Se rapporte à Mars, dieu romain de la Guerre. La forme latine Marcus est fréquente dans la Rome antique, mais Marc et ses différentes graphies (Mark, Marcos, Markus, Marek, etc.) se diffusent longtemps après le martyre de saint Marc l'évangéliste au Ier siècle. Mark monte en faveur auprès des puritains anglophones au XVIIe siècle et devient très attribué dans les années 1960 dans le monde occidental. Dans l'Hexagone, Marc connaîtra un certain succès de 1940 à 1980, suffisant pour le placer au 44e rang des prénoms les plus attribués en France au XXe siècle. *Caractérologie :*

Les prénoms composés

Ci-dessous le top 10 des prénoms composés masculins, estimé pour l'année 2023. Le classement a été effectué par ordre décroissant d'attribution.

1. Mohamed-Ali
2. Mohamed-Amine
3. Léo-Paul
4. Chems-Eddine
5. Mohamed-Lamine
6. Jean-Baptiste
7. Paul-Antoine
8. Marc-Antoine
9. Louis-Marie
10. Jean-Philippe

En 2008, Mohamed-Amine a tourné une page importante de l'histoire des prénoms composés. D'une part, il a supplanté Jean-Baptiste qui régnait sans partage depuis 1981. D'autre part, sa consécration a conforté la percée des compositions arabes. Aboutissement d'un phénomène d'envergure entamé dans les années 1980, quatre d'entre elles devraient figurer dans le top 10 estimé pour 2023.

Qu'il semble lointain, le temps où Jean était incontournable ! Et pourtant, ce dernier dominait encore le tableau masculin au début des années 2000... Mais cette tendance est toute relative. Au firmament de cette sélection, Mohamed-Ali et Mohamed-Amine ne sont en réalité que 749e et 766e dans le classement national, avec 60 attributions en 2023.

Par ailleurs, le reflux des compositions traditionnelles ne signifie pas que ces dernières aient totalement disparu. Au demeurant, Mohamed et ses 90 formes composées ne font pas encore le poids face à Louis, Marc et Paul qui en comptent près de 200. Pas de quoi inquiéter Jean qui compose à lui seul plus de 260 duos.

Dans le reste du classement, Jean-Baptiste est une valeur sûre des choix classiques, mais il disparaît du peloton de tête. Dans ce contexte, le rebond de Léo-Paul, concomitant à celui de Léo et Paul, apparaît comme un baroud d'honneur. C'est Antoine qui crée la surprise en occupant 2 places au tableau. On peut faire confiance à Marc-Antoine, bras droit de César et amant de Cléopâtre, pour livrer bataille.

À l'abri des regards, mais aux portes du top 10, Jean-Joseph, Jean-Gabriel et Louis-Gabriel, avec leurs compositions à la page, viennent animer le vivier toujours plus restreint des prénoms composés. Affaire à suivre...

Retrouvez le quiz sur les prénoms composés interdits dans le carnet bullet détachable !

habileté, force, management, ambition, passion.

Marc-Alexandre
400

Forme composée de Marc et Alexandre. Masculin français. *Caractérologie :* intuition, médiation, relationnel, volonté, raisonnement.

Marc-Antoine
5 500 Top 2 000 ↘

Forme composée de Marc et Antoine. Masculin français. *Caractérologie :* énergie, audace, découverte, volonté, analyse.

Marceau
18 000 Top 50 ↑

Se rapporte à Mars, le dieu romain de la Guerre (latin). Masculin français. *Caractérologie :* ambition, force, passion, habileté, résolution.

Marcel
91 000 Top 200 ↑

Se rapporte à Mars, le dieu romain de la Guerre (latin). Ce diminutif de Marc a été porté par plusieurs saints, dont saint Marcel, un pape martyrisé au IVe siècle par l'empereur Dioclétien. Malgré sa notoriété, ce prénom tarde à se manifester dans l'Hexagone. Comme s'il avait attendu la naissance de Marcel Proust (1871-1922), ou celle de Marcel Duchamp (1887-1968), Marcel jaillit à la fin du XIXe siècle. Il figure parmi les 10 premiers rangs masculins de 1900 à 1930 et se replie lentement ensuite. Il renaît avec Marceau dans les années 2010. *Variantes :* Marcian, Marcien, Marcio. *Caractérologie :* intelligence, indépendance, savoir, décision, méditation.

Marcelin
1 300 Top 900 ↗

Se rapporte à Mars, le dieu romain de la Guerre (latin). Masculin français. *Caractérologie :* détermination, enthousiasme, communication, pratique, adaptation.

Marcellin
1 100

Se rapporte à Mars, le dieu romain de la Guerre (latin). Masculin français. On peut estimer que moins de 30 enfants seront prénommés ainsi en 2023. *Variante :* Marcelino. *Caractérologie :* responsabilité, famille, influence, équilibre, résolution.

Marcello
550 Top 2 000 →

Se rapporte à Mars, le dieu romain de la Guerre (latin). Prénom italien. *Caractérologie :* raisonnement, savoir, méditation, volonté, intelligence.

Marco
8 000 Top 600 →

Se rapporte à Mars, le dieu romain de la Guerre (latin). Marco est très répandu en Italie, dans les pays hispanophones et lusophones. *Variantes :* Marcos, Marko. *Caractérologie :* analyse, courage, dynamisme, curiosité, indépendance.

☆ Au XIIIe siècle, un jeune vénitien de 17 ans, Marco Polo, part sur la route de la soie et découvre la Chine. Après plus de 15 ans passés au service du petit-fils de Gengis Khan, il fait le récit de ses aventures dans le *Livre des merveilles*, l'un des premiers best-sellers. Il est l'un des plus grands explorateurs de tous les temps.

Marc-Olivier
800

Forme composée de Marc et Olivier. Masculin français. *Caractérologie :* volonté, vitalité, achèvement, stratégie, analyse.

Marcus
4 000 Top 300 ↗

Se rapporte à Mars, le dieu romain de la Guerre (latin). Ce prénom romain est plus particulièrement recensé aux Pays-Bas. *Variante :* Markus. *Caractérologie :* optimisme, communication, créativité, sociabilité, pragmatisme.

Marek
500 →

Se rapporte à Mars, le dieu romain de la Guerre (latin). Prénom polonais et

M

Marceau

Fête :
16 janvier

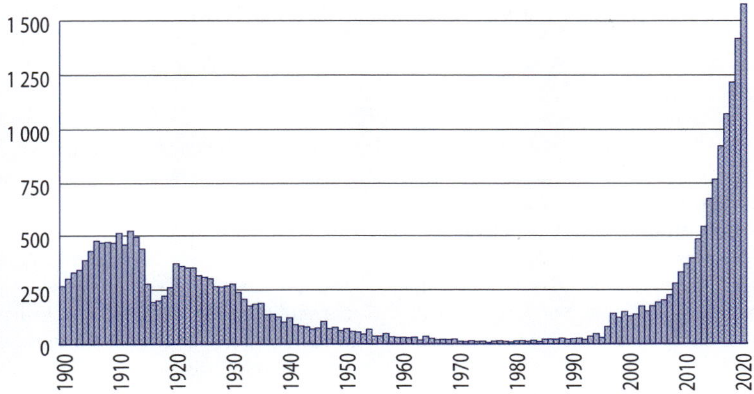

Étymologie

Cette variante de Marcel se rapporte à Mars, dieu romain de la Guerre. Seuls les batailles et les combats réjouissaient cette divinité romaine. Laissant les finesses stratégiques à Minerve, il avait le don de réveiller l'instinct guerrier des combattants. Bon sang ne saurait mentir, Marceau est un conquérant... Et révolutionnaire avec ça ! Présent dans le calendrier républicain (en référence au saule marsault), Marceau est aussi le nom porté par un général héros de l'armée révolutionnaire.

Le prénom reste présent tout au long du XIXe siècle, jusqu'à connaître un pic en 1912, en se classant au 67e rang du classement national. Puis il entame un lent déclin. La vague des rétro et des terminaisons en « o » l'invite à renaître à la fin du siècle. Il le fait d'autant mieux que la renommée du mime Marceau est à son sommet. Depuis la disparition du mime, en 2007, le prénom s'envole encore plus nettement, comme pour lui rendre hommage : Marceau est intronisé dans le top 30 et il ne devrait pas en rester là !

Son succès se propagera-t-il aux pays francophones et à l'échelle internationale ?

Son grand cousin Marcel, récemment sorti des oubliettes, s'envole lui aussi. Il vient d'être admis dans le top 150, devant Marcus qui s'en approche. Marcelin (ou Marcellin), Marcial et Marcelo restent quant à eux très discrets.

Personnes célèbres

Marcel Marceau, dit le mime Marceau (1923-2007), a marqué plusieurs générations, tant en France qu'à l'international, en portant son art à une perfection inégalée, grâce à son personnage Bip, Pierrot des temps modernes. Enfin notre sémillante gloire nationale, Sophie Marceau, a choisi ce prénom comme pseudonyme et patronyme.

Autres personnes célèbres

Marceau Long, haut fonctionnaire et grand serviteur de l'État (1926-2016) ; Marceau Constantin, peintre et dessinateur (1918-2017) ; Marceau Stricanne, Marceau Somerlinck et Marceau Lherminé, nés dans les années 1910-1920, tous trois footballeurs ; Marceau Fourcade, médaillé olympique en 1936.

Statistiques

Marceau est le 103e prénom masculin le plus donné en France depuis l'an 2000. Il est attribué à près d'un garçon sur 190 aujourd'hui.

tchèque. *Caractérologie :* pragmatisme, créativité, communication, optimisme, détermination.

Marian
1 300 Top 2 000

Celui qui élève (hébreu). Prénom anglais et roumain. *Caractérologie :* réceptivité, décision, sociabilité, diplomatie, loyauté.

Mariano
1 100 Top 2 000

Celui qui élève (hébreu). Mariano est très répandu en Italie, dans les pays hispanophones et lusophones. *Variante :* Marianno. *Caractérologie :* détermination, force, ambition, volonté, habileté.

Marien
650

Celui qui élève (hébreu). *Caractérologie :* famille, équilibre, responsabilité, influence, décision.

Marin
10 000 Top 100

Contrairement à une idée préconçue, ce prénom n'a rien de breton. Il est latin étymologiquement (*mare*, mer en latin) et occitan. En dehors de l'Hexagone, Marin est plus particulièrement usité en Bulgarie, en Croatie, en Serbie et en Roumanie. *Caractérologie :* ambition, décision, autorité, innovation, énergie.

M

Marino
450

Mer (latin). *Caractérologie :* intelligence, savoir, méditation, résolution, volonté.

Mario
13 000 Top 800

Celui qui élève (hébreu). Mario est très répandu en Italie, dans les pays hispanophones et lusophones. *Caractérologie :* diplomatie, réceptivité, loyauté, sociabilité, bonté.

Marius
36 000 Top 50

Voir le focus sur ce prénom. *Variante :* Maryus. *Caractérologie :* humanité, rectitude, rêve, générosité, tolérance.

Mark
2 000 Top 2 000

Se rapporte à Mars, le dieu romain de la Guerre (latin). Masculin anglais, russe, néerlandais, slovène et hongrois. *Variante :* Marck. *Caractérologie :* connaissances, sagacité, spiritualité, originalité, philosophie.

Marley
4 500 Top 300

De la terre des lacs (vieil anglais). *Caractérologie :* médiation, relationnel, intuition, réussite, cœur.

Marlon
4 500 Top 200

Faucon (anglais). Ce prénom est particulièrement recensé aux États-Unis. *Variante :* Marlone. *Caractérologie :* audace, dynamisme, caractère, direction, logique.

Marouane
3 000

Roche, quartz (arabe). On peut estimer que moins de 30 enfants seront prénommés ainsi en 2023. *Variantes :* Maroin, Maroine, Marouan, Marouen. *Caractérologie :* spiritualité, connaissances, volonté, sagacité, raisonnement.

Martial
25 000 Top 2 000

Se rapporte à Mars, le dieu romain de la Guerre (latin). Masculin français. *Variantes :* Marcial, Mars, Martel, Marti, Martian, Martie, Marty. *Caractérologie :* intuition, organisation, médiation, relationnel, fidélité.

Martin
61 000 Top 50

Se rapporte à Mars, le dieu romain de la Guerre (latin). *Variantes :* Marteen, Martino, Marty, Morten. *Caractérologie :* pratique, adaptation, communication, détermination, enthousiasme.

Marvin
12 000 Top 700

Ami de la mer (anglais). Marvin est très répandu dans les pays anglophones.

Marius

Fête :
19 janvier

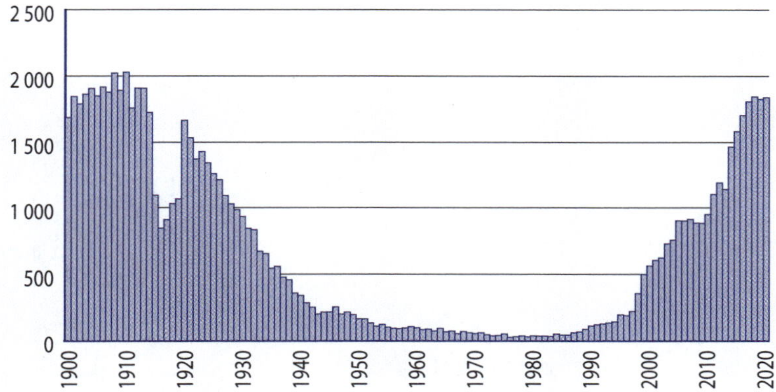

Étymologie

Du latin *maris*, « de la mer ». Marius est également le nom d'un général et homme d'État romain, Caius Marius (157-86 avant J.-C.), connu pour avoir réformé l'armée romaine. Ce patronyme émerge sous forme de prénom au XIXe siècle en France (notamment en Provence) et dans plusieurs pays européens. Il s'affiche au 27e rang national en 1910, son dernier point culminant, avant d'inspirer le premier volet de la trilogie marseillaise *Marius*, *Fanny*, *César* de Marcel Pagnol. Cette pièce de théâtre, jouée dès 1929 à Paris, puis adaptée 2 ans plus tard au cinéma, connaît un vif succès, stoppant temporairement le reflux du prénom en France. Marius rebondit dans l'Hexagone à la fin du XXe siècle, et brille singulièrement plus dans le Nord que dans le Sud. Il évolue dans le top 30 national depuis 2020.

Dans d'autres pays francophones, Marius fait quelques émules en Wallonie, mais il reste rarissime en Romandie et au Québec. Ailleurs, ce prénom est plus particulièrement répandu dans les pays de l'Est, ainsi que dans les contrées scandinaves et germanophones.

Dans l'histoire

Selon Geoffroy de Monmouth, auteur au XIIe siècle de l'*Histoire des rois de Bretagne*, Marius fut l'un des rois de l'île de Grande-Bretagne (alors appelée Bretagne) durant l'occupation romaine. Fils du roi Arviragus, il vainquit les Pictes de Scythie venus envahir l'île et fit régner la paix et la justice.

Personnes célèbres

Marius Petipa, danseur et chorégraphe français (1822-1910) ; Marius Constant, compositeur et chef d'orchestre français d'origine roumaine (1925-2004) ; Marius Trésor, footballeur international français, né en 1950.

Statistiques

Marius est le 57e prénom masculin le plus donné en France depuis l'an 2000. Il est attribué à près d'un garçon sur 190 aujourd'hui.

Martin

Fête :
11 novembre

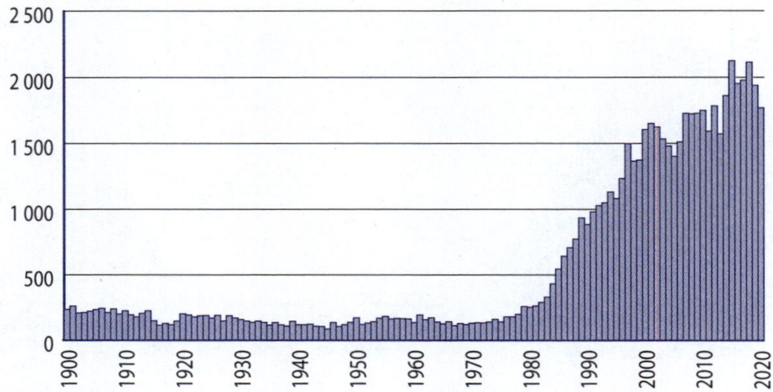

Étymologie

Ce dérivé du latin *martinus* se rapporte à Mars, le dieu romain de la Guerre. Martin est le patronyme le plus répandu en France, mais il est aussi très présent par le nombre de rues et lieux qui portent son nom. C'est l'immense popularité de saint Martin de Tours, évangélisateur de la Gaule au IVe siècle, qui fit prospérer le nom dans toute l'Europe. Au Moyen Âge, avant même d'être porté par une lignée de 5 papes, Martin est déjà très courant.

Après une période de retrait, Martin revient en faveur au XXe siècle dans les pays anglophones, germanophones, slaves et scandinaves. Sans descendre en deçà des 100 attributions annuelles, il végète de longues années en France avant de renaître dans les années 1990. Son ascension, lente mais constante, porte ses fruits : après avoir rejoint l'élite parisienne, il ambitionne d'intégrer le top 30 national.

En dehors de l'Hexagone, Martin a commencé sa patiente entreprise de séduction en Wallonie et en Suisse romande. Des deux côtés de l'Atlantique, les parents hispanophones le plébiscitent, notamment en Espagne et au Chili. Cette percée augure peut-être des succès européens à venir...

Dans l'histoire

Le théologien **Martin Luther** (1483-1546) défie le pape en soutenant que la Bible est la seule source légitime d'autorité chrétienne. Banni en 1521 par l'empereur Charles Quint, il traduit la Bible en allemand et s'attelle à la réforme de l'Église. Il est le père du protestantisme.

Pasteur baptiste afro-américain, militant non violent pour les droits des Noirs, **Martin Luther King** (1929-1968) organise des actions pacifiques pour défendre le droit de vote, abolir la ségrégation raciale et lutter contre les inégalités. Il est l'auteur du célèbre *I have a dream*, cœur du discours prononcé le 28 août 1963 à Washington, dans lequel il promeut l'espoir d'une plus grande justice sociale et d'une fraternité entre les communautés. Il reçoit le prix Nobel de la paix en 1964 et meurt assassiné à Memphis en 1968.

Autres personnes célèbres
Martin Heidegger, philosophe allemand (1889-1976) ; Martin Scorcese, réalisateur américain né en 1942 ; Martin Fourcade, biathlète français, quintuple champion olympique, né en 1988.

Statistiques
Martin est le 42e prénom masculin le plus donné en France depuis l'an 2000. Il est attribué à près d'un garçon sur 210 aujourd'hui.

Variantes : Marveen, Marvine, Marving. *Caractérologie :* curiosité, dynamisme, courage, décision, indépendance.

Marvyn
1 800 Top 2 000 ↗
Ami de la mer (anglais). *Variantes :* Marwen, Marwin. *Caractérologie :* enthousiasme, réalisation, communication, pratique, détermination.

Marwan
7 500 Top 500 →
Roche, quartz (arabe). *Caractérologie :* intelligence, indépendance, méditation, savoir, résolution.

Marwane
3 500 Top 2 000 ↘
Roche, quartz (arabe). *Caractérologie :* communication, pratique, adaptation, enthousiasme, détermination.

Maryan
450
Celui qui élève (hébreu). *Variante :* Mary. *Caractérologie :* humanité, rêve, réalisation, rectitude, résolution.

Massimo
1 000 Top 2 000 ↗
Le plus grand (latin). Prénom italien. *Caractérologie :* management, ambition, force, habileté, passion.

Matei
900 Top 600 →
Don de Dieu (hébreu). Masculin roumain et basque. *Variantes :* Matej, Matvei, Matvey. *Caractérologie :* pragmatisme, communication, décision, optimisme, créativité.

Mateo
21 000 Top 200 →
Don de Dieu (hébreu). En faveur dans les années 1990, ce prénom venu d'Espagne a lancé la carrière de Mathéo. *Caractérologie :* intégrité, idéalisme, altruisme, réflexion, caractère.

Mathéis
1 500 Top 600 ↘
Contraction de Mathéo et Mathis. Mathéis a été recensé pour la première fois dans l'Hexagone en 2008. *Caractérologie :* communication, générosité, détermination, adaptation, émotion.

Mathelin
- de 30
Don de Dieu (hébreu). *Variante :* Matelin. *Caractérologie :* direction, audace, sensibilité, détermination, dynamisme.

Mathéo
58 000 Top 100 ↘
Don de Dieu (hébreu). Cette forme bretonne de Mathieu est apparue un an après l'émergence de Matteo. L'engouement des Français a été d'autant plus rapide que la vague des prénoms bretons propulsait déjà Maëlys, Lena et Maël vers le sommet. Mathéo s'est répandu dans toute la France pour s'imposer, au sommet de sa carrière, au 10e rang masculin en 2007. *Caractérologie :* ambition, force, caractère, habileté, attention.

Mathias
38 000 Top 200 ↘
Don de Dieu (hébreu). En dehors de l'Hexagone, Mathias est répandu dans

M

les pays germanophones et scandinaves. *Variante :* Matias. *Caractérologie :* force, habileté, passion, ambition, management.

Mathieu
145 000 Top 400

Don de Dieu (hébreu). Doté d'un saint apôtre très célèbre, Mathieu est assez commun au Moyen Âge. Il connaît une faveur accrue au XVIe siècle, durant la Réforme, avant de se mettre en veille jusqu'à la fin du XXe siècle. Il renaît dans le monde occidental et les pays slaves sous ses nombreuses graphies (Mathew et Matthew en anglais, Matteo en espagnol, Mateo in italien, Matvei en russe, etc.). En France, Mathieu se place 11e en 1986, l'année de son apogée, avant d'être supplanté par Matteo et Mathéo. Percepteur des impôts au bureau de douane de Capharnaüm (en Galilée), saint Matthieu quitta son travail afin de suivre le Christ. Choisi comme apôtre, il écrivit le premier des quatre Évangiles et partit évangéliser l'Éthiopie. *Caractérologie :* découverte, énergie, audace, décision, attention.

M

Mathis
86 000 Top 50

Don de Dieu (hébreu). Bien qu'il ait prénommé quelques garçons au début du XXe siècle, Mathis est pratiquement inconnu des Français avant les années 1990. C'est alors qu'il émerge avec tout l'attrait d'un prénom neuf, s'imposant comme l'héritier moderne de Mathias et Mathieu. Il bondit au 3e rang du palmarès en 2006, son plus grand coup d'éclat. *Caractérologie :* originalité, spiritualité, connaissances, philosophie, sagacité.

Mathurin
1 800 Top 2 000

Maturité (latin). *Variante :* Maturin. *Caractérologie :* curiosité, courage, décision, dynamisme, attention.

Mathys
28 000 Top 200

Don de Dieu (hébreu). Voir Mathis. *Caractérologie :* découverte, énergie, audace, réalisation, originalité.

Matis
6 500 Top 700

Don de Dieu (hébreu). *Variantes :* Mathiss, Mathyss, Matiss, Mattis, Matys, Matyss, Matysse. *Caractérologie :* force, passion, ambition, habileté, management.

Matisse
3 000 Top 900

Don de Dieu (hébreu). *Caractérologie :* résolution, originalité, découverte, énergie, audace.

Matt
3 000 Top 900

Diminutif anglophone de Mathieu. *Caractérologie :* ouverture d'esprit, humanité, générosité, rêve, rectitude.

Matteo
41 000 Top 100

Don de Dieu (hébreu). Ce prénom italien et corse a percé dans l'Hexagone dans les années 1990. Son succès a promu celui de Mathéo, la forme bretonne de Mathieu, qui s'est rapidement imposée en haut du palmarès masculin. *Variantes :* Mathéos, Mateos. *Caractérologie :* médiation, fidélité, relationnel, intuition, volonté.

Matthéo
3 500 Top 1 000

Don de Dieu (hébreu). *Caractérologie :* direction, audace, dynamisme, attention, caractère.

Matthew
4 500 Top 600

Don de Dieu (hébreu). Matthew est très répandu dans les pays anglophones. *Variantes :* Mathew, Matt, Matteu, Mattew, Mattie, Matthaeus, Mattheus. *Caractérologie :* rectitude, rêve, humanité, ouverture d'esprit, finesse.

Matthias
15 000 Top 500

Don de Dieu (hébreu). Matthias est très répandu en Allemagne et en Grèce.

Variantes : Mattia, Mattias. *Caractérologie :* audace, direction, dynamisme, indépendance, assurance.

Matthieu
80 000 Top 400

Don de Dieu (hébreu). Percepteur des impôts au bureau de douane de Capharnaüm (en Galilée), saint Matthieu quitta son travail afin de suivre le Christ. Choisi comme apôtre, il écrivit le premier des quatre Évangiles et partit évangéliser l'Éthiopie. Saint Matthieu est le patron des banquiers, des comptables, des douaniers et des inspecteurs des impôts. *Variante :* Mattieu. *Caractérologie :* résolution, savoir, finesse, méditation, intelligence.

Matthis
3 000 Top 2 000

Don de Dieu (hébreu). *Variantes :* Mattis, Matthys, Mattys. *Caractérologie :* rectitude, rêve, tolérance, humanité, générosité.

Maurice
73 000 Top 2 000

Sombre, foncé (latin). Général de la légion thébaine et martyr au IIIe siècle, saint Maurice est le patron des militaires et des teinturiers. En dehors de l'Hexagone, ce prénom est très répandu dans les pays anglophones. *Variantes :* Mauricio, Maurilio, Moris, Moriss. *Caractérologie :* intelligence, méditation, savoir, décision, indépendance.

Maurin
200

Celui qui élève (hébreu). *Caractérologie :* efficacité, persévérance, structure, détermination, sécurité.

Maverick
600

L'indépendant (anglais). Maverick est essentiellement recensé aux États-Unis et en Irlande. *Variante :* Mavrick. *Caractérologie :* dynamisme, résolution, direction, organisation, audace.

Max
24 000 Top 400

Le plus grand (latin). Max est répandu dans les pays germanophones, anglophones et scandinaves. C'est aussi un choix traditionnel occitan. Voir Maxime. *Caractérologie :* relationnel, intuition, adaptabilité, médiation, fidélité.

Max est le champion hors catégorie des bêtises et le roi d'une île peuplée de bêtes, plus griffues, cornues et saugrenues les unes que les autres. Il se réfugie dans ce royaume quand ses parents, épuisés, finissent par l'envoyer au lit sans dîner. *Max et les Maximonstres* de Maurice Sendak, quand la transgression et l'imagination exaltent le monde de l'enfance...

Maxandre
850

Contraction de Maxime et Alexandre. *Caractérologie :* force, ambition, résolution, habileté, volonté.

Maxence
62 000 Top 100

Le plus grand (latin). Attesté au Moyen Âge, ce dérivé de Maxime est très rare jusqu'à son émergence dans les années 1970. Il rencontre alors un engouement qui le propulse dans les 30 premiers rangs nationaux en 2005. Il n'a pas toujours été masculin comme c'est largement le cas aujourd'hui. Un empereur romain portant ce nom fut vaincu en 312 par Constantin, et sainte Maxence, une princesse écossaise, fut assassinée pour sa foi au Ve siècle. *Caractérologie :* diplomatie, réceptivité, sociabilité, loyauté, caractère.

Maxens
1 200

Le plus grand (latin). On peut estimer que moins de 30 enfants seront prénommés ainsi en 2023. *Variante :* Maxance. *Caractérologie :* persévérance, structure, volonté, sécurité, efficacité.

Maxent
140

Le plus grand (latin). *Variante :* Maxen. *Caractérologie :* volonté, courage, indépendance, curiosité, charisme.

M

Maxim 3 000 Top 1 000 ↘
Le plus grand (latin). Maxim est très répandu en Russie. *Caractérologie :* paix, conscience, conseil, bienveillance, sagesse.

Maxime 206 000 Top 100 ↘
Le plus grand (latin). Ce prénom a été porté par trois empereurs romains et de nombreux saints. En dépit de sa postérité historique, il est peu attribué avant la fin des années 1970, époque charnière de son envol français. Il est l'un des 5 prénoms les plus donnés de 1992 à 2000, avant d'être happé par le repli des choix de source romaine (Adrien, Romain, Quentin). Il s'est maintenu dans le top 20 jusqu'au milieu des années 2010. Magnus Clemens Maximus, empereur romain de 383 à 388, établit sa capitale à Trèves et régna sur Rome, la Gaule et l'Espagne. Il fut vaincu par Théodose Ier alors qu'il venait de conquérir l'Italie. Le 14 avril honore la mémoire de saint Maxime, martyr à Rome au IIIe siècle. *Variantes :* Maïme, Maximien, Maximin, Maximino, Maximo, Maxym, Maxyme. *Caractérologie :* médiation, intuition, relationnel, caractère, décision.

M

Maximilien 10 000 Top 600 →
Le plus grand (latin). Prénom français. La forme allemande et anglophone Maximilian est très en vogue en Allemagne actuellement. *Variantes :* Maximilian, Maximiliano, Maximillien. *Caractérologie :* innovation, autorité, énergie, volonté, raisonnement.

Maximin 1 800 ↗
Le plus grand (latin). *Caractérologie :* relationnel, intuition, volonté, médiation, détermination.

Mayan 150
Masculin de Mayane, une contraction de Maya et Anne. *Caractérologie :* intégrité, altruisme, réflexion, idéalisme, réalisation.

Mayeul 2 500 Top 600 →
Le mois de mai (latin). Prénom breton. *Variantes :* Maïeul, Mayol. *Caractérologie :* réussite, découverte, audace, cœur, énergie.

Maylan 850 Top 400 →
Variante moderne de Mylan : aimé du peuple (slave). *Caractérologie :* pratique, communication, amitié, enthousiasme, réalisation.

Mayron 5 000 Top 200 ↗
Myrrhe (araméen). *Variante :* Myron. *Caractérologie :* volonté, dynamisme, curiosité, courage, réalisation.

Medard 250
Fort (germanique). Dans l'Hexagone, ce prénom est plus traditionnellement usité en Occitanie et en Provence. *Caractérologie :* rectitude, ouverture d'esprit, rêve, humanité, détermination.

Meddy 1 400
Le guide éclairé par Dieu (arabe). On peut estimer que moins de 30 enfants seront prénommés ainsi en 2023. *Caractérologie :* influence, équilibre, famille, responsabilité, exigence.

Médéric 2 500
Puissant, fort (germanique). On peut estimer que moins de 30 enfants seront prénommés ainsi en 2023. *Variante :* Médérick. *Caractérologie :* adaptation, pratique, enthousiasme, communication, générosité.

Medhi 4 000
Le guide éclairé par Dieu (arabe). On peut estimer que moins de 30 enfants seront prénommés ainsi en 2023. *Caractérologie :* adaptation, pratique, générosité, communication, enthousiasme.

Mehdi
45 000 Top 300 ↘

Le guide éclairé par Dieu (arabe). Ce prénom est particulièrement porté dans les cultures musulmanes. *Variantes :* Mehdy, Medhy, Médi, Médy, Mehedi, Meidhi, Meidi, Meidy, Meihdi, Mhedi, Mheidi. *Caractérologie :* enthousiasme, générosité, pratique, communication, adaptation.

Mehmet
3 500 Top 800 →

Digne d'éloges (arabe). *Caractérologie :* dynamisme, audace, sensibilité, direction, indépendance.

Meïr
300 ↘

Qui apporte la lumière (hébreu). *Caractérologie :* intégrité, altruisme, idéalisme, réflexion, dévouement.

Mel
400

Diminutif international des prénoms formés avec Mel, ou forme diminutive de Maël. *Caractérologie :* communication, optimisme, pragmatisme, créativité, sociabilité.

Mélaine
250

Noir, peau brune (grec), ou forme dérivée de Maël. Prénom breton. *Caractérologie :* dynamisme, curiosité, courage, résolution, indépendance.

Melchior
1 200 Top 1 000 ↗

Roi (persan). Selon la tradition chrétienne, Melchior, l'un des trois Rois mages venus d'Orient, se laissa guider par une étoile jusqu'à Bethléem. Lorsqu'il se présenta devant l'Enfant Jésus, il lui offrit de l'encens pour l'honorer comme roi. *Caractérologie :* relationnel, médiation, intuition, caractère, logique.

Mélio
250 Top 2 000 ↑

Travailleur (germanique). *Caractérologie :* altruisme, volonté, intégrité, idéalisme, raisonnement.

Melville
- de 100

Qui habite sur une mauvaise terre (vieux français). *Variante :* Melvil. *Caractérologie :* idéalisme, réflexion, altruisme, intégrité, dévouement.

Melvin
11 000 Top 700 ↘

Ami de l'assemblée (celte). Melvin est répandu dans les pays anglophones. *Variante :* Melvine. *Caractérologie :* adaptation, communication, pratique, générosité, enthousiasme.

Melvyn
5 000 Top 800 →

Ami de l'assemblée (celte). Masculin anglais. *Variante :* Melwin. *Caractérologie :* direction, audace, amitié, dynamisme, indépendance.

Menahem
450 →

Qui conforte (hébreu). *Caractérologie :* découverte, énergie, audace, originalité, séduction.

Mendel
350 →

Diminutif de Menahem : qui conforte (hébreu). *Caractérologie :* achèvement, vitalité, ardeur, stratégie, leadership.

Mendy
450 ↘

Diminutif masculin anglophone de Marie ou d'Emmanuel. Notons que l'étymologie de Mendy diffère au féminin. Forme basque : Mendi. *Caractérologie :* spiritualité, connaissances, originalité, philosophie, sagacité.

Menzo
700 Top 500 ↑

Malgré sa ressemblance avec Enzo, Menzo n'est pas italien. On sait peu de choses sur ce prénom moderne, si ce n'est qu'il est recensé en France et aux États-Unis. *Caractérologie :* dynamisme, volonté, indépendance, audace, assurance.

M

Meo
- de 100

Diminutif probable de Bartolomeo : fils de Tolomai (araméen). *Caractérologie :* caractère, conscience, paix, conseil, bienveillance.

Meriadec
160

Front (celte). Prénom breton. *Variante :* Meriadeg. *Caractérologie :* fiabilité, ténacité, méthode, engagement, détermination.

Méric
130

Puissant (germanique). *Caractérologie :* communication, créativité, pragmatisme, sociabilité, optimisme.

Merlin
2 500 Top 600

Forteresse sur la mer (gallois). Dans la légende arthurienne, Merlin, dit l'Enchanteur, est le magicien qui commande les éléments naturels et les animaux. *Caractérologie :* passion, force, ambition, habileté, management.

Merwan
1 500 Top 2 000

Roche, quartz (arabe). *Variantes :* Merouan, Merouane, Merwane. *Caractérologie :* médiation, relationnel, intuition, fidélité, résolution.

M

Meryl
350

Celui qui élève (hébreu). Masculin anglais. *Variantes :* Meril, Merryl, Mery, Merry, Meryll. *Caractérologie :* énergie, ambition, autorité, innovation, sympathie.

Messaoud
1 100

Porte-bonheur (arabe). On peut estimer que moins de 30 enfants seront prénommés ainsi en 2023. *Caractérologie :* intelligence, savoir, méditation, caractère, indépendance.

Meven
700

Heureux, joyeux (celte). Prénom breton. *Caractérologie :* courage, curiosité, dynamisme, indépendance, charisme.

Michaël
87 000 Top 600

Qui est comme Dieu (hébreu). En dehors de l'Hexagone, Michael est très répandu dans les pays anglophones. *Variantes :* Micaël, Micha, Micham, Micheal, Miel, Misha, Mitch. *Caractérologie :* résolution, famille, responsabilité, influence, équilibre.

Michel
504 000 Top 800

Qui est comme Dieu (hébreu). L'immense popularité de saint Michel a alimenté la diffusion du prénom en Orient (9 empereurs byzantins portèrent ce prénom du IXe au XIVe siècle) et en Occident chrétien. Du XIIe siècle au début du XIXe, Michel et ses nombreuses graphies (Michael, Miguel, Michal, Michele, Mikhail, etc.) sont très attribuées en Europe et dans les pays slaves. Dans l'Hexagone, Michel rejaillit dans les années 1920. Il prend tout son temps pour grimper au sommet, précédant Jean au 2e rang masculin en 1947, avant de décliner. Il est le 2e prénom le plus porté dans l'Hexagone aujourd'hui.

Gouverneur des anges de la milice céleste, l'archange Michel représente les forces du bien dans la Bible. De nombreuses légendes auréolent ce saint qui inspira la construction du Mont-Saint-Michel et de maints édifices religieux. Au XIIIe siècle, Louis XI le déclara protecteur du royaume. Saint Michel est le patron de la Normandie, des boulangers, des pâtissiers, des escrimeurs, des parachutistes et des tonneliers. *Caractérologie :* charisme, curiosité, courage, dynamisme, indépendance.

Mickaël
120 000 Top 500

Qui est comme Dieu (hébreu). Masculin français. *Variantes :* Mickail, Mickel, Mickey, Mihail, Mikhail, Myckaël. *Caractérologie :* rêve, rectitude, organisation, humanité, détermination.

Milo

Fête :
22 mai

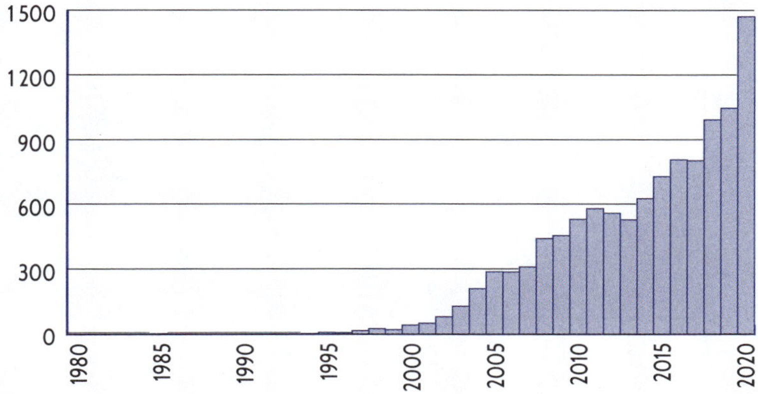

Étymologie

Milo pourrait tirer ses origines du latin *aemilius*, « émule » ou « qui rivalise », s'apparentant ainsi à Émile, dont il fut longtemps considéré comme le diminutif. Il s'est aujourd'hui affranchi de cette filiation et prend son envol comme un prénom à part entière.

L'évocation de Milo nous transporte immédiatement dans l'archipel des Cyclades. C'est en effet sur l'île grecque de Milo ou Milos que fut découverte en 1820 la fameuse Vénus. Cette statue, censée représenter Aphrodite, fait partie des œuvres mythiques exposées au Louvre, au même titre que la *Joconde* ou la *Victoire de Samothrace*.

Cette gloire artistique internationale n'a pourtant pas rejailli sur la carrière de Milo, qui fut tardive. Ce n'est qu'à l'orée du XXIe siècle qu'il fait son apparition dans les annales de l'Insee. Il entame alors une brillante ascension. En 2010, le nombre de petits Milo voyant le jour atteint la barre des 500 naissances. Admis dans le top 100 en 2015, il frappe, 6 ans après, aux portes du top 30. Gageons qu'il y sera accueilli à bras ouverts ! Il vient en effet renouveler, avec ses émules Nino et Tiago, la vague des prénoms courts et italianisants qui propulsa Enzo au sommet.

La Wallonie cède également à son charme, tandis que la Suisse romande et le Québec sont plus circonspects. En Angleterre, aux Pays-Bas, en Suède et en Allemagne, Milo trace son chemin et parvient même à distancer l'anglophone Miles.

Personnes célèbres

Milo Manara, né en 1945, auteur italien de bandes dessinées. C'est aussi le prénom choisi par l'actrice Chiara Mastroianni pour son fils né en 1996.

Statistiques

Milo est le 104e prénom masculin le plus donné en France depuis l'an 2000. Ce prénom est attribué à près d'un garçon sur 180 aujourd'hui.

M

Mohamed

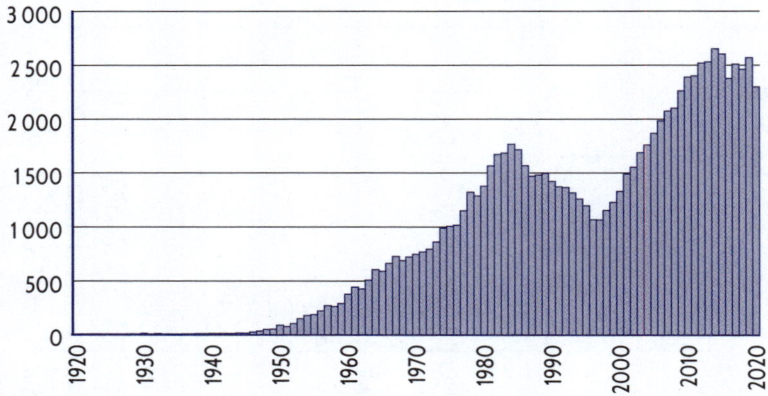

Étymologie

Forme française de Muhammad, prénom arabe qui signifie « digne d'éloges ». Ce prénom doit son immense renommée à l'histoire du prophète fondateur de l'islam. En effet, ce dernier a légué à la postérité une religion et une culture qui ont influencé de nombreuses régions du monde.

Mohamed (désigné sous le nom de Mahomet en français) se répand conjointement à l'expansion de l'islam à partir du VIIe siècle. Traditionnellement attribué à l'aîné des fils, ce prénom devient très populaire dans le monde et les cultures musulmanes. Selon l'*Encyclopédie Britannica*, Mohamed est devenu, sous ses différentes graphies, le prénom le plus porté dans le monde.

En France, il est apparu à la fin des années 1950 et a pris une certaine ampleur au début des années 2000. Il s'affiche au 7e rang parisien en 2020 et évolue aux portes du top 20 national. Dans le reste de l'Europe, Mohamed brille dans les premiers rangs de plusieurs capitales (notamment Bruxelles et Londres).

Dans l'histoire

Fondateur de l'islam dont il est considéré comme le prophète majeur, **Mahomet** est né vers 570 à La Mecque et mort le 8 juin 632 à Médine. Le Coran relate que Mahomet avait l'habitude de se recueillir dans la grotte Hira lorsqu'en 610, il reçut de l'archange Gabriel ses premières révélations (la parole de Dieu). Bouleversé par cet événement, le fondateur de l'islam tenta de faire adopter à la société mecquoise de nouvelles règles de vie conformes aux versets dictés par l'archange. Mais les notables, hostiles à tout changement, le rejetèrent. Pendant l'Hégire, Mahomet émigra avec une cinquantaine de convertis à Médine, où il s'imposa comme gouverneur. Son autorité religieuse, politique et militaire grandit de telle sorte qu'à la fin de sa vie, l'Arabie fut conquise et que le premier État musulman fut créé.

Personnes célèbres

Mohamed Ali (1942-2016), né sous le nom de Cassius Clay, multiple champion du monde des poids lourds, figure pacifiste de l'opposition à la guerre du Vietnam et du combat pour la reconnaissance de l'égalité des droits des Noirs américains, restera dans l'histoire comme l'un des plus célèbres des champions de boxe et une icône culturelle américaine. **Mohamed el-Baradei**, diplomate et homme d'État égyptien, a reçu le prix Nobel de la paix en 2005. **Muhammad Al-Khwarizmi** (780-850), mathématicien, géographe et astrologue, est l'auteur d'écrits qui ont permis, au XIIe siècle, l'introduction de l'algèbre en Europe.

Statistiques

Mohamed est le 31e prénom masculin le plus donné en France depuis l'an 2000. Il est attribué à près d'un garçon sur 160 aujourd'hui.

Miguel

14 000 Top 500

Qui est comme Dieu (hébreu). Miguel est très répandu dans les pays hispanophones et lusophones. C'est aussi un choix traditionnel corse. *Variantes :* Migel, Mikel, Miquel. *Caractérologie :* méthode, engagement, fiabilité, ténacité, bonté.

Mikaël

19 000 Top 1 000

Qui est comme Dieu (hébreu). Mikael est plus particulièrement répandu dans les pays scandinaves. *Variantes :* Mika, Mikaïl, Mikayil, Mikhaël, Miky. *Caractérologie :* équilibre, responsabilité, organisation, famille, détermination.

Mikaïl

3 000 Top 600

Qui est comme Dieu (hébreu). *Caractérologie :* énergie, innovation, ambition, autorité, organisation.

Mike

8 500 Top 1 000

Qui est comme Dieu (hébreu). Masculin anglais et néerlandais. *Variantes :* Mick, Micke, Micky, Myke. *Caractérologie :* bonté, sociabilité, réceptivité, diplomatie, loyauté.

Mikel

600 Top 2 000

Qui est comme Dieu (hébreu). Dans l'Hexagone, Mikel est plus traditionnellement usité au Pays basque. *Caractérologie :* découverte, audace, énergie, originalité, séduction.

Milan

13 000 Top 100

Aimé du peuple (slave). Nom de la ville italienne. En dehors de l'Hexagone, Milan est très répandu dans les pays slaves méridionaux. C'est aussi un choix prisé par les parents néerlandophones. *Variantes :* Milane, Milann, Milhane, Milian, Millan. *Caractérologie :* engagement, résolution, méthode, ténacité, fiabilité.

Milano

180 Top 2 000

Se rapporte à la ville italienne du même nom. *Caractérologie :* partage, raison, communication, optimisme, détermination.

Miles

200

Militaire (latin). Masculin anglais. *Caractérologie :* structure, persévérance, sécurité, efficacité, résolution.

Quand Miles Davis commençait son solo de trompette avec ou sans sourdine, l'assistance croyait à l'avènement de la beauté sur Terre. Le génie a toujours montré la voie, balayant les entraves rythmiques et mélodiques. Il faisait fi de l'air du temps et a porté le jazz au sommet de son art. Que vive l'impro !

Milian

300 Top 2 000

Diminutif d'Emilian ou Maximilian. Voir Émilien et Maximilien. *Caractérologie :* méthode, fiabilité, ténacité, décision, engagement.

M

Milio
250 Top 2 000

Diminutif d'Emilio et patronyme d'origine grecque. Zachos Milios, révolutionnaire devenu célèbre, s'illustra dans la guerre d'indépendance grecque (1821-1830). *Variante :* Mélio. *Caractérologie :* raisonnement, ténacité, précision, organisation, fiabilité.

Milo
15 000 Top 50

Travailleur (germanique). *Variantes :* Milou, Mylo. *Caractérologie :* ténacité, méthode, engagement, fiabilité, analyse.

Milos
300

Plaisant (grec). *Caractérologie :* audace, logique, énergie, découverte, originalité.

Minh
550

Intelligent, perspicace (vietnamien). *Caractérologie :* ambition, habileté, passion, force, management.

Miroslav
120

Gloire immense (slave). Prénom slave méridional. *Variante :* Miroslaw. *Caractérologie :* innovation, autorité, énergie, raisonnement, ambition.

M

Moana
250

Océan (tahitien). *Caractérologie :* achèvement, stratégie, ardeur, vitalité, caractère.

Modeste
300

Timide, discret (latin). *Variante :* Modesto. *Caractérologie :* humanité, rectitude, rêve, caractère, ouverture d'esprit.

Mohamed
94 000 Top 50

Digne d'éloges (arabe). *Variantes :* Mahamadou, Mahmadou, Mahmad, Mahmed, Mahmoud, Mahmut, Mohamad, Mohammad, Mohammed, Mohamadou, Mouhamad, Mouhamed, Mouhammad, Muhamed, Muhamet. *Caractérologie :* courage, curiosité, indépendance, dynamisme, volonté.

Mohamed-Ali
2 500 Top 800

Forme composée de Mohamed et Ali. Voir le focus sur les prénoms composés. *Caractérologie :* rectitude, humanité, rêve, logique, caractère.

Mohamed-Amine
4 500 Top 800

Forme composée de Mohamed et Amine. Voir le focus sur les prénoms composés. *Variantes :* Mohamed-Amin, Mohammed-Amine. *Caractérologie :* intuition, relationnel, médiation, décision, caractère.

Mohammed
11 000 Top 300

Digne d'éloges (arabe). *Caractérologie :* volonté, intégrité, altruisme, réflexion, idéalisme.

Mohan
180

Plaisant, charmant (sanscrit). Prénom indien d'Asie. *Caractérologie :* équilibre, famille, volonté, responsabilité, influence.

Mohand
1 400

Loué, comblé de louanges (kabyle). *Caractérologie :* volonté, audace, indépendance, dynamisme, direction.

Moïse
6 000 Top 800

Sauvé des eaux (hébreu). Dans la Bible, lorsque le pharaon décrète que les nouveau-nés mâles hébreux doivent être tués, Moïse est placé dans un panier d'osier, puis déposé sur le Nil. Recueilli et adopté par la fille du pharaon, Moïse grandit et devient le prophète du peuple hébreu. Il libère son peuple d'Égypte et lui donne la Loi. Selon la tradition biblique, les dix commandements sont remis à Moïse sur le mont Sinaï. *Variantes :* Moïses, Moshé, Musa. *Caractérologie :* intelligence, méditation, savoir, caractère, décision.

Mokhtar
750 Top 2 000

Celui qui est juste (arabe). *Variantes :* Moctar, Moktar, Moncef, Mouctar. *Caractérologie :* audace, énergie, découverte, séduction, originalité.

Morad
3 000

Désir (arabe). On peut estimer que moins de 30 enfants seront prénommés ainsi en 2023. *Variante :* Morade. *Caractérologie :* paix, conscience, sagesse, bienveillance, conseil.

Morgan
30 000 Top 400

Né de la mer (gallois). Morgan est très répandu dans les pays anglophones. C'est aussi un choix breton traditionnel. *Variantes :* Moran, Morane, Morgann. *Caractérologie :* caractère, courage, dynamisme, réussite, curiosité.

Morvan
250

Mer blanche (celte). Prénom breton. *Caractérologie :* diplomatie, caractère, réceptivité, sociabilité, décision.

Mouad
950 Top 2 000

Protégé par Dieu (arabe). *Variantes :* Moad, Mohad, Mouaad. *Caractérologie :* altruisme, réflexion, idéalisme, intégrité, dévouement.

Moulay
950

Roi (arabe). *Caractérologie :* responsabilité, famille, influence, équilibre, réalisation.

Mounir
6 000 Top 2 000

Celui qui éclaire (arabe). *Variantes :* Monir, Mounire. *Caractérologie :* rêve, humanité, rectitude, analyse, volonté.

Mourad
8 000 Top 2 000

Désir (arabe). Mourad est attribué dans les cultures musulmanes francophones. C'est également un prénom arménien. *Variantes :* Mourade, Murad. *Caractérologie :* rêve, rectitude, humanité, analyse, tolérance.

Moussa
11 000 Top 200

Sauvé des eaux (arabe). *Caractérologie :* méditation, savoir, intelligence, sagesse, indépendance.

Moustapha
2 500 Top 600

Élu le meilleur (arabe). *Variantes :* Mostafa, Mostapha, Mostéfa, Moustafa. *Caractérologie :* conscience, réalisation, organisation, bienveillance, paix.

Muhammed
3 000 Top 600

Digne d'éloges (arabe). *Variantes :* Muhammad, Muhammet. *Caractérologie :* paix, bienveillance, conscience, sagesse, conseil.

Murphy
- de 100

De la mer (irlandais). *Caractérologie :* réceptivité, sociabilité, ressort, diplomatie, loyauté.

Mustafa
4 500 Top 700

Élu le meilleur (arabe). *Caractérologie :* rêve, gestion, humanité, rectitude, tolérance.

Mustapha
9 000 Top 2 000

Élu le meilleur (arabe). *Caractérologie :* idéalisme, altruisme, réalisation, organisation, intégrité.

Mylan
5 500 Top 200

Aimé du peuple (slave). Maculin anglais. *Variante :* Mylann. *Caractérologie :* réceptivité, sociabilité, réalisation, diplomatie, bonté.

N

Nabil
13 000 Top 600

Noble, honorable (arabe). Ce prénom est particulièrement répandu dans les cultures musulmanes francophones. *Variantes :* Nabel, Nabile. *Caractérologie :* intuition, médiation, relationnel, résolution, organisation.

Nacer
1 300

Protection, victoire (arabe). On peut estimer que moins de 30 enfants seront prénommés ainsi en 2023. *Variantes :* Naceur, Nassar, Nassir. *Caractérologie :* audace, originalité, énergie, découverte, détermination.

Nacim
1 400

Air frais (arabe). On peut estimer que moins de 30 enfants seront prénommés ainsi en 2023. *Caractérologie :* ténacité, fiabilité, engagement, détermination, méthode.

N

Nadim
600 Top 2 000

Compagnon qui boit (arabe). *Caractérologie :* curiosité, dynamisme, indépendance, courage, décision.

Nadir
5 500 Top 1 000

Précieux, rare (arabe). *Variantes :* Nader, Nadhir, Nadire, Nédir. *Caractérologie :* audace, dynamisme, indépendance, direction, résolution.

Naël
27 000 Top 50

Qui a étanché sa soif (arabe), diminutif des prénoms formés avec Naël (Gwenaël, Nathanaël, etc.). *Caractérologie :* courage, curiosité, indépendance, dynamisme, charisme.

Nahel
4 500 Top 300

Variante de Naël ou Nahil. *Caractérologie :* ténacité, méthode, fiabilité, engagement, sens du devoir.

Nahil
7 000 Top 200

Qui a étanché sa soif (arabe). *Variantes :* Naïl, Nahel. *Caractérologie :* passion, détermination, habileté, force, ambition.

Naïm
14 000 Top 100

Doux, délicieux (arabe), agréable (hébreu). *Variantes :* Naïme, Nahim. *Caractérologie :* indépendance, direction, audace, dynamisme, détermination.

Najib
1 500

De noble naissance (arabe). On peut estimer que moins de 30 enfants seront prénommés ainsi en 2023. *Caractérologie :* détermination, altruisme, idéalisme, réflexion, intégrité.

Najim
800

Étoile (arabe). *Variantes :* Nadjim, Nejm. *Caractérologie :* fidélité, médiation, relationnel, intuition, détermination.

Nans
1 900 Top 800

Forme provençale de Jean. *Caractérologie :* communication, optimisme, pragmatisme, sociabilité, créativité.

Nao
750 Top 600

Fleur de pêcher (vietnamien), honnête (japonais). *Caractérologie :* pragmatisme, optimisme, sociabilité, communication, créativité.

Napoléon
- de 100

Nouvelle ville (grec). Général héroïque pendant la Révolution française, Napoléon fut sacré empereur en 1804. Il réforma le pays en créant le Code civil et les préfectures, et mena de nombreuses batailles contre la coalition

Naël

Fête :
24 août

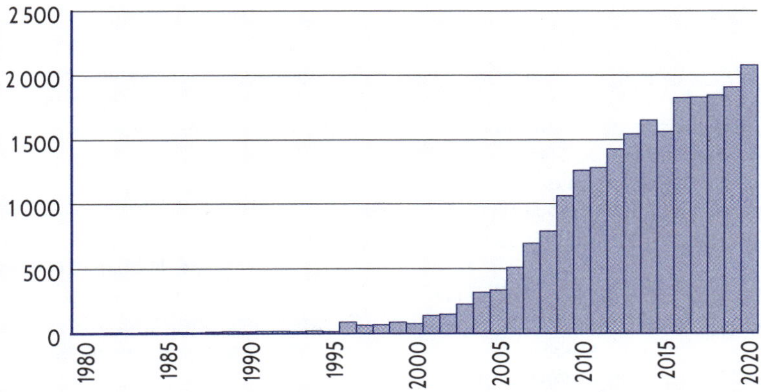

Étymologie

Définir l'origine étymologique de ce prénom n'est pas chose aisée. Est-il le diminutif de Nathanaël (« Dieu a donné ») ? Ou de certains prénoms bretons, comme Gwenaël (« ange blanc ») ? Ou la traduction arabe de « qui a étanché sa soif » ? Quelles que soient ses racines, ce vaste registre sémantique lui permet toutes les audaces. Pour la touche d'originalité, une consonne distincte lui suffit pour emprunter à Maël sa popularité, sans perdre sa filiation.

Opportuniste ? Loin de là. Il serait plutôt caméléon pour sa capacité à assimiler les tendances du moment et les différences identitaires. Prompt à s'adapter et riche de ses références multiples, il séduit les parents à la recherche d'un prénom à la fois court, à la page et ancré dans des cultures et religions distinctes.

Tant de qualités ne l'invitent pas à la discrétion et il cède à l'ivresse des sommets. Inexistant en 2000, il affiche plus de 1 000 naissances en 2010, et a presque doublé la mise 10 ans plus tard. Il arbore aujourd'hui fièrement son 22e rang dans le classement. Si l'on en juge par ce rythme de croissance alerte, on peut parier qu'il n'a pas encore atteint son point culminant. La Wallonie et la Suisse francophone montrent déjà la voie en lui faisant une place dans le top 70. Après tout, quoi de plus normal pour un caméléon que de bien réussir sa mue ? Seul petit bémol à sa course ascensionnelle, il ne décolle pas à l'international.

Sa carrière au féminin est plus aléatoire. Bien qu'elle ait précédé son homologue masculin en ressortant dans les registres dès les années 1980, Naëlle a connu un succès d'estime dans les 2 dernières décennies. Mais son apothéose plafonne pour l'instant à 500 naissances. Il lui sera difficile de sortir de l'ombre de son petit frère Naël : Maëlle, la dernière égérie du genre à faire date, a démontré que les terminaisons en « ëlle » suscitent moins d'engouement au féminin qu'au masculin.

Personnes célèbres
Naël Marandin, comédien et réalisateur, né en 1980. Le trompettiste Ibrahim Maalouf a choisi d'appeler son fils Naël.

Statistiques
Naël est le 60e prénom le plus attribué depuis l'an 2000. Il est attribué à près d'un garçon sur 160 aujourd'hui.

européenne. Cependant, la grande campagne de Russie et la bataille de Waterloo se soldèrent par de cuisantes défaites. Emprisonné et déporté par les Britanniques sur l'île de Sainte-Hélène, il termina sa vie en exil forcé. *Caractérologie :* réceptivité, sociabilité, diplomatie, loyauté, sympathie.

Narcisse
800

Amour-propre (grec). Masculin français. *Caractérologie :* savoir, intelligence, méditation, indépendance, détermination.

Nasser
4 000 Top 2 000

Protection, victoire (arabe). *Variantes :* Naser, Nasr, Nasri. *Caractérologie :* méthode, ténacité, engagement, fiabilité, décision.

Nassim
17 000 Top 200

Air frais (arabe). Ce prénom est particulièrement répandu dans les cultures musulmanes francophones. *Variantes :* Nacime, Nasim, Nasime, Nassime. *Caractérologie :* créativité, communication, pragmatisme, optimisme, résolution.

Natale
190

Jour de la naissance (latin). Masculin corse et italien. *Variantes :* Natal, Natalino. Variante basque et occitane : Nadal. *Caractérologie :* force, ambition, habileté, gestion, passion.

Natéo
1 300 Top 700

Contraction de Nathan et Théo. *Caractérologie :* énergie, autorité, innovation, autonomie, ambition.

Nathaël
4 000 Top 400

Combinaison de Nathan et des prénoms se terminant en « el ». *Caractérologie :* gestion, attention, sagacité, connaissances, spiritualité.

Nathan
118 000 Top 50

Il a donné (hébreu). *Variantes :* Natan, Nathalan, Nathane, Nathanel, Nathel, Nattan, Natthan, Nathy, Nethanel. *Caractérologie :* structure, efficacité, sécurité, finesse, persévérance.

Nathanaël
15 000 Top 200

Il a donné (hébreu). Nathanaël est répandu dans les pays anglophones. *Variantes :* Natanaël, Nathaël. *Caractérologie :* ténacité, fiabilité, finesse, méthode, organisation.

Nathaniel
1 900 Top 700

Il a donné (hébreu). Masculin anglais. *Variante :* Nataniel. *Caractérologie :* pratique, enthousiasme, communication, détermination, sensibilité.

Nathéo
1 600 Top 600

Contraction de Nathan et Théo. *Caractérologie :* intégrité, altruisme, sensibilité, idéalisme, réflexion.

Navid
130

Bonne nouvelle (persan). *Variante :* Naveed. *Caractérologie :* curiosité, dynamisme, courage, indépendance, résolution.

Nawfel
1 800 Top 2 000

Beau et généreux (arabe). *Variante :* Naoufel. *Caractérologie :* philosophie,

N

Nathan

Fête :
24 août

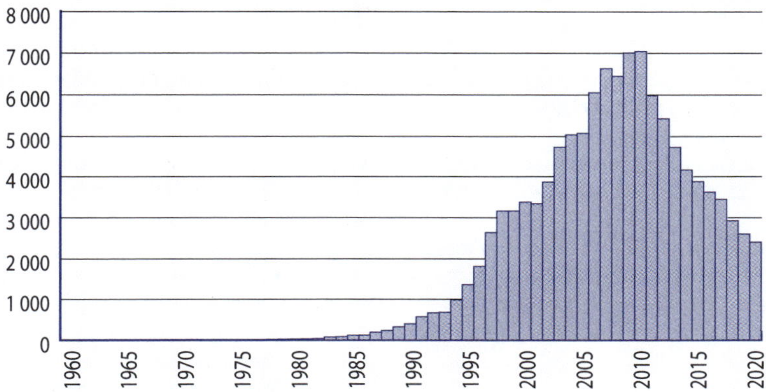

Étymologie

De l'hébreu, « Il a donné ». En dépit de leur origine étymologique commune, il est bien distinct de Nathanaël, prénom porté par le cinquième disciple de Jésus et plusieurs personnages de l'Ancien Testament. Nathan s'est diffusé dans les pays anglophones à partir du XVIe siècle, mais il n'a pas pris racine en France. Redécouvert dans les années 1990, il surfe sur la vague des terminaisons irlandaises (Kylian, Ryan, Evan), et s'envole dans le sillon des prénoms bibliques. Il trône sur le classement 2010, mais chute brutalement ensuite, au risque de se voir exclu du top 20 national en 2023.

En dehors de l'Hexagone, Nathan s'illustre dans les tops 50 de nombreux pays européens et anglophones. Mais c'est en zone francophone qu'il a raflé ses plus beaux trophées. Il brille encore dans les tops 20 romand, québécois et wallon.

À noter : il ne faut pas confondre Nathan et Ethan. Malgré une origine hébraïque commune, les significations de ces prénoms sont différentes (voir le focus sur Ethan).

Prophète dans l'Ancien Testament et conseiller du roi David, **Nathan** reproche à ce dernier d'avoir envoyé Urie au front afin d'épouser sa veuve, Bethsabée. Il l'exhorte à écarter son fils aîné du trône au profit de celui qui naîtra de sa nouvelle union. Suivant les injonctions de Nathan, le roi repenti acceptera de sacrer Salomon de son vivant.

Personnes célèbres

Natan Altman (1889-1970), premier illustrateur des *Contes du chat perché* ; Nathan Söderblom (1866-1931), pasteur luthérien suédois qui reçut le prix Nobel de la paix en 1930.

Statistiques

Nathan est le 6e prénom masculin le plus donné en France depuis l'an 2000. Il est attribué à près d'un garçon sur 165 aujourd'hui.

connaissances, spiritualité, originalité, sagacité.

Nazaire
300

Consacré (hébreu). *Caractérologie :* réceptivité, sociabilité, résolution, diplomatie, loyauté.

Neal
450 →

Champion (celte). Masculin anglais. *Variantes :* Neals, Nigel, Nygel, Nyls. *Caractérologie :* indépendance, courage, dynamisme, curiosité, charisme.

Néhémie
250 ↘

Dieu réconforte (hébreu). *Variante :* Néhémiah. *Caractérologie :* énergie, découverte, audace, séduction, originalité.

Neil
2 500 Top 600 →

Champion (celte). Masculin anglais, écossais et irlandais. *Variantes :* Nel, Nélio, Nello. *Caractérologie :* persévérance, efficacité, structure, honnêteté, sécurité.

Nelson
8 000 Top 500 ↘

Fils de Neal (irlandais). Ce prénom est plus particulièrement porté dans les pays anglophones. *Caractérologie :* savoir, intelligence, méditation, indépendance, sagesse.

☆ Avocat de formation, militant anti-apartheid par conviction, Nelson Mandela est l'un des plus grands combattants de la liberté. Il est pour cela passé de la désobéissance civile à la lutte armée et la vie clandestine, qui lui ont valu 27 ans de prison. Honoré du prix Nobel de la paix, il a été le premier président noir d'Afrique du Sud.

Némo
250

Nom du capitaine de *Vingt mille lieues sous les mers*, de Jules Verne. *Caractérologie :* relationnel, fidélité, intuition, volonté, médiation.

Néo
3 500 Top 400 ↗

Nouveau (grec). *Caractérologie :* savoir, intelligence, indépendance, sagesse, méditation.

Néréo
- de 30

Nom d'un dieu marin dans la mythologie grecque. *Caractérologie :* enthousiasme, communication, pratique, adaptation, générosité.

Nessim
1 400 Top 1 000 →

Fleur sauvage (arabe). *Caractérologie :* connaissances, originalité, spiritualité, sagacité, détermination.

Nestor
750 ↘

Voyageur, sagesse (grec). Ce prénom est plus particulièrement usité en Macédoine et en Serbie. *Caractérologie :* innovation, autorité, énergie, décision, ambition.

Neven
700 Top 2 000 ↑

Ciel (celte). Prénom breton. *Caractérologie :* responsabilité, influence, famille, équilibre, exigence.

Nicholas
750 ↑

Victoire du peuple (grec). Masculin anglais. *Caractérologie :* humanité, décision, rêve, rectitude, logique.

Nicodème
350

Victoire du peuple (grec). *Caractérologie :* audace, énergie, volonté, découverte, analyse.

Nicolas
384 000 Top 300 ↘

Victoire du peuple (grec). De nombreux souverains, plusieurs saints et cinq papes ont porté ce prénom dans les pays chrétiens depuis le XIIe siècle. En France, on le trouve souvent placé dans les premiers rangs, non loin de Jean et Pierre, jusqu'à la fin du XIXe siècle. C'est après une longue parenthèse qu'il

Les héros de la littérature

Pourquoi ne pas chercher l'inspiration dans ces œuvres qui vous ont transporté(e) dans un ailleurs fait d'imagination, de chevalerie, d'aventures et de destins hors du commun ? Une bibliothèque suffit à les rendre proches de la main, des yeux et du cœur. Précieux, rares, ou tout simplement évocateurs, les prénoms inspirés par la littérature vous invitent au voyage.

Sans pouvoir prétendre à l'exhaustivité, nous avons commencé pour vous une liste de prénoms qui portent en eux une biographie imaginaire, théâtrale ou romanesque. La source littéraire est intarissable, n'hésitez pas à vous en abreuver !

- Achille, *L'Iliade* d'Homère
- Adrian, *La Tempête* de Shakespeare
- Alban, *Les Bestiaires* d'Henry de Montherlant
- Albert, *Le Livre de ma mère* d'Albert Cohen
- Alexis, *Anna Karénine* de Léon Tolstoï
- Ange, *Deux Cavaliers de l'orage* de Jean Giono
- Aramis, *Les Trois Mousquetaires* d'Alexandre Dumas
- Arsène, personnage récurrent de l'œuvre de Maurice Leblanc
- Arthur, *Perceval ou le conte du Graal* de Chrétien de Troyes
- Augustin, *Le Grand Meaulnes* d'Alain-Fournier
- Aurélien, *Aurélien* de Louis Aragon
- Blaise, *Jazz* de Marcel Pagnol
- Colin, *L'Écume des jours* de Boris Vian
- Dimitri, *Les Frères Karamazov* de Dostoïevski
- Dorian, *Le Portrait de Dorian Gray* d'Oscar Wilde
- Edmond, *Le Comte de Monte-Cristo* d'Alexandre Dumas
- Édouard, *Les Faux-Monnayeurs* d'André Gide
- Émile, *Émile ou de l'éducation* de Rousseau
- Fabrice, *La Chartreuse de Parme* de Stendhal
- Félix, *Le Lys dans la vallée* d'Honoré de Balzac
- Fernand, *Le Comte de Monte-Cristo* d'Alexandre Dumas
- Florent, *Le Ventre de Paris* d'Émile Zola
- Gauvain, *Lancelot ou le Chevalier de la charrette* de Chrétien de Troyes
- Georges, *Bel-Ami* de Guy de Maupassant
- Germain, *La Mare au diable* de George Sand
- Hippolyte, *Phèdre* de Racine
- Horace, *L'École des femmes* de Molière
- Ivanhoé, *Ivanhoé* de Walter Scott
- Jacques, *Jacques le Fataliste* de Diderot
- Joseph, *Un barrage contre le Pacifique* de Marguerite Duras
- Julien, *Le Rouge et le Noir* de Stendhal
- Lancelot, *Lancelot ou le Chevalier de la charrette* de Chrétien de Troyes
- Léandre, *Les Fourberies de Scapin* de Molière
- Léon, *La Modification* de Michel Butor
- Lucien, *Illusions perdues* et *Splendeurs et misères des courtisanes* d'Honoré de Balzac
- Marius et César, dans la *Trilogie marseillaise : Marius, Fanny, César* de Marcel Pagnol
- Michel, *Michel Strogoff* de Jules Verne
- Némo, *Vingt mille lieues sous les mers* de Jules Verne
- Nils, *Le merveilleux voyage de Nils Holgersson à travers la Suède* de Selma Lagerlöf
- Octave, *Au Bonheur des Dames* d'Émile Zola
- Oreste, *Andromaque* de Racine
- Paul, *Paul et Virginie* de Bernardin de Saint-Pierre
- Phileas, *Le Tour du monde en quatre-vingts jours* de Jules Verne
- Pierre, *Guerre et Paix* de Léon Tolstoï
- Quentin, *Quentin Durward* de Walter Scott
- Raymond, *La Peste* d'Albert Camus
- Robinson, *Robinson Crusoé* de Daniel Defoe
- Rodrigue, *Le Cid* de Corneille
- Roméo, *Roméo et Juliette* de Shakespeare
- Solal, *Belle du Seigneur* d'Albert Cohen
- Swann, *À la recherche du temps perdu* de Marcel Proust
- Tancrède, *Le Guépard* de Giuseppe Tomasi di Lampedusa
- Tom, *Les Aventures de Tom Sawyer* de Mark Twain
- Tristan, *Tristan et Iseult*, récit de la littérature médiévale
- Ulysse, *L'Odyssée* d'Homère
- Zadig, *Zadig ou la Destinée* de Voltaire
- Zian, *Premier de cordée* de Roger Frison-Roche

ressuscite dans les années 1960, faisant tant d'émules qu'il trône sur le palmarès français au début des années 1980. Il reste très attribué jusqu'au début des années 2000. On rencontre plus aisément ce prénom dans le nord de la France, où la tradition de la Saint-Nicolas s'est perpétuée. En dehors de l'Hexagone, Nicolas et ses nombreuses variantes sont très répandus dans le monde occidental, en Russie et dans les pays slaves. Saint Nicolas est le nom donné à l'évêque de Myre (Turquie) qui manifesta une grande bonté envers les enfants au IVe siècle. Nicolas Copernic est l'astronome polonais qui démontra en 1543 que la Terre n'est pas le centre de l'Univers et qu'elle tourne autour du Soleil. *Variantes :* Caelan, Nic, Nicaise, Nick, Nickolas, Nicky, Nico, Nicol, Nicolai, Nicolino, Nicolo, Nikita. Formes bretonnes : Kola, Kolaig, Kolaz, Koldo, Nikolaz. *Caractérologie :* dynamisme, audace, direction, logique, décision.

Nidal
550
Combat (arabe). *Variante :* Nidhal. *Caractérologie :* résolution, sécurité, persévérance, structure, efficacité.

Niels
3 000 Top 800
Champion (celte). Niels est répandu dans les pays scandinaves et néerlandophones. *Caractérologie :* découverte, énergie, originalité, résolution, audace.

Nikita
550 Top 2 000
Victoire du peuple (grec). Masculin russe, ukrainien, biélorusse et macédonien. *Caractérologie :* innovation, ambition, énergie, autorité, résolution.

Nikola
1 500 Top 2 000
Victoire du peuple (grec). *Variantes :* Nikolas, Nikos. *Caractérologie :* logique, force, décision, ambition, habileté.

Nil
1 000 Top 900
Voir Neal. Le Nil est, avec le l'Amazone, le fleuve le plus long du monde. Plusieurs saints chrétiens ont porté ce nom du IVe siècle (saint Nil du Sinaï) au XVIIe siècle (saint Nil, ermite au mont Athos). *Variantes :* Néala, Nèle. *Caractérologie :* force, habileté, passion, ambition, management.

Nils
7 500 Top 400
Forme scandinave de Neal ou Nicolas. *Caractérologie :* rectitude, rêve, humanité, ouverture d'esprit, détermination.

Nino
21 000 Top 50
Dieu fait grâce (hébreu). Masculin italien. *Caractérologie :* savoir, intelligence, méditation, sagesse, indépendance.

Noa
32 000 Top 100
Reposé, apaisé (hébreu). *Caractérologie :* communication, enthousiasme, adaptation, pratique, générosité.

Noah
64 000 Top 50
Reposé, apaisé (hébreu). *Variante :* Noha. *Caractérologie :* sociabilité, bonté, réceptivité, diplomatie, loyauté.

Noam
19 000 Top 100
Sucré, bonheur (hébreu). En dehors de l'Hexagone, Noam est particulièrement répandu dans les pays anglophones et en Israël. *Caractérologie :* savoir, méditation, caractère, intelligence, indépendance.

Noan
2 500 Top 700
Agneau (celte), ou dérivé d'Oanez (une forme bretonne d'Agnès signifiant « chaste, pur » en grec). Noan connaît un bel essor depuis le début des années 2000. Il est très largement masculin aujourd'hui. *Variantes :* Noann, Nohan, Nohann. *Caractérologie :*

Noah, Noa, Noé

Fête :
10 novembre

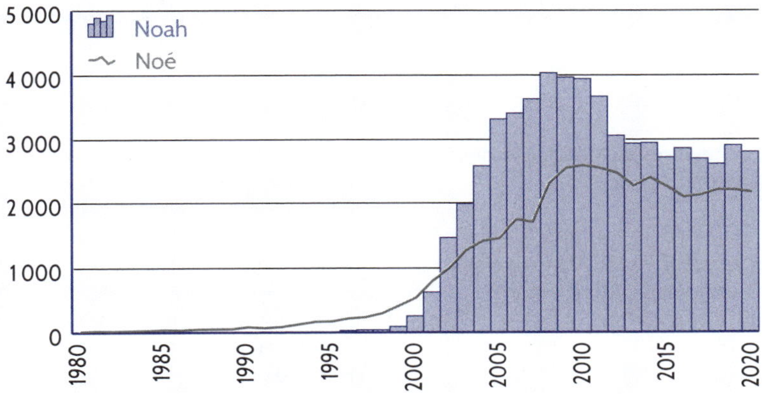

Étymologie

De l'hébreu *noah*, « reposé, apaisé ». Comme nombre de prénoms de l'Ancien Testament (Aaron, Adam, Raphaël), Noé n'a guère été usité avant la fin du XXe siècle en France. C'est en 1993 que ce prénom est pour la première fois attribué à plus de 100 garçons. Son envol ouvre la voie à Noah, qui le rattrape rapidement, pour le dépasser en 2002. La domination de ce dernier est toujours d'actualité, mais elle se réduit : en 2023, Noé pourrait rejoindre Noah dans le top 20 national.

Cette dynamique a nourri l'ascension de Noa. Attribuée pour la première fois à des garçons en 1998, cette variante de Noah a brillé dans le top 30 masculin en 2010 et 2011. Ce succès est encore plus étonnant si l'on considère que ce prénom, féminin* à ses débuts, est masculin dans 82 % de ses attributions aujourd'hui.

Le succès de Noah s'est propagé aux pays francophones. Numéro un au Québec, ce prénom évolue dans les 15 premiers rangs romands et wallons. En dehors de la zone francophone, Noah brille dans les pays scandinaves, germanophones et anglophones. Sa carrière internationale est loin d'être terminée.

Fils de Lamech et descendant de Caïn, **Noé** est l'un des héros de la Bible. Parce qu'il est un homme juste et sincère, Dieu lui permet d'échapper au déluge destiné à noyer les hommes pervertis. Dieu ordonne à Noé de construire une arche et de s'y abriter avec sa famille et un couple de chaque espèce animale. Après plusieurs semaines de navigation sur une mer déchaînée, la tempête se calme et l'arche échoue sur le mont Ararat, en Turquie. Noé libère alors les animaux destinés à peupler la terre. L'histoire de Noé est mentionnée dans plusieurs passages du Coran. À noter : on attribue à Noé l'invention du vin.

* Noa est un prénom féminin au Japon. Il est également répandu en Israël, où il figure parmi les prénoms de filles les plus en vogue aujourd'hui. En France, Noa a été recensé pour la première

fois en 1982. Fille de Celofehad dans l'Ancien Testament, **Noa** revendique auprès de Moïse un droit à l'héritage laissé par son père, qui a eu 5 filles et aucun fils. C'est grâce à elle que la loi régissant les successions est modifiée en faveur des femmes.

Statistiques
Noah est le 21e prénom masculin le plus donné en France depuis l'an 2000. Il est attribué à près d'un garçon sur 120 aujourd'hui. Par comparaison, Noé devrait se placer 38e et prénommer un garçon sur 160 (contre un sur 450 pour Noa).

vitalité, achèvement, stratégie, ardeur, management.

Noé
47 000 Top 50

Reposé, apaisé (hébreu). *Caractérologie :* sagacité, spiritualité, connaissances, philosophie, originalité.

Noël
27 000 Top 2 000

Jour de la naissance (latin). Masculin français et anglais. *Caractérologie :* innovation, autonomie, ambition, autorité, énergie.

Noëlan
250 Top 2 000

Fusion de Noël et des prénoms se terminant en « an ». *Variante :* Noëlig. *Caractérologie :* originalité, connaissances, sagacité, philosophie, spiritualité.

N

Noha
2 500 Top 800

Esprit, sagesse (arabe), et variante moderne de Noah. *Caractérologie :* intuition, relationnel, fidélité, médiation, adaptabilité.

Noham
12 000 Top 200

Sucré, bonheur (hébreu). *Caractérologie :* conseil, paix, conscience, bienveillance, caractère.

Nohan
3 000 Top 700

Agneau (celte), ou dérivé d'Oanez (une forme bretonne d'Agnès signifiant « chaste, pur » en grec). *Caractérologie :* méditation, indépendance, intelligence, savoir, sagesse.

Nolan
50 000 Top 100

Champion (celte). Si Nolan a été découvert récemment en France, le nom de famille O'Nuallian, « descendant de Nuallan », dont il est dérivé, est ancien. Le père de cette lignée, un seigneur irlandais du IIe siècle, aurait transmis à ses descendants de nombreuses terres. Et c'est au fil des siècles que les propriétaires terriens ont diffusé le patronyme, puis le prénom, à l'ensemble de l'Irlande et des îles Britanniques. Dans l'Hexagone, Nolan a surfé sur la vague irlandaise d'Evan, Killian et Rayan pour s'imposer au 10e rang national en 2013, son apogée. *Variantes :* Nohlan, Nolhan, Nolhann, Nolane, Nollan. *Caractérologie :* bonté, sociabilité, réceptivité, loyauté, diplomatie.

Nolann
7 500 Top 400

Champion (celte). Nolann est répandu en Irlande et dans les pays anglophones. *Caractérologie :* indépendance, sagesse, savoir, intelligence, méditation.

Nominoe
- de 100

Roi de Bretagne de 830 à 851, Nominoë délivra les Bretons du joug des Francs. Il est considéré comme le père de la nation bretonne. *Caractérologie :* persévérance, structure, efficacité, sécurité, caractère.

Norbert
14 000

Célèbre homme du Nord (germanique). En dehors de l'Hexagone, ce prénom est particulièrement porté dans les pays anglophones et en Allemagne. On peut estimer que moins de 30 enfants seront prénommés ainsi en 2023. *Variantes :* Nobert, Norberto. *Caractérologie :* fidélité, intuition, relationnel, médiation, adaptabilité.

Nordine

8 500

Lumière de la religion (arabe). On peut estimer que moins de 30 enfants seront prénommés ainsi en 2023. *Variantes :* Noreddine, Noredine, Nordin, Norredine, Nour, Nourddine, Nourdin, Nouredine, Nouridine, Nourredine, Nourreddine, Nouri, Noury, Nori, Nory, Nuri. *Caractérologie :* volonté, indépendance, méditation, intelligence, savoir.

Nori

170

Règle, loi (japonais). *Caractérologie :* diplomatie, sociabilité, loyauté, réceptivité, bonté.

Norman

1 700

Homme du Nord (germanique). Masculin anglais. On peut estimer que moins de 30 enfants seront prénommés ainsi en 2023. *Variante :* Normann. *Caractérologie :* optimisme, communication, pragmatisme, résolution, volonté.

Numa

950 Top 2 000 ➔

Beau, agréable (latin). Ce prénom d'origine romaine fut porté par Numa Pompilius, le deuxième des sept rois traditionnels de Rome, qui transforma et modernisa le calendrier romain (715-673 avant J.-C.). En France, c'est en Provence qu'il est le plus répandu. *Caractérologie :* ténacité, méthode, engagement, sens du devoir, fiabilité.

Nuno

1 400 Top 2 000 ➔

Grand-père ou moine (latin). Ce prénom est particulièrement répandu au Portugal. *Caractérologie :* indépendance, direction, audace, assurance, dynamisme.

O

Oan

140

Diminutif masculin d'Oanez : chaste, pur (grec). Masculin breton. *Variante :* Oanig. *Caractérologie :* pratique, adaptation, enthousiasme, communication, générosité.

Océan

350 ➔

Océan (grec). Masculin français et anglais. Fils d'Ouranos et de Gaia dans la mythologie grecque, Océan est l'aîné des Titans. Son union avec sa sœur Téthys engendre 3 000 fils, les Fleuves, et autant de filles, les Océanides (nymphes de la mer et des eaux). *Caractérologie :* médiation, relationnel, adaptabilité, intuition, fidélité.

Octave

6 000 Top 200 ➚

Huitième (latin). Octavius, la forme latine originelle, et son féminin Octavie sont très répandus à l'époque romaine. Traditionnellement, ce nom désignait le huitième enfant né dans une famille. C'est ainsi que le fils adoptif de Jules César se nommait, avant de devenir Auguste, le premier empereur de Rome. En France, ce prénom se manifeste en toute discrétion à la fin du XIXe siècle, et renaît depuis les années 1990. Sa carrière est similaire dans les pays anglo-saxons, où on le trouve plus souvent sous la forme Octavian. Une émulation insuffisante pour éveiller notre Octavien français. *Variantes :* Octavio, Otavio, Ottavio. *Caractérologie :* communication, organisation, optimisme, pragmatisme, volonté.

Octavien
- de 100

Huitième (latin). Masculin français. *Variante :* Octavian. *Caractérologie :* force, achèvement, organisation, raisonnement, leadership.

Odelin
- de 100

Richesse (germanique). *Caractérologie :* dynamisme, courage, volonté, analyse, curiosité.

Odilon
350

Richesse (germanique). *Variante :* Odil. *Caractérologie :* conscience, bienveillance, raisonnement, volonté, paix.

Odin
800 Top 900

Richesse (germanique). Masculin norvégien. *Caractérologie :* responsabilité, famille, volonté, influence, équilibre.

Odon
- de 100

Richesse (germanique). Dans la mythologie scandinave, Odin est le premier des dieux principaux. Il est à la fois le sage, le mage et le roi des dieux. *Caractérologie :* enthousiasme, communication, pratique, volonté, adaptation.

Odran
130

Pâle (irlandais). *Caractérologie :* originalité, spiritualité, connaissances, philosophie, sagacité.

Ogier
- de 100

Richesse, lance (germanique). Ogier est plus traditionnellement usité dans les Flandres. *Variante :* Oger. *Caractérologie :* humanité, rêve, rectitude, tolérance, générosité.

Ohan
- de 100

Diminutif d'Hovannès, une forme arménienne de Jean : Dieu fait grâce (hébreu). *Caractérologie :* sociabilité, loyauté, diplomatie, réceptivité, bonté.

Oihan
1 200 Top 600

Bosquet, bois (basque). *Caractérologie :* sociabilité, diplomatie, réceptivité, résolution, loyauté.

Olaf
120

Ancêtre (vieux norrois). Plusieurs rois danois et suédois ont illustré ce prénom scandinave. En Norvège, Olav V, le père du roi Harald, et plusieurs de leurs aïeux ont également porté ce prénom. *Variante :* Olavant. *Caractérologie :* intelligence, savoir, indépendance, méditation, sagesse.

Olan
160

Variante possible d'Olaf ou Alan. Recensé à la fin du XXe siècle aux États-Unis, Olan est apparu dans l'Hexagone à la fin des années 1990. L'Olan est un grand sommet du massif des Écrins, situé dans les Alpes françaises. *Caractérologie :* paix, affection, conscience, exigence, volonté.

Oleg
- de 100

Sacré (scandinave). *Caractérologie :* pragmatisme, optimisme, cœur, communication, créativité.

Olindo
- de 30

Aube (grec), violette (latin). *Caractérologie :* volonté, responsabilité, équilibre, famille, analyse.

Oliver
2 000 Top 500

Olive (latin). Une racine scandinave (*olafr*) pourrait également lui conférer le sens d'« ancêtre » en vieux norrois. Masculin anglais. *Caractérologie :* rectitude, humanité, rêve, logique, caractère.

Olivier

257 000 Top 700

Olive (latin). Une racine scandinave (*olafr*) pourrait également lui conférer le sens d'« ancêtre » en vieux norrois. Compagnon et confident de Roland dans *La Chanson de Roland*, Olivier est attesté dès la fin du XIe siècle en France. Il fait néanmoins plus d'adeptes outre-Manche, où il maintient une visibilité durable (Oliver est aujourd'hui l'un des prénoms les plus portés dans les pays anglophones). Il est encore rare en France lorsqu'il émerge dans les années 1950, mais il parvient au 5e rang masculin au début des années 1970. Son déclin s'accentue depuis quelques années. Évêque irlandais au XVIIe siècle, saint Olivier Plunket fut faussement accusé d'avoir comploté contre la Couronne anglaise et fut exécuté. *Caractérologie :* idéalisme, altruisme, raisonnement, intégrité, volonté.

Omar

11 000 Top 300

Le plus haut (arabe), qui prend la parole (hébreu). Sur le point d'assassiner le prophète Mahomet, Omar se rendit compte de son erreur et se convertit. Devenu le second calife de l'islam, il entreprit de conquérir la Palestine, la Mésopotamie, l'Égypte et la Perse avant d'être assassiné en 644 par l'un de ses esclaves. *Caractérologie :* sociabilité, bonté, loyauté, réceptivité, diplomatie.

Omer

3 500 Top 600

Gerbe de blé (hébreu). Moine normand, saint Omer fut nommé évêque de Thérouanne par le roi Dagobert ; il évangélisa l'Artois et la Flandre au VIIe siècle. *Caractérologie :* équilibre, famille, responsabilité, caractère, influence.

Onésime

120

Utile (grec). Masculin anglais. *Variante :* Onézime. *Caractérologie :* force, ambition, habileté, caractère, décision.

Oracio

\- de 100

Voir (grec). *Caractérologie :* raisonnement, culture, vivacité, liberté, caractère.

Orain

\- de 30

Au présent (basque). *Caractérologie :* communication, pragmatisme, détermination, créativité, optimisme.

Orazio

\- de 100

Forme italienne d'Horace : voir (grec). *Caractérologie :* enthousiasme, générosité, adaptation, pratique, communication.

Orbert

\- de 30

Riche (germanique). *Caractérologie :* paix, conscience, sagesse, bienveillance, conseil.

Orel

\- de 100

En or (latin). *Variante :* Oriel. *Caractérologie :* force, raisonnement, indépendance, charisme, curiosité.

Oren

500 Top 2 000

Pin (hébreu). *Variantes :* Aurène, Auren, Oran. *Caractérologie :* sagacité, originalité, connaissances, spiritualité, philosophie.

Orens

\- de 100

Levant, orient (latin). Un saint évêque d'Auch porta ce nom au Ve siècle. *Variante :* Orence. *Caractérologie :* aspiration, passion, vitalité, détermination, achèvement.

Oreste
- de 100

Montagneux (grec). *Caractérologie :* énergie, innovation, autorité, décision, ambition.

Orfeo
- de 100

Variante italienne et espagnole d'Orphée, le musicien de la mythologie grecque qui descend dans le royaume d'Hadès afin de ramener sa femme, Eurydice, et échoue de peu. *Caractérologie :* découverte, séduction, énergie, audace, originalité.

Orian
300

En or (latin). *Caractérologie :* communication, pratique, résolution, enthousiasme, adaptation.

Oribel
- de 30

En or (latin). Masculin basque. *Caractérologie :* indépendance, savoir, intelligence, logique, méditation.

Oriol
- de 30

En or (latin). *Variante :* Orio. *Caractérologie :* famille, logique, responsabilité, équilibre, influence.

O

Orion
500 Top 700

Chasseur géant d'une force et d'une beauté prodigieuses dans la mythologie grecque, Orion fut transformé en amas d'étoiles par Zeus. Cette légende a laissé à la postérité une constellation portant son nom. Orion désigne également une commune française et un chanteur américain célèbre. *Variantes :* Orie, Orien. *Caractérologie :* ambition, habileté, management, force, passion.

Orlan
250 Top 2 000

Gloire du pays (germanique). Masculin anglais. *Caractérologie :* paix, bienveillance, résolution, analyse, conscience.

Orlando
1 200

Gloire du pays (germanique). Nom d'une ville de Floride, aux États-Unis. Prénom italien. On peut estimer que moins de 30 enfants seront prénommés ainsi en 2023. *Variante :* Orland. *Caractérologie :* intelligence, savoir, analyse, méditation, volonté.

Orphée
300 Top 2 000

Prénom mixte révolutionnaire dont l'origine est incertaine. *Variante :* Orfeo. *Caractérologie :* méthode, ténacité, fiabilité, engagement, ressort.

Orso
500 Top 700

Ours (latin). Masculin corse et italien. *Caractérologie :* sécurité, persévérance, efficacité, structure, honnêteté.

Orson
120

Ours (latin). *Variante :* Ursin. *Caractérologie :* intégrité, réflexion, idéalisme, décision, altruisme.

En 1938, la diffusion radiophonique de *La Guerre des mondes* d'Orson Welles est si convaincante qu'elle crée un mouvement de panique aux États-Unis. Ses adaptations de Shakespeare font encore référence et *Citizen Kane* figure au panthéon des cinéphiles.

Oscar
20 000 Top 100

Lance divine (germanique). *Variante :* Oskar. *Caractérologie :* sociabilité, réceptivité, diplomatie, loyauté, logique.

Osman
1 700 Top 800

Jeune serpent (arabe). Osman fonda la dynastie ottomane au XIIIe siècle. *Variante :* Osmane. *Caractérologie :* force, ambition, passion, volonté, habileté.

Ossian
- de 100

Petit faon (celte). Variante possible d'Oisín, héros et poète dans la mythologie irlandaise. Masculin irlandais.

Les héros de cinéma

Il n'est pas nécessaire d'être un pur cinéphile ou d'avoir passé toute son adolescence sur les strapontins des salles obscures pour se laisser inspirer par le 7e art. En termes de casting de prénoms, le grand écran nous offre un festival de suggestions ! Qu'il s'agisse de péplums, de la nouvelle vague, de blockbusters ou de Bollywood, libre à vous de choisir l'univers qui vous ressemble.

Voici une sélection non exhaustive de prénoms liés au cinéma, pour rendre hommage à ceux qui nous ont fait rêver. Elle ne se veut nullement objective (c'est le jeu !) et doit être complétée à l'envi par vos propres souvenirs. Comme des albums photos qui ne demandent qu'à être feuilletés, certains personnages n'ont pas pris une ride, et d'autres sont, au contraire, le reflet d'une autre époque. Gros plans sur des prénoms pleins de talent.

- Abel, comme Abel Gance, réalisateur de *Napoléon*
- Antoine, dans *Les Quatre Cents Coups* de François Truffaut
- Baptiste, dans *Les Enfants du Paradis* de Marcel Carné
- César, dans *César et Rosalie* de Claude Sautet
- Charlie, dans *Charlie et la Chocolaterie* de Tim Burton
- Colin, dans *Les Infiltrés* de Martin Scorsese
- Eli, dans *There Will Be Blood* de Paul Thomas Anderson
- Eliott, dans *E. T.* de Steven Spielberg
- Ethan, dans *Mission Impossible* de Brian De Palma
- Ferdinand, dans *Pierrot le Fou* de Jean-Luc Godard
- Forrest, dans *Forrest Gump* de Robert Zemeckis
- Fred, comme Fred Astair
- Guido, dans *Huit et demi* de Federico Fellini
- Gustave, dans *The Grand Budapest Hotel* de Wes Anderson et Hugo Guinness
- Harold, dans *Harold et Maud* de Hal Ashby
- Harry, dans *Harry Potter* de Chris Columbus
- Henry, dans *Le Roi* de David Michôd
- Indiana, dans *Les Aventuriers de l'Arche perdue* de Steven Spielberg
- Jack, dans *Titanic* de James Cameron
- Jacob, dans *Twilight* de Catherine Hardwicke
- Jim, comme Jim Jarmush, réalisateur de *Stranger than Paradise*
- Joel et Ethan Coen, frères et réalisateurs entre autres de *The Big Lebowski*, *Miller's Crossing* et *Inside Llewyn Davis*
- Joseph, dans *Interstellar* de Christopher Nolan
- Julien, dans *Jeux d'enfants* de Yann Samuell
- Léon, dans *Léon* de Luc Besson
- Luke et Owen, dans *Star Wars* de George Lucas
- Marceau, dans *La Règle du jeu* de Jean Renoir
- Max, dans *Mad Max* de George Miller
- Michael, dans *Melancholia* de Lars von Trier
- Milos, comme Milos Forman, réalisateur notamment de *Ragtime* et *Amadeus*
- Nathan, dans *Le Monde de Nathan* de Morgan Matthews
- Neil, dans *Le Cercle des poètes disparus* de Peter Weir
- Néo, dans *Matrix* de Andy Wachowski
- Nino, dans *Le Fabuleux destin d'Amélie Poulain* de Jean-Pierre Jeunet
- Noé, dans *Noé* de Darren Aronofsky
- Oscar, dans *Oscar et la Dame rose* d'Éric-Emmanuel Schmitt
- Pedro, comme Pedro Almodóvar, réalisateur entre autres de *Talons Aiguilles*, *Femmes au bord de la crise de nerfs* et *Tout sur ma mère*
- Quentin, comme le célèbre réalisateur Quentin Tarantino
- Sami, comme Sami Frey dans *La Vérité* de Henri-Georges Clouzot et *César et Rosalie* de Claude Sautet
- Sandro, dans *L'Avventura* de Michelangelo Antonioni
- Stanley, comme Stanley Kubrick, réalisateur de nombreux films cultes
- Thomas, dans *L'Affaire Thomas Crown* de Norman Jewison
- Victor, dans *Casablanca* de Michael Curtiz
- Vincent, dans *Vincent, François, Paul et les autres* de Claude Sautet
- William, dans *Citizen Kane* d'Orson Welles
- Xavier, comme le héros de la trilogie de Cédric Klapisch *L'Auberge espagnole*, *Les Poupées russes* et *Casse-tête chinois*

Oscar

Fête :
3 février

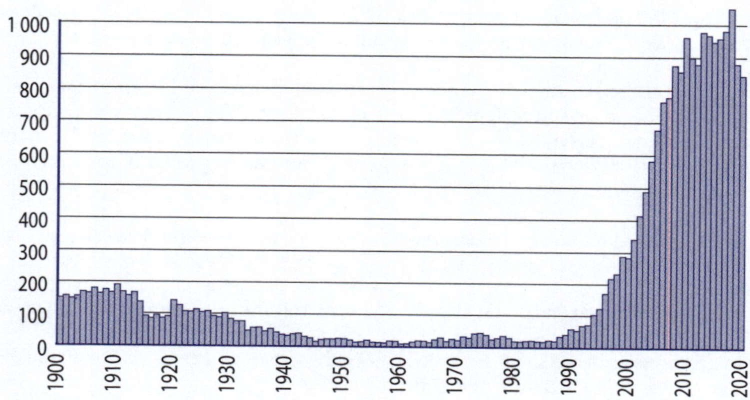

Étymologie

Du germain *ans* (*oss* en vieux norrois), qui se réfère à une divinité nordique, et de *gari*, « lance », d'où la signification « lance divine ». Ce prénom ancien a été très répandu dans les pays scandinaves et en Irlande, où il s'est diffusé à la suite des invasions vikings. Il s'envole dans les pays anglophones au milieu du XVIIIe siècle, porté par le succès de l'écrivain irlandais Oscar Wilde, puis par les écrits de James Macpherson. Le poète écossais prétendit avoir retrouvé et traduit un ensemble de textes appartenant au cycle du poète Ossian. Il affirma qu'Oscar, guerrier héroïque, était le fils d'Ossian et le petit-fils de Fionn Mac Cumhaill, un personnage de la mythologie irlandaise. Bien que leur authenticité ait été mise en doute, ces récits ravivèrent l'intérêt du Vieux Continent pour la mythologie celtique. Napoléon, admirateur des légendes d'Ossian, donna lui-même le prénom d'Oscar à l'un de ses filleuls, lequel devint par la suite roi de Suède et de Norvège (Oscar Ier).

Ce prénom royal fait peu d'émules en dehors des pays anglophones et scandinaves. Notons tout de même une percée en Suisse (top 60) et en Wallonie (top 30). Dans l'Hexagone, il est encore loin de soulever l'enthousiasme qu'il suscite à Paris : Oscar stagne dans les 100 premiers rangs nationaux, loin derrière sa 21e place parisienne acquise en 2021.

Le 3 février honore la mémoire de **saint Oscar**, ou **Anskaire**, moine picard d'origine saxonne qui évangélisa les pays scandinaves au IXe siècle.

Dans l'histoire

Oscar Ier de Suède, né Joseph François Oscar Bernadotte le 4 juillet 1799 à Paris, fut roi de Suède et de Norvège du 8 mars 1844 à sa mort (à Stockholm, en 1859). Durant son règne, il entreprit des réformes économiques et façonna une alliance avec la France et le Royaume-Uni pour protéger la Scandinavie. Son fils **Oscar II** (1829-1907) fut également roi de Suède et de Norvège jusqu'à la rupture de l'union personnelle entre la Suède et la Norvège, en juin 1905.

O

Personnes célèbres
Oscar Wilde, l'un des plus célèbres écrivains irlandais (1854-1900) ; Oscar Peterson, pianiste et compositeur de jazz canadien (1925-2007) ; Oscar Niemeyer, architecte brésilien dont la renommée est mondiale (1907-2012) ; Óscar Domínguez, peintre surréaliste espagnol (1906-1957).

Statistiques
Oscar est le 97e prénom masculin le plus donné en France depuis l'an 2000. Il est attribué à près d'un garçon sur 450 aujourd'hui.

Caractérologie : décision, dynamisme, curiosité, indépendance, courage.

Oswald
450

Divin, gouverneur (germanique). Masculin anglais. *Variantes :* Osval, Osvald, Osvaldo, Oswaldo. *Caractérologie :* réceptivité, sociabilité, volonté, loyauté, diplomatie.

Othello
- de 30

Riche, prospère (germanique). Othello est le personnage central de la tragédie Othello, écrite vers 1604 par William Shakespeare. *Variante :* Otello. *Caractérologie :* attention, responsabilité, famille, influence, équilibre.

Othman
2 000 Top 800

Jeune serpent (arabe). Troisième calife de l'islam au VIIe siècle, Othman fut le mari de Ruqayya, la fille du prophète Mahomet. C'est sous son califat que la première édition du Coran fut publiée. *Variantes :* Otman, Otmane, Ottman, Outman, Outmane. *Caractérologie :* ambition, force, volonté, habileté, sensibilité.

Othon
- de 100

Riche, prospère (germanique). Forme occitane : Oton. *Caractérologie :* rectitude, humanité, rêve, attention, ouverture d'esprit.

Otto
190

Riche, prospère (germanique). Otto est plus particulièrement usité en Allemagne, dans les pays scandinaves et au Pays basque. *Caractérologie :* méditation, intelligence, sagesse, savoir, indépendance.

Oualid
1 800

Nouveau-né (arabe). On peut estimer que moins de 30 enfants seront prénommés ainsi en 2023. *Caractérologie :* ambition, force, passion, analyse, habileté.

Oumar
3 000 Top 400

Le plus haut (arabe). *Variante :* Oumarou. *Caractérologie :* indépendance, curiosité, dynamisme, analyse, courage.

Ouriel
300

Dieu est ma lumière (hébreu). *Caractérologie :* force, ambition, passion, habileté, analyse.

Ousmane
3 500 Top 400

Jeune serpent (arabe). *Variantes :* Ousman, Usman. *Caractérologie :* savoir, méditation, intelligence, volonté, indépendance.

Oussama
3 000 Top 900

Lion (arabe). *Variantes :* Ousama, Ossama, Oussema. *Caractérologie :* force, ambition, habileté, passion, management.

Ovide
- de 100

Se rapporte à un ancien patronyme romain. Poète latin resté célèbre pour ses

O

Métamorphoses, Ovide vécut durant la naissance de l'Empire romain et mourut au début du Ier siècle. Forme basque : Ovidio. *Caractérologie :* direction, audace, volonté, dynamisme, indépendance.

Owen
14 000 Top 100 ↗

Bien né (grec). Owen est très répandu en Irlande. *Variantes :* Owain, Owenn. *Caractérologie :* communication, pratique, enthousiasme, adaptation, générosité.

Ozan
1 100

Santé, remède (basque). On peut estimer que moins de 30 enfants seront prénommés ainsi en 2023. *Caractérologie :* réceptivité, sociabilité, diplomatie, loyauté, bonté.

P

Pablo
16 000 Top 100 ↑

Petit, faible (latin). Masculin espagnol. *Caractérologie :* autorité, énergie, innovation, ambition, gestion.

Paco
4 000 Top 400 →

Forme abrégée de Pater Comunitatis (titre donné à saint François d'Assise et signifiant « père de la communauté » en latin). Paco est également un diminutif espagnol de Pacôme. *Caractérologie :* vitalité, stratégie, ardeur, achèvement, leadership.

Pacôme
3 000 Top 600 →

Pacifier (latin). *Caractérologie :* achèvement, stratégie, vitalité, volonté, réalisation.

Palmyr
- de 30

Palmiers (hébreu). *Variantes :* Palmire, Palmyre. *Caractérologie :* structure, efficacité, persévérance, sécurité, réalisation.

Pamphile
- de 100

L'ami de tous (grec). *Caractérologie :* ressort, habileté, force, ambition, réalisation.

Pancrace
- de 30

Qui est tout-puissant (grec). *Caractérologie :* intelligence, méditation, savoir, décision, cœur.

Paol
300 ↘

Forme bretonne de Paul : petit, faible (latin). *Caractérologie :* vitalité, achèvement, chef, direction, impétuosité.

Paolo
8 000 Top 400 →

Petit, faible (latin). Masculin italien. *Variantes :* Paol, Paolino. Forme bretonne : Paolig. *Caractérologie :* indépendance, courage, curiosité, dynamisme, charisme.

Paris
250 Top 2 000 →

Dans la mythologie grecque, Pâris provoque la guerre de Troie en enlevant Hélène, épouse de Ménélas. *Caractérologie :* rectitude, humanité, rêve, générosité, ouverture d'esprit.

Parsam
- de 30

Fils des jeûnes (arménien). *Caractérologie :* dynamisme, curiosité, réussite, courage, indépendance.

Pascal
273 000

De l'hébreu *pesach*, « passage », en référence à la fête juive célébrant

Les anticotes

Nous avons sélectionné des prénoms anticotes qui ont connu leurs heures de gloire à différentes périodes du XXe siècle.

Les anticotes du début du XXe siècle (1900-1929)
Adolphe, Alfred, Alphonse, Casimir, Claude, Désiré, Edgard, Edmond, Fernand, Gervais, Honoré, Jean-Marie, Marie, Maurice, Noël, Norbert, Raoul, Raymond, René, Roland, Valéry, Walter, Yvon.

Les anticotes de la période 1930-1949
André, Bernard, Claude, Fernand, Gérard, Gilbert, Guy, Jean-Claude, Jean-Pierre, Noël, Robert, Roger, Roland, Yves.

Les anticotes de la période 1950-1979
Bertrand, Carlos, Cyrille, Didier, Erick, Fabrice, Farid, Francis, François-Xavier, Gérald, Gildas, Gilles, Hervé, Hubert, Jacky, Jean-Christophe, Jean-François, Jean-Jacques, Jean-Louis, Jean-Luc, Jean-Marc, Jean-Michel, Jean-Paul, Jean-Philippe, Jean-Pierre, Jean-Yves, Jérôme, Pascal, Patrice, Régis, Roger, Serge, Stéphane, Wilfried.

Les anticotes de la période 1980-1999
Anthony, Aurélien, Cédric, Christophe, Damien, David, Fabien, Frank, Frederick, Ghislain, Harold, Hervé, Jérôme, Kevin, Loïc, Ludovic, Mathieu, Mickaël, Nicolas, Olivier, Patrick, Renaud, Rodolphe, Sébastien, Sylvain, Thierry, Yannick.

Les anticotes en 2023
Les prénoms phares des années 2000 sont toujours d'actualité. Si vous recherchez des prénoms démodés, voici un top 20 à rebours reprenant des prénoms qui sont massivement portés (par plus de 100 000 Français), mais qui devraient être attribués moins de 30 fois dans l'Hexagone. Le nombre estimé d'attributions est indiqué entre parenthèses.

1. Bernard (2)
2. Hervé (2)
3. Patrice (3)
4. Fabrice (4)
5. Guy (7)
6. Gilles (8)
7. Yves (8)
8. Pascal (8)
9. Franck (8)
10. Roger (11)
11. Didier (12)
12. Serge (12)
13. Claude (13)
14. Francis (14)
15. René (15)
16. Jérôme (15)
17. Gérard (17)
18. Frédéric (17)
19. Thierry (18)
20. Alain (19)

Notons que la moyenne d'âge des porteurs de ces prénoms n'a pas influencé leur popularité de la même manière. Ainsi, les Fabrice sont en moyenne âgés d'une cinquantaine d'années, mais en 2023, ce prénom devrait être autant donné que les René dont la moyenne d'âge dépasse les 70 ans.

P

la libération des juifs d'Égypte. Aux premiers temps du christianisme, ce nom était attribué aux enfants nés durant la période de Pâques. Bien qu'il soit porté par deux papes au Moyen Âge, ce prénom reste rare en France jusqu'au milieu du XXe siècle. Il s'envole dans les années 1950 et atteint le 2e rang français en 1962, son point culminant. On peut estimer que moins de 30 enfants seront prénommés ainsi en 2023. *Variantes :* Pascale, Pascalino, Pascual, Pasqual, Pasqualino. Variante basque et bretonne : Paskal. *Caractérologie :* intelligence, indépendance, méditation, savoir, sagesse.

Patric
800

Noble personne (latin). *Caractérologie :* ténacité, organisation, méthode, fiabilité, engagement.

Patrice
119 000

Noble personne (latin). On peut estimer que moins de 30 enfants seront prénommés ainsi en 2023. *Caractérologie :* altruisme, intégrité, résolution, idéalisme, sympathie.

Patrick
336 000 Top 2 000

Noble personne (latin). *Caractérologie :* famille, équilibre, influence, organisation, éthique.

Patxi
650

Forme basque de François : libre, français (latin). *Caractérologie :* sagacité, connaissances, spiritualité, philosophie, originalité.

Paul
183 000 Top 50

Petit, faible (latin). *Variantes :* Havel, Pau, Paulien, Paulino, Paulo, Paulus, Pavel, Pavlo, Pol. *Caractérologie :* dynamisme, curiosité, charisme, courage, indépendance.

Paul-Alexandre
350

Forme composée de Paul et Alexandre. Masculin français. *Caractérologie :* achèvement, réalisation, vitalité, stratégie, analyse.

Paul-Antoine
1 100 Top 2 000

Forme composée de Paul et Antoine. Masculin français. *Caractérologie :* réceptivité, sociabilité, diplomatie, cœur, logique.

Paul-Émile
800

Forme composée de Paul et Émile. Masculin français. *Caractérologie :* structure, sécurité, réalisation, persévérance, sympathie.

Paul-Étienne
150

Forme composée de Paul et Étienne. Masculin français. *Caractérologie :* énergie, cœur, découverte, audace, décision.

Paul-Henri
1 000

Forme composée de Paul et Henri. Masculin français. *Caractérologie :* audace, énergie, découverte, sympathie, ressort.

Paulin
3 500 Top 500

Petit, faible (latin). Masculin hongrois et occitan. Poète latin du Ve siècle, Paulin de Nole consacra sa vie à la foi. *Variantes :* Paulien, Paulino, Polin. *Caractérologie :* audace, direction, détermination, amitié, dynamisme.

Paulo
4 000 Top 2 000

Petit, faible (latin). Masculin portugais et espagnol. *Caractérologie :* diplomatie, sociabilité, réceptivité, loyauté, bonté.

Pavel
650 Top 2 000

Petit, faible (latin). Cette forme slave de Paul est particulièrement répandue en Bulgarie. *Caractérologie :* sociabilité, réceptivité, diplomatie, cœur, réussite.

P

Paul

Fête :
29 juin

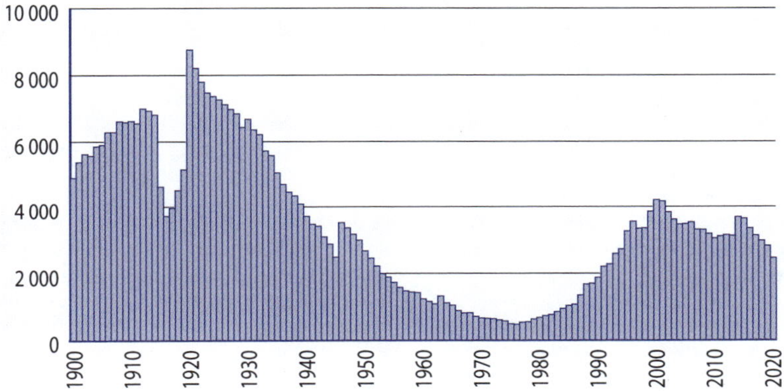

Étymologie

Du latin *paulus*, « petit, faible ». Usité en Asie Mineure et en Gaule dès les premiers siècles, Paul concurrence brièvement la forme latine Paulus avant de s'éclipser. Il renaît au XIIIe siècle dans les pays chrétiens, mais sa diffusion prend toute son ampleur durant la Réforme, au XVIe siècle, puis à la fin du XIXe siècle. Après une période de défaveur entamée dans les années 1920, Paul reprend des couleurs. Il occupe le 12e rang parisien et gravite au seuil du top 20 national.

En dehors de l'Hexagone, Paul figure dans les 2 premiers choix allemands et autrichiens, mais son absence des palmarès européens et son manque de vigueur en francophonie sont surprenants. Ancré dans le top 10 espagnol, Pablo viendra-t-il lui prêter main-forte ? En attendant mieux, cette version hispanophone a rebondi au 64e rang masculin. Elle devance largement Paulin qui prénomme une centaine de Français chaque année.

Dans l'histoire

De nombreux rois, saints et papes ont porté ce prénom. Juif de Tarse (en Turquie) et citoyen romain au Ier siècle, **saint Paul** fut d'abord connu sous le nom hébraïque de Saül. Il combattit le christianisme naissant avec ferveur avant qu'une révélation ne l'incite à se convertir. Devenu apôtre de Jésus, il répandit la foi hors de Judée en évangélisant l'Asie Mineure et la Grèce. La profondeur de sa réflexion et sa doctrine en font l'un des premiers théologiens du christianisme.

Poète latin au Ve siècle, **Paulin de Nole** consacra sa vie à la foi. Il est fêté le 11 janvier.

Personnes célèbres

Paul Cézanne, peintre français (1839-1906) ; Paul Gauguin, peintre et sculpteur français (1848-1903) ; Paul Klee, peintre suisse (1879-1940) ; Paul Bocuse (1926-2018), chef cuisinier français ; Paul McCartney, chanteur anglais, ancien membre des Beatles, né en 1942 ; Paul Auster, écrivain américain, né en 1947 ; Paul Pogba, joueur de football international français, né en 1993.

Statistiques

Paul est le 15e prénom masculin le plus donné en France depuis l'an 2000. Il est attribué à près d'un garçon sur 150 aujourd'hui. De son côté, Pablo devrait prénommer un garçon sur 300.

P

Pratiques d'attribution des prénoms de 1900 à nos jours

Depuis l'assouplissement de la législation, en 1993, le répertoire des prénoms s'est élargi d'un tiers. Une expansion qui s'explique par l'arrivée massive de prénoms nouveaux et par la multiplication de variantes en tout genre. Qu'ils soient régionaux ou venus d'ailleurs, anciens ou inventés, ces prénoms originaux participent du désir des parents de donner une identité unique à leurs enfants.

Tant de changements en un peu plus d'un siècle... Nos arrière-grands-parents n'auraient jamais pu rêver avoir un tel embarras du choix ! Il faut dire que l'on recensait 20 fois moins de prénoms attribués en 1900 qu'aujourd'hui.

La diversité, reflet de notre société moderne
En termes de diversité, la situation entre les deux époques est incomparable. En 1900, les têtes d'affiche Marie et Jean prénommaient respectivement une fille sur 5 et un garçon sur 12. Mais cette année, Emma et Jade, les stars du tableau féminin, devraient être attribuées à moins d'une fille sur 90. Fini le temps où un petit nom pouvait être porté par 3 enfants dans une même classe !

Le graphique ci-dessous illustre cette évolution. Le net fléchissement des courbes à partir de 1966 correspond à un assouplissement de la loi du 11 germinal an XI (loi Bonaparte) qui imposait aux parents une liste de prénoms tirés de différents calendriers et de personnages de l'histoire ancienne. L'instruction ministérielle de 1966 élargit en effet la liste des choix recevables aux prénoms tirés de la mythologie, aux prénoms régionaux, aux diminutifs et aux variations. En 1993, la loi Bonaparte est abolie. L'État laisse alors une liberté de choix quasi illimitée aux parents. Le stock des prénoms s'élargit dans les deux genres, ce qui explique la fusion des courbes à l'aube des années 2000.

Évolution du poids des 10 prénoms les plus attribués en pourcentage d'attributions, de 1900 à 2020

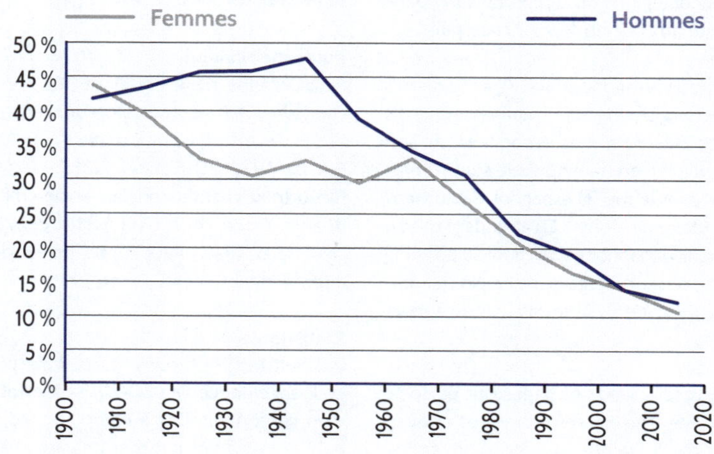

Le poids croissant des prénoms rares
Aujourd'hui, Marie n'est attribué que dans 0,3 % des naissances, et la plupart des prénoms donnés sont très rares. Parmi les 32 000 prénoms recensés dans le fichier de l'Insee, moins de 1 800 ont été attribués à 50 enfants ou plus cette année. Conséquence logique, le nombre de prénoms très répandus se réduit comme peau de chagrin. Seuls Marie et Jean sont encore portés par plus de 800 000 individus. Des témoins du temps passé qui ne laisseront pas d'héritiers aussi massivement portés...

Pedro
4 500 Top 2 000 ↘

Petit caillou (grec). Masculin espagnol et portugais. *Variantes :* Pedre, Peet, Peidro, Peire, Peit, Peitro, Peo. *Caractérologie :* fiabilité, ténacité, engagement, méthode, volonté.

Peio
850 Top 2 000 →

Petit caillou (grec). Prénom basque. *Caractérologie :* rectitude, humanité, tolérance, idéalisme, générosité.

Pépin
130

Déterminé (germanique). *Caractérologie :* équilibre, responsabilité, famille, influence, exigence.

Perceval
180

Perce la vallée (vieux français). Héros des légendes arthuriennes, Perceval fut élevé par sa mère dans une forêt isolée. Un jour, il croisa cinq chevaliers aux armures étincelantes et en fut bouleversé. Il se rendit à la cour du roi Arthur pour y être adoubé, et s'illustra dans d'innombrables aventures chevaleresques. *Variantes :* Perce, Percy. *Caractérologie :* innovation, autorité, réalisation, énergie, bonté.

Periclès
- de 30

Entouré de gloire (grec). *Caractérologie :* conscience, paix, bienveillance, détermination, bonté.

Peter
5 000 Top 2 000 →

Petit caillou (grec). Masculin anglais, allemand et scandinave. *Variantes :* Petri, Petro, Petrus. Forme corse : Petru. *Caractérologie :* innovation, autonomie, autorité, énergie, ambition.

Peyo
500 →

Petit caillou (grec). Prénom breton. *Variante :* Peio. *Caractérologie :* sagacité, spiritualité, originalité, philosophie, connaissances.

Pharell
1 600 Top 500 ↗

Courageux (irlandais). *Variante :* Pharel. *Caractérologie :* idéalisme, sympathie, altruisme, ressort, intégrité.

Phil
- de 100

Qui aime les chevaux (grec). *Caractérologie :* ouverture d'esprit, rêve, action, rectitude, humanité.

Philbert
- de 100

Qui aime les chevaux (grec). *Variante :* Filbert. *Caractérologie :* attention, idéalisme, intégrité, altruisme, action.

Philéas
650 →

Qui aime (grec). *Variante :* Phile. *Caractérologie :* intelligence, action, méditation, savoir, cœur.

P

Philémon
900 Top 2 000

Affectueux, amical (grec). Philémon apparaît, avec son épouse Baucis, dans un mythe grec repris dans les *Métamorphoses* d'Ovide. Après avoir vécu une vie paisible et humble, Philémon et Baucis meurent ensemble et sont transformés en arbres aux feuillages emmêlés. Forme basque : Filemon. *Caractérologie :* raisonnement, sociabilité, réceptivité, volonté, diplomatie.

Philibert
900

Très brillant (germanique). *Caractérologie :* action, humanité, rêve, sensibilité, rectitude.

Philip
1 300

Qui aime les chevaux (grec). Prénom anglais, scandinave et néerlandais. On peut estimer que moins de 30 enfants seront prénommés ainsi en 2023. *Variantes :* Philipe, Philipp, Philippo, Phillip. *Caractérologie :* savoir, intelligence, méditation, indépendance, ressort.

P

Philippe
455 000 Top 500

Qui aime les chevaux (grec). Ce vieux prénom fut illustré par plusieurs saints, six rois de France, cinq rois d'Espagne et un roi macédonien, Philippe II, le père d'Alexandre le Grand (382-386 avant J.-C.). Saint Philippe, l'un des premiers apôtres de Jésus, prêcha l'Évangile en Grèce et en Asie Mineure jusqu'à un âge avancé. Sous ses différentes graphies (Philip, Felipe, Filippo, etc.), ce prénom est très attribué dans les pays chrétiens durant et après le Moyen Âge. Après une période de retrait au XIXe siècle, Philippe revient de plus belle en France dans les années 1950. Il détrône Jean en 1959 et se maintient 1er jusqu'en 1964. Son déclin s'est accéléré depuis la fin des années 1980, mais il est aujourd'hui le 3e prénom le plus porté en France. *Caractérologie :* énergie, innovation, autorité, amitié, action.

Pierre
388 000 Top 200

Petit caillou (grec). Si Pierre est l'un des prénoms les plus attribués en France du XVe au XXe siècle, il n'a guère eu l'occasion de devancer Jean, son plus grand rival. Faute de mieux, il s'est souvent contenté des deuxièmes rangs. Sa rébellion survient en 1981 : alors que Jean poursuit son reflux, Pierre se redresse et le dépasse. Il réintègre le top 20 masculin à la fin des années 1980 et ne le quittera qu'au début des années 2000. Le premier pape, une centaine de saints et de nombreux rois ont porté ce prénom très courant dans le monde occidental. Simon est le nom originel de l'apôtre qui devint saint Pierre. Jésus choisit ce nom pour lui en référence à la mission dont il fut investi, celle de bâtir des églises « solides comme de la pierre ». L'immense popularité de saint Pierre participa à la diffusion du nom en Orient chrétien, puis en Occident. Il fut, sous ses nombreuses graphies, largement attribué au Moyen Âge, et dans un passé plus récent, porté par deux empereurs du Brésil et nombre de rois européens. Trois tsars russes, dont le fondateur de la ville de Saint-Pétersbourg (Pierre le Grand), ont également illustré ce prénom. *Caractérologie :* habileté, ambition, management, passion, force.

Pierre-Adrien
500

Forme composée de Pierre et Adrien. Masculin français. *Caractérologie :* courage, dynamisme, curiosité, réussite, décision.

Pierre-Alexandre
3 000

Forme composée de Pierre et Alexandre. Masculin français. On peut estimer que moins de 30 enfants seront prénommés ainsi en 2023. *Caractérologie :* réalisation, sociabilité, réceptivité, diplomatie, analyse.

Pierre-Alexis
900

Forme composée de Pierre et Alexis. Masculin français. *Caractérologie :* paix, analyse, bienveillance, conscience, sympathie.

Pierre-Antoine
4 000

Forme composée de Pierre et Antoine. Masculin français. On peut estimer que moins de 30 enfants seront prénommés ainsi en 2023. *Caractérologie :* indépendance, dynamisme, curiosité, résolution, courage.

Pierre-Emmanuel
3 000

Forme composée de Pierre et Emmanuel. Masculin français. On peut estimer que moins de 30 enfants seront prénommés ainsi en 2023. *Caractérologie :* sociabilité, réceptivité, diplomatie, amitié, réalisation.

Pierre-François
1 700

Forme composée de Pierre et François. Masculin français. On peut estimer que moins de 30 enfants seront prénommés ainsi en 2023. *Caractérologie :* pragmatisme, optimisme, logique, cœur, communication.

Pierre-Henri
2 000

Forme composée de Pierre et Henri. Masculin français. On peut estimer que moins de 30 enfants seront prénommés ainsi en 2023. *Caractérologie :* ardeur, action, achèvement, vitalité, stratégie.

Pierre-Jean
3 000

Forme composée de Pierre et Jean. Masculin français. On peut estimer que moins de 30 enfants seront prénommés ainsi en 2023. *Caractérologie :* réceptivité, décision, diplomatie, loyauté, sociabilité.

Pierre-Louis
6 000

Forme composée de Pierre et Louis. Masculin français. On peut estimer que moins de 30 enfants seront prénommés ainsi en 2023. *Caractérologie :* enthousiasme, communication, sympathie, pratique, analyse.

Pierre-Loup
300

Forme composée de Pierre et Loup. Masculin français. *Caractérologie :* intégrité, sympathie, altruisme, idéalisme, analyse.

Pierre-Luc
600

Forme composée de Pierre et Luc. Masculin français. *Caractérologie :* stratégie, vitalité, achèvement, amitié, ardeur.

Pierre-Marie
3 500

Forme composée de Pierre et Marie. Masculin français. On peut estimer que moins de 30 enfants seront prénommés ainsi en 2023. *Caractérologie :* humanité, rectitude, décision, rêve, réussite.

Pierre-Olivier
2 000

Forme composée de Pierre et Olivier. Masculin français. On peut estimer que moins de 30 enfants seront prénommés ainsi en 2023. *Caractérologie :* achèvement, vitalité, stratégie, logique, caractère.

Pierre-Yves
8 500

Forme composée de Pierre et Yves. Masculin français. On peut estimer que moins de 30 enfants seront prénommés ainsi en 2023. *Caractérologie :* savoir, intelligence, méditation, détermination, réalisation.

Pierric
1 300

Petit caillou (grec). On peut estimer que moins de 30 enfants seront prénommés ainsi en 2023. *Caractérologie :* paix, bienveillance, conseil, conscience, sympathie.

Pierrick
18 000

Petit caillou (grec). Masculin français. On peut estimer que moins de 30 enfants seront prénommés ainsi en 2023. *Variantes :* Perick, Perig, Pieric, Pierick, Pierig, Pierrig, Pierrik. *Caractérologie :* force, habileté, passion, ambition, bonté.

Pierrot
1 700 Top 2 000 ↓

Petit caillou (grec). *Variantes :* Perin, Pier, Piet, Pieter, Pierce, Pierino, Pierrino, Piero. *Caractérologie :* réceptivité, bonté, sociabilité, loyauté, diplomatie.

Pietro
1 100 Top 2 000 →

Petit caillou (grec). Prénom italien. *Caractérologie :* intuition, médiation, relationnel, fidélité, adaptabilité.

Pio
800 Top 300 ↑

Pieux (latin). Masculin italien et portugais. *Caractérologie :* persévérance, efficacité, sécurité, structure, honnêteté.

Placide
160

Placide, calme (latin). *Variante :* Placido. *Caractérologie :* audace, énergie, découverte, sympathie, réalisation.

Pol
1 500

Petit, faible (latin). Pol est plus traditionnellement usité en Irlande, en Écosse et en Bretagne. On peut estimer que moins de 30 enfants seront prénommés ainsi en 2023. *Caractérologie :* savoir, intelligence, méditation, indépendance, sagesse.

Preston
950 Top 2 000 →

Domaine, bien du prêtre (anglais). Masculin anglais. *Caractérologie :* vitalité, ardeur, achèvement, détermination, stratégie.

Priam
750 Top 500 ↑

Dans la mythologie grecque, Priam est le dernier roi de Troie. *Caractérologie :* pragmatisme, créativité, communication, optimisme, réalisation.

Primael
- de 100

Charismatique, prince (celte). Prénom breton. *Variante :* Primel. *Caractérologie :* sociabilité, réceptivité, réalisation, diplomatie, sympathie.

Primo
- de 100

Premier (latin). Prénom italien. *Caractérologie :* force, ambition, habileté, management, passion.

Prince
800 Top 800 ↑

En premier (latin). Plus courant sous forme de patronyme. Masculin anglais. *Caractérologie :* sociabilité, réceptivité, diplomatie, sympathie, loyauté.

Priscillien
- de 100

Ancien (latin). *Caractérologie :* rectitude, humanité, rêve, amitié, détermination.

Prosper
1 200

Avec bonheur (latin). Masculin anglais et français. On peut estimer que moins de 30 enfants seront prénommés ainsi en 2023. *Variante :* Prospert. *Caractérologie :* ambition, passion, force, habileté, décision.

Prudent
- de 100

Prudent (latin). *Caractérologie :* achèvement, vitalité, ardeur, stratégie, bonté.

P

Q

Qaïs
200 Top 2 000

Fierté (arabe). *Caractérologie :* direction, audace, dynamisme, indépendance, assurance.

Qassim
2 000 Top 300

Gracieux, qui redistribue (arabe). *Caractérologie :* paix, bienveillance, exigence, conscience, volonté.

Quang
140

Lumière, glorieux (vietnamien). *Caractérologie :* bienveillance, paix, conseil, amitié, conscience.

Quentin
127 000 Top 400

Cinquième (latin). Quentin a connu la gloire dans les pays anglo-saxons au XIXe siècle, puis en France dans les années 1990. Citoyen romain, saint Quintinus se convertit au christianisme et partit évangéliser la Gaule au IIIe siècle. C'est en sa mémoire que Saint-Quentin, la capitale de la haute Picardie, porte son nom. *Variantes :* Kentin, Quantin, Quentyn, Quinten, Quinten, Quintino. *Caractérologie :* dynamisme, indépendance, sensibilité, direction, audace.

Quincy
200

Cinquième (latin). Masculin anglais. *Variantes :* Quincey, Quinto. *Caractérologie :* ambition, sympathie, force, habileté, ressort.

Quintilien
- de 30

S'inspirant de Cicéron, Quintilien fut rhéteur dans la Rome antique au Ier siècle. *Caractérologie :* diplomatie, loyauté, réceptivité, sociabilité, sensibilité.

Quirin
- de 100

Citoyen romain (latin). Plusieurs saints des premiers siècles ont porté ce nom. *Caractérologie :* originalité, spiritualité, connaissances, philosophie, sagacité.

Quoc
200

Nation (vietnamien). *Caractérologie :* relationnel, adaptabilité, intuition, médiation, fidélité.

Q

R

Rabah
3 000

Jardin (arabe). On peut estimer que moins de 30 enfants seront prénommés ainsi en 2023. *Variantes :* Raba, Rabbah, Rabia, Rabih. *Caractérologie :* enthousiasme, pratique, communication, adaptation, générosité.

Rachid
18 000 Top 2 000

Bien guidé, qui a la foi (arabe). Ce prénom est particulièrement répandu dans les cultures musulmanes francophones. *Variantes :* Rached, Rachide. *Caractérologie :* savoir, intelligence, sagesse, indépendance, méditation.

Rafael
23 000 Top 100

Dieu a guéri (hébreu). Rafael est particulièrement répandu dans les pays hispanophones, scandinaves et germanophones. C'est aussi un choix traditionnel basque et catalan. *Caractérologie :* intelligence, savoir, méditation, analyse, résolution.

Rafik

1 500

Ami, tranquillité (arabe). On peut estimer que moins de 30 enfants seront prénommés ainsi en 2023. *Caractérologie :* intégrité, altruisme, idéalisme, réflexion, dévouement.

Rahim

1 000 Top 600

Qui pardonne (arabe). *Caractérologie :* structure, persévérance, sécurité, efficacité, honnêteté.

Raimond

- de 30

Qui conseille avec sagesse (germanique). *Variantes :* Raimon, Raimondo, Raimundo, Ramond. *Caractérologie :* diplomatie, réceptivité, décision, sociabilité, caractère.

Rainier

- de 100

Conseil, décision (germanique). Dans l'Hexagone, Rainier est plus traditionnellement usité dans les Flandres et en Occitanie. *Variantes :* Régnier, Reiner. *Caractérologie :* réceptivité, sociabilité, résolution, diplomatie, loyauté.

Ralph

1 500

Loup renommé (germanique). Masculin anglais. *Variantes :* Ralf, Rolph, Rolphe. *Caractérologie :* audace, dynamisme, direction, action, indépendance.

Rami

1 300 Top 2 000

Habileté (arabe). *Variante :* Ramy. *Caractérologie :* audace, découverte, énergie, originalité, séduction.

Ramiro

110

Ce nom espagnol aurait des racines wisigothes et signifierait « grand juge ». Masculin espagnol et basque. Forme basque : Erramir. *Caractérologie :* sociabilité, réceptivité, diplomatie, loyauté, bonté.

Ramon

1 100

Qui conseille avec sagesse (germanique). Masculin espagnol, italien, occitan et catalan. On peut estimer que moins de 30 enfants seront prénommés ainsi en 2023. *Caractérologie :* résolution, intelligence, savoir, méditation, volonté.

Ramzi

1 900 Top 2 000

Important (arabe). *Variante :* Ramzy. *Caractérologie :* fiabilité, ténacité, méthode, engagement, sens du devoir.

Randy

1 800

Loup renommé (germanique). Masculin anglais. On peut estimer que moins de 30 enfants seront prénommés ainsi en 2023. *Variantes :* Randolf, Randolph. *Caractérologie :* habileté, décision, ambition, force, réussite.

Raoul

6 500 Top 2 000

Loup renommé (germanique). Masculin français. *Variantes :* Raouf, Raoulin, Raul. Forme occitane : Raolf. *Caractérologie :* persévérance, structure, sécurité, logique, efficacité.

Raphaël

148 000 Top 50

Dieu a guéri (hébreu). *Caractérologie :* ressort, sympathie, intelligence, méditation, savoir.

Rayan

42 000 Top 100

Contraction de Ryan et Rayane. Porté par une vague d'inspiration irlandaise, Rayan émerge à la fin du XXe siècle et s'impose dans les 40 premiers rangs français en 2008. Ses origines lui confèrent une identité multiculturelle indissociable de son succès, encore

Raphaël

Fête :
29 septembre

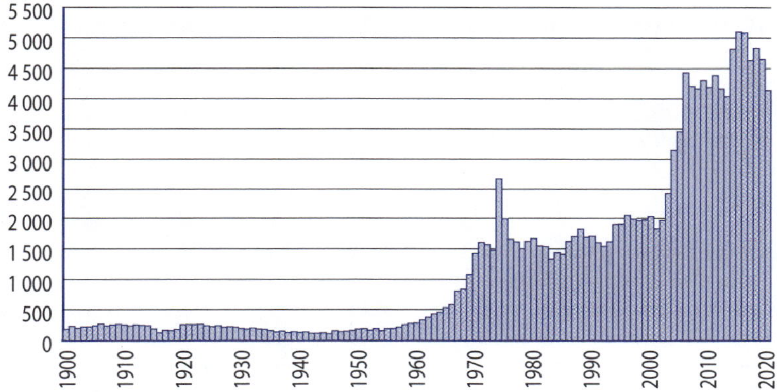

Étymologie

De l'hébreu *rephaël*, « Dieu a guéri ». Attribué en nombre constant mais modeste, ce prénom intemporel est longtemps resté discret dans les pays occidentaux. En France, à l'exception d'un pic d'attribution isolé en 1974, Raphaël est relativement peu répandu jusqu'en 2000, où sa croissance l'entraîne vers le sommet. L'essor des prénoms bibliques et la popularité du joueur de football Raphaël Varane ont sans doute joué en sa faveur. Aujourd'hui, ce prénom brille dans les tops 5 parisien et national.

Raphaël s'est hissé dans l'élite des classements romands, wallons et québécois. De son côté, Rafael a ses partisans dans les pays d'Amérique latine ainsi qu'au Portugal. Cette variante est même parvenue au seuil du top 60 français. Au féminin, la percée de Raphaëlle se fait attendre.

Ange de la guérison dans la Bible, **Raphaël** guérit le père de Tobie de la cécité et délivre Sara du démon qui l'a rendue veuve à 7 reprises, le soir de ses noces. Il est le patron des voyageurs.

Peintre et architecte, **Raphaël** (de son vrai nom Raffaello Sanzio) est l'un des plus célèbres peintres italiens de la Renaissance. La grâce et la beauté de ses Madones qui l'ont rendu si célèbre, font toujours référence. Il meurt en 1520 à l'âge de 37 ans.

Personnes célèbres

Raphaël Enthoven, professeur de philosophie, animateur de télévision et de radio, né en 1975 ; Raphaël Haroche, chanteur français, né en 1972 ; Raphaël Ibañes, ancien international français de rugby, né en 1973 ; Raphaël Imbert, saxophoniste de jazz, chef d'orchestre et compositeur, né en 1974 ; Rafael Nadal, joueur de tennis professionnel espagnol, né en 1981 ; Raphaël Varane, joueur de football international français, né en 1993.

Statistiques

Raphaël est le 9e prénom masculin le plus donné en France depuis l'an 2000. Il est attribué à près d'un garçon sur 90 aujourd'hui. Rafael devrait prénommer un garçon sur 380 et figurer au 82e rang de ce palmarès.

tangible aujourd'hui. *Caractérologie :* courage, dynamisme, indépendance, curiosité, résolution.

Rayane
12 000 Top 400

Beau, désaltéré (arabe), variante moderne de Ryan. *Variantes :* Raïan, Raïane, Rayann, Rayanne, Rayen, Reyan, Reyane. *Caractérologie :* innovation, énergie, autorité, ambition, détermination.

Rayhan
1 000

Beau, désaltéré (arabe), petit roi (irlandais). *Variantes :* Rahyan, Raïan, Raïhan, Raïhane. *Caractérologie :* persévérance, détermination, sécurité, action, structure.

Raymond
66 000 Top 2 000

Qui conseille avec sagesse (germanique). Originaire de Catalogne, saint Raymond fut le conseiller du pape Grégoire IX au XIIIe siècle. Chef des dominicains, il écrivit plusieurs essais sur la théologie. En dehors de l'Hexagone, Raymond est très répandu dans les pays anglophones. *Variantes :* Ray, Raymon, Raymondo, Remon, Remond. *Caractérologie :* altruisme, idéalisme, intégrité, volonté, réalisation.

Raynald
2 500

Qui conseille avec sagesse (germanique). On peut estimer que moins de 30 enfants seront prénommés ainsi en 2023. *Variante :* Raynal. *Caractérologie :* communication, pratique, réussite, enthousiasme, cœur.

Réda
6 000 Top 700

Satisfaction, plénitude (arabe). *Variantes :* Rédha, Rhéda. *Caractérologie :* audace, dynamisme, indépendance, direction, résolution.

Rédouane
2 500 Top 2 000

Satisfaction, plénitude (arabe). *Variantes :* Radoin, Radoine, Radouan, Radouane, Radwan, Radwane, Rédoine, Rédouan, Redwan, Redwane, Ridouan, Ridouane, Ridvan, Ridwan, Ridwane. *Caractérologie :* volonté, analyse, sociabilité, diplomatie, réceptivité.

Réginald
750

Qui conseille avec sagesse (germanique). Masculin anglais et allemand. *Caractérologie :* méditation, cœur, savoir, intelligence, réussite.

Régis
53 000

Royal (latin). Masculin français. Regis est également un choix traditionnel occitan et provençal. On peut estimer que moins de 30 enfants seront prénommés ainsi en 2023. *Caractérologie :* persévérance, structure, résolution, sécurité, efficacité.

Réhan
500 Top 2 000

Basilic (arabe). *Caractérologie :* bienveillance, paix, conscience, conseil, détermination.

Réjan
- de 100

Roi (latin). *Variante :* Réjean. *Caractérologie :* pragmatisme, créativité, communication, optimisme, résolution.

Rémi
79 000 Top 600

Rameur (latin). Rémi se rapporte aux Rèmes, le nom du peuple qui vivait dans la région de Reims. C'est dans la basilique rémoise que l'évêque Remi fit baptiser Clovis et ses troupes. Notons que ce prénom français peut être orthographié sans accent. Forme basque : Remigio. *Caractérologie :* tolérance, rêve, rectitude, humanité, générosité.

R

Les prénoms oubliés

Cette sélection rassemble des petits noms qui furent en faveur au début des années 1900. Après avoir sombré dans l'oubli, ces pépites retrouvent des couleurs. Certaines, comme Anatole, Félix ou Augustin, reprennent discrètement le chemin de l'école. D'autres, comme Léo, Louis, Jules ou Victor, s'ébattent déjà dans les cours de récréation !

Achille, Aimé, Albert, Alfred, Anatole, André, Arsène, Auguste, Augustin, Camille, Célestin, Charles, Clovis, Edgar, Edmond, Élie, Émile, Ernest, Eugène, Félicien, Félix, Ferdinand, Fernand, François, Gaston, Georges, Gustave, Hector, Henri, Jacques, Jean, Joseph, Jules, Léon, Léopold, Louis, Lucien, Marcel, Marius, Maurice, Octave, Oscar, Paul, Philémon, Pierre, René, Robert, Roger, Théodore, Théophile, Victor, Victorin.

D'autres perles au côté suranné ne méritent pas le désintérêt qui les accable aujourd'hui.

Ci-dessous des prénoms qui furent attribués à une poignée d'enfants au tout début du XXe siècle… avant de disparaître des registres d'état civil. Avis aux amateurs…

Alphonse, Ancelin, Armand, Candide, Casimir, Cyrus, Donatien, Émilien, Fabien, Firmin, Fleury, Gédéon, Germain, Grégoire, Guislain, Honoré, Hugues, Irénée, Isidore, Jaquelin, Loïs, Ludovic, Marcelin, Mathurin, Maximin, Pépin, Philéas, Prosper, Roland, Rosaire, Saturnin, Séraphin, Sydney, Tancrède, Théophane, Théotime, Urbain, Valéry.

Rémy

58 000 Top 2 000 ↘

Rameur (latin). Masculin français. *Caractérologie :* connaissances, sagacité, spiritualité, philosophie, originalité.

Rénald

2 000

Qui conseille avec sagesse (germanique). On peut estimer que moins de 30 enfants seront prénommés ainsi en 2023. *Variantes :* Reinald, Rénal. *Caractérologie :* décision, altruisme, idéalisme, intégrité, réflexion.

Renaldo

400

Qui conseille avec sagesse (germanique). Masculin espagnol et portugais. *Variantes :* Reinaldo, Reinhard, Reinold. *Caractérologie :* paix, bienveillance, conscience, caractère, logique.

Renan

2 000 Top 2 000 ↘

Petit phoque (irlandais). Prénom breton. *Variante :* Reunan. *Caractérologie :* savoir, intelligence, méditation, indépendance, décision.

Renato

900 →

Renaître (latin). Renato est particulièrement répandu en Italie, en Corse et dans les pays hispanophones et lusophones. Forme occitane : Renat. *Caractérologie :* ambition, autorité, innovation, énergie, détermination.

Renaud

23 000 Top 2 000 ↓

Qui conseille avec sagesse (germanique). Masculin français. *Variantes :* Renauld, Renaut, Reno. *Caractérologie :* rêve, rectitude, humanité, ouverture d'esprit, résolution.

R

René
124 000

Renaître (latin). La forme latine Renatus fut assez populaire dans les pays chrétiens au Moyen Âge. Elle se raréfie au XVIIe siècle, alors que saint René Goupil est tué par des Iroquois juste après s'être signé devant eux. Plusieurs ducs de France, un comte de Provence, un roi napolitain et le célèbre physicien et philosophe français René Descartes (1596-1650) ont donné une grande notoriété au prénom. Pour autant, ce dernier ne prend pas de véritable essor avant la fin du XIXe siècle. Il s'illustre dans les 5 premiers rangs dans les années 1920 et prend tout son temps pour se faire oublier ensuite. On peut estimer que moins de 30 enfants seront prénommés ainsi en 2023. *Caractérologie :* conscience, conseil, bienveillance, paix, sagesse.

Renzo
550

Diminutif de Lorenzo : couronné de lauriers (latin). Masculin italien. *Variante :* Renso. *Caractérologie :* responsabilité, équilibre, exigence, famille, influence.

Reuben
- de 100

« C'est un fils ! » (hébreu). *Caractérologie :* loyauté, réceptivité, diplomatie, bonté, sociabilité.

Reuel
- de 30

Ami de Dieu, terre rouge (hébreu). Ce nom hébraïque est porté par plusieurs figures de l'Ancien Testament. *Caractérologie :* intelligence, méditation, sagesse, savoir, indépendance.

Reymond
110

Qui conseille avec sagesse (germanique). *Caractérologie :* sécurité, caractère, persévérance, efficacité, structure.

Reynald
4 500

Qui conseille avec sagesse (germanique). Masculin français. On peut estimer que moins de 30 enfants seront prénommés ainsi en 2023. *Variantes :* Reynal, Reynaldo, Reynaud, Reynold. *Caractérologie :* savoir, intelligence, méditation, réalisation, sympathie.

Rhys
- de 100

Héros (gallois). *Caractérologie :* intelligence, ressort, indépendance, méditation, savoir.

Riad
3 000 Top 2 000

Jardin (arabe). *Variantes :* Riade, Riadh, Riyadh. *Caractérologie :* découverte, originalité, audace, énergie, séduction.

Ricardo
3 000 Top 2 000

Puissant gouverneur (germanique). Ricardo est très répandu dans les pays hispanophones et lusophones. *Variantes :* Ricard, Riccardo. *Caractérologie :* courage, logique, indépendance, curiosité, dynamisme.

Richard
68 000 Top 2 000

Puissant gouverneur (germanique). Masculin anglais et français. *Variante :* Rick. *Caractérologie :* connaissances, originalité, sagacité, philosophie, spiritualité.

Rida
1 400

Satisfaction, plénitude (arabe). On peut estimer que moins de 30 enfants seront prénommés ainsi en 2023. *Variante :* Ridha. *Caractérologie :* audace, énergie, séduction, originalité, découverte.

Rigobert
350

Brillant, gloire (germanique). *Caractérologie :* honnêteté, sécurité, structure, persévérance, efficacité.

R

Les internationaux

Le tableau ci-dessous propose une sélection tendance de prénoms francophones et leurs équivalents anglophones et hispanophones. Cet éventail utile aux parents qui souhaitent trouver un prénom dont l'orthographe ou la prononciation reste identique dans de nombreuses régions du monde.

Prénom francophone	Prénom anglophone	Prénom hispanophone
Aaron	Aaron	Aaron
Adam	Adam	Adam
Adrien	Adrian	Adŕian
Arthur	Arthur	Arturo
Charles	Charles	Carlos
Daniel	Daniel	Daniel
Elias	Elias	Elías
Ethan	Ethan	Izan
Evan	Evan	Ivan
Gabriel	Gabriel	Gabriel
Henri	Henry	Enrique
Hugo	Hugo	Hugo
Isaac	Isaac	Isaac
Jacques	Jack	Diego, Jaime
Joseph	Joseph	José
Jules	Jules	Julio
Julien	Julian	Julián
Léo	Leo	Leo
Liam	Liam	Liam
Louis	Lewis, Luis	Luis
Lucas	Lucas, Luke	Lucas
Marc	Mark	Marcos, Marco
Martin	Martin	Martín
Michel	Mickael	Miguel
Mohamed	Muhammad	Mohamed
Nathan	Nathan	Natán
Nicolas	Nicholas	Nicolás
Noah	Noah	Noah
Nolan	Nolan	Nolan
Oscar	Oscar	Óscar
Paul	Paul	Pablo
Raphaël	Raphael	Rafael
Robin	Robin	Roberto
Ruben	Ruben	Ruben
Samuel	Samuel	Samuel
Simon	Simon	Simon

R

Prénom francophone	Prénom anglophone	Prénom hispanophone
Théo	Theo	Téo
Thomas	Thomas	Tomás
Tom	Tom	Tom
Victor	Victor	Victor, Victoriano
William	William	William
Zacharie, Zachary	Zachary	Zacarías

Riley
900 Top 600 →

On sait peu de choses sur ce patronyme anglophone devenu prénom. Riley est mixte, à dominante féminine aux États-Unis et masculine outre-Manche. En France, il est essentiellement masculin. Depuis le début des années 2000, Riley s'est popularisé en devenant le nom d'un Pokémon. *Caractérologie :* amitié, conscience, paix, bienveillance, conseil.

Rinaldo
160

Qui conseille avec sagesse (germanique). Prénom italien. *Caractérologie :* caractère, énergie, autorité, innovation, logique.

Rino
250

Renaître (latin). Masculin italien. *Caractérologie :* sociabilité, réceptivité, loyauté, diplomatie, bonté.

Ritchy
550 ↘

Puissant gouverneur (germanique). *Variantes :* Ricci, Rich, Richie, Ritchie, Rick, Ricky, Ritchi. *Caractérologie :* fidélité, relationnel, intuition, ressort, médiation.

Riwal
170

Roi, valeur (celte). Prénom breton. *Caractérologie :* réflexion, détermination, intégrité, altruisme, idéalisme.

Riwan
850 →

Roi, valeur (celte). Prénom breton. *Variante :* Rywan. *Caractérologie :* décision, diplomatie, sociabilité, loyauté, réceptivité.

Riyad
3 500 Top 400 →

Serein, épanoui (arabe). *Caractérologie :* réalisation, pratique, enthousiasme, communication, adaptation.

Roald
- de 30

Qui conseille avec sagesse (germanique). Masculin anglais. *Caractérologie :* curiosité, dynamisme, courage, logique, indépendance.

Roan
600 Top 2 000 ↗

Voir Rohan. *Caractérologie :* pragmatisme, optimisme, sociabilité, communication, résolution.

Robert
123 000 Top 2 000 →

Brillant, gloire (germanique). Deux rois de France et trois rois d'Écosse ont porté ce prénom très répandu en France et en Angleterre au Moyen Âge. Le père de Guillaume le Conquérant se nommait ainsi, tout comme son contemporain Robert de Molesme, le saint qui fonda l'ordre de Cîteaux au XIe siècle. Ce prénom ne disparaît pas après la période médiévale, mais son dernier coup d'éclat remonte aux années 1920, durant lesquelles il s'impose dans les 10 premiers choix français (jusqu'en 1939). Bien qu'il ait disparu des maternités dans les années

1980, Robert, Roberto et leurs dérivés sont très répandus dans le monde occidental aujourd'hui. *Variantes :* Rob, Robbie, Robby, Rober, Robertino, Roby. *Caractérologie :* bienveillance, conscience, conseil, paix, sagesse.

Roberto
3 500

Brillant, gloire (germanique). Roberto est répandu dans les pays hispanophones, lusophones et en Italie. On peut estimer que moins de 30 enfants seront prénommés ainsi en 2023. *Caractérologie :* sociabilité, communication, optimisme, créativité, pragmatisme.

☆ Depuis 2006, Roberto Saviano vit sous protection policière, à la suite du succès mondial de son livre *Gomorra*. Cet écrivain-journaliste qui a choisi de ne pas se taire, révéla aux yeux de tous la réalité violente et criminelle de la Camorra napolitaine. Plus libre et vivant que jamais, cet auteur défie encore les parrains.

Robin
56 000 Top 50

Brillant, gloire (germanique). Ce diminutif de Robert est attesté en France au Moyen Âge, mais il rencontre beaucoup plus de succès en Angleterre. Il y est déjà répandu au XVe siècle, lorsque des contes et ballades populaires diffusent les exploits de Robin des Bois, le célèbre brigand défenseur des pauvres. Au début du XXe siècle, Robin renaît au Royaume-Uni et aux États-Unis, où il se diffuse également au féminin. C'est au masculin qu'il décolle en France dans les années 1980, atteignant son pic au 37e rang national en 2013. La première référence à Robin des Bois a été faite par William Langland dans *Piers Plowman* (*Pierre le laboureur* en français), un poème allégorique de plus de 7 000 vers composés entre 1360 et 1387. Robin est également le fidèle acolyte de Batman, un personnage de fiction créé par Bob Kane et Bill Finger qui parut pour ma première fois dans *Detective Comics* en 1939, et dont les aventures ont inspiré de nombreux films. *Variantes :* Roban, Robyn. *Caractérologie :* sécurité, structure, persévérance, efficacité, honnêteté.

Robinson
1 400 Top 2 000

Fils de Robin (anglais). Masculin anglais et français. *Caractérologie :* connaissances, sagacité, décision, spiritualité, originalité.

Rocco
750

Reposé (germanique), Il est Guide (hébreu). Prénom italien. *Caractérologie :* ouverture d'esprit, rectitude, raisonnement, humanité, rêve.

Roch
1 600 Top 900

Reposé (germanique), Il est Guide (hébreu). Masculin français. *Caractérologie :* vitalité, achèvement, stratégie, ardeur, raisonnement.

Rocky
300

Rocheux (anglais). *Caractérologie :* analyse, intégrité, altruisme, idéalisme, réflexion.

Roderick
110

Glorieux, puissant (germanique). *Caractérologie :* relationnel, intuition, médiation, volonté, raisonnement.

Rodney
450

Glorieux, puissant (germanique). Masculin anglais. *Caractérologie :* idéalisme, altruisme, intégrité, réflexion, caractère.

Rodolphe
19 000

Loup renommé (germanique). Masculin français. On peut estimer que moins de 30 enfants seront prénommés ainsi en 2023. *Variantes :* Rodolf, Rodolfo,

Rodolph, Rolf. *Caractérologie :* optimisme, communication, pragmatisme, volonté, raisonnement.

Rodrigo

1 100 Top 2 000

Glorieux, puissant (germanique). Masculin italien et espagnol. *Caractérologie :* audace, séduction, énergie, découverte, originalité.

Rodrigue

7 500

Glorieux, puissant (germanique). Masculin français. On peut estimer que moins de 30 enfants seront prénommés ainsi en 2023. *Variantes :* Rodriguez. Forme basque : Ruy. *Caractérologie :* raisonnement, connaissances, sagacité, spiritualité, volonté.

Roger

103 000

Lance glorieuse (germanique). Ce prénom médiéval s'est propagé en Angleterre lors de la conquête normande. Du IXe au XVIIe siècle, il a été porté par plusieurs saints et un célèbre philosophe anglais (Roger Bacon, 1214-1294). En France comme outre-Manche, il est fréquent à la fin du Moyen Âge et resurgit épisodiquement au cours des siècles suivants. Son dernier coup d'éclat remonte au milieu des années 1920, où il culmine devant Robert au 5e rang français. On peut estimer que moins de 30 enfants seront prénommés ainsi en 2023. *Variantes :* Roge, Rogelio, Rogerio, Ruggero. Forme occitane : Rotger. *Caractérologie :* rêve, humanité, générosité, rectitude, tolérance.

Rohan

1 400 Top 800

En ascension, bois de santal (sanscrit), roux (irlandais). Ce prénom est très répandu en Inde. *Variantes :* Roan, Roann, Roanne, Rowan. *Caractérologie :* diplomatie, réceptivité, sociabilité, loyauté, résolution.

Roland

61 000

Gloire du pays (germanique). *La Chanson de Roland*, poème épique et chanson de geste du XIe siècle relate le combat fatal du chevalier Roland et de ses compagnons d'armes dans les Pyrénées, potentiellement contre des Basques. Ce prénom médiéval a connu sa dernière renaissance au milieu du siècle dernier. En dehors de l'Hexagone, il est plus particulièrement recensé dans les pays anglophones. *Variantes :* Rolan, Rolando, Roldan. *Caractérologie :* direction, audace, dynamisme, logique, caractère.

Rolland

3 500

Gloire du pays (germanique). Masculin anglais. On peut estimer que moins de 30 enfants seront prénommés ainsi en 2023. *Caractérologie :* méthode, ténacité, volonté, fiabilité, analyse.

Romain

186 000 Top 400

Romain (latin). Romain, ou Roman, fut porté par quatre empereurs byzantins, un pape et un saint qui fonda les monastères du mont Jura au Ve siècle. Malgré ce passé riche en histoire, Romain peine à se manifester avant la fin du XXe siècle en France. Il s'élance comme un prénom neuf à la fin des années 1960 pour briller au 3e rang masculin en 1987-1988. Bien qu'il ait passé le flambeau à Roman et Romane, il reste un choix prisé par les parents aujourd'hui. *Caractérologie :* connaissances, spiritualité, sagacité, décision, caractère.

Roman

9 000 Top 400

Romain (latin). Roman est particulièrement attribué en Allemagne, en Occitanie et dans les pays slaves et anglophones. *Variantes :* Romane, Romann, Romano, Romin. *Caractérologie :* sagacité, connaissances, détermination, spiritualité, volonté.

R

Romaric
5 000

Célèbre, puissant (germanique). Masculin français. On peut estimer que moins de 30 enfants seront prénommés ainsi en 2023. *Variantes :* Romarick, Romary. *Caractérologie :* curiosité, courage, dynamisme, indépendance, logique.

Romarin
- de 30

Se rapporte au romarin, plante dont le nom signifie « rosée de mer » (latin). *Caractérologie :* intelligence, savoir, méditation, décision, caractère.

Roméo
12 000 Top 100

De Rome (latin). Roméo est très répandu en Italie. *Caractérologie :* pratique, enthousiasme, adaptation, communication, volonté.

Romuald
19 000

Glorieux gouverneur (germanique). En dehors de l'Hexagone, Romuald est particulièrement usité en Pologne. On peut estimer que moins de 30 enfants seront prénommés ainsi en 2023. *Variante :* Romualdo. *Caractérologie :* créativité, raisonnement, pragmatisme, communication, optimisme.

Ronald
3 000

Qui conseille avec sagesse (germanique). Masculin anglais. On peut estimer que moins de 30 enfants seront prénommés ainsi en 2023. *Variante :* Ron. *Caractérologie :* dynamisme, audace, direction, logique, caractère.

Ronaldo
300

Qui conseille avec sagesse (germanique). *Caractérologie :* connaissances, volonté, spiritualité, analyse, sagacité.

Ronan
16 000 Top 2 000

Petit phoque (irlandais). Dans l'Hexagone, Ronan est plus particulièrement attribué en Bretagne. *Caractérologie :* vitalité, achèvement, stratégie, ardeur, décision.

Ronel
- de 100

Chant de Dieu (hébreu). Nom d'une commune située dans le département du Tarn, en France. *Caractérologie :* autorité, énergie, innovation, ambition, raisonnement.

Rony
1 500

Qui conseille avec sagesse (germanique). Ce diminutif de Ronald est connu dans les pays anglophones. On peut estimer que moins de 30 enfants seront prénommés ainsi en 2023. *Variantes :* Ronnie, Ronny. *Caractérologie :* idéalisme, réflexion, intégrité, altruisme, dévouement.

Roque
- de 100

Reposé (germanique), Il est Guide (hébreu). *Caractérologie :* méthode, ténacité, raisonnement, engagement, fiabilité.

Rosan
550

Rose (latin). *Caractérologie :* méthode, fiabilité, engagement, ténacité, détermination.

Rosario
650

Rose (latin). *Variantes :* Rosaire, Rosalio, Roscoe, Roselin, Rosemond. *Caractérologie :* énergie, séduction, audace, découverte, originalité.

Roselin
- de 30

Rose (latin). *Caractérologie :* sociabilité, décision, logique, réceptivité, diplomatie.

Roshan
160

Lumière brillante (persan), éclairé (sanscrit). *Caractérologie :* adaptation, pratique, communication, générosité, enthousiasme.

Ross
- de 100

Cheval (germanique), promontoire (gaélique). Masculin écossais et anglais. *Caractérologie :* ambition, force, habileté, management, passion.

Rowan
500 Top 2 000

En ascension, bois de santal (sanscrit), roux (irlandais). Ce prénom est également dérivé du patronyme irlandais O'Ruadhán (« descendant de Ruadhán »). *Caractérologie :* achèvement, vitalité, résolution, stratégie, ardeur.

Roy
750 Top 2 000

Roi (latin). Masculin anglais. *Variante :* Rex. *Caractérologie :* sécurité, persévérance, efficacité, honnêteté, structure.

Ruben
16 000 Top 200

« C'est un fils ! » (hébreu). Ce prénom biblique est établi de longue date dans les cultures juives. Il doit sa carrière internationale à l'engouement des puritains anglais et américains au XVIIe siècle. C'est dans les années 1990, après avoir percé en Europe et dans les pays hispanophones, que Ruben décolle en France, avec un succès limité. Dans le Livre de la Genèse, Ruben, fils de Jacob et Léa, est l'ancêtre d'une des douze tribus d'Israël. Épris de justice, il défend son demi-frère Joseph en convaincant ses frères de le vendre comme esclave plutôt que de le tuer. Ruben perdra néanmoins son droit d'aînesse pour avoir séduit l'une des concubines de son père. *Caractérologie :* équilibre, famille, éthique, influence, exigence.

Rubens
850

« C'est un fils ! » (hébreu). *Caractérologie :* sagacité, connaissances, spiritualité, organisation, résolution.

Ruddy
3 000

Loup renommé (germanique). Masculin anglais. On peut estimer que moins de 30 enfants seront prénommés ainsi en 2023. *Caractérologie :* rectitude, générosité, humanité, ouverture d'esprit, rêve.

Rudolphe
400

Loup renommé (germanique). *Variantes :* Rudolf, Rudolph. *Caractérologie :* caractère, rectitude, humanité, logique, rêve.

Rudy
20 000 Top 900

Loup renommé (germanique). Rudy est très répandu dans les pays anglophones. *Variantes :* Rody, Rudi. *Caractérologie :* énergie, découverte, audace, séduction, originalité.

Rufino
- de 30

Roux (latin), rouge (basque). Masculin italien, espagnol et portugais. *Variantes :* Ruffin, Rufin. *Caractérologie :* intuition, médiation, relationnel, fidélité, analyse.

Rufus
- de 30

Roux (latin). *Caractérologie :* raisonnement, efficacité, sécurité, structure, persévérance.

Rui
1 700

Loup renommé (germanique). On peut estimer que moins de 30 enfants seront prénommés ainsi en 2023. *Caractérologie :* adaptation, communication, enthousiasme, pratique, générosité.

Rupert
- de 30

Brillant, gloire (germanique). Masculin allemand, néerlandais, anglais et occitan. *Caractérologie :* habileté, ambition, amitié, force, passion.

Russell
- de 100

Comme un renard (anglo-saxon). *Variantes :* Russ, Russel. *Caractérologie :*

spiritualité, résolution, sagacité, originalité, connaissances.

Ryad

4 500 Top 700

Jardin (arabe). *Caractérologie :* enthousiasme, réalisation, pratique, communication, adaptation.

Ryan

19 000 Top 300

Petit roi (irlandais). Porté par une vague d'inspiration irlandaise, Ryan a connu son apogée dans le top 80 français au début des années 2000. Il est très répandu en Irlande et dans les Pays-Bas. Saint Rhian, abbé gallois dont on sait peu de choses, aurait donné son nom à Llanrhian, un petit village du Pembrokeshire (pays de Galles). *Variantes :* Raïan, Rian, Riane, Rihan, Riyan, Ryane, Ryann, Ryhan. *Caractérologie :* structure, efficacité, persévérance, sécurité, détermination.

S

Saad

2 500 Top 500

Heureux, que le destin favorise (arabe), l'aide de Dieu (hébreu). *Variantes :* Saadi, Saaïd, Saïdi. *Caractérologie :* originalité, philosophie, connaissances, spiritualité, sagacité.

Sabin

160

Habitant d'Italie centrale (latin). *Variantes :* Sabien, Sabino. *Caractérologie :* décision, rectitude, rêve, humanité, ouverture d'esprit.

Sabri

5 000 Top 2 000

Calme et patient (arabe). *Variantes :* Sabir, Sabri. *Caractérologie :* ténacité, fiabilité, engagement, sens du devoir, méthode.

Sacha

58 000 Top 50

Défense de l'humanité (grec). *Caractérologie :* découverte, énergie, séduction, audace, originalité.

Saël

600 Top 2 000

Conciliant (arabe). *Caractérologie :* direction, indépendance, dynamisme, audace, assurance.

Sahel

700 Top 700

Conciliant (arabe). *Variante :* Sahil. *Caractérologie :* idéalisme, altruisme, dévouement, intégrité, réflexion.

Saïd

12 000 Top 700

Heureux, que le destin favorise (arabe). Saïd est particulièrement répandu dans les cultures musulmanes francophones. *Variantes :* Sadi, Sadio, Saïdou. *Caractérologie :* sagesse, conscience, bienveillance, conseil, paix.

Salah

4 000 Top 1 000

Bon, vertueux (arabe). *Caractérologie :* indépendance, charisme, courage, curiosité, dynamisme.

Salem

1 800 Top 2 000

Pur, intact, en sécurité (arabe). *Caractérologie :* audace, découverte, originalité, énergie, séduction.

Salim

10 000 Top 400

Pur, intact, en sécurité (arabe). *Variantes :* Aslam, Salime, Salimou, Salman, Salmane, Slimen. *Caractérologie :* idéalisme, altruisme, intégrité, dévouement, réflexion.

Salomon
900 Top 2 000

Paix (hébreu). En dehors de l'Hexagone, Salomon est particulièrement usité dans les pays scandinaves. *Variantes :* Soliman, Solomon, Solly. *Caractérologie :* vitalité, stratégie, achèvement, ardeur, caractère.

Salvador
1 400 Top 1 000

Sauveur (latin). Prénom espagnol. *Variante :* Salvator. *Caractérologie :* diplomatie, réceptivité, sociabilité, loyauté, raisonnement.

Salvatore
3 000

Sauveur (latin). Salvatore est très répandu en Italie. On peut estimer que moins de 30 enfants seront prénommés ainsi en 2023. Forme corse : Salvadore. *Caractérologie :* énergie, découverte, audace, volonté, analyse.

Sam
6 000 Top 300

Son nom est Dieu (hébreu). De diminutif anglophone à prénom à part entière, Sam a fait son chemin : il est désormais attribué dans toutes les cultures judéo-chrétiennes. *Caractérologie :* bienveillance, conscience, paix, conseil, sagesse.

Samba
2 000 Top 800

Le deuxième-né (soninké). Le soninké est une langue parlée en Afrique de l'Ouest. *Caractérologie :* rêve, humanité, rectitude, ouverture d'esprit, générosité.

Sami
14 000 Top 300

Son nom est Dieu (hébreu), élevé, admirable (arabe). C'est en tant que diminutif de Samuel que Sami a d'abord pris son envol en France dans les années 1960. Avec le temps, les origines arabes de Sami ont fait de lui un prénom en vogue dans les cultures musulanes francophones. *Caractérologie :* paix, conscience, sagesse, bienveillance, conseil.

Samir
17 000 Top 700

Conversation intime pendant la nuit (arabe). Ce prénom est particulièrement répandu dans les cultures musulmanes francophones. *Variantes :* Samire, Samyr, Sémir. *Caractérologie :* responsabilité, famille, équilibre, influence, exigence.

Sammy
1 400 Top 2 000

Son nom est Dieu (hébreu), élevé, admirable (arabe). Voir Sami. *Caractérologie :* vitalité, achèvement, ardeur, stratégie, réalisation.

Samson
1 200 Top 2 000

Soleil (hébreu). Masculin anglais. *Caractérologie :* idéalisme, intégrité, réflexion, volonté, altruisme.

☆ Qu'il s'agisse de l'étymologie, du héros biblique ou du personnage du péplum hollywoodien, le soleil, l'ardeur et la force sont la signature de Samson. Le héros de l'Ancien Testament mène la révolte des Hébreux contre les Philistins, comme le relate le *Livre des Juges*.

Samuel
91 000 Top 50

Son nom est Dieu (hébreu). *Caractérologie :* ambition, passion, force, habileté, management.

Samy
18 000 Top 300

Son nom est Dieu (hébreu), élevé, admirable (arabe). Voir Sami. Samy est très répandu dans les pays anglophones. *Caractérologie :* structure, sécurité, persévérance, efficacité, réussite.

Sandro
9 500 Top 200

Défense de l'humanité (grec). Sandro est très répandu en Italie. *Caractérologie :* vitalité, achèvement, stratégie, volonté, résolution.

Sandy
2 000

Défense de l'humanité (grec). Masculin anglais. On peut estimer que moins de 30 enfants seront prénommés ainsi

S

Sacha

Fête :
22 avril

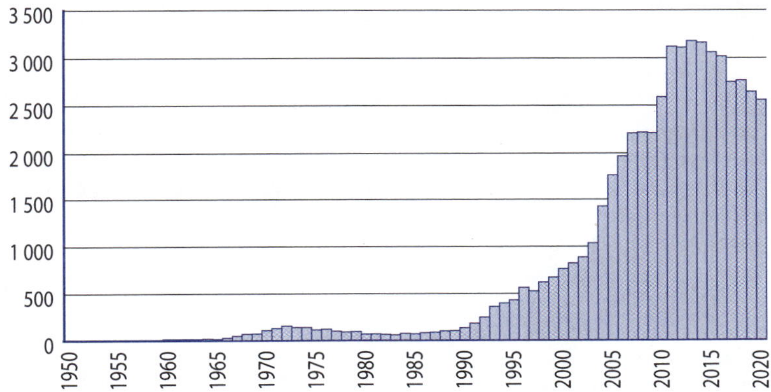

Étymologie

Du grec *alexein*, « repousser, défendre », et *andros*, « homme », d'où la signification « défense de l'humanité ». Cette forme russe d'Alexandre s'est propagée en Europe au début du XXe siècle et en France à partir des années 1960. Son meilleur ambassadeur fut Sacha Guitry, dramaturge dont les pièces de théâtre connaissent un succès persistant. Ce prénom a grandi dans l'ombre d'Alexandre, étoile du top 10 français de 1982 à 2002, avant de s'affirmer davantage. Il bénéficie aujourd'hui d'une position acquise dans les tops 25 national et parisien.

Dans la sphère francophone, Sacha est inconnu au Québec, mais il est en vogue en Wallonie et frémit en Suisse. Quant à Sasha, la forme préférée des anglophones, elle est essentiellement féminine dans les pays de langue anglaise. Sa faveur est née dans les années 1930 grâce à Sasha, la princesse russe du roman *Orlando*, de Virginia Woolf. En France, cette graphie mixte se féminise, contrairement à Sacha qui est masculin dans 98 % de ses attributions.

À noter : Sy, le diminutif anglophone de Sacha, est porté par moins de 10 Françaises.

Personnes célèbres

Sacha Guitry (de son vrai nom Alexandre Georges-Pierre Guitry), comédien, acteur, dramaturge et metteur en scène, né à Saint-Pétersbourg en 1885 et mort à Paris en 1957 ; Sacha Distel, guitariste, compositeur et chanteur français d'origine russe (1933-2004) ; Sacha Noam Baron Cohen, acteur et humoriste britannique, né en 1971 ; Sacha Judaszko, comédien et humoriste français, né en 1978.

Statistiques

Sacha est le 30e prénom masculin le plus donné en France depuis l'an 2000. Il est attribué à près d'un garçon sur 140 aujourd'hui. De son côté, Sasha devrait prénommer un garçon sur 810 (contre une fille sur 1 170) et se placer au 176e rang du podium masculin.

S

en 2023. *Caractérologie :* altruisme, réalisation, idéalisme, intégrité, réflexion.

Sanjay
300

Triomphant (sanscrit). Prénom indien d'Asie. *Caractérologie :* connaissances, sagacité, philosophie, originalité, spiritualité.

Santiago
1 800 Top 500

Contraction espagnole de *santo* (« saint ») et Iago (forme dérivée de Jacques). Santiago est le patron de l'Espagne. *Caractérologie :* curiosité, courage, détermination, dynamisme, indépendance.

Saphir
450 Top 2 000

Pierre précieuse bleue (grec), ambassadeur (arabe). Masculin anglais. *Caractérologie :* ambition, force, habileté, passion, ressort.

Sariel
- de 30

Prince de Dieu (hébreu). Dans la tradition juive, Sariel est un archange préposé aux esprits des hommes qui pèchent contre l'Esprit. *Caractérologie :* énergie, innovation, ambition, autorité, détermination.

Sarkis
- de 100

Servir (latin). Masculin arménien. *Caractérologie :* audace, découverte, séduction, énergie, originalité.

Sasha
10 000 Top 200

Défense de l'humanité (grec). En dehors de l'Hexagone, Sasha est très répandu en Russie. *Variante :* Sascha. *Caractérologie :* optimisme, créativité, pragmatisme, sociabilité, communication.

Saturnin
300

Saturne (latin). *Variante :* Saturnino. *Caractérologie :* achèvement, stratégie, gestion, décision, vitalité.

Saül
850 Top 700

Demandé par Dieu (hébreu). Désigné par le prophète Samuel, Saül devint le premier roi d'Israël. Ce prénom biblique est établi de longue date dans les cultures juives. *Caractérologie :* ardeur, achèvement, leadership, vitalité, stratégie.

Sauveur
1 200

Sauveur (latin). On peut estimer que moins de 30 enfants seront prénommés ainsi en 2023. *Caractérologie :* ambition, habileté, passion, détermination, force.

Saverio
190

Maison neuve (basque). *Caractérologie :* décision, ambition, force, habileté, caractère.

Savinien
250

Habitant d'Italie centrale (latin). *Variantes :* Savin, Savino. *Caractérologie :* optimisme, pragmatisme, créativité, communication, décision.

Sayan
800 Top 700

Prénom indien et sri-lankais qui pourrait signifier « lien, ami précieux ». *Variante :* Sayane. *Caractérologie :* équilibre, bienveillance, confiance, influence, responsabilité.

Scipion
- de 30

Baguette de bois (latin). *Caractérologie :* fiabilité, méthode, analyse, sympathie, ténacité.

Scott
1 700 Top 1 000

Écossais (celte). Masculin écossais et anglais. *Variante :* Scotty. *Caractérologie :* dynamisme, curiosité, courage, indépendance, organisation.

Sean
2 500 Top 2 000

Forme irlandaise de Jean : Dieu fait grâce (hébreu). Cette forme irlandaise

S

Samuel

Fête :
20 août

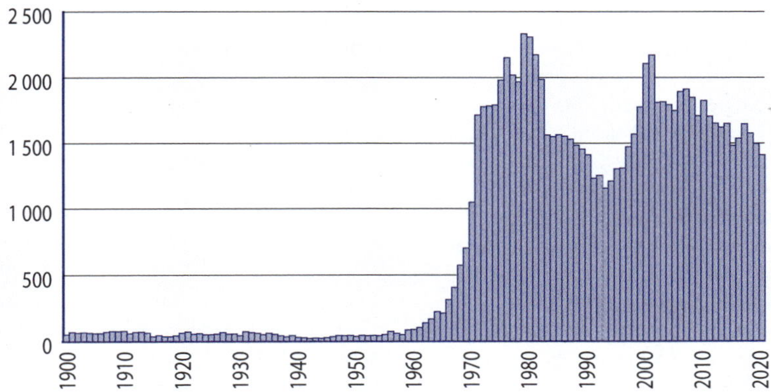

Étymologie

De l'hébreu *Shemuel*, « Son nom est Dieu ». Classique et intemporel dans les pays anglophones, où il s'est répandu à partir de la Réforme (XVIIe siècle), ce prénom peine à s'imposer en France. Après une première tentative ratée dans les années 1960, il décolle dans les premiers rangs parisiens en 2006, puis dans le top 50 français. D'aucuns y verront les signes d'un nouveau départ : Samuel ne rime-t-il pas avec Gabriel et Raphaël ? En arborant leur « el » (« Dieu » en hébreu), ce trio est porté par la vague des prénoms bibliques. Aujourd'hui, il s'affiche dans le top 30 parisien et le top 50 national.

Samuel n'a pas attendu sa renaissance française pour triompher dans d'autres pays. Après avoir franchi des sommets en terres francophones, il se maintient dans les 30 premiers rangs québécois, romands et wallons. Il est aussi répandu dans les pays anglophones, hispanophones, lusophones, en Pologne, en Tchéquie, en Slovaquie et dans les pays scandinaves. Sans exagération, sa diffusion est planétaire. Malgré ses 3 lettres très tendance, son diminutif Sam ne décolle pas. Il devrait tout juste prénommer 230 Français en 2022.

Samuel, premier grand juge et prophète, désigna Saül comme le premier roi d'Israël, puis David à sa succession. Deux livres de la Bible portent son nom.

Personnes célèbres

Samuel Beckett (1906-1989), romancier irlandais et auteur de *En attendant Godot*, a reçu le prix Nobel de littérature en 1969. **Samuel Morse** (1791-1872), physicien américain, est l'inventeur du code morse, système de télécommunication abandonné par la marine en 1999.

Statistiques

Samuel est le 44e prénom masculin le plus donné en France depuis l'an 2000. On peut estimer qu'il sera attribué à un garçon sur 260 aujourd'hui.

de Jean est assez répandue dans les pays anglophones. *Caractérologie :* enthousiasme, communication, pratique, adaptation, générosité.

Sébastian
1 900 Top 700 ↘
Respecté, vénéré (grec). Masculin anglais, allemand, scandinave, espagnol et occitan. *Variante :* Sebastiano. *Caractérologie :* rectitude, humanité, décision, ouverture d'esprit, rêve.

Sébastien
292 000 Top 600 ↘
Respecté, vénéré (grec). La forme latine Sebastianus, portée au Vᵉ siècle par un empereur romain, est l'ancêtre du Sebastian anglais, allemand, scandinave et espagnol en usage au Moyen Âge. En France, Sébastien fait peu d'émules avant que *Belle et Sébastien* soit diffusé en 1965. Le nombre de ses attributions, décuplées par le succès de la série télévisée, le propulse au 1er rang masculin de 1975 à 1979, puis au 2e jusqu'en 1985. Son reflux s'est accentué au début du 3e millénaire.
Capitaine dans l'armée de Dioclétien au IIIe siècle, saint Sébastien fut battu à mort par ses soldats lorsque ceux-ci découvrirent qu'il était chrétien. Il est le patron des prisonniers. Ce prénom fut également porté par un roi du Portugal au XVIe siècle. *Caractérologie :* ténacité, méthode, fiabilité, engagement, détermination.

Sélim
6 000 Top 400 ↗
Pur, intact, en sécurité (arabe). *Variante :* Célim. *Caractérologie :* structure, persévérance, sécurité, détermination, efficacité.

Selyan
1 700 Top 700 ↗
Lune (grec). *Variante :* Celyan. *Caractérologie :* persévérance, structure, sécurité, efficacité, bonté.

Semih
1 500 Top 2 000 ↘
Généreux, magnanime (arabe). *Variante :* Semy. *Caractérologie :* intégrité, idéalisme, altruisme, résolution, réflexion.

Septime
- de 100
Septième (latin). *Caractérologie :* paix, décision, bienveillance, conscience, réussite.

Séraphin
1 300 Top 2 000 →
Ardent (latin). Masculin français. *Variante :* Seraphino. *Caractérologie :* action, rectitude, humanité, rêve, décision.

Serge
147 000
Servir (latin). Ce nom porté par une puissante famille romaine se diffuse en Orient après le martyre de saint Serge de Rafasa, officier romain décapité pour sa foi en Syrie au IVe siècle. Au fil des siècles, Serge et ses différentes graphies deviennent très fréquents en Grèce et dans la chrétienté orthodoxe. Au XVe siècle, le moine Serge de Radonège devient le saint patron de la Russie, ce qui propulse Sergei au sommet des attributions. Et c'est sous l'influence de l'immigration russe, au début du XXe siècle, que Serge émerge en Europe. Peu après son envol en Italie, dans les pays hispanophones et lusophones (Sergio), Serge s'élance en France dans les années 1950. Il s'impose rapidement dans les 20 premiers rangs, mais s'évapore à la fin du siècle. On peut estimer que moins de 30 enfants seront prénommés ainsi en 2023. *Variantes :* Serges, Sergei, Sergio, Serguei. *Caractérologie :* idéalisme, altruisme, réflexion, décision, intégrité.

Sergio
3 000 Top 900 →
Servir (latin). Sergio est très répandu dans les pays hispanophones, lusophones et en Italie. En France,

S

il est plus traditionnellement usité en Corse. *Variante :* Serjio. *Caractérologie :* direction, audace, dynamisme, indépendance, résolution.

Servan
350

Qui est respectueux (celte). Prénom breton. *Caractérologie :* méditation, indépendance, savoir, intelligence, détermination.

Seth
450 Top 700

Dieu a désigné (hébreu). Masculin anglais. *Caractérologie :* savoir, méditation, intelligence, indépendance, finesse.

Sevan
2 000 Top 1 000

Nom d'un lac d'Arménie (arménien). *Caractérologie :* méditation, indépendance, savoir, sagesse, intelligence.

Seven
200

Sept (anglais), variante de Sevan (arménien). Masculin anglais. *Caractérologie :* relationnel, adaptabilité, médiation, intuition, fidélité.

Séverin
1 500

Grave, sérieux (latin). Masculin français. Dans l'Hexagone, Severin a été plus traditionnellement attribué en Occitanie. On peut estimer que moins de 30 enfants seront prénommés ainsi en 2023. *Variantes :* Sever, Séverian, Severino. *Caractérologie :* réceptivité, décision, sociabilité, loyauté, diplomatie.

Seymour
- de 30

Qui vit près de la mer (anglais). Masculin anglais. *Caractérologie :* force, ambition, habileté, réussite, logique.

Shaï
400

Don, présent (hébreu). *Caractérologie :* ambition, énergie, innovation, autonomie, autorité.

Shane
300

Dieu fait grâce (hébreu). *Caractérologie :* intuition, fidélité, adaptabilité, médiation, relationnel.

Shawn
1 100 Top 2 000

Dieu fait grâce (hébreu). *Variantes :* Shan, Shaun, Shun. *Caractérologie :* relationnel, adaptabilité, intuition, fidélité, médiation.

Sheldon
500 Top 2 000

Colline protégée (vieil anglais). Masculin anglais. *Caractérologie :* découverte, énergie, originalité, audace, volonté.

Sidi
1 300

Habitant de Sidon (latin), lion (arabe). On peut estimer que moins de 30 enfants seront prénommés ainsi en 2023. *Variantes :* Sid, Sidy. Forme composée rare mais en forte croissance : Sidi-Mohamed. *Caractérologie :* audace, énergie, originalité, séduction, découverte.

Sidney
1 400

Habitant de Sidon (latin). Patronyme anglais ancien. Prénom anglophone. Sidon, l'une des plus vieilles cités de la Phénicie, aurait été fondée par Canaan, le petit-fils de Noé. Cette ville au destin exceptionnel surmonta la destruction infligée par les Perses (en 343) puis par les Assyriens (en 677). Située sur la côte libanaise, Sidon est appelée Sayda aujourd'hui. On peut estimer que moins de 30 enfants seront prénommés ainsi en 2023. *Variante :* Saens. *Caractérologie :* persévérance, structure, sécurité, réussite, décision.

Sidoine
350 Top 2 000

Habitant de Sidon (latin). *Caractérologie :* communication, caractère, enthousiasme, pratique, décision.

S

Siegfried
900

Victoire, paix (germanique). Siegfried est très répandu en Allemagne. *Variantes :* Siegfrid, Siegrid, Sigfried. *Caractérologie :* direction, audace, caractère, dynamisme, réussite.

Silas
1 400 Top 600 ➔

Demander (araméen). Masculin anglais. *Caractérologie :* bienveillance, conscience, paix, conseil, sagesse.

Silvain
600

Forêt (latin). *Variantes :* Seva, Silvano, Silver, Silvin, Silvino. Forme bretonne : Sev. *Caractérologie :* dynamisme, courage, curiosité, détermination, indépendance.

Silvère
1 000

Forêt (latin). *Caractérologie :* ouverture d'esprit, rectitude, humanité, rêve, décision.

Silvio
1 200

Forêt (latin). Prénom italien, espagnol et portugais. On peut estimer que moins de 30 enfants seront prénommés ainsi en 2023. *Variante :* Silbio. *Caractérologie :* audace, énergie, découverte, originalité, raisonnement.

S

Simao
600 Top 2 000 ➘

Qui est exaucé (hébreu). Ce prénom est particulièrement répandu au Portugal. *Caractérologie :* optimisme, communication, créativité, pragmatisme, sociabilité.

Siméo
550 Top 2 000 ➔

Contraction de Simon et Théo. *Caractérologie :* spiritualité, indépendance, volonté, connaissances, originalité.

Siméon
3 500 Top 400 ➔

Qui est exaucé (hébreu). Ce prénom biblique est répandu en Russie, en Bulgarie et en Serbie. *Caractérologie :* pragmatisme, communication, optimisme, détermination, volonté.

Simon
80 000 Top 100 ➔

Qui est exaucé (hébreu). Ce nom mentionné dans l'Ancien Testament est très ancien. Il fut porté par Simon Macchabée, gouverneur juif de la Judée et fondateur de la dynastie des Hasmonéens au IIe siècle avant J.-C. Il fut également porté par plusieurs saints, dont deux apôtres. Simon se diffuse au Moyen Âge, connaît une envolée durant la Réforme, et maintient ses attributions dans les pays de culture judéo-chrétienne jusqu'au XIXe siècle. Son retour français est tardif, et somme toute modeste, puisqu'il ne dépasse pas le 35e rang masculin à son pic (au début des années 1990). 🔍 Simon est le nom originel de l'apôtre qui devint saint Pierre. Jésus choisit ce nom pour lui en référence à la mission dont il fut investi, celle de bâtir des églises « solides comme de la pierre ». Apôtre de Jésus lui aussi, saint Simon, appelé le « zélote », aurait prêché l'Évangile en Perse avant de mourir martyr. Dans l'Ancien Testament, Simon, le fils de Jacob et Léa, est le fondateur d'une des 12 tribus d'Israël. 🔍 Général et homme d'État sud-américain, Simon Bolívar combattit pour l'indépendance des colonies espagnoles d'Amérique. Il est le libérateur du Venezuela, de la Colombie, de l'Équateur et du Pérou. *Variantes :* Shimon, Siméo, Simson, Syméon, Symon. *Caractérologie :* résolution, méditation, savoir, volonté, intelligence.

Sinan
1 200

Protecteur (arabe). On peut estimer que moins de 30 enfants seront prénommés ainsi en 2023. *Caractérologie :* pratique,

Le top 100 du XXe siècle

Les prénoms de ce palmarès sont classés par ordre décroissant d'attribution. Jean, Pierre et Michel sont les trois prénoms masculins les plus attribués du siècle dernier.

1. Jean
2. Pierre
3. Michel
4. André
5. Philippe
6. René
7. Alain
8. Jacques
9. Bernard
10. Marcel
11. Louis
12. Daniel
13. Roger
14. Robert
15. Claude
16. Christian
17. Georges
18. Henri
19. Patrick
20. François
21. Gérard
22. Christophe
23. Joseph
24. Nicolas
25. Paul
26. Maurice
27. Laurent
28. Frédéric
29. Éric
30. Julien
31. Pascal
32. Stéphane
33. Sébastien
34. David
35. Thierry
36. Olivier
37. Raymond
38. Guy
39. Dominique
40. Alexandre
41. Didier
42. Marc
43. Yves
44. Charles
45. Serge
46. Bruno
47. Vincent
48. Antoine
49. Lucien
50. Jérôme
51. Jean-Pierre
52. Albert
53. Guillaume
54. Thomas
55. Gilbert
56. Franck
57. Gilles
58. Francis
59. Jean-Claude
60. Émile
61. Denis
62. Romain
63. Anthony
64. Cédric
65. Maxime
66. Joël
67. Kevin
68. Hervé
69. Patrice
70. Fabrice
71. Roland
72. Sylvain
73. Emmanuel
74. Arnaud
75. Mathieu
76. Ludovic
77. Benoît
78. Jérémy
79. Fernand
80. Benjamin
81. Mickaël
82. Jean-Luc
83. Damien
84. Xavier
85. Léon
86. Eugène
87. Fabien
88. Clément
89. Gabriel
90. Adrien
91. Florian
92. Jean-François
93. Jonathan
94. Alexis
95. Lionel
96. Gaston
97. Loïc
98. Michaël
99. Jean-Marc
100. Victor

communication, décision, enthousiasme, adaptation.

Sinclair
120

Se rapporte à Saint-Clair, nom de plusieurs villages français. Patronyme écossais assez courant. *Caractérologie :* sécurité, structure, efficacité, résolution, persévérance.

Sirius
300 Top 1 000

Se rapporte au nom de l'étoile principale de la constellation du Grand Chien. Vue de la Terre, Sirius est l'étoile la plus brillante du ciel après le Soleil. *Caractérologie :* originalité, séduction, courage, dynamisme, énergie.

Sixte
400 Top 2 000

Le sixième (latin). *Caractérologie :* audace, découverte, résolution, énergie, originalité.

Slimane
2 500 Top 2 000

Intact, d'origine (arabe). *Variantes :* Slim, Sliman. *Caractérologie :* ambition, innovation, autorité, détermination, énergie.

S

Sloan
1 100 Top 2 000

Guerrier (celte). Masculin anglais. *Caractérologie :* spiritualité, sagacité, philosophie, connaissances, originalité.

Smaïl
1 800

Diminutif d'Ismaïl : Dieu a entendu (hébreu, arabe). *Variantes :* Smaël, Smaïn, Smaïne. *Caractérologie :* idéalisme, altruisme, dévouement, intégrité, réflexion.

Soan
13 000 Top 100

Variante moderne de Soen et Sohan, forme de Jean usitée dans les îles Wallis-et-Futuna. *Variantes :* Soane, Soann, Soen, Sohann, Sohane. *Caractérologie :* engagement, méthode, ténacité, sens du devoir, fiabilité.

Socrate
- de 100

Salut et force (grec). Socrate, philosophe de la Grèce antique (Ve siècle avant J.-C.), n'a laissé aucun écrit. Il est connu par les témoignages de ses contemporains et les écrits de son disciple Platon. *Caractérologie :* humanité, rectitude, analyse, rêve, résolution.

Soen
2 000 Top 300

Forme cornouaillaise et bretonne d'Yves, étoile (japonais) et variante moderne de Soan. *Variante :* Sowen. *Caractérologie :* habileté, ambition, management, passion, force.

Sofian
6 000 Top 2 000

Dévoué (arabe). *Caractérologie :* innovation, ambition, autorité, énergie, détermination.

Sofiane
24 000 Top 400

Dévoué (arabe). Ce prénom est particulièrement répandu dans les cultures musulmanes francophones. *Variantes :* Saufiane, Sofyan, Sofyane. *Caractérologie :* bienveillance, paix, conscience, conseil, résolution.

Sofiane Zermani, dit Fianso, a bouleversé les codes du rap avec la série de clips *#JeSuisPasséChezSo*. Il a créé son propre label Affranchis Music. Abonné aux disques de platine, le rappeur du Blanc-Mesnil est aussi le chantre de la lecture, pour aller vers d'autres vies que la sienne.

Sofien
1 200

Dévoué (arabe). On peut estimer que moins de 30 enfants seront prénommés ainsi en 2023. *Variantes :* Sofiene, Sofienne, Sofyen. *Caractérologie :* audace, énergie, originalité, découverte, détermination.

Sohan
12 000 Top 50

Étoile (arabe), beau, magnifique (sanscrit). *Variantes :* Soane, Soann, Soen, Sohann,

Soan, Sohan

Fête :
22 avril

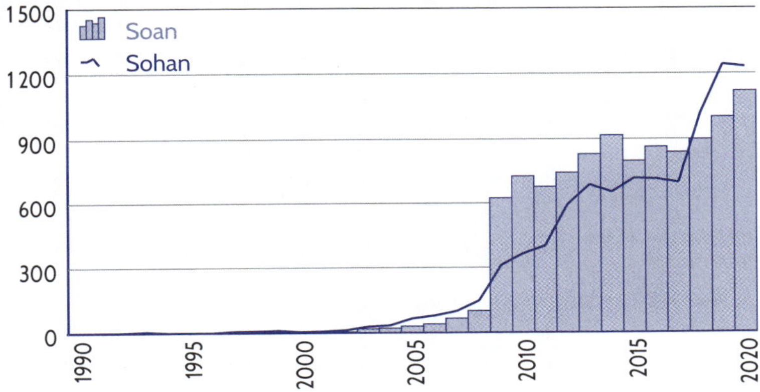

Étymologie

Soan est le prénom multiculturel par excellence. Certains parents le choisissent en référence à ses origines bretonnes (Soen, dont il est dérivé, est une forme cornouaillaise et bretonne d'Yves). D'autres aiment le côté exotique de cette forme de Jean également usitée dans les îles Wallis-et-Futuna. Mais ce prénom voyageur n'en finit plus de nous entraîner au bout du monde, car Soan peut également être considéré comme une variante moderne de Sohan, qui signifie « étoile » en arabe et « beau, magnifique » en langue sanscrite. De l'Inde à l'Iran, il n'y a qu'un pas que Sohan nous invite à franchir pour savourer la délicieuse confiserie traditionnelle dont il est le nom. De retour en Europe, Sohan est une localité de la province de Liège, en Belgique. Avec un tel tableau de chasse, il n'est pas surprenant que ce prénom perce dans le top 50 français et dans des régions d'outre-mer, comme en Martinique, où il se place 30e. À l'international, on rencontre peu de Sohan en dehors du pays de Gandhi.

De son côté, Soan est sur le point d'intégrer le top 50 national et figure déjà dans les 50 premiers prénoms des Côtes-d'Armor, du Finistère et de l'Ille-et-Vilaine. Sa terminaison en « an » lui promet le bel avenir que les irlando-bretons Erwan, Evan, Logan, Loan ou Nolan ont connu. Julien Decroix (né en 1981), dit Soan, a eu un impact majeur sur ce prénom : lorsque le chanteur a été vainqueur de l'émission *Nouvelle Star* en 2009, les attributions de Soan ont été multipliées par 6 (de 100 à 600) en un an.

Personnes célèbres

En dehors de Soan, mentionné ci-dessus, citons Sohan Qadri, yogi, poète et peintre indien (1932-2011) ; Sohan Seenulal, réalisateur indien, né en 1978 ; et Sohan Pague, acteur et interprète français.

Statistiques

Sohan est le 140e prénom masculin le plus donné en France depuis l'an 2000. Ce prénom est attribué à près d'un garçon sur 230 (contre un garçon sur 270 pour Soan) aujourd'hui.

S

Les graines de stars

Nous nous intéressons de plus en plus au monde du spectacle et cet intérêt se répercute sur les prénoms que nous donnons à nos enfants. Nous les appelons comme nos vedettes préférées, mais aussi, parfois, comme leurs propres bébés.

Voici un bouquet de prénoms choisis par des people pour leur fils :

- Aaron chez Robert De Niro
- Adam chez David Pujadas
- Alessio chez Florian Thauvin et Charlotte Pirroni
- Alexander chez Amal et George Clooney
- Andrea chez Nicolas Devauchelle
- Andrea chez Julie Livage
- Andy chez Marilou Berry
- Angus chez Romain Bardet
- Archie chez Meghan Markle et le prince Harry
- Arthur chez Pippa Middleton
- Arzhel chez Alain Ducasse
- August chez la princesse Eugénie
- August chez Mark Zuckerberg
- Ayden chez Nicolas Batum
- Blake chez Maxence Parrot
- Charlie chez Alice Taglioni
- Darius chez Claude Berri
- Edgar chez Vianney
- Ennis chez Kirsten Dunst
- Enzo chez Flavie Flament et Benjamin Castaldi
- Ethan chez Dany Boon
- Étienne chez Louise Bourgoin
- Evan chez Bruce Springsteen
- Félix chez Agathe Lecaron
- Gabin chez Karl Zéro
- Gabriel chez Benjamin Castaldi
- Gaspard chez Agathe Lecaron
- George chez Kate Middleton et le prince William
- Giacomo chez Sting
- Gustave chez Clémentine Célarié
- Hippolyte chez Blandine Bury et Nicolas Herman
- Isaac chez Virginie Ledoyen
- Isaiah chez Christina Milian et M. Pokora
- Jack chez Vanessa Paradis et Johnny Depp
- Jazz chez Ana Girardot
- Joseph-Ali chez Brahim Asloum
- Kelyan chez Noémie Lenoir et Claude Makelele
- Léo chez Laura Smet
- Léon chez Vanille Clerc
- Léonard chez Élodie Gossuin
- Léopold chez Michel Field
- Liam chez Calista Flockhart et Harrison Ford

S

- Lino chez Cécile de France
- Louis chez Kate Middleton et le prince William
- Luca chez Zinédine Zidane
- Lucien chez Serge Gainsbourg et Bambou
- Maël chez Yoan Gourcuff et Karine Ferri
- Mahé chez Maud Fontenoy
- Malo chez Samuel Étienne
- Marcel chez Guillaume Canet et Marion Cotillard
- Marin chez Nolwenn Leroy
- Marius chez Camille Lacourt
- Mathis chez Joey Star
- Maxim chez Natalia Vodianova et Antoine Arnault
- Maximilian chez Andrea Casiraghi
- Milann chez Nabilla Benattia et Thomas Vergara
- Milo chez Lucie Lucas
- Naël chez Ibrahim Maalouf
- Nathan chez Anne-Sophie Pic
- Nino chez Clovis Cornillac
- Noah chez Laurent Koscielny
- Noé chez Émilie Broussouloux et Thomas Hollande
- Orlando chez Laetitia Casta
- Oscar chez Patrick Bruel
- Pablo chez Vincent Perez et Karine Silla
- Raoul chez Romane Bohringer et Philippe Rebot
- Raphaël chez Juliette Binoche
- River chez Joaquin Phoenix
- Roan chez Sharon Stone
- Rock chez Kamel Ouali
- Roman chez MC Solaar
- Romeo chez Sylvie Tellier
- Ruben chez Raphaël Varane
- Sacha chez Laurent Delahousse
- Sam chez Tiger Woods
- Samuel chez Jennifer Garner et Ben Affleck
- Santiago chez Eva Longoria
- Saul chez Joséphine Drai
- Sean chez Pascal Obispo
- Simon chez Jean Dujardin
- Souleiman chez Leïla Bekhti
- Tadéo chez Julie Gayet
- Thiago chez Lionel Messi
- Tristan chez Thierry Henry
- Ulysse chez Mathilda May et Gérard Darmon
- Vasco chez Amélie Etasse
- Victor chez Thierry Lhermitte
- Winter chez Alanis Morissette et Mario Souleye
- Yannis chez Grand Corps Malade

Sohane. *Caractérologie :* ambition, force, management, passion, habileté.

Soïg
- de 100

Forme bretonne de François : libre, français (latin). *Caractérologie :* énergie, originalité, séduction, audace, découverte.

Sol
- de 100

Soleil (latin), et diminutif anglophone de Solomon. *Caractérologie :* dynamisme, audace, indépendance, assurance, direction.

Solal
4 500 Top 300

Celui qui fraie un chemin (hébreu). *Caractérologie :* courage, curiosité, dynamisme, charisme, indépendance.

Solal, l'amoureux d'Ariane dans *Belle du Seigneur* d'Albert Cohen, est devenu le symbole du coup de foudre et de l'amour passionnel. Quel contraste entre le fonctionnaire de la Société des Nations naissante et l'amant excessif et possessif ! Il vit tout avec intensité et entraîne sa belle dans une fuite en avant éperdue. Un prénom ardent, romantique et puissant !

Solan
1 300 Top 700

Solennel (latin). *Variantes :* Solane, Solann. *Caractérologie :* philosophie, originalité, connaissances, sagacité, spiritualité.

Sonny
2 500 Top 2 000

Fils, garçon (anglais). Masculin anglais. *Caractérologie :* bienveillance, conscience, conseil, paix, sagesse.

Sony
1 400

Fils, garçon (anglais). Masculin anglais. On peut estimer que moins de 30 enfants seront prénommés ainsi en 2023. *Variante :* Soni. *Caractérologie :* dynamisme, audace, assurance, direction, indépendance.

Sophian
1 000

Dévoué (arabe). *Variantes :* Sophiane, Sophien. *Caractérologie :* action, audace, dynamisme, détermination, direction.

Sorel
140

Sorbier (allemand). Masculin anglais. *Caractérologie :* exigence, influence, famille, équilibre, patience.

Soren
4 500 Top 300

Grave, sérieux (latin). Soren est très répandu dans les pays scandinaves. *Caractérologie :* leadership, vitalité, achèvement, stratégie, détermination.

Sosthène
350

Celui dont la force est préservée (grec). Forme corse : Sostene. *Caractérologie :* conseil, conscience, paix, sensibilité, bienveillance.

Soufiane
3 500 Top 2 000

Dévoué (arabe). *Variantes :* Soufian, Souphiane, Soufien. *Caractérologie :* humanité, décision, rectitude, rêve, logique.

Souhéil
750 Top 2 000

Préparer, faciliter un projet (arabe). *Variantes :* Sohaïl, Sohéil, Souhaïl, Souhayl. *Caractérologie :* résolution, ambition, force, analyse, habileté.

Souleymane
5 000 Top 300

Sain, intact, en sécurité (arabe). *Variantes :* Soleiman, Souleiman, Soulemane, Souleyman, Souliman, Soulimane, Sulayman, Suliman. *Caractérologie :* ténacité, fiabilité, méthode, volonté, réalisation.

Sovan
- de 100

Or (cambodgien). *Variante :* Sovann. *Caractérologie :* achèvement, vitalité, stratégie, ardeur, volonté.

Les prénoms des tempêtes

Changement climatique ou pas, chaque année, des tempêtes se déchaînent aux quatre coins du monde. Les médias relayent alors des alertes dont les noms gracieux (Diego, Franklin, Aurore, Gloria, Hervé, Ciara, etc.) ne sont pas le fruit du hasard ou de la créativité d'un météorologue isolé, loin de là...

Les scientifiques ont constaté que la population est beaucoup plus attentive aux consignes de sécurité quand la menace est clairement identifiée et nommée. L'annonce d'une tempête qui porte un prénom courant est davantage prise au sérieux. C'est la raison pour laquelle un typhon balayant le Japon se nommera Haishen ou Hagibis, tandis qu'un ouragan australien sera appelé Kate ou Jack.

Au niveau mondial, l'OMM (Organisation météorologique mondiale) fait autorité et établit des listes qui suivent l'ordre alphabétique et respectent des critères de parité (alternance de prénoms masculins et féminins). Six listes alphabétiques sont utilisées en rotation chaque année (la liste de 2023 sera ainsi reprise en 2029). Mais si un cyclone est particulièrement dévastateur, son nom est retiré de la liste. Ainsi, Damien, Harold et Manga ont été rayés de la liste en 2020.

Figurez-vous qu'en 2020, l'Organisation météorologique mondiale, a dû recourir à l'alphabet grec (Alpha, Beta, Gamma...) pour baptiser des nouvelles tempêtes tropicales. L'activité cyclonique, particulièrement intense cette année-là avait épuisé la liste.

En Europe, depuis 2017, ce sont les agences météorologiques nationales qui établissent les listes. Afin de limiter et harmoniser les propositions, deux groupes ont été créés : Irlande / Royaume-Uni / Pays-Bas d'un côté et France / Espagne / Portugal / Belgique de l'autre.

Présentées chaque année, ces nomenclatures respectent les critères de parité et l'alphabet (à l'exception de Q, U, X, Y ou Z, car il semblerait que ces initiales soient moins prolixes en prénom). La première tempête de la saison commencera par un A et, en toute logique, l'ordre alphabétique sera déroulé pour les suivantes. Le premier pays balayé par la perturbation météorologique aura le privilège de la baptiser. Quel que soit son parcours, elle ne changera plus de prénom. Ciara, ou Alex plus récemment, nous ont ainsi promenés sur les littoraux européens. L'Allemagne et la Norvège ont gardé leur propre système d'appellation. Ainsi, la tempête Ciara (février 2020) s'appelait Sabine outre-Rhin et Elsa en Norvège.

Pour ajouter à la confusion, depuis 2002, l'Institut météorologique de Berlin propose au grand public d'acheter le nom d'un futur phénomène météorologique sur le site « Adopt a vortex ». Les dépressions coûtent environ 240 € et les anticyclones, moins fréquents et plus étalés dans le temps, justifient un tarif plus élevé (360 €). Une idée originale de cadeau pour votre futur bébé ! Mais attention, il faudra assumer les variations de pressions atmosphériques !

Spencer 190
Qui distribue des provisions (anglais). Masculin anglais. *Variante :* Spence. *Caractérologie :* habileté, détermination, force, ambition, bonté.

Stan 3 500 Top 600
Diminutif des prénoms formés avec Stan. Masculin anglais et néerlandais. *Caractérologie :* altruisme, réflexion, idéalisme, intégrité, dévouement.

Stanislas 14 000 Top 500
Forme francisée de Stanislav : commandeur glorieux (slave). *Variantes :* Stanis, Stanislav, Stanislawa, Stany, Stanyslas. *Caractérologie :* famille, décision, gestion, équilibre, responsabilité.

Stanislaw 200
Commandeur glorieux (slave). *Caractérologie :* direction, dynamisme, décision, audace, gestion.

Stanley 3 000 Top 1 000
Clairière rocailleuse (anglais). Masculin anglais. *Caractérologie :* famille, équilibre, organisation, responsabilité, bonté.

S

Steeve 10 000
Couronné (grec). En dehors de l'Hexagone, ce prénom est particulièrement porté dans les pays anglophones. On peut estimer que moins de 30 enfants seront prénommés ainsi en 2023. *Variantes :* Steave, Steeves. *Caractérologie :* sécurité, efficacité, persévérance, structure, honnêteté.

Steeven 3 500
Couronné (grec). On peut estimer que moins de 30 enfants seront prénommés ainsi en 2023. *Variante :* Steevens. *Caractérologie :* idéalisme, dévouement, altruisme, intégrité, réflexion.

Steevy 700
Couronné (grec). *Variantes :* Steevie, Stevie, Stevy. *Caractérologie :* responsabilité, famille, équilibre, influence, réussite.

Stefan 2 500 Top 2 000
Couronné (grec). Stefan est très répandu en Allemagne, en Scandinavie et dans les pays slaves méridionaux. C'est aussi un choix traditionnel basque. *Caractérologie :* intuition, fidélité, relationnel, médiation, adaptabilité.

Stellio 120
Étoile (latin). *Variante :* Stelio. *Caractérologie :* relationnel, décision, médiation, intuition, logique.

Sten - de 100
Caillou (suédois). Masculin scandinave. *Caractérologie :* efficacité, sécurité, honnêteté, persévérance, structure.

Stéphan 12 000
Couronné (grec). Masculin allemand. On peut estimer que moins de 30 enfants seront prénommés ainsi en 2023. *Variantes :* Stéfane, Stefano, Stéphann, Stéphanne. *Caractérologie :* médiation, fidélité, intuition, finesse, relationnel.

Stéphane 289 000 Top 1 000
Couronné (grec). De nombreux saints, plusieurs papes et souverains ont porté ce prénom très répandu dans les pays occidentaux. Sous ses différentes graphies (Stephan, Stefan, Stephen), il s'épanouit dans les pays chrétiens, grecs et latins, dès les premiers siècles. Mais à la fin du Moyen Âge, Stéphane est progressivement remplacé par

Étienne, une forme française du prénom apparue après lui. Stéphane devient très rare en France jusqu'au milieu XXe siècle. Il rejaillit alors, avec toute la fougue d'un prénom neuf, pour rejoindre les premiers rangs masculins dans les années 1970. Loin devant Étienne, Stéphane trône sur le classement français à deux reprises. Il reste visible jusqu'à la fin du siècle avant de sombrer dans l'abîme. *Caractérologie :* savoir, indépendance, méditation, intelligence, finesse.

Stephen
6 000

Couronné (grec). Masculin anglais. On peut estimer que moins de 30 enfants seront prénommés ainsi en 2023. *Variantes :* Stefen, Steffen. *Caractérologie :* paix, bienveillance, conscience, conseil, finesse.

Stevan
900

Couronné (grec). Ce prénom est plus particulièrement répandu en Serbie et dans les pays anglophones. *Caractérologie :* altruisme, idéalisme, intégrité, réflexion, dévouement.

Steve
22 000

Couronné (grec). En dehors de l'Hexagone, ce prénom est particulièrement porté dans les pays anglophones. On peut estimer que moins de 30 enfants seront prénommés ainsi en 2023. *Variantes :* Steves, Stive, Stivy, Styve. *Caractérologie :* vitalité, achèvement, leadership, stratégie, ardeur.

Steven
33 000 Top 2 000

Couronné (grec). Steven est très répandu dans les pays anglophones. *Variantes :* Steveen, Stevenn, Stewen, Stiven. *Caractérologie :* structure, persévérance, sécurité, efficacité, honnêteté.

Stevens
1 800

Couronné (grec). Masculin anglais. On peut estimer que moins de 30 enfants seront prénommés ainsi en 2023. *Caractérologie :* découverte, audace, originalité, énergie, séduction.

Stevenson
- de 100

Fils de Steven (anglais). Masculin anglais. *Caractérologie :* sagacité, connaissances, caractère, originalité, spiritualité.

Stuart
130

Qui prend soin (anglais). Ancien patronyme écossais. *Variante :* Stewart. *Caractérologie :* rectitude, humanité, rêve, ouverture d'esprit, gestion.

Styven
400

Couronné (grec). *Caractérologie :* influence, équilibre, famille, responsabilité, réalisation.

Suleyman
1 300 Top 600

Sain, intact, en sécurité (arabe). *Caractérologie :* sociabilité, réceptivité, diplomatie, cœur, réussite.

☆ Prononcer son nom, c'est déjà partir pour une grande épopée entre l'Europe et l'Asie en pleine période Renaissance. Il n'a pas été surnommé « le Magnifique » pour rien ! Son règne est marqué par une remarquable effervescence artistique et architecturale dont témoigne notamment la mosquée Süleymaniye à Constantinople.

Suliac
- de 100

Soleil (celte). Masculin breton. *Variante :* Suliag. *Caractérologie :* sociabilité, diplomatie, loyauté, réceptivité, bonté.

Sullivan
6 500 Top 2 000

Champ retourné sur une colline (vieil anglais). Patronyme anglophone assez répandu. *Variante :* Sulivan. *Caractérologie :* fidélité, médiation, intuition, relationnel, détermination.

S

Sully
1 800

Nom de plusieurs villes et lieux du monde. Sully est également porté aussi sous forme de patronyme. On peut estimer que moins de 30 enfants seront prénommés ainsi en 2023. *Caractérologie :* achèvement, vitalité, ardeur, leadership, stratégie.

Sullyvan
1 900 Top 2 000

Champ retourné sur une colline (vieil anglais). *Variante :* Sulyvan. *Caractérologie :* altruisme, idéalisme, intégrité, réalisation, sympathie.

Sulpice
- de 100

Aide (latin). *Caractérologie :* structure, persévérance, sécurité, amitié, détermination.

Sunny
650

Ensoleillé (anglais). Masculin anglais. *Caractérologie :* amitié, créativité, optimisme, communication, pragmatisme.

Sven
1 300 Top 2 000

Jeunesse (scandinave). Prénom suédois et néerlandais. *Variantes :* Svenn, Swen. *Caractérologie :* bienveillance, paix, sagesse, conscience, conseil.

Swan
5 500 Top 200

Cygne (anglais). Prénom anglais. *Caractérologie :* générosité, pratique, enthousiasme, communication, adaptation.

Swann
6 000 Top 200

Cygne (anglais). Masculin anglais. *Caractérologie :* achèvement, vitalité, stratégie, ardeur, leadership.

Swany
350 Top 2 000

Cygne (anglais). *Variante :* Swanny. *Caractérologie :* dynamisme, indépendance, direction, assurance, audace.

Sydney
800

Habitant de Sidon (latin). Patronyme anglais ancien. Masculin anglais. *Caractérologie :* relationnel, intuition, fidélité, médiation, réalisation.

Sylvain
122 000 Top 2 000

Forêt (latin). Prénom français. Dans la mythologie romaine, Sylvain était le dieu des Forêts et des Champs. *Caractérologie :* pratique, communication, cœur, réussite, enthousiasme.

Sylvère
1 200

Forêt (latin). On peut estimer que moins de 30 enfants seront prénommés ainsi en 2023. *Variantes :* Sylve, Sylver. *Caractérologie :* connaissances, sagacité, cœur, réussite, spiritualité.

Sylvestre
2 000

Habitant de la forêt (latin). On peut estimer que moins de 30 enfants seront prénommés ainsi en 2023. *Variantes :* Silvester, Silvestre, Sylvester. *Caractérologie :* énergie, autorité, innovation, réalisation, sympathie.

Sylvian
550

Forêt (latin). *Variantes :* Sylvano, Sylvin. *Caractérologie :* communication, optimisme, réalisation, pragmatisme, bonté.

Sylvio
1 600

Forêt (latin). Prénom italien. On peut estimer que moins de 30 enfants seront prénommés ainsi en 2023. *Caractérologie :* enthousiasme, communication, réalisation, raisonnement, pratique.

Symphorien
- de 100

Unir, porter (grec). *Caractérologie :* intelligence, savoir, méditation, réalisation, volonté.

S

Variations orthographiques et inventions

Les inventions enrichissent chaque année le patrimoine français des prénoms. Qu'elles se traduisent par l'apparition de nouvelles consonances ou par la combinaison de plusieurs prénoms, elles sont de plus en plus prisées par les parents.

La plupart des combinaisons sont vouées à rester uniques et anonymes. Cependant, une poignée d'entre elles parviennent chaque année à se diffuser. C'est le cas de Danaël (Daniel et Maël), Timaé (variante de Timaël ou combinaison de Tim et des prénoms se terminant par « aé »), Lilwenn (Lily et Nolwenn) et Anaé (Anne et Hanaé) ou Kaëlys (Kaëlia et Maëlys), qui ont acquis une notoriété nationale.

Autre procédé utilisé, le recours aux variations : il est devenu très fréquent ces 20 dernières années. L'opération est simple : l'orthographe du prénom est altérée, mais sa prononciation reste inchangée. Aucun prénom répandu n'échappe à cette pratique. Même les plus improbables. Avec leurs 3 lettres, Léo, Tom, Éva et Zoé auraient pu sembler hors d'atteinte, et pourtant... leurs homonymes Lého, Tome, Eeva et Zoey ne cessent de grandir, gonflant le cortège des Maëll, Enzzo, Anays, Camill et Mannon, pour ne citer que les plus visibles d'entre eux. Notons qu'avec 1 600 naissances estimées pour 2023, Mya obtient la palme de la plus forte progression.

Dans ce contexte, on ne s'étonne plus que de nouveaux venus fassent tant d'émules en se couvrant de gloire. Comme Rihana, qui, en l'espace d'une décennie, s'est retrouvée affublée d'une quinzaine de variantes. Ou Aïdan, dont les dérivés se multiplient en France et dans les pays anglophones. Reste Kylian qui détient, avec plus de 50 graphies, le nombre record des altérations.

Le phénomène des inventions n'est pas nouveau et les prénoms difficiles à porter existent depuis belle lurette. Pour autant, un prénom excentrique, une variante orthographique peu commune ou difficile à prononcer sont le plus souvent portés comme un fardeau. Ils condamnent l'individu à épeler l'orthographe précise du prénom tout au long de la vie. Enfin, les moqueries d'enfants ou d'adultes sont rarement tendres. Elles peuvent causer des dégâts psychologiques et créer un réel handicap sur le long terme. D'où la nécessité pour les parents de se poser les bonnes questions avant de faire leur choix de prénom (voir l'encadré p. 12).

T

Tadeusz
250

Courageux (grec). *Variantes :* Tadéo, Tadeus, Tadeuz, Thadeus, Thadeusz. *Caractérologie :* organisation, responsabilité, équilibre, famille, finesse.

Tahar
1 900 Top 2 000 ➔

Pureté, innocence (arabe). *Variantes :* Taher, Tahir. *Caractérologie :* pratique, communication, enthousiasme, adaptation, générosité.

Talha
550 Top 2 000 ↘

Fleur d'acacia (arabe). *Caractérologie :* conscience, paix, bienveillance, conseil, gestion.

Tam
- de 30

Centre, cœur, esprit (vietnamien). *Caractérologie :* connaissances, philosophie, sagacité, spiritualité, originalité.

Tan
- de 100

Nouveau (vietnamien). *Caractérologie :* achèvement, leadership, stratégie, vitalité, ardeur.

Mr Tan, de son vrai nom Antoine Dole, est le créateur de la redoutable *Mortelle Adèle*. Un hymne aux bêtises, mais aussi à la différence. Son fan-club a monté le club des bizarres. Si vous ne craignez pas que votre chat finisse dans le micro-ondes ou que votre meilleur copain se retrouve dans le frigo pour voir si la lumière s'éteint (sic), il ne faut pas hésiter !

Tancrède
750 Top 2 000

Noble paix (germanique). *Caractérologie :* sagacité, spiritualité, organisation, détermination, connaissances.

Tanguy
18 000

Chien ou guerrier de feu (celte). Masculin français et breton. On peut estimer que moins de 30 enfants seront prénommés ainsi en 2023. *Variante :* Tangui. *Caractérologie :* savoir, intelligence, méditation, organisation, bonté.

Tao
5 000 Top 300

Voie, méthode, création (chinois), respectueux de ses parents (vietnamien). *Caractérologie :* ouverture d'esprit, rectitude, humanité, rêve, générosité.

Taran
- de 30

Paradisiaque (sanscrit), tonnerre (breton). Se prononce « Tarane ». Taran est très répandu en Inde. *Caractérologie :* altruisme, intégrité, réflexion, résolution, idéalisme.

Tarek
2 500 Top 2 000

Étoile du matin (arabe). *Caractérologie :* innovation, autorité, énergie, résolution, ambition.

Tarik
4 000 Top 2 000

Étoile du matin (arabe). *Variantes :* Tarak, Tarick, Tariq. *Caractérologie :* découverte, énergie, originalité, audace, séduction.

Tayeb
1 200

De nature calme et bienveillante (arabe). On peut estimer que moins de 30 enfants seront prénommés ainsi en 2023. *Caractérologie :* passion, force, habileté, ambition, management.

Taylor
1 200 Top 800

Tailleur (anglais). Patronyme anglais ancien. Masculin anglais. *Caractérologie :* autorité, énergie, organisation, innovation, analyse.

Tayron
1 500 Top 500

Du comté d'Eoghan (irlandais). Masculin anglais. *Caractérologie :* pratique, communication, enthousiasme, adaptation, résolution.

Ted
500

Don de Dieu (grec). *Caractérologie :* intuition, médiation, adaptabilité, relationnel, fidélité.

Teddy
23 000 Top 2 000

Don de Dieu (grec). Ce prénom est plus particulièrement répandu aux États-Unis. *Variantes :* Teddie, Tedy, Theddy. *Caractérologie :* ténacité, méthode, fiabilité, engagement, sens du devoir.

Teiki
- de 100

Le roi des dieux rêveurs (tahitien). *Caractérologie :* rectitude, rêve, humanité, générosité, ouverture d'esprit.

Télémaque
- de 30

Combat à distance (grec). *Caractérologie :* rectitude, gestion, rêve, attention, humanité.

T

Télio
1 600 Top 400 ↗

Dérivé de Téliau, nom du saint qui fonda au VIe siècle le monastère de Llandav (pays de Galles), dont il fut évêque. Téliau (aussi orthographié Télo) est le patron de plusieurs villages bretons. *Variantes :* Teilo, Téliau, Télo, Thélau, Théliau, Thélio, Tilio. *Caractérologie :* intelligence, savoir, méditation, indépendance, logique.

Telmo
110

Protection divine (germanique). Masculin espagnol et portugais. *Caractérologie :* médiation, relationnel, intuition, fidélité, volonté.

Téo
10 000 Top 400 ↘

Dieu (grec). Téo est particulièrement répandu en Italie et dans les pays hispanophones. *Caractérologie :* efficacité, sécurité, persévérance, structure, honnêteté.

Teoman
350 ↘

Nom du chanteur et compositeur turc Fazli Teoman. On trouve également Téoman écrit avec l'accent aigu. *Caractérologie :* originalité, audace, découverte, énergie, caractère.

Térence
3 500 Top 700 →

Tendre, gracieux (grec). Masculin anglais. *Variantes :* Terrence, Therence. *Caractérologie :* indépendance, sagesse, méditation, savoir, intelligence.

Terry
3 500

Tendre, gracieux (grec). Masculin anglais. On peut estimer que moins de 30 enfants seront prénommés ainsi en 2023. *Variantes :* Tery, Therry, Théry. *Caractérologie :* séduction, énergie, découverte, originalité, audace.

Teva
800 Top 2 000 ↗

Grand voyageur (tahitien). Écrit avec un accent, Téva signifie également « fruit de la nature » en hébreu. *Caractérologie :* optimisme, pragmatisme, communication, sociabilité, créativité.

Thaddée
250 ↑

Courageux (araméen). *Variantes :* Thad, Thade, Thadée. *Caractérologie :* sensibilité, sociabilité, réceptivité, loyauté, diplomatie.

Thaïs
1 300 Top 500 ↘

En grec, *thais* signifie « lien, bandage ». Voir Thaïs au féminin. *Caractérologie :* pratique, adaptation, communication, enthousiasme, générosité.

Thanh
350

Fin, clair, couleur bleue ou muraille (idée de solidité), achevé (vietnamien). *Caractérologie :* responsabilité, équilibre, famille, influence, sensibilité.

Thao
1 300 Top 600 ↗

Respectueux de ses parents (vietnamien). Nom d'une ethnie autochtone de Taïwan parlant le thao. *Caractérologie :* vitalité, achèvement, stratégie, ardeur, leadership.

Théau
800

Dieu (grec). *Caractérologie :* innovation, autorité, énergie, sensibilité, organisation.

Thècle
- de 30

Gloire de Dieu (grec). *Caractérologie :* stratégie, vitalité, ardeur, achèvement, attention.

Théo
128 000 Top 50 ↘

Du grec *theos*, « Dieu ». Si Théo est un prénom à part entière, il fut longtemps utilisé comme diminutif de Théodore (Théophane, Théotime, etc.). Ces prénoms de tradition grecque se sont diffusés en Europe à partir du XVIe siècle. À la fin des années 1980, la montée des prénoms courts fait

T

pour la première fois surgir Théo dans l'Hexagone. Il dépasse rapidement Théodore et grimpe vers le sommet. Il atteint le 2e rang au début des années 2000, sans parvenir à détrôner Thomas. *Caractérologie :* communication, pragmatisme, optimisme, créativité, attention.

Théobald

- de 100

Peuple courageux (germanique). Théobald est plus particulièrement usité dans les pays anglophones, en Allemagne et en Alsace. *Variantes :* Téobald, Théobaldo. *Caractérologie :* sécurité, persévérance, structure, caractère, attention.

Théoden

180 Top 2 000

Théoden est un personnage de fiction. Il est le roi de Rohan dans *Le Seigneur des Anneaux*, de Tolkien. Dans l'Hexagone, les premières attributions de Théoden ont été recensées en 2004. *Caractérologie :* volonté, finesse, stratégie, vitalité, attention.

Théodore

7 500 Top 300

Don de Dieu (grec). Deux papes, deux empereurs et de nombreux saints ont illustré ce prénom. Soldat romain chrétien au IIIe siècle, saint Théodore mourut martyr à Amasée, en Asie Mineure. Théodore est un prénom anglais et français. *Variantes :* Fedor, Feodor, Téodor, Téodore, Téodoric, Téodorick, Téodoro, Theodor, Théodoric. *Caractérologie :* altruisme, volonté, intégrité, idéalisme, finesse.

Théodose

- de 30

Don de Dieu (grec). Théodose Ier le Grand est le dernier empereur qui régna sur un Empire romain unifié. Il fonda la dynastie théodosienne qui vit fleurir les premiers empereurs d'Orient. *Variantes :* Téodosio, Théodose, Théodosio. *Caractérologie :* dynamisme, direction, sensibilité, indépendance, volonté.

Théodule

- de 100

Serviteur de Dieu (grec). *Caractérologie :* diplomatie, loyauté, volonté, sociabilité, écoute.

Théophane

1 300 Top 2 000

Apparition divine (grec). *Variante :* Téophane. *Caractérologie :* diplomatie, réceptivité, sociabilité, attention, loyauté.

Théophile

8 000 Top 500

Qui aime Dieu (grec). Masculin français. *Variantes :* Téophile, Théofil, Théophil. *Caractérologie :* habileté, force, ambition, analyse, finesse.

Théotime

1 400 Top 2 000

Honorer Dieu (grec). *Variantes :* Théotim, Théotine. *Caractérologie :* attention, courage, caractère, curiosité, dynamisme.

Thiago

6 500 Top 200

Forme lusophone de Tiago. *Variante :* Thyago. *Caractérologie :* équilibre, famille, responsabilité, influence, action.

Thibaud

15 000 Top 2 000

Peuple courageux (germanique). *Variantes :* Thibauld, Thiébaud, Thiebault, Thiébaut, Thuriau, Thybault, Tibald, Tibaud, Tibauld, Tibault. *Caractérologie :* sociabilité, réceptivité, diplomatie, organisation, loyauté.

Thibault

55 000 Top 300

Peuple courageux (germanique). Masculin français. *Caractérologie :* pratique, communication, enthousiasme, adaptation, organisation.

Thibaut

37 000 Top 400

Peuple courageux (germanique). Masculin français. *Caractérologie :*

T

intégrité, idéalisme, réflexion, gestion, altruisme.

Thiefaine
200

Apparition divine (grec). *Variante :* Tiephaine. *Caractérologie :* énergie, sensibilité, découverte, détermination, audace.

Thierry
262 000 Top 2 000

Gouverneur du peuple (germanique). Un roi des Francs et un saint fondateur de l'abbaye du Mont-d'Or (près de Reims) ont porté ce nom au VIe siècle. Malgré sa notoriété, Thierry peine à se diffuser en France. C'est au cœur du XXe siècle qu'il s'élance de nouveau, avec tant de vigueur qu'il lui faut moins d'une décennie pour atteindre l'élite des attributions. Le succès du feuilleton télévisé *Thierry la Fronde*, diffusé en 1963, a indéniablement soutenu son accession au trône (en 1965). *Variantes :* Thierno, Tierry. *Caractérologie :* sécurité, persévérance, structure, ressort, finesse.

Thiery
900

Gouverneur du peuple (germanique). *Caractérologie :* structure, persévérance, sécurité, ressort, finesse.

Thiméo
3 000 Top 500

Honorer Dieu (grec). *Caractérologie :* intelligence, volonté, savoir, méditation, sensibilité.

Thom
450 Top 2 000

Ananas, parfumé (vietnamien), diminutif anglophone de Thomas. *Caractérologie :* médiation, intuition, relationnel, fidélité, adaptabilité.

Thomas
273 000 Top 100

Jumeau (araméen). Ce vieux prénom doit sa notoriété au fait qu'il fut porté par de nombreux saints. Attribué depuis des siècles dans les pays anglophones, Thomas n'émerge pas en France avant les années 1980. De quelle manière comble-t-il son retard ! Propulsé par une croissance fulgurante, il s'impose au 1er rang français en 1996. Il gardera sa couronne pendant six ans avant de s'effacer graduellement au profit du jeune Tom. Saint Thomas, apôtre de Jésus au Ier siècle, est célèbre pour avoir douté de la résurrection du Christ avant de lui proclamer sa foi. Il est le patron des architectes et des maçons. Saint Thomas d'Aquin vécut au XIIIe siècle. Auteur de la *Somme théologique*, il est considéré comme l'un des plus grands théologiens de l'histoire chrétienne. Il est le patron des universités. *Variante :* Thoma. *Caractérologie :* ténacité, méthode, fiabilité, sens du devoir, engagement.

Thomy
180

Jumeau (araméen). *Caractérologie :* rectitude, humanité, rêve, générosité, ouverture d'esprit.

Thony
450

Inestimable (latin), fleur (grec). *Caractérologie :* innovation, énergie, autorité, sensibilité, ambition.

Thyméo
2 000 Top 500

Honorer Dieu (grec). *Caractérologie :* sensibilité, curiosité, dynamisme, courage, volonté.

Tiago
24 000 Top 50

Diminutif du prénom espagnol Santiago, contraction de *santo* (« saint ») et Iago (Jacques en français, lui-même dérivé de Jacob). *Variante :* Tyago. *Caractérologie :* intelligence, méditation, spiritualité, savoir, sensibilité.

Tibère
- de 100

Autel, lieu saint (anglais). *Variantes :* Tiber, Tibor. *Caractérologie :* curiosité, courage, dynamisme, charisme, indépendance.

T

Tibo
750 ➔

Peuple courageux (germanique). *Caractérologie :* dynamisme, direction, assurance, audace, indépendance.

Tidiane
1 800 Top 500 ➔

Prénom sénégalais dont l'origine est inconnue. *Caractérologie :* vitalité, achèvement, détermination, stratégie, ardeur.

Tifenn
180

Apparition divine (grec). Masculin breton. *Variante :* Thiphaine. *Caractérologie :* courage, dynamisme, charisme, curiosité, indépendance.

Tilian
350 ↘

Combatif (germanique). *Variantes :* Tylan, Tylian, Tilien. *Caractérologie :* organisation, médiation, volonté, fidélité, relationnel.

Tilio
3 000 Top 300 ➔

Dérivé de Téliau, nom du saint qui fonda au VIe siècle le monastère de Llandav (pays de Galles), dont il fut évêque. Téliau (aussi orthographié Télo) est le patron de plusieurs villages bretons. Telo, évêque de Llandav (pays de Galles) au VIe siècle, est le patron de plusieurs villages bretons (Landeleau, Leuhan, Saint-Thélo et Montertelot). *Variantes :* Till, Tillo, Tylio. *Caractérologie :* intuition, relationnel, médiation, raisonnement, adaptabilité.

Tim
7 000 Top 300 ➔

Honorer Dieu (grec). Tim est très en vogue dans les pays germanophones, anglophones et néerlandophones. *Caractérologie :* paix, bienveillance, conseil, conscience, sagesse.

Timaé
950 Top 500 ↑

Variante de Timaël, combinaison de Tim et des prénoms se terminant par « aé ». *Caractérologie :* optimisme, partage, détermination, dialogue, adaptation.

Timaël
1 600 Top 500 ↘

Contraction de Timéo et Maël. Timaël a été attribué pour la première fois dans l'Hexagone en 1999. *Variante :* Tymaël. *Caractérologie :* conscience, organisation, conseil, paix, bienveillance.

Timao
450 Top 900 ↗

Variante possible de Timéo, ou contraction du préfixe « Ti » et « Mao ». *Caractérologie :* sécurité, structure, persévérance, honnêteté, efficacité.

Timéo
46 000 Top 50 ↘

Comme Timothée, Timéo tire ses origines du grec *timè*, « tenir en honneur », et *theos*, « Dieu », d'où le sens : « honorer Dieu ». Le premier Timéo de France naît en 1998, au moment où Théo s'envole vers les cimes du classement. Figure de proue des terminaisons en « éo », Théo aspire Mathéo, Hugo et Léo dans son sillage, puis fait renaître ses ancêtres Timothée, Théodore et Théotime. Timéo s'est imposé dans le top 20 français en 2007 et s'y est maintenu durant 10 ans. *Variantes :* Thiméo, Thyméo, Timo. *Caractérologie :* vitalité, achèvement, caractère, ardeur, stratégie.

Timo
700 Top 2 000 ➔

Honorer Dieu (grec). Masculin allemand, scandinave, espagnol, italien et néerlandais. *Caractérologie :* communication, pragmatisme, sociabilité, optimisme, créativité.

Timothé
15 000 Top 300 ➔

Honorer Dieu (grec). Masculin français. *Caractérologie :* idéalisme, finesse, volonté, intégrité, altruisme.

Timothée
23 000 Top 200 ➔

Honorer Dieu (grec). Disciple de Paul au Ier siècle, saint Timothée fut martyrisé à Éphèse (en Turquie). Timothée est un prénom français. *Variantes :* Timmy,

Tiago

Fête :
25 juillet

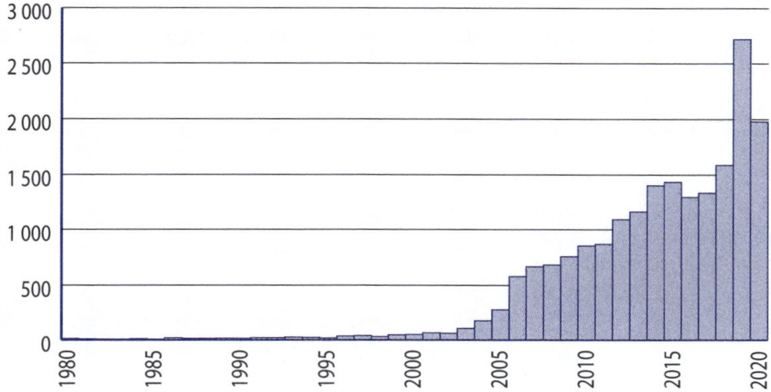

Étymologie

Tiago est un diminutif du prénom espagnol Santiago, contraction de *santo* (« saint ») et Iago (Jacques en français, lui-même dérivé de Jacob). Signifiant « talonner » ou « supplanter » en hébreu.

Le pèlerinage de Compostelle, en Galice, ville où aurait été transporté son corps, est depuis le IXe siècle, l'un des plus fréquentés d'Europe. Apôtre et martyr, saint Jacques est représenté en pèlerin, portant le signe de la coquille et le bâton à la main.

Fortement lié à l'histoire de la péninsule ibérique, il n'a pas franchi les frontières pyrénéennes avant les années 1970. Durant les Trente Glorieuses, la migration économique a permis la naissance de quelques Tiago dans l'Hexagone. Cette première génération ne dépassa jamais quelques dizaines de naissance par an.

Récemment, ce prénom, en véritable pèlerin, a franchi toutes les stations du chemin du succès. Il ne s'agit pas d'un miracle. Kendji Girac, nouveau représentant de la gipsy pop, a braqué la lumière sur ce prénom, titre d'une de ses chansons à succès. Voilà qui devrait parer d'un attrait bohème ce prénom internationalement répandu. Il est abonné aux tops 5 dans plusieurs pays d'Amérique du Sud. Thiago et Tyago, ses 2 variantes, suscitent également l'intérêt des parents, mais sont loin de lui faire de l'ombre.

Tiago s'est imposé au 15e rang national en 2019, une consécration, suivie pourtant d'un net reflux. Il devrait perdre sa place dans le top 20 en 2023. Même phénomène en Belgique : après avoir gravi 23 rangs en une seule année, il montre déjà des signes de faiblesse. Sa gloire pourrait-elle n'être qu'un feu de paille ?

Personnes célèbres

Thiago de Mello, poète brésilien (1926-2022) ; Tiago Monteiro, pilote automobile portugais, né en 1976 ; Tiago Cardoso, footballeur portugais, né en 1981 ; Thiago Alcântara, footballeur espagnol au Liverpool FC, né en 1991.

Statistiques

Tiago est le 67e prénom masculin le plus donné en France depuis l'an 2000. Il est attribué à près d'un garçon sur 150 aujourd'hui. De son côté, Thiago devrait prénommer un garçon sur 530 et se placer au 251e rang du podium masculin.

Timon, Timoté, Timotei, Timotéo, Thimoté, Thimotée, Thimothé, Timothey, Tymothé. *Caractérologie :* dynamisme, curiosité, courage, attention, caractère.

Timothy
2 500 Top 2 000 ↘

Honorer Dieu (grec). Masculin anglais. *Variante :* Timoty. *Caractérologie :* réceptivité, ressort, loyauté, diplomatie, sociabilité.

Timour
300 Top 2 000 →

De grande taille (hébreu). *Variante :* Timur. *Caractérologie :* paix, conseil, bienveillance, conscience, analyse.

Tino
3 500 Top 500 →

Diminutif des prénoms se terminant par « Tino ». Masculin italien. *Caractérologie :* sens du devoir, structure, honnêteté, efficacité, persévérance.

Titien
- de 100

Honorable (grec). *Caractérologie :* énergie, originalité, découverte, audace, séduction.

Tito
250 ↘

Honorable (grec). Masculin italien, espagnol et portugais. *Caractérologie :* autorité, innovation, énergie, autonomie, ambition.

Titouan
21 000 Top 400 ↘

Petit Antoine (occitan). Malgré ses racines occitanes, Titouan est essentiellement attribué en Bretagne aujourd'hui. Bon nombre de parents choisissent ce prénom en hommage au navigateur et artiste Titouan Lamazou. *Caractérologie :* direction, dynamisme, audace, raisonnement, détermination.

Tiziano
950 Top 2 000 →

Qui rend honneur (latin). Prénom italien. *Variante :* Titus. *Caractérologie :* engagement, finesse, fiabilité, ténacité, responsabilité.

Tobias
2 000 Top 500 ↑

Dieu est bon (hébreu). Tobias est particulièrement répandu dans les pays scandinaves et aux Pays-Bas. *Variantes :* Tobie, Toby. *Caractérologie :* sociabilité, pragmatisme, communication, créativité, optimisme.

Tobie
- de 100

Dieu est bon (hébreu). *Caractérologie :* influence, famille, responsabilité, exigence, équilibre.

Tom
90 000 Top 50 →

Jumeau (araméen). Ce vieux prénom, recensé en Angleterre dès le XIIIe siècle, est très répandu dans les pays anglophones. En 1876, *Les Aventures de Tom Sawyer*, roman de Mark Twain dont Tom est le jeune héros, a contribué à sa popularité. En France, c'est dans les années 1980 que ce diminutif moderne de Thomas commence sa carrière. Porté par la vogue des choix courts et sa jeunesse, il s'est imposé dans le top 20 national en 2002. *Caractérologie :* pragmatisme, créativité, optimisme, sociabilité, communication.

Tomas
2 000 Top 900 →

Jumeau (araméen). Masculin écossais, espagnol, portugais, scandinave et tchèque. *Variantes :* Toma, Tomaso, Tomi. *Caractérologie :* découverte, énergie, audace, originalité, séduction.

Tomislav
- de 100

Jumeau (araméen). Tomislav est particulièrement répandu en Croatie et en Pologne. *Caractérologie :* communication, pratique, enthousiasme, organisation, analyse.

Tommy
6 000 Top 300 →

Jumeau (araméen). Ce prénom est particulièrement recensé aux États-Unis.

Caractérologie : originalité, audace, énergie, découverte, séduction.

Tomy
1 900 Top 800

Jumeau (araméen). Masculin anglais. *Caractérologie :* énergie, ambition, innovation, autonomie, autorité.

Toni
2 500 Top 2 000

Inestimable (latin), fleur (grec). Toni est particulièrement usité dans les pays germanophones, anglophones, en Italie et en Provence (Tòni). *Caractérologie :* persévérance, sécurité, honnêteté, efficacité, structure.

Tony
50 000 Top 400

Inestimable (latin), fleur (grec). Tony est répandu dans les pays anglophones. *Variantes :* Tonio, Tonny. *Caractérologie :* diplomatie, sociabilité, réceptivité, loyauté, bonté.

Toufik
2 000

Succès, harmonie (arabe). On peut estimer que moins de 30 enfants seront prénommés ainsi en 2023. *Variantes :* Tofik, Toufic, Toufike. *Caractérologie :* raisonnement, ambition, autorité, énergie, innovation.

Toussaint
1 200

« Tous les saints » (latin). On peut estimer que moins de 30 enfants seront prénommés ainsi en 2023. *Caractérologie :* pratique, enthousiasme, communication, analyse, résolution.

Trevis
450

Le passeur (vieux français). Masculin anglais. *Variante :* Travis. *Caractérologie :* pragmatisme, créativité, communication, optimisme, résolution.

Trévor
400

Grande victoire (gallois). Ce prénom gallois est usité dans les pays anglophones. C'est aussi un choix traditionnel breton. *Caractérologie :* force, ambition, habileté, passion, caractère.

Tristan
42 000 Top 300

Révolte, tumulte (celte). Ce prénom médiéval, rendu célèbre par la légende de *Tristan et Iseut*, est peu usité jusqu'à la fin du XXe siècle. Il renaît dans les pays anglophones (particulièrement aux États-Unis) et en France, où il atteint le 50e rang en 2001. Malgré son déclin subséquent, Tristan est encore un prénom de choix aujourd'hui. Chevalier de la Table ronde, Tristan était éperdument amoureux d'Iseut la blonde, mais il dut se résoudre à épouser Iseut aux blanches mains. Le récit de cette passion tragique a transcendé les siècles et inspiré nombre de poètes et musiciens. *Caractérologie :* diplomatie, sociabilité, décision, loyauté, réceptivité.

Trystan
1 500

Révolte, tumulte (celte). Voir Tristan. On peut estimer que moins de 30 enfants seront prénommés ainsi en 2023. *Caractérologie :* altruisme, intégrité, réflexion, détermination, idéalisme.

Tuan
150

Talent, savoir (vietnamien). *Caractérologie :* organisation, intuition, relationnel, médiation, fidélité.

Tugdual
650

Peuple, valeur (celte). Prénom breton. *Caractérologie :* dynamisme, curiosité, courage, gestion, réussite.

Tullio
- de 30

Se rapporte au patronyme italien Tullius. Masculin italien. *Variante :* Tulio. *Caractérologie :* stratégie, achèvement, vitalité, raisonnement, ardeur.

T

Txomin
250 ➔

Qui appartient au Seigneur (latin). *Caractérologie :* dynamisme, curiosité, indépendance, caractère, courage.

Ty
- de 100

Bâtisseur de maisons (anglais). *Caractérologie :* humanité, ouverture d'esprit, rêve, rectitude, générosité.

Tyler
2 500 Top 400 ➔

Bâtisseur de maisons (anglais). Masculin anglais. *Caractérologie :* force, ambition, passion, habileté, bonté.

Tylian
1 100 Top 2 000 ↘

Puissance, combat (germanique). *Caractérologie :* humanité, détermination, rectitude, amitié, rêve.

Tylio
2 000 Top 300 ↑

Variante moderne de Tilio. Voir ce prénom. *Caractérologie :* raisonnement, résolution, résilience, générosité, indulgence.

Tyméo
5 500 Top 300 ↘

Honorer Dieu (grec). Masculin français. *Caractérologie :* influence, caractère, équilibre, famille, responsabilité.

Tyron
1 900 Top 700 ↘

Du comté d'Eoghan (irlandais). *Variante :* Tyrone. *Caractérologie :* relationnel, médiation, intuition, adaptabilité, fidélité.

Tyson
650 ➔

Braises (vieux français). *Variante :* Tayson. *Caractérologie :* adaptation, pratique, communication, générosité, enthousiasme.

U

Ugo
11 000 Top 500 ↘

Esprit, intelligence (germanique). Masculin italien. *Caractérologie :* spiritualité, connaissances, sagacité, originalité, philosophie.

Ugolin
- de 100

Esprit, intelligence (germanique). Dans l'Hexagone, Ugolin a été plus traditionnellement usité en Occitanie et en Provence. *Caractérologie :* logique, cœur, conscience, bienveillance, paix.

Ulric
600

Puissance (germanique). Masculin anglais. Dans l'Hexagone, Ulric est plus traditionnellement usité en Occitanie. *Variante :* Ulrico. *Caractérologie :* altruisme, réflexion, dévouement, intégrité, idéalisme.

Ulrich
2 500

Puissance (germanique). En dehors de l'Hexagone, Ulrich est plus particulièrement usité en Allemagne. On peut estimer que moins de 30 enfants seront prénommés ainsi en 2023. *Variantes :* Uli, Ulrick, Ulrik, Ulrike, Ulrique. *Caractérologie :* ambition, force, management, habileté, passion.

Ulysse
9 000 Top 200 ↗

Courroucé (latin). Héros de la mythologie grecque, Ulysse est l'un des personnages principaux de *L'Iliade* et de *L'Odyssée*. Habile et ingénieux, Ulysse invente le stratagème du cheval de Troie qui cause la perte de la ville. Dans *L'Odyssée*, Homère relate le voyage semé d'embûches qu'Ulysse doit surmonter pour regagner Ithaque, sa patrie. Ulysse est un prénom français. *Variantes :* Ulisse, Ulix, Ulyxes. *Caractérologie :* fidélité, relationnel, intuition, médiation, cœur.

Umberto
450

Esprit brillant (germanique). Masculin italien. *Variantes :* Umbert, Umbertino. *Caractérologie :* sécurité, persévérance, structure, volonté, raisonnement.

Umea
- de 30

Enfant (basque). *Caractérologie :* ténacité, méthode, engagement, sens du devoir, fiabilité.

Urbain
800

De la ville (latin). *Variante :* Urban. *Caractérologie :* organisation, résolution, médiation, relationnel, intuition.

Uriel
550 Top 2 000

Dieu est ma lumière (hébreu). Prénom breton. *Variantes :* Uriah, Urias. *Caractérologie :* médiation, intuition, fidélité, relationnel, adaptabilité.

V

Vaclav
- de 30

Gloire immense (slave). Masculin tchèque. *Caractérologie :* méditation, savoir, intelligence, sagesse, indépendance.

Vadim
3 000 Top 400

Règne glorieux (slave). Ce prénom russe est répandu dans les pays slaves et en Roumanie. *Caractérologie :* structure, sécurité, persévérance, efficacité, honnêteté.

Vahe
250 Top 2 000

Le meilleur (prénom arménien d'origine iranienne). *Caractérologie :* intégrité, altruisme, idéalisme, réflexion, dévouement.

Valentin
108 000 Top 50

Vaillant (latin). Le 14 février célèbre la mémoire de saint Valentin, un prêtre romain martyrisé par l'empereur Claudius au IIIe siècle. Le culte dont il fit l'objet répandit le nom parmi les premiers chrétiens. Il se raréfia ensuite, et le pape qui choisit ce nom au IXe siècle ne put enrayer son reflux. Valentin renaît au moment où un conte médiéval folklorique, *Valentin et Orson*, le remet au goût du jour (au XIIIe siècle). Il se propage alors à l'Angleterre, où l'on trouve Valentine attribué dans les deux genres, et se manifeste plus irrégulièrement en France jusqu'à la fin du XXe siècle. En 1996, Valentin s'est hissé au 12e rang masculin après un jaillissement soudain. Il jouit d'une certaine popularité aujourd'hui. L'origine de la Saint-Valentin, la fête des amoureux, remonte au XVe siècle et à l'idée reçue que les oiseaux s'accouplent à ce moment-là. *Variantes :* Valentino, Valence, Valens. Forme basque : Balentin. *Caractérologie :* méditation, savoir, organisation, intelligence, résolution.

Valentino
1 700 Top 900

Vaillant (latin). Prénom italien. *Caractérologie :* méthode, logique, ténacité, caractère, fiabilité.

V

Valère
1 900

Valeureux (latin). On peut estimer que moins de 30 enfants seront prénommés ainsi en 2023. *Caractérologie :* rêve, humanité, tolérance, rectitude, décision.

Valérian
3 000 Top 800

Valeureux (latin). Masculin français. *Caractérologie :* direction, indépendance, audace, dynamisme, résolution.

Valérien
110

Valeureux (latin). *Caractérologie :* courage, curiosité, détermination, indépendance, dynamisme.

Valéry
4 500

Valeureux (latin). Prénom russe. On peut estimer que moins de 30 enfants seront prénommés ainsi en 2023. *Variantes :* Valéri, Valeriano. Formes basques : Balere, Baleri. *Caractérologie :* intuition, relationnel, sympathie, médiation, réalisation.

Valmont
- de 100

Protection du gouverneur (germanique). *Variantes :* Valmon, Valmond. *Caractérologie :* gestion, connaissances, spiritualité, caractère, sagacité.

Valter
150

Commander, gouverner (germanique). *Caractérologie :* bienveillance, paix, organisation, détermination, conscience.

Van
550

Bourg (arménien). Au Vietnam, Van est traditionnellement attribué comme deuxième prénom pour indiquer le sexe (masculin) de l'individu. *Caractérologie :* innovation, énergie, ambition, autorité, autonomie.

Vania
- de 100

Diminutif russe d'Ivan (Jean en français) : Dieu fait grâce (hébreu). *Variante :* Vanya. *Caractérologie :* médiation, relationnel, intuition, fidélité, résolution.

Vartan
- de 100

Rose (arménien). *Caractérologie :* persévérance, structure, résolution, sécurité, efficacité.

Vasco
800 Top 2 000

Masculin espagnol, italien et portugais. Dérivé possible de Velasco. Ce patronyme espagnol, en usage au Moyen Âge, signifierait « corbeau » en basque. Vasco de Gama, grand navigateur portugais, est le premier Européen qui arriva aux Indes par voie maritime en contournant le cap de Bonne-Espérance, en 1498. *Caractérologie :* responsabilité, volonté, exigence, confiance, sagesse.

Vassili
600

Roi (grec). *Variantes :* Vasili, Vassilis, Vassily, Wassily. *Caractérologie :* ambition, autorité, innovation, énergie, autonomie.

Veli
200

Frère (finnois), gardien (turc). *Caractérologie :* enthousiasme, pratique, communication, adaptation, générosité.

Venceslas
250

Gloire immense (slave). *Caractérologie :* direction, indépendance, audace, dynamisme, assurance.

Veran
- de 30

Vrai (latin), foi (slave). Masculin serbe. Dans l'Hexagone, Veran a été plus traditionnellement usité en Occitanie. *Variante :* Verano. *Caractérologie :* responsabilité, équilibre, famille, détermination, influence.

Vianney
5 000 Top 900

Se rapporte à Jean-Marie Vianney, curé d'Ars qui fut canonisé au XXe siècle.

V

Caractérologie : idéalisme, intégrité, altruisme, réussite, décision.

☆ Auteur-compositeur-interprète, Vianney enchaîne les tubes comme *Pas là*. Le jury de *The Voice* a fait passer son prénom de l'ombre à la lumière. Une silhouette juvénile, une guitare acoustique en bandoulière, il assume ses références de la variété française et ne boude pas la tendance folk. À contre-courant ? Pas tant que ça...

Vicente

1 000 Top 2 000

Qui triomphe (latin). Prénom espagnol. *Variante :* Vicenzo. *Caractérologie :* influence, équilibre, famille, responsabilité, exigence.

Victor

84 000 Top 50

Victorieux (latin). Soldat chrétien au IIIe siècle, saint Victor mourut martyr à Marseille. *Variantes :* Bittor, Viance, Vic, Vicky, Victoric, Victorice, Viktor, Vitor. *Caractérologie :* famille, équilibre, influence, éthique, raisonnement.

Victor-Emmanuel

190

Forme composée de Victor et Emmanuel. Masculin français. *Caractérologie :* idéalisme, caractère, altruisme, intégrité, logique.

Victorien

4 000

Victorieux (latin). Masculin français. On peut estimer que moins de 30 enfants seront prénommés ainsi en 2023. *Variantes :* Victorino, Victorio, Vittorio. *Caractérologie :* spiritualité, volonté, sagacité, connaissances, analyse.

Victorin

250

Victorieux (latin). *Caractérologie :* intuition, volonté, médiation, analyse, relationnel.

Vijay

- de 100

Victoire (sanscrit). Vijay est très répandu en Inde. *Caractérologie :* réalisation, fiabilité, méthode, ténacité, engagement.

Vincent

212 000 Top 700

Qui triomphe (latin). Vincent a été porté par plusieurs saints aux premiers siècles, mais c'est le culte voué à saint Vincent de Saragosse, martyr espagnol au IVe siècle, qui propage ce nom. Sous ses différentes formes, il devient plus fréquent en Europe à la fin du Moyen Âge, puis au XIXe siècle au moment où vécut Vincent van Gogh (1853-1890). En perte de vitesse durant plusieurs décennies, Vincent renaît au cœur du XXe siècle et s'impose dans les 10 premiers rangs français au début des années 1980. Loin d'avoir disparu, ce prénom intemporel est encore volontiers choisi par les parents. Prêtre au XVIIe siècle, saint Vincent de Paul consacra sa vie aux œuvres caritatives. Il fonda plusieurs confréries de charité pour aider les pauvres, et la congrégation de la Mission pour la formation des prêtres. *Variantes :* Vince, Vincente, Vinny, Viny. *Caractérologie :* équilibre, influence, famille, exigence, éthique.

Vincenzo

2 000 Top 2 000

Qui triomphe (latin). Prénom italien. *Caractérologie :* rêve, rectitude, humanité, logique, caractère.

V

Vinh

140

Glorieux, honorable (vietnamien). *Caractérologie :* stratégie, leadership, vitalité, achèvement, ardeur.

Virgil

2 000 Top 2 000

Qui porte une canne (latin). Prénom anglais et roumain. *Caractérologie :* curiosité, courage, dynamisme, indépendance, charisme.

Virgile

7 000 Top 800

Qui porte une canne (latin). Masculin français. *Variantes :* Virgyl, Virgilio. *Caractérologie :* indépendance, direction, audace, cœur, dynamisme.

Victor

Fête :
21 juillet

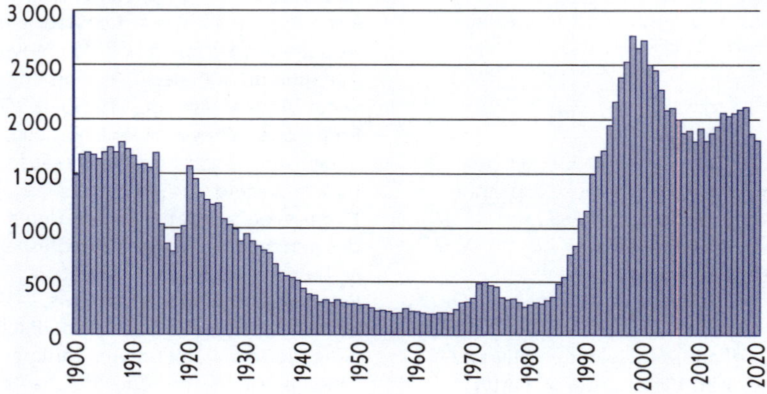

Étymologie
Victor, « vainqueur » au sens littéral en latin, ne saurait faire mentir ses origines. Trois papes et plusieurs saints ont arboré ce prénom conquérant. Répandu aux premiers temps du christianisme, il se raréfia au Moyen Âge. Soldat chrétien au IIIe siècle, **saint Victor** mourut en martyr à Marseille.

À la fin du XVIIIe siècle, quand la Rome antique fascine artistes et esthètes, Victor retrouve sa couronne de laurier et séduit de part et d'autre de l'Atlantique. Porté par Victor Hugo (1802-1885), sa figure tutélaire, il ne quittera pas les sommets pendant plus d'un siècle.

Simple concordance des temps ou persistance de l'aura de l'écrivain après sa mort, Victor restera dans le top 30 français jusqu'à la veille de la Première Guerre mondiale. Il se fera ensuite oublier pendant plusieurs décennies avant de revenir dans les années 1990. Son parcours national est accidenté, à l'opposé de la constance qu'il affiche dans le top 20 parisien depuis plus de 10 ans. Mais aujourd'hui, Victor semble prêt à repartir à l'assaut du classement français. Il devrait figurer dans les 35 premiers rangs nationaux en 2023.

Sa popularité s'étend bien au-delà de la francophonie. Il est en effet très courant dans les pays hispanophones, anglophones et lusophones.

International par nature, vainqueur par étymologie, ayant traversé les siècles sans perdre de sa superbe, intemporel ou rétro, suivons de près ce champion hors catégorie !

Personnes célèbres
Victor Hugo (1802-1885), dramaturge, poète, romancier et homme politique engagé contre la peine de mort et la défense des valeurs républicaines ; Victor Grignard (1871-1935), prix Nobel de chimie ; Victor Fleming (1889-1949), réalisateur de cinéma américain ; Vittorio De

V

Sica (1901-1974), acteur et réalisateur italien ; Victor Vasarely (1906-1997), plasticien hongrois naturalisé français ; Victor Pecci, tennisman paraguayen, né en 1955.

Statistiques
Victor est le 35e prénom masculin le plus donné en France depuis l'an 2000. Ce prénom est attribué à près d'un garçon sur 210 aujourd'hui.

Peu de poètes peuvent se targuer d'une postérité de plus de 20 siècles ! Née au Ier siècle de notre ère, son œuvre a traversé les époques. Il a même droit à un rôle qui n'est pas que de la figuration dans *La Divine Comédie* de Dante. Autorisons-nous un peu de lyrisme !

Virginien
- de 30

Pur, vierge (latin). *Variante :* Virginio. *Caractérologie :* force, stratégie, chef, ardeur, vie.

Vital
650

Vie (latin). Dans l'Hexagone, Vital est plus traditionnellement usité en Occitanie. *Caractérologie :* dynamisme, audace, indépendance, direction, gestion.

Vito
850

Victorieux (latin). *Caractérologie :* pratique, enthousiasme, communication, générosité, adaptation.

Vittorio
500

Victorieux (latin). Prénom italien. *Caractérologie :* intuition, fidélité, médiation, adaptabilité, relationnel.

Vivian
1 800

Vivant (latin). Vivian est répandu dans les pays anglophones et scandinaves. C'est aussi un choix traditionnel occitan et provençal. On peut estimer que moins de 30 enfants seront prénommés ainsi en 2023. *Caractérologie :* dynamisme, curiosité, courage, résolution, indépendance.

Vivien
9 500 Top 2 000

Vivant (latin). Masculin français. *Caractérologie :* intégrité, idéalisme, altruisme, dévouement, réflexion.

Vladan
- de 100

Combinaison de Vlad, diminutif ancien de Vladimir, et du son « an », terminaison de nombreux prénoms. Masculin slave. *Caractérologie :* rectitude, humanité, rêve, ouverture d'esprit, générosité.

Vladimir
2 500 Top 1 000

Règne glorieux (slave). Vladimir est particulièrement répandu en Russie et dans les pays slaves. *Caractérologie :* sagacité, spiritualité, connaissances, philosophie, originalité.

Voltaire
- de 100

Prénom révolutionnaire et pseudonyme de l'écrivain et philosophe français François-Marie Arouet (1694-1778). *Caractérologie :* pratique, enthousiasme, volonté, communication, analyse.

V

W

Waclaw
- de 100

Gloire immense (slave). Masculin tchèque. *Caractérologie :* altruisme, idéalisme, intégrité, dévouement, réflexion.

Waël
6 000 Top 300

Celui qui cherche refuge dans la spiritualité (arabe). *Variantes :* Waïl, Wahil. *Caractérologie :* courage, curiosité, indépendance, dynamisme, charisme.

Wahib
600

Charitable (arabe). *Variantes :* Ouahib, Waheb. *Caractérologie :* spiritualité, connaissances, détermination, sagacité, sensibilité.

Wahid
750 Top 2 000

Unique (arabe). *Variantes :* Ouaïd, Ouahid. *Caractérologie :* intégrité, idéalisme, réflexion, altruisme, décision.

Walbert
- de 30

Mur consolidé (germanique). Masculin anglais. *Caractérologie :* rectitude, organisation, rêve, humanité, détermination.

Waldemar
- de 100

Illustre commandeur (scandinave). *Variante :* Valdemar. *Caractérologie :* dynamisme, indépendance, curiosité, courage, détermination.

Waldo
- de 30

Celui qui a arraché sa victoire (scandinave). *Caractérologie :* innovation, ambition, autorité, énergie, volonté.

Walid
12 000 Top 500

Nouveau-né (arabe). *Variantes :* Walide, Wallid. *Caractérologie :* structure, persévérance, efficacité, sécurité, détermination.

Wallace
180

Du pays de Galles (anglais). Masculin anglais et écossais. *Caractérologie :* pragmatisme, optimisme, sociabilité, communication, créativité.

Wallerand
- de 100

Qui gouverne, corbeau (germanique). Des rois goths portèrent ce nom qui se répandit au Moyen Âge. *Caractérologie :* altruisme, idéalisme, intégrité, dévouement, réflexion.

Walter
4 500

Commander, gouverner (germanique). Walter est particulièrement répandu en Allemagne, dans les pays anglophones et scandinaves. *Variante :* Walther. *Caractérologie :* connaissances, sagacité, organisation, spiritualité, résolution.

Waly
250

Du pays de Galles (anglais). Masculin anglais. *Variantes :* Wali, Wally. *Caractérologie :* méditation, indépendance, cœur, savoir, intelligence.

Wandrille
700 Top 2 000

Nom de saint dont l'étymologie est inconnue. *Caractérologie :* stratégie, résolution, achèvement, ardeur, vitalité.

Warren
6 000 Top 300

Qui protège les jardins (germanique). Warren est très répandu dans les pays anglophones. *Variante :* Waren. *Caractérologie :* sagacité, connaissances, spiritualité, originalité, décision.

Wassil
1 000 Top 900

Maturation spirituelle (arabe). *Variante :* Wacil. *Caractérologie :* intuition, relationnel, médiation, fidélité, détermination.

W

Wassim
14 000 Top 200

Beau, gracieux (arabe). *Variantes :* Wacim, Wasim, Wassime. *Caractérologie :* communication, pragmatisme, créativité, optimisme, décision.

Wayne
700 Top 900

Qui construit des wagons (anglais). Masculin anglais. *Caractérologie :* originalité, énergie, audace, séduction, découverte.

Wen
- de 30

Culture, écriture (chinois). *Caractérologie :* paix, harmonie, éthique, conscience, influence.

Wenceslas
450

Gloire immense (slave). *Caractérologie :* sociabilité, diplomatie, loyauté, bonté, réceptivité.

Wendel
- de 100

Marcheur (germanique). Masculin allemand, néerlandais et grec. *Variante :* Wendelin. *Caractérologie :* idéalisme, intégrité, altruisme, réflexion, dévouement.

Wendy
450

Branche fine (germanique). Masculin anglais. *Caractérologie :* ardeur, vitalité, achèvement, stratégie, leadership.

Werner
600

Armée protectrice (germanique). Werner est particulièrement répandu en Allemagne, aux Pays-Bas et dans les pays scandinaves. *Variante :* Wernert. *Caractérologie :* médiation, relationnel, fidélité, adaptabilité, intuition.

Wesley
5 500 Top 400

Prairie de l'Ouest (anglais). Wesley est répandu dans les pays anglophones. *Caractérologie :* ambition, habileté, cœur, force, passion.

Wilfrid
7 000

Déterminé à amener la paix (germanique). On peut estimer que moins de 30 enfants seront prénommés ainsi en 2023. *Variantes :* Vilfrid, Wielfried, Wilf, Wilfred. *Caractérologie :* intégrité, altruisme, volonté, idéalisme, raisonnement.

Wilfried
13 000

Déterminé à amener la paix (germanique). Masculin allemand. On peut estimer que moins de 30 enfants seront prénommés ainsi en 2023. *Caractérologie :* dynamisme, courage, raisonnement, curiosité, volonté.

Wilhem
750

Protecteur résolu (germanique). Masculin allemand. *Variantes :* Wilhelm, Willelm, Willem, Willen. *Caractérologie :* savoir, intelligence, méditation, indépendance, sagesse.

Willem
1 200

Protecteur résolu (germanique). Willem est plus particulièrement recensé aux Pays-Bas aujourd'hui. On peut estimer que moins de 30 enfants seront prénommés ainsi en 2023. *Caractérologie :* relationnel, sympathie, amitié, intuition, médiation.

William
70 000 Top 200

Protecteur résolu (germanique). Dans sa conquête du trône anglais, Guillaume le Conquérant (1027-1087) a lancé la brillante carrière de William. Cette forme anglaise de Guillaume est devenue, avec John, un prénom classique très populaire dans les pays anglo-saxons. Voir Guillaume. *Variantes :* Vili, Viliam, Wiliam, Will, Willyam, Wylliam. *Caractérologie :* savoir, méditation, intelligence, indépendance, décision.

W

Williams
2 500 ↗

Protecteur résolu (germanique). Masculin anglais. *Caractérologie :* force, ambition, passion, résolution, habileté.

Willis
130

Protecteur résolu (germanique). *Caractérologie :* communication, détermination, adaptation, pratique, enthousiasme.

Willow
150

Saule (anglais). Ce prénom est exclusivement féminin dans les pays anglophones. *Caractérologie :* ténacité, raisonnenent, fiabilité, méthode, engagement.

Willy
16 000 Top 2 000 →

Protecteur résolu (germanique). En dehors de l'Hexagone, Willy est plus particulièrement porté dans les pays anglophones et en Suisse alémanique. *Variantes :* Willi, Willie, Willys. *Caractérologie :* rectitude, humanité, rêve, ouverture d'esprit, sympathie.

W

Wilmer
- de 30

Volonté, renommée (germanique). Masculin anglais. *Caractérologie :* stratégie, achèvement, vitalité, leadership, ardeur.

Wilson
2 500 Top 2 000 →

Fils de William (anglais). Plus fréquent sous forme de patronyme anglophone. *Variante :* Williamson. *Caractérologie :* diplomatie, raisonnement, détermination, sociabilité, réceptivité.

Windy
- de 100

Venteux (anglais), ou variante de Wendy. *Caractérologie :* communication, optimisme, créativité, pratique, adaptation.

Winfried
- de 30

Ami de la paix (germanique). Masculin allemand. *Variante :* Winfrid. *Caractérologie :* sagacité, connaissances, spiritualité, volonté, originalité.

Winston
150

Pierre de joie (anglais). Masculin anglais. *Caractérologie :* responsabilité, famille, équilibre, influence, décision.

Winter
- de 100

Hiver (anglais). Masculin anglais. *Caractérologie :* ambition, force, management, passion, habileté.

Wissam
2 000 Top 900 →

Honoré de médailles (arabe). *Variantes :* Ouisam, Ouissam, Wisam. *Caractérologie :* pratique, communication, enthousiasme, détermination, adaptation.

Wissem
2 500 Top 1 000 ↘

Honoré de médailles (arabe). *Variantes :* Ouisem, Ouissem, Wisem. *Caractérologie :* sagacité, spiritualité, connaissances, originalité, décision.

Wit
- de 30

Vie (polonais), blanc (néerlandais). Wit est plus particulièrement usité en Pologne et aux Pays-Bas. *Variante :* Dewitt. *Caractérologie :* connaissances, spiritualité, philosophie, sagacité, originalité.

Wladimir
650

Règne glorieux (slave). *Variantes :* Waldi, Waldimir. *Caractérologie :* passion, force, habileté, résolution, ambition.

Wladislaw
150

Gouverneur puissant et renommé (slave). Prénom polonais. *Variantes :* Vladislas, Vladislav, Vladislaw, Wadislas, Wadislav, Wadyslas, Wadyslaw,

Wladislas, Wladislav, Wladyslaw. *Caractérologie :* énergie, originalité, découverte, audace, décision.

Wolf
- de 100

Loup (germanique). Dans l'Hexagone, Wolf est plus traditionnellement usité en Alsace. *Variantes :* Wolff, Wulf. *Caractérologie :* médiation, fidélité, relationnel, adaptabilité, intuition.

Wolfgang
450

Loup qui avance (germanique). Masculin allemand. *Variante :* Wolfang. *Caractérologie :* persévérance, sécurité, structure, efficacité, cœur.

Woody
120

Règne glorieux (slave). Masculin anglais. *Caractérologie :* audace, direction, indépendance, dynamisme, volonté.

Wulfran
110

Loup, corbeau (germanique). *Variante :* Wulfram. *Caractérologie :* curiosité, dynamisme, courage, résolution, analyse.

Wyatt
3 000 Top 400 ↗

Combat, courage (germanique). Se rapporte également à un ancien patronyme anglo-saxon. *Caractérologie :* force, passion, management, ambition, habileté.

X

Xabi
550 ↘

Maison neuve (basque). *Caractérologie :* idéalisme, intégrité, altruisme, réflexion, dévouement.

Xan
650 Top 2 000 ↘

Dieu fait grâce (hébreu). Prénom basque. *Caractérologie :* pragmatisme, optimisme, créativité, sociabilité, communication.

Xanti
- de 30

Dérivé basque de Jacques ou Diego. *Variante :* Xanthie. *Caractérologie :* audace, énergie, originalité, résolution, découverte.

Xavier
99 000 Top 800 →

Maison neuve (basque). Jésuite missionnaire au XVIe siècle, saint François-Xavier partit, à la demande du pape Paul III, prêcher en Indes orientales et au Japon. Il est le patron des missionnaires. Ce prénom français est plus traditionnellement usité au Pays basque et en Occitanie. *Variantes :* Jabier, Xabier, Xaver, Xidi. *Caractérologie :* connaissances, sagacité, spiritualité, détermination, volonté.

Xian
- de 30

Sophistiqué, compétent (chinois). *Caractérologie :* détermination, créativité, adaptation, optimisme, communication.

Ximun
140

Forme basque de Simon : qui est exaucé (hébreu). *Caractérologie :* volonté, idéalisme, tolérance, résolution, rectitude.

Xuan
- de 100

Printemps, jeunesse (vietnamien). *Caractérologie :* famille, équilibre, responsabilité, influence, exigence.

Les prénoms autour du monde

Les effets de la globalisation n'épargnent pas les prénoms. De Melbourne à Washington, en passant par Paris, les stars du moment partent à la conquête de vastes empires. Ainsi, Adam, Ethan, Gabriel, Léo, Liam, Lucas (Luca, Lukas), Noah et Oscar rencontrent un succès retentissant en Europe et dans les pays anglophones. Chez les filles, c'est à l'échelle planétaire qu'Alice (Alicia), Anna, Emma, Eva (Ava), Julia, Mia, Olivia, Sophia (Sofia) et Victoria se propagent. Dans le même temps, la décote des stars d'hier prend des ampleurs inédites. Ainsi, après avoir longtemps brillé, Nathan, Thomas, Lily et Lucie (Lucy) accusent une décroissance généralisée dans de nombreux pays.

L'engouement pour les prénoms venus d'ailleurs est l'une des dynamiques de cette globalisation. Il permet la diffusion de prénoms oubliés, de choix inédits, inventés ou débusqués à l'autre bout du monde. Les parents désireux de trouver la perle rare ont d'autant plus de facilité qu'Internet leur ouvre toutes les frontières. Cette liberté s'est traduite par l'essor de prénoms hindous, perses et indiens d'Amérique (exemples : Cheyenne, Indira) aux États-Unis comme en Angleterre. En France, cette quête d'exotisme a introduit des nouveautés chinoises (Meï, Tao), indiennes (Uma, Mani, Rohan), japonaises (Ken, Hanaé), slaves (Milan, Vadim, Mila, Tania), scandinaves (Liv, Solveig, Nils, Sven) et tahitiennes (Teva, Moana). Sans oublier l'arrivée d'innombrables succès européens.

Au milieu de cette déferlante, la vague des prénoms anglo-américains est toujours puissante, mais l'influence des choix européens est devenue incontournable. La percée de petits noms italiens (Clara, Giulia, Enzo, Nino), espagnols (Inès, Lola, Pablo) et irlandais (Aïdan, Evan, Liam, Nolan) n'est pas uniquement observée dans leurs terres d'origine. Ils se répandent dans toute l'Europe et bien au-delà (outre-Atlantique notamment).

Évidemment, tous les prénoms ne s'exportent pas n'importe où. Les succès de Maëlys, de Camille, Romane et Manon n'ont guère fait d'émules en dehors des contrées francophones. Il est vrai que ces sonorités sont spécifiquement françaises. Reste que pour s'adapter à un pays d'accueil, de petits moyens font souvent l'affaire. Pour s'épanouir en terres hispanophones, Anna se déleste souvent d'un « n ». Pour séduire les parents anglophones, quoi de plus simple pour Nicolas que d'arborer un « h » ? Il arrive aussi qu'un prénom change du tout au tout. C'est le cas d'Ethan qui s'est transformé en Izan pour conquérir l'Espagne. Une stratégie qui porte ses fruits.

Y

Yaacov

190

Supplanter, talonner (hébreu). *Caractérologie :* méthode, engagement, fiabilité, réussite, ténacité.

Yacine

16 000 Top 300

Se rapporte aux premières lettres de la 36e sourate du Coran (arabe). Ce prénom est particulièrement porté dans les cultures musulmanes. *Variante :* Yacin. *Caractérologie :* communication, enthousiasme, pratique, résolution, sympathie.

Yaël 5 000 Top 400
Forme basque et bretonne de Joël : Dieu est Dieu (hébreu). Au féminin, Yaël est un prénom biblique dont l'étymologie est différente. *Caractérologie :* connaissances, spiritualité, sagacité, originalité, bonté.

Yago 150
Forme espagnole de Jacques : supplanter, talonner (hébreu). *Caractérologie :* communication, générosité, pratique, adaptation, enthousiasme.

Yahya 2 500 Top 400
Il vivra (arabe). *Variante :* Yahia. *Caractérologie :* responsabilité, influence, équilibre, famille, exigence.

Yamine 1 400 Top 900
Prénom arabe emprunté au persan signifiant « fleur de jasmin ». *Variante :* Yamin. *Caractérologie :* persévérance, décision, structure, sécurité, réussite.

Yan 5 000
Ce dérivé basque de Jean est également un patronyme chinois et un nom qui signifie « hirondelle ». On peut estimer que moins de 30 enfants seront prénommés ainsi en 2023. *Caractérologie :* sécurité, persévérance, efficacité, structure, honnêteté.

Yanaël 600 Top 2 000
Combinaison de Yan et des prénoms se terminant par « aël ». *Caractérologie :* amitié, invention, fiabilité, engagement, ténacité.

Yani 1 300 Top 2 000
Dieu fait grâce (hébreu). *Caractérologie :* efficacité, persévérance, détermination, structure, sécurité.

Yanick 2 000
Dieu fait grâce (hébreu). On peut estimer que moins de 30 enfants seront prénommés ainsi en 2023. *Caractérologie :* humanité, rectitude, sympathie, rêve, résolution.

Yanis 64 000 Top 100
Dieu fait grâce (hébreu). Après avoir embrassé maints prénoms européens, les Français ont découvert cette forme grecque de Jean. Un engouement tardif puisque Yanis ne dépasse même pas le seuil des 70 naissances avant 1988. Peu importe, puisque son essor est fulgurant : Yanis atteint le 11e rang du classement masculin en 2007 avant de se faire plus discret. *Variantes :* Yanice, Yaniss, Yanisse, Yannice. *Caractérologie :* découverte, audace, énergie, résolution, originalité.

Yanko - de 30
Dieu fait grâce (hébreu). *Caractérologie :* optimisme, pratique, communication, adéquation, partage.

Yann 83 000 Top 500
Dieu fait grâce (hébreu). Masculin français et breton. *Variante :* Yane. *Caractérologie :* humanité, rectitude, tolérance, générosité, rêve.

☆ Faire prendre conscience aux citoyens du monde entier que leur planète est en danger, tel est l'objectif que s'est fixé Yann Arthus-Bertrand. Qu'il filme les plus beaux endroits du monde pour son film *Home* ou qu'il donne la parole à plus de 2 000 femmes dans *Woman*, il nous pose la même question fondamentale : sommes-nous prêts à changer ?

Yanni 650 Top 2 000
Dieu fait grâce (hébreu). *Caractérologie :* altruisme, idéalisme, intégrité, réflexion, décision.

Y

Yanni
650 Top 2 000 →

Dieu fait grâce (hébreu). *Caractérologie :* humanité, résolution, rectitude, générosité, détermination.

Yannick
80 000 Top 2 000 ↘

Dieu fait grâce (hébreu). Masculin français et breton. *Variantes :* Yaneck, Yanek, Yanic, Yanik, Yaniv, Yannic, Yannik. *Caractérologie :* curiosité, dynamisme, courage, sympathie, résolution.

Yannig
400

Dieu fait grâce (hébreu). Prénom breton. *Caractérologie :* intelligence, savoir, indépendance, décision, méditation.

Yannis
14 000 Top 700 ↘

Dieu fait grâce (hébreu). Voir Yanis. *Caractérologie :* direction, dynamisme, indépendance, audace, détermination.

Yao
- de 100

Né un jeudi (akan). Ce prénom d'Afrique de l'Ouest est principalement recensé au Ghana, au Togo et en Côte d'Ivoire. Yao est également un patronyme et un nom qui fut porté par un roi légendaire chinois au IIIe siècle avant J.-C. *Caractérologie :* curiosité, charisme, indépendance, dynamisme, courage.

Yasin
3 500 Top 800 →

Se rapporte aux premières lettres de la 36e sourate du Coran (arabe). *Variante :* Yasine. *Caractérologie :* énergie, détermination, découverte, audace, originalité.

Yasser
3 000 Top 400 →

Riche (arabe). *Variante :* Yacer. *Caractérologie :* bienveillance, conscience, conseil, paix, détermination.

Yassin
5 500 Top 500 →

Se rapporte aux premières lettres de la 36e sourate du Coran (arabe). *Caractérologie :* bienveillance, paix, conseil, conscience, décision.

Yassine
21 000 Top 200 →

Se rapporte aux premières lettres de la 36e sourate du Coran (arabe). Ce prénom est particulièrement répandu dans les cultures musulmanes francophones. *Caractérologie :* sociabilité, diplomatie, réceptivité, décision, loyauté.

Yassir
1 900 Top 500 →

Riche (arabe). *Caractérologie :* autonomie, autorité, innovation, énergie, ambition.

Yasuo
- de 30

Calme, pacifique (japonais). *Caractérologie :* humanité, rectitude, rêve, ouverture d'esprit, générosité.

Yazid
4 000 Top 400 ↗

Le meilleur (arabe). *Variante :* Yazide. *Caractérologie :* intuition, ressort, médiation, relationnel, réalisation.

Yehiel
- de 100

Que le Seigneur vive (hébreu). *Caractérologie :* audace, direction, dynamisme, action, bonté.

Yéhouda
150

Remercier (hébreu). *Caractérologie :* savoir, intelligence, volonté, méditation, réalisation.

Yen
- de 30

Paix, hirondelle (vietnamien). *Caractérologie :* achèvement, vitalité, ardeur, stratégie, leadership.

Yeram
- de 30

Bande d'oiseaux (arménien). *Caractérologie :* habileté, force, détermination, réalisation, ambition.

Y

Yeraz
- de 30

Rêve (arménien). *Caractérologie :* communication, décision, pragmatisme, optimisme, action.

Ylan
5 500 Top 500

Arbre (hébreu). Masculin français. *Variante :* Ylann. *Caractérologie :* connaissances, spiritualité, sagacité, originalité, bonté.

Ylenzo
400 Top 2 000

Combinaison de la lettre Y et du prénom Lenzo. Ce nouveau prénom est en vogue dans les cultures gitanes francophones aujourd'hui. *Caractérologie :* tolérance, sagacité, amitié, bonté, caractère.

Ylias
250

Qui vient de Dieu (arabe), le Seigneur est mon Dieu (hébreu). *Caractérologie :* sociabilité, communication, pragmatisme, créativité, optimisme.

Ylies
1 600 Top 2 000

Qui vient de Dieu (arabe), le Seigneur est mon Dieu (hébreu). *Variante :* Yliess. *Caractérologie :* savoir, méditation, intelligence, sympathie, résolution.

Yoah
- de 30

Dieu, frère (hébreu). *Caractérologie :* structure, sécurité, persévérance, efficacité, honnêteté.

Yoan
16 000 Top 2 000

Dieu fait grâce (hébreu). Masculin espagnol (cubain), bulgare, basque et breton. *Caractérologie :* autorité, ambition, autonomie, énergie, innovation.

Yoann
42 000 Top 2 000

Dieu fait grâce (hébreu). Dans l'Hexagone, Yoann est plus traditionnellement usité en Bretagne et au Pays basque. *Variantes :* Ioannis, Yoane. *Caractérologie :* paix, bienveillance, conscience, sagesse, conseil.

Yoanne
350

Dieu fait grâce (hébreu). *Caractérologie :* sociabilité, loyauté, réceptivité, diplomatie, bonté.

Yoav
190

Dieu, père (hébreu). *Caractérologie :* humanité, ouverture d'esprit, rêve, réalisation, rectitude.

Yoël
700 Top 2 000

Dieu est Dieu (hébreu). *Caractérologie :* pragmatisme, communication, créativité, optimisme, sympathie.

Yohan
24 000 Top 700

Dieu fait grâce (hébreu). Masculin français et basque. *Caractérologie :* rectitude, tolérance, générosité, rêve, humanité.

Yohann
22 000 Top 2 000

Dieu fait grâce (hébreu). Masculin français. *Variantes :* Yohanan, Yohane, Yohanne. *Caractérologie :* dynamisme, courage, indépendance, curiosité, charisme.

Yolan
800

Aube (grec), violette (latin). *Variante :* Yoland. *Caractérologie :* méthode, ténacité, engagement, sympathie, fiabilité.

Yon
300

Colombe (hébreu). *Caractérologie :* humanité, rectitude, rêve, ouverture d'esprit, générosité.

Yonaël
- de 30

Variante de Jonaël. *Caractérologie :* humanité, rectitude, bonté, idéalisme, ouverture d'esprit.

Y

Yonah
- de 100

Colombe (hébreu). *Caractérologie :* réflexion, rêve, partage, fiabilité, intégrité.

Yonathan
400

Dieu a donné (hébreu). *Caractérologie :* finesse, vitalité, achèvement, stratégie, ardeur.

Yonel
170

Diminutif de Lionel, variante de Jean ou des prénoms commençant par « Yon ». *Variante :* Yonnel. *Caractérologie :* bonté, passion, force, humour, vivacité.

Yoni
4 000 Top 700

Diminutif de Yonathan : Dieu a donné (hébreu). Masculin français. *Variantes :* Yona, Yonni, Yony. *Caractérologie :* rectitude, humanité, rêve, générosité, tolérance.

Yoram
300

Nom sacré (grec). *Caractérologie :* rectitude, rêve, ouverture d'esprit, humanité, réalisation.

Yoran
350

Dieu est exalté (hébreu). *Caractérologie :* dynamisme, audace, direction, décision, indépendance.

Yori
- de 100

Fiable, digne de confiance (japonais). *Caractérologie :* sens du devoir, ténacité, méthode, engagement, fiabilité.

Yorick
950

Labourer le sol (grec). Dans l'Hexagone, Yorick est plus traditionnellement usité au Pays basque. *Variantes :* Yorik, Yorrick. *Caractérologie :* idéalisme, altruisme, analyse, intégrité, réflexion.

Yoris
400

Variante de Joris ou combinaison de prénoms présentant ces sonorités (exemples : Yohan et Loris). *Caractérologie :* courage, séduction, indépendance, charisme, curiosité.

Youcef
6 000 Top 500

Forme arabe de Joseph : Dieu ajoutera (hébreu). *Caractérologie :* optimisme, créativité, cœur, pragmatisme, communication.

Youen
900

Forme bretonne d'Yves : if (celte). *Variantes :* Yoen, Youn. *Caractérologie :* habileté, passion, ambition, force, cœur.

Youenn
2 000 Top 2 000

Forme bretonne d'Yves : if (celte). *Caractérologie :* méthode, cœur, ténacité, engagement, fiabilité.

Younes
19 000 Top 200

Proche de Dieu (arabe). Ce prénom est particulièrement répandu dans les cultures musulmanes francophones. *Variantes :* Yunus, Younus. *Caractérologie :* idéalisme, cœur, réflexion, intégrité, altruisme.

Youness
3 000 Top 900

Proche de Dieu (arabe). *Variantes :* Younesse, Younous, Youns, Younsse. *Caractérologie :* autorité, innovation, énergie, amitié, ambition.

Youri
3 000 Top 800

Forme francisée de Yuri, l'équivalent russe de Georges. *Variantes :* Iouri, Youry. *Caractérologie :* méditation, intelligence, raisonnement, savoir, indépendance.

Youssef
21 000 Top 200

Forme arabe de Joseph : Dieu ajoutera (hébreu). Youssef est particulièrement répandu dans les cultures musulmanes francophones. *Variantes :* Yossef, Yousef, Youssaf. *Caractérologie :* sociabilité, réceptivité, diplomatie, loyauté, bonté.

Y

Youssouf
3 500 Top 300

Forme arabe de Joseph : Dieu ajoutera (hébreu). *Caractérologie :* conscience, bienveillance, conseil, paix, sagesse.

Yovan
200

Dieu fait grâce (hébreu). *Caractérologie :* dynamisme, volonté, réalisation, courage, curiosité.

Yoven
- de 30

Dieu fait grâce (hébreu). *Caractérologie :* réflexion, intégrité, fiabilité, ténacité, communication.

Yrian
- de 30

Labourer le sol (grec). Cette forme suédoise de Jurian (Georges en français) a été attestée dès le début du XVe siècle en Suède. *Caractérologie :* méthode, patience, détermination, confiance, créativité.

Yrieix
- de 100

Rayon (latin). Plusieurs communes françaises et un saint ayant vécu au VIe siècle se sont nommés ainsi. *Caractérologie :* rectitude, réflexion, dévouement, idéalisme, altruisme.

Yun
- de 100

Dieu fait grâce (hébreu). Dans l'Hexagone, ce prénom est plus traditionnellement attribué en Bretagne. *Caractérologie :* conscience, conseil, bienveillance, paix, sympathie.

Yunus
1 400 Top 600

Forme arabe de Jonas : colombe (hébreu). *Caractérologie :* innovation, ambition, énergie, cœur, autorité.

Yuri
600 Top 900

Forme russe de Georges : labourer le sol (grec). Ce prénom est très répandu en Russie. *Caractérologie :* direction, indépendance, audace, dynamisme, assurance.

Yusuf
4 500 Top 400

Forme arabe de Joseph : Dieu ajoutera (hébreu). *Caractérologie :* relationnel, intuition, fidélité, adaptabilité, médiation.

Yvain
500

If (celte). Masculin français et breton. *Caractérologie :* force, ambition, réussite, habileté, décision.

Yvan
20 000 Top 2 000

Dieu fait grâce (hébreu). Yvan est répandu dans les pays slaves et anglophones. *Variante :* Yvani. *Caractérologie :* vitalité, achèvement, ardeur, stratégie, réussite.

Yvane
250

Dieu fait grâce (hébreu). *Caractérologie :* méthode, engagement, fiabilité, réalisation, ténacité.

Yvann
1 800 Top 2 000

Dieu fait grâce (hébreu). *Caractérologie :* structure, efficacité, persévérance, sécurité, réalisation.

Yvelin
- de 30

If (celte). *Variante :* Ivelin. *Caractérologie :* équilibre, famille, responsabilité, influence, coeur.

Yves
129 000

If (celte). Yves s'est diffusé en Bretagne dès le Moyen Âge en raison du culte voué à Yves Hélori de Kermartin (1250-1303), son saint patron. Avocat de profession, il se rendit populaire en défendant brillamment les plus pauvres avant de devenir prêtre. Yves est sorti de son berceau breton au début du XXe siècle et s'est progressivement diffusé dans l'Hexagone. Il s'est imposé dans les 10 premiers rangs masculins à la fin des années 1940. À l'image d'Yves Saint Laurent (1936-2008), Yves est spécifiquement français. On peut estimer que moins de 30 enfants seront

Y

prénommés ainsi en 2023. *Variantes :* Iv, Ivelin, Ioen, Yvelin, Yven, Wanig. *Caractérologie :* force, ambition, passion, réussite, habileté.

Yves-Marie
1 100

Forme composée de Yves et Marie. Masculin français. On peut estimer que moins de 30 enfants seront prénommés ainsi en 2023. *Caractérologie :* rectitude, humanité, rêve, résolution, réalisation.

Yvon
23 000

If (celte). Masculin français et breton. On peut estimer que moins de 30 enfants seront prénommés ainsi en 2023. *Variantes :* Ivon, Ivonig, Yvonic, Yvonick, Yvonnic, Yvonnick. *Caractérologie :* persévérance, structure, efficacité, sécurité, caractère.

Ywan
- de 100

If (celte), bien né, jeune guerrier (vieil irlandais), ou forme galloise de Jean. Voir Evan. *Variantes :* Iv, Ivelin, Ioen, Yvelin, Yven, Ywann, Wanig. *Caractérologie :* humanité, fiabilité, rêve, bienveillance, intégrité.

Z

Zach
300 Top 1 000

Dieu se souvient (hébreu). *Caractérologie :* loyauté, réceptivité, sociabilité, diplomatie, bonté.

Zacharia
750

Dieu se souvient (hébreu). Attribué dans le Pays basque et les pays de cultures musulmanes, ce prénom d'origine hébraïque est plus multiculturel qu'il n'y paraît. *Variantes :* Sakaria, Zacharias, Zackaria, Zaccharia. *Caractérologie :* structure, persévérance, efficacité, sécurité, honnêteté.

Zacharie
4 500 Top 400

Dieu se souvient (hébreu). Un pape du VIIIe siècle et plusieurs saints ont illustré ce prénom. Saint Zacharie, le père de saint Jean-Baptiste, est fêté le 5 novembre. Dans l'Ancien Testament, Zacharie le Prophète fait accélérer la reconstruction du temple de Jérusalem. *Variantes :* Zaccharie, Zakarie. *Caractérologie :* stratégie, vitalité, ardeur, achèvement, détermination.

Zachary
2 500 Top 600

Dieu se souvient (hébreu). Masculin anglais. *Variantes :* Zachari, Zacchary. *Caractérologie :* direction, audace, dynamisme, indépendance, action.

Zack
2 000 Top 300

Dieu se souvient (hébreu). *Variante :* Zak. *Caractérologie :* courage, dynamisme, indépendance, curiosité, organisation.

Zadig
600 Top 2 000

Dérivé de Pascal : passage (hébreu). Zadig est également le personnage central de *Zadig ou la Destinée*, un conte philosophique de Voltaire resté célèbre, publié pour la première fois en 1747. *Caractérologie :* ressort, diplomatie, sociabilité, réceptivité, réalisation.

Zahir
500

Rayonnant (arabe). *Variantes :* Zaher, Zaïr, Zohir. *Caractérologie :* achèvement, vitalité, ardeur, leadership, stratégie.

Zaïd
950 Top 900

L'ascète (arabe). *Variante :* Zayd. *Caractérologie :* méthode, ténacité, engagement, fiabilité, sens du devoir.

Zaïm
550 Top 2 000

Le chef (arabe). *Caractérologie :* dynamisme, curiosité, charisme, originalité, courage.

Zakaria
13 000 Top 200

Dieu se souvient (hébreu). Zakaria est plus particulièrement attribué dans les communautés musulmanes ou de langue arabe aujourd'hui. *Variantes :* Zacharia, Zacharias, Zakariya, Zakarya. *Caractérologie :* ténacité, méthode, fiabilité, sens du devoir, engagement.

Zakary
800 Top 2 000

Dieu se souvient (hébreu). Zakary est plus particulièrement usité dans les pays anglophones. *Variantes :* Zakari, Zackari, Zackary. *Caractérologie :* énergie, innovation, ambition, autorité, action.

Zaki
550

Dieu se souvient (hébreu). *Variantes :* Zaky, Zachy, Zéki. *Caractérologie :* réceptivité, sociabilité, loyauté, diplomatie, bonté.

Zao
- de 100

Commencement, construction (chinois). Prénom mixte. Zao Wou-Ki (1920-2013), peintre et graveur chinois de renommée internationale, naturalisé français en 1964, a peut-être contribué à l'émergence de ce prénom. Dans les deux genres, Zao est apparu dans les registres d'état civil français à partir de 2009. *Caractérologie :* humilité, harmonie, exigence, influence, éthique.

Zaven
250 Top 2 000

Prénom arménien d'origine iranienne signifiant « aide ». *Caractérologie :* originalité, audace, séduction, énergie, découverte.

Zayn
2 500 Top 200

Beau (arabe). *Variante :* Zaïn. *Caractérologie :* enthousiasme, pratique, adaptation, communication, générosité.

Zébulon
- de 30

Exalté (hébreu). *Caractérologie :* découverte, audace, énergie, originalité, attention.

Zélio
- de 100

Se rapporte au patronyme italien Azeglio. Massimo d'Azeglio (1798-1866), issu d'une famille de marquis, fut homme d'État, écrivain et peintre italien. Il termina sa carrière en dirigeant la galerie Sabauda de Turin. Une commune de la province de Turin porte désormais le nom d'Azeglio en sa mémoire. *Caractérologie :* ténacité, logique, fiabilité, méthode, engagement.

Zeno
- de 100

Hospitalier (grec). *Caractérologie :* responsabilité, famille, équilibre, exigence, influence.

Zenon
130

Hospitalier (grec). *Caractérologie :* sociabilité, bonté, réceptivité, diplomatie, loyauté.

Zéphirin
- de 100

Vent doux (grec). Voir Zéphyr. *Variante :* Zéphyrin. *Caractérologie :* paix, conscience, conseil, bienveillance, action.

Zéphyr
650 Top 500

Personnification du vent de l'ouest dans la mythologie grecque, Zéphyr est chargé d'histoire. Mais en tant que prénom, il traverse les siècles discrètement. Une poignée d'attributions ici et là, comme dans les années 1900. Mais il frémit aujourd'hui et grandit, avec son frère Zéphyrin, dans le sillon des prénoms de la nature. Dans l'Hexagone, Zéphyr est plus traditionnellement usité au Pays basque. *Variante :* Zéphir. *Caractérologie :* audace, indépendance, dynamisme, ressort, direction.

☆ En digne fils d'Éole, le dieu du Vent, Zéphyr souffle une douce brise sur les récits de l'Antiquité. Il intervient dans *L'Iliade* et *L'Odyssée*. Il porte Psyché vers une île inconnue pour qu'elle puisse vivre ses amours avec Éros. Si vous vous laissez entraîner par l'abécédaire des vents, il vous transportera.

Ziad
2 000 Top 500 ↗

Croissance (arabe). *Caractérologie :* ténacité, fiabilité, méthode, engagement, sens du devoir.

Zian
550 Top 2 000 →

Élégant (arabe). Prêtre de l'Église orthodoxe roumaine, Arsénie Boca (1910-1989), né Zian Boca, est considéré comme l'un des maîtres spirituels de la Roumanie. Zian est le héros du roman de Frison-Roche *Premier de cordée*. Son succès n'a pas eu d'impact immédiat sur le prénom puisque le premier Zian de France est né en 1993, 50 ans après la date de parution du livre. *Caractérologie :* curiosité, dynamisme, découverte, séduction, audace.

Zidane
450 ↘

Ce patronyme a été enregistré en tant que prénom à l'état civil pour la première fois en 1948. *Caractérologie :* courage, dynamisme, curiosité, indépendance, détermination.

Zied
700 Top 2 000 →

Croissance (arabe). *Caractérologie :* habileté, ambition, passion, force, management.

Z

Ziggy
140

Diminutif allemand et anglophone de Siegfried : victoire, paix (germanique). *Caractérologie :* médiation, autonomie, intuition, ambition, audace.

Zinedine
2 500 Top 2 000 →

L'emblème de la religion (arabe). *Variantes :* Zine, Zineddine. Forme composée : Zine-Eddine. *Caractérologie :* curiosité, dynamisme, indépendance, courage, charisme.

Zlatko
- de 100

Doré (slave). Masculin slave méridional. *Caractérologie :* structure, persévérance, sécurité, efficacité, gestion.

Zoël
- de 30

Vie (grec). *Caractérologie :* méthode, ténacité, sens du devoir, fiabilité, engagement.

Zola
110

Cet ancien nom de famille est un prénom usité dans les pays anglophones depuis le XIXe siècle. « Calme », d'après sa signification en zoulou, il est également recensé en Afrique du Sud. Dans l'Hexagone, Zola a été attribué pour la première fois à des garçons en 1988 et à des filles en 1998. *Caractérologie :* réflexion, idéalisme, intégrité, dévouement, altruisme.

☆ Double référence pour ce patronyme qui s'est fait un prénom. Dans l'ordre chronologique, il nous remémore le prolifique écrivain Émile Zola (1840-1902) et son célèbre *J'accuse... !*, plaidoirie pour la défense de Dreyfus. Mais c'est aussi le rappeur de l'Essonne, chouchou incontesté des couloirs de lycée. Pas de clash entre ces deux artistes, ils ne jouent pas dans la même cour. À vous de choisir votre référence !

Zoran
800 ↘

Fleur, blancheur lumineuse (arabe). Prénom slave méridional.

Caractérologie : diplomatie, loyauté, réceptivité, détermination, sociabilité.

Zuri

- de 30

Blanc (basque). *Caractérologie :* diplomatie, loyauté, réceptivité, sociabilité, bonté.

Zyad

1 500 Top 700

Croissance (arabe). *Variantes :* Ziyad, Ziyed, Zyed. *Caractérologie :* relationnel, connaissances, fidélité, réalisation, médiation.

Annexes

Prénoms par départements

Chaque année, les palmarès de prénoms par départements affichent des convergences avec le classement national : les stars françaises du moment y figurent en bonne place. Cela n'empêche pas les surprises. Comme Iris, qui prend la première place en Haute-Saône alors qu'elle vient tout juste d'intégrer le top 20 national féminin. À contre-courant de leur reflux général, Adèle et Timéo raflent la mise en Mayenne (Adèle) et dans la Nièvre (Timéo).

Les prénoms régionaux se distinguent tant bien que mal. Ainsi, Arthur, Maël, Mahé, Malo et Yuna obtiennent leurs meilleurs classements en Bretagne tandis que Eneko, Joan, Oihan (au masculin) et Elaïa, Enea, Maïa et Nahia (au féminin) se maintiennent dans les 50 premiers rangs basques. En Corse, les prénoms issus des traditions tirent encore davantage leur épingle du jeu. Confortée par Lesia et Livia, Ghjulia trône au 1er rang féminin. Au masculin, Andria (1er), Lisandru (3e) et Santu (10e), quasi inconnus en dehors de l'île de Beauté, affichent leur singularité. Il n'empêche que dans l'ensemble des départements, le top 3 gagnant est le plus souvent composé d'une ou plusieurs de nos stars nationales.

Ci-dessous les palmarès des départements français. Les prénoms ont été classés par ordre décroissant d'attribution selon la dernière parution (en juin 2022) du fichier des prénoms de l'Insee..

01 - Ain

Filles	Garçons
1. Emma	**1.** Léo
2. Jade	**2.** Gabriel
3. Ambre	**3.** Jules
4. Romy	**4.** Gabin
5. Léna	**5.** Liam
6. Alba	**6.** Louis
7. Louise	**7.** Hugo
8. Nina	**8.** Lucas
9. Alice	**9.** Nino
10. Inaya	**10.** Paul

02 - Aisne

Filles	Garçons
1. Jade	**1.** Léo
2. Ambre	**2.** Raphaël
3. Alice	**3.** Gabriel
4. Louise	**4.** Gabin
5. Luna	**5.** Maël
6. Capucine	**6.** Jules
7. Mia	**7.** Louis
8. Mya	**8.** Tiago
9. Romy	**9.** Hugo
10. Rose	**10.** Timéo

03 - Allier

1. Emma	1. Jules
2. Ambre	2. Léo
3. Jade	3. Louis
4. Louise	4. Maël
5. Agathe	5. Arthur
6. Margot	6. Gabriel
7. Mia	7. Nino
8. Mila	8. Hugo
9. Alice	9. Paul
10. Anna	10. Éden

04 - Alpes-de-Haute-Provence

1. Alba	1. Aaron
2. Alice	2. Gabriel
3. Ambre	3. Noah
4. Lou	4. Ezio
5. Giulia	5. Gabin
6. Julia	6. Ayden
7. Jade	7. Hugo
8. Louna	8. Lucas
9. Lucie	9. Maël
10. Mila	10. Noé

05 - Hautes-Alpes

1. Margot	1. Léo
2. Alice	2. Hugo
3. Emy	3. Jules
4. Lina	4. Maxime
5. Louise	5. Louis
6. Adèle	6. Marius
7. Charlie	7. Nathan
8. Emma	8. Nino
9. Jade	9. Arthur
10. Julia	10. Isaac

06 - Alpes-Maritimes

1. Emma	1. Gabriel
2. Jade	2. Léo
3. Giulia	3. Adam
4. Anna	4. Aaron
5. Lina	5. Alessio
6. Louise	6. Raphaël
7. Romy	7. Louis
8. Ambre	8. Maël
9. Alice	9. Hugo
10. Luna	10. Andrea

07 - Ardèche

1. Alba	1. Gabin
2. Léna	2. Léo
3. Louise	3. Raphaël
4. Léonie	4. Jules
5. Emma	5. Noah
6. Olivia	6. Gabriel
7. Anna	7. Liam
8. Chloé	8. Ethan
9. Julia	9. Maxence
10. Lina	10. Nino

08 - Ardennes

1. Louise	1. Gabriel
2. Ambre	2. Léo
3. Julia	3. Maël
4. Rose	4. Arthur
5. Alice	5. Gabin
6. Anna	6. Hugo
7. Léna	7. Louis
8. Lou	8. Noah
9. Mia	9. Tom
10. Lola	10. Axel

09 - Ariège

1. Louise	1. Gabriel
2. Jade	2. Léo
3. Inaya	3. Lyam
4. Juliette	4. Nathan
5. Léna	5. Milo
6. Luna	6. Noé
7. Zoé	7. Raphaël
8. Anna	8. Louis
9. Emma	9. Martin
10. Giulia	10. Mathis

10 - Aube

1. Elena	1. Gabriel
2. Emma	2. Léo
3. Jade	3. Louis
4. Chloé	4. Adam
5. Louise	5. Jules
6. Luna	6. Éden
7. Alice	7. Hugo
8. Ambre	8. Naël
9. Inès	9. Sacha
10. Mia	10. Liam

11 - Aude

1. Louise	1. Léo
2. Jade	2. Hugo
3. Alba	3. Gabriel
4. Julia	4. Jules
5. Lina	5. Arthur
6. Lou	6. Éden
7. Victoria	7. Nathan
8. Inaya	8. Adam
9. Zoé	9. Noé
10. Ambre	10. Paul

12 - Aveyron

1. Agathe	1. Jules
2. Alba	2. Gabriel
3. Anna	3. Léo
4. Louise	4. Louis
5. Ambre	5. Raphaël
6. Jade	6. Elio
7. Rose	7. Gabin
8. Chloé	8. Maël
9. Juliette	9. Léon
10. Mia	10. Lucas

13 - Bouches-du-Rhône

1. Jade	1. Gabriel
2. Lina	2. Léo
3. Anna	3. Adam
4. Elena	4. Raphaël
5. Giulia	5. Éden
6. Emma	6. Mohamed
7. Ambre	7. Imran
8. Romy	8. Louis
9. Louise	9. Aaron
10. Alba	10. Noah

14 - Calvados

1. Ambre	1. Jules
2. Rose	2. Maël
3. Louise	3. Gabriel
4. Emma	4. Arthur
5. Jade	5. Léo
6. Romy	6. Raphaël
7. Adèle	7. Louis
8. Alice	8. Sacha
9. Lola	9. Paul
10. Anna	10. Gabin

15 - Cantal

1. Emma	**1. Léo**
2. Lou	**2. Maël**
3. Ambre	**3. Hugo**
4. Jade	**4. Jules**
5. Lola	**5. Gabin**
6. Louise	**6. Marius**
7. Lucie	**7. Louis**
8. Charlie	**8. Aaron**
9. Jeanne	**9. Antoine**
10. Léa	**10. Gabriel**

16 - Charente

1. Jade	**1. Léo**
2. Emma	**2. Arthur**
3. Alba	**3. Hugo**
4. Victoire	**4. Raphaël**
5. Louise	**5. Jules**
6. Juliette	**6. Louis**
7. Lola	**7. Liam**
8. Lou	**8. Lucas**
9. Margaux	**9. Paul**
10. Mya	**10. Tiago**

17 - Charente-Maritime

1. Jade	**1. Léo**
2. Louise	**2. Jules**
3. Ambre	**3. Raphaël**
4. Emma	**4. Gabriel**
5. Alba	**5. Louis**
6. Mia	**6. Gabin**
7. Agathe	**7. Malo**
8. Nina	**8. Hugo**
9. Rose	**9. Lucas**
10. Julia	**10. Noah**

18 - Cher

1. Louise	**1. Maël**
2. Jeanne	**2. Gabriel**
3. Mia	**3. Gabin**
4. Alba	**4. Arthur**
5. Ambre	**5. Louis**
6. Alice	**6. Naël**
7. Inaya	**7. Noah**
8. Jade	**8. Raphaël**
9. Lola	**9. Hugo**
10. Luna	**10. Paul**

19 - Corrèze

1. Lou	**1. Gabin**
2. Emma	**2. Arthur**
3. Ambre	**3. Léo**
4. Clémence	**4. Maël**
5. Margaux	**5. Jules**
6. Rose	**6. Raphaël**
7. Mia	**7. Tom**
8. Agathe	**8. Noé**
9. Elena	**9. Paul**
10. Jade	**10. Hugo**

20 - Corse

1. Ghjulia	**1. Andria**
2. Alba	**2. Gabriel**
3. Livia	**3. Lisandru**
4. Lesia	**4. Joseph**
5. Emma	**5. Baptiste**
6. Anghjulina	**6. Amir**
7. Anna	**7. Ange**
8. Lina	**8. Luca**
9. Lucia	**9. Santu**
10. Luna	**10. Matteo**

21 - Côte-d'Or

1. Louise	**1.** Jules
2. Alice	**2.** Gabriel
3. Ambre	**3.** Louis
4. Emma	**4.** Sacha
5. Jade	**5.** Maël
6. Anna	**6.** Raphaël
7. Rose	**7.** Arthur
8. Alba	**8.** Léo
9. Jeanne	**9.** Elio
10. Zoé	**10.** Léon

22 - Côtes-d'Armor

1. Ambre	**1.** Léo
2. Rose	**2.** Maël
3. Jade	**3.** Arthur
4. Louise	**4.** Louis
5. Alba	**5.** Malo
6. Emma	**6.** Raphaël
7. Alice	**7.** Hugo
8. Adèle	**8.** Jules
9. Agathe	**9.** Liam
10. Anna	**10.** Noé

23 - Creuse

1. Lucie	**1.** Maël
2. Lola	**2.** Louis
3. Anna	**3.** Noé
4. Chloé	**4.** Arthur
5. Constance	**5.** Mathis
6. Lilou	**6.** Raphaël
7. Lou	**7.** Antoine
8. Lya	**8.** Charly
9. Nina	**9.** Éden
10. Rose	**10.** Gabin

24 - Dordogne

1. Jade	**1.** Léo
2. Iris	**2.** Jules
3. Ambre	**3.** Gabriel
4. Anna	**4.** Gabin
5. Mia	**5.** Ethan
6. Emma	**6.** Hugo
7. Lou	**7.** Maël
8. Louise	**8.** Arthur
9. Mila	**9.** Noé
10. Agathe	**10.** Raphaël

25 - Doubs

1. Jade	**1.** Jules
2. Louise	**2.** Louis
3. Rose	**3.** Maël
4. Agathe	**4.** Arthur
5. Alice	**5.** Gabin
6. Ambre	**6.** Léo
7. Mila	**7.** Sacha
8. Mia	**8.** Éden
9. Anna	**9.** Nathan
10. Emma	**10.** Noah

26 - Drôme

1. Louise	**1.** Gabriel
2. Alba	**2.** Maël
3. Mia	**3.** Gabin
4. Jade	**4.** Hugo
5. Léonie	**5.** Léo
6. Lou	**6.** Louis
7. Ambre	**7.** Raphaël
8. Emma	**8.** Noé
9. Iris	**9.** Liam
10. Luna	**10.** Aaron

27 - Eure

Filles	Garçons
1. Louise	1. Léo
2. Ambre	2. Raphaël
3. Jade	3. Malo
4. Mia	4. Hugo
5. Emma	5. Maël
6. Julia	6. Gabriel
7. Lyana	7. Jules
8. Elena	8. Lucas
9. Juliette	9. Sacha
10. Lucie	10. Arthur

28 - Eure-et-Loir

Filles	Garçons
1. Emy	1. Gabriel
2. Louise	2. Lucas
3. Ambre	3. Maël
4. Mia	4. Hugo
5. Mya	5. Malo
6. Nour	6. Raphaël
7. Léna	7. Aaron
8. Victoria	8. Gabin
9. Alice	9. Sacha
10. Emma	10. Jules

29 - Finistère

Filles	Garçons
1. Alice	1. Léo
2. Louise	2. Malo
3. Emma	3. Arthur
4. Jade	4. Gabriel
5. Chloé	5. Naël
6. Romy	6. Louis
7. Ambre	7. Maël
8. Léa	8. Raphaël
9. Inès	9. Jules
10. Mia	10. Sacha

30 - Gard

Filles	Garçons
1. Louise	1. Léo
2. Elena	2. Adam
3. Jade	3. Ethan
4. Alba	4. Jules
5. Léna	5. Maël
6. Emma	6. Gabriel
7. Lina	7. Aaron
8. Julia	8. Arthur
9. Giulia	9. Louis
10. Romy	10. Raphaël

31 - Haute-Garonne

Filles	Garçons
1. Jade	1. Léo
2. Alice	2. Gabriel
3. Louise	3. Louis
4. Alba	4. Raphaël
5. Anna	5. Jules
6. Chloé	6. Arthur
7. Emma	7. Noah
8. Ambre	8. Lucas
9. Julia	9. Hugo
10. Lina	10. Maël

32 - Gers

Filles	Garçons
1. Jade	1. Maël
2. Giulia	2. Gabriel
3. Lou	3. Léo
4. Alice	4. Raphaël
5. Ambre	5. Arthur
6. Zoé	6. Gabin
7. Emma	7. Hugo
8. Jeanne	8. Sacha
9. Louise	9. Camille
10. Mila	10. Elio

33 - Gironde

1. Louise	**1.** Léo
2. Alba	**2.** Gabriel
3. Mia	**3.** Raphaël
4. Jade	**4.** Louis
5. Ambre	**5.** Arthur
6. Emma	**6.** Maël
7. Juliette	**7.** Jules
8. Anna	**8.** Noah
9. Romy	**9.** Léon
10. Chloé	**10.** Lucas

34 - Hérault

1. Louise	**1.** Léo
2. Alba	**2.** Maël
3. Jade	**3.** Raphaël
4. Lina	**4.** Gabriel
5. Mia	**5.** Louis
6. Anna	**6.** Adam
7. Giulia	**7.** Arthur
8. Romy	**8.** Noah
9. Lola	**9.** Liam
10. Lou	**10.** Aaron

35 - Ille-et-Vilaine

1. Louise	**1.** Raphaël
2. Jade	**2.** Malo
3. Ambre	**3.** Arthur
4. Rose	**4.** Gabriel
5. Alba	**5.** Jules
6. Emma	**6.** Léo
7. Alice	**7.** Lucas
8. Iris	**8.** Louis
9. Julia	**9.** Maël
10. Anna	**10.** Noah

36 - 36 - Indre

1. Julia	**1.** Gabriel
2. Alice	**2.** Ethan
3. Lola	**3.** Léo
4. Lou	**4.** Malo
5. Nina	**5.** Sacha
6. Ambre	**6.** Aaron
7. Emma	**7.** Éden
8. Iris	**8.** Maël
9. Luna	**9.** Raphaël
10. Clémence	**10.** Timéo

37 - Indre-et-Loire

1. Louise	**1.** Gabriel
2. Alice	**2.** Maël
3. Ambre	**3.** Arthur
4. Rose	**4.** Jules
5. Chloé	**5.** Léo
6. Jade	**6.** Raphaël
7. Julia	**7.** Louis
8. Juliette	**8.** Noah
9. Alba	**9.** Gabin
10. Mila	**10.** Liam

38 - Isère

1. Jade	**1.** Léo
2. Louise	**2.** Gabriel
3. Mia	**3.** Arthur
4. Léna	**4.** Jules
5. Alba	**5.** Sacha
6. Ambre	**6.** Louis
7. Romy	**7.** Maël
8. Elena	**8.** Adam
9. Emma	**9.** Nathan
10. Zoé	**10.** Raphaël

39 - Jura

1. Agathe	1. Jules
2. Jade	2. Gabriel
3. Léna	3. Léo
4. Ambre	4. Louis
5. Chloé	5. Maël
6. Rose	6. Gabin
7. Adèle	7. Hugo
8. Alice	8. Marceau
9. Emma	9. Martin
10. Léonie	10. Paul

40 - Landes

1. Jade	1. Gabin
2. Alba	2. Maël
3. Louise	3. Raphaël
4. Alice	4. Lucas
5. Juliette	5. Jules
6. Lola	6. Arthur
7. Emma	7. Louis
8. Romy	8. Noé
9. Julia	9. Gabriel
10. Charlie	10. Nathan

41 - Loir-et-Cher

1. Alice	1. Gabriel
2. Louise	2. Raphaël
3. Jade	3. Arthur
4. Emma	4. Noah
5. Ambre	5. Lucas
6. Julia	6. Hugo
7. Rose	7. Jules
8. Agathe	8. Malo
9. Elena	9. Léo
10. Charlotte	10. Sacha

42 - Loire

1. Louise	1. Léo
2. Jade	2. Jules
3. Alba	3. Arthur
4. Agathe	4. Gabriel
5. Ambre	5. Lucas
6. Emma	6. Louis
7. Lina	7. Gabin
8. Anna	8. Maël
9. Rose	9. Noah
10. Elena	10. Nino

43 - Haute-Loire

1. Julia	1. Léo
2. Agathe	2. Gabin
3. Alba	3. Jules
4. Mila	4. Adam
5. Ambre	5. Arthur
6. Nina	6. Charly
7. Emma	7. Louis
8. Jade	8. Noé
9. Juliette	9. Théo
10. Lou	10. Antoine

44 - Loire-Atlantique

1. Louise	1. Léo
2. Rose	2. Gabriel
3. Alice	3. Arthur
4. Adèle	4. Raphaël
5. Jade	5. Noah
6. Alba	6. Lucas
7. Emma	7. Malo
8. Ambre	8. Louis
9. Juliette	9. Hugo
10. Lou	10. Jules

45 - Loiret

1. Jade	1. Jules
2. Alba	2. Adam
3. Lina	3. Arthur
4. Alice	4. Gabriel
5. Ambre	5. Raphaël
6. Mia	6. Lucas
7. Rose	7. Maël
8. Mila	8. Mohamed
9. Romy	9. Noah
10. Chloé	10. Gabin

46 - Lot

1. Jade	1. Louis
2. Louise	2. Jules
3. Nina	3. Marius
4. Juliette	4. Hugo
5. Lou	5. Nino
6. Louna	6. Raphaël
7. Lucie	7. Timéo
8. Alba	8. Lucas
9. Anna	9. Maël
10. Rose	10. Sacha

47 - Lot- et - Garonne

1. Julia	1. Jules
2. Ambre	2. Léo
3. Alba	3. Gabin
4. Alice	4. Gabriel
5. Anna	5. Raphaël
6. Jade	6. Louis
7. Lina	7. Maël
8. Mia	8. Adam
9. Zoé	9. Aaron
10. Emma	10. Arthur

48 - Lozère

1. Anna	1. Gabin
2. Léna	2. Noé
3. Alba	3. Arthur
4. Anaé	4. Axel
5. Candice	5. Gabriel
6. Chloé	6. Jules
7. Julia	7. Maël
8. Mia	8. Naël
9. Olivia	9. Adam
10. Romy	10. Elias

49 - Maine- et Loire

1. Louise	1. Léo
2. Jade	2. Gabriel
3. Ambre	3. Jules
4. Alice	4. Louis
5. Rose	5. Raphaël
6. Lou	6. Maël
7. Alba	7. Arthur
8. Juliette	8. Sacha
9. Romy	9. Gabin
10. Agathe	10. Liam

50 - Manche

1. Louise	1. Jules
2. Rose	2. Raphaël
3. Ambre	3. Gabriel
4. Jade	4. Léo
5. Romy	5. Louis
6. Victoire	6. Maël
7. Alice	7. Malo
8. Lou	8. Sacha
9. Adèle	9. Hugo
10. Emma	10. Marceau

51 - Marne

Filles	Garçons
1. Louise	1. Gabriel
2. Jade	2. Raphaël
3. Rose	3. Jules
4. Alice	4. Maël
5. Victoire	5. Arthur
6. Ambre	6. Léo
7. Chloé	7. Marceau
8. Emma	8. Hugo
9. Anna	9. Louis
10. Iris	10. Isaac

52 - Haute-Marne

Filles	Garçons
1. Ambre	1. Jules
2. Chloé	2. Maël
3. Lou	3. Gabriel
4. Alice	4. Nathan
5. Emma	5. Gabin
6. Julia	6. Hugo
7. Louise	7. Léo
8. Mia	8. Arthur
9. Léna	9. Ayden
10. Lola	10. Louis

53 - Mayenne

Filles	Garçons
1. Adèle	1. Jules
2. Louise	2. Gabriel
3. Mia	3. Raphaël
4. Jade	4. Hugo
5. Romy	5. Louis
6. Ambre	6. Marceau
7. Emma	7. Arthur
8. Jeanne	8. Mohamed
9. Julia	9. Augustin
10. Camille	10. Louison

54 - Meurthe-et-Moselle

Filles	Garçons
1. Louise	1. Léo
2. Ambre	2. Gabriel
3. Mia	3. Maël
4. Jade	4. Jules
5. Romy	5. Sacha
6. Alice	6. Adam
7. Rose	7. Louis
8. Jeanne	8. Tom
9. Julia	9. Léon
10. Emma	10. Lucas

55 - Meuse

Filles	Garçons
1. Louise	1. Jules
2. Anna	2. Gabriel
3. Agathe	3. Léo
4. Ambre	4. Arthur
5. Jade	5. Hugo
6. Luna	6. Maël
7. Jeanne	7. Noé
8. Léonie	8. Tiago
9. Lucie	9. Aaron
10. Zoé	10. Louis

56 - Morbihan

Filles	Garçons
1. Louise	1. Malo
2. Ambre	2. Arthur
3. Jade	3. Raphaël
4. Emma	4. Hugo
5. Alba	5. Léo
6. Adèle	6. Noah
7. Alix	7. Louis
8. Romy	8. Lucas
9. Rose	9. Maël
10. Alice	10. Marceau

57 - Moselle

Filles	Garçons
1. Emma	1. Gabriel
2. Rose	2. Léo
3. Jade	3. Maël
4. Lina	4. Raphaël
5. Alice	5. Louis
6. Anna	6. Hugo
7. Louise	7. Éden
8. Elena	8. Lucas
9. Lucie	9. Arthur
10. Éva	10. Sacha

58 - Nièvre

Filles	Garçons
1. Rose	1. Timéo
2. Lou	2. Arthur
3. Léna	3. Nino
4. Elena	4. Gabriel
5. Louise	5. Jules
6. Alice	6. Gabin
7. Ambre	7. Léon
8. Jade	8. Liam
9. Lina	9. Tom
10. Margaux	10. Léo

59 - Nord

Filles	Garçons
1. Jade	1. Léo
2. Louise	2. Raphaël
3. Ambre	3. Gabriel
4. Romy	4. Jules
5. Emma	5. Arthur
6. Alice	6. Adam
7. Rose	7. Maël
8. Anna	8. Louis
9. Jeanne	9. Isaac
10. Agathe	10. Noah

60 - Oise

Filles	Garçons
1. Jade	1. Gabriel
2. Ambre	2. Léo
3. Léna	3. Raphaël
4. Louise	4. Noah
5. Emma	5. Éden
6. Anna	6. Arthur
7. Alice	7. Adam
8. Mia	8. Lucas
9. Elena	9. Jules
10. Julia	10. Maël

61 - Orne

Filles	Garçons
1. Jade	1. Sacha
2. Louise	2. Gabin
3. Rose	3. Jules
4. Ambre	4. Gabriel
5. Léa	5. Raphaël
6. Lina	6. Timéo
7. Léonie	7. Lucas
8. Agathe	8. Louis
9. Chloé	9. Nathan
10. Emma	10. Nino

62 - Pas-de-Calais

Filles	Garçons
1. Jade	1. Jules
2. Ambre	2. Hugo
3. Louise	3. Raphaël
4. Romy	4. Léo
5. Victoire	5. Gabriel
6. Emma	6. Louis
7. Capucine	7. Maël
8. Mia	8. Gabin
9. Rose	9. Arthur
10. Alice	10. Robin

63 - Puy-de-Dôme

1. Alice	1. Gabriel
2. Louise	2. Léo
3. Jade	3. Arthur
4. Emma	4. Louis
5. Ambre	5. Jules
6. Julia	6. Maël
7. Alba	7. Noah
8. Juliette	8. Gabin
9. Léa	9. Liam
10. Léna	10. Nathan

64 - Pyrénées-Atlantiques

1. Alba	1. Léo
2. Louise	2. Jules
3. Jade	3. Louis
4. Anna	4. Gabriel
5. Romy	5. Oihan
6. Elaïa	6. Arthur
7. Elena	7. Noah
8. Lou	8. Raphaël
9. Alice	9. Martin
10. Juliette	10. Maël

65 - Hautes-Pyrénées

1. Alba	1. Léo
2. Julia	2. Gabin
3. Ambre	3. Raphaël
4. Agathe	4. Sacha
5. Lola	5. Maël
6. Louise	6. Lucas
7. Alice	7. Nino
8. Léa	8. Noah
9. Mia	9. Timéo
10. Romy	10. Aaron

66 - Pyrénées-Orientales

1. Alba	1. Raphaël
2. Anna	2. Léo
3. Lou	3. Gabriel
4. Jade	4. Adam
5. Louise	5. Pablo
6. Elena	6. Théo
7. Rose	7. Gabin
8. Victoria	8. Maël
9. Giulia	9. Isaac
10. Léna	10. Noah

67 - Bas-Rhin

1. Jade	1. Léo
2. Emma	2. Léon
3. Louise	3. Arthur
4. Lucie	4. Gabriel
5. Anna	5. Louis
6. Lina	6. Hugo
7. Alice	7. Robin
8. Éva	8. Nathan
9. Agathe	9. Maël
10. Léna	10. Noah

68 - Haut-Rhin

1. Jade	1. Maël
2. Alice	2. Louis
3. Lina	3. Éden
4. Anna	4. Léo
5. Louise	5. Léon
6. Rose	6. Arthur
7. Chloé	7. Hugo
8. Elena	8. Adam
9. Emma	9. Gabriel
10. Luna	10. Noah

69 - Rhône

1. Louise
2. Ambre
3. Anna
4. Jade
5. Romy
6. Alba
7. Emma
8. Lina
9. Alice
10. Léna

1. Léo
2. Gabriel
3. Arthur
4. Mohamed
5. Léon
6. Louis
7. Adam
8. Lucas
9. Hugo
10. Noah

70 - Haute-Saône

1. Iris
2. Mia
3. Jade
4. Emma
5. Léna
6. Lola
7. Alice
8. Inès
9. Lou
10. Emy

1. Louis
2. Léo
3. Gabin
4. Maël
5. Tiago
6. Aaron
7. Nino
8. Éden
9. Jules
10. Noé

71 - Saône-et-Loire

1. Louise
2. Ambre
3. Jade
4. Alba
5. Nina
6. Anna
7. Emma
8. Rose
9. Agathe
10. Éva

1. Gabriel
2. Maël
3. Jules
4. Louis
5. Arthur
6. Léo
7. Mathis
8. Noah
9. Aaron
10. Tiago

72 - Sarthe

1. Jade
2. Louise
3. Ambre
4. Mia
5. Alice
6. Rose
7. Juliette
8. Victoire
9. Emma
10. Julia

1. Léo
2. Louis
3. Gabriel
4. Marceau
5. Raphaël
6. Arthur
7. Jules
8. Gabin
9. Maël
10. Lucas

73 - Savoie

1. Louise
2. Jade
3. Emma
4. Alice
5. Rose
6. Ambre
7. Julia
8. Elena
9. Léonie
10. Lina

1. Gabriel
2. Louis
3. Léo
4. Jules
5. Noah
6. Nino
7. Mathis
8. Milo
9. Raphaël
10. Léon

74 - Haute-Savoie

1. Jade
2. Mia
3. Emma
4. Louise
5. Ambre
6. Nina
7. Romy
8. Anna
9. Lina
10. Rose

1. Gabriel
2. Léo
3. Louis
4. Jules
5. Léon
6. Raphaël
7. Arthur
8. Noah
9. Lucas
10. Aaron

75 - Paris

Filles	Garçons
1. Louise	1. Gabriel
2. Alma	2. Raphaël
3. Emma	3. Adam
4. Adèle	4. Louis
5. Anna	5. Arthur
6. Chloé	6. Noah
7. Éva	7. Léo
8. Olivia	8. Isaac
9. Jeanne	9. Léon
10. Rose	10. Joseph

76 - Seine-Maritime

Filles	Garçons
1. Jade	1. Raphaël
2. Louise	2. Gabriel
3. Ambre	3. Jules
4. Rose	4. Léo
5. Alice	5. Louis
6. Emma	6. Gabin
7. Mia	7. Arthur
8. Romy	8. Maël
9. Victoire	9. Sacha
10. Agathe	10. Hugo

77 - Seine-et-Marne

Filles	Garçons
1. Jade	1. Gabriel
2. Elena	2. Léo
3. Mia	3. Adam
4. Emma	4. Maël
5. Rose	5. Raphaël
6. Ambre	6. Lucas
7. Léna	7. Noah
8. Inaya	8. Louis
9. Iris	9. Ethan
10. Louise	10. Liam

78 - Yvelines

Filles	Garçons
1. Jade	1. Gabriel
2. Louise	2. Raphaël
3. Emma	3. Adam
4. Éva	4. Léo
5. Rose	5. Lucas
6. Julia	6. Noah
7. Alice	7. Louis
8. Nour	8. Mohamed
9. Anna	9. Isaac
10. Inès	10. Arthur

79 - Deux-Sèvres

Filles	Garçons
1. Ambre	1. Jules
2. Jade	2. Léo
3. Alba	3. Maël
4. Alice	4. Lucas
5. Emma	5. Arthur
6. Louise	6. Gabin
7. Rose	7. Hugo
8. Anna	8. Tom
9. Nina	9. Louis
10. Camille	10. Côme

80 - Somme

Filles	Garçons
1. Louise	1. Jules
2. Jade	2. Raphaël
3. Lou	3. Maël
4. Ambre	4. Léo
5. Emma	5. Gabriel
6. Victoire	6. Sacha
7. Alice	7. Noah
8. Rose	8. Gabin
9. Lola	9. Arthur
10. Mia	10. Louis

81 - Tarn

1. Emma
2. Jade
3. Louise
4. Iris
5. Alba
6. Ambre
7. Lina
8. Alice
9. Anna
10. Rose

1. Jules
2. Léo
3. Gabin
4. Louis
5. Gabriel
6. Milo
7. Arthur
8. Noah
9. Maël
10. Lucas

82 - Tarn-et-Garonne

1. Jade
2. Rose
3. Julia
4. Alice
5. Ambre
6. Giulia
7. Lou
8. Lyana
9. Mia
10. Victoria

1. Léo
2. Maël
3. Arthur
4. Gabriel
5. Louis
6. Noah
7. Ethan
8. Gabin
9. Léon
10. Jules

83 - Var

1. Giulia
2. Emma
3. Lina
4. Nina
5. Romy
6. Anna
7. Charlie
8. Louise
9. Alba
10. Jade

1. Gabriel
2. Léo
3. Noah
4. Louis
5. Aaron
6. Gabin
7. Jules
8. Adam
9. Maël
10. Raphaël

84 - Vaucluse

1. Jade
2. Louise
3. Emma
4. Alba
5. Nour
6. Giulia
7. Léna
8. Ambre
9. Lina
10. Elena

1. Adam
2. Gabriel
3. Raphaël
4. Jules
5. Imran
6. Maël
7. Léo
8. Marius
9. Gabin
10. Amir

85 - Vendée

1. Rose
2. Jade
3. Louise
4. Alba
5. Ambre
6. Emma
7. Alice
8. Mia
9. Romy
10. Adèle

1. Gabriel
2. Maël
3. Léo
4. Hugo
5. Louis
6. Gabin
7. Paul
8. Jules
9. Marceau
10. Noé

86 - Vienne

1. Emma
2. Ambre
3. Jade
4. Louise
5. Adèle
6. Rose
7. Mya
8. Agathe
9. Alice
10. Emy

1. Gabin
2. Arthur
3. Léo
4. Louis
5. Gabriel
6. Jules
7. Sacha
8. Noah
9. Côme
10. Lucas

87 - Haute-Vienne

1. Louise	1. Gabriel
2. Jade	2. Louis
3. Alice	3. Gabin
4. Ambre	4. Léo
5. Anna	5. Noah
6. Margot	6. Sacha
7. Mia	7. Maël
8. Mila	8. Hugo
9. Emma	9. Malo
10. Léonie	10. Jules

88 - Vosges

1. Ambre	1. Gabin
2. Jade	2. Léo
3. Mia	3. Louis
4. Louise	4. Léon
5. Iris	5. Lucas
6. Alice	6. Maël
7. Julia	7. Arthur
8. Léa	8. Nathan
9. Lou	9. Sacha
10. Mila	10. Ethan

89 - Yonne

1. Jade	1. Léo
2. Lina	2. Éden
3. Rose	3. Gabriel
4. Léa	4. Lucas
5. Louise	5. Gabin
6. Mia	6. Maël
7. Emma	7. Nathan
8. Lucie	8. Jules
9. Mya	9. Malo
10. Zoé	10. Arthur

90 - Territoire de Belfort

1. Inaya	1. Gabriel
2. Lina	2. Léo
3. Jade	3. Liam
4. Rose	4. Louis
5. Emma	5. Adam
6. Agathe	6. Tom
7. Alice	7. Noé
8. Ambre	8. Sacha
9. Charlie	9. Alessio
10. Lola	10. Arthur

91 - Essonne

1. Emma	1. Léo
2. Éva	2. Gabriel
3. Lina	3. Mohamed
4. Léna	4. Noah
5. Louise	5. Adam
6. Jade	6. Lucas
7. Rose	7. Ibrahim
8. Inaya	8. Raphaël
9. Mia	9. Liam
10. Alice	10. Ethan

92 - Hauts-de-Seine

1. Louise	1. Gabriel
2. Emma	2. Adam
3. Lina	3. Raphaël
4. Chloé	4. Noah
5. Alice	5. Louis
6. Léa	6. Arthur
7. Iris	7. Léo
8. Jade	8. Lucas
9. Sofia	9. Isaac
10. Léna	10. Mohamed

93 - Seine-Saint-Denis

1. Nour	**1.** Mohamed
2. Lina	**2.** Adam
3. Aya	**3.** Ibrahim
4. Inaya	**4.** Isaac
5. Aicha	**5.** Imran
6. Fatoumata	**6.** Ismaël
7. Sofia	**7.** Amir
8. Alya	**8.** Issa
9. Inès	**9.** Yanis
10. Nélya	**10.** Rayan

94 - Val-de-Marne

1. Inaya	**1.** Adam
2. Emma	**2.** Gabriel
3. Lina	**3.** Noah
4. Jade	**4.** Léo
5. Léa	**5.** Mohamed
6. Chloé	**6.** Isaac
7. Éva	**7.** Raphaël
8. Léna	**8.** Lucas
9. Victoria	**9.** Liam
10. Inès	**10.** Nathan

95 - Val-d'Oise

1. Jade	**1.** Adam
2. Lina	**2.** Gabriel
3. Emma	**3.** Mohamed
4. Inaya	**4.** Isaac
5. Léna	**5.** Imran
6. Léa	**6.** Raphaël
7. Mia	**7.** Ismaël
8. Nour	**8.** Léo
9. Victoria	**9.** Noah
10. Éva	**10.** Aaron

971 - Guadeloupe

1. Jade	**1.** Lyam
2. Emma	**2.** Ethan
3. Éva	**3.** Jayden
4. Mia	**4.** Liam
5. Mya	**5.** Naël
6. Chloé	**6.** Noah
7. Zoé	**7.** Ayden
8. Anais	**8.** Gabriel
9. Maëlys	**9.** Kayden
10. Thais	**10.** Nathan

972 - Martinique

1. Jade	**1.** Lyam
2. Mya	**2.** Noah
3. Inaya	**3.** Liam
4. Lya	**4.** Ethan
5. Mia	**5.** Gabriel
6. Luna	**6.** Ayden
7. Iris	**7.** Maël
8. Anais	**8.** Éden
9. Éden	**9.** Nathan
10. Éva	**10.** Noé

973 - Guyane française

1. Jade	**1.** Ethan
2. Maria	**2.** Samuel
3. Inaya	**3.** Noah
4. Emma	**4.** Jayden
5. Luna	**5.** Kylian
6. Rose	**6.** Liam
7. Sarah	**7.** Naël
8. Clara	**8.** Ryan
9. Maëlys	**9.** Marvens
10. Léa	**10.** Nathan

974 - Réunion

Filles	Garçons
1. Mia	1. Lyam
2. Inès	2. Gabriel
3. Jade	3. Raphaël
4. Marie	4. Liam
5. Louna	5. Théo
6. Inaya	6. Aaron
7. Mya	7. Kaïs
8. Léna	8. Maël
9. Maëlys	9. Ayden
10. Luna	10. Ethan

Prénoms en fête

« À la Sainte-Catherine, tout bois prend racine ! » Ce dicton, bien connu des jardiniers, nous rappelle que le mois de novembre est propice aux plantations. Et justement, chaque année, on fête la Sainte-Catherine le 25 novembre. Mais à quand remonte cette tradition de fête du prénom ?

Une tradition qui remonte au Moyen Âge

C'est durant le haut Moyen Âge que le nom de baptême correspondant au saint du jour de naissance devient progressivement le nom principal des personnes. Du XIIIe au XIXe siècle, les noms chrétiens devenus prénoms s'imposent. Ils peuvent être transmis par le parrain ou la marraine, ou choisis en fonction du saint correspondant au jour de naissance de l'enfant dans le calendrier établi par l'Église. Pour les parents, cette pratique était une façon de placer l'enfant sous la protection du saint, et de lui suggérer un modèle à suivre.

Qu'en est-il de nos jours ?

Aujourd'hui, ces traditions ne sont plus d'actualité, mais on fête encore les prénoms en France et dans d'autres pays, comme en Europe de l'Est et dans les pays hispanophones. Redécouvrons d'un peu plus près les prénoms du calendrier des saints en France. Vous serez peut-être surpris par certains prénoms oubliés. Et qui sait... le saint du jour de naissance de votre enfant vous inspirera peut-être une idée de prénom !

A

Aaron ♂ .... 1er juillet
Abel ♂ .... 5 août
Abélard ♂ .... 5 août
Abraham ♂ .... 20 décembre
Achille ♂ .... 12 mai
Adam ♂ .... 16 mai
Adélaïde ♀ .... 16 décembre
Adèle ♀ .... 24 décembre
Adeline ♀ .... 20 octobre
Adrian ♂ .... 8 septembre
Adriana ♀ .... 8 septembre
Adrien ♂ .... 8 septembre
Adrienne ♀ .... 8 septembre
Agathe ♀ .... 5 février
Aglaé ♀ .... 14 mai
Agnès ♀ .... 21 janvier
Aidan ♂ .... 23 août
Aimé ♂ .... 13 septembre
Aimée ♀ .... 20 février
Alain ♂ .... 9 septembre
Alan ♂ .... 9 septembre ou 27 novembre
Alaric ♂ .... 29 septembre
Alba ♀ .... 22 juin
Alban ♂ .... 22 juin
Albane ♀ .... 22 juin
Albanie ♀ .... 22 juin
Albert ♂ .... 15 novembre
Albin ♂ .... 1er mars
Aldo ♂ .... 17 septembre
Aldric ♂ .... 7 janvier
Alex ♂ .... 22 avril
Alexa ♀ .... 17 février
Alexandra ♀ .... 20 mars
Alexandre ♂ .... 22 avril
Alexandrine ♀ .... 2 avril
Alexane ♀ .... 17 février
Alexia ♀ .... 17 février
Alexis ♂ .... 17 février
Alexy ♂ .... 17 février
Alfred ♂ .... 15 août
Alice ♀ .... 16 décembre
Alicia ♀ .... 16 décembre
Aliénor ♀ .... 25 juin

Aline ♀ .... 20 octobre
Alison ♀ ...... 16 décembre
Alix ♀♂ .... 9 janvier
Alizée ♀ ...... 16 décembre
Aloïs ♂ .... 25 août
Alphonse ♂ .... 1er août
Alyssa ♀ ...... 16 décembre
Amadéo ♂ .... 30 mars
Amanda ♀ .... 9 juillet
Amandine ♀ .... 9 juillet
Amaury ♂ .... 9 août
Amaya ♀ ..... 13 septembre
Ambre ♀ .... 7 décembre
Ambroise ♂ .... 7 décembre
Amédée ♂ .... 30 mars
Amélia ♀ ..... 19 septembre
Amélie ♀ ..... 19 septembre
Ana ♀ .... 26 juillet
Anaëlle ♀ .... 26 juillet
Anaïs ♀ .... 26 juillet
Anastasia ♀ .... 10 mars, 15 avril
Anastasie ♀ .... 10 mars, 15 avril
Anatole ♂ .... 3 février
André ♂ ...... 30 novembre
Andrea ♂ ..... 30 novembre
Andréa ♀ .... 9 juillet
Andrée ♀ .... 9 juillet
Ange ♂ .... 5 mai
Angel ♂ .... 27 janvier
Angéla ♀ .... 27 janvier
Angèle ♀ .... 27 janvier
Angelina ♀ .... 27 janvier
Angeline ♀ .... 27 janvier
Angélique ♀ .... 27 janvier
Angelo ♂ .... 27 janvier
Anita ♀ .... 26 juillet
Anna ♀ .... 26 juillet
Annabella ♀ .... 26 juillet
Annabelle ♀ .... 26 juillet
Annaïg ♀ .... 26 juillet
Anne ♀ .... 26 juillet
Anselme ♂ .... 21 avril
Anthéa ♀ .... 5 octobre
Anthime ♂ .... 27 avril
Anthony ♂ .... 13 juin
Antoine ♂ .... 13 juin
Antoinette ♀ .... 27 octobre
Antonia ♀ .... 28 février
Antonin ♂ .... 5 mai
Antonio ♂ .... 13 juin
Antony ♂ .... 13 juin
Apolline ♀ .... 9 février
Ariane ♀ ...... 18 septembre
Arielle ♀ .... 1er octobre
Armand ♂ ..... 23 décembre
Armande ♀ ... 23 décembre
Armel ♂ .... 16 août
Armelle ♀ .... 16 août
Arnaud ♂ .... 10 février
Arno ♂ .... 10 février
Arthur ♂ .... 15 novembre
Astrée ♀ .... 27 novembre
Astrid ♀ .... 27 novembre
Aubin ♂ .... 1er mars
Aude ♀ .... 18 novembre
Audran ♂ .... 7 février
Audrey ♀ .... 23 juin
Auguste ♂ .... 7 octobre
Augustin ♂ .... 28 août
Augustine ♀ .... 28 août
Aure ♀ .... 4 octobre
Auregane ♀ .... 15 janvier
Aurel ♂ .... 20 juillet
Aurèle ♂ .... 20 juillet
Aurélia ♀ .... 15 octobre
Aurélie ♀ .... 15 octobre
Aurélien ♂ .... 16 juin
Auriane ♀ .... 4 octobre
Aurore ♀ .... 4 octobre ou 13 décembre
Austin ♂ .... 28 août
Auxane ♀ ...... 3 septembre
Ava ♀ .... 6 septembre
Axel ♂ .... 21 mars
Axelle ♀ .... 21 mars
Aya ♀ .... 18 avril
Aymeric ♂ ..... 4 novembre

B

Balthazar ♂ .... 6 janvier
Baptiste ♂ .... 24 juin
Barbara ♀ ...... 4 décembre
Barnabé ♂ .... 11 juin
Barthélemy ♂ .... 24 août
Basile ♂ .... 2 janvier
Bastien ♂ .... 20 janvier
Baudouin ♂ ...... 17 octobre
Béatrice ♀ .... 13 février
Beatrix ♀ .... 29 juillet
Bénédicte ♀ .... 16 mars
Benjamin ♂ .... 31 mars
Benoît ♂ .... 11 juillet
Béranger ♂ .... 26 mai
Bérangère ♀ .... 26 mai
Bérenger ♂ .... 26 mai
Bérengère ♀ .... 26 mai
Bérénice ♀ .... 4 février ou 4 octobre
Bernadette ♀ ...... 18 février
Bernard ♂ .... 20 août
Berthe ♀ .... 4 juillet
Bertille ♀ .... 6 novembre
Bertrand ♂ ... 6 septembre
Béryl ♀ .... 29 juin
Bianca ♀ .... 3 octobre

Bilal ♂ .... Pas de fête connue
Blaise ♂ .... 3 février
Blanche ♀ .... 3 octobre
Blandine ♀ .... 2 juin
Boris ♂ .... 2 mai
Brenda ♀ .... 16 mai
Brendan ♂ .... 16 mai
Briac ♂ .... 18 décembre
Brian ♂ .... 18 décembre
Brice ♂ .... 13 novembre
Brieuc ♂ .... 1er mai
Brigitte ♀ .... 23 juillet
Bruna ♀ .... 6 octobre
Brunelle ♀ .... 6 octobre
Bruno ♂ .... 6 octobre
Bryan ♂ .... 18 décembre

C

Calista ♀ .... 14 octobre
Calixte ♀ .... 14 octobre
Camélia ♀ .... 14 juillet ou 5 octobre
Cameron ♂ .... 14 juillet
Camille ♀♂ .... 14 juillet
Candice ♀ .... 3 octobre
Candy ♀ .... 3 octobre
Capucine ♀ .... 5 octobre
Carine ♀ .... 24 mars, 7 novembre
Carl ♂ .... 2 mars, 4 novembre
Carla ♀ .... 17 juillet
Carole ♀ .... 17 juillet
Caroline ♀ .... 17 juillet
Casimir ♂ .... 4 mars
Cassandre ♀ .... Pas de fête connue
Catherine ♀ .... 24 mars ou 25 novembre
Cathy ♀ .... 24 mars ou 25 novembre
Cécile ♀ .... 22 novembre
Cécilia ♀ .... 22 novembre
Cédric ♂ .... 7 janvier
Céleste ♀ .... 19 mai
Célestin ♂ .... 19 mai
Célestine ♀ .... 19 mai
Célia ♀ .... 22 novembre
Célian ♂ .... 21 octobre
Célie ♀ .... 22 novembre
Céline ♀ .... 21 octobre
César ♂ .... 15 avril
Chaïma ♀ .... Pas de fête connue
Chantal ♀ .... 12 décembre
Charlène ♀ .... 17 juillet
Charles ♂ .... 2 mars, 4 novembre
Charley ♂ .... 2 mars, 4 novembre
Charlie ♀♂ .... 2 mars, 4 novembre
Charline ♀ .... 17 juillet
Charlotte ♀ .... 17 juillet
Charly ♂ .... 2 mars, 4 novembre
Charlyne ♀ .... 17 juillet
Chiara ♀ .... 11 août
Chloé ♀ .... 5 octobre (date admise)
Chris ♂ .... 21 août
Christelle ♀ .... 24 juillet
Christian ♂ .... 12 novembre
Christiane ♀ .... 24 juillet
Christina ♀ .... 24 juillet
Christine ♀ .... 24 juillet
Christophe ♂ .... 21 août
Christopher ♂ .... 21 août
Chrystal ♀ .... 24 juillet
Chrystel ♀ .... 24 juillet
Cindy ♀ .... 9 juin
Claire ♀ .... 11 août
Clara ♀ .... 11 août
Clarisse ♀ .... 12 août
Claude ♀♂ .... 15 février
Claudette ♀ .... 15 février
Claudia ♀ .... 15 février
Claudie ♀ .... 15 février
Claudine ♀ .... 15 février
Cléa ♀ .... 13 juillet
Clélia ♀ .... 13 juillet
Clémence ♀ .... 21 mars
Clément ♂ .... 23 novembre
Clémentine ♀ .... 23 novembre
Cléo ♂ .... 19 octobre
Clio ♀ .... 4 juin
Clothilde ♀ .... 4 juin
Clotilde ♀ .... 4 juin
Clovis ♂ .... 25 août
Colette ♀ .... 6 mars
Colin ♂ .... 6 décembre
Coline ♀ .... 6 décembre
Colleen ♀ .... 6 décembre
Colombe ♀ .... 31 décembre
Colombine ♀ .... 31 décembre
Colyne ♀ .... 6 décembre
Côme ♂ .... 26 septembre
Conrad ♂ .... 26 novembre
Constance ♀ .... 23 septembre
Constant ♂ .... 23 septembre
Constantin ♂ .... 21 mai
Coralie ♀ .... 18 mai
Coraline ♀ .... 18 mai
Corentin ♂ .... 12 décembre
Corentine ♀ .... 12 décembre
Corinne ♀ .... 18 mai
Cynthia ♀ .... 9 juin

Cyprien ♂ .... 16 septembre
Cyriaque ♂ .... 8 août
Cyrielle ♀ .... 18 mars
Cyril ♂ .... 18 mars
Cyrille ♂ .... 18 mars

D

Daisy ♀ .... 5 octobre
Damien ♂ .... 26 septembre
Dan ♂ .... 11 décembre
Dana ♀ .... 11 décembre
Daniel ♂ .... 11 décembre
Danièle ♀ .... 11 décembre
Danielle ♀ .... 11 décembre
Danny ♂ .... 11 décembre
Dany ♂ .... 11 décembre
Daphné ♀ .... 5 octobre
Daphnée ♀ .... 5 octobre
Dauphine ♀ .... 26 novembre
Dave ♂ .... 29 décembre
David ♂ .... 29 décembre
Davy ♂ .... 20 septembre
Debbie ♀ .... 21 septembre
Débora ♀ .... 21 septembre
Déborah ♀ .... 21 septembre
Delphine ♀ .... 26 novembre
Denis ♂ .... 9 octobre
Denise ♀ .... 15 mai
Diana ♀ .... 9 juin
Diane ♀ .... 9 juin
Didier ♂ .... 23 mai
Diego ♂ .... 23 mai
Dimitri ♂ .... 26 octobre
Dimitry ♂ .... 26 octobre
Dolorès ♀ .... 15 septembre
Dominique ♀♂ .... 8 août
Domitien ♂ .... 7 mai
Domitille ♀ .... 7 mai
Donald ♂ .... 15 juillet
Donatien ♂ .... 24 mai
Donatienne ♀ .... 24 mai
Donovan ♂ .... 15 juillet
Dora ♀ .... 11 février
Doria ♀ .... 25 octobre
Dorian ♂ .... 25 octobre
Doriane ♀ .... 25 octobre
Dorine ♀ .... 11 février
Doris ♀ .... 25 octobre
Dorothée ♀ .... 6 février
Doryan ♂ .... 25 octobre
Dustin ♂ .... 21 juin
Dylan ♂ .... Pas de fête connue

E

Eddy ♂ .... 5 janvier
Éden ♀♂ .... 1er novembre
Edgar ♂ .... 8 juillet
Édith ♀ .... 16 septembre
Edmond ♂ .... 20 novembre
Edmonde ♀ .... 20 novembre
Édouard ♂ .... 5 janvier
Edwige ♀ .... 16 octobre
Edwin ♂ .... 12 octobre
Églantine ♀ .... 5 octobre
Éléa ♀ .... Pas de fête connue
Éléna ♀ .... 18 août
Éléonore ♀ .... 25 juin
Élia ♀ .... 20 juillet
Élian ♂ .... 20 juillet
Éliane ♀ .... 20 juillet
Élias ♂ .... 20 juillet
Élie ♂ .... 20 juillet
Élina ♀ .... 20 juillet
Éline ♀ .... 18 août
Eliot ♂ .... 20 juillet
Eliott ♂ .... 20 juillet
Élisa ♀ .... 17 novembre
Élisabeth ♀ .... 17 novembre
Élise ♀ .... 17 novembre
Élisée ♀ .... 14 juin
Ella ♀ .... 1er février
Elliot ♂ .... 20 juillet
Elliott ♂ .... 20 juillet
Élodie ♀ .... 22 octobre
Éloi ♂ .... 1er décembre
Éloïse ♀ .... 15 mars
Élouan ♂ .... 28 août
Elsa ♀ .... 17 novembre
Émeline ♀ .... 27 octobre
Émelyne ♀ .... 27 octobre
Émeraude ♀ .... 29 juin
Émerence ♀ .... 23 janvier
Émeric ♂ .... 4 novembre
Émie ♀ .... 19 septembre
Émile ♂ .... 22 mai
Émilia ♀ .... 19 septembre
Émilie ♀ .... 19 septembre
Émilien ♂ .... 12 novembre
Émily ♀ .... 19 septembre
Emma ♀ .... 19 avril
Emmanuel ♂ .... 25 décembre
Emmanuelle ♀ .... 25 décembre
Emmeline ♀ .... 27 octobre
Emmy ♀ .... 19 septembre
Emy ♀ .... 19 septembre
Enguerrand ♂ .... 25 octobre
Enora ♀ .... 14 octobre
Enza ♀ .... 13 juillet
Enzo ♂ .... 13 juillet
Éric ♂ .... 18 mai
Erik ♂ .... 18 mai
Erika ♀ .... 18 mai
Ernest ♂ .... 7 novembre
Ernestine ♀ .... 7 novembre
Erwan ♂ .... 19 mai
Erwann ♂ .... 19 mai
Erwin ♂ .... 25 avril

Estéban ♂ .... 26 décembre
Estée ♀ .... 1er juillet
Estelle ♀ .... 11 mai
Esther ♀ .... 1er juillet
Ethan ♂ .... 7 mars
Étienne ♂ .... 26 décembre
Eudelin ♂ .... 19 novembre
Eudes ♂ .... 19 novembre
Eudoxie ♀ .... 1er mars
Eugène ♂ .... 13 juillet
Eugénie ♀ .... 7 février
Eulalie ♀ .... 12 février ou 10 décembre
Éva ♀ .... 6 septembre
Évaëlle ♀ .... 24 mai ou 6 septembre
Evan ♂ .... 3 mai
Ève ♀ .... 6 septembre
Éveline ♀ .... 6 septembre
Évelyne ♀ .... 6 septembre
Even ♂ .... 3 mai
Evrard ♂ .... 14 août
Ewen ♂ .... 3 mai

F

Fabian ♂ .... 20 janvier
Fabien ♂ .... 20 janvier
Fabienne ♀ .... 20 janvier
Fabio ♂ .... 20 janvier
Fabiola ♀ .... 27 décembre
Fabrice ♂ .... 22 août
Fanny ♀ .... 6 janvier ou 4 octobre
Fanta ♀ .... 5 novembre
Fantin ♂ .... 30 août
Fantine ♀ .... 30 août
Fany ♀ .... 6 janvier ou 4 octobre
Faustine ♀ .... 15 janvier
Félicia ♀ .... 10 mai
Félicie ♀ .... 10 mai
Félicien ♂ .... 9 juin
Félicienne ♀ .... 10 mai
Félicité ♀ .... 7 mars
Félix ♂ .... 12 février
Ferdinand ♂ .... 30 mai
Fernand ♂ .... 27 juin
Fernande ♀ .... 27 juin
Firmin ♂ .... 11 octobre
Flavie ♀ .... 12 mai
Fleur ♀ .... 5 octobre
Flora ♀ .... 24 novembre
Flore ♀ .... 5 octobre
Florence ♀ .... 1er décembre
Florent ♂ .... 4 juillet
Florentin ♂ .... 24 octobre
Florentine ♀ .... 24 octobre
Florestan ♂ .... 5 octobre
Florian ♂ .... 4 mai
Floriane ♀ .... 4 mai
Florie ♀ .... 5 octobre
Florine ♀ .... 1er mai
France ♀ .... 9 mars
Francesca ♀ .... 9 mars
Francesco ♂ .... 24 janvier, 4 octobre
Francine ♀ .... 9 mars
Francis ♂ .... 24 janvier, 4 octobre
Franck ♂ .... 24 janvier, 4 octobre
François ♂ .... 24 janvier, 4 octobre
Françoise ♀ .... 9 mars
Freddy ♂ .... 18 juillet
Frédéric ♂ .... 18 juillet
Frederick ♂ .... 18 juillet
Frédérique ♀ .... 18 juillet

G

Gabin ♂ .... 19 février
Gabriel ♂ .... 29 septembre
Gabriella ♀ .... 29 septembre
Gabrielle ♀ .... 29 septembre
Gaël ♂ .... 17 décembre
Gaëlle ♀ .... 17 décembre
Gaétan ♂ .... 7 août
Gaétane ♀ .... 7 août
Garance ♀ .... 5 octobre
Gary ♂ .... 5 décembre
Gaspard ♂ .... 28 décembre, 6 janvier
Gaston ♂ .... 6 février
Gatien ♂ .... 18 décembre
Gauthier ♂ .... 9 avril
Gautier ♂ .... 9 avril
Geneviève ♀ .... 3 janvier
Geoffrey ♂ .... 8 novembre
Geoffroy ♂ .... 8 novembre
Georges ♂ .... 23 avril
Georgette ♀ .... 15 février
Georgie ♀ .... 15 février
Gérald ♂ .... 5 décembre
Géraldine ♀ .... 5 décembre
Gérard ♂ .... 3 octobre
Germain ♂ .... 28 mai
Germaine ♀ .... 15 juin
Ghislain ♂ .... 10 octobre
Ghislaine ♀ .... 10 octobre
Gianny ♂ .... 24 juin
Gilbert ♂ .... 7 juin
Gilberte ♀ .... 11 août
Gildas ♂ .... 29 janvier
Gilles ♂ .... 1er septembre
Gina ♀ .... 3 janvier
Ginger ♀ .... 7 janvier
Gino ♂ .... 16 juin
Giovanni ♂ .... 24 juin

Gisèle ♀ .... 7 mai
Giulia ♀ .... 8 avril
Gladys ♀ .... 29 mars
Glenn ♂ .... 11 septembre
Gontran ♂ .... 28 mars
Gonzague ♂ .... 21 juin
Goulven ♂ .... 1er juillet
Grace ♀ .... 21 août
Grégoire ♂ .... 3 septembre
Grégory ♂ .... 3 septembre
Guénaelle ♀ .... 3 novembre
Guibert ♂ .... 7 juin
Guilaine ♀ .... 10 octobre
Guilhem ♂ .... 28 mai
Guillaume ♂ .... 10 janvier
Guillemette ♀ .... 10 janvier
Gurvan ♂ .... 3 mai
Gustave ♂ .... 7 octobre
Guy ♂ .... 12 juin
Gwen ♀ .... 21 février
Gwenael ♂ .... 3 novembre
Gwenaelle ♀ .... 3 novembre
Gwendal ♂ .... 18 janvier
Gwendoline ♀ .... 14 octobre
Gwenn ♀ .... 21 février
Gwladys ♀ .... 29 mars

H

Habib ♂ .... 27 mars
Hadrien ♂ .... 8 septembre
Hanna ♀ .... 26 juillet
Harold ♂ .... 1er novembre
Harry ♂ .... 13 juillet
Heidi ♀ .... 16 octobre
Helena ♀ .... 18 août
Hélène ♀ .... 18 août
Héloïse ♀ .... 15 mars
Henri ♂ .... 13 juillet
Henriette ♀ .... 13 juillet
Henry ♂ .... 13 juillet
Herbert ♂ .... 20 mars
Hermance ♀ .... 25 septembre
Hermine ♀ .... 9 juillet
Hervé ♂ .... 17 juin
Hilarie ♀ .... 13 janvier
Hilary ♀ .... 13 janvier
Hilda ♀ .... 17 novembre
Hildegarde ♀ .... 17 septembre
Hippolyte ♂ .... 13 août
Honoré ♂ .... 16 mai
Honorine ♀ .... 27 février
Hortense ♀ .... 11 janvier ou 5 octobre
Howard ♂ .... 16 mai
Hubert ♂ .... 3 novembre
Hugo ♂ .... 1er avril
Hugues ♂ .... 1er avril
Huguette ♀ .... 1er avril
Humbert ♂ .... 25 mars
Hyacinthe ♂ .... 17 août

I

Ida ♀ .... 13 avril
Igor ♂ .... 5 juin
Ilian ♂ .... 20 juillet
Illoa ♀ .... 18 août
Ilona ♀ .... 18 août
Inaya ♀ .... 7 février
Inès ♀ .... 10 septembre
Ingrid ♀ .... 2 septembre
Inna ♀ .... 20 janvier
Ioan ♂ .... 24 juin
Iphigénie ♀ .... 9 juillet
Irène ♀ .... 5 avril
Iris ♀ .... 4 septembre
Irma ♀ .... 24 décembre
Isaac ♂ .... 20 décembre
Isabelle ♀ .... 22 février
Isaline ♀ .... 22 février
Isaure ♀ .... 4 octobre
Iseult ♀ .... 22 février
Isidore ♂ .... 4 avril
Ivan ♂ .... 24 juin
Ivana ♀ .... 30 mai

J

Jack ♂ .... 3 mai, 25 juillet
Jackie ♀ .... 8 février
Jacky ♂ .... 3 mai, 25 juillet
Jacob ♂ .... 20 décembre
Jacqueline ♀ .... 8 février
Jacques ♂ .... 3 mai, 25 juillet
Jade ♀ .... 29 juin
James ♂ .... 3 mai, 25 juillet
Jan ♂ .... 24 juin
Jane ♀ .... 30 mai
Janice ♀ .... 30 mai
Janine ♀ .... 30 mai
Jasmine ♀ .... 5 octobre
Jason ♂ .... 12 juillet
Jean ♂ .... 24 juin
Jean-Baptiste ♂ .... 24 juin
Jeanne ♀ .... 30 mai
Jeff ♂ .... 8 novembre
Jefferson ♂ .... 8 novembre
Jeffrey ♂ .... 8 novembre
Jenna ♀ .... 30 mai
Jennifer ♀ .... 3 janvier
Jenny ♀ .... 3 janvier
Jérémie ♂ .... 1er mai
Jérémy ♂ .... 1er mai
Jérôme ♂ .... 30 septembre
Jerry ♂ .... 30 septembre
Jessica ♀ .... 4 novembre
Jessie ♀ .... 4 novembre
Jessy ♀♂ .... 4 novembre
Jim ♂ .... 3 mai, 25 juillet

Jimmy ♂ .... 3 mai, 25 juillet
Joachim ♂ .... 26 juillet
Joan ♂ .... 24 juin
Joanna ♀ .... 30 mai
Joanne ♀ .... 30 mai
Jocelyn ♂ .... 13 décembre
Jocelyne ♀ .... 13 décembre
Jodie ♀ .... 5 mai
Joël ♂ .... 13 juillet
Joëlle ♀ .... 13 juillet
Joey ♂ .... 13 juillet
Joffrey ♂ .... 8 novembre
Johann ♂ .... 24 juin
Johanna ♀ .... 30 mai
Johanne ♀ .... 30 mai
John ♂ .... 24 juin
Johnny ♂ .... 24 juin
Jonas ♂ .... 21 septembre
Jonathan ♂ .... 1er mars
Jordan ♂ .... 13 février
Jordane ♀♂ .... 13 février
Jordi ♂ .... 23 avril
Jordy ♂ .... 23 avril
Joris ♂ .... 23 avril
José ♂ .... 19 mars
Josée ♀ .... 19 mars
Joseph ♂ .... 19 mars
Joséphine ♀ .... 19 mars
Josette ♀ .... 19 mars
Joshua ♂ .... 1er septembre
Josiane ♀ .... 19 mars
Josselin ♂ .... 13 décembre
Josseline ♀ .... 13 décembre
Josué ♂ .... 1er septembre
Joy ♀ .... 13 décembre
Joyce ♀ .... 13 décembre
Judicael ♂ .... 17 décembre
Judith ♀ .... 5 mai
Jules ♂ .... 12 avril
Julia ♀ .... 8 avril
Julian ♂ .... 2 août
Juliana ♀ .... 8 avril
Juliane ♀ .... 8 avril
Julie ♀ .... 8 avril
Julien ♂ .... 2 août
Juliette ♀ .... 30 juillet
Juline ♀ .... 8 avril
Juste ♂ .... 14 octobre
Justin ♂ .... 1er juin
Justine ♀ .... 12 mars

K

Kaïa ♀ .... 24 mars ou 25 novembre
Karelle ♀ .... 24 mars ou 7 novembre
Karen ♀ .... 24 mars ou 7 novembre
Karine ♀ .... 24 mars ou 7 novembre
Karl ♂ .... 2 mars ou 4 novembre
Katell ♀ .... 24 mars ou 25 novembre
Kathia ♀ .... 24 mars ou 25 novembre
Kathleen ♀ .... 24 mars ou 25 novembre
Kathy ♀ .... 24 mars ou 25 novembre
Katia ♀ .... 24 mars ou 25 novembre
Katy ♀ .... 24 mars ou 25 novembre
Kelian ♂ .... 8 juillet
Kelly ♀ .... 8 juillet
Kenny ♂ .... 11 octobre
Kenza ♀ .... Pas de fête connue
Ketty ♀ .... 24 mars ou 25 novembre
Kevin ♂ .... 3 juin
Kiara ♀ .... 11 août
Kilian ♂ .... 8 juillet
Killian ♂ .... 8 juillet
Klervi ♀ .... 3 octobre
Kristel ♀ .... 24 juillet
Kylian ♂ .... 8 juillet
Kyllian ♂ .... 8 juillet

L

Ladislas ♂ .... 27 juin
Laeticia ♀ .... 18 août
Laetitia ♀ .... 18 août
Lalie ♀ .... 12 février ou 10 décembre
Lana ♀ .... 18 août
Landry ♂ .... 10 juin
Lara ♀ .... 26 mars ou 1er décembre
Larissa ♀ .... 26 mars
Laura ♀ .... 10 août
Laurane ♀ .... 10 août
Laure ♀ .... 10 août
Laureen ♀ .... 10 août
Laureline ♀ .... 10 août
Lauren ♀ .... 10 août
Laurena ♀ .... 10 août
Laurence ♀ .... 10 août
Laurène ♀ .... 10 août
Laurent ♂ .... 10 août
Laurette ♀ .... 10 août
Lauriane ♀ .... 10 août
Laurie ♀ .... 10 août
Laurine ♀ .... 10 août
Laury ♀ .... 10 août

Lauryn ♀ ... 10 août
Lauryne ♀ ... 10 août
Lazare ♂ ... 23 février
Léa ♀ ... 22 mars
Léana ♀ ... 10 novembre
Léandre ♂ ... 27 février
Léane ♀ ... 10 novembre
Lena ♀ ... 18 août
Lenaïc ♂ ... 18 août
Lenaïg ♀ ... 18 août
Léo ♂ ... 10 novembre
Léocadie ♂ ... 9 décembre
Léon ♂ ... 10 novembre
Léonard ♂ ... 6 novembre
Léonie ♀ ... 10 novembre
Léonore ♀ ... 25 juin
Léontine ♀ ... 10 novembre
Léopold ♂ ... 15 novembre
Léopoldine ♀ ... 15 novembre
Lexane ♀ ... 17 février
Lia ♀ ... 27 juillet
Liam ♂ ... 10 janvier
Liane ♀ ... 27 juillet
Lila ♀ ... 27 juillet
Lili ♀ ... 27 juillet
Lilian ♂ ... 27 juillet
Liliane ♀ ... 27 juillet
Lilou ♀ ... 15 mars ou 27 juillet
Lily ♀ ... 27 juillet
Lina ♀ ... 27 janvier
Linda ♀ ... 28 août
Line ♀ ... 27 janvier
Lio ♀ ... 27 juillet
Lionel ♂ ... 10 novembre
Lisa ♀ ... 17 novembre
Lise ♀ ... 17 novembre
Lison ♀ ... 17 novembre
Livia ♀ ... 5 mars
Loan ♀♂ ... 28 août
Loana ♀ ... 28 août
Loane ♀ ... 28 août
Loïc ♂ ... 25 août
Loïck ♂ ... 25 août
Loïs ♂ ... 25 août
Loïse ♀ ... 15 mars
Lola ♀ ... 15 septembre
Lolita ♀ ... 15 septembre
Lorène ♀ ... 10 août
Lorenzo ♂ ... 10 août
Lorette ♀ ... 10 août
Loriane ♀ ... 10 août
Lorine ♀ ... 10 août
Loris ♂ ... 10 août
Lorraine ♀ ... 10 août
Lou ♀ ... 15 mars
Lou ♂ ... 25 août
Lou-Anne ♀ ... 28 août
Louane ♀ ... 28 août
Louis ♂ ... 25 août
Louisa ♀ ... 15 mars
Louise ♀ ... 15 mars
Louison ♂ ... 25 août
Louison ♀ ... 15 mars
Louka ♂ ... 18 octobre
Louna ♀ ... 9 juin
Loup ♂ ... 29 juillet
Luc ♂ ... 18 octobre
Luca ♂ ... 18 octobre
Lucas ♂ ... 18 octobre
Luce ♀ ... 13 décembre
Lucia ♀ ... 13 décembre
Lucie ♀ ... 13 décembre
Lucien ♂ ... 8 janvier
Lucienne ♀ ... 8 janvier ou 13 décembre
Lucile ♀ ... 13 décembre
Lucille ♀ ... 13 décembre
Lucy ♀ ... 13 décembre
Ludivine ♀ ... 14 avril
Ludovic ♂ ... 25 août
Ludwig ♂ ... 25 août
Luigi ♂ ... 25 août
Luis ♂ ... 25 août
Luka ♂ ... 18 octobre
Luna ♀ ... 9 juin
Lydia ♀ ... 3 août
Lydie ♀ ... 3 août
Lynda ♀ ... 28 août
Lysiane ♀ ... 17 novembre

M

Maddy ♀ ... 22 juillet
Madeleine ♀ ... 22 juillet
Madeline ♀ ... 22 juillet
Madison ♀ ... 14 mars
Maé ♀ ... 24 mai
Maël ♂ ... 24 mai
Maëliss ♀ ... 24 mai
Maëlle ♀ ... 24 mai
Maëlwenn ♀ ... 24 mai
Maëlys ♀ ... 24 mai
Maeva ♀ ... 30 octobre
Magali ♀ ... 16 novembre
Magalie ♀ ... 16 novembre
Magdalena ♀ ... 22 juillet
Maguy ♀ ... 16 novembre
Mahaut ♀ ... 14 mars
Maï ♀ ... 15 août
Maia ♀ ... 15 août
Maïana ♀ ... 26 juillet ou 15 août
Maïlys ♀ ... 15 août
Maïna ♀ ... 15 août
Maïté ♀ ... 15 août
Maïwenn ♀ ... 15 août
Malaury ♀ ... 15 novembre

Malcolm ♂ .... 9 juin
Mallaury ♀ .... 15 novembre
Malo ♂ .... 15 novembre
Malorie ♀ .... 15 novembre
Malory ♀♂ ... 15 novembre
Malvina ♀ .... 5 octobre
Mandy ♀ ...... 23 décembre
Manel ♀ ...... 25 décembre
Manoël ♂ .... 25 décembre
Manon ♀ .... 15 août
Manuel ♂ .... 25 décembre
Manuela ♀ ... 25 décembre
Manuella ♀ .. 25 décembre
Marc ♂ .... 25 avril.
Marceau ♂ .... 16 janvier
Marcel ♂ .... 16 janvier
Marcelin ♂ .... 6 avril
Marceline ♀ .... 17 juillet
Marcelle ♀ .... 31 janvier
Marco ♂ .... 25 avril
Mareva ♀ .... 15 août
ou 6 septembre
Margaux ♀ .... 16 novembre
Margot ♀ ..... 16 novembre
Marguerite ♀ . 16 novembre
Maria ♀ .... 15 août
Mariam ♀ .... 15 août
Mariane ♀ .... 26 mai
Marianne ♀ .... 26 mai
Marie ♀ .... 15 août
Marielle ♀ .... 15 août
Marilou ♀ .... 15 mars
ou 15 août
Marilyn ♀ .... 15 août
Marilyne ♀ .... 15 août
Marin ♂ .... 3 mars
Marina ♀ .... 20 juillet
Marine ♀ .... 20 juillet
Marion ♀ .... 15 août
Marius ♂ .... 19 janvier
Marjolaine ♀ . 16 novembre
Marjorie ♀ .... 16 novembre
Marlène ♀ .... 22 juillet
Martha ♀ .... 29 juillet
Marthe ♀ .... 29 juillet
Martial ♂ .... 30 juin
Martin ♂ .... 11 novembre
Martina ♀ .... 30 janvier
Martine ♀ .... 30 janvier
Mary ♀ .... 15 août
Maryam ♀ .... 15 août
Maryline ♀ .... 15 août
Maryne ♀ .... 20 juillet
Maryse ♀ .... 15 août
Matéa ♀ ...... 21 septembre
Mateo ♂ ...... 21 septembre
Mathéis ♂ .... 21 septembre
Mathéo ♂ .... 21 septembre
Mathias ♂ .... 14 mai
Mathieu ♂ ... 21 septembre
Mathilda ♀ .... 14 mars
Mathilde ♀ .... 14 mars
Mathis ♂ ...... 21 septembre
Mathurin ♂ .... 14 mars
Matisse ♂ .... 21 septembre
Matteo ♂ ..... 21 septembre
Matthew ♂ .. 21 septembre
Matthias ♂ .... 14 mai
Matthieu ♂ .. 21 septembre
Maud ♀ .... 14 mars
Maude ♀ .... 14 mars
Maurane ♀ .... 15 août
Maureen ♀ .... 15 août
Maurice ♂ .... 22 septembre
Maurine ♀ .... 15 août
Max ♂ .... 14 avril
Maxence ♂ .... 26 juin
Maxence ♀ .. 20 novembre
Maxime ♂ .... 14 avril
Maximilien ♂ .... 14 août
Maximin ♂ .... 29 mai
May ♀ .... 16 novembre
ou 15 août
Mayeul ♂ .... 11 mai
Maylis ♀ .... 15 août
Médard ♂ .... 8 juin
Médéric ♂ .... 29 août
Megan ♀ ...... 16 novembre
Mégane ♀ ..... 16 novembre
Mélaine ♀ .... 6 janvier
Mélanie ♀ .... 26 janvier
ou 31 décembre
Mélany ♀ .... 26 janvier
ou 31 décembre
Melchior ♂ .... 6 janvier
Mélina ♀ ..... 21 septembre
Mélinda ♀ .... 21 septembre
Méline ♀ ..... 21 septembre
Mélisande ♀ .... 21 septembre
Mélisandre ♀ ... 21 septembre
Mélissa ♀ .... 21 septembre
Mélodie ♀ .... 1er octobre
Mélody ♀ .... 1er octobre
Mercedes ♀ . 24 septembre
Meriem ♀ .... 15 août
Meryem ♀ .... 15 août
Meryl ♀ .... 15 août
Mia ♀ .... 15 août
Michaël ♂ .... 29 septembre
Michaëlle ♀ .. 29 septembre
Michel ♂ ...... 29 septembre
Michèle ♀ .... 29 septembre
Micheline ♀ .... 19 juin
Michelle ♀ ... 29 septembre
Mickaël ♂ .... 29 septembre
Miguel ♂ ..... 29 septembre
Mikaël ♂ ..... 29 septembre

Mike ♂ .... 29 septembre
Mila ♀ .... 16 septembre
Miléna ♀ .... 15 août ou 18 août
Milène ♀ .... 15 août ou 18 août
Milo ♂ .... 22 mai
Mina ♀ .... 10 janvier
Mireille ♀ .... 15 août
Moïra ♀ .... 15 août
Moïse ♂ .... 4 septembre
Mona ♀ .... 27 août
Monica ♀ .... 27 août
Monique ♀ .... 27 août
Morane ♀ .... 16 mai
Morgan ♀♂ .... 8 octobre
Morgane ♀ .... 8 octobre
Muriel ♀ .... 15 août
Murielle ♀ .... 15 août
Mylène ♀ .... 15 août ou 18 août
Myriam ♀ .... 15 août
Myrtille ♀ .... 5 octobre

N

Nadège ♀ .... 18 septembre
Nadia ♀ .... 18 septembre
Nadine ♀ .... 18 février ou 18 septembre
Naël ♂ .... 24 août
Nancy ♀ .... 26 juillet
Naomi ♀ .... 21 août
Naomie ♀ .... 21 août
Narcisse ♂ .... 29 octobre
Nastasia ♀ .... 27 juillet
Natacha ♀ .... 26 août
Nathalie ♀ .... 27 juillet
Nathan ♂ .... 24 août
Nathanaël ♂ .... 24 août
Nathanaëlle ♀ .... 24 août
Nelly ♀ .... 18 août
Nelson ♂ .... 3 février
Nestor ♂ .... 26 février
Nicolas ♂ .... 6 décembre
Nicole ♀ .... 6 décembre
Niels ♂ .... 6 décembre
Nikita ♀ .... 6 décembre
Nils ♂ .... 6 décembre
Nina ♀ .... 15 décembre, 14 janvier ou 16 septembre
Ninon ♀ .... 15 décembre
Noah ♂ .... 10 novembre
Noan ♀ .... 21 janvier
Noé ♂ .... 10 novembre
Noël ♂ .... 25 décembre
Noélie ♀ .... 25 décembre
Noéline ♀ .... 25 décembre
Noëlle ♀ .... 25 décembre
Noëllie ♀ .... 25 décembre
Noémie ♀ .... 21 août
Nolan ♂ .... 6 décembre
Nolwen ♀ .... 6 juillet
Nolwenn ♀ .... 6 juillet
Nora ♀ .... 25 juin
Norbert ♂ .... 6 juin
Nour ♀ .... 13 décembre

O

Océane ♀ .... 2 novembre
Octave ♂ .... 20 novembre
Octavie ♀ .... 20 novembre
Odette ♀ .... 20 avril
Odile ♀ .... 14 décembre
Olga ♀ .... 11 juillet
Olivia ♀ .... 5 mars
Olivier ♂ .... 12 juillet
Olympe ♀ .... 17 décembre
Ombeline ♀ .... 21 août
Ophélie ♀ .... 18 juin
Orane ♀ .... 4 octobre
Oriane ♀ .... 4 octobre
Orlane ♀ .... 13 mai
Ornella ♀ .... 18 août
Oscar ♂ .... 3 février
Othon ♂ .... 2 janvier
Otto ♂ .... 2 janvier

P

Pablo ♂ .... 29 juin
Pacôme ♂ .... 9 mai
Paola ♀ .... 26 janvier
Paolo ♂ .... 29 juin
Pascal ♂ .... 17 mai
Pascale ♀ .... 17 mai
Pascaline ♀ .... 17 mai
Patrice ♂ .... 17 mars
Patricia ♀ .... 17 mars
Patrick ♂ .... 17 mars
Paul ♂ .... 29 juin
Paula ♀ .... 26 janvier
Paule ♀ .... 26 janvier
Paulette ♀ .... 26 janvier
Paulin ♂ .... 11 janvier
Pauline ♀ .... 26 janvier
Peggy ♀ .... 16 novembre
Pénélope ♀ .... 18 août
Perle ♀ .... 16 novembre
Perrine ♀ .... 31 mai ou 29 juin
Peter ♂ .... 29 juin
Pétronille ♀ .... 31 mai
Philémon ♂ .... 22 novembre
Philibert ♂ .... 3 mai
Philippe ♂ .... 3 mai
Philippine ♀ .... 3 mai
Philomène ♀ .... 10 août
Pierre ♂ .... 29 juin

Pierrick ♂ 29 juin
Placide ♂ 5 octobre
Pol ♂ 12 mars
Prescilia ♀ 16 janvier
Prescillia ♀ 16 janvier
Prisca ♀ 18 janvier
Priscilla ♀ 16 janvier
Priscillia ♀ 16 janvier
Prosper ♂ 25 juin
Prudence ♀ 6 avril ou 6 mai

Q

Quentin ♂ 31 octobre
Quitterie ♀ 22 mai

R

Rachel ♀ 15 janvier
Rachelle ♀ 15 janvier
Rafaël ♂ 29 septembre
Ralph ♂ 7 juillet
Ramon ♂ 7 janvier
Randy ♂ 21 juin
Raoul ♂ 7 juillet
Raphaël ♂ 29 septembre
Raphaëlle ♀ 23 février
Raquel ♀ 15 janvier
Raymond ♂ 7 janvier
Raymonde ♀ 7 janvier
Rébecca ♀ 23 mars
Régine ♀ 7 septembre
Régis ♂ 16 juin
Réjane ♀ 7 septembre
Rémi ♂ 15 janvier
Rémy ♂ 15 janvier
Renan ♂ 1er juin
Renato ♂ 19 octobre
Renaud ♂ 17 septembre
Renaude ♀ 17 septembre
René ♂ 19 octobre
Renée ♀ 19 octobre
Reynald ♂ 17 septembre
Rhoda ♀ 23 août
Richard ♂ 3 avril
Rita ♀ 22 mai
Robert ♂ 30 avril
Roberte ♀ 30 avril
Roberto ♂ 30 avril
Robin ♂ 30 avril
Roch ♂ 16 août
Rodolphe ♂ 21 juin
Rodrigue ♂ 13 mars
Roger ♂ 30 décembre
Roland ♂ 15 septembre
Rolande ♀ 13 mai
Romain ♂ 28 février
Roman ♂ 28 février
Romane ♀ 28 février
Romaric ♂ 10 décembre
Romée ♀ 25 février
Roméo ♂ 25 février
Romuald ♂ 19 juin
Romy ♀ 23 août ou 25 février
Ronan ♂ 1er juin
Rosa ♀ 23 août
Rosalie ♀ 4 septembre
Rosane ♀ 23 août
Rose ♀ 23 août
Roseline ♀ 17 janvier
Roselyne ♀ 17 janvier
Rosie ♀ 23 août
Rosine ♀ 11 mars
Rozen ♀ 30 août
Ruben ♂ 22 août
Ruby ♀ 29 juin
Rudy ♂ 21 juin
Ruth ♀ 3 juillet
Ryan ♂ 8 mars

S

Sabine ♀ 29 août
Sabrina ♀ 29 août
Sacha ♀ 20 mars
Sacha ♂ 22 avril
Safia ♀ 25 mai
Sahra ♀ 9 octobre
Sally ♀ 9 octobre
Salomé ♀ 22 octobre
Salomée ♀ 22 octobre
Salomon ♂ 25 juin
Sam ♂ 20 août
Samantha ♀ 20 août
Sammy ♂ 20 août
Samson ♂ 28 juillet
Samuel ♂ 20 août
Samuelle ♀ 20 août
Samy ♂ 20 août
Sandie ♀ 20 mars
Sandra ♀ 20 mars
Sandrine ♀ 2 avril
Sandy ♀ 20 mars
Sara ♀ 9 octobre, 24 mai
Sarah ♀ 9 octobre
Sasha ♀ 20 mars
Sasha ♂ 22 avril
Saturnin ♂ 29 novembre
Scott ♂ 28 juillet
Sean ♂ 24 juin
Sébastien ♂ 20 janvier
Segal ♂ 18 octobre
Ségolène ♀ 24 juillet
Séléna ♀ 25 septembre
Selma ♀ 21 avril
Séraphin ♂ 12 octobre
Séraphine ♀ 9 septembre
Serge ♂ 7 octobre
Servane ♀ 1er juillet
Séverin ♂ 27 novembre

Séverine ♀ ... 27 novembre
Shania ♀ ... 30 mai
Sibel ♀ ... 9 octobre
Sibylle ♀ ... 9 octobre
Sidonie ♀ ... 21 août
Siméon ♂ ... 18 février
Simon ♂ ... 28 octobre
Simone ♀ ... 19 février
Sixtine ♀ ... 3 avril
Soan ♂ ... 30 mai
Sofia ♀ ... 25 mai
Soizic ♀ ... 9 mars ou 5 novembre
Solange ♀ ... 10 mai
Solena ♀ ... 25 septembre
Solène ♀ ... 25 septembre
Solenn ♀ ... 25 septembre
Solenne ♀ ... 25 septembre
Soline ♀ ... 17 octobre
Sonia ♀ ... 25 mai
Sophia ♀ ... 25 mai
Sophie ♀ ... 25 mai
Stacie ♀ ... 10 mars, 15 avril
Stacy ♀ ... 10 mars, 15 avril
Stanislas ♂ ... 11 avril
Stecy ♀ ... 10 mars, 15 avril
Steeve ♂ ... 26 décembre
Steeven ♂ ... 26 décembre
Stefan ♂ ... 26 décembre
Stella ♀ ... 11 mai
Stéphane ♂ ... 26 décembre
Stéphanie ♀ ... 2 janvier ou 26 décembre
Stephen ♂ ... 26 décembre
Sterenn ♀ ... 21 octobre
Stessy ♀ ... 10 mars, 15 avril
Steve ♂ ... 26 décembre
Steven ♂ ... 26 décembre
Suzanne ♀ ... 11 août
Suzie ♀ ... 11 août
Suzy ♀ ... 11 août
Sven ♂ ... 26 février
Svetlana ♀ ... 20 mars
Sybille ♀ ... 9 octobre
Sydney ♀♂ ... 21 août
Sylvain ♂ ... 4 mai
Sylvaine ♀ ... 4 mai
Sylvestre ♂ ... 31 décembre
Sylvette ♀ ... 4 mai
Sylvia ♀ ... 5 novembre
Sylviane ♀ ... 5 novembre
Sylvie ♀ ... 5 novembre

T

Talia ♀ ... 27 juillet
Tamara ♀ ... 1er mai
Tanguy ♂ ... 19 novembre
Tania ♀ ... 12 janvier
Tatiana ♀ ... 12 janvier
Téa ♀ ... 11 février
Teddy ♂ ... 9 novembre
Téo ♂ ... 9 novembre
Terence ♂ ... 21 juin
Terry ♂ ... 21 juin
Tess ♀ ... 1er ou 15 octobre
Tessa ♀ ... 1er ou 15 octobre
Thadée ♀ ... 28 octobre
Thaïs ♀ ... 8 octobre
Théa ♀ ... 11 février
Théana ♀ ... 11 février
Thelma ♀ ... 21 avril
Théo ♂ ... 9 novembre
Théodora ♀ ... 11 février
Théodore ♂ ... 9 novembre
Théophile ♂ ... 13 octobre
Théotime ♂ ... 16 mai
Théoxane ♀ ... 24 janvier
Thérésa ♀ ... 1er ou 15 octobre
Thérèse ♀ ... 1er ou 15 octobre
Thibaud ♂ ... 8 juillet
Thibaut ♂ ... 8 juillet
Thierry ♂ ... 1er juillet
Thomas ♂ ... 28 janvier, 3 juillet
Tiago ♂ ... 25 juillet
Tifany ♀ ... 6 janvier
Tifenn ♀ ... 6 janvier
Tiffanie ♀ ... 6 janvier
Tiffany ♀ ... 6 janvier
Tim ♂ ... 26 janvier
Timéa ♀ ... 26 janvier
Timéo ♂ ... 26 janvier
Timothé ♂ ... 26 janvier
Timothée ♂ ... 26 janvier
Timothy ♂ ... 26 janvier
Tina ♀ ... 24 juillet ou 28 août
Tiphaine ♀ ... 6 janvier
Tiphanie ♀ ... 6 janvier
Tiphany ♀ ... 6 janvier
Titouan ♂ ... 13 juin
Tom ♂ ... 28 janvier, 3 juillet
Tommy ♂ ... 28 janvier, 3 juillet
Tony ♂ ... 13 juin
Tracy ♀ ... 1er octobre ou 15 octobre
Tristan ♂ ... 12 novembre
Trixie ♀ ... 13 février
Trystan ♂ ... 12 novembre
Typhaine ♀ ... 6 janvier
Tyrone ♂ ... 1er octobre

U

Ugo ♂ ... 1er avril
Ulrich ♂ ... 10 juillet
Urbain ♂ ... 19 décembre

Uriel ♂ .... 1er octobre
Urielle ♀ .... 1er octobre
Ursula ♀ .... 29 mai ou 21 octobre
Ursule ♀ .... 29 mai ou 21 octobre

V

Vadim ♂ .... 15 juillet
Valentin ♂ .... 14 février
Valentine ♀ .... 25 juillet
Valère ♂ .... 1er avril
Valérian ♂ .... 1er avril
Valériane ♀ .... 1er avril
Valérie ♀ .... 28 avril
Valéry ♂ .... 1er avril
Vanessa ♀ .... 4 février
Venceslas ♂ .... 28 septembre
Véra ♀ .... 18 septembre
Vérane ♀ .... 11 novembre
Véronique ♀ .... 4 février
Vicky ♀ .... 15 novembre
Victoire ♀ .... 15 novembre
Victor ♂ .... 21 juillet
Victoria ♀ .... 15 novembre
Victorien ♂ .... 23 mars
Victorine ♀ .... 23 mars
Vincent ♂ .... 22 janvier, 27 septembre
Vincente ♀ .... 4 juin
Violaine ♀ .... 5 octobre
Violette ♀ .... 5 octobre
Virgil ♂ .... 5 mars
Virgile ♂ .... 5 mars
Virginie ♀ .... 7 janvier
Vital ♂ .... 28 avril
Viviane ♀ .... 2 décembre
Vivien ♂ .... 10 mars
Vladimir ♂ .... 15 juillet

W

Walter ♂ .... 9 avril
Wanda ♀ .... 17 avril
Wandrille ♀ .... 22 juillet
Wassily ♂ .... 2 janvier
Wendy ♀ .... 17 avril
Werner ♂ .... 19 avril
Wilfrid ♂ .... 12 octobre
Wilfried ♂ .... 12 octobre
Wilhem ♂ .... 10 janvier
William ♂ .... 10 janvier
Willy ♂ .... 10 janvier
Winnie ♀ .... 5 janvier
Winona ♀ .... 5 janvier
Wladimir ♂ .... 15 juillet

X

Xavier ♂ .... 3 décembre
Xavière ♀ .... 3 décembre

Y

Yaël ♀♂ .... 13 juillet
Yaëlle ♀ .... 13 juillet
Yan ♂ .... 24 juin
Yanis ♂ .... 24 juin
Yann ♂ .... 24 juin
Yannick ♂ .... 24 juin
Yannis ♂ .... 24 juin
Ylona ♀ .... 18 août
Yoan ♂ .... 24 juin
Yoanie ♀ .... 30 mai
Yoann ♂ .... 24 juin
Yohan ♂ .... 24 juin
Yohann ♂ .... 24 juin
Yolaine ♀ .... 11 juin
Yolande ♀ .... 11 juin
Yolène ♀ .... 11 juin
Youcef ♂ .... 19 mars
Youri ♂ .... 23 avril
Youssef ♂ .... 19 mars
Ysabel ♀ .... 22 février
Ysaline ♀ .... 22 février
Yvain ♂ .... 19 mai
Yvan ♂ .... 24 juin
Yves ♂ .... 19 mai
Yvette ♀ .... 13 janvier
Yvon ♂ .... 19 mai
Yvonne ♀ .... 19 mai

Z

Zacharie ♂ .... 5 novembre
Zachary ♂ .... 5 novembre
Zakaria ♂ .... 5 novembre
Zélia ♀ .... 17 octobre
Zélie ♀ .... 17 octobre
Zéphir ♂ .... 26 août
Zéphirin ♂ .... 26 août
Zoé ♀ .... 2 mai